主　编　　袁行霈　　陈进玉

本卷主编　　周勋初

中國地域文化通覽

江苏卷

中華書局

图书在版编目（CIP）数据

中国地域文化通览. 江苏卷/袁行霈，陈进玉主编；周勋初本卷
主编. —北京：中华书局，2013.7
ISBN 978 - 7 - 101 - 09045 - 1

Ⅰ. 中…　Ⅱ. ①袁…②陈…③周…　Ⅲ. 文化史 - 江苏省
Ⅳ. K203

中国版本图书馆 CIP 数据核字（2012）第 270601 号

题　签　袁行霈
篆　刻　刘绍刚

书　　名　中国地域文化通览·江苏卷
主　　编　袁行霈　陈进玉
本卷主编　周勋初
责任编辑　朱　慧
美术编辑　毛　淳　许丽娟
出版发行　中华书局
　　　　　（北京市丰台区太平桥西里 38 号　100073）
　　　　　http://www.zhbc.com.cn
　　　　　E-mail:zhbc@zhbc.com.cn
印　　刷　北京瑞古冠中印刷厂
版　　次　2013 年 7 月北京第 1 版
　　　　　2013 年 7 月北京第 1 次印刷
规　　格　开本/700×1000 毫米　1/16
　　　　　印张 38　插页 10　字数 560 千字
国际书号　ISBN 978 - 7 - 101 - 09045 - 1
定　　价　170.00 元

《中国地域文化通览》组委会、编委会

《中国地域文化通览·江苏卷》编委会

组织工作委员会

主　　任：曹卫星

副主任：宋林飞　周勋初

编撰工作委员会

主　　任：周勋初

副主任：茅家琦　林树中　陈得芝　赵安东　夏维中　丁　骏

主　　编：周勋初

副主编：赵安东

执行副主编：夏维中　丁　骏

编　　委：（以姓氏笔画为序）

　　　　丁　骏　　马俊亚　　牛永宪　　华人德　　许　力　　许苏民

　　　　杨新华　　吴　山　　吴云波　　张学锋　　张海林　　陈效鸿

　　　　陈得芝　　陈鹏年　　范金民　　茅家埼　　林树中　　周　群

　　　　周勋初　　赵安东　　胡阿祥　　夏维中　　徐秀棠　　萧　平

　　　　曹林娣　　韩文宁　　薛龙春　　薛治洲

扬州瘦西湖

镇江北固山雄姿

南京石头城遗址

扬州运河　选自《人文江苏——江苏省全国重点文物保护单位图集》

明孝陵神道　明孝陵博物馆提供

无樑殿　明孝陵博物馆提供

苏州云岩寺虎丘塔

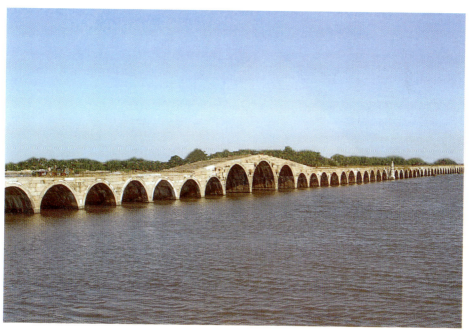

苏州宝带桥　选自《人文江苏——江苏省全国重点文物保护单位图集》

苏州文庙

苏州拙政园

良渚文化人面纹玉琮
常州博物馆藏

战国金兽　南京博物院藏

青铜凤纹尊　镇江博物馆藏

淮安运河村战国木雕鼓车（复原）　淮安市博物馆藏

徐州狮子山西汉楚王墓出土玉龙
徐州博物馆藏

龟负论语玉烛酒筹筒
镇江博物馆藏

东吴青瓷釉下彩羽人纹盘口壶　南京市博物馆藏

唐打马球铜镜　扬州博物馆藏

北宋阿育王塔　南京市博物馆藏

元青花萧何月下追韩信梅瓶
南京市博物馆藏

元霁蓝釉白龙纹梅瓶
扬州博物馆藏

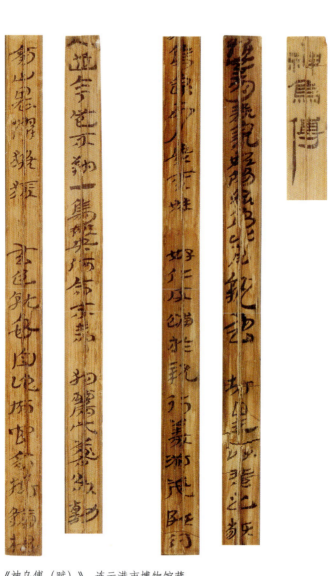

《神乌傅（赋）》 连云港市博物馆藏

（元）黄公望《天池石壁图轴》　北京故宫博物院藏

（明）文徵明《五月江深图轴》　苏州博物馆藏

（清）石涛《看杏诗意图轴》　无锡博物院藏

（清）李鱓《朱竇金英图》　扬州博物馆提供

总绪论

袁行霈

　　早在《尚书·禹贡》和《山海经》中已有关于中国地域的描述，包括九州的划分，各地的土地、山川、动物、植物、农产、矿产，还记载了一些神话，这两部书可以视为地域文化的发轫之作。此后出现了许多地理书籍，其中以东汉班固的《汉书·地理志》和北魏郦道元的《水经注》影响最为深远。前者记载了西汉的区划、户口、物产、风俗等，后者通过对《水经》的注解，记录了许多河流及沿岸的风物，保存了丰富的地理和人文信息。

　　本书对中国地域文化的研究，重视古代的传统，但就观念、方法、论述的范围、传世文献和考古资料的运用诸方面而言，都跟古代的舆地之学有很大区别。本书注重中国文化的空间分布和地域差异，将历时性的考察置于地域之中，而重点在于各地文化的特点和亮点，以及各地文化资源的开发利用。

　　近二十年来国内学术界出现了不少新的学术生长点和热点，地域研究便是其中之一。本书仅从"地域"这个特定的角度切入，至于中国文化的一般问题则不在本书探讨的范围之内。本书限于传统文化的范围，然而希望以古鉴今，面向未来，有助于当前和今后的文化建设。

第一节 多源同归与多元互补

中国文化的多个发源地　多源同归　以汉族为主体的各民族文化
多元互补

中国文化明显地呈现出地域的差异，这些差异乃是统一的中国内部的地域差异[①]，是中国文化多样性的表现。

中国文化具有多个发源地：

黄河流域。黄河发源于青海巴颜喀拉山脉西端卡日扎穷山的北麓，其干流流经四川、甘肃、宁夏、内蒙古、陕西、山西、河南、山东，全长5464公里，流域面积75.24万平方公里[②]。黄河有众多的支流，这些支流为中华民族的先民提供了优越的生存环境，特别重要的有渭河、汾河、伊洛河、湟水、无定河，在这些支流的两侧分布着数量众多的古文化遗址，例如黄河上游的马家窑文化，黄河中游的仰韶文化—中原龙山文化，黄河下游的大汶口—龙山文化，证明黄河是中国文化最重要的发祥地[③]。标志着中国文化肇始的夏代[④]，文化已相当发达的商代和周代，这三个王朝的疆域均位于黄河流域，可见黄河在中国文化史上的重要地位。

长江流域。长江发源于青海唐古拉山脉最高峰各拉丹东峰的西南麓，其干流流经四川、西藏、云南、重庆、湖北、湖南、江西、安徽、江苏、上海，全长6397余公里，流域面积达180.85万平方公里[⑤]。其间分布着许许多多古文化遗址。20世纪以来新的考古资料证明，长江上游的三星堆文化，长江中游的屈家岭文化，长江下游的河姆渡文化和良渚文化，在陶器、青铜器、玉器的制作，以及城市的建筑等方面都已达到相当发达的程度[⑥]。老子、庄子、屈原的出现，以及近年来在湖北、湖南出土的大量秦汉简帛和其他文物，证明了当时的楚文化已达到可以与黄河流域的文化并驾齐驱的辉煌程度。毫无疑问，长江跟黄河一样，是中国文化的摇篮。

此外，辽河流域文化、珠江流域文化，都可以追溯到很早，而且特点鲜明，对中国文化的发展起了重要的作用，这两大流域也应视为中国文化的发祥地。

总之，黄河、长江是中国文化的主要发祥地，在历史长河中，又广泛地吸取了其他地区的文化因素，逐渐交融，深度汇合，就像"江汉朝宗于海"一样，随着中国大一统局面的建立、巩固和发展，发源于不同地区的文化先后汇为中国文化的大海，我们称之为多源同归⑦。

中国文化又是多元互补的文化，以汉族为主体，自周、秦到明、清，在各个历史阶段随着民族间的交往、融合，吸取了少数民族的文化因素，56个民族共同创造出中华民族灿烂辉煌的文化。中国的疆域是各族共同开拓的，少数民族对东北、北部、西北、西南边疆的开发做出了重要的贡献⑧。

汉族的先民主要生活在黄河中下游地区，一般说来仰韶文化和龙山文化是汉族先民的文化遗存。传说黄帝之后的尧禅让于舜，舜或出自东夷⑨；舜禅让于禹，禹或出自西羌⑩，这表明了上古时期民族融合的趋势。汉朝以后，"汉"遂成为民族的名称，汉族的文化也成为中华民族文化的主体。

汉族在发展过程中，吸取了各少数民族的文化成分以丰富自己。赵武灵王推行胡服骑射，唐代吸取今新疆一带少数民族的音乐歌舞，都是很好的例证。中国古代的政治家、作家、书法家、画家中，出身少数民族的可以举出不少。例如唐代的宰相长孙无忌其先出自鲜卑拓跋部，元代著名作家萨都剌是回回人，元代著名书法家康里巎巎是色目康里部人，清代的著名词人纳兰成德是满族人，他们为中国文化的发展做出了重要贡献。另一方面汉族又对各少数民族文化产生重大的影响，有的少数民族入主中原时托黄帝以明正朔，如鲜卑拓跋部建立北魏，自称是黄帝之子昌意之后⑪。北魏孝文帝推行的改革，促进了鲜卑人与汉人的融合⑫。一些曾经入主中原的少数民族，如蒙古人在很大的程度上自觉学习汉人的文化。元朝至元四年（1267）正月，世祖下令修建曲阜孔庙，五月又在上都（今属内蒙古自治区）新建孔子庙⑬。元朝开国功臣耶律楚材，为保存汉族典章制度与农耕文化做出卓越的贡献⑭。满人入主中原前，努尔哈赤、皇太极在政权建设、社会发展等方面就已注意吸收汉文化，学习儒家典籍⑮，入关以后对汉族文化的吸取就更多、更自觉了，《全唐诗》和《四库全书》的编纂就是最好的证明。

各民族的文化互补，是中华文化不断发展的重要动力，也是形成中华民族凝聚力的重要因素。例如，内蒙古等北方草原的游牧文化雄浑粗犷，与汉族的农耕文化可以互补⑯。新疆各族的文化，以及新疆在丝绸之路上对中外文化交流所起的作用十分重要。藏传佛教影响广泛，藏族文化丰富多彩，在中华民族文化中的地位值得充分重视。壮族在少数民族中人数最多，其文化品格和文化成就同样值得充分重视。

总之，各地的文化交融，以及汉族与少数民族的文化交融，使中国文化既具有多样性又具有统一性。多元互补，乃是中国文化的一大特点，也是中国文化进一步发展繁荣的坚实基础。

第二节　文化中心的形成与转移

地域文化发展的不平衡　中心形成与转移的若干条件：经济的水平　社会的安定　教育、藏书与科技　文化贤哲的引领作用

某一地区在某一时期内文化发展较快，甚至居于中心地位，对全国起着辐射作用。而在另一时期，则发展迟缓，其中心地位被其他地区所取代。地域文化发展的不平衡，文化中心的转移，是常见的现象。下面举例加以说明：

陕西西安及其附近本是周、秦、汉、唐的政治文化中心，这几个统一王朝的辉煌，在不胜枚举的文化遗址和出土文物中都得到证实，周原出土的青铜器，秦始皇陵的兵马俑，众多的汉家陵阙和唐代宫阙、墓葬遗址，都是中国的骄傲。包括正史在内的各种文献资料，如诗歌、文章、书法、绘画，也都向世人诉说着曾经有过的辉煌。司马迁、班固等则是这片土地哺育出的文化巨人。但到了元代以后，特别是明清以来，这里的文化已经难以延续昔日的光彩。

河南原是商代都城所在，殷墟出土的甲骨文，证明了那时文化的兴盛。东周、东汉、曹魏、西晋等朝定都洛阳，河南成为全国文化的中心。到了唐代，河南则是文学家集中涌现的地方，唐代著名诗人几乎一半出自河南，杜甫、韩愈、岑参、元稹、李贺、李商隐等人，为唐诗的繁荣发展做出了重大贡献。北宋定都开封，更巩固了其文化中心的地位，张择端的《清明上河图》反映了汴梁的繁华。但在南宋以后，河南的文化中心地位显然转移了。

由上述陕西与河南的变化，可以看出政治中心与文化中心之间的关系。政治中心的迁移，特别是那些维持时间较长的政治中心的迁移，往往造成文化中心的迁移。

山东在先秦是中国文化的中心。曲阜是孔子的故乡，邹城是孟子的故乡，对中国文化影响至深至巨的儒家即植根于此。虽然经过秦始皇焚书坑儒，山东在两汉仍然是儒家思想文化的中心之一，伏生、郑玄这两位经学家都是山东人。但魏晋以后，山东的文化影响力逐渐衰落，儒学的中心也逐渐转移到别的地方。唐代高倡儒学复兴建立儒家道统的韩愈，北宋五位著名的理学家周敦颐、张载、邵雍、程颢、程颐，南宋将理学推向高峰的朱熹、心学家陆九渊，以及明代的心学家王阳明，均非出自山东。

北京一带在春秋战国时期是燕国都城所在，汉唐时称幽州，是边防重镇，与陕西、河南相比，文化显然落后。后来成为辽、金、元、明、清的首都，马可波罗记载元大都之繁华，令人赞叹。元杂剧前期便是以元大都为中心的，元杂剧的杰出代表关汉卿、王实甫，以及其他著名剧作家马致远、杨显之、纪君祥、秦简夫都是大都人。明清两代建都北京，美轮美奂的紫禁城、天坛、圆明园、颐和园，标志着中国古代建筑的辉煌成就。朝廷通过科举、授官等途径，一方面吸纳各地人才进京，另一方面又促使精英文化向全国各地辐射，北京毫无争议地成为全国文化的中心。

上海原是一个渔村，元代开始建城，到了近代才得到迅猛的发展，19世纪中叶已经成为国际和国内贸易的中心，随后又一跃而成为现代国际大都会。各种新兴的文化门类和文化产业日新月异地建立起来，并带动了全国文化的发展。

广东文化的发达程度原来远不及黄河与长江流域其他地方，但到了唐代，广州已成为一个大都会，到了近代，广东在思想文化方面呈现明显的优势，黄遵宪、康有为、梁启超、孙中山等人都出自广东。

文化中心形成和转移的原因十分复杂，需要从多方面探讨。

首先，是由经济发展的水平所决定的。

经济的发达虽然不一定直接带来文化的繁荣，但经济发达的地区文化水平往往比较高。最突出的例证便是江苏和浙江。这两个地区在南朝已经开发，宋代以后以太湖为中心的地区，乃至浙江东部的宁波、绍兴，成为重要的粮食产区。到明清两代，随着精耕细作的农业技术广泛应用，粮食产量大幅增加。在松江、太仓、嘉定、嘉兴等地，棉花耕种面积扩大，棉纺织业迅速发展；植桑养蚕缫丝成为新兴的副业，湖州成为丝织品最发达的地区[17]。农副业的发展带动了商业和市镇的繁荣，以及新兴市民的壮大。经济的发展与经济中新因素的成长，促成了江苏和浙江文化的繁荣，以及文化中新气象的出现。明代王阳明后学中的泰州学派开启了早期启蒙思想的潮流，明末以"公""正"为诉求的东林党具有代表江南地区士人和民众利益的倾向，其领袖顾宪成、高攀龙都是江苏无锡人。明中叶文人结社之风颇盛，如翟纯仁等人在苏州的拂水山房社，汪道昆、屠隆等人在杭州的西泠社，以及张溥在常熟、南京的复社，都在政治文化领域开启了新的风气，社会影响很大。至于文学方面，明清两代江苏和浙江文风之盛更是人所熟知的。著名的文人，明代有文徵明、徐渭、冯梦龙、施耐庵、吴承恩，清代有钱谦益、顾炎武、朱彝尊、沈德潜、郑燮、袁枚、龚自珍、李渔、洪昇等。江浙也是明清以来出状元最多的地方。

然而，文化的发展与经济的发展不一定同步，文化的发展除了受经济的制约外，还有其自身的规律。例如，在清代，晋商特别活跃，金融业发展迅猛。但是在这期间山西文化的发展却相对迟缓，如果与唐代的辉煌相比，已大为逊色。又如，北宋时期，关中的经济已经远不如唐代，但张载却在这里教授生徒，传播儒学，"为关中士人宗师"[18]，关中成为儒学的中心之一。

其次，与社会稳定的程度有很大关系。

东汉首都洛阳，经过一百六十多年的经营，是当时的文化中心。中平六年（189），东汉灵帝病死，并州牧董卓借机率军进入洛阳，废黜少帝刘辩，立九岁的陈留王刘协为帝，是为汉献帝。献帝初平元年（190），在东方诸侯的军事压力下，董卓迁天子于西都。迁都之时，图书文献遭到了极大破坏[19]，东汉王朝在首都积累的文化成果毁于一旦[20]。

南朝齐梁二代文学本来相当繁荣，分别以齐竟陵王萧子良、梁武帝萧衍和昭明太子萧统、梁简文帝萧纲为首的三个文学集团，对文化的发展起了很大的推动作用。齐永明年间周颙发现汉语有平上去入四种声调，"竟陵八友"中的沈约等人根据四声以及双声叠韵，研究诗句中声、韵、调的配合，创制了"永明体"，进而为近体诗的建立打下基础。成书于齐代末年的刘勰所著《文心雕龙》则是中国文学批评史上最系统的著作。由于萧衍、萧统、萧纲父子召聚文学之士，创作诗歌，研究学术，遂使建康成为文化中心。萧统所编《文选》影响尤为深远。可是经过侯景之乱，建康沦陷，士人凋零，江左承平五十年所带来的文化繁荣局面遂亦消失[21]。

与此类似的还有唐朝末年中原一带的战乱对文化的破坏。唐代的首都长安是当时最大的国际都会，居住着许多外国的留学生、商贾、艺术家。在宗教方面，除了道教和佛教，祆教、景教和摩尼教也都得以传播，长安显然是当时的文化中心。到了五代，长安的文化中心地位消失了，而四川因为相对安定，士人们相携入蜀，文化也随之发达起来，俨然成为一个新的文化中心。后蜀丰孟昶时镌刻石经[22]，后蜀宰相毋昭裔在成都刻印《九经》《文选》《初学记》《白氏六帖》，对四川文化的发展影响很大[23]。尤其值得注意的是词的繁荣，后蜀赵崇祚所编《花间集》，选录18家"诗客曲子词"，凡500首，其中14位作者皆仕于蜀。《花间集》是最早的文人词总集，奠定了以后词体发展的基础[24]。

我们也要看到，社会变革期往往伴随着社会的不稳定，以及各种思想和主张的激荡，这反而会促进文化的发展，并形成若干文化的中心，如在春秋战国时期，鲁国是儒家的中心，楚国是道家的中心。这从另一个方面提醒我们文化发展的复杂性。

复次，文化中心的形成与教育水平、藏书状况、科技推动有很大关系。

书院较多的地区，私人讲学之风兴盛的地区，蒙学发达的地区，往往也成为文化中心，突出的例子是明代的江西、浙江。据统计，明代江西有书院 51 所，浙江有书院 36 所，这些地方也就成为文化中心[25]。

文化的发达离不开书籍，书籍印刷和图书收藏较多的地区，往往会形成文化中心。例如四川成都是雕版印刷最早流行的地区之一，唐代大中年间已有雕版书籍和书肆[26]。唐末成都印书铺有西川过家、龙池坊卞家等[27]。此后，一直到五代、宋代，成都都是印刷业的中心之一，这对成都文化的发展起了重要作用。又如浙江、福建也是印刷业的中心，到了五代、宋，达到繁盛的地步。这两个地区在宋代人才辈出，显然与此有关。明清两代私家藏书以江浙一带为最盛，诸如范钦天一阁、毛晋汲古阁、黄虞稷千顷堂、钱谦益绛云楼、徐乾学传是楼、朱彝尊曝书亭、瞿绍基铁琴铜剑楼、陆心源皕宋楼、丁丙八千卷楼都在江浙，这对明清时期江浙文化的发展无疑起了巨大作用。

科技带动地域文化发展的例子，可以举李冰父子在四川修建都江堰为例。这项工程创造性地运用了治水的技术，将蜀地造就为"天府之国"，文化也随之发达起来[28]。

最后，要提到文化贤哲或学术大师的引领作用。

山东曲阜一带，如果没有孔子就难以形成文化中心，这是显而易见的。北宋思想家邵雍之于洛中，也是一个显著的例子，《宋史·邵雍传》曰："人无贵贱少长，一接以诚，故贤者悦其德，不贤者服其化。一时洛中人才特盛，而忠厚之风闻天下。"[29]南宋思想家朱熹长期在福建、江西讲学，"诸生之自远而至者，豆饭藜羹，率与之共"[30]。此外，宗教史上如慧能之于广东；思想史上如王阳明之于贵州，王艮之于泰州，都有重大的影响。文学史上也是如此，黄庭坚之于江西，杨慎之于云南，也都有重大影响。明代吴中出现了文徵明等一批兼通诗文、书画的著名文人，形成文化中心[31]。

第三节　地域文化的差异、交流与融合

南北之间的差异　东西之间的差异　沿海与内地之间的差异　文化
交流融合的途径：移民、交通与商贸、科举与仕宦

　　《诗经》与《楚辞》代表了先秦北方与南方两种不同的文化风格，
《诗经》质朴淳厚，《楚辞》浪漫热烈。关于先秦南北思想文化的差异，
王国维的论述具有启发性："我国春秋以前，道德政治上之思想，可分之
为二派：……前者大成于孔子、墨子，而后者大成于老子。故前者北方
派，后者南方派也。"㉜关于南北朝文风的差异，《隋书·文学传序》已
经给我们重要的提示："江左宫商发越，贵于清绮；河朔词义贞刚，重乎
气质。"㉝这种差异在南朝民歌和北朝民歌之间表现得十分清楚。唐代禅
宗有"北渐"、"南顿"二派。中唐时期第一批学习民间词的作家，他们
的作品往往有一种南方的情调。晚唐五代，词的两个中心都在南方。宋
代理学的四个主要学派：以周敦颐为首的濂学，以程颢、程颐为首的洛
学，以张载为首的关学，以朱熹为首的闽学，都带有地域性。在元代盛
行的戏曲，无论就音乐而论还是就文学风格而论，都显然存在着地域的
差异。四折一楔子的杂剧是在北方兴起的一种文艺形式，杂剧创作与演
出的中心在大都。稍晚，南方有一新的剧种兴盛起来，这就是南戏。它
在两宋之际产生于浙江温州一带，先流传到杭州，并在这里发展为成熟
的戏曲艺术，至元末大为兴盛。由宋元南戏发展出来的明代传奇，有所
谓四大腔：海盐腔、余姚腔、弋阳腔、昆山腔，都是南方的唱腔。由苏
州地区兴起的昆曲，在明末清初达到成熟阶段，成为全国最大的剧种。
清中叶至鸦片战争前后，形成五大声腔，除原有的昆腔外，还有高腔（由
弋阳腔演变而成，湘剧、川剧、赣剧、潮剧中都有此腔）、梆子腔（即秦
腔，源于陕西和山西交界处，流行于北方各地）、弦索腔（源于河南、山
东）、皮黄腔（西皮、二黄的合流，西皮是秦腔传入湖北后与当地民间曲
调结合而成，二黄是由吹腔、高拨子在徽班中演变而成），这些声腔都具
有明显的地方特色。乾隆年间四大徽班入京，与来自湖北的汉调艺人合
作，同时吸收昆曲、秦腔的因素，又部分地吸取京白，遂孕育出风靡全

国的京剧㉞，这是地域文化交融的绝佳例证。

东北三省与关内相比，也有自己的特色：粗犷、雄健、富于开拓性。内蒙古的草原文化自然、粗犷，在狩猎、畜牧中形成的与马有关的种种文化很有特色。宁夏回族的宗教、建筑、瓷器等等，都具有独特的民族风情。

东西之间文化的差异首先表现为民族的差异，西部多有少数民族聚居，这些民族的文化各有自己的特色，为中华民族文化增添了亮丽的色彩。其质朴、自然的风格，其文化与大自然的融合，都令人向往。在歌曲和舞蹈方面，更是多姿多彩，显示出少数民族独特的天赋。一些大型的民族史诗，如藏族的《格萨尔王传》、蒙古族的《江格尔》、壮族的《布罗陀经诗》、柯尔克孜族的《玛纳斯》等；还有一些创世纪神话叙事诗，如彝族的《阿细的先基》、瑶族的《密洛陀》、侗族的《侗族祖先从哪里来》、苗族的《苗族史诗》、拉祜族的《牡帕密帕》、阿昌族的《遮帕麻与遮米麻》、哈尼族的《奥色密色》、佤族的《西冈里》等等㉟，都是非常珍贵的文化遗产。

沿海与内地的文化差异也值得注意。早在秦汉时期，齐地多方士，他们讲神仙方术、海外三山，徐福被秦始皇派遣，率领童男童女数千人出海求仙，是颇有象征性的事件。东南沿海与国外的交往较早，南朝、隋唐时期这一地区与印度洋的商旅往来已相当频繁。宋元时期，江苏、浙江、福建、广东都有对外口岸，经这一带出口的瓷器，远销南亚、西亚，直到东非。而明代以后成为中国重要粮食的玉米、马铃薯、番薯等美洲作物，以及在中国广泛种植的烟草，一般认为都是经由东南沿海传入的。明万历年间意大利的耶稣会传教士利玛窦首先到达澳门，再进入内地传教，同时带来西方的科学技术。近代以来，广州、上海、天津等对外口岸在中外文化交流中发挥了重要作用。和内地相比，沿海地区的文化更具开放性和创新性。

文化交流融合有几种途径。

首先是移民，特别是大规模的移民潮。西晋末年、唐末五代以及北宋末年，大批中原的汉族迁徙到江南，对江南经济、文化产生了巨大的作用，移民所带来的文化与当地原有的文化交流融合，使当地文化出现新的特色。闽西和广东梅州客家人聚族而居的土楼（围龙屋），成为当地文化的独特景观。河北、山东一带人民闯关东，推动了东北原住民文化的发展。清代初年"湖广填四川"，促进了西南文化的发展，巴渝会馆的发达，川剧的形成都与移民有关。广西的文化与来自外地的移民和文化名人如柳宗元有关。台湾的文化与闽、粤的移民有极其密切的关系，这表现在民间信仰、建筑风格、生活习惯等许多方面。明末清初是移民台湾的高潮。香港的文化与广东移民有密切的关系，考古发掘证明了香港、澳门与珠江下游地区古代居民之间的关系和交往㊱。

交通与商贸也是各地文化交流融合的重要渠道。汉代以后丝绸之路的开通，对于所经中国内地之间的文化往来，以及中国与中亚、南亚、西亚，乃至欧洲、北非的文化往来，所起的作用显而易见。仅就甘肃河西走廊而言，那是丝绸之路上十分繁忙的一段，在汉唐时的地位类似近代的珠江三角洲和长江三角洲。隋代开通了纵贯南北的大运河，对沟通南北经济、文化起到巨大的作用。唐朝的政治中心在长安，但其经济却在很大程度上依赖江南，运河就成为其经济命脉。沿着运河出现了诸如杭州、苏州、扬州等经济与文化的中心。至于长江航道在交通运输上的作用，及其在文化传播方面的作用更是明显。李白离开家乡四川，沿长江而下，在一生中几乎走遍大江上下，留下许多诗篇。长江沿岸的重庆、武汉、九江、南京、扬州之所以文化发达，得益于这条大江者实在不少。长江流域的洞庭湖与鄱阳湖，以及湖边的黄鹤楼、岳阳楼，还有长江支流赣江边上的滕王阁，成为凝聚着浓厚诗意的地方。明清时期，随着徽商、晋商、粤商、宁波帮等几个活跃的商帮的足迹，文化也得以交流、传播。

科举与仕宦是文化融合的另一条重要渠道。各地的举子进京赶考，考中的或留京任官，或外放任职，考不中的则返回家乡，大批的举子往来于京城和各地之间，成为传播文化的使者。清代钱塘人洪昇，在北京做了约二十年太学生，与京中名流王士禛、朱彝尊、赵执信等人互相唱和。康熙二十七年（1688），其《长生殿》在京城盛演，轰动一时。清代北京的宣南成为进京举子汇聚之地，举子的来来往往，形成文化凝聚与辐射的局面，造就了独特的宣南文化。官员的升迁和贬黜也是文化交流融合的渠道，最突出的例子便是韩愈和王阳明。韩愈贬官潮阳，给当时文化尚不发达的潮州带来了中原文化。王阳明贬官贵州龙场驿，创办龙冈书院，开创了贵州一代学风，他的"知行合一"学说便是在贵州提出来的。此外，李德裕、苏轼等人贬官海南，对当地的文化教育影响巨大。再如清代黑龙江、新疆有许多被流放的官员，其中不乏高级文化人士，他们对当地文化的发展起了重要作用。

第四节　研究地域文化的意义与本书的宗旨

保护地域文化的多样性　地域文化与区域经济　按行政区划分卷文献考订与田野调查　与地方志的区别　学术性、现实性与可读性的统一　本书的宗旨与体例

地域文化是按地域区分的中国文化的若干分支。研究地域文化，实际上就是研究文化的空间分布及其特征。研究中国文化如果忽视对其地域性的研究，就难以全面和深入。地域性是中国这个幅员辽阔的大国的特点，是中国文化丰富多彩的重要表现。热爱祖国不是空泛的，首先要热爱生于斯长于斯的家乡。如果对自己家乡的历史文化都不清楚，那么热爱祖国就会落空。有些地区的传统文化正在逐渐削弱甚至濒临消亡，亟待政府采取切实措施加以保护。在文化建设的过程中切忌抹杀地域的特点，避免千城一面、万村一形。如果不论走到哪里看到的是同一种建筑，听到的是同一种戏曲，品尝的是同一种口味，体验的是同一种民俗，既没有关西大汉的铜琶铁板，也没有江南水乡的晓风残月，我们的生活将多么单调，中国展现给世界的形象将多么苍白！在坚定维护国家政治上统一的同时，必须保护各地文化的多样性，保护地域文化的特点，尊重人民群众多种多样的文化需求。这可以视为中国文化发展的战略性举措。地域文化又是港、澳、台人民以及海外华侨、华人寻根的热点，弘扬传统的地域文化有助于祖国的和平统一。从全球的眼光看来，中国这样幅员广阔的大国，如果失去了文化多样性，必然会减弱中国对世界的吸引力。

　　我们提倡文化的大局观，要站在全国看各地。只有将各地文化放到全国之中，才能更清楚地认识各地文化的特点；只有清楚地看到各地文化的特点，才能更深刻地认识中国文化的面貌。在弘扬地域文化特点的同时，要促进地域之间的文化交流，以推动各地文化共同繁荣。各地文化是互相联系互相渗透的，是在互动中发展的。如果画一幅中国地域文化地图，其中每一板块的变化都会造成整幅地图的变化。没有孤立的安徽文化，没有孤立的河北文化，没有孤立的云南文化，也没有孤立的西藏文化。某一地域文化的发展，都要依靠其他地域，并牵动其他地域。政府在致力于地域经济均衡发展的同时，也要致力于地域文化的均衡发展。再放大一点，在经济全球化的趋势下，国内某一地域文化的发展，也会受到国际因素的影响，上海、天津、福建、广东等沿海地区文化的发展，足以证明这一点。

　　地域文化的发展对地域经济的依赖和促进是十分明显的，但文化与经济不是搭台与唱戏的关系，应当互相搭台，一起唱戏。发展文化不仅是发展经济的手段，其本身就是目的，因为人民群众的需求以及社会的进步，不仅表现为经济的发展，也表现为文化的繁荣。文化长期滞后于经济快速发展的现状必须改变。发展经济与推动文化，要双管齐下，相互促进。小康社会的指标不仅是经济的，也是文化的。保护地域文化不可追求形式，不可急功近利，要吸取精华剔除糟粕。那种不管好坏，盲目炒作地方名人（包括小说中的人物），简单地打文化牌以拉动经济的风气不可助长。

　　区域经济的发展已经引起各级领导和全社会的注意，地域文化的发展也应提到日程上来。各地还存在大量文化资源有待开发、研究、利用。《中国地域文化通览》的编撰，就是对我国文化资源的一次普查。我们考察的重点在于各地文化的历史进程、特点、亮点及其形成的原因，各地文化发展的有利条件和制约因素，并力图说明各地文化在整个中国文化发展中的地位、作用，其与邻近地区相互交流相互影响的关系，并着重描述那些对本地和整个中华民族的进步产生过重大影响的标志性成果，彰显那些对本地和中国文化的发展做出重大贡献的人物。我们希望本书能为各地文化建设确立更明确、更自觉的目标提供一点帮助。

关于地域文化，目前已有许多研究成果，但大多是将全国分为几个区域，以先秦的诸侯国名或古代的地名来命名，如河洛文化、燕赵文化、吴越文化、齐鲁文化、荆楚文化、关陇文化、岭南文化等等。也有从考古学的角度，将中国文化分为几个大文化区系的[①]。以上的研究都有学术的根据，也都取得了可观的成就，是我们重要的参考。

本书拟从另一个角度切入，即立足于当前的行政区划，每一个省、自治区、直辖市各立一卷，港、澳、台也各立一卷。本书可以说是中国分省的文化地图。按照行政区划来写《中国地域文化通览》，也是有学理根据的。中国从秦代开始实行郡县制，大致确立了此后两千多年行政建置的基本框架。这既有利于维护大一统的局面，也因为一个行政区划内部的交流比较频繁，从而强化了各行政区划的文化特点。按行政区划分卷，对各地更清楚地认识本地的文化更为方便。其实，今日的行政区划是历史沿革的结果，这种分卷的体例与上述体例可以相互补充，相得益彰。大体说来，所谓齐鲁文化就是山东文化，燕赵文化就是河北文化，三秦文化就是陕西文化，蜀文化就是四川文化，徽文化就是安徽文化，晋文化就是山西文化，吴文化就是江苏文化，越文化就是浙江文化，仍然是与行政区划吻合的，只不过用了一个古代的称呼而已。如果从考古学的角度，研究文化的起源，当然不必顾及目前的行政区划；然而要对包括全国各地的文化分别加以描述，并且从古代一直讲下来，则按照当前的行政区划更为便利。何况，内蒙古、新疆、西藏是中国领土不可分割的一部分，研究中国的地域文化必须包括在内，按照当前的行政区划就不会将这些地区忽略了。

按行政区划编纂当地的文献早已有之，这属于乡邦文献。有的文献所包括的区域比省还小，如汉晋时期的《陈留耆旧传》、《汝南先贤传》、《襄阳耆旧传》等，记录了一郡之内的耆旧先贤。唐人殷璠所编《丹阳集》只收丹阳人的作品，属于地域文学集的编纂。宋人董棻所编《严陵集》，是他任严州（今浙江建德、淳安一带）知州时所编与当地有关的文集。宋人孔延之所编《会稽掇英总集》也属于这一类。近人金毓黻所编《辽海丛书》，张寿镛所编《四明丛书》都是如此。

研究地域文化，必须重视文献资料，特别是乡邦文献，包括各地的方志、族谱、舆图等。文献的搜集、考订和分析，是必不可少的基础性工作。编撰地域文化通览的过程，也就是搜集和整理有关文献的过程。然而文化绝不仅仅体现在文献中，还体现在人们的日常生活中，那是活生生的、每日每时都显现着的。文化除了思想、学术、文学、艺术等内容之外，还包括风俗习惯、衣食住行的方式等等，这乃是社会的各个阶层，尤其是广大民众所创造的。研究地域文化不仅要重视宫廷文化、士大夫文化、精英文化，还要重视平民文化、民间文化、民俗文化。研究地域文化在重视文献的同时，必须注重实地考察，从日常生活中寻找资料。只有将文献资料和实地考察结合起来，并利用新的考古资料，才能见其全貌。

本书跟地方志不同，地方志虽有历史的回顾，但详今略古，偏重于现状的介绍，包括本地当前的自然环境、资源、物产、社会、政治、经济、文化等方面的情况和数据，是资料性的著述。《中国地域文化通览》则是专就传统文化进行论述，下限在 1911 年辛亥革命，个别卷延伸到1919 年"五四运动"。地方志偏重于情况的介绍，注重资料性、实用性、检索性，《中国地域文化通览》则是研究性著作，强调在大量可信资料的基础上，纵横交错地展开论述，要体现历史观、文化观，总结文化发展的历史经验和规律，史论结合。

《中国地域文化通览》以学术性、现实性、可读性三者的统一为目标。

所谓学术性，简单地说就是符合学术规范，立足学术前沿，注重多学科的交叉融合。本书是一部学术著作，而不是通俗读物，更不是旅游手册。要以实事求是的态度，在认真钻研资料的基础上，力求对事实做出准确的描述、分析与概括。概括就体现为理论。

所谓现实性，就是立足现实，回顾历史，面向未来，希望能对本地文化的发展提供启发。立足现实，是从实际出发，关注当前经济社会文化的发展；回顾历史，是总结经验，以史为鉴；面向未来，是注意文化的发展方向，促进文化建设，促使中国文化以丰富多彩的姿态走向世界。地域文化是国情的重要部分，希望这套书能够成为中央和地方各级政府了解各地历史文化、风土人情的参考，成为因地制宜发展文化的参考。文化的主体是人，以人为本离不开对文化的深入理解。为政一方，既要了解当地的经济资源，也要了解当地的文化资源；既要了解现状，也要了解历史，这样才能最大限度地发挥地域的优势。

所谓可读性，就是要吸引广大读者，让一般读者看了长知识，专家学者看了有收获，行政领导看了受启发。在文字表达上，力求准确、鲜明、生动。

本书各卷都分为上下两编，上编对本地文化作纵向的考察，下编则对本地文化分门别类重点地作横向的论述，纵横结合，以期更深入细致地阐明各地文化的状况。各卷还有绪论，对本地文化从理论上加以探讨。本书随文附有大量插图，图文并茂，以增加直观的感受。

本书的编撰带有开拓性和探索性，我们自知远未达到成熟的地步，倘能对中国地域文化的研究，对中国文化的健康发展，起一点促进作用，参加编撰的大约 500 位学者将会深感欣慰。

2010 年 6 月 2 日初稿

2010 年 9 月 10 日第 7 次修改

2010 年 12 月 12 日第 11 次修改

2011 年 12 月 26 日第 12 次修改

【注释】

① 参见《世界地图集》中华人民共和国概况，中国地图出版社 2004 年版，第 228 页。

②《中国自然地理图集》，中国地图出版社 2010 年版，第 221 页。

③ 参见侯仁之主编《黄河文化》第一编第一章第四节，华艺出版社 1994 年版，第 29 页。袁行霈、严文明、张传玺、楼宇烈主编《中华文明史》第一卷第一章《中华文明的曙光》，北京大学出版社 2006 年版，第 67—73 页。

④ 20 世纪的考古发现，特别是二里头文化的发现，证实了夏朝的存在。参见袁行霈、严文明、张传玺、楼宇烈主编《中华文明史》第一卷第二章《中华文明的肇始》，北京大学出版社 2006 年版，第 95—127 页。

⑤《中国自然地理图集》，中国地图出版社 2010 年版，第 222 页。

⑥ 关于长江流域旧石器和新石器时期的遗址，考古学界有许多发掘报告和研究成果。季羡林主编《长江文化研究文库》中《长江文化议论集》收有陈连开、潘守永《长江流域是中华文明的重要发源地》一文，对此有简明的综合介绍，湖北教育出版社 2005 年版，第 21—41 页。另外，此文库中严文明《长江文明的曙光》，李天元、冯小波《长江古人类》，赵殿增、李明斌《长江上游的巴蜀文化》，张之恒《长江下游新石器时代文化》均有综合性的介绍，本文均有参考。关于这些文化的年代，考古界的说法不尽一致，大致距今都在三千年以上，早的可达五六千年以上或更早。

⑦ 苏秉琦有"多源一统"的说法，见其《关于重建中国史前史的思考》，《考古》1991 年第 12 期。此所谓"多源同归"的提出受其启发，又与之不尽相同，更强调各个源头的文化之间动态的交融、汇合。

⑧ 参见《中国大百科全书·民族》"中华民族"条，中国大百科全书出版社 1986 年版，第 573—574 页。

⑨《孟子·离娄下》："孟子曰：舜生于诸冯，迁于负夏，卒于鸣条，东夷之人也。"杨伯峻《孟子译注》，中华书局 1960 年版，第 184 页。

⑩ 汉陆贾《新语·术事第二》："大禹出于西羌。"中华书局《诸子集成》本，1954 年版，第 4 页。《史记·六国年表》："禹兴于西羌。"中华书局点校本，1962 年版，第 686 页。

⑪《魏书》卷一《帝纪第一·序纪》："昔黄帝有子二十五人，或内列诸华，或外分荒服。昌意少子，受封北土，国有大鲜卑山，因以为号。……黄帝以土德王，北俗谓土为托，谓后为跋，故以为氏。"中华书局点校本，1974 年版，第 1 页。

⑫ 参见田余庆《北魏孝文帝》，《中华文明之光》上，北京大学出版社 2004 年第 2 版，第 338—344 页。

⑬《元史》卷六《世祖本纪》：至元四年正月"癸卯，敕修曲阜宣圣庙"，"五月丁亥朔，日有食之，敕上都重建孔子庙"。中华书局点校本，1976 年版，第 113、114 页。

⑭ 见《元史》卷一百四十六《耶律楚材传》，中华书局点校本，1976 年版，第 3455—3464 页。

⑮ 参见史革新《略论清朝入关前对汉文化的吸收》，《炎黄文化研究》第 2 辑，大象出版社 2005 年版，第 158—169 页。

⑯ 参见苏秉琦《苏秉琦考古学论述选集》，文物出版社 1984 年版。

⑰ 参见袁行霈、严文明、张传玺、楼宇烈主编《中华文明史》第四卷，北京大学出版社 2006 年版，第 26—33 页。

⑱《宋史》卷四百二十七《张载传》，中华书局点校本，1977 年版，第 12724 页。

⑲《后汉书》卷七十二《董卓传》云：董卓"尽徙洛阳人数百万口于长安，步骑驱蹙，更相蹈藉，饥饿寇掠，积尸盈路。卓自屯留毕圭苑中，悉烧宫庙、官府、居家，二百里内无复孑遗。又使吕布发诸帝陵及公卿已下冢墓，收其珍宝"。中华书局点校本，1965 年版，第 2327—2328 页。

⑳《后汉书》卷七十九上《儒林列传》云："初，光武迁还洛阳，其经牒秘书载之二千余两，自此以后，参倍于前。及董卓移都之际，吏民扰乱，自辟雍、东观、兰台、石室、宣明、鸿都诸藏典策文章，竞共剖散，其缣帛图书，大则连为帷盖，小乃制为縢囊。及王允所收而西者，裁七十余乘，道路艰远，复弃其半矣。后长安之乱，一时焚荡，莫不泯尽焉。"中华书局点校本，1965 年版，第 2548 页。

㉑ 关于侯景之乱，参见《梁书》卷五十六《侯景传》，中华书局点校本，1973 年版，第 841—861 页。

㉒ 宋范成大《石经始末记》引《石经考异序》云："按赵清献公《成都记》：伪蜀相毋昭裔捐俸金，取九经琢石于学官……依太和旧本，令张德钊书。国朝皇祐中田元均补刻公羊高穀梁赤二传，然后十二经始全。至宣和间，席文献又刻孟轲书参焉。"见孔凡礼辑《范成大佚著辑存》，中华书局 1983 年版，第 159—160 页。

㉓ 参见张秀民著、韩琦增订《中国印刷史》上，浙江古籍出版社 2006 年版，第 32 页。

㉔ 参见袁行霈主编《中国文学史》第二卷，高等教育出版社 1999 年版，第 450 页。"诗客曲子词"之说见于欧阳炯《花间集叙》。又，《四部丛刊》影宋抄本《禅月集》昙域《后序》曰："众请昙域编集前后所制歌诗文赞，日有见闻，不暇枝梧。遂寻检稿草及暗记忆者约一千首，乃雕刻成部，题号《禅月集》。"《四库全书总目提要》卷一百五十一《禅月集》曰："昙域《后序》作于王衍乾德五年，称'检寻稿草及暗记忆者约一千首，雕刻成部'。则自刻专集自是集始。"（中华书局影印本，1965 年，第 1304 页）亦可见蜀地文化的发展状况。

㉕ 参见曹松叶《宋元明清书院概况》（续），《国立中山大学语言历史学研究所周刊》第 10 集第 113 期，1930 年版，第 7 页。

㉖ 柳玭《柳氏家训序》："中和三年癸卯夏，銮舆在蜀之三年也。余为中书舍人，旬

休，阁书于重城之东南，其书多阴阳杂记、占梦、相宅、九宫、五纬之流，又有
字书、小学，率雕板印纸，浸染不可尽晓。"见《旧五代史》卷四十三《唐书》
十九《明宗纪》附《旧五代史考异》引，中华书局点校本，1976 年版，第 589 页。

㉗ 参见张秀民著、韩琦增订《中国印刷史》上，浙江古籍出版社 2006 年版，第
22 页。

㉘《史记》卷二十九《河渠书》曰："蜀守冰凿离碓，辟沫水之害，穿二江成都之
中。……至于所过，往往引其水益用溉田畴之渠，以万亿计，然莫足数也。"中
华书局点校本，1962 年版，第 1407 页。

㉙《宋史》卷四百二十七《邵雍传》，中华书局点校本，1977 年版，第 12727 页。

㉚《宋史》卷四百二十九《朱熹传》，中华书局点校本，1977 年版，第 12767 页。

㉛《明史》卷二百八十七《文徵明传》云："吴中自吴宽、王鏊以文章领袖馆阁，一
时名士沈周、祝允明辈，与并驰骋，文风极盛。徵明及蔡羽、黄省曾、袁袠、皇
甫冲兄弟稍后出。而徵明主风雅数十年，与之游者王宠、陆师道、陈道复、王榖
祥、彭年、周天球、钱榖之属，亦皆以词翰名于世。"中华书局点校本，1974 年
版，第 7363 页。

㉜《屈子文学之精神》，见《王国维遗书》第五册《静安文集续编》，商务印书馆，
1940 年版，第 31—32 页。

㉝《隋书》卷七十六，中华书局点校本，1973 年版，第 1730 页。

㉞ 参见袁行霈主编《中国文学史》第四卷，高等教育出版社 1999 年版，第 342—343 页。

㉟ 参见《中国大百科全书·中国文学》，中国大百科全书出版社 1986 年版，第 697 页。

㊱ 香港特别行政区民政事务局与中国社会科学院考古研究所联合，在新界与大屿山
岛之间的马湾岛东湾仔北，发现新石器时代中晚期至青铜时代早期的居址、墓葬
和大批文物。被评为 1997 年全国十大考古新发现之一。见邹兴华、吴耀利、李浪
林《香港马湾东湾仔北史前遗址发掘简报》，《考古》1997 年第 6 期。关于澳门的
考古发现，参见邓聪、郑炜明《澳门黑沙》，香港中文大学出版社 1996 年版。

㊲ 苏秉琦把现今人口分布密集地区的考古学文化分为六大区系：以燕山南北长城地
带为重心的北方，以山东为中心的东方，以关中（陕西）、晋南、豫西为中心的中
原，以环太湖为中心的东南部，以环洞庭湖与四川盆地为中心的西南部，以鄱阳
湖—珠江三角洲一线为中轴的南方。见《中国文明起源新探》，三联书店 1999 年
版，第 35—36 页。

目 录

上　编

第一章　星光闪烁的史前文化遗存

图片目录

彩 页

插　图

绪 论

今天的江苏政区，直到清康熙初年才得以基本确立。此前曾多次调整，变化很大。但以府县为基础的几大板块，却一直相对稳定。大致而言，以长江、淮河为界，由南往北，江苏可分成苏南地区、苏中地区、苏北地区三大板块。不同的板块形成了各具特色的地域文化，它们之间既相对独立，差异明显，又互相交流、不断融合，并共同成为江苏地域文化不可或缺的重要组成部分。

江苏的地域文化，经历漫长的历史衍变。就总体而言，从史前新石器时代开始，与中原文化的碰撞、交流与融合，一直是江苏地域文化发展的主要内容。至六朝时期，江苏地域文化迎来了一次发展的高潮。以今南京为中心的江南地区，不仅为保留、延续中原汉文化作出了重要贡献，同时也在各个方面取得了伟大的文化成就。从唐中期开始，江苏文化在经过百余年的沉寂后，开始依凭着经济的不断崛起，重新恢复活力，并由此进入了一个新的发展时期，至南宋而达到了新的高度。从此，江苏开始成为全国的文化中心之一，历元明清三代而不衰。

精致优雅、高度发达、全面发展、长期繁荣、历久弥新，是江苏地域文化的鲜明特色。这一特色，大致在宋元时期就已基本形成，并在明清以来得到进一步的强化。

第一节 江苏自然地理与政区沿革

江苏自然地理 政区沿革

江苏位于东经 116°18′—121°57′，北纬 30°45′—35°20′ 之间，地处黄海之滨、大江南北，东连上海，南接浙江，西邻安徽，北界山东，面积约 10.26 万多平方千米。全省属于亚热带向暖温带的过渡区，气候温和，光照充足，雨量适中，四季分明，总体自然灾害较少。若论自然环境和地理条件，这块仅占全国面积百分之一点几的土地享有"鱼米之乡"之美誉，土地肥沃，物产富饶。它滨海临江，水网稠密，平原辽阔，其间，得天独厚的环境为生存与生活提供了优越的条件。

江苏是全国地势最低平的一个省区，绝大部分地区在海拔 50 米以下，有少量的低山丘陵，集中在徐淮平原的北部和省西南境的宁镇地区。山地主要有宁镇丘陵、茅山山脉、宜溧山地、云台山等，相对高度多不超过 500 米，山无高耸陡峭之峰，冈峦逶迤起伏舒缓。这些丘陵、山冈与平原的结合部，依山傍水，资源丰盈，适宜人居，是早期人类社会发育活动的场所。

江苏省现有的自然环境，在很大程度上是大自然的造化和恩赐。全省平原占总面积的三分之二多，达到 68% 左右，可划分为黄淮平原、江淮平原、滨海平原和长江三角洲四个部分，非常宜于农耕，这在传统农业社会中，条件十分优越。

平原的形成，与河网密布有关。黄淮平原位于苏北灌溉总渠以北，是受黄河、淮河及支流沂、沭、泗几大水系合力冲积造就。江淮平原介于苏北灌溉总渠和新通扬运河之间，地质史上曾经是濒海泄湖景观，以后在长江、淮河合力冲积下而淤积成陆地。东部滨海平原位于串场河以东，是一块广阔的海积平原，海岸平直，岸外沙滩、沙堆甚多。长江三角洲是指镇江、扬州以东由长江冲积而成的大三角洲平原，其主体在江苏境内，又分为长江南北岸沙嘴、太湖平原和新三角洲平原三部分。这里湖荡密布，素以"水乡"著称。

江苏多水，全省水域面积约 2600 多万亩，占全省总面积的 15%，居全国第一。长江横贯东西，京杭大运河纵贯南北，全国五大淡水湖之太湖与洪泽湖，水资源十分丰富，对农林牧副渔全面发展，提供了相当优越的条件，由此构成了江苏的鲜明特色①。

历史上长江口的位置不断地向外移动拓展，先秦时期的长江口在镇江和扬州一带，这里江宽海阔，与今有天壤之殊。然经年累月，泥沙俱下，大量堆积，不断生成连片陆地。像今日南京、镇江、扬州、常州、无锡、苏州等城市，都是靠长江的淤积兴起。随着时间推移，入海口逐渐东扩，最终使江苏失去了长江出海口，只能远眺海岸线。长江三角洲两岸遍布的湖泊河网，为早期运河的开凿提供了便利，也成就了中国的运河工程。

大江大河，由于地势显著，举足轻重，往往成为一个地缘坐标，将所辖之地分割为不同区域，并形成各自特定的名称。长江下游以南流域，历史上就曾有三种称谓：江南、江东和江左。

传统意义上的"江南"，主要泛指长江以南区域。与之相对应，就有了"江北"之谓，一江之隔，形成不同的两大地理范畴。但实际上，江南地区时有盈缩，地方也忽南忽北，范围则有广狭之分，定义更为漂移含混，一直是个不断变化、富有伸缩性的地域概念，未有统一的定义和标准。从历史上看，江南既是一个自然地理区域，也是一个社会政治区域。因此，相对于中国北方地区而泛泛所指，包括扬州等城市在内，虽然地理位置在江北，但经济文化近似江南，也被看做是文化意义上的江南地域组成。所以，历史上就有隋炀帝下江南、乾隆皇帝下江南之谓。

有关"江南"地域有"狭义"和"广义"之分，前者包括南京、苏州、镇江、常州、无锡等苏南地区，江西东北部上饶、景德镇、九江等地区，浙江北部杭州、嘉兴、湖州、绍兴等地区，安徽南部的芜湖、马鞍山、铜陵、池州（九华山）及徽州地区，是为典型意义上的狭义江南。较广义上的江南还包括湖南的岳阳、长沙等北部地区，江苏、安徽江北临江的扬州、滁州、南通、六合等地区以及湖北南部部分地区。明清时期，江南主要是原江西省及江南省（江苏和安徽合称）以及浙江北部地区。

具体说来，江南应有三重涵义：一是自然地理的江南，即长江以南；二是行政区划的江南，从唐至清，朝廷都设有江南一级建制，涵盖苏、皖两省，有时还包括江西；三是文化江南，从大文化的概念上相近趋同。

"江东"一语，因长江在安徽境内芜湖至南京段骤然改变流向，呈西南—东北状，故以此段江为标准确定东西和左右。所指区域有大小之分，可指南京一带，也可指以芜湖为轴心的长江下游南岸地区，即今苏南、浙江及皖南部分地区。文化意义上，也包括江北临江的滁县、六合、来安等地都可称作江东，如《史记·项羽本纪》载："且籍与江东子弟八千人渡江而西，今无一人还，纵江东父兄怜而王我，我何面目见之！"又李清照诗云："至今思项羽，不肯过江东。"历史上芜湖曾是两岸往来的主要渡口，从中原来的人视渡江为向东，而不是向南，故称芜湖以下的长江南岸地区为江东。

而"江左"之谓，古人称江东为江左，江西为江右，"江"在古汉语中特指现在的长江。大抵因帝王宫廷的座位坐北朝南而视，左为东，右为西[②]。中原地区开发较早，成为中国的经济和文化中心，通常习惯于以中原人的视野和方位观察事物。如江南可称江表，表，外也，以长江为界限，江表意即江之外。江左所指，实际含义宽泛，长江下游的两岸都可称之。

按照现代地理学的规定，江东在长江右岸，应称江右。恰恰相反，历史上称江东为江左，江左者，江之左岸也。为何如此称谓？因为古人在地理上是以东为左、西为右，很显然，这个左、右是以面向南方为标准。处在芜湖至南京这个江段的位置面向南方，长江以东的地区在左手一边，故称江左。

历史上，"江左"与"江东"，常常成为政权指代，魏晋时期，孙氏割据江东建立吴国，故常以江东指代孙吴，"孙权据有江东，已历三世"[③]。江左则又专指东晋一朝，"胸令，汉旧名。晋江左侨立。宋孝武世，分郯西界为土"[④]。六朝时期所统辖的地域范围远不止江东，而是整个江南。但建康为六朝国都，乃国之重心。故由中原去建康，以走江淮下游渡江为常，故以江东称之[⑤]。

今江苏行政区划最早属于我国古九州中的徐、扬二州范围。春秋战国时期，江苏今辖之淮河地区，先后分属吴国、越国统治。北部则为鲁国（邳、泗一带）、宋国（今徐州及其以西部分）占据。公元前4世纪至公元前3世纪，楚国灭亡越、鲁，江苏全境为其属地。

　　江苏简称"苏"，其得名时间不长，计340余年。清康熙六年（1667），取江宁和苏州二府（一说以二布政使司）之首字命名。现今全省辖1个副省级市，12个地级市，55个市辖区，25个县，以及26个县级市，省会设于南京。

　　历史上江苏地域政区的设置、管辖范围和隶属关系，名称混杂，变动频繁。公元前221年，秦统一中国，全面推行郡县（郡国）制。今江苏省境，江南属会稽郡和丹阳郡，江北属东海郡、广陵郡和下邳国，设有秣陵、堂邑、阳羡、彭城、沛、取虑、下邳、朐、淮阴、盱台、广陵、丹徒和曲阿等县。县级行政建置，是秦代以来最为稳定的一级行政区划，其设立的部分县，或为现今部分县（市、区）的前身，或保留延续至今，依然是行政体系中的重要一环，故谓"百代始于秦"。

　　西汉初年，今江苏境内郡县与封国并存。武帝时，为加强中央集权，于元封五年（前106）在郡、国之上设立州刺史部，全国共置十三州。今江苏长江以南会稽、丹阳二郡属扬州刺史部，江北之楚、广陵、泗水三国及东海、临淮二郡则属徐州刺史部。又赣榆北境隶属徐州琅玡郡，江浦地区略涉扬州九江郡，沛郡则属豫州刺史部。东汉大体因袭西汉，但以苏州为中心的吴郡脱离会稽独立建郡。东汉末期，州牧、刺史开始统揽一州之军、政要务，权力逐步扩大，州遂成为郡国之上的一级地方行政机构，州、郡（国）、县三级制渐告形成。是时，省境长江以南仍属扬州，设吴郡和丹阳郡；江北仍属徐州，设下邳、彭城二国，东海、广陵二郡。

　　魏晋南北朝时期，大体承袭旧制。三国时地方行政体系仍为州、郡、县三级制。今江苏分属吴、魏二国，大致以今天长、高邮、东台一线为界，南属吴，北属魏。西晋时全国分为十九州，后增置江、湘二州。今省境江南分属扬州之丹阳、毗陵及吴兴三郡，为吴所有；江北属徐州之广陵、东海、临淮三郡，彭城、下邳、琅玡三国，由魏占据。江南平定后，今省境内新设江宁县与海虞县。

　　东晋、南北朝，州制日趋没落，辖境大为缩小，渐失原有地位。这一时期行政制度上的一个重大变化，是出现为安置南迁的中原官民而设立的侨州、郡、县，以保持郡望故籍。为与故土之名相别，一般名前都冠以"南"字，如"南兰陵"等。东晋南朝建都建康（今江苏南京），是为京畿之地，侨州、郡、县设置尤多，且变化频繁。这一时期新设有如皋、山阳、江阴、昆山、海安和东海等县。

"侨置"之法，造成州中有州，郡中有郡，行政系统和地理区划严重紊乱。南朝宋孝武帝曾下令废止侨寄法，实行"土断"，即把行政与地域合二为一。南齐时又渐恢复，直到隋统一后才取消。

有隋一代，开始重新确立新的地方制度。开皇三年（583），撤销郡级，实行州、县二制。至九年灭陈统一后，江苏境内以淮河为界，以南属扬州，以北属徐州，分置徐、海、泗、扬、蒋、常、苏（后改为吴州）、润、楚、方、邳等州。大业三年（607），又行变动，罢州改郡，以郡统县。是时，徐、海等七州相应改为彭城、东海、下邳、江都、丹阳、毗陵、吴等七郡。润、楚、方、邳四州废。新设溧水、金山二县。

唐初，继承隋制。贞观元年（627），唐太宗一改传统郡县旧制，效仿汉武帝分州之法，分全国为十道。初为监察区，至唐肃宗时演变为一级行政，形成道（镇）、州（包括府）、县三级制。今江苏苏南地区属江南道，苏中、苏北地区属河南、淮南道。江南道拆分为东道、西道后，今苏南大部属江南东道，仅溧水、溧阳二县属江南西道之宣州。

五代十国时期，今江苏再次分属不同的割据政权。徐州属中原政权所有，苏州则隶属吴越国，其他地区则先后为杨吴及其继承者南唐占有。后周显德五年（958），南唐失去淮南之地，后周、南唐以江为界。

北宋初年，沿袭"道"制。淳化五年（994），正式废止道名，以负责财政事务的各路转运使"察地方事，兼统军民庶政，分路面洽"，由此，路由财政区演化为行政区，实行路、府州（军监）、县（军监）三级制。今江苏苏南地区分属江南东路、两浙路，苏中、苏北分属淮南东路、京东西路、京东东路。

南宋与金对峙期间，今苏北地区归金朝统治，其中徐州、邳州，属山东东路，泗州属南京路，海州属山东东路。今苏中和苏南地区属南宋，苏南分归两浙西路、江南东路，苏北大部归属淮南东路。

元代设行省，我国省制由此肇始。行省下辖路、府、州、县四等，大致以路领州、领县。今江苏长江以南属江浙行省，下辖平江路、常州路、镇江路、集庆路（治今江苏南京）、松江路、江阴州等；长江以北属河南江北行省，下辖扬州路、淮安路、高邮府、徐州和邳州。

明初建都应天府（今江苏南京），今江苏全境直辖京师，分设应天、镇江、常州、苏州、扬州、淮安、徐州等府。永乐北迁后，南京成为陪都，今江苏属南直隶，与直属北京的北直隶相对应。

清初，南京改称江宁，南直隶改为江南省。康熙六年（1667），分江南省为江苏、安徽两省。江苏省辖江宁、苏州、松江、常州、镇江、扬州、淮安、徐州等八府，以及太仓、通州、海州三直隶州和海门直隶厅。清代江苏的行政设置具有独特性，除两江总督、江苏巡抚同设一省，分驻江宁、苏州两地外，江苏一省设有两个布政使。江苏布政使司辖苏州、常州、松江、镇江四府及太仓直隶州，治苏州府；江宁布政使司辖江宁、扬州、淮安、徐州四府及通、海二直隶州和海门厅，治江宁府。苏州、江宁二府并为省会。在省与府之间设有"江宁、淮扬海、徐海、常镇通海和苏松太"五道。清末，江苏省领八府、三直隶州、一直隶厅、六十二县。清代新设铜山县、阜宁县、东台县与太平厅。

咸丰三年（1853），太平军攻克江宁，定为国都，改名天京。先后在太湖流域（含今上海市辖县）建立苏福省（辖苏州、常州、太仓、松江四郡、二十六县），在江浦地区建立天浦省，在宁、镇、扬地区建立江南省（辖江宁、镇江、扬州三郡、十三县）。

第二节　江苏地域文化的发展阶段

奠基时期　六朝第一次高峰　隋唐宋元时期的恢复与发展　明清第二个高峰

江苏地域文化的发展具有明显的阶段性。六朝之前，江苏地域文化处于奠基时期，其演进的过程，主要是原生的吴越文化、荆楚文化与中原文化不断碰撞、交流与融合，并在此基础上逐步形成新的文化类型和形态。六朝时期，江苏地域文化获得了空前的发展和繁荣，达到第一次高峰。隋朝与唐初，江苏地域文化进入相对低潮时期。但从唐中期开始而至五代、宋元，江苏又依凭着优越的自然条件，安定的社会局势，在文化、艺术、教育等各领域内均获得快速发展，特色鲜明。同时，其民众在精神上也逐渐形成了自我认同。明清两朝，江苏地域文化再次进入大繁荣时期，达到了第二个高峰。此时的江苏地域文化，不仅呈现出明显的地域特征，深深扎根在江苏这片土地上，而且还实现了向地域之外的开放性超越，推动并引领着全国文化的发展。

江苏省的史前文化，在旧石器时代并不发达。虽然目前已发现距今35万年前的南京猿人，以及4万多年前的下草湾人、1万年左右的莲花洞人等，但古人类化石的数量并不多。旧石器文化地点的同样如此，仅有40万年前的茅山山脉旧石器早期地点，以及若干旧石器晚期地点。这些不多的发现，只能粗线条地展示江苏古人类发展的基本脉络，勉强勾勒出江苏旧石器时代中晚期人类文化大致面貌。

进入新石器时代后，江苏的史前文化开始出现了新的面貌。目前发现的300余处新石器遗址充分表明，江苏各地先民因地宜地创造了丰富多彩的新石器文化，在生产工具、日用陶器、装饰品、武器和祭祀用品等方面皆体现了各地文化特色，由此形成了史前文化江南、江北两大体系。江北体系初步分为徐海平原、江淮平原两大部分，江南地区初步分为宁镇丘陵、太湖平原两大部分。这些文化在呈现各自特色的同时，相互之间也存在着较为密切的交流关系。同时，中原文化的影响也日益明显。如徐海平原的部分文化，就构成了北辛文化—大汶口文化刘林期—花厅期—龙山文化的序列。在距今4000年前，中原地区的龙山文化沿着早已存在的文化通道由北向南，逐渐渗透到苏中直至苏南新石器末期文化当中，迅速与当地文化结合并形成了新的文化类型，为走进历史时期建立古国奠定了基础。

先秦时期，中原文化对江苏尤其是江南的影响日益强化。从太伯奔吴、周章册封，再到春秋战国时期吴、越、楚的先后崛起和更替，标志着江南的吴越、荆楚文化与中原先进经济文化的碰撞、交流和融合不断加深，并在此过程中逐步形成一种新的形态。

魏晋南北朝时期，江苏地域文化的历史演进又呈现出新的格局。东汉时代已经逐步走向整合的江苏地域文化，此时因南北的长期分裂而又进入了江南、淮南、淮北分途异向的演变历程。在淮南、淮北的地域文化日趋复杂、丰富与具有活力的同时，江南的地域文化也迎来了第一次高潮，那就是六朝文化的繁荣。

汉末纷扰，天下三分，孙吴独据江左，遂开江南六朝之历史。在北方地区长期陷入分裂、战乱之时，相对稳定的江南，吸引了北方士族和人民的大量持久南迁。这种大量、持久而且广泛的人口迁徙，极大地丰富与提升了江南地区的文化内涵与文化层次，改变了江南地区的文化面貌与文化类型。陈寅恪先生曾指出江东孙吴建国与江淮地域强宗大族之间的密切关系⑥。而在江南土著士庶与各方迁来人口的共同努力下，到孙吴的中后期，其农业、手工业、商业以及经史学术、文学创作、士族家学已经有了相当程度的发达。西晋永嘉之乱后，中原汉族官民的南迁更是呈现汹涌澎湃之势，并有力推动了南方长江流域的持续开发⑦。南朝时期，北方人口继续南迁，江南社会政治经济相对稳定，江南地域文化进入繁荣期。总之，江南文化经历侨吴士庶的融汇，到南朝中后期，终于形成了一种区别于此前的秦汉三国、开启此后的隋唐时期的新江南文化。

这种新江南文化，是以江南政治地位的变化、外来人口的迁入以及相关的侨吴士庶文化的融合为前提的，是以汉魏及西晋的北方化的移植为基调的新的江南本土化，呈现出浓厚的江南地域色彩。创造这一文化的主体，是六朝士族。六朝士人非常重视自身的文化修养，有着高尚而精致的文化品位，他们开创了一个新的伟大的文化时代，给后世带来了丰富的文化成果。同时，这一文化，对后世的江南社会以至全国产生了多重而深远的影响。

以今南京为中心的南朝文化的兴起，是这一时期的巨大成就。公元229年，孙权称帝并以建业（今江苏南京，公元282年改称建邺，西晋永嘉南渡后复改称建康）为孙吴的都城，此后东晋、宋、齐、梁、陈各朝都相继定都建康城，前后延续三百多年。作为六朝古都的建康，无疑是当时的文化中心。在这里，南北士人云集，交流频繁，学术思想活跃，文学、艺术、宗教、科技等方面成就斐然，形成了江苏文化发展史上的第一个高峰期。

隋唐时期，江苏文化的发展大致可分为三个阶段。从隋朝统一全国到盛唐时期的百余年，为第一阶段。这一时期，作为六朝政权核心区域的江南，在政治、文化上受到了刻意的抑制。唐初诗人王勃所谓的"气尽山空"，正是这种氛围的体现。但是，此时的江南，却凭借着自身优越的自然条件和安定的社会环境，人口持续增长，经济不断发展。到唐中期后，江苏的总体发展水平在全国已经处于领先地位，尤其是江南诸郡，已经成为全国最发达的地区之一。安史之乱以后，江淮地区之所以能够一跃成为唐帝国的命脉所在，这完全归功于这一地区唐前期社会、经济的平稳发展。

安史之乱到唐末的百余年，为第二阶段。这一时期，江苏自北往南分属于不同的藩镇，徐、泗二州隶徐泗濠节度使，扬、楚二州隶淮南节度使，润、常、苏三州隶浙江西道观察使。徐泗濠屏障江淮，防遏河北藩镇的武力南侵，徐州的得失直接关系到漕运的畅通与否。淮南、浙西二镇，在唐代后期国家事务中的地位不分伯仲，同为"财源型"方镇。安史之乱以后，江南地区承担起了维系国命的重担，成为全国财政经济的重心，中国历史上延续千年的"南粮北调"格局由此形成。社会局势的长期安定、财政经济上的强势，"江南"这一地域概念也从秦汉以来广义长江以南地区，逐渐演变成专指今苏南浙北的狭义的江南。

此时的江南，其地位又非隋初可比。即使是一再悲歌南京历史的李白，却也在《为宋中丞请都金陵表》中称"金陵旧都，地称天险，龙盘虎踞，开局自然"，是对抗中原的理想之地⑧。事实上，盛唐以后的江苏，确实也一跃成为全国最受关注的地区。政治、经济地位的提高，促进了各项文化事业的长足发展。更重要的是，江淮民众的精神风貌也为之一变，意气风发，充分发挥了自己的聪明才智，在学术研究、文学创作及书法绘画等文化艺术等领域创造出了令人瞩目的成就。

唐末五代为第三时期。这一时期，与黄河中下游地区藩镇割据、军阀混战的乱局形成鲜明对照的是，江南地区数百年不见兵燹，保持着相对稳定。分属南唐、吴越两个地方政权的江苏，虽然偏于东南一隅，但在五代十国各政权中，其文化的发展与进步却令人瞩目。割据政权的积极倡导和身体力行，使这一时期的江苏地域文化，不仅继承、保存和发展了深厚的隋唐文化，而且还呈现了中国社会重大转型时期的特色及发展趋势，在教育、文学、绘画等多种文化领域内开宋代风气之先。也正因为如此，这些文化遗产虽历经千年，依然放射着耀眼的光芒，成为我国文化史上的一个奇迹。

北宋初年，南唐和吴越政权虽先后被北方统一，但其文化成就也随之播及北方，并成为中原王朝的重要组成部分。此时，江南虽远离作为全国政治中心的黄河中下游地区，却仍能依凭着自身的地域优势尤其是经济优势，在文化上不断积累和创新。北宋时期，江苏尤其是今苏南的文化，虽还不能完全与中原地区相颉颃，但其进步是非常明显的。这种进步，不仅体现在江苏出现了像范仲淹以及与江苏有密切关系的王安石等一批杰出的代表人物，而且也体现在江苏的文化发展，出现了与中原地区不尽相同的新趋势。北宋时期奠定的坚实基础，使江南之地不仅在北宋灭亡后能够维系南宋命脉近150年，为中原文化的保存作出了重大的贡献，同时更使中国文化在南宋时期形成了新的模式，并基本规定了其后来的走向。

宋室南渡以及汉族政治中心和文化中心的南移，对江苏文化的发展是一个重要的契机。南宋时期，中国的政治、经济、文化中心重合在以江浙为主的东南地区。这种格局，为中唐以后的新气象，此后也仅见于明初短短的数十年间。这种格局，对江苏文化的发展和提升产生了极大的积极影响。

这一时期，江苏文化精英士大夫阶层的数量和影响力大大增加。北方大量士大夫的南迁、科举制度的日益重要、教育系统的发展和发达经济的支撑等等，都是重要原因。南北士大夫的汇合交流，使江浙等地成为文化创新的重要地域。南宋的文化特色，已然与归于金朝的中原很不相同。经济的发展，也对文化的发展产生了重大影响。宋金的对立，造成了江苏以淮河为界的南北分治，并加大了原本就已存在的地域文化差异。

元朝统一中国，仍是以北方征服南方的形式完成。但蒙元时期的江苏地域文化，并不像原先认为的那样是在异族统治下的一无是处。由于南北的极大差异，元朝的统治政策也体现出明显的不同。江浙虽失去了南宋时期的政治地位，但相对于北方而言，其社会比较稳定，经济持续发展，文化传统仍能得以基本保留。汉族士大夫在政治上的出路虽已不畅，但元朝相对粗放的统治方式，也为江南士大夫提供了文化创新的空间。在元代中后期，与现实政治相对疏离的一批江南文人，在一定程度上摆脱了宋代道学的束缚，依凭自身雄厚的经济实力，在文学、艺术等方面寻求新的突破，成果斐然[⑥]。另一值得注意的现象是，元朝特定的时代背景，也给不同地域、不同民族的文化在江苏的交流和融合，提供了极大便利。

明清时期是江苏地域文化发展的第二个高潮。江苏在这一时期奠定的优势地位，一直保持到今天。

明代在南京立国之初，一方面以恢复华夏正统为口号，奉行唐宋之制，另一方面又依凭强大的国家权力，对各个领域进行全面干预，建立起一套以小农经济为基础的重农主义控制模式。与这种重农政策相配合，朱元璋严厉实行抑制工商业的政策，抑制社会分工合作的发展和社会结构的多元化发展，社会沉闷窒息。同时，朱元璋接受儒士主张，开始奉宋代理学，尤其是朱子学说，作为安邦治国的圣典。理学的原则和精神，通过政权力量及各种手段，被彻底贯彻到上层建筑的各个领域，渗透到意识形态的各个方面，并外化为具体的政治制度和原则，如行政、法律、人事、文教、监察、军事等等。朱元璋还通过学校、科举和文官制度，把人才的培养、选拔和使用有机地结合起来，三位一体，前后贯通，建立起强大的官僚政治体系，即以长期接受儒学教育的文士学人担负政务的士大夫政治。在明初这样特定的时代背景下，江苏地域文化的发展呈现出前所未有的特色。原有的太湖流域地主阶级知识分子因不合新朝旨趣而遭到广泛的打击，元末极具自身特色的地域文化受到极大的压制。广大的江南地主阶级知识分子，只得按照新朝的设计，亦步亦趋，孜孜于科举，在文化上难以再有创新。同时，由于明朝继承了元代的户籍制度，各类人户按职业分类管理并实行世袭，广大工匠大都被编入匠户，受官方管理和控制，因此官营手工业主要以朝廷为服务对象，甚少有自由发挥的空间。但是，也正是有朝廷的重点支持和重视，明初江苏完成了不少具有浓烈官方色彩的大型文化工程，如洪武时期的《元史》，永乐时期的《永乐大典》《五经大全》《四书大全》《性理大全》

以及《永乐南藏》等等。许多大型的建筑，如南京都城等，也基本上是通过朝廷之力来完成的。

　　大约从明中期开始，江苏地域文化又开始转型而进入全面繁盛时期。江苏尤其是江南在文化、艺术、教育等各领域内均获得了快速发展。这一转型，原因很多，但其中重要的一条，是社会经济发生了巨大的变化。商品经济的发展以及随之而来的巨大冲击，使明初的控制模式已难以为继，社会和文化呈现多元发展的趋势，"明清变革"由此开始。此时的江苏，作为引领全国的文化中心区域之一，几乎在所有领域都进入了一个全面创新的阶段，呈现出与明中期以前很不相同的局面。

　　明清鼎革，江苏地域文化又进入一个新的阶段。战乱引起的社会动荡，以及新朝通过一系列大案如"哭庙案"、"奏销案"、"通海案"等来打击知识分子的举措，使江苏地域文化进入了一个相对低潮阶段。但随着政局的稳定，江苏地域文化又进入全面恢复和发展阶段，在许多方面仍保持着全国领先的地位。但由于思想、文化专制的高压，清代江苏知识分子一改晚明以来的江南士风，大都只能循规蹈矩，孜孜于科举功名。其学术的旨趣，也多囿于远离现实政治的考据之学。更多的知识分子，追求生活上的情趣和享受，或置身于山水园林，或沉浸于书画戏剧，诸如此类，不一而足。江苏地域文化也因此呈现出鲜明的清代特色。乾嘉时期常州学派的兴起，是江苏地域文化值得重视的大事。这一学派的兴起，标志着清代学术由乾嘉考据学派而向今文经学的转向，而这一转向对晚清的学术思想以及政局产生了重大影响。这是江苏对近代中国的一大文化贡献。自鸦片战争以来，近代江苏始终是接受西方文化、开风气之先的重要区域之一，在中西文化交流以及中国近代化中占有重要的地位。

第三节　江苏的次区域文化

江南、江北　南京、苏州　扬州、徐州

　　江苏地域文化，既有它的整体性，同一性，但其内部也存在差异性，特质性，并由此形成几个各具特色的主要文化区域。江苏的地域文化，一方面呈现出明显的次区域文化特色，另一方面各次区域之间也存在着交流和融合。

自然地理方面的因素，是形成地域差异和特色的基础。对一个以农业为发展基础的古代社会来说，自然环境的影响是决定性的。各区域纬度的不同、海陆距离的远近，导致区域条件和资源禀赋，以及以此为基础的经济社会活动的南北差异和东西不同。这种差异性，构成了文化现象次区域特色的基础。就南北而言，长江、淮河不仅是自然地理的分界线，同时也是明显的次区域文化分界线。它们把江苏分隔成苏南、苏中、苏北三大区域。就东西而言，海陆距离的远近，也产生了苏北东部的沿海一线与苏北西部地区，以及苏南太湖东部沿海地区与太湖西部宁镇地区的明显差异性。

与自然环境关系密切的行政区划，也是影响次区域文化差异的重要因素。这种影响，主要来自于省级以下的府、县级政区。现代的江苏政区，直到清代前期才基本确定。而在此以前，现在江苏政区所辖各地，其归属并不统一。其中长江的影响尤为巨大，由此阻隔而形成的江南、江北区域，奠定了江苏历史政区的基本格局。在秦统一中国前，今江苏大江南北在绝大部分年代里分属于不同的诸侯国。自秦废封置郡县后，迄至清康熙六年江苏建省，共历 18 个朝代，近两千年间，江南、江北在大部分时间里也都属于不同的行政区域，有时甚至分属不同的政权。即使是在清代江苏建省后的二百余年中，江南、江北依旧隶属不同的行政区划，分由两个布政使司管理。不断变化的省级政区，对江苏地域文化整体性、同一性的形成有着复杂的影响。与此不同的是，省级以下的府、县级政区却一直基本保持长期的稳定。若干相邻的府县，共同形成了今天江苏政区中的基本板块。这些基本板块，在历史时期相对稳定，拥有共同的地理、经济等基础，在文化上具有属地鲜明的同质特点。次区域文化特色由此而奠定，多元文化格局也由此生成。

次区域文化特色的形成，虽经历了漫长的阶段，其间也有诸多变化，但其基本的态势，早在新石器时代就已形成。江苏史前文化已明显呈现出江南、江北两大体系。前者大致可分为徐海平原、江淮平原两大部分，后者大致分为宁镇丘陵、太湖平原两大部分。这种基本格局，对后世产生了巨大的影响。

在今江苏长江以南地区，明显存在着分别以苏州和南京为核心的次区域文化。该地区在先秦时期，先后由吴国、越国和楚国统治，吴、越、楚文化相互交流，最终奠定了江南文化的基础。长江以南原吴国疆域，号称江东，后为越地，最后归于楚国。因吴文化为其源，习惯上还是称之为"吴地文化"。其地域涵盖今南京、镇江、常州、无锡、苏州等地，太湖流域为其核心。此后，江南地区虽仍被视作一体，但经千年流变，其内部的差异性开始出现，并大致形成以苏州为核心的吴文化区和以南京为核心的金陵文化区。在统一时期，两者经常不归属于同一行政区划，而在分裂时期，两者甚至分属于敌对的割据政权。如五代十国时期，两者就分属吴越和南唐。又如在元末，两者又分属于张士诚集团（"东吴"）和朱元璋集团（"西吴"），苏州和南京竟成为各自的统治中心。这种局面的形成，固然有政治方面的因素，但两者之间的地域差异性也发挥了重大作用。

同样，在今江苏长江以北地区，也明显存在着以徐州和扬州为核心的次区域文化，淮河为其分界线。在淮河以北，形成了以徐州（彭城）为中心的楚汉文化区。这一地区在深受中原文化影响的同时，仍保留着自身鲜明的特色。在长江、淮河之间的今苏中地区，形成了以扬州为中心的维扬文化区。该区为南北交汇之地，其文化也兼具南北过渡性特色，但偏重于江南特色。其范围包括今天的淮安、扬州及南京的江北地区。值得一提的是，在长江以北沿海地区，还有一个相对独立的海洋文化区，其范围大致覆盖今南通、盐城、连云港等。

五个次文化区域的各自特点，大致可作以下概括：金陵文化区龙盘虎踞、南北贯通、洋溢着浓厚进取精神；吴文化区聪颖灵慧、细腻柔和而又视野开阔、富于创新；维扬文化区清新优雅而又豪迈俊秀；楚汉文化区气势恢弘、尚武崇文、以英雄主义为主流；海洋文化区活力四射、充满开放意识[10]。

尽管存在着明显的次区域特色，但江苏各个区域之间仍然存在着相互的密切联系，移民是重要原因之一。例如宁镇地区，由于地缘关系，曾多次接受长江以北的移民，其文化与今苏北、安徽较近，而与同在江南的太湖地区反而较为疏远。又如今苏北沿海地区的某些县份，近代因接受苏南常熟等地的大量移民，其文化深受苏南影响。有些地区，由于特殊的历史条件，其文化呈现出跨区域的特色，如扬州就属此类典型。扬州虽地处长江以北，但因位置特殊，加上其他历史原因，其文化特色较为复杂。不同的历史时期，各个区域的地位各不相同，此消彼长，互补融合。

第四节　江苏地域文化的历史地位与特色

南北文化之交汇及其贡献　地域文化之特色

江苏的南北向文化交流，要远远重于东西向交流。虽然历史上不乏东西交流的例子，其中比较典型的如楚文化东下等，但就主流而言，南北交互的作用要重要得多。江苏处于南北交汇之处，南北的交流不仅对其文化本身的形成产生了重大影响，而且对全国各地文化的融合贡献巨大。

江苏地域文化的发展，几次得益于历史上北方文化的南下。这种文化的南移，又是以大规模的移民为载体的。陈正祥曾指出，永嘉之乱和晋室南渡、安史之乱、靖康之难和宋室南渡，是"逼使文化中心南迁的三次波澜"，南北的地位由此发生转变⑪。江苏地域文化的发展，确实是与这几次大规模的移民分不开的。但更值得注意的是，江苏与其他几个江南省份，在北方出现大的动荡而全国呈现分裂局面时（往往是北方游牧民族入主中原后引起的），凭其自身独特的条件而暂时承担起保存、延续和发展中国汉文化的重任。当大一统局面重新出现时，这些省份所保留及创造的文化，又北上成为构建新时期中华文化的重要组成部分。

这种南北的文化交流，早在史前时代就很明显。江苏史前文化的两大体系即江南、江北之间，就一直存在着较为密切的交流关系。同时，中原文化的影响也日益明显。此后，原生的吴越文化、荆楚文化与中原文化不断碰撞、交融，逐步形成新的文化类型和形态。

六朝时期是江苏地域文化重要的发展、丰富与转型时期，并最终在南朝的中后期形成了新江南文化。所谓新江南文化，是区别于孙吴、西晋时代的旧江南文化而言的。西晋永嘉之乱后加速转型而形成于南朝中后期的新江南文化，继承并发展与丰富了原先的北方文化与江南文化的精华，因此较之更加优胜。与同时期北朝胡汉融合下形成的新北方文化相比，新江南文化更为精致优雅，并被视为汉、魏、西晋北方文化的直系继承者，而其回传、反哺、补充新北方文化的结果，又使之成为隋唐北方文化的重要源头与隋唐精英文化的基础之一⑫。陈寅恪提出的隋唐文化的三个源头中，就有两个即"（北）魏、（北）齐"与"梁、陈"是间接或直接来自于南朝文化⑬。南朝的核心区域是今江苏等省份，南朝文化换言之亦就是以江苏等为核心的江南文化。

五代时期南唐、吴越国的情形与六朝稍有不同。南唐、吴越国割据江南时期，其实力虽不如中原政权，但在文化上建设上却取得了巨大的成就，与长期处于战乱之中的北方地区形成了鲜明的对比。这种成就，同时体现在对隋唐文化继承与发展两个方面。因此，当这两个政权先后被北宋统一后，以金陵为中心的南唐文化和以杭州、苏州等为中心的吴越文化，相继影响北方，成为北宋初期中央政权文化重建的重要基础。承前启后，影响深远。

"靖康之乱"这一重大历史事件，对南北交流文化也产生了深远影响。北宋的灭亡以及南宋的建立，使全国的政治、经济和文化格局发生了重大变化。南宋与金朝以淮河为界，南北对峙。大量北方移民尤其是精英阶层的南下，使江浙地区再次受到中原文化的重大影响。不过，与六朝时期不同的是，这种影响已不是简单的北方文化凌驾于南方文化，而是江浙地区在接纳外来的北方文化并成为全国文化中心的同时，融合创造出新的文化。相对于金朝统治下的中原地区而言，江浙地区的文化不仅水平超越，且代表了以后中国文化的发展方向。由于南宋定都杭州，移民高潮又一次出现，社会出现了明显的流动性，文化精英也相对集中到了江南。在江南传统文化的基础上，多元文化逐渐融合，形成了新内涵，将江南地域文化的发展推向了一个新高度。

后人在论述明清时期江苏等南方省份的文化之盛时，也特别强调六朝以来的北方移民的贡献。如明人陈于陛说："本朝南方数省人才之盛者，非地气轮转之说。盖当五胡乱华时，晋元都江左，一时中原文物俱从之南。宋金之乱，高宗都南，中原文物又复随之南下。盖数百年中华衣冠文物之秀气钟毓在南者甚久，故发之本朝特甚。"⑭梁储也说："中国当典午与赵宋南渡时，衣冠避地，多自北而南者。今江浙闽广之士，皆昔贤之后。是虽山川英灵融结之气钟于人物，亦岂非积厚流光之所致耶！"⑮

元代的统一，使原本分裂的南北地区重新对接，南北文化的交汇也随之而来。这种南北交汇，既有原南宋、金朝汉文化之间的互动，也有各民族之间的文化融合。但就总体而言，由于当时历史条件的限制，南北之间的文化隔阂仍无法有效消除。明显发达的江浙文化，虽不乏如理学北上并受到一定认同之类的动向，但仍无法成为当朝的主流。同时，蒙古、色目以及北人（指原金朝统治下的汉人）的地位虽明显高于南人（指原南宋统治下的汉人），但在文化的南北交流上并未取得优势。江浙地区的文化不仅仍保持着相对的独立性，而且还吸引众多的北来人士模仿。

明初的南北交流格局明显改变。朱元璋定都南京，江苏成为全国的政治、经济、军事、文化中心区域之一。元代受抑的江南文化，至此成为全国的文化主流。其中以程朱理学为核心的文化政策以及相应制度的确立，是一大标志性事件。程朱理学至南宋朱熹而集大成，并在南宋末年始获官方承认，但其真正实现由学术思想向统治思想的转变，应是在明初。明太祖朱元璋接受儒士主张，开始奉宋代理学尤其是朱子学说作为安邦治国的圣典。明成祖朱棣，又汇集程朱学派的主要著作，官修《五经大全》《四书大全》《性理大全》作为定本，颁行全国。这三部理学大全的编修和颁布，标志着程朱理学已成为明代官方哲学和政治思想的灵魂。更重要的是，明初以程朱理学为核心，学校、科举、文官三位一体，共同构成了当时人才的培养、选拔及使用这一基本制度。因此，在明初的近60年中，江苏在南北文化交流中处于优势地位。

永乐十九年（1421）以后，京师北移，南京成为留都，江苏政治地位下降。明清鼎革以后，江苏的政治地位更是进一步下降。但是，由于江苏在明清两代一直是全国的经济中心，文化发展也一直居于全国的前列，因此其在南北的文化交流中，仍发挥着主导作用。当然，江苏的文化辐射，其方式已与明初明显不同，更多的是依靠其自身的实力和魅力。

江苏地域文化有一个长期衍变的历史过程，不同时期先后呈现出各自的特色。如先秦时期吴越的尚武文化，到后来已难见踪影。再如六朝时期形成的文化风格，也并没有被后世完全继承。不过，至少到宋元时代，江苏尤其是江南地区的文化特色就已基本形成，并得到广泛的认同。一个自然环境优越、物产资源丰富、开发程度高超、经济发展强势、民众生活富裕、教育科举发达、文化艺术繁荣、社会局势安定，同时生活精细、语言侬软、民众文弱、工于心计等等，已成为江南地域有别于其他地域的江南印象，深入人心。

江苏地域文化具有浓烈的水乡色彩。这与江苏的地理环境密不可分。杜荀鹤在《送友游吴越》一诗中就这样描写江南的水乡情景："去越从吴过，吴疆与越连。有园多种橘，无水不生莲。夜市桥边火，春风寺外船。此中偏重客，君去必经年。"[16]其实，江苏境内的这种水乡情景，并不限于江南。江苏的大部分地区多属水乡泽国。发达的水系，犹如一张巨大网络，是江苏的血脉。在以农立国时代，江苏的开发，与水利密不可分。水利是江苏经济的命脉、社会发展和文化繁荣的物质基础，江苏的地域文化由此而被赋予了浓烈的水乡特色。

水网决定着江苏的城乡格局。江苏的城镇乃至乡村聚落，几乎都是傍水而建。南京、苏州、无锡、常州、镇江、扬州、淮安等都市固不待言，就连一般的市镇、村落，也无不如此。究其原因，就是因为离开了水网，无论生产、生活、交通等皆无法进行。

水网也是城镇空间布局的灵魂。河道密布，桥梁众多，是江苏多数城镇的景观特色。民居多枕河而筑，前河后街，"小桥、流水、人家"，构成人们对江南城镇景观的基本意象，而舟楫也成为这一地区的标志性符号之一。杜荀鹤《送人游吴》是这样生动地描写苏州的："君到姑苏见，人家尽枕河。古宫闲地少，水巷小桥多。夜市卖菱藕，春船载绮罗。遥知未眠月，乡思在渔歌。"[17]这里的建筑风格、城市布局乃至人们的生活方式，都与水乡的自然生态和谐统一，娱乐与休闲活动也都将水乡情趣发挥到极致。

高度发达的都市文化，是江苏地域文化的另一重要特色。高度发达的城镇体系，为江苏地域文化的发展提供了强大的动力。秦汉以后江苏城镇体系的发展，主要经历三个阶段。六朝时期是第一阶段，后来成为中心城市的南京、苏州、扬州，此时皆获得较大的发展。唐宋元为第二个阶段。此时城市性质的转变，以及域内经济的长足进步，不仅使江苏城镇的数量大增，而且其在全国的地位也迅速上升。扬州、苏州等已成为全国举足轻重的大都市，南京也在唐末重新崛起。第三阶段也是最重要的阶段是明清时期。明初南京因定都而一跃成为全国的中心城市。永乐迁都后其地位虽有所下降，但仍是南方地区最为重要的城市。尤其值得注意到是，明中期以降，江苏城镇开始了新一轮的勃兴。商品经济的发展有力地推动了城镇的持久发展和长期繁荣，原有的中心城市继续发展，新型工商业市镇的大量出现。至此，江苏，尤其是苏南和苏中，已成为全国城市化水平最高的地区之一。近代以来，江苏城市开始近代化转型，其水平也领先全国。

城镇是地域文化的核心载体，并对地域文化的形成和发展影响重大。高度发达的城镇，成为都市文化发展的载体和动力。王锜曾生动记载了苏州从明初压抑中逐步恢复而重新繁荣的过程[⑱]。这一记载，也可以说是明中期以来江苏城市文化全面恢复和发展的写照。流传至今的《南都繁会图》，也生动描述了明后期南京的都市形象。画中出现的市招多达109处，涉及各行各业，更有上千人物，各自成群，其"城市感与今日都市十分类似：都市犹如一个舞台，群众在其中或表演，或观看，阶级区分并不明显，男女性别皆有；都市同时也是人与物流动、互动的地方，商业活动为其大者，而'消费'一事更是重要"[⑲]。娱乐、消费、繁华等，已经成为这一城市文化的主流。

当然，城市文化的全面繁荣，也并非完全像王锜所言，是"气运使然"、"由朝廷休养生息"所致。其更深层的原因，是明中期以后江苏经济的全面转型。苏州等先进地区率先突破明初小农经济的模式，开始了大规模的商业化进程，而地域文化的发展由此也进入了一个新阶段。

江苏地域文化具有鲜明商业化特色。地域文化的商业化，不仅使各类文化产品成为商品，卷入市场，更重要的是，它使地域文化获得了不断创新和持久繁荣的强大动力。商业对文化发展的推动，还直接体现商人的文化经营和消费上。如明代中期以后，随着商业的发展，以及社会经济结构的不断演变，商人队伍不断扩大，在社会经济中的作用也越来越重要。作为商品经济发展水平最高的省份之一，江苏不仅涌现出大批具有较高的经济实力和影响力的本地商人，而且还吸引了国内各个地区的商人商帮来江苏经营。这些商人团体，对江苏文化的推动作用是不可低估的。徽州商人与扬州城市生活以及园林、戏曲、饮食、娱乐以及出版等之间的密切关系，就是一个十分突出的例子[20]。

如昆曲的繁荣与传播，就是与商人团体的大力参与分不开的。雄厚的经济实力和崇奢的消费偏好，使得云集江苏的各帮商人在昆曲的发展和推广过程中大显身手。如扬州的大盐商，就通过蓄养自己的私人戏班即家班途径而使扬州成为昆曲的中心之一。自商人徐尚志"征苏州名优为老徐班"而首开组建昆曲家班之风后，扬州的富商大贾争相效尤，先后组建了大张班、小程班、大洪班、德音班等昆曲家班[21]。此外，为了满足其他层次的观众的需要，昆曲职业戏班也大量出现，扬州的昆曲演出由此兴盛起来。扬州盐商在昆曲的传播过程中，也起了关键性的作用。如以外地商人尤其是以徽商和山西商人居多的扬州盐商，往往因顾念乡情、炫耀资财或其他种种原因，而将自己的昆曲家班带回故乡演出，这就使得昆曲流传到了更多的地区[22]。

士大夫阶层是引领江苏地域文化发展的中坚力量。明清时代江苏学校发达、科举兴旺，士绅众多。苏州、南京、扬州等城市，更是吸引大量外地士绅趋之若鹜。这一阶层，对江苏地域文化的发展贡献颇多。他们不仅把江苏的经学、文学、教育、学术思想等推向了一个新的顶峰，而且从明中期开始，还引领着一种新的文化创造和消费方式。这种方式，虽也曾见于六朝、元末等时代的江南，但其影响、内涵和规模，却堪称前无古人。

明中期以来，江南士大夫开时代风气之先，开始追求一种"'闲'而'雅'的生活模式"，"建立一套新的生活美学———一种优'雅'的生活文化"[23]。他们在衣食住行等各个方面追求精致、高雅、时尚，将园林、书画、茶香、琴石、文房四宝等作为生活的重点，赏玩之余，营造情趣，寄托生命。士大夫的这种追求，极大刺激了相关行业的繁荣和提升，有力地推动江苏地域文化的发展。同时，士大夫倡导的流行时尚，又为社会各阶层所竞相模仿。如服饰消费方面，晚明江南的衣帽服饰，日新月异，已经出现了"社会仿效"的现象。而流行时尚的快速变迁，带动了消费的需求，促进了江南纺织业和制衣业的发展。华丽和新奇的款式，使江南的服饰风尚风靡全国，南京、苏州等也成为服饰制造的中心㉔。其他的消费如旅游、家具、饮食等，也大致经历了相同的过程。

　　江苏的地域文化在中外文化交流中承担了重要角色。六朝时期是江苏地域文化发展的第一个高峰。这一时期的江苏文化，处于全国领先地位，其对外的交流尤其是与东亚、东南亚的交流，十分频繁，影响深远。隋唐时期，扬州、镇江成为中国对外交流的重要港口。从唐代扬州的对外陶瓷贸易就能充分说明江苏对海外的辐射作用。自20世纪70年代以来，扬州唐城遗址出土了大量的陶瓷标本。这些标本为我们了解扬州作为唐代外销港口的繁荣提供了重要实物证据。从出土瓷片来看，初唐至盛唐时期扬州的贸易瓷器主要来自于江西洪州窑、湖南湘阴窑、安徽淮南窑（寿州窑前身）以及江苏宜兴涧滋窑。中唐至晚唐主要是产自浙江越窑、瓯窑、婺州窑，湖南长沙窑，江苏宜兴涧滋窑，安徽寿州窑，河南巩义窑、密云窑、郏县黄道窑，河北邢窑、定窑，江西饶州昌南窑（景德镇窑前身），广东汕头、潮州窑等。全国各地窑口的瓷器之所以大量云集扬州，是因为扬州港是当时中国对外贸易的重镇。大量的瓷器通过扬州港源源不断地外销海外。亚洲、非洲各地的许多港口出土的同时期中国贸易陶瓷标本，与扬州的非常近似或完全一致。更值得注意的是，江苏宜兴涧滋窑的产品，在其中扮演了重要角色㉕。

　　宋元时期，江苏的对外交流多以民间海洋贸易的形式进行。而到明代前期，由于南京成为当时的政治中心，朝贡贸易成为当时对外文化交流的主要形式。郑和下西洋更是把其推向了顶峰。无论是民间贸易还是朝贡贸易，江苏一直在对外文化交流中发挥着重要作用。明代中期以后，江苏更多的是依凭自身的优势，通过贸易大量输出各类优质商品，在海外赢得了巨大的声誉。

在输出的同时，江苏也在不同时期吸收域外文化。如六朝时期东南亚佛教文化输入、明末至清前期欧洲文明的输入，皆可圈可点。近代开埠以来，江苏更是成为引进、传播、消化西方文明的重要地域之一，走在近代化的前列。

江苏地域文化最大的特色，就是长期繁荣、历久弥新，全面发展、精致优雅。

至迟到唐代后期，经过长时间默自积蓄的江苏文化，已经开始摆脱隋初以来的压抑，重新崛起，并在各个领域显示出明显的地域特色。至少从南宋开始，江苏文化已走在全国的前列。这种繁荣和领先，在此后的元明清三代一直得以保持。江苏持久而强大的文化创新能力，是这种局面得以长期维持的前提。至少在明清两代，凡具有全国影响的重大文化创新，几乎都与江苏有或多或少的关系。江苏是名副其实的文化创新重镇。也正是这种不断地创新，江苏文化才得以保持鲜活的个性和旺盛的生命力。

江苏地域文化的全面发展，首先是指拥有较高的整体水平。江苏地域文化发展的地理分布，明显不同于其他省份。江苏不仅拥有南京、苏州、扬州、常州、徐州、镇江等具有全国性影响的文化城市，同时还有一批具有文化影响力的中小城镇。如苏州府属的常熟县，其行政级别虽为县级，但其文化地位却要远远超出一般。更有明清以来涌现的为数众多的市镇，其文化贡献也不可小觑。其次，江苏地域文化的全面发展，还体现在众多文化门类的共同繁荣。江苏无论在学术、思想、文学、教育、宗教、中医等方面，还是在园林、音乐、戏剧、绘画、书法、工艺等方面，都取得了极高的成就。这种全面性的成就，奠定了江苏在全国的文化中心地位。再次，江苏地域文化的全面发展，也体现在社会各个阶层对文化建设的共同参与。以士大夫阶层为主的精英阶层，固然是地域文化建设和引领的核心，但其他社会阶层也是不可或缺的重要角色。正是士农工商的共同参与，雅俗之间的不断互动，才是江苏地域文化不断走向优雅、精致，成为全国向往、模仿的典范。

【注释】

① 储东涛:《江苏经济史稿》,南京大学出版社 1992 年,第 26—27 页。

② 李孝聪:《中国区域历史地理》,北京大学出版社 2004 年,第 242 页。

③ [晋] 陈寿:《三国志》卷 35《蜀书五·诸葛亮传第五》,中华书局 1976 年,第 912 页。

④ [梁] 沈约:《宋书》卷 35《志》第 25《州郡一》,中华书局 1976 年,第 1039 页。

⑤ 李孝聪:《中国区域历史地理》,北京大学出版社 2004 年,第 244 页。

⑥ 陈寅恪:《述东晋王导之功业》,《金明馆丛稿初编》,上海古籍出版社 1980 年,第 49—50 页。

⑦ 谭其骧:《晋永嘉丧乱后之民族迁徙》,《长水集》(上),人民出版社 1987 年,第 199 页。

⑧ [唐] 李白:《李太白全集》卷 26,中华书局 1977 年,第 1213—1214 页。

⑨ 萧启庆:《元代的族群文化与科举》,台北联经出版公司 2008 年,第 49 页。

⑩ 胡阿祥:《中国历史研究的地域视野》,《学海》2009 年第 1 期。

⑪ 陈正祥:《中国文化地理》,三联书店 1983 年,第 3—5 页。

⑫ 胡阿祥:《魏晋南北朝时期江苏地域文化之分途异向演变述论》,《学海》2011 年第 4 期。

⑬ 陈寅恪:《隋唐制度渊源略论稿》,三联书店 2001 年,第 3—4 页。

⑭ [明] 陈于陛:《意见·南方人才之盛》,《四库全书存目丛书》子部第 87 册,齐鲁书社 1997 年,第 360 页。

⑮ [明] 梁储:《郁洲遗稿》卷 5《送郭天锡知德兴县序》,《景印文渊阁四库全书》第 1256 册,台湾商务印书馆 1986 年,第 578 页。

⑯ 《全唐诗》第 20 册卷 691,中华书局 1960 年,第 7926 页。

⑰ 《全唐诗》第 20 册卷 691,中华书局 1960 年,第 7925 页。

⑱ [明] 王锜:《寓圃杂记》卷 5《吴中近年之盛》,中华书局 1984 年,第 42 页。

⑲ 王正华:《过眼繁华——晚明城市图、城市观与文化消费的研究》,载李孝悌编《中国的城市生活》,台北联经出版公司 2005 年,第 26 页。

⑳ 王振忠:《明清徽商与淮扬文化变迁》,三联书店 1996 年,第 120—142 页。

㉑ [清] 李斗:《扬州画舫录》卷 5《新城北录下》,中华书局 1960 年,第 107 页。

㉒ 秦翠红：《明清商人与戏曲剧种的传播》，载《文化中国》，（温哥华）文化更新研
　 究中心，2006 年第 4 期。

㉓ 王鸿泰：《闲情雅致——明清间文人的生活经营与品赏文化》，《故宫学术季刊》第
　 22 卷第 1 期，台北故宫博物院 2004 年。

㉔ 巫仁恕：《品味奢华——晚明的消费社会与士大夫》，台北联经出版公司 2007 年，
　 第 305—306 页。

㉕ 邹厚本：《江苏考古五十年》，南京出版社 2000 年，第 378—381 页。

上编

第一章

星光闪烁的史前文化遗存

考古学上把文字产生以前的历史时期称为石器时代，石器时代又分为旧石器时代和新石器时代两个发展阶段。

江苏地处中国中东部，浩瀚的长江与淮河自西而东奔腾而下横贯境内，天然地将江苏划分为江南、江淮和淮北三个不同的地理单元。生活在不同地理环境中的先民因地制宜地生产和生活，农业生产逐步发展，涌现出越来越多的专业化生产部门。

随着经济活动的多样化，集团成员逐渐分化为不同的阶层，社会结构也变得日益复杂，石器时代的文化遗存基本反映了江苏史前时期社会复杂化的进程。

第一节　旧石器时代远古先民及其创造

南京人　下草湾人　莲花洞人　放牛山遗址　将军崖遗址　三山岛旧石器地点

江苏位于黄海之滨，由于淮河和长江都流经这里汇入大海，形成淮河冲积平原和长江三角洲，给江苏带来得天独厚的优越自然地理环境。

自古以来，这里河流纵横交错，湖泊星罗棋布，地势低洼，丘陵连绵，气候宜人，从中孕育、造就了丰富灿烂的江苏史前文明，如同一串散落的珍珠，在霞光的映照下熠熠生辉。

江苏发现的时代最早的古人类化石是距今35万年前的南京人，时代较晚的有距今4万多年前的下草湾人，还有距今1万年前的莲花洞人等。这些人类化石勾勒出江苏古人类发展的基本脉络。

江苏发现的时代最早的旧石器文化是距今40万年前的句容放牛山旧石器地点，还有距今3万年前的马陵山和锦屏山旧石器地点，以及1万年前的苏州三山岛细石器地点等。

南京人，1990年3月发现于南京市汤山镇葫芦洞内。该洞穴出土了2个人类颅骨和1枚牙齿化石，1号颅骨化石与在北京周口店发现的北京人颅骨有许多近似的特点，其脑容量约为1000毫升，女性，年龄30岁左右；2号颅骨的基本特征也与北京人相似或相近，男性，年龄35岁左右。他们的齿面形态和大小与北京人相似，属直立人，这三件人化石被命名为南京人。与古人类同层发现的动物化石有棕熊、中国鬣狗、虎、豹、中华貉、李氏野猪、葛氏斑鹿等，以周口店动物群为主，还有少量非典型的南方动物群，南京直立人和动物群的特征表明当时的气候特征属温带性质[1]南京人的地质年代为中更新世中期，绝对年代距今35万年左右，是江苏最早的古人类化石。

下草湾人，1954年发现于泗洪双沟镇。下草湾人化石是一段有一定程度石化的人类右侧股骨。该股骨较直，不如现代人股骨那样向前弯曲，形态特征介于北京人与现代人之间。因此命名为下草湾人，属晚期智人，距今约4万年至5万年[2]。

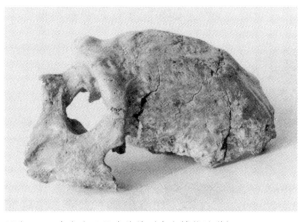

图上1-1 南京人1号头盖骨（南京博物院藏）

　　1981 年，在发现下草湾人的地点附近发掘了一处属旧石器晚期遗址，出土了与下草湾人属于同一时期的刮削器、尖状器、小石片、石核等石制品③。下草湾人及其石器的发现为研究江苏旧石器时代晚期阶段文化面貌提供了重要资料。

　　莲花洞人，1981 年发现于镇江市南郊。莲花洞发现的人类化石为一颗下臼齿，可能为第二下臼齿，属晚期智人；伴出的动物化石有红面猴、豪猪、棕熊、西藏黑熊、貉以及鬣狗、兔、额鼻角犀、野猪、王氏水牛等④；莲花洞出土的旧石器有石核、刮削器等。莲花洞旧石器时代遗址的年代属距今 1 万年左右的晚更新世早期⑤。莲花洞遗址既有古人类化石，又伴有动物群化石和人类加工的石制品出土，是一处重要的晚期智人化石地点。

　　放牛山遗址，位于句容市茅山山麓。1999 年发掘，出土了 50 余件石制品。石制品厚重，种类有石核、石片、刮削器、镐、薄刃斧、石球、雕刻器等，绝大多数石制品保持了锐利的棱角或锋利的刃缘，说明放牛山地点的文化遗存属于原生堆积，应是远古人类的临时停留地。放牛山遗址分为两个时期，早期年代距今 20 万年至 40 万年，晚期年代在距今十五万年，属于旧石器时代早期文化⑥。放牛山遗址与南京直立人的时代相当，填补了我国旧石器时代早期有人类化石而无人类文化的空白。

　　将军崖遗址，位于连云港市锦屏山南麓。2004—2006 年三次发掘，出土了 1500 余件石制品，有石核、石片、石锤、刮削器、尖状器、石锥、雕刻器和砍砸器等，以刮削器和尖状器为主。将军崖遗址分早、中、晚三个时期，早期年代距今 3 万年，中晚期堆积属于晚更新世，晚期地层发现破碎陶片，可能延续到新石器时代⑦。将军崖遗址是苏北鲁南发现的具有原生地层的旧石器时代晚期遗址，填补了这一地区旧石器时代晚期到新石器时代早期过渡环节，为研究南北旧石器文化关系、细石器文化起源、海平面变化和海岸变迁提供了重要资料。

　　三山岛旧石器地点，位于苏州市太湖中三山岛大山附近。1985 年发掘，出土石制品 5200 多件，主要有石核、石片和刮削器、尖状器、锥、钻、雕刻器、砍砸器等石器。石器组合反映了当时以渔猎特别是渔业为主的生产经济形式。从石器形态对比以及附近发现的动物群年代，推测这里的石制品年代约距今 1 万年左右。其文化面貌具有中国传统旧石器文化的共性，又具有地方性特点，因此命名为三山文化⑧。三山遗址的发现填补了太湖流域旧石器时代晚期文化空白，为太湖流域新石器时代文化起源提供了重要的线索。

第二节　文明的诞育

徐海地区遗址　江淮地区遗址　宁镇地区遗址　太湖地区遗址

江苏地貌类型多样，气候变化引发的海平面频繁升降导致了江苏新石器时代文化类型多样化。现已发现的 300 多处遗址表明，新石器时代的先民因地宜地创造了丰富多彩的新石器文化，江苏的文化区系体系大致可分为江北的徐海地区、江淮地区和江南的地宁镇地区、太湖地区。

徐海地区指黄淮平原的南部，即今江苏北部的徐州和连云港（海州）地区。经过发掘的新石器时代遗址有邳州大墩子、刘林、梁王城，新沂花厅、小徐庄和连云港藤花落等。

徐海地区的考古学文化序列主要为北辛文化（前 5300—前 4300年）—大汶口文化（前 4300—前 2500 年）—龙山文化（前 2500—前1900 年）。

将军崖岩画，位于连云港市锦屏山，1978 年发现。在长 22 米、宽15 米的范围内有三组岩画，岩画附近有三块带人工痕迹的大石块。第一组岩画长 4 米、宽 2.8 米，内容包括人面、农作物、兽面纹和各种符号图案，人面线条杂乱，佩戴尖圆顶、三角形尖顶和网纹头饰，图案皆为阴线刻，刻痕为 V 字形；第二组岩画长 8 米、宽 6 米，内容以鸟兽纹、类星象图案为主，兽面图案数量多、分布集中，鸟兽纹中夹杂各种图案符号。类星象纹由三角形、单或双圆圈、圆点和短线构成，其间夹杂兽面图案和各种符号，刻痕宽而平浅；第三组岩画共有四个人面图案，用圆点和短线表示五官，有的有羽毛状头饰，其间有类星象图案。经微腐蚀断代法测定，人面像岩画时代距今 4500—4300 年⑨。

将军崖岩画与附近的大汶口文化、龙山文化遗址有一定的联系，是史前农业社会生活形象的反映。

大伊山遗址，位于灌云县大伊山，1985—1986 年两次发掘。大伊山遗址发现了我国最早的石板墓，石板墓系用薄石板嵌入地下作为棺壁，棺壁上覆盖石块作为棺盖，石棺长 1.6 — 2.6 米、宽 0.5 — 0.8 米，随葬少量陶器、石器、玉器和骨角器⑩。大伊山墓地时代相当于大汶口文化早期；石板墓在我国东部沿海地区尚属仅见，墓葬的形制具有独特的地域特征。

大墩子遗址，位于邳州市四户镇，1963—1973 年曾三次发掘。大墩子遗址发现新石器时代的居住遗迹、陶窑和墓葬。居住遗迹内有经过火烤地面、墙壁和有石柱础的柱洞；文化遗物有石器、陶器和骨器，彩陶发达⑪。大墩子遗址属大汶口文化，年代大致相当于为北辛文化晚期至大汶口文化晚期。

刘林遗址，位于邳州市戴庄镇，1960—1964 年先后两次发掘。刘林遗址发现墓葬、灰坑和居住遗迹。遗址中出土了大量的陶器、石器和骨角器，彩陶发达；此外还发现了大量鹿角、兽骨和龟板、鳖甲。成组的墓葬排列有序，随葬陶器多为小型器⑫。刘林遗址的年代大致相当于北辛文化晚期至大汶口文化早期。

花厅遗址，位于新沂市马陵山丘陵，1952—1989 年先后四次发掘。主要发现了大汶口文化中期至晚期的墓地，墓葬分大、中、小三类，随葬的文化遗物有大量的陶器、石器和玉器。花厅墓地最重要的收获：一是发现有人殉的大型墓葬；二是发现了陶鼓等陶礼器；三是发现有太湖地区良渚文化的玉器⑬。花厅墓地的文化内涵复杂，既反映了我国新石器时代出现了社会分层，又反映了我国新石器时代考古学文化的碰撞和征服。

藤花落遗址，位于连云港市中云山下，1996—2000 年发掘。藤花落遗址最重要的文化遗存是龙山时期的古城，古城由内外两道城垣构成，外城平面呈圆角长方形，由城墙、城壕和城门等构成，面积约 14 万平方米。内城平面呈圆角方形，由城墙、道路、城门和哨所等构成。内城内发现两座大型夯土台基，面积分别为 7000 平方米和 2000 平方米，内外城之间发现一座夯土台基，面积 600 平方米。城内遗存有奠基坑、道路、居住遗迹、水稻田、排水沟等，出土了大量的石器、陶器、玉器、碳化稻米以及各类动植物标本。藤花落古城始建于龙山文化早期，沿用于龙山文化中期，废弃于龙山文化晚期[⑭]。藤花落古城遗址的发掘是江苏聚落考古的重要发现，也是研究龙山文化古城的重要资料，为研究文明起源和城市起源提供了实物资料。

徐海地区新石器时代的考古学文化序列完整，大伊山遗址的石板墓是我国东部沿海特殊的文化现象；花厅墓地出现的社会分层和文化碰撞与征服，是探讨我国文明起源的重要资料；藤花落古城遗址的发现，更是研究我国城市发展史的珍贵资料。

江淮地区遗址，位于淮河以南、长江以北，即江淮地区的东部。经过发掘的有淮安青莲岗、高邮龙虬庄、兴化南荡、海安青墩等新石器时代遗址。

江淮地区新石器时代的考古学文化早期曾称"青莲岗文化"，由于青莲岗文化的时空范畴庞大且内涵复杂，考古学界已取消青莲岗文化的定名，近年江淮地区新石器时代的考古学文化重新命名为龙虬庄文化（前4300—前3000年）。

青莲岗遗址，位于淮安市淮安区，是江苏发现的第一处新石器时代遗址，自1951—1958年，先后进行过四次考古调查。出土的文化遗物主要有陶器、石器和动物骨骼等[⑮]，青莲岗遗址的年代大致相当于太湖地区的崧泽文化时期。由于青莲岗遗址第一次发现了与仰韶文化和龙山文化不同的文化遗存，因此当时将其作为我国东部早期新石器时代考古学文化的代表，命名为"青莲岗文化"[⑯]。

由于青莲岗文化的空间范畴包括了海岱地区和太湖地区，因此在1977年考古学界取消了青莲岗文化的定名，将海岱地区和太湖地区的新石器时代文化分别命名为大汶口文化和马家浜文化[⑰]。

青墩遗址，位于海安市南莫镇，1977—1979年先后进行三次考古发掘。青墩遗址发现了干栏式建筑的居住遗迹和氏族墓地，出土了大量的陶器、石器和骨角器，还出土了麋鹿、水牛、猪、狗等动物标本和炭化稻、菱角、芡实等植物，引人瞩目的是发现了陶制的带柄穿孔陶斧，为研究新石器时代石斧的装柄方法提供了珍贵的实物资料[⑱]。

青墩遗址的年代大致相当于太湖地区的崧泽文化早期至良渚文化早期，由于青墩遗址濒临黄海，为研究南黄海海面变化也提供了重要依据。

龙虬庄遗址，位于高邮市龙虬镇，1993—1995 年先后进行四次考古发掘。主要有居住遗迹、灰坑和墓葬，出土大量的陶器、玉石器和骨角器，自然遗物有麋鹿、猪、狗等动物标本和炭化稻、菱角、芡实等植物，还有动物造型的陶器。龙虬庄遗址的年代大致相当于太湖地区的马家浜文化的中期至崧泽文化晚期[19]。

图上 1-2　龙虬庄遗址出土原始文字黑陶片（选自《龙虬庄——江淮东部新石器时代遗址发掘报告》）

由于龙虬庄遗址地处江淮地区中部，其文化面貌独特，文化序列完整，因此将江淮东部新石器时代的考古学文化命名为龙虬庄文化[20]。

陆庄遗址，位于阜宁县板湖乡，1995 年发掘。陆庄遗址发现了与良渚文化相同的文化遗物，主要有陶器、石器和玉器，年代相当于良渚文化晚期或更晚，即公元前 2200 年之后。与陆庄相同或类似文化遗存主要沿射阳河两岸分布[21]。

南荡遗址，位于兴化市林湖乡，1992 年发掘。南荡遗址主要发现了干栏式建筑的居住遗迹以及灰坑、灰沟等，文化遗物主要有陶器和石器，年代相当于龙山文化末期至夏代初期，即公元前 2000 年前后[22]。

南荡遗址地势低洼，文化层呈片状分布，为一处临时性的居住遗址。南荡遗址出土陶器的组合与形态与原分布于豫东而又突然消失的王油坊类型龙山文化相同，应为王油坊类型龙山文化向南迁徙途中的文化遗留。王油坊类型龙山文化为有虞氏部族创造的物质文化[23]，类似的文化遗存主要分布在江淮之间的里下河地区。王油坊类型龙山文化在豫东地区的突然消失和在江淮地区的突然出现，反映了华夏国家文明诞生前夕考古学文化的大动荡、大分化和大改组，为探讨华夏国家文明的起源提供了宝贵的资料。南荡遗址出现的特殊的文化现象，被命名为南荡文化遗存[24]。

江淮地区介于海岱地区与太湖地区之间，新石器时代考古学文化面貌具有一定的过渡性，因此在最初命名"青莲岗文化"时，其空间范畴包括了海岱地区与太湖地区。由于龙虬庄遗址的发掘，基本廓清了江淮地区新石器时代的考古学文化面貌、文化性质、文化年代和文化特征，因此龙虬庄文化即江淮东部地区新石器时代的考古学文化。

南荡文化遗存是新石器时代末期在江淮地区出现的特殊的文化现象，在探索华夏国家文明起源的研究中占有重要的地位。

宁镇地区遗址，集中在宁镇山脉及南京、镇江一带的低山丘陵。经过考古发掘的遗址有南京北阴阳营、溧阳神墩、高淳薛城、句容丁沙地等。

宁镇地区新石器时代考古学文化的内涵复杂，目前命名的仅有北阴阳营文化（前 4000—前 3000 年）。

北阴阳营遗址，位于南京市，1955—1958 年进行了四次考古发掘。北阴阳营遗址的文化层堆积分为新石器时代和商周时期，新石器时代主要发现建筑遗迹和墓葬，出土大量的陶器、石器和玉器，北阴阳营遗址大致相当于太湖地区的马家浜文化晚期至良渚文化早期㉕。

由于北阴阳营遗址是第一次在宁镇地区发掘新石器时代遗址，其新石器时代延续时间较长，虽然同处江南，然而文化面貌与太湖地区有较大的差异，考古学界将其命名为北阴阳营文化。

神墩遗址，位于溧阳社渚镇，2004—2006 年间先后三次发掘。神墩遗址主要为马家浜时期的文化堆积，此外还有良渚文化和商周时期的文化遗存。马家浜文化时期的遗存有居住遗迹和墓葬，出土了大量陶器、石

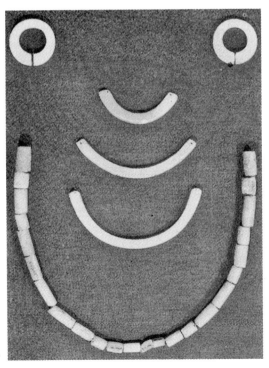

图上 1-3　北阴阳营出土玉佩饰（南京博物院藏）

器、玉器和骨器等⑳。

由于遗址地处宁镇山脉与太湖西部交界处，其文化中既有宁镇地区北阴阳营文化因素，又有太湖西部的文化因素，是研究新石器时代宁镇地区与太湖地区文化交流的重要资料。

薛城遗址，位于高淳县薛城乡，1997年发掘。发现居住遗迹、墓葬、灰坑等文化遗迹，居住遗迹为半地穴式。文化遗物有陶器、石器、玉器等，文化面貌较为复杂，既有与北阴阳营文化相似的文化因素，又有古丹阳湖流域和江淮地区的文化因素。薛城遗址的年代相当于太湖地区的马家浜文化晚期至崧泽文化晚期㉗。

薛城遗址的发掘为研究宁镇地区与古丹阳湖地区以及江淮地区新石器文化的相互关系提供了新的线索。

丁沙地遗址，位于句容市宝华镇，1988—1989年和1997年先后两次发掘。第一次考古发掘发现了宁镇地区早于北阴阳营文化的遗存，发现了与裴李岗文化（前5300—前4600年）相似的石磨盘㉘；第二次主要发现了相当于崧泽文化晚期至良渚文化晚期的玉器加工作坊，反映了丁沙地遗址可能为良渚文化时期玉礼器的生产区㉙。

宁镇地区新石器时代文化面貌较为复杂，既有本地区的考古学文化——北阴阳营文化，又兼有太湖地区、古丹阳湖地区、江淮地区的文化因素，反映了宁镇地区在新石器时代为文化的交汇地带。

太湖地区遗址，分布在以太湖为中心的苏南、浙北和上海地区。江苏境内发现的遗址有常州圩墩、昆山绰墩、宜兴骆驼墩、张家港东山村、吴江龙南、苏州草鞋山、武进寺墩等，文化发展序列为马家浜文化（前5000—前3800年）—崧泽文化（前3800—前2900年）—良渚文化（前3000—前2200年）。

圩墩遗址，位于常州市戚墅堰区，1972—1995年间先后进行过五次考古发掘。圩墩遗址有马家浜文化、崧泽文化和商周时期的文化遗存，圩墩遗址最主要是发现了马家浜文化和崧泽文化的氏族墓地，马家浜文化墓葬出土的随葬器物有陶器、石器、木器、骨角器及少量玉器，此外还出土了大量的麋鹿、斑鹿、麂、獐、家猪、家犬等动物标本和芡实、菱角、香蒲等植物和大量的炭化籼稻米；崧泽文化墓葬的随葬器物主要有陶器、石器和玉器㉚。

坼墩遗址主要反映了马家浜文化与崧泽文化之间的相互关系，为太湖地区新石器时代考古学文化序列中的重要环节。

绰墩遗址，位于昆山市巴镇，1982—2004 年先后六次考古发掘。遗址有马家浜文化、崧泽文化和良渚文化的文化层堆积和墓葬，还有居住遗迹和水稻田，文化遗物主要有陶器、石器、玉器等㉛。

绰墩遗址的最大特点是对太湖地区新石器时代遗址进行了环境、土壤、农业、人与动物骨骼的多学科的综合研究，为太湖地区的古环境、古地理、和原始农业的研究提供了翔实的科学资料。

骆驼墩遗址，位于宜兴市新街镇，2001—2002 年发掘。骆驼墩遗址主要发现了马家浜文化时期大型聚落和氏族墓地，以及祭祀遗迹等；此外还发现了少量良渚文化墓葬。出土大量的陶器、石器、玉器、骨器和麋鹿、猪、牛等动物标本，以及大量的炭化稻㉜。

由于骆驼墩遗址位于太湖西部，文化面貌与太湖东部有一定的差异，也有学者将其命名为骆驼墩文化㉝或马家浜文化的骆驼墩类型㉞。

东山村遗址，位于张家港市金港镇，1989—2010 年间先后进行四次考古发掘。主要为马家浜文化、崧泽文化遗存，有居住遗迹和墓葬，出土了大量的陶器、石器和玉器㉟。

东山村遗址最重要的是发现了崧泽文化时期的大型墓葬㊱，表明在太湖流域在崧泽文化时期已出现了贫富分化现象，为探讨良渚文化的来源和研究江南地区文明化进程提供了重要资料。

龙南遗址，位于吴江市梅堰镇，1987—1997 年先后进行四次考古发掘。遗址出土了大量的陶器、石器、玉器和骨制渔猎工具，以及大量的水生动物遗骸。龙南遗址最重要的是发现了良渚文化的居住遗迹，在自然河道的两岸有成组的房屋，建筑形式有半地穴式和干栏式，河岸有踏步和护墙，河边有木构埠头㊲。

龙南遗址首次发现了良渚文化房屋建筑的种类以及聚落布局，为探讨良渚文化的社会结构提供了珍贵的资料。

草鞋山遗址，位于苏州市唯亭镇，1972—1973 年发掘。草鞋山遗址第一次发现了马家浜文化、崧泽文化、良渚文化的叠压关系，第一次发现了良渚文化的墓葬中随葬玉璧、玉琮等礼器，为建立太湖地区的新石器时代文化序列提供了科学依据[38]。

1992—1995 年，在中日合作的考古发掘中，首次发现了马家浜文化的水稻田遗迹。稻田由小块水池状水田串联成群，水田之间有水口相连，还有水井、水塘等灌溉设施[39]。

由于草鞋山遗址的重要性和文化特征具有代表性，有学者将太湖地区马家浜时期的考古学文化命名为草鞋山文化[40]，更多学者是将其命名为马家浜文化的草鞋山类型[41]。

邱承墩遗址，位于无锡市鸿山镇，2005 年发掘。遗址有马家浜文化、崧泽文化、良渚文化三个时期的文化堆积，其中最重要的是发现了崧泽文化并列的双祭台和良渚文化贵族墓地。

崧泽文化双祭台为首次发现，底部为近似正方形的红烧土边框，边长 10 — 12 米，边框内用夹有黄、红、绿、褐、白色的五花土堆成弧丘状，一号祭台的顶部近有一向上凸起的方柱状祭祀遗迹，方柱状祭祀遗迹的顶部置两件从中腹部切开的陶罐，陶罐底部平置，口部扣置，两排列置放，四周有经过烧烤后留下不规则的烧土，小陶器和小玉器散放于方柱形祭祀遗迹的周围的土中；二号祭台的形状与一号祭台相同，顶部没有向上凸起的方柱状祭祀遗迹，两件从中腹部切开的陶罐置于用黄、红、绿、褐、白色的五花土堆成弧丘状的顶部，小陶器和小玉器散放于陶罐的周围的土中。

散放于陶罐的周围的小陶器和小玉器形体较小，非实用器。《说文·示部》："礼，履也。"徐铉曰："五礼莫重于祭，故从示。豊者，其器也。"礼，初文从豆、从玉。豆为陶器，玉为玉器，玉在豆中即为礼。邱承墩遗址祭祀遗迹的顶部皆为陶器，四周散置玉器，可能为最初出现的"礼"。《尔雅·释天》："祭天曰燔柴，祭地曰瘗薶。"《仪礼·觐礼》："祭天，燔柴；祭山、丘陵，升；祭川，沉；祭地，瘗。"祭祀遗迹中部的陶器经过火烧，而将小陶器和小玉器埋于土中，可能为远古时代祭天、祭地的"燔"礼和"瘗"礼。

良渚文化墓地中清理了 3 座大型墓葬，其中五号墓随葬器物 54 件（组），有鼎、豆、壶、鬶、罐、盘等陶器，琮、璧、钺、耳珰、镯、

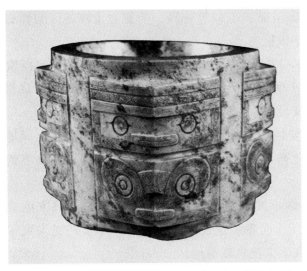

图上1-4　武进县寺墩遗址出土兽面纹琮（南京博物院藏）

珠、管、扣、坠等玉器和斧、钺等石器，在墓主身体的右侧从大到小依次置放9件玉璧，是首次发现的随葬现象[42]。

寺墩遗址，位于常州市武进区郑陆镇，1978—1995年进行五次考古发掘。文化层堆积的上层为良渚文化层，下层为崧泽文化层。

寺墩遗址最重要的是发现了5座良渚文化的大型墓葬，其中三号墓发现了24件玉璧和33件玉琮，是良渚文化随葬玉琮最多的墓葬[43]。

太湖地区新石器时代的文化序列完整，马家浜文化时期即有发达的农业经济，崧泽文化时期开始出现社会分层，以玉琮、玉璧为代表的良渚文化玉礼器，成为我国新石器时代的礼制文化最发达的地区之一，由于良渚文化在太湖地区的突然消失与古史传说中的蚩尤伐黄帝有关，因而太湖地区也成为探讨华夏国家文明起源的重要地区之一。

第三节　民族与传说

史前江苏的文化分布　史前江苏的民族属性　古史传说与神话人物

旧石器时代江苏的文化分布主要为古人类化石地点和旧石器遗址，江苏发现的古人类化石有南京人、下草湾人和莲花洞人；旧石器的遗址有句容放牛山、金坛和尚墩、连云港将军崖和苏州三山岛等。

根据对古人类的体质与旧石器的特征研究，江苏发现的古人类化石与旧石器都兼有南北古人类的特质和南北旧石器的文化性状，因此江苏旧石器时代的文化特征属南北过渡型。

新石器时代的江苏，在江淮地区有龙虬庄文化，宁镇地区有北阴阳营文化，文化序列都不完整；而黄淮平原南部的徐海地区有北辛文化—大汶口文化—龙山文化，江南的太湖地区有马家浜文化—崧泽文化—良渚文化，不仅地域文化特征明显，而且文化序列完整，因此江苏的淮北地区和太湖地区序列完整，为强势的考古学文化区，而江淮地区和宁镇地区序列不完整，为弱势的考古学文化区，或称亚文化区。

民族的形成一般都经历了"氏族—部落—部族（部落联盟）—民族"的发展过程。

旧石器时代主要反映的是人类学属性而非民族学属性，即旧石器时代尚未进入民族的初始阶段。

新石器时代是民族的形成时期，在我国东部沿海地区为东夷民族集团的分布区。东夷民族集团的分布区即民族文化区，民族文化区内包含着若干考古学文化区。考古学文化区强调的文化的差异性，而民族文化区强调的是文化的共性。东夷民族文化区的文化共性的特征有：一、崇尚太阳和崇尚鸟，最终形成鸟图腾；二、种植粳稻，最终形成粳稻农业分布区；三、渔猎经济发达，尤其狩猎麋鹿等大型湿地动物和普遍使用骨鱼镖等捕鱼工具；四、炊器从陶釜发展为陶鼎，陶礼器的组合为鼎、豆、壶、杯（觚）、鬶（盉）；五、治玉工艺发达，玉器从装饰品最终演进为玉礼器。

与江苏历史有关的古史传说中的神话人物主要有蚩尤、巫咸和彭祖。

蚩尤，见于《尚书·吕刑》、《逸周书·麦尝》、《山海经·大荒北经》、《史记·五帝本纪》、《越绝书·计倪》等。蚩尤为东夷民族集团中的九黎部族首领，蚩尤部族有着发达的经济和文化，曾与黄帝部族发生过激烈的战争，最终黄帝战胜了蚩尤。后世将蚩尤奉为战神。

江苏太湖地区的良渚文化即蚩尤部族创造的物质文化。

巫咸，见于《尚书·君奭》、《世本·作篇》、《山海经·大荒西经》、《楚辞·离骚》、《韩非子·说林》、《吕氏春秋·勿躬》、《史记·殷本纪》、《越绝书·吴地记》等。传说巫咸为帝尧时代的神巫，虞山人。

虞山位于太湖地区的常熟市，帝尧时代即太湖地区的良渚文化时期。良渚文化的常见玉坠形器，即"以石刺病"的砭石（箴石）。据《山海经·东山经》与《黄帝内经·素问》的记载，以石刺病的砭石来自东方，与良渚文化的地理方位相合，而巫咸有可能为良渚时代的大巫。

彭祖，见于《庄子·逍遥游》、《世本》、《史记·楚世家》、刘向《列仙传》、葛洪《神仙传》、干宝《搜神记》等。传说彭祖为颛顼的玄孙陆终氏第三子，姓篯名铿，尧封之于彭城（徐州），故谓彭祖。因其善于养生，能导引行气，商时为守藏史，周时为柱下史，年八百岁，成为传说中的寿者。

五帝时代即新石器时代的龙山文化时期，徐州地区并未发现龙山文化时期的大型聚落遗址，而徐州铜山丘湾发现的商代的大型社祭遗址㊴，反映了徐州在商代已成为东部地区的聚落中心。《史记·楚世家》："彭祖氏，殷之时尝为侯伯，殷之末世灭彭祖氏。"丘湾发现的社祭遗址或许与彭祖有关。

【注释】

① 南京市博物馆等：《南京人化石地点》，文物出版社1996年。

② 吴汝康、贾兰坡：《下草湾的人类股骨化石》，《古生物学报》第3卷，1955年第1期。

③ 尤玉柱等：《双沟醉猿》，文物出版社2002年。

④ 张祖方：《江苏丹徒莲花洞人类牙齿和动物化石》，《南京博物院集刊（5）》，1982年；李文明、张祖方、顾玉珉、林一璞、严飞：《江苏丹徒莲花洞动物群》，《人类学学报》第1卷，1982年第2期；房迎三、何未艾、沈冠军、朱玲：《江苏镇江莲花洞中、晚更新世人类化石地点的新材料》，《古生物学报》第44卷，2005年第1期。

⑤ 潘亚娟、沈冠军、房迎三：《江苏镇江莲花洞动物化石铀系年代》，《人类学学报》第21卷，2002年第2期。

⑥ 房迎山、王结华、梁任又、王菊香、翟中华、杨春：《江苏句容放牛山发现的旧石器》，《人类学学报》第21卷，2002年第1期。

⑦ 房迎三、惠强、项剑云、骆琳、刘锁强：《江苏连云港将军崖旧石器晚期遗址的考古发掘与收获》，《东南文化》2008 年第 1 期。

⑧ 陈淳、张祖方、王闽闽、顾文明、姚勤德：《三山文化——江苏吴县三山岛旧石器时代晚期遗址发掘报告》，《南京博物院集刊》1987 年第 9 期。

⑨ 连云港市博物馆：《连云港将军崖岩画遗迹调查》，《文物》1981 年第 7 期；李洪甫：《将军崖岩画遗迹的初步探索》，《文物》1981 年第 7 期；汤惠生、梅亚文：《将军崖史前岩画遗址的断代及相关问题的讨论》，《东南文化》2008 年第 2 期。

⑩ 连云港市博物馆：《江苏灌云大伊山新石器时代遗址第一次发掘报告》，《东南文化》1988 年第 2 期；南京博物院：《江苏灌云大伊山遗址 1986 年的发掘》，《文物》1991 年第 7 期。

⑪ 南京博物院：《江苏邳县四户镇大墩子遗址探掘报告》，《考古学报》1964 年第 2 期；南京博物院：《江苏邳县大墩子遗址第二次发掘》，《考古学集刊 (1)》1981 年。

⑫ 南京博物院：《江苏邳县刘林新石器时代遗址第二次发掘》，《考古学报》1965 年第 2 期。

⑬ 南京博物院：《花厅：新石器时代墓地发掘报告》，文物出版社 2003 年。

⑭ 林留根：《江苏连云港藤花落遗址》，国家文物局主编：《2000 年中国重要考古发现》，文物出版社 2001 年。

⑮ 华东文物工作队：《淮安县青莲岗新石器时代遗址调查报告》，《考古学报》第九册，1955 年；南京博物院：《江苏海安青莲岗古遗址古墓葬清理简报》，《考古通讯》1958 年第 10 期。

⑯ 曾昭燏、尹焕章：《江苏古代历史上的两个问题》，《江海学刊》1961 年第 12 期；吴山菁：《略论青莲岗文化》，《文物》1973 年第 6 期。

⑰ 夏鼐：《碳 14 测定年代和中国史前考古学》，《考古》1977 年第 4 期。

⑱ 南京博物院：《江苏海安青墩遗址》，《考古学报》1983 年第 2 期。

⑲ 龙虬庄遗址考古队：《龙虬庄：江淮东部新石器时代遗址发掘报告》，科学出版社 1999 年。

⑳ 张敏：《试论龙虬庄文化》，载《中国考古学会第十次年会论文集 (1999)》，文物出版社 2008 年。

㉑ 南京博物院等：《江苏阜宁陆庄遗址》，《东方文明之光》，海南国际新闻出版中心 1996 年。

㉒ 南京博物院考古研究所等：《江苏兴化戴家舍南荡遗址》，《文物》1995 年第 4 期。

㉓ 李伯谦：《论造律台类型》，《文物》1983 年第 4 期；田昌五：《中国古代社会发展史论》，齐鲁书社 1992 年。

㉔ 张敏：《南荡遗存的发现及其意义》，载河南省文物考古研究所：《华夏文明的形成与发展》，大象出版社 2003 年。

㉕ 南京博物院：《南京市北阴阳营第一、二次的发掘》，《考古学报》1958 年第 1 期；南京博物院：《北阴阳营：新石器时代及商周时期遗址发掘报告》，文物出版社 1993 年。

㉖ 南京博物院等：《江苏溧阳神墩遗址发掘简报》，《东南文化》2009 年第 5 期。

㉗ 南京市文物局等：《江苏高淳县薛城新石器时代遗址发掘简报》，《考古》2000 年第 5 期。

㉘ 南京博物院：《江苏句容丁沙地遗址试掘钻探简报》，《东南文化》1990 年 3—4 合期。

㉙ 南京博物院考古研究所：《江苏句容丁沙地遗址第二次发掘简报》，《文物》2001 年第 5 期。

㉚ 常州市博物馆：《江苏常州圩墩村新石器时代遗址的调查和试掘》，《考古》1974 年第 2 期；吴苏：《圩墩新石器时代遗址发掘简报》，《考古》1978 年第 4 期；常州市博物馆：《常州圩墩新石器时代遗址第三次发掘简报》，《史前研究》1984 年第 2 期；江苏省圩墩遗址考古发掘队：《常州圩墩遗址第五次发掘报告》，《东南文化》1995 年第 4 期；常州市博物馆：《1985 年江苏常州圩墩遗址的发掘》，《考古学报》2001 年第 1 期。

㉛ 南京博物院等：《江苏昆山绰墩遗址的调查与发掘》，《文物》1984 年第 2 期，《绰墩山——绰墩遗址论文集》，《东南文化》2003 年增刊；苏州市考古研究所：《昆山绰墩遗址》，文物出版社 2011 年。

㉜ 南京博物院等：《江苏宜兴骆驼墩遗址发掘报告》，《东南文化》2009 年第 5 期。

㉝ 林留根：《骆驼墩文化初论》，《东南文化》2009 年第 5 期。

㉞ 张敏：《关于环太湖地区原始文化的思考》，载《庆祝张忠培先生七十岁论文集》，科学出版社 2004 年。

㉟ 张照根、姚瑶：《张家港东山村遗址发掘的主要收获》，《东南文化》1999 年第 2 期；南京博物院等：《江苏张家港市东山村新石器时代遗址》，《考古》2010 年第 8 期。

㊱ 南京博物院等：《江苏张家港东山村遗址 M91 发掘报告》，《东南文化》2010 年第
6 期。

㊲ 苏州博物馆等：《江苏吴江龙南新石器时代村落遗址第一、二次发掘简报》，《文
物》1990 年第 7 期；苏州博物馆等：《吴江梅堰龙南新石器时代村落遗址第三、四
次发掘简报》，《东南文化》1999 年第 4 期。

㊳ 南京博物院，《江苏吴县草鞋山遗址》，《文物资料丛刊（3）》，文物出版社 1980
年；南京博物院：《苏州草鞋山良渚文化墓葬》，《东方文明之光》，海南国际新闻
出版中心 1996 年。

㊴ 邹厚本主编：《江苏考古五十年》之《草鞋山遗址与水田考古学》，南京出版社
2000 年。

㊵ 严文明：《论青莲岗文化和大汶口文化的关系》，《文物集刊（1）》，文物出版社
1980 年。

㊶ 陈晶：《马家浜文化两个类型的分析》，载《中国考古学会第二次年会论文集》，
文物出版社 1982 年；浙江省文物考古研究所：《余杭吴家埠新石器时代遗址》，
《浙江省文物考古研究所学刊》，科学出版社 1984 年；张照根：《太湖流域史前文
化的发展序列》，《苏州博物馆建馆四十周年纪念文集》，《东南文化》2000 年增刊；
张敏：《关于环太湖地区原始文化的思考》，载《庆祝张忠培先生七十岁论文集》，
科学出版社 2004 年。

㊷ 江苏省考古研究所等：《江苏无锡鸿山邱承墩新石器时代遗址发掘简报》，《文物》
2009 年第 11 期；南京博物院等：《邱承墩：太湖西北部新石器时代遗址发掘报
告》，科学出版社 2010 年。

㊸ 南京博物院：《江苏武进寺墩遗址的试掘》，《考古》1981 年第 3 期；南京博物院，
《1982 年江苏常州武进寺墩遗址的发掘》，《考古》1984 年第 2 期；江苏省寺墩考
古队：《江苏武进寺墩遗址第四、五次发掘》，载徐湖平主编：《东方文明之光》，
海南国际新闻出版中心 1996 年。

㊹ 南京博物院：《江苏铜山丘湾古遗址的发掘》，《考古》1973 年第 2 期。

第二章

吴韵楚风：江苏本土的多样性文化

夏商周时期是华夏国家文明诞生和发展的时期，也是江苏开发并逐步发展的时期；秦汉时期建立了大一统的中央集权国家，也是江苏经济、文化的重要发展时期。

夏、商和西周时期又称为青铜时代，战国—秦汉时期又称为早期铁器时代。中原是原生的青铜时代发生地，江苏虽属继生或次生的青铜文化，然而由于江苏与中原相距较近，夏商时期曾受到中原文化的强烈影响，因而江苏进入青铜时代几乎是与中原同步的；江苏曾出土过最早的铁器，因此江苏率先步入了铁器时代。

夏商时期的江苏的考古学文化，徐海地区、江淮地区有岳石文化与周邨墩文化遗存，宁镇地区有点将台文化和湖熟文化，太湖地区有马桥文化；夏商时期江苏境内的方国主要有大彭和徐方（徐戎、徐夷）。

西周实行分封制，江苏境内主要有徐国、干国和吴国；春秋战国时期由于战争的原因，江苏境内先后属越国和楚国。因此江苏不仅有徐文化、干文化与吴文化遗存，而且还有越文化与楚文化遗存。

秦代实行郡县制，江苏分属东海、九江、鄣、会稽等郡，其中东海、会稽二郡的郡治在江苏；西汉在郡县制的基础上分设诸侯国，江苏境内的诸侯国有都徐州的楚国和都扬州的荆国（以及之后的吴国、江都国、广陵国），列侯国有泗水国等。

第一节　夏商时期的江苏文化

夏商文化　岳石文化与周邸墩遗存　南荡遗存与点将台文化　湖熟
文化　马桥文化

夏文化是夏王朝时期夏民族创造的物质文化，即二里头文化；商文
化是商王朝时期商民族创造的物质文化，即二里岗文化和殷墟文化。由
于夏商文化代表了中央王朝的先进文化，因此对周边文化产生了一定的
影响。

江苏境内的夏文化或夏文化因素罕见，仅太湖地区的马桥文化中有
一定的夏文化因素，表明马桥文化与夏文化有一定的关系；江苏境内的
商文化或商文化因素发现较多，表明商王朝对东部产生了一定的影响甚
至一度控制了东部地区。

江苏的淮北有丘湾祭祀遗址、赵庄遗址和万北商代墓地；江淮地区
有龙岗商墓。

丘湾祭祀遗址位于徐州铜山县茅山乡，遗址的中央竖立一巨大的
有段石锛，两侧用三块大石支撑，围绕大石有数十具人骨架和狗骨架，
人有男有女，无随葬品，俯身屈肢，双手反缚，头皆朝向大石锛，为我
国首次发现的商代社祭遗址，场景极为悲壮。遗址还发现居住遗迹和窖
穴，文化遗物有陶器、石器、青铜器、骨器、蚌饰和卜骨卜甲，具有早
商文化的文化特征[①]。徐州因为彭祖的封地而称大彭，《史记·楚世家》：
"彭祖氏，殷之时尝为侯伯，殷之末世灭彭祖氏。"丘湾社祭遗址可能与
彭祖部族有关。

赵庄遗址位于泗洪县梅花乡，其商代文化遗存有陶器、石器、骨
器、蚌器等，其陶器的器类与商文化类似，而器型又有一定的地域特
征，应为受到商文化强烈影响的土著文化类型。

万北商代墓地位于沭阳县万匹乡，共清理了11座墓葬，其中一座墓
葬还发现与晚商墓葬类似的人殉和殉狗的腰坑；文化遗物有陶器和青铜

器，陶器和青铜器既有殷墟文化特征，又有本地文化特征②。万北商代墓地受到殷商文化的强烈影响。

龙岗商墓位于盐城市龙岗镇，墓葬出土了的陶器既有地方特征，又有部分与殷墟相同，表明商代晚期对东部地区的控制③。

岳石文化（前1900—前1500年）为海岱地区夏商时期的考古学文化，即东夷民族中后羿、寒浞部族创造的物质文化，在江苏的徐州高皇庙遗址④发现过岳石文化遗存，表明江苏的徐海地区为岳石文化的南缘。

夏代的政治格局是夏夷对峙，在考古学则表现为二里头文化与岳石文化并存。进入商代，由于商王朝连续不断地伐人方，大约在商代早期，海岱地区已成为商王朝的势力范围。在商王朝的沉重打击下，东夷开始向南北迁徙，向南迁徙的一支越过淮河到达江淮地区，于是形成了周邶墩文化遗存。

周邶墩文化遗存（前1700—前1500年），因首先发现于高邮市的周邶墩遗址而命名⑤。周邶墩文化遗存大致沿古邗沟分布，周邶墩遗存的文化遗物主要有陶器和石器，其器型与器类与晚期岳石文化基本一致，因此周邶墩文化遗存应为岳石文化南迁后的文化遗存。

南荡文化遗存是分布于豫东地区的王油坊类型龙山文化向东南迁徙过程中在江淮东部遗留的文化遗存⑥，南荡文化遗存除兴化南荡遗址外，在高邮周邶墩、龙虬庄⑦等遗址皆有发现，南荡文化遗存年代相当于龙山文化末期至夏代初期。

宁镇地区的夏时期考古学文化为点将台文化（前2100—前1700年）⑧。已发掘的遗址除江宁点将台外，还有江宁昝庙⑨、句容城头山⑩、丹徒赵家窑团山⑪、高淳朝墩头⑫等，文化遗物主要有陶器、石器和骨器，偶见青铜炼渣，主要炊器为鬲式陶甗。点将台文化的文化构成主要为南荡遗存，此外还有少量周邶墩遗存和本地文化遗存，因此点将台文化是由南荡文化遗存和周邶墩文化遗存迁徙江南与本地土著文化发生融合后产生的新的考古学文化。

由于点将台文化的主要文化构成是南荡文化遗存，而南荡遗存又是王油坊类型龙山文化在迁徙过程中出现的特殊文化现象，因此王油坊类型龙山文化应为点将台文化的主要文化来源。王油坊类型龙山文化是有虞氏部族创造的物质文化[13]，而点将台文化又是吴文化之源，因此吴文化的文化来源与有虞氏有着密切的关系[14]。

点将台文化是宁镇地区最早的青铜文化，并发展演进为湖熟文化。

湖熟文化（前1700—前1000）是分布宁镇地区商时期的考古学文化，因最早发现于江宁湖熟镇的老鼠墩遗址，故命名为湖熟文化[15]。经发掘的重要遗址有南京北阴阳营[16]、句容城头山、白蟒台[17]、丹徒赵家窑团山等。湖熟文化的文化遗物主要有陶器和石器，炊器为陶鬲和鬲式陶甗，此外还有原始青瓷器、印纹硬陶器和少量青铜器、卜骨，并发现少量的刻划陶文，而陶坩埚和揖铜陶勺的发现，表明湖熟文化已具有从事青铜铸造的能力和水平，江宁铜井出土的青铜三羊罍[18]和句容葛村出土的青铜钺等都是本地铸造；对其文化构成的研究表明，湖熟文化的早期曾受到商文化的强烈影响[19]。

湖熟文化是宁镇地区的青铜文化，最终发展演进为吴文化。

马桥文化（前1900—前1200）是分布太湖地区夏商时期的考古学文化，因最早发现于上海闵行的马桥遗址[20]，故命名为马桥文化[21]，江苏的苏州、无锡等地均发现马桥文化遗址，江阴还发现马桥文化的城址——佘城遗址[22]。马桥文化的文化遗物主要有陶器和石器，炊器为陶鼎和鼎式陶甗，不见陶鬲，出现觯、觚等仿铜陶酒器，此外还有原始青瓷器、印纹硬陶器和青铜钺、戈、戚等兵器，并发现大量的刻划陶文。

马桥文化的分布范围与良渚文化基本一致，然马桥文化与良渚文化有着明显的文化差异，因此马桥文化不是良渚文化的后继文化。对其文化构成的分析研究表明马桥文化的主要文化来源为分布于闽、浙、赣交界地区的肩头弄类型文化[22]。

马桥文化是太湖地区的青铜文化，最终发展演进为越文化。

对其文化构成的研究表明，马桥文化中包含有一定的夏文化即二里头文化因素。越人自称为夏禹之后，可能有一定的道理。

江苏的长江以北，夏时期的考古学文化的面貌主要呈过渡性，成为文化的走廊，其中既有因王油坊类型龙山文化南下而出现的南荡文化遗存，又有因岳石文化南下而出现的周邶墩文化遗存，此时徐夷、淮夷的文化特征却表现得不明显；商时期则表现为商王朝对东部地区的经营。

在长江以南,考古学文化则相对稳定,宁镇地区的夏商时期历经点将台文化—湖熟文化,最终发展演进为吴文化;太湖地区的夏商时期主要为马桥文化,最终发展演进为越文化。

第二节　两周时期的江苏文化

徐文化　干文化　吴文化　太伯奔吴的传说　著名历史人物　越文化　楚文化

相对中原而言,江苏属"四夷",曾被称之为蛮夷之地。西周时期,今江苏地域内的诸侯国主要有徐国、干国和吴国。文化来源不同的徐国、干国和吴国,创造了各具特色的地域文化。

进入春秋时期,吴国逐渐强大,先后灭干灭徐,破楚威齐,成为春秋末霸;春秋战国之际(前473),越灭吴,吴地尽属越;战国中期(前333),楚灭越,越地又尽属楚。因此,东周时期江苏境内主要有徐文化、吴文化、越文化和楚文化。

公元前222年,秦灭楚,江苏终于从王国时代进入了大一统的秦汉帝国时代。

徐嬴姓,东夷的一支,传说伯益子若木封于徐。西周时期,徐为东夷集团中最强大的国家,也是唯一能与西周抗衡的诸侯国;徐在西周时即称王,也是最早僭越的诸侯国。

《韩非子·五蠹》:"徐偃王处汉东,地方五百里,行仁义,割地而朝者,三十有六国。"《后汉书·东夷列传》也有同样的记载。

据《诗·大雅·常武》和《尚书·费誓》记载,西周和鲁都讨伐过徐,而据《礼记·檀弓下》记载,则是徐驹王西讨时,曾济于河;又据《史记·秦本纪》记载,周穆王西巡狩时,"徐偃王作乱,造父为缪王(即穆王)御,一日千里以救乱"。

徐最初的疆域约在徐州一带,故《禹贡》九州中有"徐州"。西周时迁往淮河以南,中心大致在江淮地区的西北,故徐夷、淮夷往往并称。

徐的文化遗存在江苏不多,已发掘的泗洪张墩遗址可能与徐有关。

江苏丹徒北山顶春秋墓出土过徐国青铜器^㉔，其余徐国青铜器多出土于江苏以外的山西侯马、山东费县、湖北枝江、襄阳、江西高安、靖安和浙江绍兴^㉕，其时代皆为春秋，至今尚未发现西周时期的徐国青铜器。徐国有高超的青铜铸造技艺，"徐王义楚觯"、"徐王之孙甚六钟"、"甚六鼎"等都是纹饰繁缛、文字修长、制作精美的青铜器。

徐的世系不见记载，《左传》中仅记载了最后两代徐王；而根据出土的徐国青铜器，也仅可大致勾勒出春秋时期的徐国世系。

《春秋》昭公三十年（前512）："吴灭徐，徐子章羽奔楚。"至此，徐国终于退出江苏的历史文化舞台。有认为邳州九女墩战国墓为徐的后继文化，也有认为是邳国或薛国墓葬^㉖。

徐国历史神话人物徐偃王，本徐国国君，后演义为神话人物。事见《荀子·非相》、《尸子辑本》和《博物志·异闻》等。

传说徐君宫人妊而生卵，弃于水边，后被孤独母的一条名鹄苍的犬衔回，孤独母将其孵出。偃王生来有异相，有筋无骨，目能视额，因出生时仰面朝上，于是名偃。长大后有仁智，继承了徐国国君，因名偃，故自称偃王。徐偃王仁义，江淮诸侯三十六国皆伏从。周王听说后，遣使臣至楚，命楚伐徐。徐偃王仁，不忍因战争而使人民遭受灾难，于是逃往彭城（今江苏徐州）武原的东山，随从的百姓数以万计。武原东山因此更名徐山，山上立神社；因偃王有神灵，故百姓长期供奉。江浙一带多有偃王庙。

干即邗，江淮之间的小国，位于江淮南部，与吴国隔江相望。《管子·小问》："昔者吴干战，未龀不得入军门。国子摋其齿，遂入，为干国多。"在历史文献中，有关干国的记载仅见于《管子》。

干国的文化遗存主要有甘草山遗址、天目山城址和破山口西周墓。

甘草山遗址位于仪征胥浦镇，1982年发掘。遗址分为三个时期，早期为干文化遗存，文化器物主要有鬲、甗、盆、豆、罐、瓮等陶器和斧、锛、削、镞等青铜器，年代大致相当于商代晚期至西周^㉗。

天目山城址位于姜堰市北，城址有城墙和城壕，东西长220米、南北宽200米，城内有居住遗迹。文化遗物主要有陶器、青铜器，陶器主要具江淮地区特征，兼有江南吴越文化的特征，年代为西周，应为吴灭干之前的干国古城㉘。

破山口西周墓位于仪征市新集镇，墓葬出土了素面鼎、双耳鬲、独耳鬲、饕餮纹甗、云雷纹尊、鸟纹尊、凤纹盉、方格纹瓿、鱼龙纹盘、四凤盘、云纹大铲、戈、矛、钺等青铜礼器、酒器、兵器，青铜器既含有西周文化的特征，又有一定的地方因素㉙。墓葬的时代为西周晚期，墓主可能为干国国君。

干国在灭亡之前虽然没有太多的记载，而在灭亡之后因其有着精良的青铜剑铸造技术反闻名于世。吴灭干后，精良的青铜剑常"吴干"并称，越灭吴后，精良的青铜剑又"干越"并称。《战国策·赵策》："夫吴干之剑，肉试则断牛马，金试则截盘匜。"《吕氏春秋·疑似》："患剑之似吴干者。"《庄子·刻意》："夫有干越之剑者，柙而藏之，宝之至也。"《新序·杂事》："剑产于干越。"

干国历史神话人物干将，春秋时期铸剑名师。本干国人，入吴后为吴人，事见《越绝书·吴地传》、《越绝书·宝剑》、《吴越春秋·阖闾内传》、《搜神记》等。

传说"干将作剑，采五山之铁精，六合之金英。候天伺地，阴阳同光，百神临观，天气下降，而金铁之精不销沦流，……于是干将妻乃断发、剪爪，投于炉中，使童女童男三百人鼓橐装炭，金铁乃濡。遂以成剑，阳曰干将，阴曰莫耶，阳作龟文，阴作漫理"。东晋时又演义为干将为楚王铸剑而被楚王杀害，其子眉间尺为其父复仇的悲怆壮烈的故事。吴文化滥觞于点将台文化，发达于湖熟文化，最终发展演进为吴文化。吴文化是江苏境内分布最广、延续时间最长、影响最大的文化。

吴是西周时期的诸侯国，据《史记·吴太伯世家》记载，吴始于太伯奔吴。"太伯之奔荆蛮，自号句吴。荆蛮义之，从而归之千余家，立为吴太伯"。而据《孟子·尽心》、《楚辞·天问》和《山海经·大荒南经》记载，吴发端于有虞氏，由于虞舜二子的南奔，于是方有句吴。

周太王（古公亶父）有三子，长太伯，次仲雍，少季历，季历子昌，贤，故太王欲传位于昌。于是太伯、仲雍奔吴，以避季历。昌子发，克商，为周武王。

以此推算，太伯奔吴时在商末。然在苏南无论是宁镇地区还是太湖地区，都不见今宝鸡、扶风、岐山一带的先周文化因素，因此太伯奔吴考古学无法予以证明；而虞舜二子的南奔，有王油坊类型龙山文化—南荡文化遗存—点将台文化—湖熟文化—吴文化的考古学文化序列，因此吴文化发端于有虞氏，可能比太伯奔吴的可信度更高。

据《史记》记载，吴国的世系为太伯—仲雍—季简—叔达—周章—熊遂—柯相—彊鸠夷—余桥疑吾—柯卢—周繇—屈羽—夷吾—禽处—转—颇高—句卑—去齐—寿梦—诸樊—余祭—余昧—僚—阖庐—夫差。吴国世系的前四代用"伯、仲、叔、季"，显然是中原的兄弟排序，从周章至夫差，不仅不见"伯、仲、叔、季"，而且还有"彊鸠夷、余桥疑吾、禽处、句卑、寿梦"等用不雅文字音译的人名，显然来源于两个不同的文字语言体系，显然是世系上的移花接木。

吴临于周庙，始见于襄公十二年（前561）诸樊新立，是年寿梦卒；吴自称姬姓，始祖为太伯，始见于哀公十三年（前482）吴王夫差与晋定公的黄池会盟，此时已是春秋晚期。非华夏系统的诸侯国纷纷将其祖先追溯到华夏系统，是春秋时期流行祖先崇拜并由此出现的"冒荫现象"。《史记·吴太伯世家》："是时武王克殷，求太伯、仲雍之后，得周章。周章已君吴，因而封之。"据此，吴的历史应始于周章，即西周早期。然自周章至去齐，文献中不见记载。

吴国的强大始于寿梦。公元前585年，"寿梦立，吴始益大，称王。"此时已进入春秋中期。次年，由于得到晋的扶持，"吴始伐楚、伐巢、伐徐，……蛮夷属于楚者，吴尽取之。是以始大，通吴于上国"。吴国开始登上诸侯国之间的政治、军事舞台，从此揭开了吴文化辉煌的一页。

春秋时期由于周王室的衰微，诸侯国先后称霸，并形成了以晋国为首的北方集团和以楚国为首的南方集团，吴国与晋联盟，成为北方集团中的一员，也成为北方集团楔入长江以南的重要的政治军事力量。

寿梦有四子：诸樊、余祭、余昧和季札，因季札贤，寿梦欲传位于季札，而季札因非长子，不受，于是寿梦临终立下"兄终弟及"的继承制。

寿梦之后的诸樊、余祭、余昧、僚等吴王，主要是与楚国的战争，并各有胜负。

余昧之后，由于季札不愿受王位，因此传位于僚，激起公子光不满。在楚国亡臣伍子胥的协助下，公子光招募刺客专诸以"鱼腹藏剑"刺杀王僚后，自立为王，即吴王阖庐。

阖庐之时，楚国的伯嚭、齐国的孙武相继入吴。公元前506年，阖庐在伍子胥、伯嚭、孙武的辅佐下，于柏举一役大败楚师后，五战五捷，旋即攻克楚都——郢，楚昭王仓皇出逃。

从此，吴王阖庐成为春秋末霸，吴国也进入了历史上的鼎盛时期。

吴克郢后，楚臣申包胥到秦廷，痛哭求援，在秦师的干预下，加之阖庐弟夫概见吴王阖庐长期滞留楚国，于是潜归吴国，自立为王。阖庐得到消息，乃率吴师归，夫概奔楚，封于棠溪（今河南西平）。

当吴克楚时，越闻吴王在郢，国空，于是伐吴。

公元前510年，吴伐越，开始对越国进行征伐，拉开了吴越争霸的序幕。

公元前496年，吴王阖庐闻越王允常死，再次兴师伐越。檇李一战，阖庐遭重创，卒于归途中。

公元前494年，吴王夫差败越于夫椒后，遂深入越国内地，围句践于会稽山，句践派大夫文种以重金贿赂伯嚭，句践称臣，妻为奴妾，以求媾和，夫差允之。

越王句践卧薪尝胆，经过十年生聚，十年教训，终于在公元前473年一举灭吴，越兵横行于江淮东，越取代吴而成为江苏大地的主宰。

据文献记载，吴国的城有：句吴城、故吴城、朱方城、濑渚邑、鸠兹城、固城、吴城、姑苏城等，而考古发现的吴国城址主要有丹阳葛城、武进淹城、高淳固城、溧阳平陵城、无锡常州交界处的阖闾城、苏州木渎古城等，其中葛城、固城、阖闾城、木渎古城可能为吴国都城。

葛城遗址，位于丹阳市珥陵镇，2007—2008年发掘。葛城内城呈长方形，周长660米，有三个时期相互叠压且方向不尽一致的城墙和东西南北四个城门，东西与南北城门之间有宽4米道路相连，城内有400平方米的红烧土面，应为大型建筑遗迹，内城外还有三道城壕。内城的筑城时间分别为西周早期、西周晚期—春秋早期和春秋晚期，因此葛城遗址的时代从西周早期一直沿用至春秋晚期，是目前发现年代最早的吴国城遗。

葛城不见记载，城址北距丹徒大港的吴国王陵区 30 公里，大港大型墓葬的年代也主要为西周早期、西周晚期—春秋早期和春秋晚期，与葛城遗址的三个时期相吻合，因此葛城遗址可能为吴国都城。

固城遗址，位于高淳县固城镇，固城遗址未经发掘，但多次进行过考古勘探和调查。固城分为外城和内城，皆呈长方形，外城周长约 3900 米，内城周长约 700 米，城内现存高土台，可能为宫殿遗址，固城的内城曾出土过编钟、剑、戈、镞等青铜器。根据出土的文化遗物推测，固城遗址的年代大致为春秋中晚期；根据地理位置推测，固城可能是文献中记载的濑渚邑[30]；根据读音推测，固城即句吴城。

阖闾城遗址，位于常州雪堰镇与无锡胡埭镇交界处，东临太湖，1956 年发现，2008 年进行考古调查和勘探。阖闾城有内城和外城，外城周长约 7000 米，外有城壕，内城周长约 3600 米，有水门和陆门，内城分东城和西城，西城内有 5 座大型高土台，可能为宫殿遗迹，根据调查勘探出土的文化遗物推测，阖闾城遗址的年代为春秋晚期[31]。

阖闾城北有胥山，闾江穿城而过，胥山和闾江与文献中的历史地名相吻合；阖闾城布局也与文献记载相合[32]，因此阖闾城遗址可能为春秋晚期的吴国都城。

木渎古城遗址，位于苏州市木渎镇，曾经多次考古勘探与调查，2009—2010 年发掘。发现郭、一座大城和多座小城，郭由大城、小城外的山岭及山与山之间的城墙构成；大城平面呈马鞍形，有城门，未发现城壕；小城平面呈狭长的三边形，也有城门，同样未发现城壕。城的四周有灵岩山、五峰山、穹窿山、清明山、尧峰山和姑苏山环绕[33]。根据出土的文化遗物推断，城的年代为春秋晚期。苏州木渎古城根据《越绝书》和《吴越春秋》，有认为是吴大城；而根据《荀子·宥坐》、《国语·吴语》和《史记·吴太伯世家》的记载，则应称姑苏城。

吴越争霸大致从公元前 510—473 年，而争霸的主要目的是都城姑苏。

根据对《春秋左传》、《国语·吴语》、《国语·越语》、《史记·吴太伯世家》、《史记·越王句践世家》、《越绝书·吴地传》、《越绝书·地传》、《吴越春秋》和《竹书纪年》等历史文献的整理，苏州先后为吴都和越都，吴都苏州时名吴（姑苏），而越都苏州时名越（会稽）。

公元前 510—公元前 473 年之间，姑苏主要为吴国都城，吴都姑苏约 35—36 年，越都姑苏的时间约 3 年，最长一次不过 2 年；

公元前 473—公元前 468 年，姑苏为越国都城；

公元前 468—公元前 398 年，越都琅玡；

公元前 397 年，越又徙都姑苏。

木渎古城的布局庞杂，结构复杂，大小城之间的对应关系也不明确。根据历史文献的记载，苏州一带曾先后为越都会稽和吴都姑苏，而且曾数次为越都，因多次修建或重建，故使其布局庞杂。因此木渎古城应具有吴都和越都的双重性㉞。

吴国大型墓葬主要有：丹徒大港镇的烟墩山西周墓、母子墩西周墓、青龙山春秋墓、北山顶春秋墓等；此外还有与吴国关系密切的六合程桥春秋墓。

烟墩山西周墓，于 1954 年被发现。墓葬位于烟墩山顶部，随葬器物有虎耳鼎、鸟耳鼎、弦纹鬲、夔纹簋、夔纹盘、羊尊、兽首盉、兕觥、觥杖、曹辖等青铜礼器、酒器和车马器以及原始青瓷器等㉟，引人瞩目的是有 118 字铭文的"宜侯夨簋"，铭文大意为周王命虞侯夨迁于宜，并对夨进行赏赐。有学者根据对"宜侯夨簋"铭文的考释认为烟墩山西周墓是吴国墓葬，宜侯即虞侯，夨即吴国第一代国君周章㊱。

荞麦山西周墓，于 1982 年发掘。墓葬位于荞麦山顶部，随葬器物有雷纹鼎、鸟纹方鼎、云雷纹鬲、兽首双耳簋、双鸟纹方座簋、勾连纹尊、鸭形尊、提梁卣、飞鸟形钮盖双耳壶、叉形首的杖以及矛、镞、曹辖等青铜礼器、青铜兵器和青铜车马器，因双鸟纹方座簋座下有一铭文"伯"，故又称伯簋，此外还有原始青瓷器和印纹硬陶器等㊲。母子墩西周墓出土的青铜器与烟墩山西周墓类似，"伯"为五爵（公、侯、伯、子、男）之一，而且都随葬有青铜杖，因此母子墩西周墓应为周章之后的某位吴国国君㊳。

青龙山春秋墓，1987 年发掘。墓葬位于青龙山顶部，有人殉和牺牲，随葬器物有云雷纹瓿、棘纹丁宁、鸠杖、戈、矛、镞、衔等青铜礼器、乐器、兵器、车马器等，根据随葬墓葬规模和随葬鸠杖，青龙山春秋墓可能为余昧之前的某位吴王㊴。

北山顶春秋墓，1984 年发掘。墓葬位于北山顶部，有人祭和人殉，随葬器物有云纹鼎、夔纹鼎、龙纹鼎、云纹盥缶 2 件、镈于 3 件、丁宁、钮钟 7 件、镈钟 5 件、悬鼓环、鸠杖、镳、衔、兽面纹軎、云纹辖、盖弓帽、盖斗帽、菱形暗纹大矛、矛、戈、戟、镞等青铜礼器、车马器和兵器等，其中龙纹鼎、云纹缶、菱形暗纹大矛、钮钟、镈钟等 15 件青铜器有铭文，龙纹鼎与钮钟、镈钟为徐国青铜器，作器者为徐王之孙甚六，故又称甚六鼎、甚六钟、甚六镈，云纹缶有一定的争议，有吴器和徐器列说，菱形暗纹大矛的铭文为"余昧自作□，工其元用"。根据随葬墓葬规模、鸠杖和青铜器铭文，北山顶春秋墓可能为吴王余昧之墓⑩。

程桥春秋墓，位于六合县程桥镇，1964 年、1968 年和 1988 年先后三次发掘，皆为土坑墓，分别编号为一、二、三号墓，墓葬的年代皆为春秋晚期⑪。

一号墓随葬器物有鬲、罐等陶器，鼎、缶、钮钟等青铜礼、乐器，剑、戈、戟、矛等青铜兵器和軎、辖、衔等青铜车马器。其中 9 件编钟均有铭文，为攻敔外孙臧孙所作；此外还出土一件锈蚀的铁器，器型不清。

二号墓随葬器物有罐、豆、钵等陶器，鼎、匜、钮钟、镈钟等青铜礼、乐器，剑、戈、矛、镞、镦、距等青铜兵器和衔、环等青铜马器；此外还出土一件经过锻制的条状铁器。

三号墓随葬器物有罐等陶器，鼎、甗、簠、匜、舟、盘、勺、剑等青铜礼器和兵器，其中盘、簠、匜有铭文，盘为吴国青铜器，簠为曾国青铜器，匜为罗国青铜器。

罗国原为汉淮之间的小国，为楚国所灭。根据罗器铭文自称为"吴王之甥"推测，六合程桥墓地为罗国灭亡后投奔吴国并与吴国有姻亲关系的罗国贵族墓地。而六合程桥春秋墓出土的铁器，当为我国出土年代最早的铁器之一。

太伯奔吴的传说在江苏流传广泛，事见《史记·周本纪》、《史记·吴太伯世家》、《吴越春秋》和《吴地传》。《史记·吴太伯世家》载："吴太伯，太伯弟仲雍，皆周太王之子，而王季历之兄也。季历贤，而有圣子昌，太王欲立季历以及昌，于是太伯、仲雍二人乃奔荆蛮，文身断发，示不可用，以避季历。季历果立，是为王季，而昌为文王。太伯之奔荆蛮，自号句吴。荆蛮义之，从而归之千余家，立为吴太伯。"虽然太伯奔吴无法从考古学予以证实，但由于太伯带来先进的思想文化和先进的生产技术，使吴地的经济文化得到长足的发展，却家喻户晓。

今无锡梅村和鸿山有纪念性建筑"太伯庙"和"太伯墓"；常熟虞山有纪念性建筑"仲雍墓"。

吴国著名的历史人物有季札、伍子胥、孙武、言子等。

季札，吴国政治家、外交家，见《春秋左传》、《春秋公羊传》、《礼记·檀弓下》、《史记·吴太伯世家》、《越绝书》、《吴越春秋》等。

吴王寿梦有诸樊、余祭、余眛、季札四子，因季札贤，寿梦欲传位于季札，而季札因非长子，不受；于是寿梦临终立下"兄终弟及"的遗言，希望季札继承王位，寿梦除丧时，诸樊欲立季札，季札不受；公子光使专诸刺王僚后，又不受。史称"季札三让"。

季札是春秋时期著名的外交家，曾出使鲁、齐、郑、晋等国，在鲁国观周乐时，对诗的评价表现出极高的文化修养；在齐、郑、卫、晋时对时局的精辟分析，表现出政治家的风范和外交家的风度，尤其是"晋国其萃于三族乎"的感慨，预言了四十年后的"三家分晋"。

季札出使时途经徐国，徐王十分欣赏季札随身佩带的剑；返回时徐王已故，于是季札将剑悬挂在徐王墓前的树上，众人不解，季札说："当初路经徐国时，徐王喜欢我的剑，因要拜访鲁、齐、郑、晋等上国，虽未许，然我的内心已许了。既然内心已许，怎能不讲信义呢？"

季札终老于延陵，史称"延陵季子"。今江苏丹阳延陵乡有延陵季子碑，泗洪半城镇有挂剑台遗址，徐州云龙山有季札挂剑台。

伍子胥，楚人，姓伍，名员，后逃奔吴，成为富有传奇色彩的吴国历史人物，事见《春秋左传》、《楚辞》、《国语》、《史记·吴太伯世家》、《吕氏春秋》、《新书》、《越绝书》、《吴越春秋》、《论衡》等，《史记》有本传《伍子胥列传》。

伍子胥父伍奢、兄伍尚因楚平王听信佞臣费无忌的谗言，遭杀害后，伍子胥开始逃亡之旅。伍子胥先后逃往宋国、郑国、晋国，最后奔吴国。在逃亡的途中发生了"过昭关"、"渔父沉江"、"乞食溧阳女"的故事，到吴国后与公子光合谋，使刺客专诸刺杀吴王僚后，又协助吴王阖庐大败楚师，攻克郢都，掘楚平王墓，鞭尸以报杀父之仇。

橇李之战，阖庐阵亡。夫差即位后，伍子胥多次进谏引起夫差不满，后听信伯嚭谗言，赐伍子胥"属镂之剑"，自刎而死。吴人怜之，为之在山上立祠，因此名胥山。

1983 年湖北江陵 23 号墓出土一批西汉竹简㊷，其中有一部兵书《盖庐》，主要内容为吴王阖庐与伍子胥的问答，有学者认为是失传的《伍子胥兵法》㊸。

孙武，字长卿，亦称孙子，齐人，后入吴，吴国著名军事家，见《史记·律书》、《史记·吴太伯世家》、《吴越春秋》、《越绝书》等，《史记》有本传《孙子吴起列传》。

孙武因齐内乱，南下入吴。后经伍子胥举荐，以兵法见吴王阖庐。孙武治军严明，有"操宫娥、斩爱姬"的故事，后辅佐吴王阖庐破楚。

孙武最重要的贡献是其军事著作《孙子兵法》，是我国成书最早、最系统的论述战略战术的军事著作。《孙子兵法》有"始计、作战、谋攻、军形、兵势、虚实、军争、九变、行军、地形、九地、火攻、用间"计十三篇，其中"知己知彼，百战不殆"、"夫用兵之法，全国为上，破国次之；全军为上，破军次之；全旅为上，破旅次之；全卒为上，破卒次之；全伍为上，破伍次之。是故百战百胜，非善之善也；不战而屈人之兵，善之善者也。故上兵伐谋，其次伐交，其次伐兵，其下攻城"等战略思想，在世界上享有盛誉。

言子，姓言、名偃，字子游，吴人，孔子三千弟子中唯一的吴国人，见《论语》、《礼记·檀弓》、《史记·仲尼弟子列传》。

孔子曾说："受业身通者七十有七人，皆异能之士也。"孔子对其弟子的评价是："德行有颜渊、闵子骞等，政事有冉有、季路等，言语有宰我，子贡等，文学有子游，子夏等。"文学即古代文献，子游列为"文学"之首，可见其精通古代文献，并深得孔子器重。孔子曾说："吾门有偃，吾道其南。"意为我因有了弟子言偃，所以我的学说才得以在南方传播。故言子誉为"南方夫子"。传有"子游问孝"的故事。

今常熟虞山有言子墓。

越文化也是江苏境内分布最广、延续时间最长的文化，但其在江苏的影响远不如吴文化。

太湖地区原为越文化分布区，由于吴楚、吴越的争霸，在春秋中晚期，吴国进入太湖地区；春秋战国之际，越灭吴，吴地尽属越。

江苏境内的越文化遗存，遗址主要有常熟钱底巷；城址除木渎古城外，主要有常州武进的淹城；墓葬主要有苏州大真山春秋墓、无锡鸿山战国墓和淮阴高庄战国墓。

钱底巷遗址，位于常熟市北郊，1988年发掘。遗址大致分为新石器时代和商周时期，周时期为越文化遗存。文化遗物主要有鼎、罐、盆等陶器、瓿、盂、碟等原始青瓷器和斧、锛、凿等石器，年代为春秋⑩。

淹城遗址，位于常州武进区，《越绝书·吴地传》："毗陵县（今江苏常州）南城，故古淹君地也。"淹城内外有保存完好的子城、内城、外城三道城墙和三道城壕，1958年淹城的内城河中出土了独木舟和棘刺纹尊、三足盘状匜、双兽首三轮盘、牺首盉、句鑃等青铜礼、乐器13件以及罐、瓮、坛、钵等硬陶器。1986年—1991年进行考古发掘，证实了

图上2-1　武进淹城遗址（选自《人文江苏——江苏省全国重点文物保护单位图集》）

三道城墙和三道城壕为同一时期的修建和开凿，根据出土的文化遗物推测，淹城遗址的年代大致从西周沿用至春秋晚期[45]。

淹城遗址的性质历来有吴国城址、奄国城址和越国城址等不同认识，还有认为淹城为吴季札封邑、吴国军事小城堡、奄国都城等[46]。根淹城遗址出土的文化遗物尤其是青铜器等均具有越国文化的特征，因此，淹城可能为早期越国的边邑。

大真山春秋墓，位于苏州市浒墅关镇，1992年发掘。墓葬位于大真山顶部，随葬器物主要有璜、环、管、珠、牌等玉器和盅、罐等原始青瓷器鼎、罐、瓮等硬陶器[47]。大真山春秋墓曾一度被认为是吴墓，通过对吴越贵族墓葬的甄别研究，归为越国墓葬[48]。

鸿山越国墓，位于无锡市鸿山镇，2003—2005年发掘。在鸿山越国贵族墓地发掘了战国时期的墓葬7座，其中邱承墩越墓为特大型战国早期的越国贵族墓。

鸿山越国与大真山越国相距不远，属越都会稽（即姑苏）时的都城外围墓地。邱承墩越墓的墓坑长约60米，随葬器物1098件，主要为鼎、瓢形鼎、盖豆、壶、扁腹壶、三足壶、罍、罐、盉、匜、鉴、盆、三足盆、盘、三足盘、温酒器、冰酒器、璧形器、角形器等青瓷礼器和甬钟、镈钟、磬、句鑃、錞于、丁宁、铎、悬鼓座、三足缶、悬铃等青瓷乐器，以及龙形璜、龙凤璜、双龙首璜、龙首璜、云纹觽、璧、环、双龙管形佩、凤形佩、鲽形佩等玉器[49]。

图上2-2　无锡鸿山越墓出土的青瓷甬钟（无锡鸿山遗址博物馆藏）

公元前 473 年，越灭吴，邱承墩越墓的规模仅次于浙江绍兴越王陵，墓主的等级应为仅次于越王的越国大夫。

高庄战国墓，位于淮安市淮阴区城南乡高庄，1978 年发掘。随葬器物主要有罐、熏炉、匜、壶、碗等青瓷器，鼎、兽面鼎、甗、罍、鉴、匜、吊炉、盘、盆、盂、铎等青铜礼乐器和戈、镞等青铜兵器，以及车舆饰件和軎、辖等青铜车马器，玉器有龙形璜、蛇形出郭环、云纹环管等^⑤。

淮阴地区本属徐，公元前 512 年吴灭徐，属吴；公元前 473 年越灭吴，又属越。高庄战国墓主要为越文化因素，但也有一定的徐、楚文化因素，反映了在越人统治下越、徐、楚文化的相互交融。

与江苏有关的越国历史人物主要有范蠡。

范蠡，本为徐人，吴灭徐后入楚，为楚人，见《国语·越语》、《史记·越王句践世家》、《史记·货殖列传》、《列仙传》、《越绝书·纪策考》、《水经注·渭水》、《抱朴子·知止》等。

范蠡，偶傥之人，后与文种入越，俱为越国大夫。公元前 495 年，吴王夫差败越后，与文种等辅助句践，共谋灭吴复仇。越王句践卧薪尝胆，经过"十年生聚、十年教训"，于公元前 473 年越灭强吴，成为一代霸主。

越灭吴后，范蠡遂离去，并写信告文种曰：飞鸟尽，良弓藏；狡兔死，走狗烹。越王可与共患难，不可与共乐。你为何不离去呢？成语"兔死狗烹、鸟尽弓藏"即来源于此。

范蠡的归属有两种不同的记载：一是范蠡在灭吴之后偕西施出走，浮海出齐，变名易姓。适齐为"鸱夷子皮"，之陶为"朱公"，见《国语·越语》、《史记·越王句践世家》、《史记·货殖列传》、《吴越春秋·句践伐吴外传》等。二是范蠡与西施在灭吴之后被沉于五湖。《吕氏春秋·悔过》："故箕子穷于商，范蠡流乎江。"《吕氏春秋·离谓》："范蠡、子胥以此流。"《越绝书·篇叙》："屈原隔界，放于南楚，自沉湘水，蠡所有也。"《新书·耳痹》："伍子胥……身鸱夷而浮江。……范蠡负石而归五湖，大夫种系领谢室，渠如处车裂回泉。""范蠡负石而归五湖"，即将范蠡负石沉于五湖。

《墨子·亲士》："是故比干之殪，其抗也；孟贲之杀，其勇也；西施之沉，其美也；吴起之裂，其事也"。《吴越春秋·逸篇》："越浮西施于江，令随鸱夷而终。"可见与范蠡命运相同的还有西施。

五湖，或指太湖，或指太湖及太湖以西的胥湖、蠡湖、洮湖和滆湖。因此，若范蠡与西施沉于五湖，其归属地应在今苏州与无锡之间。

楚文化在江苏境内也有广泛分布。吴楚争霸时，楚国曾一度攻入朱方（今江苏镇江）；战国中期楚灭越，地又尽属楚。

江苏境内的楚文化遗存主要有仪征甘草山遗址和苏州小真山战国墓、淮安运河村战国墓。

甘草山遗址，位于仪征胥浦镇。遗址分为三个时期，晚期为楚文化遗存，文化遗物有鬲、罐、豆等陶器和大量的蚁鼻钱，年代为战国晚期[31]。

小真山战国墓，位于苏州市浒墅关镇，1992 年发掘。墓葬位于小真山顶部，墓坑呈"甲"字形，随葬器物有鼎、盂、剑、戈、镞、镦、弩机、人物底座灯和印等铜器，鼎、罐、钫、盒、杯等陶器，璜、璧形佩等玉器以及陶郢爰等冥币，铜印为桥形钮，覆斗形印台，印面为阴刻篆文"上相邦玺"，墓葬的年代为战国晚期，墓主为楚国的"上相"[32]。

楚国封于江东的吴墟的仅见春申君，因此小真山战国墓可能为楚相春申君。

运河村战国墓，位于淮安市清浦区运河村，2004 年发掘。墓葬为大型木椁墓，包括椁室、外藏椁及陪葬坑，椁室内有棺室和回廊式边箱，主棺有三重椁，并有 11 个人殉，随葬器物有鬲、豆、罐、杯、钵等陶器，铜器有鼎和车马器，铁器有锸、镢等工具以及玉璜等玉器，漆器有漆盒、漆雁等，尤其是外藏椁内殉一辆完整的木车，有御手和马，车上有一建鼓，应为鼓车。墓葬的年代为战国晚期，墓主可能为楚国的下大夫[33]。

在江苏活动过的楚国历史人物主要有春申君。

春申君，名黄歇，楚国公室大臣，楚考烈王封为"春申君"，曾任楚相，与魏国的信陵君（魏无忌）、齐国的孟尝君（田文）、赵国的平原君（赵胜）并称"战国四公子"，见《史记·春申君列传》、《越绝书·吴地传》、《越绝书·春申君》。

楚考烈王元年，以黄歇为相，封为春申君，赐淮北地十二县；后请封于江东，考烈王许之。春申君因城故吴墟，以自为都邑。

苏州、无锡一带有许多有关春申君的遗迹，而春申君最大的功绩是兴修水利。据《越绝书·吴地传》记载："无锡湖者，春申君治以为陂。"江苏的两周时期是由诸侯割据到诸侯纷争，最终逐渐走向统一的时期。

西周早期，江苏有徐国、干国、吴国和越国。徐文化、干文化、吴文化和越文化并存构成这一时期的文化特征。以徐国为首的东夷集团与西周王朝进行抗衡，在西周王朝与鲁国、楚国的打击下，一蹶不振。然而徐国创造的灿烂的青铜文化却延续至春秋时期，成为南方青铜文化的杰出代表。

春秋中期由于吴国的崛起，一举取代了徐国而成为江苏大地的主宰。吴国先后灭干、灭徐，并与晋国联盟，加入以晋国为首的北方集团，驰骋于江淮大地与楚国抗争，破楚败越，成为一代霸主，江苏也从诸侯并立到吴国独尊，辉煌的吴文化也成为春秋中晚期江苏文化的代表。

战国早期，越灭吴，吴地尽属越，江苏全境皆为越国属地，越王句践和越王翳先后都苏州。战国中期，楚威烈王灭越，江东尽属楚，至此终于形成了齐、楚、燕、韩、赵、魏、秦七国之势。越文化和楚文化代表了战国时期江苏的文化，虽然江苏境内的越文化和楚文化未达到越文化和楚文化的最高境界，但同样都是颇具地方特色的文化。

公元前222年，秦灭楚，江苏终于从王国并立的时代进入大一统的秦汉帝国时代。

第三节　秦代的郡县与汉代的诸侯王国

汉代的王国与侯国　重要文化遗存　刘安与《淮南子》　董仲舒与经学　刘向父子的目录学　文学和艺术

周代实行的是宗法制和分封制，战国时期已有诸侯国设县和设郡。

秦始皇统一后，采用李斯的建议，"废分封，立郡县"。公元前221年，秦分天下以为三十六郡，郡置守、尉、监，郡下设县。秦始皇的这一措施，史称"郡县制"。"郡县制"的建立，对于巩固国家的统一，建立中央集权统治，发挥着重要的作用，并对我国漫长的封建社会有着深远的历史意义。

江苏南部分属会稽郡和鄣郡，北部属东海郡，其中会稽郡郡治在苏州。

楚汉之争，是指秦末发生在项羽和刘邦两大反秦武装之间的战争。

秦朝实行暴政，激起了广大民众的反抗。公元前209年7月，陈胜、吴广在大泽乡"斩木为兵，揭竿为旗，天下云集响应，赢粮而景从"。江苏境内响应陈胜、吴广起义的有项梁、项羽、刘邦和陈婴。

项梁与项羽，叔侄，楚国下相（今江苏宿迁）人。世代为楚将，时项氏叔侄亡命吴中，闻陈胜起义，同年九月起兵会稽（今江苏苏州），杀会稽守，率八千江东子弟兵渡江西上，击秦。

与项梁、项羽同时起兵的还有刘邦。刘邦，沛郡丰邑（今江苏丰县）人，在沛地起兵反秦。

陈婴，时任东阳令史，东阳人杀东阳令起义，推陈婴为首领。

公元前208年，陈胜被秦将章邯击败。项梁采纳了范增的建议，立楚怀王孙熊心，为承袭怀王威望，仍为怀王，定都盱台（今江苏盱眙）。同年，陈婴率军两万余人投项梁。

至此，秦末形成了两大政治中心，一在秦都咸阳，一在江苏盱眙。

反秦武装攻占咸阳后，逐渐形成了以项羽（西楚霸王）与刘邦（汉王）两大军事力量，项羽与刘邦之间的战争史称"楚汉之争"。楚汉战争相持了四年，最终刘邦战胜了项羽，建立了汉王朝，刘邦为帝，史称汉高祖。

楚汉战争跌宕起伏，波澜壮阔，楚汉战争为后世留下了"破釜沉舟"、"明修栈道、暗度陈仓"、"四面楚歌"等为人们耳熟能详的成语典故。

汉承秦制，仍实行"郡县制"；与秦代不同的是汉代在郡县制之上又设诸侯国。江苏境内的诸侯国有以徐州为都的楚国和以扬州为都的荆国，荆国之后又改称吴国、江都国、广陵国。

楚汉战争期间，刘邦因战争需要，曾封异姓功臣为王。高祖五年（前202）西汉王朝建立后，一方面继续推行郡县制，同时又封国，大国为王，小国为侯。异姓功臣封王者七人：楚王韩信、梁王彭越、淮南王英布、赵王张耳、燕王臧荼、长沙王吴芮和韩王信。江苏境内主要为楚王韩信。

　　高祖六年（前201）起，刘邦开始逐个铲除异姓诸王，而代之以同姓王。韩信贬为淮阴侯，楚国被分为楚国和荆国，楚王为刘邦弟刘交，都彭城（今江苏徐州）；荆王为刘邦堂兄刘贾，都广陵（今江苏扬州）。

　　高祖十一年，淮南王鲸布反，东击荆，荆王于之战，不胜，为布军所杀；高祖十二年，改荆为吴，立刘濞为吴王；汉景帝前元三年，率楚、赵等七国反，史称"吴楚七国之乱"，被周亚夫击败，刘濞被杀；吴楚七国之乱时，景帝子汝南王刘非平叛有功，徙为江都王，治吴国故地，改吴国为江都国；后刘非子刘建谋反，被诛，元狩五年（前118）汉武帝改江都国为广陵国，立其子刘胥为广陵王。

　　西汉除以彭城为都的楚国和以广陵为都的荆国（吴国、江都国、广陵国）等王国外，汉武帝元鼎四年（前113）还置侯国泗水国，封刘商为泗水王，治凌县（今属江苏泗阳）。

　　东汉时，江苏境内有彭城国和广陵国，彭城国都彭城（今江苏徐州），广陵国都广陵（今江苏扬州）。

　　秦汉时期今江苏境内的重要文化遗存主要有：西汉时期的楚王墓、广陵王墓和泗水王墓，东汉时期的彭城王墓和广陵王墓[54]。

　　西汉楚王墓。西汉先后封过十三位楚王，楚王墓皆在徐州周边的山上，有楚王山、南洞山、北洞山、狮子山、驼篮山、卧牛山、小龟山西汉墓等，除小龟山因出土"刘注"银印而明确墓主外，推测楚王山为楚元王刘交墓，狮子山为第二代楚王刘郢客或第三代楚王刘戊陵墓，其余楚王陵墓待考。西汉广陵王墓。广陵王刘胥墓和王妃墓位于扬州高邮县神居山，1975年和1980年发掘。广陵王墓发现完整的"黄肠题凑"，现已在扬州移建了汉广陵王墓博物馆。

　　西汉泗水王墓，位于泗阳县三庄乡。

　　东汉彭城王墓，位于徐州土山，墓主出土了完整的银镂玉衣，墓主为东汉时期的彭城王。

图上 2-3　广陵王玺（南京博物院藏）

东汉广陵王墓，位于扬州邗江县甘泉山，墓葬出土了一件"广陵王玺"金印，墓主为东汉光武帝之子广陵王刘荆之墓。

刘安（约前180—前122年）是汉高祖的孙子，沛（今江苏沛县）人，汉文帝前元十六年（前164）立为淮南王。刘安"为人好书"，一生主要在政治旋涡中度过的他，其学术生涯则以《老子》"淡泊无为，蹈虚守静"为宗旨，招集"宾客方术之士数千人"在一起"讲论道德，总统仁义"，耗时多年，集体编成了这本包罗万象、无所不载的杂家类奇书，于武帝建元二年（前139）献上。后世通称《淮南子》或《淮南鸿烈》。

董仲舒（前179—前104年），汉广川郡（今河北枣强）人，西汉大儒，主要著作有《春秋繁露》。文、景之时，董仲舒曾任江都国相十年，江都王刘非平素骄横，董仲舒以礼谊对其进行匡正。

武帝时，董仲舒献"天人三策"，提出著名的"罢黜百家，独尊儒术"。从此以后，儒家的典籍成了国家法定的经典，儒家思想开始成为汉代意识形态领域的统治思想。

武帝建元五年（前136），兴太学，置《五经》博士，各以家法教授。后来在传授过程中，《五经》博士又分为十四博士，其中与江苏有关的有施氏《易》、庆氏《礼》和严彭祖《春秋》。

施雠，字长卿，沛（今江苏沛县）人。从田王孙学今文《易》，宣帝时博士，曾于甘露三年（前51）在石渠阁参与"五经同异"之议。

庆普，字孝公，沛（今江苏沛县）人，西汉经学家，从后苍学《礼》，今文《礼》学"庆氏学"开创者。曾任东平王刘宇太傅。

严彭祖，字公子，东海下邳（今江苏邳州）人。与颜安乐同学于眭孟习《春秋公羊传》，宣帝时立为博士。

刘向（前77—前6年），字子政，沛（今江苏沛县）人，楚元王玄孙，著有《战国策》、《新序》、《说苑》、《列仙传》等；子刘歆（前53—13年），字子骏，皆为西汉著名的目录学家。

与秦始皇的焚书相反，汉初即采取重视图书的收藏，《汉书·艺文志》："汉兴，改秦之败，大收篇籍。"

汉成帝时，"诏光禄大夫刘向校经传、诸子、诗赋，步兵校尉任宏校兵书，太史令尹咸校数术，侍医李柱国校方技"，"每一书已，向辄条其篇目，撮其指意，录而奏之"。这些提要后汇编成《别录》一书，为我国第一部解题式书目。

汉哀帝时，大司马王莽举刘歆宗室有才行，于是"复领五经，卒父前业"。歆乃集六艺群书种别为《七略》，因此刘向的《别录》又称《七略别录》。

据《隋书·经籍志》史部簿录篇记载，刘向著《七略别录》二十卷，刘歆著《七略》七卷，然唐代已佚。我国现存的第一部著录式书目《汉书·艺文志》即删改《别录》、《七略》而成，因此《七略别录》和《七略》被誉为史部目录学之祖。

枚乘（？—约前140年），字叔，淮阴（今江苏淮阴）人，西汉文、景时期著名的辞赋家。据《汉书》本传，他先为吴王刘濞的郎中，曾上书进谏吴王不要"弃义背理"，吴王不纳，便离吴到了梁国，从梁孝王游。景帝时"吴楚七国之乱"，枚乘又上书吴王，不听。七国之乱平定后，枚乘因两次上书，名声大起，景帝下诏拜为弘农都尉，称病辞之。又到了梁孝王处，这里的宾客多是辞赋名家，而枚乘在诸人之上。

枚乘的赋，《汉书·艺文志》著录九篇，今传三篇，可靠的仅《七发》一篇。汉赋是从楚辞演变而来，受到战国诸子散文影响，成为散韵并用，咏物抒怀的一种新文体，枚乘的《七发》是其中的代表作。

同时代的辞赋家还有严忌、严助。严忌，会稽吴人，与司马相如等以辞赋知名于世。哀屈原忠而见疑，不遇明主，作《哀时命》叹述之。与枚乘等友好，世称严夫子。严助，严忌子，一说是族子。汉武帝时，郡举贤良，对策百余人中最为突出，擢为中大夫。建元中拜为会稽太守。《汉书·艺文志》著录《严夫子赋》二十四篇，《严助赋》三十五篇，今俱佚。

韦孟，彭城（今江苏徐州）人，为楚元王傅，又为元王子夷王及孙戊傅，共为相三世。刘戊荒淫无道，韦孟作《讽谏诗》。后来去位，徙家于邹，又作谏诗，诗中述刘氏祖先创业建国的历程，劝谏要遵道守业。亦有说是韦孟的子孙好事而"述先人之志而作是诗也"（《汉书·韦贤传》）。

徐州狮子山彩绘兵马俑是继咸阳杨家湾西汉彩绘兵马俑、西安临潼秦代兵马俑之后的又一重要发现。

　　1984 年 12 月初，在徐州东郊狮子山附近出土了 2300 多件西汉时期的彩绘兵马俑，皆为陶质，质地细腻。这些兵马俑表面上看大小差不多，但仔细观察就会发现他们的表情千姿百态，各不相同。它们当中有的昂首张嘴，仰着身子，神情悲切，身边的人或探过头来，或侧过脸来像是在安慰。有的则是低头、皱眉，嘴角向下撇，显出性格内向。这与整体庄严肃穆的军队主题是相吻合的。当然，也有轻松自若、活泼顽皮的青年士兵形象。总之，通过寥寥数笔便刻划出了军人的性格特征，细致入微、栩栩如生，实属难能可贵。

　　这批陶俑群反映了西汉初年分封在徐州的楚王国军队的整体建制。步兵中既有官吏，又有普通战士如持长械俑，弓弩手俑，发辫俑等。车兵中则有甲胄俑和御手俑之分，对研究西汉军队和军事制度具有重要的意义。现已在原址建造了汉兵马俑博物馆。

　　在徐州地区，经过发掘的画像石墓约有五十多座，零散画像石已达到千余石。这些题材多样，内容丰富，雕刻技法熟练的画像石，大体反映了当时人们的现实生活和思想意识。反映现实生活方面的有：车马出行、宾主宴饮等；生产方面的有农耕、渔猎、纺织等；军事方面有比武图等；反映当时人们思想意识的有历史故事、神话传说和鬼神淫祀。

　　画像石的装饰纹样多种多样，有阴线刻、凹面雕、弧面浅浮雕和圆雕四种刻法，使画面的深浅、明暗、粗细更显得丰富多彩，画面也更富表现力，具有很高的艺术价值。

　　汉代江苏的文化遗存主要以徐州和扬州为中心，形成不同风格的南北文化区。徐州流行崖洞墓，扬州在西汉时流行木郭墓，东汉时则流行砖室墓。

　　由于江苏是汉高祖刘邦的故乡，因此

图上 2-4　泗水捞鼎图（徐州汉画像石馆藏）

得到西汉王朝的高度重视，西汉时期江苏王陵的规模和墓葬等级多大于其他地区的王陵。

由于秦汉时期是大一统的帝国，江苏的地域文化在其发展的过程中地域特色更为丰富、复杂，并逐渐融入到大一统的秦汉文化之中。

【注释】

① 南京博物院：《江苏铜山丘湾古遗址的发掘》，《考古》1973 年第 2 期。

② 谷建祥、尹增淮：《江苏沭阳万北遗址试掘的初步收获》，《东南文化》1988 年第 2 期。

③ 韩明芳：《江苏盐城市龙岗商代墓葬》，《考古》2001 年第 9 期。

④ 江苏省文物管理委员会：《徐州高皇庙遗址清理报告》，《考古学报》1958 年第 4 期。

⑤ 南京博物院等：《江苏高邮周邶墩遗址发掘报告》，《考古学报》1997 年第 4 期。

⑥ 南京博物院考古研究所等：《江苏兴化戴家舍南荡遗址》，《文物》1995 年第 4 期。

⑦ 龙虬庄遗址考古队：《龙虬庄：江淮东部新石器时代遗址发掘报告》，科学出版社 1999 年。

⑧ 南京博物院：《江宁县汤山点将台遗址》，《东南文化》1987 年第 3 期；张敏：《试论点将台文化》，《东南文化》1989 年第 3 期；张敏：《宁镇地区青铜文化研究》，载高崇文、安田喜宪主编：《长江流域青铜文化研究》，科学出版社 2002 年。

⑨ 魏正瑾：《昝庙遗址内涵的初步分析》，载江苏省社科联编：《1981 年年会论文选·考古分册》。

⑩ 镇江博物馆：《江苏句容城头山遗址试掘简报》，《考古》1985 年第 4 期。

⑪ 团山考古队：《江苏丹徒赵家窑团山遗址》，《东南文化》1989 年第 1 期。

⑫ 谷建祥：《高淳朝墩头新石器时代至周代遗址》，《中国考古学年鉴（1990）》，文物出版社 1991 年。

⑬ 李伯谦：《论造律台类型》，《文物》1983 年第 4 期；田昌五：《中国古代社会发展史论》，齐鲁书社 1992 年。

⑭ 张敏、韩明芳：《虞舜南巡狩与句吴的发端》，《南京大学学报（哲学·人文科学·社会科学）》1999 年第 3 期。

⑮ 曾昭燏、尹焕章：《试论湖熟文化》，《考古学报》1959 年第 4 期。

⑯ 南京博物院：《南京市北阴阳营第一、二次的发掘》，《考古学报》1958 年第 1 期；南京博物院：《北阴阳营：新石器时代及商周时期遗址发掘报告》，文物出版社 1993 年。

⑰ 刘建国、刘兴：《江苏句容白蟒台遗址的试掘》，《考古与文物》1985 年第 3 期。

⑱ 张敏编：《南京博物院珍藏·青铜器》，上海古籍出版社 1998 年；杨正洪、肖梦龙主编：《镇江出土吴国青铜器》，文物出版社 2008 年。

⑲ 张敏：《殷商时期的长江下游》，《南京博物院集刊（11）》2010 年。

⑳ 上海市文物保管委员会：《上海马桥遗址第一、二次发掘》，《考古学报》1978 年第 1 期；上海市文物管理委员会：《马桥：1993—1997 年发掘报告》，上海书画出版社 2002 年。

㉑ 蒋赞初：《关于长江下游地区的几何印纹陶问题》，《文物集刊（2）》，文物出版社 1981 年；黄宣佩、孙维昌：《马桥类型文化分析》，《考古与文物》1983 年第 3 期；宋建：《"马桥文化"试析》，《江苏省哲学社会科学联合会 1981 年年会论文选（考古学分册）》，1982 年；李伯谦：《马桥文化的源流》，载《中国原始文化论集》，文物出版社 1989 年；田正标：《关于马桥文化的几个问题》，载《纪念浙江省文物考古研究所建所二十周年文集》，西泠印社 1999 年。

㉒ 江苏佘城遗址联合考古队：《江阴佘城遗址试掘简报》，《东南文化》2001 年第 9 期。

㉓ 牟永抗、毛兆廷：《江山县南区古遗址墓葬调查试掘》，《浙江省文物考古研究所学刊》，文物出版社 1981 年；陆建方：《初论马桥——肩头弄文化》，《东南文化》1990 年第 1—2 合期；牟永抗：《高祭台类型初论》，《浙江省文物考古研究所学刊》，科学出版社 1993 年。

㉔ 江苏省丹徒考古队：《江苏丹徒北山顶春秋墓发掘报告》，《东南文化》1988 年第 3—4 合期。

㉕ 董楚平：《吴越徐舒金文集释》，浙江古籍出版社 1992 年。

㉖ 南京博物院：《江苏邳州九女墩二号墓发掘的主要收获》，《东方文明之韵》，岭南美术出版社 2000 年。

㉗ 江苏省驻仪征化纤公司文物工作队：《仪征胥浦甘草山遗址的发掘》，《东南文化》1986 年第 1 期。

㉘ 南京博物院等：《江苏姜堰天目山西周城址发掘报告》，《考古学报》2009 年第 1 期。

㉙ 王志敏、韩益之:《介绍江苏仪征过去发现的几件西周青铜器》,《文物参考资料》1956年第12期;尹焕章:《仪征破山口探掘出土青铜器纪略》,《文物》1960年第4期;张敏编:《南京博物院珍藏·青铜器》,上海古籍出版社1998年。

㉚ 事见《左传》昭公四年,参见毛颖、张敏:《长江下游的徐舒与吴越》,湖北教育出版社2005年。

㉛ 张敏:《阖闾城遗址的考古调查及其保护设想》,《江汉考古》2008年第4期。

㉜ [东汉]袁康、吴平:《越绝书·吴地记》、[东汉]赵晔:《吴越春秋·阖闾内传》。

㉝ 徐良高:《吴文化考古主要成果及评议》,《三代考古(四)》,科学出版社2011年。

㉞ 张敏:《吴国都城初探》,《南方文物》2009年第2期。

㉟ 江苏省文管会:《江苏丹徒烟墩山山上的古代青铜器》,《文物参考资料》1955年第5期;江苏省文管会:《江苏丹徒烟墩山西周墓及附葬坑出土的小器物补充材料》,《文物参考资料》1956年第1期;杨正洪、肖梦龙主编:《镇江出土吴国青铜器》,文物出版社2008年。

㊱ 唐兰:《宜侯夨簋考释》,《考古学报》1956年第2期;李学勤:《宜侯夨簋与吴国》,《文物》1985年第7期。

㊲ 镇江博物馆:《江苏丹徒大港母子墩西周铜器墓的发掘》,《文物》1984年第5期;杨正洪、肖梦龙主编:《镇江出土吴国青铜器》,文物出版社2008年。

㊳ 张敏:《吴王余昧墓的发现及其意义》,《东南文化》1988年第3—4合期。

㊴ 江苏省丹徒考古队:《丹徒青龙山春秋大墓及附葬墓发掘报告》,《东方文明之韵》,岭南美术出版社2000年;杨正洪、肖梦龙主编:《镇江出土吴国青铜器》,文物出版社2008年。

㊵ 江苏省丹徒考古队:《江苏丹徒北山顶春秋墓发掘报告》;周晓陆、张敏:《北山四器铭考》,《东南文化》1988年第3—4合期;杨正洪、肖梦龙主编:《镇江出土吴国青铜器》,文物出版社2008年。

㊶ 江苏省文物管理委员会等:《六合程桥东周墓》,《考古》1965年第3期;南京博物院:《江苏六合程桥二号东周墓》,《考古》1974年第2期;南京市博物馆等:《江苏六合程桥东周三号墓》,《东南文化》1991年第1期。

㊷ 张家山汉墓竹简整理小组:《江陵张家山汉简概述》,《文物》1985年第1期。

㊸ 陈宇:《伍子胥兵法破解》,军事科学出版社2003年。

㊹ 南京大学历史系考古专业等:《江苏常熟钱底巷遗址发掘报告》,《考古学报》1996

年第 4 期。

㊺ 倪振逵：《淹城出土的铜器》，《文物》1959 年第 4 期；赵玉泉：《武进淹城遗址出土春秋文物》，《东南文化》1989 年 4—5 合期；车广锦：《发掘淹城遗址的主要收获》，载《南京博物院建院 60 周年纪念文集》1993 年。

㊻ 林志方：《淹城探谜》，黑龙江人民出版社 2007 年。

㊼ 苏州博物馆：《真山东周墓地：吴楚贵族墓地的发掘与研究》，文物出版社 1999 年。

㊽ 张敏：《吴越贵族墓葬的甄别研究》，《文物》2010 年第 1 期。

㊾ 南京博物院考古研究所等：《无锡鸿山越国贵族墓发掘简报》，《文物》2006 年第 1 期；南京博物院等：《鸿山越墓发掘报告》，文物出版社 2007 年。

㊿ 淮阴市博物馆：《淮阴高庄战国墓》，《考古学报》1988 年第 2 期；淮安市博物馆：《淮阴高庄战国墓》，文物出版社 2009 年。

51 江苏省驻仪征化纤公司文物工作队：《仪征胥浦甘草山遗址的发掘》，《东南文化》1986 年第 1 期。

52 苏州博物馆：《真山东周墓地：吴楚贵族墓地的发掘与研究》，文物出版社 1999 年。

53 淮安市博物馆：《江苏淮安市运河村一号战国墓》，《考古》2009 年第 10 期；淮安市博物馆：《淮安运河村战国墓》，文物出版社 2011 年。

54 邹厚本主编：《江苏考古五十年》，南京出版社 2000 年。

第三章

侨吴融汇：以建康为中心的六朝文化

魏晋南北朝时期，江苏除了西晋短暂的统一外，一直处于分裂、对峙的不同政权之统治下。在特殊的政治格局、民族形势、人口迁徙等背景下，东汉时代已经走向整合的江苏地域文化，又进入了江南、淮南、淮北分途异向的演变历程。其中的江南地域，经过侨吴士庶文化的长期融汇，南朝中后期形成了文化面貌焕然一新、文化成就如同满天星斗的新江南文化；淮南、淮北的地域文化，也越来越趋于丰富多彩和具有活力。

第一节　犬牙交错　胡汉杂糅

疆域形势与政区建置　地域文化分途异向演变的背景

魏晋南北朝时期，江苏在南北分裂的宏观背景下，频繁更换着统治政权与统治民族，而政区作为"辨方正位，体国经野"之结果和"设官分职，以为民极"之前提①，也是变动繁多。这一时期，不稳定的疆域形势与多变动的政区建置，同样影响到了江苏各别地域的文化演变。

三国时，江苏北部属魏，南部属吴，中部的淮南地带则为曹魏、孙吴的对峙、鏖战、争夺之地。魏于彭城（今江苏徐州）置徐州；吴都建业（今江苏南京），置扬州。

280 年西晋灭吴，江南置扬州，江北置徐州。

东晋时期江南属扬州，江淮之间属徐州。淮北则多在诸胡族政权的控制下，先后属后赵、前燕、前秦等国，仍称徐州（后增置扬州）。东晋末年刘裕北伐，江苏统归东晋。

南北朝时，刘宋有今江苏全境，淮北置徐州，淮南置南兖州，江南分属扬州与南徐州。萧齐时，淮北的西半部隶于北魏，分属徐州、南徐州，淮北的东半部属青、冀二州，江南、淮南及淮北的东半部属萧齐，其中江南仍置扬、南徐二州，淮南分属南、北兖州。萧梁代齐后，州郡建置多沿袭萧齐旧制；梁末，江北尽入北齐。陈仅有江南，以长江为限，置扬州、南徐州，陈末增置吴州；长江以北先属北齐，置海、徐、东徐、东楚、淮、东广等州；后属北周，立吴、淮、方等州。

581 年隋代北周，589 年隋灭陈，江苏全境进入了隋唐时期。

正是在魏晋南北朝时期特殊的政治、民族与军事、地理形势下，江

图上 3-1　六朝疆域形势示意图

苏文化逐步走上了淮北、淮南、江南三大地域分途异向的演变历程。

在中国的农耕社会，淮南属于自然地理、军事地理、政治地理以及文化地理的南北推移地带。魏晋南北朝时期，兵连祸接的战争对淮南文化的负面影响尤为显著。东汉末年，军阀混战，淮南即为主战场之一；三国纷争，割据东南的孙氏与雄踞北方的曹氏之间，更是鏖战淮南，争夺激烈，"江淮为战争之地，其间不居者各数百里"[②]。淮南因为处于魏、吴战争的胶着地带，民户的主动与被动迁出也相当惊人。废置郡县、民户迁出，势必严重影响地方文化建设，导致本土文化衰退。

两晋及南朝前期，北方胡族政权的南征与南方汉人政权的北伐，都以淮南为主战场或经历地，淮南又遭受极大破坏，"丁壮者即加斩截，婴儿贯于槊上，盘舞以为戏。所过郡县，赤地无余。春燕归，巢于林木"[③]。连年的征战使淮南的文化局面的起伏兴衰相当频繁，文化成果也显得较为寂寥。

淮北在魏晋南北朝时期是南北政权的军事前沿，前秦与东晋、北魏与萧齐、东魏与萧梁之间在淮北有多次的相互攻伐，文化发展也较两汉时期趋于缓慢。由于淮北长期处在胡族政权的统治之下，其文化面貌逐渐趋于胡化和北方化。"佛狸已来，稍僭华典，胡风国俗，杂相揉乱"（《南齐书·魏虏传》）。因此"胡风国俗，杂相揉乱"的情形在淮北的表现相当明显。

相对于淮南文化的起伏、淮北文化的杂糅，魏晋南北朝时期的江南文化却进入了快速成长的通道，由秦汉时期的政治边缘地域，一跃成为六朝时期的京畿之地。

自东汉末年吴郡富春（今浙江富阳）人孙策开创独立割据江南的局面以来，其政治中心先后在曲阿（今江苏丹阳）和吴郡（今江苏苏州）；孙权徙治丹徒（今江苏镇江），建安十六年（211）迁治秣陵（今江苏南京），次年改名建业；221年孙权迁武昌（今湖北鄂州），229年称帝并回迁建业，即以建业为都。此后，除了265年至266年曾都武昌以外，孙吴都城皆在建业。

孙吴奠都建业，一是因经济发达。孙吴境内以扬州最为富庶，其中尤以吴郡、吴兴、会稽之"三吴"号称丰沃，建都建业可以有效地控制经济命脉；二是因地理环境优越。建业"山川形胜，气象雄伟"，西、北有长江环绕，西有石头城为其捍御，南有秦淮河为阻，东有钟山，北有幕府诸山环卫，"内以固江，外以援淮"，进可以战，退足以守，"而江南之根本不可拔矣"④；三是政治因素。建都于扬州地区比较符合三吴大族的利益，而在扬州地区又以建业的地理位置最为优越。

东晋南北朝时期的北方，为"五胡"民族所建的政权，建康及京畿地区的江南无疑又成为当时华夏衣冠正统所在。

六朝均以建业、建康为都，并且前后延续了300多年，给予江南文化的影响是深远的。"丹阳旧京所在，人物本盛，小人率多商贩，君子资于官禄，市廛列肆，埒于二京，人杂五方，故俗颇相类"（《隋书·地理志》）。"江南经三百年切离北方独立发展的结果，稻米丰收基础上创造了上层阶级独特的优雅文化。以建康（南京）为中心而开出全新的六朝文化之花"；政治、文化"壮大到足以对抗北方的新的文化中心自南方确定成立，则须待到六朝建设江南政权"，六朝的建业、建康也"一跃而为南方大领土国家的首都，以及领导南方步上新兴途上的政治、经济、文化中心"⑤。

第二节　衣冠礼乐　尽在江表

孙吴与东晋南朝的人口迁徙　南迁人口对江苏文化的影响

魏晋南北朝时期，受分裂对峙的疆域形势的控制，江苏文化呈现淮北杂糅、淮南起伏、江南成长的不同面貌：淮北较长期地纳入北方政权与胡族政权的统治，有底层南方文化与表层北方文化、基础汉文化与新兴胡文化的杂糅；淮南土著民户的大量迁出与带有军事性的侨民的大量迁入，有了其文化的起伏兴衰与总体而言的文化发展动力的不足；而建业、建康作为六朝都城，人文荟萃，江南作为六朝京畿之区，大量北方官民涌入，才有了江南文化的长足发展与丰富多彩。

魏晋南北朝时期，江南地域文化的成长与丰富的直接的文化演变动力，来自不同地区与不同层次的迁来人口。

东汉兴平二年（195），孙策南渡长江，开创江南基业，江淮间人多有随之南迁者。建安四年（199），孙策袭取皖城（今安徽潜山），得到袁术留下的百工及鼓吹部曲三万余人，迁于吴（今江苏苏州）。次年庐江太守李术叛变，孙权再破皖城，并迁徙李术部曲三万余人于江南。建安八年和建安十三年，孙权两次西征长江中游的江夏太守黄祖，掳掠数万人口移往江南。建安十八年，曹操与孙权在濡须相持不下后北归，"恐江滨郡县为权所略，征令内移，民转相惊，自庐江、九江、蕲春、广陵户十余万皆东渡江，江西遂虚"。次年孙权又破曹魏皖城，将男女数万口迁移江南。孙吴正式建国后，依靠军事行动和采取"招降纳叛"的办法，也多次取得长江中游、汉水流域、淮南地区甚至辽东一带的人口，其中人数最多的一次是五凤二年（255），曹魏镇守淮南的毌丘俭、文钦起兵反对专权的司马氏，失败之后，"淮南余众数万口来奔"。值得一提的还有黄龙二年（230）孙权"遣将军卫温、诸葛直将甲士万人浮海求夷洲，……得夷洲数千人还"，这是见于记载最早的大陆与台湾发生关系之始⑥。

自西晋永嘉之乱，迄刘宋末年的160余年间，汉族官民的南迁呈现汹涌澎湃之势。"西晋末，五胡崛起中原，晋室倾覆。元帝东渡立国于建康，收辑人心，又安江左，南方荆、扬、江、湘、交、广之地，赖以得全。于是中原人民之不堪异族统治者，相率避难斯土"⑦。此中原官民避难的"斯土"，广及东部的淮北、淮南和江南，以及中部的江汉、西部的梁益。其中，江苏的侨流人口特别集中，"洛京倾覆，中州士女避乱江左者十六七，导劝帝收其贤人君子，与之图事"（《晋书·王导传》），"晋永嘉大乱，幽、冀、青、并、兖州及徐州之淮北流民，相率过淮，亦有过江在晋陵郡界者。……其徙过江南及留在江北者，并立侨郡县以司牧之。徐、兖二州或治江北，江北又侨立幽、冀、青、并四州"，"其后中原乱，胡寇屡南侵，淮南民多南度。成帝初，苏峻、祖约为乱于江淮，胡寇又大至，民南度江者转多，乃于江南侨立淮南郡及诸县"（《宋书·州郡志》）。

东晋南朝时的江苏，究竟迁来了哪些地方与多少数量的北方人口，其在江苏境内的分布有些什么特点？依《晋书》、《宋书》、《南齐书》、《魏书》中侨州郡县的记载⑧与侨流人士的传记，东晋南朝时江苏境内的侨州郡县，江苏境内的迁来人口以山东最多，其次为本省境内的由北迁南，而来自河北、河南、山西、安徽的侨民也不在少数，即便远如北京、陕西、辽宁，亦有迁徙到淮河以南者⑨。其迁徙时间多在司马睿建立东晋（317）到刘宋泰始二年（466）失淮北之地后。以备载户口数字的《宋书·州郡志》计，截止刘宋大明八年（464）约为26万口；而如果考虑到人口的自然增长率，再加上户口无考的以及后来设置的侨州郡县，没有入籍侨州郡县的

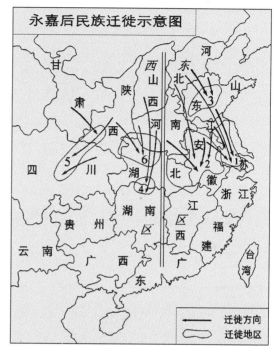

图上 3-2　永嘉后民族迁徙示意图（谭其骧绘）

零散却也不在少数的侨流，豪强大族与各品官员兼并、隐匿与荫庇的大量户口，充当兵户或营户以及具有私兵性质的部曲等等情况，那么，到南北朝后期，江苏侨流人口及其后裔的实际总数至少在百万口左右⑩。

　　大量的侨流人口并非散布于江苏各地，而是因为身份、地位的不同分别集中在某些地域、地带与地点。以东晋江南论，上层阶级为晋之皇室与居住洛阳及其近旁的士大夫集团，他们移居新都建康及其近旁之地，"作政治之活动，然其殖产兴利为经济之开发，则在会稽临海间之区域"；中层阶级以勇武擅战著称，人数最多，他们选择的是"距新邦首都不甚远，而又在长江南岸较安全之京口晋陵近旁一带"，这里相对地广人稀，便于安居殖产；至于地位卑下、实力薄弱的下层阶级，"大抵分散杂居于吴人势力甚大之地域"，如吴、吴兴、义兴等郡⑪。

　　出于利用与防范的双重考虑，东晋的统治者安置那些久事疆场的流民帅及其具有私兵性质的流民武装于江淮之间。在这样的政治、军事以及相关的经济、交通、主客矛盾等因素的作用下，沿江南北、中渎水（大

体相当于今江淮之间的京杭大运河）一线、淮泗沿岸地带，京口（今江苏镇江）、晋陵（今江苏常州）、建康（今江苏南京）、广陵（今江苏扬州）、淮阴（今江苏淮安）、山阳（今江苏淮安楚州区）、盱眙（今江苏盱眙东北）、郁洲（今江苏连云港东云台山一带）等地点，侨流人口相对集中。在有些地点、地带与地域，侨流人口的数量甚至超过了土著人口⑫。

江南的开发始于孙吴，而大量人口的迁入是主要原因之一。由于人口的迁入，产生了多方面的影响。如建安初年迁来的袁术百工及鼓吹部曲三万余人，对江南手工业的发展起了促进作用，丰富了孙吴统治集团的文化生活。正是在江南土著士庶与各方迁来人口的共同努力下，东汉时期经济与文化状况还相对落后的江南，到孙吴的中后期，农业、手工业、商业的发展促进了经史学术、文学创作、士族家学的发达。

孙吴的立国也与外来人口的关系相当密切，"孙氏之建国乃由江淮地域之强宗大族因汉末之扰乱，拥戴江东地域具有战斗力之豪族，即当时不以文化见称之次等士族孙氏，借其武力，以求保全而组织之政权"。⑬《三国志·吴书》收录传记共57篇，其中吴郡13人，会稽郡8人，丹阳郡1人，扬州其他诸郡6人，荆州、交州、益州4人，北方诸州25人，孙吴政权得力于南北人士的协力共建，尤其是孙吴建国初年的重要人物如张昭、周瑜、鲁肃、程普、吕范等，几乎尽为江北人氏。

迁来人口对江苏文化产生了多重影响，丰富、提升了江苏的文化内涵与文化层次，改变了江苏的文化面貌与文化类型。

"江东，中国之旧也，衣冠礼乐之所就也"（隋·王通《文中子·中

图上 3-3　南京上坊孙吴墓青瓷俑（南京市博物馆藏）

说·述史》）。隋炀帝《敕责窦威崔祖浚》："昔汉末三方鼎立，大吴之国，已称人物。故晋武帝云：'江东之有吴、会，犹江西之有汝、颍。'衣冠人物，千载一时。及永嘉之末，华夏衣缨，尽过江表，此乃天下之名都。自平陈之后，硕学通儒，文人才子，莫非彼至。"⑭客观地说明了"永嘉之末，华夏衣缨，尽过江表"。

作为文化演变与发展的动力，东晋南朝的人口南迁对江南文化产生了广泛而深远的影响，极大地丰富了江南文化的内涵，迅速提升了江南文化的层次。

由于人口的南迁，需要了解、认识南方的地理环境与历史文化，在一定程度上促成了各类地志、包括风土记与异物志等等的迅猛涌现；反之，南方土著因为受到大量高层次的南迁北人的政治与文化优越感的刺激，其地域意识也得到强化，于是通过地方志书，表彰本土的历史传统、文明教化、古圣先贤、人物俊哲、风俗物产、自然山水，维护地域尊严、增强群体观念的手段，成为地理大发现、地理大交流的时代，成为产生地理学家与地理著作的时代，也成为山水文学勃起的时代⑮。"晋宋以后，地志中于异物外，又明显增添了新的内容，这就是关于山水本身的介绍，……写成诗，就成了山水诗，写成文，就成了地志"⑯。

需要指出的是，这一现象的出现与当时的社会制度有重要的关联。东晋南朝由于安置大量的南迁人口而设置侨州郡县，侨州郡县造成了南方政区的混乱与户籍制度上黄白籍的分离，而为了解决这种混乱与分离，曾经多次实行的"土断"政策⑰，使侨寓南方的大部分北方人被定籍当地，从而改变了身份，变成了南方人；而未经"土断"或在土断中被保留"侨籍"的北方人，也因北方久陷不复而认南方为家乡，成为事实上的南方人。

总之，东晋南朝时期空前的人口南迁，推进了江南文化的发展与转型。"中原地区与江南地区在经济、政治与文化发展等方面的轩轾状况，从此以后逐步发生了变化，在南北对比的天平上，虽然还没有出现均等的状况，至少天平的砝码增加给江南的部分在日益超出增加给北方的部分"⑱，"盖南方长江流域之日渐开发，北方黄河流域之日就衰落，比较纯粹之华夏血统之南徙，胥由于此也"⑲。

第三节 侨吴士庶的融汇与新江南文化的形成

江南文化的转型 吴姓士族的"北化"和侨姓庶族的"吴化" 侨吴士庶文化的融汇与新江南文化的形成

新江南文化的最终形成是在南朝的中后期。所谓新江南文化，是区别于孙吴、西晋的江南文化而言的。总体来说，长期分裂的政局，使得魏晋南北朝时期的江苏特别是六朝的核心地域江南，文化、学术乃至心理逐渐"地域"色彩浓厚，"地域"独立趋势加强；而这种状况在孙吴、西晋与东晋南朝的表现又有明显不同，即孙吴的江南本土化、西晋的江南本土化与北方化对抗、东晋南朝以汉魏及西晋的北方化的移植为基调的新的江南本土化；而如此复杂的地域文化演变历程，密切联系着江南政治地位的变化、外来人口的迁入以及侨吴士庶文化的融汇。

自东汉末年以来，孙吴在东南地区的长期割据及其独立建国，为江南吴姓士族的发展提供了良好的政治机遇、经济环境与文化氛围，江南的整体文化实力较之从前有了迅速的增长。"大皇自富春，矫手顿世罗。邦彦应运兴，粲若春林葩。属城咸有士，吴邑最为多。八族未足侈，四姓实名家"。"四姓"指吴郡顾、陆、朱、张，是当时江南最显赫的家族，他们大多"势利倾于邦君，储积富乎公室"，"僮仆成军，闭门为市，牛羊掩原隰，田池布千里"[20]。凭借政治力量的强大和经济实力的雄厚，江南吴姓士族的文化修养也不断提高，并形成了各具特色的家学门风，"吴四姓旧目云：张文，朱武，陆忠，顾厚"（《世说新语·赏誉》）。"吴郡有顾、陆、朱、张为四姓，三国之间，四姓盛焉"（刘孝标注引《吴录·士林》）。顾、陆、朱、张文化风貌虽彼此有异，然以官方经学为核心的传统则是大体一致的。

及至西晋灭吴，在江南政治地位一落千丈、北方文化风尚变经为玄的双重影响下，吴姓士族经历着保持传统与无奈新变之间的尴尬。为身家利益计，不得不北上求仕，如吴郡陆机、陆云、顾荣、丹阳纪瞻等人入洛途中，都有习玄的举动；在江南本土，北方的习俗也开始流行，葛洪在《抱朴子·讥惑》中，便指责吴人在书法、语音、哭丧、居丧等方面竞相汰除旧俗，以"京洛之法"为上。这表明在北方强势政治的征服下，作为"亡国之余"的吴人，无奈地做出了一些习尚的调整；而另一方面，西晋江南吴姓士族的主流心理与行为，还是维护着江南地域及其文化的尊严。此种心理及其表现出的行为，在西晋入洛吴士的言谈举止中显露无遗。《世说新语·赏誉》载吴郡蔡洪答人问"吴旧姓何如"时曰："吴府君，圣王之老成，明时之俊乂；朱永长，理物之至德，清选之高望；严仲弼，九皋之鸣鹤，空谷之白驹；顾彦先，八音之琴瑟，五色之龙章；张威伯，岁寒之茂松，幽夜之逸光；陆士衡、士龙，鸿鹄之裴回，悬鼓之待槌。凡此诸君，以洪笔为锄耒，以纸札为良田，以玄默为稼穑，以义理为丰年，以谈论为英华，以忠恕为珍宝，著文章为锦绣，蕴五经为缯帛，坐谦虚为席荐，张义让为帷幕，行仁义为室宇，修道德为广宅。"

与此相对照，蔡洪与"洛中人"辩难时嘲笑其辈"昔武王伐纣，迁顽民于洛邑，得无诸君是其苗裔乎"[21]，颇是不以为然。而如蔡洪的这种不甘示弱的文化心理与行为，在江南士族代表吴郡陆机的身上，体现得更加典型与全面。

陆机自傲于自己的族望，认为其"父祖名播四海"，当北人王济指羊酪问机"卿吴中何以敌此"时，机答"千里莼羹，未下盐豉"[22]。陆机原欲作《三都赋》，闻北人左思作之，与弟云书曰："此间有伧父，欲作《三都赋》，须其成，当以覆酒瓮耳。"后来陆机看到了左思的作品，方才叹服，"遂辍笔焉"[23]。陆机的许多思乡诗，则充满了对故乡的深切怀念之情。

江南文化的真正转型是在东晋南朝。伴随着"五胡"入主中原、北方进入胡族政权的统治，北方汉族文化南移，江南成为华夏正统所在；这新的华夏正统文化又不同于西晋的北方文化，它是侨吴士庶文化在江南地域的融汇与新生[24]。

东晋南朝江南地域的居民，可区别为土著吴姓与北方侨姓两大来源，享有特权的士族与没有特权的庶族两大等级；两相组合，便是侨姓士族、侨姓庶族、吴姓士族、吴姓庶族四大群体，这四大群体起初各有自己的文化特征。

　　侨姓士族是魏晋北方精英文化的主要承继者，家学门风普遍玄化，他们的渡江后竭力保持其文化特征，也就意味着此种北方文化比较完整地搬迁到了江南；吴姓士族在学术方面力图固守汉魏经史传统，语言、礼俗、书法等方面也与北方精英文化有所不同；侨姓庶族以尚武为重要特征；吴姓庶族文化则以吴歌等著称。

　　四种文化的融汇，始于西晋永嘉元年（307）安东将军、都督扬州诸军事司马睿移镇建邺（282 年改建业为建邺），以侨姓为主并引用吴姓经营江南，一直持续到陈朝灭亡；其融汇的步骤，先是同一等级之间即侨吴士族之间与侨吴庶族之间的文化融汇，使得侨吴文化的差异逐渐演化为士庶文化的差异，再是士庶文化的融汇，最终形成一种体现江南社会整体特点的新江南文化。

　　侨吴士族文化融汇的主要趋势是吴姓士族的"北化"。"中原冠盖随晋渡江者百家"（颜之推《观我生赋》自注），"衣冠轨物，图画记注，播迁之余，皆归江左"（《隋书·牛弘传》）。集中于首都建康周围、富有文化的"中原冠盖"，在东晋南朝的大部分时间里，不仅把持了中央政权，而且高居社会上层，因此成为吴姓士族羡慕与仿效的对象。吴姓士族积极学习侨姓士族带来的北方精英文化，行为举止甚至语言都追踪"预流"。

　　《宋书·顾琛传》："先是，宋世江东贵达者，会稽孔季恭，季恭子灵符，吴兴丘渊之及琛，吴音不变。"特别强调这数人"吴音不变"，可见其他吴姓"贵达"在正式场合若朝廷议论、社会交际时，已经不操吴语。显然北方京洛语言成了官方雅言，南朝士族无论侨、吴都讲这种官话。

　　《晋书·谢安传》："安少有盛名，时多爱慕。乡人有罢中宿县者，还诣安。安问其归资，答曰：'有蒲葵扇五万。'安乃取其中者捉之，京师士庶竞市，价增数倍。安本能为洛下书生咏，有鼻疾，故其音浊，名流爱其咏而弗能及，或手掩鼻以效之。"

　　侨吴庶族文化融汇的主要趋势，则是侨姓庶族的"吴化"。迁入三吴地区的侨姓庶族分散于吴人之中，社会、经济地位不高，有些甚至沦为吴姓豪族的佃客。以此，这些侨姓庶族与吴姓庶族接触较为密切，彼此通婚，也大多不同程度地说起了吴语。

东晋初年，侨姓高门王导为了笼络吴人，往往强作吴语；而萧齐大将、临淮射阳（今江苏宝应东北）人王敬则，侨居晋陵郡南沙县（今江苏常熟西北），终生不识字，及其显达，"接士庶皆吴语，而殷勤周悉"㉕。其子仲雄更作吴歌。显然王氏父子已经相当"吴化"。

以上的吴姓士族"北化"与侨姓庶族"吴化"产生的结果是，士族社会的侨吴融汇以侨姓带来的北方文化占主导地位，庶族社会的侨吴融汇则以吴姓原有的江南文化占主导地位。由此，侨、吴文化的差异，逐渐演化为上层士族、下层庶族两个等级的差异，比如在语言上，"士人皆北语阶级，而庶人皆吴语阶级"㉖。

侨姓士族受到吴姓庶族文化影响，主要表现在侨姓士族逐渐学会了吴语并以之接庶族，出自吴姓庶族的诸多俗文化逐渐变成侨姓士族文化的一部分，诸如吴歌；而吴姓庶族也以侨姓士族为代表的北方文化为模仿的榜样，如刘宋侨姓士族、东海郡郯县（今山东郯城北）人徐湛之，"善于尺牍，音辞流畅。贵戚豪家，产业甚厚。室宇园池，贵游莫及。伎乐之妙，冠绝一时"；而其"门生千余人，皆三吴富人之子"，这些三吴门生皆效仿徐湛之的士族做派，"姿质端妍，衣服鲜丽。每出入行游，涂巷盈满，泥雨日，悉以后车载之"㉗。及至南朝中期以降，吴姓庶族中既颇出文学、艺术、学术人才，其意识形态、风俗好尚也往往与侨姓士族略无二致。

无论侨姓还是吴姓，到了南朝时段，士族文化的"庶族化"与庶族文化的"士族化"，又都成为不可逆转之势。士族之接受庶族文化，与南朝皇室出身庶族有关；保持着浓厚庶族色彩的皇室，使得庶族文化成为南朝上层社会文化的一个来源，并逐渐为士族所接受。庶族之依仿士族文化，则决定于士族拥有的主导性社会地位；而为了提高社会地位，许多庶族地主与商人运用各种手段挤入士族行列或者冒称士族，也使得这些庶族在文化方面更加全面地"士族化"。

侨吴士庶之间的文化融汇，使得江南地域的侨、吴、士、庶文化越来越相互接近，其结果便是融合成为新的江南文化。

"扬州人性轻扬，而尚鬼好祀。……永嘉之后，帝室东迁，衣冠避难，多所萃止，艺文儒术，斯之为盛。今虽闾阎贱品，处力役之际，吟咏不辍，盖因颜、谢、徐、庾之风扇焉。"（唐·杜佑《通典·州郡十二》）江苏的江南地域是扬州的核心区。永嘉之前的江南还属"人性轻扬，而尚鬼好祀"之区，及至南朝后期已成"艺文儒术，斯之为盛"的文明之邦。导致这种仿佛天渊之别的缘故，乃是"永嘉之后，帝室东迁，衣冠避难，多所萃止"。而江南地域的社会风气从"轻悍"、"好勇"、"尚武"到"怯懦"、"敦庞"、"尚文"的变化过程，也是大致始于东晋后期，完成于南朝[28]。

新江南文化之新，表现在诸多的方面。以语言论，"江南士族普遍学习洛阳话。……葛洪所谓'既不能便良似，可耻可笑'的语言就是这种吴人口中的北语，隔了多少年之后，连侨人也受到同化，一样说吴化的洛阳语了"[29]。

推而论之，南朝士族说的是不南不北的吴化洛阳语，而南朝庶族说的是不南不北的北化吴语；又随着南朝士族的衰落和庶族的兴起，不南不北的吴化洛阳语进入了庶族社会，不南不北的北化吴语进入了士族社会，这种相互渗透更促进了两种南北语言的融合。

西晋永嘉乱后加速转型而形成于南朝中后期的新江南文化，继承、发展与丰富了原先的北方文化与江南文化的精华，因此较之更加优胜；与同时的北朝胡汉融合下形成的新北方文化相比，新江南文化也更为精致优雅，并被视为汉、魏、西晋北方文化的直系继承者；而其回传、反哺、补充新北方文化的结果，又使其成为隋唐北方文化的重要源头与隋唐精英文化的基础之一[30]。

魏晋南北朝时期，江苏的地域文化在多元而且多变的因素作用下，"述文事则二陆为吴郡之英，陶谢乃晋宋之杰，沈范则领袖风骚，徐庾则专擅文采。四声八病，始发明于江左；文选文心，均载誉于千年。至于书尊逸少，画赞虎头，咸称绝作，雄踞艺苑。若乃天文地理，历法术数，皆有创造，超迈前人。勾股有方，割圆有术，钢经百炼，船名千里，超越江海，窥测日月，精思妙艺，层出不穷。由是而言，六朝固为纷扰多事之秋，亦饶繁盛发明之迹"[31]。

江苏地域在魏晋南北朝时期取得的文化成就，如满天星斗，熠熠生辉。

第四节　独树一帜的六朝文化

玄学与史学　文献整理与目录学　文学与艺术　科技成就　佛教和道教　葬俗文化　医学与炼丹术

自公元 229 年孙权称帝并定都建业（今江苏南京），此后东晋、宋、齐、梁、陈相继定都建康（今江苏南京），前后延续三百多年。在六朝古都，南北士人云集，思想活跃，交流频繁，文学、艺术、宗教、科技等方面成就斐然，形成了江苏文化发展史上的第一个高峰期。

六朝士族非常重视自身的文化修养，并给后世带来了丰富的文化成果。汉代士人多数专注于经学，魏晋以后的士人既不放弃经学，又喜好谈论抽象玄奥的玄理。

史籍的编撰也大大超过了前代，还出现了各种博学繁复的注释。许多人醉心于著述，文章作为不朽之盛事享有极高的地位。

六朝士人有着高尚而精致的文化品位，他们的作品充满了灵动、神韵，充满了才情、个性，他们对文学、对修辞、对文章的藻饰有着不可思议的热情和喜好。他们讲究音声、容貌，讲究才识、风度，在中国历史上，他们可能是第一批对人自身大加赞美的人，而且这种赞美并不纯粹来自于传统，来自于道德，而更多的是来自于对人本身的欣赏。那种独立的人格，自若的神情，敏捷机智的对答，毫不掩饰的个性，孤芳自赏的迷恋，都是他们大加赏誉的对象。

六朝是充满战乱动荡的年代，皇室如走马灯一样地变换，正因此，皇权才未能对这些才情卓异的士人形成巨大的压抑、压迫力量。尽管在六朝世族的身上不难找到应受批评谴责的地方，但六朝士人毕竟在这种宽松自由的气氛中创造了历史上值得回味的文化。

魏晋时期，玄学兴盛。何晏、王弼代表正始玄学，嵇康、阮籍代表竹林玄学，郭象代表的西晋玄学等，都以著论、注释、清谈的形式阐发玄理，在辨名析理方面达到前所未有的高度。就地域而言，这一时期的玄学活动主要集中在洛阳、山阳（今河南焦作）等北方地区。

永嘉南渡之后，北方士族移居南方，包括玄学在内的各种学术活动

图上 3-4　南朝"竹林七贤与荣启期"模印砖画（南京博物院藏）

也随之渡江，集中在京城等地。王导早年即有风度，识见清远，与群贤共游洛中时，深受玄风的影响。过江之后，仍然热衷于玄理，传言他只讨论"声无哀乐"、"养生"和"言尽意"三理。作为政坛上的重要人物，王导实际上是京城清谈活动的主持。一次清谈中，他与殷浩竟然谈至三更，桓温、谢尚、王濛、王述等参与者也都毫无倦意。清谈已经成为政坛领袖扩大影响力的重要方式。

王导之后，谢安作为宰辅，也是当时玄谈的中心人物。王羲之对谢安说，如今四郊多垒，而虚谈废务，浮文妨要，恐非当今所宜。谢安回答说："秦任商鞅，二世而亡，岂清言致患邪？"一次在王濛家中，谢安、支遁、许询等人共同讨论《庄子·渔父》，支遁用了七百言作解，谢安解释，洋洋洒洒万余言，"意气拟托，萧然自得，四坐莫不厌心"[32]。

孙盛博闻强识，善言名理，早年曾任著作郎，晚年任秘书监[33]，至少有一部分时间都是在京城度过的。即使在他处任职，也有奉使入京参加玄学家聚会的机会。在与殷浩、王濛、谢尚、刘惔的雅集中，他阐发了自己关于易象的观点㉞。又著《老聃非大贤论》、《老子疑问反讯》，前者认为老子"去圣"还有距离，后者又揭示《老子》书的所包含的矛盾。他还是史学家，著有《魏氏春秋》、《晋阳秋》等。

王坦之，字文度，弱冠即有重名，人称"江东独步王文度"，后与谢安共辅幼主，身居高位，活动集中在京城、广陵等地。著《废庄论》，文章批评"庄周放荡而不法"，并说"庄子之利天下也少，害天下也多，……虽可用于天下，不足以用天下人"。谴责当时"不敦儒教"的习俗，目的还是想维护礼教对社会的规范作用。

早期玄学崇尚玄远，致使一般追随者皆以无所事事为清高，又尚自然，往往无视作为社会规范的礼法的基本约束。西晋灭亡，社会动荡，人们很容易就将这种后果与虚诞的学风联系起来。过江之后，人们期望朝廷能够中兴，社会能够保持应有的秩序。因此，玄学在观念上也做出了调整，以为不宜把老、庄推得过高，反对完全蔑弃礼法。学风为之一变，玄礼双修，认为名教与自然本来就是合一的。

维护名教必须从崇儒兴学开始，六朝有识之士都认识到这一点。东晋时期，王导、谢石等就建议建立学校，选天下明经之士，复兴儒学。不过，当时内忧外患，政局不稳，虽然采取了一些措施，但总体成效不显。到宋文帝时，立儒学、玄学、史学、文学等"四学"，宋明帝时，立儒、道、文、史、阴阳"五部学"，南朝齐一代，皇帝多次下诏立国学，儒学得到了一定程度的恢复。梁武帝雅好儒术，儒学一度出现兴盛的景象。

六朝的史学成就很大。东吴的史学家韦昭著有《吴书》。韦昭（《三国志》中避讳改为韦曜）是吴郡云阳（今江苏丹阳）人，孙亮即位后，为太史令，撰《吴书》，参与者还有华覈、薛莹等。韦昭因忤孙皓被诛，《吴书》后由薛莹续修完成，成为陈寿撰写《三国志》的重要史料来源。

如今的二十四史中，《后汉书》、《宋书》、《南齐书》三种都是六朝人所作。

《后汉书》计九十卷，记载了汉光武帝到献帝近二百年的史事，为南朝宋范晔所作。范晔（398—445），字蔚宗，顺阳（今河南淅川）人，是《春秋穀梁传集解》作者范宁的孙子，官至左卫将军、太子詹事，后因事被杀。

《后汉书》的史学成就很高，其体例周密，编撰严谨。一事不两载，见于此则不载于彼，避免重复；传主以类相从，合为一传，如王充、王符、仲长统并非同时人，然而都具有勇于针砭时弊、富有批判精神的共同点；郭太、许劭皆有人伦之鉴，如此合传叙述，颇为允当。刘知幾《史通·补注》篇中称范作"简而且周，疏而不漏"，确是中肯之论。《后汉书》增加了七种类传：党锢、宦者、文苑、独行、方术、逸民和列女传。这些传目，除了东汉比较特殊的类型"党锢传"、"方术传"外，其他均为后来正史所取法，可见范晔从传记的角度把握社会现象是相当准确的。尤其难能可贵的是，范晔在严肃的纪传体史书中第一次将女性单独作为一类立传，并且在传序中自言："搜次才行尤高秀者，不必专在一操而已。"并非仅仅专注守节贞妇，而是重视女性的才行，颇有识见。范晔是有独立见解的史学家。

裴松之（372—451），河东闻喜（今属山西）人，永嘉南迁后移居江南。东晋孝武帝时入宫侍卫，后在朝廷及地方任职，义熙年间，随太尉刘裕北伐。刘宋时，在朝任职。元嘉年间，奉诏为陈寿《三国志》作注。为史作注早已有之，《史记》、《汉书》的旧注很多，不过，裴注不同于旧注考订制度、解释文字的做法，而是以注的形式为《三国志》补充了大量的史料。

这种史注的方法前人似有尝试，如孙盛《异同评》[35]，但《三国志注》显然不仅是条其异同。它与佛经"合本"有共通之处，"实一广义之合本子注"[36]。裴注引用魏晋人的著作多至二百一十种，比陈寿见到的多得多，完全可以另撰一书，不过，他却用来作注，将不同文本中相关的史料按照《三国志》的正文分别汇集起来，等于撰写了一部新书。这体现出了史学的新方法，前所未有。这一做法启发了不少后来者。南梁刘孝标注《世说新语》、北魏郦道元《水经注》等都是旁征博引。这几种注本集中出现于元嘉六年（429）裴注完成之后的百年内，这说明裴松之博引式的注解形式已经在京城以及江苏南部形成了一种学术传统。这一学风甚至延续至唐代。唐代李善注《文选》，比裴注可谓有过之而无不及，引书多达一千六百八十九种，旧注二十九种，可谓博洽。而文选学兴起，正源起于距离建康不远的江都（今江苏扬州）。《大唐新语》卷九记载："江淮间为《文选》学者，起自江夏曹宪⑨。……（宪）学徒数百人，公卿亦多从之学，……其后句容许淹、江夏李善、公孙罗相继以《文选》教授。"李善注《文选》与南朝裴松之注、刘孝标注等，在学术精神上是贯通一致的。

可见，南朝以来，京师以及附近地区在裴注的影响中逐渐形成了一种强调博学、文献实证的朴实学风，它与当时注重清谈的玄学以及夹杂玄风的经学正相对照，反映出南朝学风的多样性。这是六朝时期江苏学风的重要特点。

《宋书》的作者沈约是吴兴武康（今浙江德清）人，历仕宋、齐、梁三朝，官至尚书令，是当时有名的文学家、史学家。早年即以"晋氏一代，竟无全书"而萌生撰写晋史的意图，后经宋明帝的敕准，编撰晋史，经历二十年，撰写《晋书》一百二十卷。南齐时又撰《齐纪》二十卷，永明五年（487）奉诏始修《宋书》纪、传七十卷；后来完成志三十卷。刘宋一代六十年，沈约半生的经历都在宋，其撰修有一定的有利条件。《宋书》虽不免有所忌讳，但还是保存了大量的史料。《史记》、《汉书》很少叙及一般传主的后代及亲属情况，《宋书》则将子孙之传附于父祖的传记下，首开先例。又新立《恩幸传》，为出身寒微而受到皇帝宠幸的人立传。沈约出身于门阀士族，在其历史编撰中很自然地体现了当时士族以及谱系学的观念。《宋书》中的八篇"志"颇有史学价值。自班固《汉书》十志、司马彪《续汉书志》之后，今存史籍中，惟有《宋书》诸志最具价值。

除了《后汉书》、《宋书》，第三部列入正史的就是南朝梁萧子显撰的《南齐书》。萧子显（489—537），南兰陵郡南兰陵县（今江苏丹阳东北）人，齐高帝萧道成的孙子。虽为皇族，却有志史学，除《南齐书》六十卷（今本五十九卷）外，还撰《后汉书》一百卷，《晋史草》三十卷。以前朝帝王子孙的身份而修该朝史，二十四史中仅此一家。当然，他为其父作六七千字的长传，并加以"周公以来，则未知所匹"式的称赞亦属人情所难免。南齐只持续了二十四年，而《南齐书》列传将近二百人，人数不少，其中五十六人都是后妃及宗室诸王，几乎无不有传，保存了不少史料。

此时的史学家还有干宝、臧荣绪等。

干宝，字令升，新蔡人。东晋元帝时，以佐著作郎领国史，著编年体《晋纪》二十卷，自晋宣帝到愍帝五十三年。其书简略，但"直而能婉，咸称良史"⑳。臧荣绪，长期隐居京口，以教授为业，南齐永明六年（488）卒，年七十四。著《晋书》，有纪、录、志、传一百一十卷，此书在十八家《晋书》中颇为完整，是唐人修《晋书》的底本。

就撰述而言，地理书本有传统。汉武帝时，各地计书既上太史，本当包含郡国地志。《史记》记述河渠，刘向略言地域，丞相张禹使朱贡条记风俗，班固据此而作《地理志》。入晋，挚虞作《畿服经》，其州郡及县分野封略事业，国邑山陵水泉，乡亭城道里土田，民物风俗，先贤旧好，靡不具悉，计一百七十卷。可见人们对地理风俗记载的重视。

汉末以来，中原人士，多因避乱而迁徙各地。移民淡化了地域之间的界限，人地之间的关系、风土习俗亦随之变化。身处他乡，对当地山川习俗尤为敏感；奔走各地，征战南北，回顾家乡风土格外珍惜。士人地记之作渐渐增多，如郭缘生《述征记》二卷、顾启期《娄地记》一卷、周处《风土记》三卷、山谦之《吴兴记》三卷、《南徐州记》二卷，顾夷《吴郡记》一卷等。

周处字子隐，义兴阳羡（今江苏宜兴）人。父周鲂，吴鄱阳太守。周处少年时代，膂力过人，好驰骋田猎，不修细行，滋扰百姓，不免为当地一害。后折节读书，入晋为新平、广汉太守，迁御史中丞。平贼战死，追平西将军，撰《风土记》。《风土记》这样的地记著作大多篇幅很小，不宜保存流传，于是南齐陆澄（425—494）搜集了一百六十家地记著作，编成《地理书》一百四十九卷，目录一卷。梁任昉在此基础上，又收罗八十四家，编成《地记》二百五十二卷。

六朝人重视文献整理，对当时的图书进行系统的分类编目，在整理的过程中，他们尝试不同的图书分类方法。

图书分类、著录最早源于汉代刘向《别录》、刘歆《七略》，即把文献分为六艺、诸子、诗赋、兵书、术数、方技等类别。班固撰《汉书·艺文志》，沿袭《七略》的划分。到三国之时，学术发展，图书增多，魏秘书郎郑默撰《中经》。晋初，秘书监荀勖在《中经》的基础上，更撰《中经新簿》总括图书，分为甲部（六艺）、乙部（诸子）、丙部（史）、丁部（诗赋等）。其后，李充撰《四部书目》，调换了丙乙的内容，以五经为甲部，史记为乙部，诸子为丙部，诗赋为丁部。四分法于此确立，对后世产生了很大的影响。

不过，《七略》之法仍在沿用。南朝刘宋王俭编《四部书目》，以为四部分类不便，于是撰《七志》，分图书为经典、诸子、文翰、军书、阴阳、术艺、图谱，道、佛附见，实为九志。又作九篇条例，编于首卷，对图书目录分类有一定的贡献。南朝梁阮孝绪的《七录》，是得到目录学者充分肯定的私家目录。阮孝绪，陈留尉氏人，世居建康，潜心著述，《七录》目录分经典、记传、子兵、文集、术技、佛法、仙道七类，颇合当时图书的实际状况㊴。

六朝时期是江苏文学发展的辉煌时期，此时的江苏文人创作出了不少在中国古代文学发展史上具有标志性意义的成果，其中文学理论方面的成就尤其突出。陆机、刘勰、钟嵘以及萧统等文学巨匠均有理论创制，使中国文学进入了"自觉的时代"，促进了文学理论批评繁荣景象的到来。

陆机（261—303），字士衡，吴郡吴县（今江苏苏州）人。其祖陆逊，父陆抗为吴国将相。吴灭之后，闭门读书十年，太康末年与弟陆云入洛阳，以文才名重一时，曾事成都王司马颖，官平原内史，世称陆平原。后被谗遇害。明人将陆机的著作辑成《陆士衡集》。其诗现存104首，多为乐府诗与拟古诗。赋今存27篇，散文中，除著名的《辨亡论》，代表作还有《吊魏武帝文》，成就在诗歌之上。此外，他的《演连珠》引喻贴切，文字工整，体现了运用骈俪文字的娴熟技巧。陆机诗文创作情感强烈，辞藻富丽，注重排偶，代表了西晋文学发展的趋向，在晋代和南北朝具有崇高的声誉。

陆机最为重要的作品是论文名作《文赋》。《文赋》论述了十种文体的风格特征，比曹丕的文体四科区分更加细密，标准亦有不同，被认为是中国文学批评史上第一篇完整而系统的文学理论作品。《文赋》是陆机真切体会而后得，其中对于构思过程写得特别透彻。陆机重视创作过程中作家感受的重要性，四时万物的变化，前辈的骏烈功德，先贤的丽藻文辞都能引起作家的遐思，因此援笔而作，创作出美轮美奂的文章。

陆机认为，物的感受，学的修养，是文学创作的重要基础。同时，他也强调了想象在创作中的重要作用，作家只有取材于现实而后经过"收视反听，耽思旁讯，精骛八极，心游万仞"的想象，才能将现实题材化为审美的形象。陆机用诗一般的语言，具体生动地描绘了艺术创作的全过程，抓住了诗歌创作的基本特点，生动地描绘了形象思维的特征。他认为艺术构思贵在具有独创精神，所谓"谢朝华于已披，启夕秀于未振"，就是指一种新的境界、新的技巧，发前人所未发，言前人所未言。总之，陆机主张要修辞立诚，表里如一，内容与形式并重，注意熔裁而使辞意双美，即："理扶质以立干，文垂条而结繁。"既要"逮意"，又要"称物"。随着曹丕、陆机等人开了论文风气之后，专门论文的著述逐渐增多。体大思精的《文心雕龙》即深受《文赋》的影响。

刘勰（465？—521？），字彦和，祖籍东莞郡莒县（今山东莒县），西晋末年永嘉之乱，其祖先避难南奔，移居京口（今江苏镇江）。刘勰早年丧父，家贫不娶，但奋发好学，约二十岁时，到定林寺（在今南京紫金山南麓）随著名僧人僧祐生活了十多年，帮助僧祐编定佛教经藏，获益良多。梁武帝时，为南康王记室兼东宫舍人。根据《文心雕龙·序志》所载，刘勰在三十岁以后曾梦见执丹漆礼器随孔子南行，于是搦笔和墨，撰写了《文心雕龙》。《文心雕龙》书成之后得到了沈约的赞赏，认为该书深得文理。后刘勰出家，改名慧地，未期而卒。刘勰长于佛理，文思缜密，意无不达，京师名僧碑志多出自其手笔。曾有文集传世，至隋唐时亡佚。今仅存《梁建安王造剡山石城寺石像碑》与《灭惑论》。

《文心雕龙》是中国古代最重要的一部文学理论著作，研究《文心雕龙》已成为影响甚大的专门之学——"龙学"。

《文心雕龙》共五十篇，可分为三大部分：一是《原道》至《辨骚》五篇，讨论"文之枢纽"，即指导写作的总原则、为文之总纲；二是《明诗》至《书记》二十篇，为"论文叙笔"，亦即文体论，分论各体文章的性质、源流与写作规格；三是《神思》至《程器》二十四篇，讨论"割情析采"，其中又可分为创作论和批评论两个部分：《神思》至《总术》

十九篇是创作论，其中《时序》、《物色》两篇创作论与批评论兼有，《才略》、《知音》、《程器》三篇则为批评论。同时刘勰也将《文心雕龙》分为上篇与下篇，前二十五篇为上篇，后二十五篇为下篇。据其自述，"上篇以上，纲领明矣"，"下篇以下，毛目显矣"。其中《隐秀》一篇今已残缺。

　　《文心雕龙》是一部体例周详，结构严密，论述精深的文学理论著作，《文心雕龙》是六朝文学批评的集大成之作，在我国文学史和文学理论批评史上产生了深远的影响，"篇章既富，评骘遂生，东则有刘彦和之《文心》，西则有亚里士多德之《诗学》，解析神质，包举洪纤，开源发流，为世楷式"[40]。

　　这一时期与《文心雕龙》相媲美的是由梁代昭明太子萧统组织文士编写的《昭明文选》。与后世研究《文心雕龙》而成专门之学——"龙学"一样，研究《昭明文选》亦成另一专门之学——"选学"。

　　萧统（501—531），字德施，南兰陵（今江苏常州西北）人，梁武帝长子，天监元年（502）两岁时即被立为皇太子，天监十四年（515）始协助梁武帝处理政务，成为"副贰"之君。未及即位而卒，谥昭明，世称昭明太子。

　　萧统爱好文学，当时的著名文人刘孝绰、殷芸、陆倕、王筠等人都曾与之游处。据《梁书》记载，萧统的著作有《文集》二十卷、《正序》十卷、《文章英华》二十卷、《文选》三十卷。其中《文集》二十卷已佚。至宋，《直斋书录解

图上 3-5　（梁）萧统《昭明文选》书影　明天启六年（1626）（南京图书馆藏）

题》与《宋史·艺文志》都著录有《昭明太子集》五卷，此当是宋淳熙八年（1181）袁说友刊刻于池阳郡斋之书，今四部丛刊影印乌程许氏藏明本《昭明太子文集》五卷当由此而出。《正序》也早已散失。《文章英华》当即《古今诗苑英华》。萧统还曾搜集校理陶潜的诗文，编成《陶渊明集》。

《文选》是我国现存最早的文学总集。虽然此前已有晋挚虞《文章流别集》等书，但现在均已散佚。《文选》选录了先秦至梁代约八百年间的诗文七百余篇，分为三十余类，作者130余人，另有不知作者的古乐府三首和古诗十九首，基本反映了南朝梁以前的文学成就。

萧统的文学思想主要表现在《文选序》、《答湘东王求文集及〈诗苑英华〉书》、《陶渊明集序》等文中，而尤以《文选序》最为重要。《文选序》叙述了"文"的起源和发展，提出"物既有之，文亦宜然"，"文"发展变化乃必然趋势，对骈文讲究词藻、声律、对偶的华美之风予以肯定。萧统认为子、史都不是文学，他所选录的文学作品，必须是"事出于沉思，义归乎翰藻"，即是从审美的角度来衡鉴文学的。《序》中还对文体进行了辨析，简述了文体的发展、功用以及写作特点。最后说明了以文体为类，同类之中以时代为序的编撰体例。

《昭明文选》对此后的学术文化乃至文学事业产生了巨大的影响。唐显庆年间，李善将《文选》由原三十卷分为六十卷，详加注释。唐开元年间，又有吕延济、刘良、张铣、吕向、李周翰等五人合注《文选》，世称"五臣注"。至宋代，又将"五臣注"与"李善注"合刊，世称"六臣注"。《昭明文选》对于后世文人的影响诚如李善所云"后进英髦，咸资准的"[①]。

这一时期另一个重要文学成就是由刘义庆完成的魏晋轶事小说的集大成之作——《世说新语》。

刘义庆（403—444），彭城（今江苏徐州）人，宋武帝刘裕的侄子，袭封临川王，官至尚书左仆射、中书令。《世说新语》可能就是他和手下文人博采前代遗闻轶事，错综比类而成的一部巨著。全书分《德行》、《言语》、《政事》、《文学》等三十六种门类，涉及的人物上自帝王卿相，下至士庶僧徒，其中重要人物不下五六百人。全书大部分篇幅是描写"魏晋风度"、"名士风流"，特别详于王、谢、顾、郗等士族人物的玄虚清谈和疏放举动，表现了当时知识分子的生活状况、精神风貌，反映了特定时代的社会面貌、经济方式、政治状况、风俗习尚和审美情趣，是研究六朝历史的宝贵资料。《世说新语》的语言简约含蓄，隽永传神。《世说新语》在艺术上"记言玄远冷隽，记行高简瑰奇"[42]。"读其语言，晋人面目气韵恍忽生动，而简约玄澹，真致不穷"[43]。

《世说新语》是记叙轶闻隽语的笔记小说的先驱，也是后来小品文的典范，对后世文学具有深远的影响。《世说新语》中的许多故事或成为诗文中的典故，或成为戏剧家小说家创作的素材。

《世说新语》由梁刘孝标作注，征引广博，所用书四百余种，今多不存，因此受到了后世学者的重视。

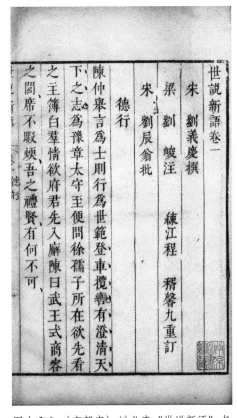

图上 3-6　（南朝宋）刘义庆《世说新语》书影　清康熙三十三年（1694）（南京图书馆藏）

刘义庆还撰有《幽明录》，与干宝的《搜神记》、王琰的《冥祥记》等都是六朝文人志怪小说的重要代表，虽原书已佚，但鲁迅在《古小说钩沉》中辑有佚文 260 多条。

六朝时期，江苏以诗歌为代表的雅文学也引领全国文坛风气。宋齐时代的山水诗代替东晋以来的玄言诗，是南朝诗坛发生的一个重要变化，其代表人物是谢灵运、谢朓，而鲍照的乐府诗为七言诗的发展开拓了新的境界。

鲍照（约 414—466），字明远，东海（今江苏涟水北）人。因献诗临川王刘义庆而得到赏识，擢为国侍郎。后做过秣陵令等。与谢灵运、颜延之并称为"元嘉三大家"。所为文，以俊逸之笔，写豪壮之情，其模山范水之作，情文并茂，尤以《登大雷岸与妹书》为最。诗则以警丽发悲凉，错综震荡，奇偶无迹，尤其长于夸饰，其中乐府诗尤其俊逸，如《东门行》、《京洛篇》、《东武吟》等。现存鲍照诗约二百余首，其中乐府诗就占八十多首。他继承和发扬了汉魏乐府民歌的传统，多描写社会生活，其中也包括写边塞战争，征夫戍卒的生活，如《代出自蓟北门行》、《代东武吟》等，《拟行路难》十八首，是鲍照的代表作，在中国文学发展史上占有重要的地位。鲍照的《拟行路难》采用了当时被一般文人视为鄙俗的七言诗体，并大胆地进行了改造，变逐句用韵为隔句用韵，且可以自由换韵，为七言诗的发展拓展了广阔的空间。

　　齐梁时期的文学同样以江苏为中心。齐永明年间沈约、谢朓、王融等人以竟陵王萧子良为中心，形成了一个庞大的文学集团，号称"竟陵八友"。这个集团的主要人物强调诗歌的声韵格律，将四声声调运用到诗歌的创作之中，诗风为之一变，史称"永明体"。这一诗体对近体诗的形成产生了重大影响。"竟陵八友"虽然籍里不一，但他们的文学活动都在南京。

　　此后，梁简文帝萧纲为太子时，常与文人墨客在东宫相互酬唱，其诗歌多写宫廷生活及男女私情，形式上追求辞藻靡丽，形成了风靡一时的宫体诗。宫体诗中虽然有一些格调低下的作品，但其中有不少抒情咏物，风格清丽的作品，尤其是宫体诗在形式上比永明体更趋格律化，对其后律诗的形成起了重要的推动作用，其长于用典、辞藻华丽的特征也为唐代的李贺、李商隐等人所汲取。

　　六朝的艺术成就很高。当时的贵族大多生活优裕，富有闲暇，有条件尝试各种文化活动，而一流名士的介入，促使艺术达到很高的水准。

　　东晋画家顾恺之，晋陵无锡（今江苏无锡）人，富有艺术家气质，人谓"痴绝"。吃甘蔗，先从尾食，人问其故，曰："渐至佳境。"在荆州做殷浩的僚佐时，请假回老家，按例不得给布帆，顾苦求才借到。可是船到一个叫破冢的地方，遭遇大风，布帆扯破。但他给殷浩写信却说："地名破冢，真破冢而出。行人安稳，布帆无恙。"[44]富有才情、诙谐皆此类。善画人物，每每画稿完成，却数年不点睛，人问其故，他称："传神写照，正在阿堵中。"为裴楷画像，面颊上特意画了三根毫毛，使人看起来更觉逼真⑮。

晋宋之际，士族喜好游历山水，顾恺之形容会稽景色云："千岩竞秀，万壑争流，草木蒙笼其上，若云兴霞蔚。"⑯特别欣赏山水之美，于时，品评山水的格言有很多，山水诗也兴盛起来，与山水画同时并举。顾恺之能画山水，作《雪霁望五峰图》，后世称其为山水画的祖师。

陆探微、张僧繇、宗炳、王微、萧贲等皆是此时的有名的山水画家。

六朝时期书法艺术盛行，东吴有书家皇象等。东吴书法基本沿袭东汉书风，擅长旧体，江苏发现的东吴书法有宜兴的《国山碑》和句容的《葛府君碑》等。

东晋南朝的书法名家辈出，东晋王羲之、王献之父子对后世书风产生了深远的影响，王羲之的《兰亭集序》被誉为古今书法之冠⑰。江苏出土的东晋墓志有《谢鲲墓志》、《温峤墓志》、《王兴之墓志》、《王丹虎墓志》、《王建之墓志》、《高崧墓志》、《张镇墓志》和《晋恭帝墓碣》等，南朝墓志有宋的《明昙憘墓志》、齐的《王宝玉墓志》、《刘岱墓志》，梁的《萧融墓志》、《王慕韶墓志》、《萧象墓志》等，以及著名的《瘗鹤铭》和萧景墓神道石柱额文字和《萧憺碑》等，真实地反映了东晋南朝的书法风采。

南朝的陵墓石刻在我国艺术史上也独树一帜。江苏现存南朝陵墓石刻34处，主要集中在南京、丹阳和句容。通常帝陵是瑞兽（麒麟、天禄）一对，神道石柱一对、石碑一对；王陵是瑞兽（辟邪）一对，神道石柱一对、石碑一对。瑞兽均有双翼，造型呈"S"形，装饰繁缛，气韵生动，形神兼备，富有灵气。

六朝的雕塑艺术与当时佛教盛行密切

图上 3-7　《王建之墓志》（南京市博物馆藏）

相关。当时的建康，寺院林立。顾恺之曾为当时著名的瓦官寺作画；东晋末年的戴逵既是画家，又是雕塑家，擅长雕塑佛像。曾为会稽山阴的灵宝寺雕刻无量寿佛一尊，历时三年，妙绝当时。戴逵的儿子戴颙也为寺院雕塑。"宋世子铸丈六铜像于瓦官寺。即成，面恨瘦。工人不能治，乃迎颙看之。颙曰：'非面瘦，乃臂胛肥耳。'既错减臂胛，瘦患即除。无不叹服"[48]。

六朝的音乐，大体可分为宫廷音乐与民间音乐。

永嘉之乱，西晋的伶官、乐器皆没于刘聪、石勒。东晋初立，朝廷宗庙音乐大多荒废，"遗声旧制，莫有记者"。成帝咸和中，复置太乐官，鸠集遗逸，逐渐恢复朝廷音乐。

南朝时期，经过不断收罗、创作、改编，二郊、太庙、明堂、三朝等所用歌舞音乐基本形成。梁武帝善音律，天监元年（502），下诏求学术通明者皆陈言古乐，当时对乐者七十八家，都称乐之宜改，然而皆不知改乐之法。武帝于是自制四种乐器，名之为"通"，以定雅乐，莫不和韵。武帝又更造新志，自为之词三曲，又令沈约为三曲，被于管弦。至此"礼乐制度，粲然有序"[49]。

南朝宫廷音乐亦多吸收民间歌舞音乐的成分。《宋书·乐志一》载："凡乐章古词，今之存者，并汉世街陌谣讴，《江南可采莲》、《乌生》、《十五》、《白头吟》之属是也。吴歌杂曲，并出江东，晋、宋以来，稍有增广。"江左初，又有《拂舞》、《白纻舞》等吴地舞蹈。

南朝宫廷音乐呈现出与佛教结合的特点。武帝笃信佛法，制《善哉》、《大乐》、《大劝》、《天道》、《仙道》、《神王》、《龙王》、《灭过恶》、《除爱水》、《断苦轮》等十篇，名为正乐，表达的内容都与佛教有关。

至陈，宫廷音乐又呈现出娱乐化倾向。陈后主即位，沉湎于酒，视朝之外，多在宴筵。喜好音乐，组织宫女学习北方箫鼓，谓之《代北》，酒酣则演奏。又创作《黄鹂留》、《玉树后庭花》、《金钗两臂垂》等曲，与幸臣写作歌词，绮艳轻荡，男女唱和，音声哀怨婉转。

在宫廷之外的一般士人群体中，音乐主要用于欣赏娱乐。士人爱好音乐很常见。戴逵能琴，传其子勃、颙。凡诸音律，皆能挥手。父亲去世后，所传音乐，不忍复奏，于是两人各造新弄，并传于世。晚年居吴下。衡阳王义季镇京口，遂止黄鹄山，为义季鼓琴，并新声变曲。宋太祖"以其好音，长给正声伎一部。颐合《何尝》、《白鹄》二声，以为一调，号为清旷。"⑤不长于音乐的人，要欣赏歌舞，只能依靠女妓。南齐有规定，位在黄门郎以下，不得畜女妓。可见当时官员私畜乐人的现象颇为普遍。《宋书·乐志一》曰："前世乐饮，酒酣，必起自舞。……汉武帝乐饮，长沙定王舞又是也。魏晋已来，尤重以舞相属，所属者代起舞，犹若饮酒以杯相属也。谢安舞以属桓嗣是也。近世以来，此风绝矣。"

六朝在科学技术方面的成就主要有天文、历法和数学。

何承天曾任刘宋的著作佐郎、国子博士等，少年时代随舅父徐广学习天文历算。徐广长期观测日月五星，历时四十年，何承天又坚持观测四十年，在观测资料的基础上编写了著名的《元嘉历》。何承天根据实测中星和历史记载，推算岁差每百年差 1 度，对传统的虞喜的岁差值有改进。此历采用回归年长度为 365.2467 日，优于以往的历法。

六朝数学因为祖冲之而走到了世界的前沿。祖冲之（429—500），范阳郡遒县（今河北涞源）人，出生在建康。祖冲之的数学成就是将圆周率 π 值确定在不足近似值 3.1415926 和过剩近似值 3.1415927 之间⑤，这是当时世界上最先进的数学成果。祖冲之的《缀术》一书"设开差幂，开差立，兼以正圆参之，指要精密，算氏之最者也"⑤。这可能是一般形式的二次、三次方程的解法，其中各项系数可正可负⑤。祖冲之与其子祖暅著的数学著作《缀术》在当时由于"学官莫能究其深奥，是故废而不理。"至唐显庆元年，于国子监置四门馆，设算学博士二人，学习内容包括《九章算经》、《缀术》等，诸算经中唯独《缀术》学习时间为四年⑤。《缀术》今已亡佚。

南陈时有丹阳人耿询，富有巧思，曾随太史高智宝学习天文算术，于是创意制造浑天仪，不用人力，用水流推动，置于暗室之中，与高智宝在外观测的天象"合如符契"。又作马上刻漏，使人在行旅之中，晓知时刻，世称其妙⑤。

佛教在魏晋南北朝时期迎来了发展的高潮，影响日益显现，高僧辈出，译经数量大增，佛法宣传相当普及。北方的洛阳，南方的建康，都是当时佛教传布的重镇。

六朝时期，帝王大多虔诚供奉浮屠，顶礼膜拜。东晋明帝、哀帝、简文帝、孝武帝、恭帝都笃仰佛教，南朝宋高祖、宋文帝、齐高帝、梁武帝、陈武帝等皆礼佛有加。

宋文帝接受侍中何尚之等人的建议，推崇佛教，延请名僧参与朝政，鼓励朝臣宣传佛法，利用佛教以助政教。齐武帝之子竟陵王萧子良自名净住持，手抄佛经七十一卷，多次在府邸设斋，大集朝臣众僧讲论佛法，还亲自送饭送水。梁武帝萧衍以佛教为国教，大力支持建寺造像度僧。平素长斋事佛，而且又在"四部众"（佛弟子比丘、比丘尼、优婆塞、优婆夷四众）法会上四次舍身入佛寺为奴，再由群臣花费亿万将他赎回。又撰有大乘诸经的疏论、问答等数百卷。所著《断酒肉文》四首，提倡断禁肉食，严令寺院遵守，改变了汉代以来僧众食三净肉的习惯，后世奉为圭臬。陈武帝、文帝、后主都先后舍身寺院，屡屡驾临，举行法事。君主王公崇奉佛法，民众更是风靡。

寺庙建造也因此大兴。据《洛阳伽蓝记》载，西晋时有佛寺42处，而据《佛祖统记》记载，东晋时寺院已达180余座。南朝之时，数量更多。梁武帝时，郭祖深上疏云："都下佛寺五百余所，穷极宏丽，僧尼十余万，资产丰沃，所在郡县，不可胜言。"⑤佛教达到鼎盛时期。

东南名僧很多。著名高僧支娄迦谶（支谶）的再传弟子支谦，避乱迁移东吴，受到吴主孙权的礼遇，集中精力翻译经书计29部，首创"集引众经，比较其文，以明其义"的会译以及译注的新体例。

东晋名僧支道林声名远播，《世说新语》中有关他的记载多达四十多条，交游颇广，与谢安、王羲之、孙绰、李充、许询等皆有来往。支道林本河南人，永嘉之乱中随家迁居江南，早年隐居余杭山。年二十五出家，游历建康、吴县、会稽等地，是著名般若学者，即色宗的创建者。

晋宋之际的僧人竺道生，年幼出家，在建康师从竺法汰。中年游学，往庐山拜访慧远，从习小乘教义，为时七年。又往长安，从鸠摩罗什学习，参与翻译大、小品《般若经》，与僧肇相交甚密。东晋安帝义熙五年（409）回到建康。宋文帝时受到朝廷重视，力倡涅槃学。晚年开讲《大涅槃经》，传播涅槃佛性学说。

佛教对于善男信女的道德引导、社会秩序的维护具有一定的作用，但也带来了一些社会问题。如过度建造寺院，浪费社会财富，桓玄《与僚属沙汰僧众教》称"京师竞其奢淫，荣观纷于朝市"，"伤治害政，尘滓佛教"㊲。宋文帝时曾下诏，控制寺庙的兴建，沙汰沙门，罢道者数百人，但影响甚微。战乱对佛教的影响更甚。梁武帝末，侯景之乱，建康寺塔被毁，僧尼被杀，南朝佛教受到重创。

佛教是外来的宗教，道教则是中国本土形成的宗教。形成于东汉末年，有张角在青州、徐州一带宣传的太平道教，有张陵、张修等人在汉中创立的五斗米道，江苏则有以葛洪、陶弘景为代表的神仙道教。他们对中国古代医学的发展有很重要的贡献。

葛洪（283—343），丹阳句容人。其从祖葛玄，曾从汉末方士左慈（左元放）学习，精于炼丹术，葛玄传弟子郑隐（思远）。葛洪到安徽庐江马迹山拜郑隐为师。宦游多年，回故里后潜心著述十多年，后居广州罗浮山，修道炼丹。葛洪对道教的教义进行系统的阐述与整理，为道教理论奠定了基础，又与神仙术结合起来，在信众当中产生了一定的影响。

葛洪是集道、儒、医于一身的人物，他在医药上也颇有贡献。他广收博集，先撰《玉函方》（晋书作《金匮药方》）一百卷（今已佚失），因该书卷帙浩繁，不便携带和应用，故他将其中救急、常用部分，摘要编撰为《肘后救卒方》三卷，葛洪自序曰："率多易得之药，其不获已须买者，亦皆贱价草石，所在皆有。"㊳该书后经南朝陶弘景的整理、补充、扩编为《肘后备急方》。

该书具有较高的医学价值，其中有关"天花"等三则记述为世界最早。他在《肘后备急方》中，详细、贴切地说明了天花的症状、过程和预后。此外，该书还记述了众多病症和虫兽咬伤等疾患的治疗，所载方药，多简便实用，其中如葱豉汤、三黄栀子汤等，至今仍应用于临床。南朝另一位道教著名的人物是陶弘景（456—536），字通明，丹阳秣陵（今江苏南京）人。十岁时研读葛洪《神仙传》，读书万余卷，善琴棋，工草隶，年不满二十即受南齐高帝器重，为诸王侍读。永明十年（492）辞官，隐居句容句曲山（茅山），山中建舍，自号华阳隐居。遍历名山，寻访仙药。好阴阳五行、风角、星算，修辟谷导引之法，受道经符箓。

于医药、炼丹、养生等皆有研究。与梁武帝素有交往，武帝即位，"恩礼逾笃，书问不绝，冠盖相望"⑤，时人称之为"山中宰相"⑥。

在医药上，他撰有《本草经集注》七卷，是我国继《神农本草经》后药物学的又一次全面总结。其主要贡献为：药物由《神农本草经》的365种增加到730种；在药物分类上，《神农本草经》药物按能效分为上、中、下三品，陶氏则按药物的自然属性分为玉石、草木、虫兽、果、菜、米食和有名未用七类；在药物与疾病关系上，他首创"诸病通用药"一项，根据药物的治疗功效，将药物分别归入不同的病证项下，共分为80余类，如治风有防风、防己、秦艽、独活、芎䓖。这也被后世本草书所承袭。此外，在药性的"温凉寒热"基础上，又细分为"微温、温、大温、大热、平、微寒、寒、大寒"等八种，又考订了用药中的度、量、衡，规定了汤、酒、膏、丸、散等不同剂型的操作常规。《本草经集注》是一部条理分明、考订严密、搜罗甚丰的本草学医著，对后世影响甚大。

陶弘景另一个重要贡献是养生学著作《养性延命录》。养生学在我国有悠久的历史，在《黄帝内经》中，已就人体形、神、气诸方面的养生要义作了概要的论述，《养性延命录》起了承前启后的作用。《养性延命录》所引书名和人名包括华佗、葛洪、张湛等35家，其内容可概括为"有益于养生"和"招损于后患"两方面，从形、神、气的增益与亏损进行全面论述："生者神之本，形者神之具。神大用则竭，形大劳则疲。若能游心虚静，息虑无为，服元气于子后，时导引于闲室，摄养无亏，兼饵良药，则百年耆寿是常分也。如恣意以耽声色，役智而图富贵，得丧恒切于怀，躁挠未能自遣，不拘礼度，饮食无节，如斯之流，宁免夭伤之患也。"⑥

炼丹术在六朝时期也得到长足的发展。葛洪在继承前人炼丹理论和总结当代炼丹经验的基础上，在《抱朴子》的内篇中，辟《金丹》、《仙药》、《黄白》，专述炼丹，并载有许多炼丹设备、丹方和烧丹烧汞的实验。陶弘景撰有《合丹法式》四卷和《集金丹黄白要方》一卷，除记载一般成果外，突出的有：一、汞齐。汞能与某些金属化合而成合金，称汞齐，可以用来镀金属等；二、火焰鉴定法。火硝与补硝在色理上大同小异，鉴定火硝之法是强烧之，紫青烟起，成灰，即是火硝，为世界化学史上鉴定钾盐的最早记录；三、铸铁注入法，一般刀具均由熟铁制成，用铸铁注入其刀刃部分，能增加刀刃的硬度而锋利。

在悠久的中国炼丹史上，较集中论述炼丹的当为葛洪和陶弘景。我国火药的发明，医学上红升丹、白降丹、轻粉、汞在外科上的应用，均与炼丹术有关。

炼丹术在唐朝时由阿拉伯人传入西方，成为西方近代化学的先驱。

古人重视丧葬，丧葬礼俗是文化的重要体现，六朝时期的帝陵与王陵多集中在江苏。古代有族葬习俗，因此六朝墓多为聚族而葬的墓葬群。

孙吴时期的大型墓葬有江宁上坊的孙氏大墓；而南京富贵山、南京大学北园、北崮山、幕府山点地发现的东晋大墓都可能为东晋帝陵。南朝刘宋陵墓分布在南京江宁麒麟铺一带；南齐陵墓集中在丹阳胡桥、建山附近；南梁陵墓在丹阳三城巷，皇族墓大多在南京东北郊甘家巷一带；陈陵集中在江宁方山、灵山、西善桥等地。

东晋初期，北方世族刚刚南下，所建墓室称之为"假葬"，期望不久北归重新安葬于家族世代所有的"旧墓"。偏安东南既久，假葬之地又成旧墓，此时江南地上地下皆成安居之地[⑧]。

江苏发现的六朝墓葬东吴时期的有南京仙鹤观世家大族墓地；西晋时期的宜兴周墓墩周氏家族墓地；东晋时期有南京象山王氏家族墓地、老虎山颜氏家族墓地、戚家山谢氏家族墓地、仙鹤观高氏家族墓地、吕家山李氏家族墓地等。

六朝陵墓有墓阙，形如石柱，

图上 3-8　南朝青瓷莲花尊（南京市博物馆藏）

周边雕刻上下垂直条纹，类似古希腊神庙石柱。朱偰《建康兰陵六朝陵墓图考》以为这种风格中国以前没有，或是来自希腊、西亚。又陵墓前有双翼石兽，"当自小亚细亚美索不达米亚传来"，"所谓天禄、辟邪，实传自波斯，而起于汉通西域之时。及既传至中国，初则置诸宫门之外，以壮观瞻；后则列诸坟墓之前，以为守护，至于六朝之时，遂浸成风尚"㉝。六朝陵墓从不同的层面反映出当时的文化特征。

【注释】

① 《周礼》每篇的开头，都有"惟王建国，辨方正位，体国经野，设官分职，以为民极"的套话。划分政区即是"辨方正位，体国经野"，此为"设官分职"、管理百姓以及发展文化等等的前提。

② [梁] 沈约：《宋书》卷35《州郡志》，中华书局1974年，第1033页。

③ [宋] 司马光：《资治通鉴》卷126，中华书局1956年，第3966页。

④ [宋] 李焘：《六朝通鉴博议》卷1，南京出版社2007年，第163页。

⑤ 姚大中：《南方的奋起》，台湾三民书局1981年，第196页、217页。

⑥ 以上详陈寿《三国志·吴书》及裴松之注，中华书局1982年。

⑦ 谭其骧：《晋永嘉丧乱后之民族迁徙》，《长水集》（上），人民出版社1987年，第199页。

⑧ 东晋南朝的侨州、侨郡、侨县，多因原州、原郡、原县侨流而设，所以能够表达人口迁徙的始点与终点，提供有关迁徙时间与迁徙路线等等的线索。

⑨ 胡阿祥：《东晋、南朝江苏境内的侨州郡县》，《江苏地方志》1990年第3期。

⑩ 胡阿祥：《东晋南朝侨流人口的输入与输出——分别以今山西省域与今安徽省域为例》，《文史》2008年第1期。

⑪ 陈寅恪：《述东晋王导之功业》，《金明馆丛稿初编》，上海古籍出版社1980年，第57—62页。

⑫ [梁] 沈约：《宋书》卷35《州郡志》，中华书局1974年，第1038页。

⑬ 陈寅恪：《述东晋王导之功业》，《金明馆丛稿初编》，上海古籍出版社1980年，第49—50页。

⑭ 先是杨广即位之初，窦威等人撰《丹阳郡风俗》，以吴人为东夷，杨广大为不悦，杖责窦威等，乃有此敕文，并命虞世南等修《十郡志》代之。

⑮ [齐] 刘勰著，范文澜注：《文心雕龙注·明诗》，人民文学出版社 1958 年，第 67 页。

⑯ 胡宝国：《汉唐间史学的发展》，商务印书馆 2003 年，第 171—173 页。

⑰ 东晋南朝所谓"土断"，着力于整顿侨置即"正其封疆"，重新定籍即"土断人户"，目的在于"明考课之科，修闾伍之法"。详参胡阿祥：《东晋南朝侨州郡县与侨流人口研究》，江苏教育出版社 2008 年，第 89—111 页。

⑱ 高敏：《魏晋南北朝经济史》，上海人民出版社 1996 年，第 21 页。

⑲ 谭其骧：《晋永嘉丧乱后之民族迁徙》，《长水集》（上），第 199 页。

⑳ [晋] 葛洪：《抱朴子·吴失》，上海古籍出版社 1990 年，第 264 页。

㉑ [宋] 刘义庆著，徐震堮校笺：《世说新语校笺·言语》，中华书局 1984 年，第 45—46 页。

㉒ [唐] 房玄龄等：《晋书》卷 54《陆机传》，中华书局 1974 年，第 1472—1473 页。

㉓ [唐] 房玄龄等：《晋书》卷 92《左思传》，中华书局 1974 年，第 2377 页。

㉔ 本节以下内容，详参李伯重《东晋南朝江东的文化融合》，载韩昇主编：《古代中国：社会转型与多元文化》，上海人民出版社 2007 年，第 64—91 页。

㉕ [梁] 萧子显：《南齐书》卷 26《王敬则传》，中华书局 1972 年，第 484 页。

㉖ 陈寅恪：《东晋南朝之吴语》，《金明馆丛稿二编》，上海古籍出版社 1980 年，第 269 页。

㉗ [梁] 沈约：《宋书》卷 71《徐湛之传》，中华书局 1974 年，第 1844 页。

㉘ 曹文柱：《六朝时期江南社会风气的变迁》，《历史研究》1988 年第 2 期。

㉙ 唐长孺：《读抱朴子推论南北学风的异同》，《魏晋南北朝史论集》，三联书店 1955 年，第 357 页。

㉚ 永嘉乱前，若三国时段江淮人口的南迁、西晋时段吴姓士族之受北方影响，也作用于旧江南文化的渐变。

㉛ 韩国磐：《略言六朝之盛》，载江苏省六朝史研究会编：《六朝史论集》，黄山书社 1993 年，第 1 页。

㉜ 以上引文均见《世说新语校笺·文学》。

㉝《世说新语笺·言语》注引《中兴书》曰："盛字安国，太原中都人，博学强识，

历著作郎、浏阳令。庾亮为荆州，以为征西主簿，累迁秘书监。"

㉞ [宋] 刘义庆著，徐震堮校笺：《世说新语校笺·文学》，中华书局 1984 年，第 130 页。

㉟ 张孟伦：《裴松之〈三国志注〉》，载《中国历史文献研究集刊》第四集，岳麓书社 1984 年。

㊱ 陈寅恪：《读洛阳伽蓝记书后》，载《历史语言研究所集刊》第八本第二分册；陈寅恪：《支愍度学说考》，载《金明馆丛稿初编》，上海古籍出版社 1980 年。

㊲ 《大唐新语》称"江夏李善"，李白诗亦称"江夏李邕"，阮元以为江夏盖李氏郡望。《唐韵》亦载李氏有江夏望。江夏即江都。参阮元《扬州隋文选楼记》，《揅经室集·二集》卷 2，中华书局 1993 年。

㊳ [唐] 房玄龄等：《晋书》卷 82《干宝传》，中华书局 1974 年，第 2150 页。

㊴ 参王欣夫述《文献学讲义》，上海古籍出版社 1986 年，第 110 页。

㊵ 鲁迅：《题记一篇》，《鲁迅全集》第 8 卷，人民文学出版社 2005 年，第 332 页。

㊶ [唐] 李善：《进文选表》，载 [清] 董诰等编：《全唐文》卷 187，中华书局 1983 年，第 1896 页。

㊷ 鲁迅：《中国小说史略》，《鲁迅全集》第 9 卷，人民文学出版社 2005 年，第 63 页。

㊸ [明] 胡应麟：《少室山房笔丛·九流绪论下》，上海书店出版社 2001 年，第 285 页。

㊹ [宋] 刘义庆著，徐震堮校笺：《世说新语校笺·排调》，中华书局 1984 年，第 438 页。

㊺ [宋] 刘义庆著，徐震堮校笺：《世说新语校笺·巧艺》，中华书局 1984 年，第 388 页。

㊻ [宋] 刘义庆著，徐震堮校笺：《世说新语校笺·言语》，中华书局 1984 年，第 81 页。

㊼ 刘涛：《中国书法史·魏晋南北朝卷》，江苏教育出版社 2002 年，第 197 页。

㊽ [梁] 沈约：《宋书》卷 93《戴颙传》，中华书局 1974 年，第 2277 页。

㊾ [唐] 魏徵等：《隋书》卷 14《音乐志》，中华书局 1973 年，第 304 页。

㊿ [梁] 沈约：《宋书》卷 93《戴颙传》，中华书局 1974 年，第 2277 页。

51 [唐] 魏徵等：《隋书》卷 16《律历志上》，中华书局 1973 年，第 388 页。

52 [唐] 魏徵等：《隋书》卷 16《律历志上》，中华书局 1973 年，第 388 页。"正圆"，钱宝琮主编《中国数学史》以为当作“正负”。

(53) [唐] 魏徵等：《隋书》卷 16《律历志上》，中华书局 1973 年，第 388 页。

(54) 参见《新唐书·选举志上》，中华书局 1975 年，第 1160 页；《新唐书·百官志》注曰：“唐废算学，显庆元年复置，三年又废，以博士以下隶太史局。龙朔二年复。有学生十人，典学二人，东都学生二人。”

(55) [唐] 魏徵等：《隋书》卷 78《耿询传》，中华书局 1973 年，第 1770 页。

(56) [唐] 李延寿：《南史》卷 70《郭祖深传》，中华书局 1975 年，第 1721 页。

(57) [晋] 桓玄：《与属僚沙汰僧众教》，载释僧祐编：《弘明集》卷 12，《景印文渊阁四库全书》第 1048 册，台湾商务印书馆，1983 年，第 193 页。

(58) [晋] 葛洪：《肘后备急方》序，《道藏》第 33 册，文物出版社、上海书店、天津古籍出版社 1988 年影印，第 1 页。

(59) [唐] 姚思廉：《梁书》卷 51《陶弘景传》，中华书局 1973 年，第 743 页。

(60) [唐] 魏徵：《隋书》卷 32《经籍志》，中华书局 1973 年，第 1093 页。

(61) [梁] 陶弘景：《养性延命录序》，《道藏》第 18 册，文物出版社、上海书店、天津古籍出版社 1988 年，第 475 页。

(62) 张学锋、傅江：《东晋文化》，南京出版社 2005 年，第 213 页。

(63) 朱偰：《建康兰陵六朝陵墓图考》，中华书局 2006 年，第 4 页。

第四章

贬抑与繁荣：江苏在隋唐、五代文化中的地位

　　隋唐五代是江苏历史文化发展的重要转折期。公元 589 年隋平陈，历经 300 年南北分裂的中国得以重新统一。由于江苏省域尤其是江南地区是六朝旧政权的核心区域，因此隋政府对它的监控非常严厉。唐前期继承了隋朝的监控政策，"霸气尽而江山空，皇风清而市朝改。昔时地险，实为建业之雄都；今日太平，即是江宁之小邑"①。"气尽山空"，这是隋和唐初江苏政治地位一落千丈的形象写照。政治地位的衰落，致使民众精神上一时萎靡不振。然而，正是由于隋和唐前期政治地位的无足轻重，江苏地域凭借丰腴的自然条件和民众的辛勤劳作，默默地发展着，经过百年的积累，奠定了坚实的经济基础。经济这根纽带将江苏省域与唐朝的政治中心连接在一起，大大增强了唐帝国的综合国力。安史之乱后，朝廷"辇越而衣，漕吴而食"②，江苏因其丰厚的经济实力和漕运枢纽这一特殊地理位置，一跃成为全国最受关注的地区，成为唐帝国的"国命"所在③。政治、经济地位的提高，促进了各项文化事业的长足发展，江淮民众的精神风貌为之一变，意气风发，各领域学者辈出，成就斐然。与此同时，全国各地的著名学者在江苏的活动，也大大丰富了地域文化的内涵；中外文化交流的频繁，又进一步提升了江苏地域文化的包容性。在唐末军阀混战的废墟上建立起来的南唐国，是五代十国

时期全国文化事业最为发达的地区，成为开启新时代文化事业的重要里程碑。

第一节　隋朝对江苏的经营

隋统一后对江苏的"教化"　隋炀帝对江苏的文化怀柔　江淮的经营及扬州地位的提升

平陈伊始，隋朝对陈朝旧境的统治是强硬的。为监控亡国君臣，彻底消除其复国的念头，以陈后主为首的陈氏宗室及陈朝主要贵族官僚被凯旋的隋军强制带回关中，断绝了他们与故土士民之间的联系。同时，隋文帝还下诏"建康城邑宫室，并平荡耕垦"④，将六朝都城建康的宫阙城邑全部摧毁，废为耕地。建康作为六朝故都，一直是南方政权的政治中心，具有割据江南的象征意义。文帝摧毁建康的目的很明确，就是要通过消灭物质形式，将六朝曾经的繁华从人们的记忆中彻底抹去，加强江南士民对隋朝的认同感。吴宫幽径，晋代衣冠，成为以后历代文人墨客凭吊怀古、追忆六朝金粉的胜地。

为防范旧陈势力死灰复燃，隋文帝还借平陈后全国统一之机，禁止民间拥有武器，禁止江南民众拥有三丈以上的大船，其目的均在防范江南地区反隋势力的壮大。同时，在今扬州设置控制江南陈朝旧境的军政中心扬州大总管府，由平陈总元帅晋王杨广任大总管，对旧陈的政治核心区域进行监控。隋朝在扬州设置大总管府，杨广长期坐镇扬州，这给杨广即位后扬州的繁荣带来了契机，更为唐代江苏历史的发展带来了深刻的影响。

平陈以后，隋朝在加强对陈朝旧境军事控制的同时，随即推行政治、经济、教化等各项改革，巩固国家统一的伟大成果。这些改革主要集中在厘清地方行政机构、废除士族在律法上的特权、推行新的经济制度以及推行教化等方面。尤其是在推行教化方面，隋政府着力不少。

经历了长期的分裂，南北在道德教化和社会风俗等方面也出现了较大的差异。尤其是在家族观念、忠义孝悌等伦理道德的核心问题上，南人的一些行为方式，让立国于北方的隋朝政府难以容忍。北人非常看重家庭、宗族、乡党等人伦道德，这些人伦道德正是维护社会等级秩序的根本。隋朝政府针对南人中一些有悖伦常的习俗，积极宣传"五教"，以求移风易俗，加强意识形态上的统一。

"五教"即父义、母慈、兄友、弟恭、子孝，这正是儒家传统的"五常之教"，其核心是忠孝仁义。隋朝在江南推行各项改革的同时，大臣苏威"作'五教'，使民无长幼悉诵之"⑤。这项政策，目的在于以"五教"整齐江南的伦理道德和社会风俗，要求其对征服者隋朝的忠义。因此，宣传"五教"同实行军事镇抚目的相同，只不过是政府履行其牧师职能而已。"五教"宣传的是儒家的孝道，本无可厚非，但因其推行方式粗暴，加以言辞烦鄙，"士民嗟怨"，引起了民众的反感和抵制，并成为开皇十年（590）江南豪强武装暴动的重要原因。反隋暴动中，"执长吏，抽其肠而杀之，曰：'更能使侬诵五教耶'！"⑥用如此残忍的手段对隋朝派遣的地方官员进行报复，可见在隋朝对江南的诸多政策中，"无长幼皆使诵五教"的教化政策尤其激起了江南豪强和民众的怨愤。这一怨愤，与其说是对中原文化的抵触，不如说是对新王朝政治压迫的一种反抗。隋朝任命重臣杨素前往江南进行镇压，文帝下令对江南豪强军队中的男子悉数斩杀，女子赏赐给出征将士，投降者充作官奴。杨素的平叛，维护了国家的统一局面，但也给江南民众的进取心、参与意识，即精神风貌带来了消极的影响。在此后的近百年间，江南一直是沉寂的。

就在杨素率兵镇压江南豪强叛乱的同时，晋王杨广被任命为扬州大总管，坐镇扬州。与杨素残酷的军事打击相比，杨广的处事则相对缓和，在政治攻势中取得了显著效果。杨广对江淮相对温和的政策，显示了他作为一个政治家的执政理念，同时也与他个人喜爱南朝文化、迷恋江淮风光有关。这些因素，影响到了即位以后的杨广（隋炀帝），其开凿大运河，建江都宫，三幸扬州，这些为历代史家诟病的"荒淫无道"之举，事实上对隋唐时期今江苏省域的历史发展起到了很大的促进作用。

隋朝初平江南，隋文帝从"关中本位政策"出发⑦，对江南实行高压政策，除武力镇压江南豪强的反隋叛乱外，歧视江南文化，排斥江南士人，也激起了江南民众的不满。隋炀帝杨广出于自身对江南文化的喜好和培养个人势力的需要，坐镇扬州时就注意招揽江淮人士。继位以后，一改文帝对江南的高压政策，施政开始趋于缓和，并表现出怀柔的倾向，重用江淮人士，尊重江南文化。

炀帝之所以要改变文帝时期的一贯政策，与统治集团内部的斗争有着密切的关系。炀帝为巩固自身的集权统治，选择了抑制关陇集团的政策，同时任用易于控制的江淮士人，给江淮士人的入仕提供了不少机会。炀帝对江淮的怀柔政策还与其政治图谋密切相关。当其为扬州大总管时，统领江淮 44 州，专擅帝国东南一方。势力的日益膨胀，激起了他谋夺太子位、继而成为天下共主的欲望。他之所以会冒如此风险，这与他控制的地域有着密切的关系。图谋夺嫡时谋士郭衍的一番话，道出了他们有恃无恐的理由："若所谋事果，自可以为皇太子；如其不谐，亦须据淮海，复梁、陈之旧。"⑧夺嫡成功当然最好，可以顺利入继大统；如夺嫡不成，就建立一个像梁、陈那样的割据政权，以江淮为依托，伺机夺权。为此，杨广大力培植私人势力，竭力收罗在新王朝不得志的江淮士人作为势力发展的基础，江都的扬州大总管府，俨然成为一个小朝廷。

炀帝重用江淮人士，也与其个人经历有关。他早年的功业都是在江淮建立的，平陈之役为行军总元帅，江南平叛时被任命为扬州大总管，统辖江淮各地军政，这些经历为他博得了良好的声望，奠定了后来发迹的政治基础。他的妻子萧氏是梁明帝的女儿，这也加深了他和江南的联系，易于获得江南士人的认同。随着与江南人士接触的增加，杨广深受南方文化的熏陶，改变了视江南为化外野蛮之地的陈腐观念，对江南文化表现出充分尊重的态度。杨广喜欢文学，也好结交文学之士，与之相互酬唱。即位之初，内史舍人窦威等撰《丹阳郡风俗》，把吴人视为东夷，炀帝非常不满，令杖责窦威等人，并命江南人虞世基等修《十郡志》以代之。对江南文化的尊重，说明炀帝已摆脱了保守的关陇本位观念，不少江南士人得以参与军国大政，成为隋炀帝朝的核心成员。

炀帝对南方佛教、道教也非常支持。隋文帝虽然笃信佛教，但出于政治偏见，平陈之初对南方的佛寺一度加以严格控制。炀帝深知佛教劝善化民、资助王化的政治功能，为争取江南僧众的支持，在任扬州大总管时，曾搜集、整理散失于江南各地的佛经约十万轴，命各寺院收藏。

把江南一带德高望重的僧道集中到扬州，让他们住持慧日、法云两寺和玉清、金洞两观，合称"四道场"。四道场设于扬州大总管府新官邸附近，一切费用由官府供给。炀帝即位后，四道场移到了东都洛阳，继续发挥着御用道场的作用。作为怀柔江南宗教界的另一项重要措施，杨广还极力笼络当时的江南宗教界领袖、天台宗创始人智𫖮。智𫖮在江南佛教界享有崇高的声望，杨广请他到扬州，让其在禅众寺传道弘法，并与其建立了良好的私人关系。开皇十一年（591）杨广在扬州大总管府的金城殿内设"千僧斋"，智𫖮为杨广授菩萨戒，法号"总持菩萨"，杨广则奉智𫖮为"智者大师"。杨广对江淮僧道的尊崇，不仅是自身虔诚崇教的体现，实际上更显示了他对江南文化的认同姿态，同时对争取江淮民众对隋朝中央政府的归属感，巩固国家统一也具有深远意义。

隋朝建立后，北方的经济格局发生了较大的变化，如何才能高效地转运各地粮食物资供给都城大兴（即长安，今陕西西安），成为隋帝国的重要课题。开皇四年（584）开凿了沟通长安与潼关段黄河的广通渠，揭开了隋朝大规模整治水运系统的序幕。

隋炀帝即位后，为解决国都长安"关河重阻，无由自达"⑨的难题，有意将帝国的政治中心转移到关东。大业元年（605）三月，正式启动东都的营建工程。营建东都的同时，在历代修凿运河的基础上，对关东地区的水运系统进行大规模的整治。经过数年的努力，终于完成了贯通帝国东部江南、江淮、黄淮和华北平原的南北大运河，使得快速便利的水上通道从东西两京一直伸向了当时开发程度已经很高的江南地区。大运河分为四段，流经今江苏省域的有三段，即通济渠、邗沟和江南河。

南北运河的贯通，对隋唐及以后历代的社会经济发展具有深远的意义。在将亡国之因动辄归咎于前朝末代皇帝的个人奢侈和贪欲的传统史学中，运河的开凿，从一开始就被看成是炀帝个人贪图享乐的结果。尤其是在民间，传说炀帝开运河，下江都，目的是为了看琼花。这一传说后来被演绎成众多的故事，炀帝也被丑化成只知贪图享受的昏君。这些都是不符合历史事实的。炀帝为晋王时，作为扬州大总管坐镇江都十年，每年都要往返于长安与江都之间，对沿途的情况非常熟悉，根本没有必要单为游幸而开凿运河。大业元年（605）通济渠和邗沟完工后，炀帝第一次南巡江都。八月动身前往，次年三月返回，琼花的花期是五月，行程恰恰错过了琼花的花期，可见炀帝为看琼花开运河之说是后人之附会。当然，搜刮江南财富和巡游享乐不失为炀帝开凿运河的目的之一，但运河的开凿，其目的和意义远不止于此。

由于隋炀帝晚年的暴政和隋朝的短祚，运河贯通的长远效果在隋代未能显露；对于炀帝本人来说，开运河的深远意义更是他生前所无法料及。但是，随着时间的推移，运河在转输南方财赋、沟通南北文化交流方面的作用日益明显。从现有的历史文献来看，炀帝在位时及唐代前期，几乎没有人说过开运河的好话，往往将之视为炀帝身死人手、隋朝短命亡国的重要原因。但到唐朝开元、天宝年间，尤其是安史之乱后，论调为之一变。尽管也还有人在批评炀帝的劳民伤财，但毕竟有更多的人开始认识到运河的意义了。唐宪宗时的宰相、理财家李吉甫曾说："公家运漕，私行商旅，舳舻相继。隋氏作之虽劳，后代实受其利焉。"⑩这些话出自理财家之口亦非偶然，因为安史之乱后，"赋出于天下，江南居十九"⑪，由运河漕运而来的江南财赋支撑着唐帝国的存续，运河的长远效果在隋亡百余年后日益凸显起来。中唐诗人李敬方《汴河直进船》诗所云"汴水通淮利最多，生人为害亦相和。东南四十三州地，取尽脂膏是此河"⑫，对隋代开凿大运河的后效做出了最佳的答案。晚唐文士皮日休《汴河铭》所言"在隋之民，不胜其害也，在唐之民，不胜其利也"⑬，则对隋代贯通运河的意义做出了最恰当的阐述。

当年隋军在杨广的统帅下，一举灭陈，实现了统一大业，这使杨广不仅在"昆弟之中，独著声绩"⑭，而且成为海内很有威望的统军将帅。平陈的次年，为彻底镇压江南豪强的武装反隋，杨广被任命为扬州大总管，坐镇江都十年。那时的杨广，年轻气盛，英姿焕发，十年中除每岁一朝外，其余时间均在扬州度过。对杨广而言，扬州不仅是其发迹之地，而且不啻为第二故乡。

从现存杨广咏扬州的诗文来看⑮，杨广喜爱江都，不仅因为江都是他的雄藩大都，而且还有他喜欢的春江花月。他的《春江花月夜》第一首中云："暮江平不动，春花满正开。流波将月去，潮水带星来。"⑯写出了扬州南郊临江夜色的秀丽风光。传说《春江花月夜》是陈后主所创的曲调，但其作品今已不传，杨广能用它来歌咏扬州的临江夜色，说明他对南朝乐曲的喜爱以及对江都景色的观察和体味深刻而细腻。唐初江都诗人张若虚又用这个曲调，本着炀帝诗意加以铺陈，衍为长篇巨制，成为广泛流传的诗篇，传颂至今。开头四句"春江潮水连海平，海上明月共潮生。滟滟随波千万里，何处春江无明月"，似受杨广诗的影响。[17]此外，杨广还作有《江都宫乐歌》、《泛龙舟》、《四时白纻歌·江都夏》、《早渡淮》、《幸江都作》、《迷楼歌》等与江都有关的诗篇。从这些诗篇上可以看出，炀帝留恋江都、欣羡江都、三下江都是有历史根源的。

登基当年，即大业元年（605）八月，通济渠、邗沟完工后，隋炀帝就迫不及待地出巡江都，这是他第一次下江都。江都的春江花月使隋炀帝留恋难忘，之后的大业六年（610）三月和大业十二年（616）七月，他又两次巡行江都，居住时间均超过了一年。在第二次巡行江都时，炀帝还诏令开江南运河，将目光伸向了更加富庶的吴郡、余杭郡和会稽郡。而他的第三次江都之行却成了不归之路，公元618年3月，隋炀帝在江都死于兵变，隋朝宣告灭亡。

图上 4-1　隋炀帝陵

隋炀帝巡幸江都，大规模营建江都宫，是他一贯重视南方尤其是江淮地区这一政策的表现。隋炀帝为晋王时坐镇扬州十年，将江都作为权力经营的根据地，通过种种手段，击败自己的兄长太子杨勇，迫使文帝立自己为太子。因此，扬州对杨广来说，无疑是其一生中最值得荣耀和牵挂的地方。在炀帝的经营下，扬州江都郡一跃成为全国的名藩大镇。随着隋炀帝龙舟船队一而再，再而三地驶向扬州，人们的目光已经从关中的大兴城和中原的洛阳城移到了江淮之间的扬州。隋炀帝第三次巡幸江都时，实际上已经打算常驻了，江都俨然成为全国的政治中心，一时成为牵动政局的焦点。

由于隋朝过于短促，扬州江都郡的潜力并没有完全发挥出来。到了唐代开元、天宝以后，扬州作为南方各州县上供财赋的汇集地，南北漕运的中转站，中外文化交流的大舞台，其地位的重要性充分地展现了出来，扬州的社会、经济、文化得以充分地繁荣和发展，位居全国之首，"富庶甲天下，时人称扬一益二"[18]，其繁荣昌盛的基础，很大程度上就是隋炀帝时期打下的。

第二节　唐代江苏地位的急遽上升

惟出租庸、更无征防　全国经济重心的南移　重藩盛府

唐武德七年（624）以今南京为根据地的辅公祏政权平定后，江苏境内自隋末以来长达20余年的动荡宣告结束。此后，除武则天执政时徐敬业在扬州领导的反武斗争外，唐前期的百余年间江苏省域未见重大的社会变动。平静的一百年，使江苏地区的社会、经济取得了长足的发展。

唐代前期，国家的根本在关中，主要赋税来源于山东[19]，国防重点在河西和华北，征战和徭役大都集中在中国北部。与之相比，今江苏省域所在的江淮地区，自隋朝以来就不为政府所重视，并且还因为是南朝故地、割据政权的温床而处于政府的监控之下。在"役莫重于军府"[20]的年代里，今江苏地区的民众长期以来"惟出租庸，更无征防"[21]。既不是帝国政治、军事的重要地区，也不是主要的赋税之地，在朝廷眼中，除鄙

夷和监控外，确实是一处无足轻重的地区。作为统一帝国下一个无足轻重的地域，较长时间内维持着相对和平的局面，相对较轻的赋役负担和优越的自然条件，使之成为一片"乐土"。政府的轻视，对江苏的历史发展来说无疑是一件功德无量的事，百余年间，在长期和平稳定的局势下，它默默地迅速发展着。

高宗武则天时期以降，淮南、江南或江淮等地域名称越来越频繁地出现在史料之中，它们在唐王朝政治经济生活中发挥重要作用的迹象表现得越来越清晰。人们不难发现，这一时期国家与上述地区之间发生关联的重要纽带是粮食物资，亦即经济因素。通过"租米"这根纽带，今江苏地区与国家事务之间的关系日渐紧密、频繁。正是在政府机构日渐庞大、财政开支日渐增多、北方经济无力支撑的新形势下，江淮地区凭依自身雄厚的经济实力，一跃成为高宗武则天之后唐中央政权的命脉所在，成为其登上帝国历史大舞台的重要契机。这完全归功于这些地区在唐前期的平稳发展，及其在社会和经济各方面的长足进步。

唐玄宗开元（713—741）以前，运往洛阳和长安的粮食主要还是来自北方各州县，进入开元以后，唐朝步入了发展的鼎盛时期，在新的形势下，如何调集全国财赋，供养庞大的官僚机构，满足日益奢侈的上层生活，成为唐朝中央政府的当务之急。江苏地区，这块在唐朝前期政治中几近无闻、默默地发展了近百年的土地，因具备了诸多的优势，成为唐朝中央政府新的财赋之地。这一结果，不仅成为江苏地区社会、经济在唐后期取得进一步发展的契机，而且还对唐宋以后江苏历史的发展产生了深远的影响。从此，江苏地区，尤其是长江以南的地区，千百年来头顶着"国家命脉"、"财赋渊薮"、"天下粮仓"、"苏湖熟天下足"、"经济大省"等光环，在国家的财政经济事务中扮演着极其重要的角色，而这一切的起点，就是玄宗开元年间兴起的江淮漕运，和裴耀卿提出的改革江淮漕运的方策。裴耀卿的改革使唐朝的漕运事业得以蓬勃发展，彻底解决了关中的缺粮问题。自此，唐朝皇帝因逐粮而行幸东都的历史宣告结束，唐朝也迎来了它的鼎盛时期。

唐玄宗开元、天宝年间（713—756）是中国前近代社会发展的顶峰，被史家誉为"开天盛世"，而支撑盛世社会正常运转的经济基础，无疑是漕运改革以后的江淮财赋，今江苏地区各州县无疑又是江淮财赋的主要供给地。从开元二十二年（734）起至天宝年间，漕粮的年运量能保持在二百数十万石，其中江淮的漕粮数占到了全国年漕量的 56.5%。江苏省域经过唐代前期的平稳发展而积累起来的厚实的经济基础，为"开天盛世"作出了巨大的贡献，自此，江苏省域在唐帝国的地位一下子便凸显了出来。

安禄山起兵后，控制运河、南下江淮、切断唐王朝生命线的意图非常明确，在运河沿岸的睢阳（治今河南商丘南），唐将许远、张巡率军奋战，坚苦卓绝，粉碎了安史乱兵占领运河、南下江淮的企图，保住了帝国的财赋之地。如果说开元、天宝年间朝廷对江淮财赋的渴望还止于锦上添花的话，那么安史之乱爆发后，由于中原失守，传统的财赋之地黄河中下游地区全部落入安史乱兵之手，这时朝廷对江淮财赋的渴求就是雪中之炭了。"官兵守潼关，财用急，必待江、淮转饷乃足"，"今兵食所资在东南"[22]，"赋之所出，江淮居多"[23]之类的表述，自安史之乱一爆发便频频出现在人们的口头上了。

如何才能把江淮财赋物资顺利运往关中，是当时政府面临的关键问题。宝应二年（763），刘晏以宰相的身份领度支盐铁转运租庸使，专掌东南财赋。刘晏的理财能力出众，在江淮任盐铁转运使期间，在盐铁转运使下设置留后、巡场、监、场等机构，全面掌控江淮的财赋征收及盐铁生产，并疏浚运河，改革漕运，以盐利为漕佣，减轻江淮百姓的负担。经过多项改革，运河恢复了它联系南北的作用，转输江淮财赋的功能大大提高。每年漕运的粮食，多时达一百一十万石，少时也有五十万石，"军国之用，皆仰于晏"[24]。江淮财赋物资便源源不断地运往关中，而且"无斗升沉覆"。唐后期漕运的基本原则及方法，"皆自晏始"[25]，在刘晏改革漕运后的半个世纪中，一遵其制。他提出并实行的这一系列漕运方法和组织管理措施，形成了一套比较完整的漕运制度，在安史之乱后维护和支撑唐王朝的统治中起到了积极的作用。

持续了十几个世纪的南粮北运，是从唐朝开始的。有史以来，除个别特殊时期外，中国的政治中心一直在黄河中下游地区。黄河中下游地区的社会经济开发历史悠久，秦汉时期，农业经济最发达的地区也集中在黄河中下游地区，政治中心和经济中心同处一地，赋税收入足以满足朝廷的财政需求。唐代自高宗、武则天时期开始，虽然江淮财赋的重要性已逐渐为时人所认识，到玄宗开元年间，江淮财赋在国家财政中所占的比例日益攀升，但就整个唐前期而言，由于黄河中下游地区依然保持着发展的趋势，江淮财赋对于朝廷来说，大部分时期内依然是锦上添花。然而，安史之乱以后情势为之一变。从唐代行政区划来看，受战争破坏最严重的是河北道、河南道和关内道，叛军和唐军的烧杀抢掠，使历史上经济文化最发达的黄河流域，几年间变得凋敝不堪，满目荒凉。由于战争的破坏，北方经济遭到践踏，加之战后河北藩镇的跋扈，"户版不籍于天府，税赋不入于朝廷"[26]，在这样的形势下，"素号富裕"[27]、且对朝廷恭顺的江淮地区，成为政府财政的主要来源，江淮财赋成为真正的雪中之炭。安史之乱后唐中央政府赖以维持的经济基础，主要就落到了江淮民众的头上，这在文献中屡见不鲜。"天宝以后，戎事方殷，两河宿兵，户赋不入，军国费用，取资江淮"[28]，"江南两浙，转输粟帛，府无虚月，朝廷赖焉"[29]，"赋所取资，漕挽所出，仰于江淮"[30]，"今国用多出江南"[31]，"当今赋出于天下，江南居十九"[32]，"三吴者，国用半在焉"，[33]"今国家内王畿外诸夏……根本实在于江淮矣"，"在最急者，江淮之表里天下耳"[34]，"今天下以江淮为国命"[35]，随着时代的推移，强调江淮财赋重要性的语词越来越恳切。从这些言论中可以清楚地看出，安史之乱以后，唐帝国是靠江淮财赋维系着"国命"的。所谓"经济重心"，虽然是站在政府财政所占比例的立场上说的，然而，有如此能力承担得起庞大的政府财政的地区，其经济发展程度之高也是不言而喻的。因此，江淮地区无疑又是"经济中心"。

安史之乱后，江苏地域也被纳入到了藩镇体制之下。江苏省域自北往南分属于不同的藩镇，徐、泗二州隶徐泗濠节度使，扬、楚二州隶淮南节度，润、常、苏三州隶浙江西道观察使。徐泗濠屏障江淮，防遏河北藩镇的武力南侵，徐州的得失直接关系到漕运的畅通与否。淮南、浙西二镇，在唐代后期国家事务的地位不分伯仲，同为"财源型"方镇。

唐朝君臣对浙西道在经济上的重要性有着深刻的认识，为了稳定江南地区的社会局势，维护当地经济发展的势头，确保中央财政的收入，朝廷在容忍浙西保留少数军队（镇海军）的同时，更大的关心是浙西藩帅的人选，既有忠良之心，又有吏干之才的心腹重臣被派往浙西，担当着维护帝国生命的重任。

自古忠良行事，一心只为朝廷，少顾个人进退荣辱，然而往往难防暗箭。尤其是对唐后期浙西观察使而言，政治上的险恶，更使他们的命运蒙上了一层悲剧的色彩。一方面，浙西是朝廷的重地，缺了浙西的财赋便会举步维艰，国运难久，因此选派的浙西长官必定是忠臣良吏。而作为忠臣良吏，能在浙西为皇帝和朝廷担负维系国家命脉的重任，必定会兢兢业业，不负众望。这是浙西长官的荣光。然而，政治的险恶往往又与忠良的愿景相悖，忠良们在浙西的舞台上呕心沥血，日夜操劳，一展宏图之时，也正是朝廷官员捕风捉影，心中莫名难言之际。另一方面，江南除了财赋上非同小可外，政治上也是相当特殊的。由于这里是旧六朝的核心地区，是国家分裂、地方割据的符号，隋朝开始的监控，经历了一个半世纪，到盛唐时事实上已经非常微弱，但安史之乱的爆发，再次触动了某些阴谋家割据江南的神经。在这个不争的事实面前，浙西长官的一举一动都牵扯着朝廷的心。对皇帝，忠心耿耿；为朝廷，日输月送；对殊求，总能满足。浙西忠良的经济重职，致使他们频受皇帝和朝廷的褒奖，广受内外官员的企慕。这是浙西长官的荣光。但是，只要你"缮修甲兵，抚循将士，观察要害，以备不虞"[36]，那么，这就是你离开浙西的唯一原因。忠良是无心的，朝廷却是有意的，这是浙西长官的苦恼。

浙西所辖的润、常、苏、湖、杭、睦六州，是当时全国经济最为发达的区域，用李德裕的话来讲就是"素号富饶"。这是一种整体上的富裕，是真正意义上的经济大镇。与浙西相比，同为"财源型"方镇的淮南道各州县，除首府扬州附近外，其经济发展程度远不如浙西，整体实力也远在浙西之下，之所以"江淮"并称，完全是因淮南道所处的地理位置所决定的。

与浙西的生产性、基地性相比，淮南则是一个舞台。淮南道首府扬州，地位非常特殊。隋代和唐前期，扬州是中央朝廷监视和控制江南的军事基地，又曾作为隋炀帝时的陪都，政治、军事的意义大过经济意义。大运河的开凿，位于长江和运河接点上的扬州成为漕运的枢纽，地位一下子凸显了出来。在唐后期的财政格局下，朝廷的用度大多产自浙江东、西二道，但均要通过淮南的扬州才能运达关中，因此，在人们心目中，淮南道扬州的名声甚至超过浙西的润州、浙东的越州（治今浙江绍兴），加之交通枢纽的特殊优势，中外商人接踵，货物辐辏，共同营造了一个繁花似锦的世界。淮南、浙西二镇作为重藩盛府，还表现在当时官员的升迁途径方面。从第五琦、刘晏开始，朝廷的理财舞台转移到了扬州，攸关国家安危的盐铁、转运等使均驻扬州，这里才是唐朝真正的财政部和金融中心。正因为如此，朝廷对于二镇的治理相当重视，出镇淮南、浙西的藩帅人选多为朝廷重臣要员。这些人离任后，凭借在淮南、浙西的历练和政绩，大多仕途坦荡，或回京为官，或转任它道，在中央和地方担任重要职务，因此又有"宰相回翔之地"之称。著名的杜佑、李吉甫、李德裕等人是其代表。

中晚唐时期，藩镇的幕职是整个官僚体制当中非常重要的一条仕宦途径。各藩镇的轻重不同，在官僚体制中的地位也就高下有别。基于这一点，某位士人如欲寻求通过藩幕途径入仕，或某位官员入仕后想要有所作为、仕途通坦，藩府的选择至关重要。浙西、淮南号为"盛府"，在官僚选拔体制中也具有重要意义。除了地理、经济方面的原因外，还有一个重要的因素，这就是藩帅的人选。浙西、淮南二镇藩帅多为朝廷重臣，这些重臣大多具备良好的政治素质和文化素养，因而能够吸引众多的才学之士入幕，为其所用。才学之士入浙西、淮南二镇藩府任职，有地位，名声好，因藩帅的青睐而获得提拔的机会远多于其他藩镇。在浙西、淮南二镇藩府任职的幕僚中，有许多人后来在朝廷或地方担任要职，有所作为，窦庠、刘三复、郑亚、杜牧，还有入徐泗濠幕府的韩愈等人是其代表。他们在入幕前或为普通士人，或为低级官吏，而在进入浙西、淮南幕府后，以其出色的业绩为府主所赏识，随后从其一同升迁进京，有些再为朝廷所识，担任地方或中央要职，从这个意义上讲，江苏地域又是中央官员的摇篮。

第三节　唐代江苏文化的发展与成就

唐代著名诗人笔下的江苏　唐代江苏的文化成就　唐代江苏的教育与科举　中外文化交流的窗口

唐代江苏经济繁荣，社会安定，山川秀美，物产丰饶，加之交通便利，吸引了众多文人墨客前来游历。他们在江淮摄取艺术养分，创作了许多脍炙人口的文词诗篇，广为后人传颂。

李白一生中曾多次游历江苏各地，留下了许多脍炙人口的诗篇。李白每次游金陵（今江苏南京）后都会作诗留念，其中《金陵酒肆留别》云："风吹柳花满店香，吴姬压酒唤客尝。金陵子弟来相送，欲行不行各尽觞。请君试问东流水，别意与之谁短长。"深切表达了对金陵的留恋。金陵的历史人文、山川形胜也让诗人颇怀眷念之意，城西的冶山谢公墩，城北的玄武湖，城南的梅冈、瓦官寺、凤凰台、长干里等地都留下了李白的足迹。在《留别金陵诸公》诗中咏道："六代更霸王，遗迹见都城。至今秦淮间，礼乐秀群英。"反映了他对六朝历史文化的感慨和追慕。扬州之行也给李白留下了深刻的印象，两年后，友人孟浩然从武昌东赴扬州之际，他拈毫挥翰，写下了传颂千古的《黄鹤楼送孟浩然之广陵》："故人西辞黄鹤楼，烟花三月下扬州。孤帆远影碧空尽，唯见长江天际流。"[37]"烟花三月"之句，更是被后人誉为"千古丽句"。

杜甫也曾到金陵与苏州一带游历，遍访当地名胜古迹，令他最难以忘怀的是江宁县（今江苏南京）瓦官寺中顾恺之绘制的维摩诘居士像壁画。后来他曾写诗回忆当年看"维摩诘居士像"时的难忘情景："看画曾饥渴，追踪恨渺茫。虎头金粟影，神妙独难忘。"[38]"虎头"是东晋画家顾恺之的小名，维摩诘，佛家又称之为"金粟如来"。由于此诗流行很广，后来金陵人根据杜甫诗意建有金粟庵，瓦官寺和顾恺之绘制的壁画早已不存，而金粟巷的名称却一直沿用至今。

另一位盛唐诗人王昌龄进士及第后曾任江宁县尉，开元、天宝年间诗名甚盛，有"诗家夫子王江宁"之称。王昌龄擅长七绝，有"七绝圣手"之誉。江南的生活和游历，也给王昌龄的诗歌中注入了清新的格调，游润州（治今江苏镇江）时所作《芙蓉楼送辛渐二首》其一云："寒雨连江夜入吴，平明送客楚山孤。洛阳亲友如相问，一片冰心在玉壶。"[39]被誉为送别诗中的千古名作。

中唐文学名士韦应物、白居易、刘禹锡则与苏州有着密切的关系。苏州作为唐后期江南最繁华富庶的城市，既是繁剧难治之地，又是地方官的高选。韦、白、刘三人曾先后出苏州刺史，留下了许多描绘和讴歌苏州的诗篇，扩大了苏州的影响，所谓"何似姑苏诗太守，吟诗相继有三人"[40]。韦、白、刘三人虽然在任时间都不长，却都给当地民众留下了美好的印象，因此享有"三贤"的美誉[41]。

韦应物以擅写山水田园诗而知名于世。他的诗文风格潇洒自然，淳厚朴实，具有浓厚的生活气息。为政之余，积极与吴中文士诗歌唱酬，他不仅盛赞苏州的富饶美丽，更为当地的自然风物和人文景观所折服。白居易喜爱苏州城市风貌，《正月三日闲行》诗云："黄鹂巷口莺欲语，乌鹊河头冰欲销。绿浪东西南北水，红栏三百九十桥。"[42]苏州作为水乡城市的胜景跃然纸上。他还创作了不少描写苏州城市风物的诗篇，为后人了解唐代苏州的城市历史和风貌提供了宝贵的素材。"十万夫家供课税，五千子弟守封疆"[43]、"半酣凭槛起四顾，七堰八门六十坊"[44]等诗句，脍炙人口。白居易在任上"恩信及民，皆敬而爱之"[45]，苏州百姓在他离开后仍然十分怀念他。五年后任苏州刺史的刘禹锡曾为此作诗曰："苏州十万户，尽作婴儿啼"[46]，描述了苏州百姓为其送行时的感人场景。刘禹锡一生大部分时间活动在江南，在苏州刺史任上，忠于职守，受到百姓的爱戴，离职时曾作《别苏州二首》，其二曰："流水阊门外，秋风吹柳条。从来送客处，今日自魂销。"[47]可知其对苏州的依恋之情。刘禹锡与白居易二人情谊诚笃，诗歌唱和甚多，时人并称"刘白"。二人曾相逢于扬州，欣喜感慨之余赋诗相赠。白居易吟成《醉赠刘二十八使军》，刘禹锡则写下了《酬乐天扬州初逢席上见赠》诗，其中"沉舟侧畔千帆过，病树前头万木春"[48]两句，以"千帆过"、"万木春"对比"沉舟"、"病树"，表现出面对仕宦沉浮、世事无常时的豁达胸襟。诗句被后人赋予新意，成为流芳千古的名句。

杜牧早年就曾在扬州短期为官，后又在淮南节度使牛僧孺幕下任

图上 4-2　扬州唐城遗址

职，留下许多咏唱扬州的精彩诗篇，"春风十里扬州路，卷上珠帘总不如"⑭，"十年一觉扬州梦，赢得青楼薄幸名"⑮等佳句令人拍案叫绝，后人从杜牧的诗句中可以感受到当时扬州美丽的自然风物和繁华的城市街衢。"青山隐隐水遥遥，秋尽江南草木凋。二十四桥明月夜，玉人何处教吹箫"⑯一首，作于离开江淮之后，其"扬州情结"自然流露于笔端。杜牧在金陵也留下名篇佳作，如著名的《泊秦淮》："烟笼寒水月笼沙，夜泊秦淮近酒家。商女不知亡国恨，隔江犹唱后庭花。"⑰《江南春绝句》："千里莺啼绿映红，水村山郭酒旗风。南朝四百八十寺，多少楼台烟雨中。"⑱广为后人传诵。同样的故国旧垒，也引发了韦庄的咏叹："江雨霏霏江草齐，六朝如梦鸟空啼。无情最是台城柳，依旧烟笼十里堤。"⑲诗人吊古伤今，表现出了浓重的历史兴亡感。

　　到江苏地区游历或任职的唐代文人名士不胜枚举，留下了众多的篇章。唐代宗时为盐铁判官的张继，曾押运漕船途经苏州城外枫桥，写下了千古名诗《枫桥夜泊》，脍炙人口，至今为人咏诵："月落乌啼霜满天，江枫渔火对愁眠。姑苏城外寒山寺，夜半钟声到客船。"⑳

　　盛唐以后，江苏一跃成为全国最受关注的地区。政治、经济地位的提高，促进了各项文化事业的长足发展。更重要的是江淮民众的精神风貌也为之一变，意气风发，充分发挥了自己的聪明才智，在学术研究、文学创作及书法绘画等文化艺术等领域创造出了令人瞩目的成就。

在经学研究方面，唐代江南经学家开始摆脱墨守师说和名物训诂的束缚，倡导抛开传注直接研究经文，开创了自由思考的新风气，在经学从章句释义的旧汉学体系朝着思想丰富的宋学体系发展方面作出积极的贡献。活跃在江苏地域的经学代表人物啖助、陆质、施士匄等人师徒相承，不拘泥训诂旧说，自由说经，开创了后来空言说经、任意附会的宋学先风。

江苏地区的唐代史家不仅注重史料的编纂，而且在史学理论上也颇有建树，其中最著名的是刘知幾。刘知幾，彭城（今江苏徐州）人，历任著作佐郎、左史等职，参与国史修撰，但对史馆监修制度的不满使他最终辞去史官职务，全身心投入到史学研究工作中。他以毕生精力撰写了我国历史上也是世界历史上首部系统的史学理论专著《史通》。《史通》共二十卷，分内篇、外篇两部分，第一次对唐以前的史书进行了全面的总结。他本人治史认真严谨，认为"文士好求，史学难得"，提出史家必须具备"史才"、"史学"和"史识"三个条件，而其中的"史识"，即对历史的认识和理解、史家良好的操守最为重要。正因为如此，他本人在治史中读书不盲从，敢于提出自己的见解，在《疑古篇》、《惑经篇》中对儒家经典《尚书》和孔子修订的《春秋》都提出了质疑，这些都是前人所不敢为的。

唐代许多学者对昭明太子萧统所编《文选》进行注释、研究，逐渐形成一门专门学问"文选学"，而扬州是其发源地。文选学流行于江淮之地，名家辈出，其中著名的有曹宪、许淹、李善、公孙罗等人。扬州人曹宪"每聚徒教授，诸生数百人。当时公卿已下，亦多从之受业。"[56]撰有《文选音义》，并以其传授塾生，被视为文选学的开创人。在曹宪的弟子中，最出色的是李善。李善一生以教授《文选》为业，他认为曹宪的《文选音义》不够完善，于是全力为其重新诠释，广征博引，对篇章本事、文中典故、地名人名以及难懂的字词作了详尽的注释，撰成《文选注》六十卷，成为文选学的集大成之作。

诗歌是唐代文学中最灿烂夺目的篇章。江苏地区也涌现出了不少著名的诗人，他们的不朽诗篇，为唐代诗坛的繁荣作出了杰出的贡献，其中扬州张若虚，延陵（今江苏丹阳）储光羲，润州包融、戴叔伦，淮甸刘采春，无锡李绅，曲阿（今属丹阳）张潮、马戴，苏州张旭、顾况、陆龟蒙和张籍等人尤为著名。

至今尚为人们颂习的《春江花月夜》是张若虚的作品。张若虚与贺知章、包融、张旭并名，人称"吴中四士"，流传至今的作品只有两首，其中《春江花月夜》独具特色，历来为人们所称道，享有"以孤篇压倒全唐"之美誉。储光羲则以田园诗见称，其代表作有《牧童词》、《田家杂兴》等，风格朴实，生活气息浓厚，给人以真切之感。顾况、张籍和李绅三人则与唐代的新乐府运动有着密切的关系。顾况是新乐府运动的先驱，张籍、李绅为新乐府运动的中坚。他们所处的年代虽有先后，但创作的诗歌却有一个共同点，即用诗歌反映现实，揭露时弊，关怀民间疾苦。李绅是第一位有意识地以"新题乐府"为标榜、与传统乐府诗歌相区别的诗人，他的《古风二首》（又称《悯农》）是新乐府运动的杰作，以非常直白的口语，言尽了农民的酸苦，至今妇孺皆知，广为传颂："春种一粒粟，秋成万颗子。四海无闲田，农夫犹饿死"；"锄禾日当午，汗滴禾下土。谁知盘中餐，粒粒皆辛苦。"

陆龟蒙，字鲁望，别号天随子、江湖散人、甫里先生，长期隐居在苏州吴县东乡的甫里（今属江苏苏州），以耕渔为生。陆龟蒙是晚唐诗人中屈指可数的人物，力求用平实的语言来表现不寻常的主题和深刻的思想内容，因而有别于晚唐一般诗文浅显而明快的风格。其诗文以表现江南农村的耕渔生活为主，诗中常见揭露时弊、同情农民疾苦的内容，如"万户膏血穷，一筵歌舞价"；"日晏腹未充，霜繁体犹裸"⑤。也有许多咏物写景的诗篇，内容丰富多彩。陆龟蒙对农村的关心在其文章中也有所反映，其《耒耜经》记述的江东犁（曲辕犁）等农具成为今天研究中国农业发展史的珍贵资料。

除诗歌外，唐代江苏文人在文学上的贡献还体现在传奇小说的创作方面，其代表人物有沈既济和蒋防。苏州人沈既济，唐代宗大历中人，代表作有《枕中记》和《任氏传》。《枕中记》即黄粱美梦或一枕黄粱的故事，故事虽据东晋干宝《搜神记·杨林》、南朝刘宋刘义庆《幽明录·焦湖庙祝》而来，但其思想性和艺术成就则远远超越了前两篇作品。它以浪漫主义的形式，表达了深刻的主题。宋元以后，模仿或基于《枕中记》构思的话本、戏剧为数甚多，马致远、汤显祖等人都有作品传世。《任氏传》是一篇具有志怪色彩的爱情小说，描写贫士郑六与美妇任氏所化的狐狸精的故事。狐狸精是民间故事中的传统题材，《任氏传》情节曲折，结构完整，充满浪漫主义情调，是我国古代第一篇比较完整地描写狐狸精故事的小说。义兴（今江苏宜兴）人蒋防的代表作《霍小玉传》是一部爱情题材的小说，写陇西书生李益与长安妓女霍小玉的爱情悲剧。霍小玉的悲剧故事有着深刻的社会意义。唐代重门第，不同阶层的人不能通婚。李益贵为陇西李氏，而小玉只是卑下的女子，这才是造成两人悲剧的根本原因。小说写李益遗弃小玉而婚于范阳卢氏，这不是一般男女之间的喜新厌旧，还有着门第观念的原因。此前，唐后期的这类小说，如白行简的《李娃传》、元稹的《莺莺传》等都是同类题材，反映了唐后期门第观念日趋崩溃的历史现象。《霍小玉传》影响广泛，被誉为"唐人最精彩动人之传奇"。明代戏剧家汤显祖据此改编成《紫箫记》、《紫钗记》等著名传奇剧本，足见其影响之久远。

　　唐代是中国书法史上的第二个发展高峰。江苏地区作为经济文化发达区域，在当时的书法领域也有着很高成就，主要体现在两方面。

　　首先，出现了许多书法名家，如擅长行书的陆柬之、李邕，擅长狂草的张旭等，都取得举世瞩目的成就。苏州人陆柬之，官至朝散大夫、太子司议郎、崇文侍书学士，少年时学书于其舅虞世南，后学"二王"，有出蓝之美誉，与虞世南、欧阳询、褚遂良齐名，并称"四子"。其行书最妙，现存传世作品有《兰亭诗》、《文赋》等。陆柬之书写的《文赋》是其远祖西晋陆机的名著。此帖书法风骨内含，神采外映，且章法严谨，笔法淳雅，多有兰亭之意蕴，历来的书家们都给予了很高的评价。扬州人李邕是文选学家李善之子，唐玄宗时官至北海（治今山东昌乐）太守，世称"李北海"。他的书法宗于"二王"，又加以创新，气韵沉雄，于虞世南、欧阳询、褚遂良之外自成一家，以行、楷书碑而知名，传世碑刻有《麓山寺碑》、《云麾将军李思训碑》等。后世苏轼、黄庭坚、米芾都从他的作品中收益颇大，赵孟頫之字则更多的由此化出。

狂草是中国书法艺术中最自由、最写意的书体，充分表现出了中国书法艺术的音乐美，而将狂草艺术发展到登峰造极地步的正是苏州人张旭。张旭有诗文之才，为"吴中四士"之一，但更让他知名于世的乃是其出神入化的草书。张旭常酒后即兴作书，挥洒自如，有如神附。史言其"嗜酒，每大醉，呼叫狂走，乃下笔。或以头濡墨而书，既醒自视，以为神，不可复得也，世呼张颠"㊳。其字逸势奇状，点画用笔却完全符合传统规矩，笔法已然升华到了用抽象的点画来表达书法家思想感情的艺术境界，被尊奉为狂草之祖，其书迹至今流传于世的有《肚痛贴》、《古诗四贴》、《郎官石记序》、《千字文》等。

其次，江苏地区文人在书法上的成就还体现在书法理论的独到见解上，首屈一指的就是海陵（今江苏泰州）人张怀瓘。张怀瓘是开元年间的书论大家，著述其多，主要有《书断》、《文字论》、《书估》、《书议》等，其中最为精详的当推《书断》。《书断》共三卷，三万余言。书中阐述了十种书体的源流，并按照"风神骨气者居上，妍美功用者居下"的标准，以神、妙、能三品论书，对174位书法家及其作品进行了重新品评。其观点之新颖，论述之深刻，资料之丰富，为同类书论著作所不可企及。神、妙、能三级品评的区分，是书中最有价值的全新观点，反映了书法艺术领域审美鉴赏的深入，为后世书家、鉴赏家和书论家的必读之书。

在绘画领域，江苏地区文人在绘画理论方面多有创见，使得画论在经历了六朝的辉煌之后又有了新的发展，其中的代表人物有张璪、朱景玄等人。

苏州人张璪刻苦勤奋，嗜画成癖，在绘画艺术上有独创的技法和独特的风格，是唐代水墨渲淡山水画的创始人之一，也是江苏地区最早、最有成就和影响力的山水画家。张璪擅画山水树石，尤工画松，唐人张彦远在《历代名画记》中叙述他作画时只用秃笔，或用手摸绢素的绝技㊴，朱景玄《唐朝名画录》则记载了张璪"双管齐下"的本领。他能两手各握一支笔，同时画两棵松树。一支笔画的松树"润含春泽"，生机盎然；另一支笔画的松树却"惨同秋色"，憔悴干枯，两种不同的形象却一样地生动传神。画作被朱景玄列为神品，冠于诸品之首㊵。张璪在画论方面的创见也为中国绘画史树立了里程碑。其"外师造化，中得心源"㊶两句，阐释了艺术的真谛在于将造化（大自然）之物融于心源（内心感悟），神韵俱在，物我浑融，天人合一，神形兼得，不仅高度概括了他本人作画的心态，也成为中国古代画论的千古玉律，历来为画人所推崇。

苏州人朱景玄在画论方面也取得了很大的成就，撰有《唐朝名画录》一书，流传至今。朱景玄大约活动在唐宪宗至文宗时代，曾任翰林学士。他本人酷爱画艺，经过多年寻访写作，撰成《唐朝名画录》（又名《唐画断》）一书。全书依张怀瓘《书断》神、妙、能三品，又增逸品，用四个品级来论定书法家成就高下的体例，再加上他对所品评的画家生平事迹和画艺特长所写的评传，形成一部完整的断代画史著作。《唐朝名画录》集中反映了朱景玄的艺术认识，即坚持绘画的真实性、概括性与形象性，提倡形神统一，反对公式化，这些都代表了当时绘画认识的特点与水平。

与绘画艺术紧密关联的还有雕塑艺术，唐代江苏文人在这一方面亦有建树，出现了杰出的雕塑家杨惠之。苏州人杨惠之，是活跃在盛唐时期的杰出画家、雕塑家，早年曾与吴道子一起学画，师法张僧繇。后因吴道子功成名就，杨惠之便弃画改而专攻雕塑，经过不懈的努力，成功地把张僧繇的绘画风格运用到雕塑方面，"为天下第一"，当时就有"道子画，惠之塑，夺得僧繇神笔路"之说。杨惠之也被誉为"塑圣"，与"画圣"吴道子并驾齐驱，饮誉天下。杨惠之是一位多产的雕塑家，史载

图上 4-3　苏州甪直镇保圣寺传为杨惠之塑罗汉像（选自《人文江苏——江苏省全国重点文物保护单位图集》）

其作品遍布京洛各地。他所塑人物，气韵生动，栩栩如生。其中昆山慧聚寺天王像及二侍女，造像极其工巧，为人所称道。他还创制了"塑壁"的新形式，即在墙壁上塑出云水、岩岛、树石等。这种技艺对后世影响极大，成为中国传统雕塑的一部分。

唐朝江苏地区的文化教育取得了长足的发展，为宋代以后逐步建立起一套比较完备的教育体系和教育制度奠定了坚实的基础。

唐初重视地方官办学校，在政策的推动下，江苏地方官学开始兴盛，海、常二州的州学，句容、溧水等地的县学相继兴办。安史之乱后，江淮地区成为帝国仰赖的"财赋之地"，为了牢牢控制江淮，保持局势的长久稳定，"崇儒兴学"成为朝廷稳定统治秩序的战略措施之一。唐代宗大历以后，在地方官员的重视和倡导下，今江苏省域的江南诸州地方官学的兴办曾经出现了一个小高潮，其中主办官学的代表人物有李栖筠、独孤及、王纲等人。

代宗大历（766—779）初年，李栖筠出任常州刺史，用心发展当地社会经济，同时本着"化民成俗，以学为本"的宗旨，"大起学校"，取得了很好的效果。不久调任苏州刺史，又在当地增建学庐，招聘名师，在他的表率下，一时间学校兴盛，"远弥趋慕，至徒数百人"[⑫]。同一时期，独孤及接任常州刺史，也大力兴学崇教。在李栖筠、独孤及的大力倡导和主持下，苏、常二州的地方官学得到一定程度的振兴。大历九年（774），王纲为昆山县令，着手修缮当地废弃的孔庙，并建县学于庙后。文士梁肃特地为之作《昆山县学记》，详细叙述了在地方官员和当地耆旧乡人的共同努力下昆山县学得到重建的过程，成为唐代现存唯一的一篇县学记。这一时期担任江南诸州地方官员的著名人物还有颜真卿、韦夏卿等人，他们均为文士出身，博通洽闻，在任期间有力地推动了本地文化教育事业的发展，为江南地区逐渐呈现文化昌盛、人才荟萃的局面起到积极的作用。

唐后期坚实的经济基础与六朝以来积淀的文化传统是江苏地区私学发展的优厚土壤，安史之乱后大批北方士人南下避乱，更是直接促进了本地私学的兴盛。

江苏地区的私人授学唐初以来即有相关记载，文选学宗师曹宪家乡扬州聚徒教授《文选》是其代表。天宝末至大历年间以啖助、赵匡、陆质等为代表人物的春秋学派在江苏地区的兴起则是私人授学的另一典型。啖助长期寓居江左，著有《春秋体例》等书，并将自己的学说传授给弟子门人，苏州人陆质和任职于宣歙观察使府的赵匡都是其得意弟子。他们的学说作为私家之学，不仅在江苏地区流传，也影响到朝野。后来永贞革新的主将吕温、柳宗元等人都从陆质之学，同时期的文人韩愈、卢仝等人也受其深刻影响。

随着科举制度的确立及其在选官制度中地位的上升，给了更多的人入仕的希望，因此无关门第的私学顺势发展起来。私学的教学内容和教学形式灵活，较官方的州县学更能适应科举的现实需要。玄宗开元二十一年（733），朝廷"许百姓任立私学"⑥，以政令的形式允许民间建立私学，这既是对业已发展起来的私学的承认，又是对此后私学发展的促进。当时的佛寺也面向社会义务办学，吸纳普通士人子弟就读。这种教育形式发展至中唐以后，甚至成为一种社会风尚。江苏地区名刹古寺众多，求学于寺学者甚众，其中无锡惠山寺就是一处典型的寺学场所。出身无锡的著名文士李绅少年时即在此学习，其诗《上家山》序中自云："余顷居梅里，尝于惠山肄业，旧室犹在，垂白重游，追感多思。"⑥几乎同时期的李骘也曾在惠山寺学习近三年⑥。

唐代江苏地区教育的兴盛，为唐王朝输送了大批的人才。唐代科举中最重要的是进士科，因而一个地区进士及第数量的多寡，可以从一个侧面反映出这个地区教育的发展水平。据现有史料可知，唐代江苏地区共出进士约111人，其中唐前期25人，后期76人，可见江苏文教事业在唐后期的长足发展。从诸州的进士人数来看，苏州59人、润州24人、扬常二州各10人⑥，可见经济的发达与教育繁荣之间的密切关系。这种现象正反映了江南地区自唐后期开始已逐渐成为人才的渊薮，为宋以后这一地区成为全国科举人才主要来源地奠定了基础。

今江苏省域的名藩大都扬州，位于中国中部沿海的长江口，又处于国内东西走向的长江水道和南北走向的运河交汇处，并且又位于唐朝最富裕地区江淮的中心，诸多的优势，使得扬州成为唐代重要的对外贸易与文化交流的窗口。

　　在唐朝的四邻之中，与中国关系最为和睦的莫过于新罗。新罗倾慕唐风，曾派遣许多贵族子弟入唐留学，一时蔚为风尚。新罗入唐路线主要有两条，一条是由朝鲜半岛西渡黄海，至唐登州文登县一带登岸，然后取陆路转往洛阳和长安。另一条则从文登县沿今山东、江苏海岸南下入淮河，上溯至楚州（今江苏淮安楚州区），再转行运河，自此或西上汴、洛，或南下扬州。也有从长江口直接进入扬州，然后各奔东西的。在此水程沿途多有新罗移民居住，建有"新罗坊"、"新罗馆"，为往来的新罗人提供食宿之便。据日本僧人圆仁9世纪留下的《入唐求法巡礼行记》所记，今江苏省域从最北端的海州，往南经泗州、楚州、扬州，直到南端的苏州，都是新罗移民活动的踪迹，海州东海县、泗州涟水县、楚州山阳县、扬州是新罗移民最集中的州县。

　　活跃于江苏地域的新罗人中，最著名的是晚唐的崔致远。崔致远字海夫，号孤云，在朝鲜半岛的历史上被誉为"汉学鼻祖"、"海东文宗"，其"道德文章，我东方第一人也"⑰。唐懿宗咸通八年（867），12岁的崔致远泛海赴唐，六年后的咸通十五年（874）登进士第。进士及第后，崔致远在唐朝生活了11年，与江苏地区结下了不解之缘。崔致远登科后不久就被任命为宣州溧水县（今江苏溧水）尉，作为县令的副手，职掌县府的日常事务。崔致远对这一职务非常满意，因是闲职，所以有闲恣意创作，几年时间内便集成了五卷本的《中山覆篑集》一部。崔致远后改投淮南节度使高骈的幕下，高骈认可其才能，任为侍御史，当时高骈所上的表、状、启等官府文书几乎都出于崔致远之手。受到上司青睐，并与顾云、罗隐等文士诗文唱和的崔致远对自己的处境感到非常满意，并自负强于其他新罗留学生，觉得为父母、祖国争了光。在《谢许归覲启》中，"一身遭遇，万里光辉，是以远亲稍慰于倚门，游子倍荣于得路。"⑱884年，崔致远决定回国，唐僖宗闻说后，命崔致远代表唐朝向新罗国王投送国书，给予了他无上的荣光。回国后的崔致远先后仕新罗宪康王、定康王、真圣王三朝，官至阿餐（新罗高官），提倡经学、文学，促进了新罗晚期学术文化的发展。1023年，高丽王朝封崔致远为文昌侯，供奉于高丽文庙。

　　中国和日本一衣带水，有着两千多年友好往来的历史。唐代，日本和中国的关系有了新的发展，由于今江苏地区与日本隔海相望，处在新的唐日海上航线要道上，因此成为唐日交往的重要窗口。在两国的文化交往之中，鉴真和尚与日僧圆仁两人最为著名。

公元7世纪至8世纪初的日本正处于剧烈的社会变动时期，出现了吸收大唐文化的热潮，派出大批的留学生和学问僧前往唐朝，学习唐朝的典章制度、学术文化和各种佛教宗派，以促进本国政治制度、学术文化的进一步完善和发展。日本政府之所以要派遣大量的僧人入唐求学，一方面是因为佛学是当时各种学问的重要载体，另一方面也与当时日本国内的佛教信仰现实有关。佛教经朝鲜半岛传入日本虽然已经历数世纪，但日本的佛教僧伽制度一直不完善，非常希望能从唐朝聘请一位律学高深的受戒大师。

鉴真少年时期即在扬州大云寺出家，后经多年游学，终成一代律宗大师。55岁时，鉴真主持扬州大明寺，为众僧俗讲律，就在这里，鉴真接受了东渡日本的邀请。从唐玄宗天宝二年（743）春天开始第一次东渡，到天宝十二年（753）第六次东渡最终到达日本，前后历经了十年的

图上4-4　扬州鉴真纪念堂

艰辛岁月。鉴真六次东渡，前五次因内部人事、恶风险浪、官府阻拦等原因均告失败，鉴真也因过度劳累而双目失明，然而各种各样的打击，并没有让鉴真退缩，而是百折不回，终遂宏愿。到达奈良后的鉴真一行受到日本天皇及僧众的热情欢迎和慰劳。在鉴真及其门人的努力下，反复讲授律宗经典，培养了一批律学师资，改变了日本佛教的面貌，成为日本律宗的开山祖和天台宗的先驱者，被日本天皇授予"传灯大法师"称号。鉴真东渡，其意义远不止向日本佛教界传播宗教思想和宗教仪式，在建筑、雕塑、书法、绘画、文学、语言、医药等各个方面，为盛唐文化向日本传播做出了重大的贡献。

鉴真东渡传法以后，日本的佛教取得了空前的发展，入唐求法巡礼的高僧也日益增多。其中天台宗僧人圆仁，不辞劳瘁，以45岁之龄渡海入唐求法，在唐十年，历经名山大都，足迹遍及半个中国，初到唐土和归国前夕数次在扬州、楚州、海州之间奔波，其旅行记《入唐求法巡礼行记》留下了大量的唐后期江苏史料。

在欧洲人开拓亚洲新航路以前，是阿拉伯人在世界通商舞台上最活跃的时代。特别是8世纪后半期阿拔斯王朝定都巴格达以后，他们对于从海上与印度及中国方面的通商尤为重视，"蕃国岁来互市，奇珠玳瑁，异香文犀，皆浮海舶以来"[69]。广州虽是胡商海舶的上陆地点，但扬州才是这些货物发向全国的集散地。集中到扬州的这些奇珍异宝，再由扬州沿山阳渎、汴渠发往洛阳、长安，也有一部分在扬州再次装船，转销日本、新罗。

扬州襟江带海，又是运河的交汇口，是唐代海外贸易的集散市场。数量不少的大食（阿拉伯）、波斯商人在扬州寄迹设点，坐市买卖。他们经营的店铺，唐人通常称之为"波斯店"或"胡店"。扬州的胡商自盛唐时就极具规模，杜甫在《解闷》诗中写道："商胡离别下扬州，忆上西陵故驿头。为问淮南米贵贱，老夫乘兴欲东游。"[70]安史之乱期间，刘展在江淮掀起兵乱，田神功出兵讨伐，"至扬州，大掠居人资产，鞭笞发掘略尽，商胡大食、波斯等商旅死者数千人"[71]，如果加上幸免于难的人员在内，数量应该有万余之众。唐人笔记小说中，留下了许多发生在江苏地区的胡商故事。这些故事都有一个共同的特点，这就是人们不论在什么地方得到宝贝，都愿意拿到扬州去卖，说明扬州是人们心目中最有信誉的珠宝市场；这些珠宝交易的成交额数目巨大，动辄数千万，说明扬州市场贸易水平很高；从事珠宝买卖的商人主要是来自波斯、大食等地的胡商，他们既收购珠宝，也出售珠宝，这种贸易带有国际性质，扬州是一个国际性的市场。随着大批波斯、大食人东来，也带来了西亚的宗教和文化，唐代扬州也是这些宗教文化最早传入中国的一个窗口。1980年扬州唐墓出土的一件青釉绿彩扁壶上，写有阿拉伯文"真主最伟大"的题铭，是唐代伊斯兰教传入扬州的实物例证。

第四节　南唐时期的社会与文化

军阀混战废墟上建立起来的杨吴和南唐　南唐文化的繁荣

9世纪70年代，唐僖宗继位，曾空前强盛的大唐帝国，已呈大厦将倾之势。乾符元年（874），濮州（治今山东鄄城北）人王仙芝率数千人于长垣起义，次年，冤句（今山东菏泽西南）人黄巢聚众数千人响应，一场致使唐帝国最终毁灭的民众暴动爆发了。十年后，这场暴动虽然被彻底镇压下去，但唐王朝事实上并未赢得这场战争的胜利，作为统一王朝早已名存实亡。民众暴动的失败，真正的获利者是在战争中发迹的新兴武装势力，社会再次陷入了军阀混战之中。草莽英雄杨行密，在这个四海翻腾的时刻崛起于淮南民间，建立了地跨江淮的强大政权。杨行密是庐州合肥（今安徽合肥）人，出身贫苦，20岁就加入了"盗匪"队伍，但他并不是单纯的一介武夫，庐州起兵以后二十余年间，杨行密凭借其卓越军事、政治才能，由一个草莽英雄，发展成地跨江、淮，敢与中原军阀直接对抗的强大军阀。经过杨行密的治理，江淮间秩序井然，生产发展，"未及数年，公私富庶，几复承平之旧。"[②]杨行密藉此获得了稳固后方与充足军需，为日后杨吴、南唐的发展奠定了基础。

公元905年，杨行密在实力达到顶峰时去世，一位一反杨行密的霸气，却极具谋略的人物——徐温登上了政治舞台。徐温是海州（治今江苏连云港海州区）人，私盐贩出身。杨行密庐州起兵时，徐温投于杨行密旗下，由于足智多谋，受到了杨行密重视。杨行密死后，在徐温等人的操纵下，杨行密之子杨渥在扬州建立政权，史称"杨吴"，实现了藩镇向王国的转型。杨渥虽为君主，但只是一个傀儡。数年后，徐温又精心策划谋杀杨渥，另立杨演为君，并剪除异己，独揽杨吴大政。

徐温之所以能独揽杨吴大权，得益于杨行密诸子的暗弱无能，而自己的儿子们又与杨氏诸子惊人相似。最终，徐温的养子徐知诰在政治舞台上逐渐胜出，并在剪除徐温诸子的势力后，继承了徐温的政治遗产。

徐知诰是彭城（今江苏徐州）人，本姓李，因是孤儿，被徐温收养为子。徐知诰青年时代就表现出超群出众的气质。早年孤身飘泊的磨难和后来寄人篱下的凄楚锻炼了徐知诰的个性，他性情内在、机敏、审慎，而杨行密、徐温诸子仰仗父辈遗业，不知奋发进取，或骄奢淫逸如杨渥、徐知训，或懦弱无能如杨隆演，独具慧眼的杨行密曾对徐温叹道："知诰俊杰，诸将子皆不及也。"⑦

徐知诰在任昇州（治今江苏南京）刺史时政绩斐然，声名远播，徐温听说后，亲自前去视察。徐温见到昇州城隍浚整，楼堞完固，井井有条，十分满意，随即重点建设兼具山水形胜和重大战略意义的金陵，将金陵提升为西都，并移镇金陵。徐温死后，徐知诰独揽杨吴政权，在此后的数年中，徐知诰在经济上实施了一系列的改革政策，取得了显著的成效，"不十年间，野无闲田，桑无隙地"⑭。这些政策既有现实性又符合历史趋势，影响深远，受到后代赞赏，"自吴变唐，自唐归宋，民到于今受其赐。"⑮

公元937年，徐知诰正式接受杨吴的禅位，在金陵即皇帝位，改元昇元，国号"大齐"。两年后，徐知诰消除一切顾虑，复姓李，改名为"昇"，以唐朝后裔自居，改国号为"唐"，史称"南唐"。公元943年，李昇因长期食丹药去世，庙号烈祖，通称"先主"。李昇去世后，其子李璟登上南唐帝位。经过李璟当政十余年的经营，南唐生产发展，社会安定，民心归附。对外则结交邻邦，干戈不兴，国内财富积聚，迎来了南唐的鼎盛时期，其地"东暨衢、婺，南及五岭，西至湖湘，北拒长淮，凡三十余州，广袤数千里，尽为其所有，近代僭窃之地，最为强盛"⑯，今江苏省域是其核心区域。但是，这种局面未能维持很久。李璟即位以

图上 4-5　南唐二陵之钦陵

后，朝臣们对外扩张的呼声也日渐增高，在虚荣心的作祟与周围的鼓动之下，李璟"自以唐子孙，慨然有定中原、复旧都之意"[⑰]。然而，连年的战争，劳而无功，不仅使南唐国力消耗，而且还尽失江北之地，不得不改用后周显德年号，奉周正朔，去帝号称国主。北宋建隆二年（961）六月，李璟在战败的屈辱及抑郁中去世，庙号元宗，通称"中主"。

李璟去世后，太子李煜继承国主之位。李煜是李璟第六子，本与王位无缘，但李璟晚年南唐宫廷内部的一场变故，却将这个生于深宫之中，长于妇人之手的王子推到了政治舞台的中心。李煜继位时，南唐早已向中原称臣纳贡，山河残破，元气大损。赵匡胤取代后周建立北宋后，中原政局日益稳定，这意味着南方小国已到了生死存亡的紧要关头。李煜从继位之日起，就彻底放弃大国之尊，谨慎事宋。随着北宋对南方战争的节节胜利，李煜事宋更为恭敬。在胜负之势已十分明朗的形势下，赵匡胤希望李煜面对现实，频频暗示南唐不战而降，李煜虽然表示顺服，但缺乏政治敏感性，数次拒绝招降。在开宝七年（974）九月最后一次作劝降不成后，北宋遣曹彬率大军自蕲阳过长江进攻南唐。南唐军队战斗力自然虚弱，一与宋军交战，立刻溃不成军。次年十一月曹彬率军攻入金陵，南唐灭亡。李煜举族被俘，被封为"违命侯"，数年后在开封被毒杀，史称"后主"。

杨吴和南唐虽然偏于东南一隅，然而，在五代十国各政权中，其文化的发展与进步是令人瞩目的。

杨行密虽出身民间强梁，却一贯重视政权创立过程中的非武力因素。随着社会的逐渐稳定，杨行密通过招请学者、僧侣等途径，发挥文人的作用，杨吴的社会风气由尚武向文治转变，政权也由以武夫悍将为主的政权向以文士为主的政权转型。经过杨吴时期的积累，南唐文化蓬勃发展起来。李昪建立南唐前后，召集人才，搜集图书，兴建学校，倡导确立纲常伦理观念等，为发展南唐文化做出了不少的努力，南唐文化呈现出了繁荣景象。

中主、后主时期南唐文化的发展具有许多共性，与先主时代呈现出了鲜明的不同。中主及后主时期，南唐产生了一批卓越的文化成就，其中最有影响的是以词为代表的文学作品。

南唐词人中，以南唐中主李璟、后主李煜及冯延巳最为著名。李璟的作品仅存四首，即《应天长》（一钩初月临窗镜）、《望远行》（玉砌花光锦绣明）、《浣溪沙》二首（手卷真珠上玉钩）。其艺术水准已经相当高远，其中"细雨梦回鸡塞远，小楼吹彻玉笙寒"更是千古传咏的名句。李煜的传世词有三十余首，后世一直将他的词作以南唐亡国为界，分为前期与后期，前期作品反映的大多是宫廷生活的实照和感受，后期作品则多抒发亡国之痛。其词用语清新、朴素，自然而无斧凿痕迹。李煜所采用的白描、直抒胸臆等艺术手法，使词在创作技巧上大有突破。特别是李煜后期的词作，将人生感悟融入艺术创作之中，使其词作意境大为提高。关于李煜在词史上的地位，近代学者王国维评价道："词至李后主而眼界始大，感慨遂深，遂变伶工词而为士大夫之词。"[18]其《虞美人》（春花秋月何时了）、《相见欢》（林花谢了春红、无言独上西楼）、《浪淘沙令》（帘外雨潺潺）等词作都是不朽之作，而"问君能有几多愁，恰似一江春水向东流"；"自是人生长恨水长东"；"流水落花春去也，天上人间"等词句都已经渗入了中国人的骨髓，成为宝贵的精神遗产。

冯延巳是五代十国时期词人中传世作品最多的一位，有词集《阳春集》传世。冯延巳的词作用语清新，风格淡雅，高度推崇李煜的王国维也称："冯正中词虽不失五代风格，而堂庑特大，开北宋一代风气。"⑦另外，南唐潘佑、张泌等人也有词作传世。以李璟、李煜、冯延巳为首的南唐词人及其作品，以高度的艺术成就确立了南唐在文学史上的地位。

南唐宫廷设有画院，集中了当时一流的丹青高手。卫贤、王齐翰善画楼台人物，曹仲元、陶守立善画佛道鬼神，蔡润善画船行水流，解处中工画竹，顾德谦工画人物，梅行思工画鸡。这些画师各有所长，共同组成了一个缤纷瑰丽的南唐画坛，不少人对后世的绘画产生了重要影响。如徐熙的工笔花鸟画独树一帜，他去世于南唐亡国之前，与西蜀黄筌一样，对北宋花鸟画颇有影响。南唐有一批绘画作品流传后世，如王齐翰的人物画《勘书图》（又称《挑耳图》）。董源擅长山水，其绘画主题多是山温水暖的江南风物。其画气韵高古，意境深远，有《潇湘图》传世。画院学生赵幹也擅长山水，有《江行初雪图》传世。僧人巨然，师从董源，继承了董源画风，传世之作有《秋山问道图》。南唐绘画作品中最为著名的传世之作是翰林待诏顾闳中所绘《韩熙载夜宴图》。韩熙载晚年为躲避政治上的风险，刻意表现出生活放荡不羁的形象，李煜遣顾闳中、周文矩前去察看，二人回宫后，以绘画的形式向李煜汇报了在韩府的所见情景，这就是《韩熙载夜宴图》。现存《夜宴图》出自顾闳中之笔，由五个场景组成，细节丰富，人物、器物一一可考，生动地再现了南唐显贵的宴乐生活，虽历千余年，至今仍色泽鲜丽，是我国绘画史上的珍品。

南唐亡国后，巨然随李煜来到汴梁，董源一派的画风也随之入宋。巨然在宋初画坛颇有声名。北宋时期山水画的两大流派，均可追溯到五代。北方画派的创立者是荆浩、关仝，江南画派的开创者是董源，巨然则是董源的主要继承人。北宋的统一，使南北画派以开封为舞台得到了交流和融汇，揭开了中国绘画史上的新篇章。

南唐朝野文人中多有善书法者，如高越、宋齐丘、冯延巳、韩熙载、徐锴、潘佑等。李璟、李煜父子也雅善书法。李璟工正书，"其字乃积学所致，非偶合规矩"⑳。
李煜更是南唐书法一大家，
他初学柳公权，博采欧、
颜、褚、陆众家之长，尤长
行书，自创一体，世称"金
错刀"或"撮襟书"㉛。在
文雅君主的影响下，南唐文
人以善书法为荣，徐铉工小
篆，冯延巳书似虞世南，韩
熙载的书法也名噪一时，向
他乞书者甚众。

图上 4-6　南唐丁远墨（扬州博物馆藏）

　　书画艺术的盛行，带
动了书、画工具制造工艺的发展。特别是并称文房四宝的笔、墨、纸、
砚，在南唐都出现了一批精品，宣州诸葛氏的笔、"澄心堂"的纸、李廷
珪的"天下第一墨"、歙州的砚，均是一时名品佳制。

　　在分裂割据、战乱不断的社会环境下，江苏地域文化的持续发展和繁
荣保存了大量的文化财富。宋朝官方所藏图书中，三分之一来自南唐。文
化教育事业的发展也为北宋初年培养、储存了大量人才。南唐时期江苏地
域文化之所以光彩夺目，是对深厚的隋唐文化的继承及南唐政府的积极倡
导和身体力行的成果。从广阔的历史视野来看，南唐时期的江苏地域文化
又体现了"唐宋变革"即中国社会重大转型时期的文化特色及发展趋势，
在教育、文学、绘画等多种文化领域开宋代风气之先。也正因为如此，南
唐小朝廷在不到半个世纪的时间创造出来的文化遗产，虽历经千年，依然
放射着耀眼的光芒，这是我国文化史上的一个奇迹。

【注释】

① ［唐］王勃：《江宁吴少府宅饯宴序》，见［清］董诰等编：《全唐文》卷182，中华
　书局1983年，第1850页。

② [唐] 吕温：《京兆韦府君神道碑》，见 [清] 董诰等编：《全唐文》卷 630，中华书局 1983 年，第 6357 页。

③ [唐] 杜牧：《上宰相求杭州启》，《樊川文集》卷 16，上海古籍出版社 1978 年，第 249 页。

④ [宋] 司马光编著：《资治通鉴》卷 177 隋文帝开皇九年（589）正月条，中华书局 1955 年，第 5516 页。

⑤ [宋] 司马光编著：《资治通鉴》卷 177 隋文帝开皇十年（590）十一月条，中华书局 1955 年，第 5528 页。

⑥ [宋] 司马光编著：《资治通鉴》卷 177 隋文帝开皇十年（590）十一月条，中华书局 1955 年，第 5530 页。

⑦ 北周、隋、唐的建立者及统治集团的核心成员，多出身于武川、沃野等北魏边境六镇，深染鲜卑等胡族的文化传统，今人通常称之为"关陇集团"、"关陇六镇集团"或"六镇胡汉关陇集团"。北周、隋和唐初，均以关中地区为其统治的核心区域，以此驾驭天下。隋朝和唐初这种人事上倚重关陇集团成员，地域上以关中为根本的立国方针，被称为"关中本位政策"。

⑧ [唐] 魏徵等：《隋书》卷 61《郭衍传》，中华书局 1973 年，第 1470 页。

⑨ [唐] 魏徵等：《隋书》卷 3《炀帝纪上》，中华书局 1973 年，第 63 页。

⑩ [唐] 李吉甫撰，贺次君点校：《元和郡县图志》卷 5《河南道》河阴县条，中华书局 1983 年，第 137 页。

⑪ [唐] 韩愈：《送陆歙州诗序》，见钱仲联、马茂元校点：《韩愈全集》文集卷 4，上海古籍出版社 1997 年，第 201 页。

⑫ [唐] 李敬方：《汴河直进船》，见《全唐诗》卷 508，中华书局 1960 年，第 5776 页。

⑬ [唐] 皮日休：《汴河铭》，见《皮子文薮》，上海古籍出版社 1981 年，第 41 页。

⑭ [唐] 魏徵等：《隋书》卷 4《炀帝纪下》史臣曰，中华书局 1973 年，第 95 页。

⑮ 隋炀帝所作诗歌流传至今者较多，作品散见于《隋书·五行志》、《旧唐书·音乐志》、《艺文类聚》、《乐府诗集》、《文苑英华》等书。

⑯ [隋] 杨广：《春江花月夜》，见 [宋] 郭茂倩编：《乐府诗集》卷 47，中华书局 1979 年，第 678 页。

⑰ 李廷先著：《唐代扬州史考》，江苏古籍出版社 2002 年，第 604 页。

⑱ [宋] 司马光编著：《资治通鉴》卷 259，唐昭宗景福元年（892）七月条，中华书局 1955 年，第 8430 页。

⑲ 指崤山函谷关以东广大的黄河中下游地区，又称"关东"。

⑳ [宋] 司马光编著：《资治通鉴》卷 212，唐玄宗开元八年（720）二月壬子条，中华书局 1955 年，第 6740 页。

㉑ [后晋] 刘昫等：《旧唐书》卷 49《食货志下》，中华书局 1975 年，第 2114 页。

㉒ [宋] 欧阳修、宋祁：《新唐书》卷 202《文艺传·萧颖士》，中华书局 1975 年，第 7098 页。

㉓ [后晋] 刘昫等：《旧唐书》卷 123《第五琦传》，中华书局 1975 年，第 3517 页。

㉔ [后晋] 刘昫等：《旧唐书》卷 123《刘晏传》，中华书局 1975 年，第 3515 页。

㉕ [后晋] 刘昫等：《旧唐书》卷 49《食货志下》，中华书局 1975 年，第 2117 页。

㉖ [后晋] 刘昫等：《旧唐书》卷 141《田承嗣传》，中华书局 1975 年，第 3838 页。

㉗ [后晋] 刘昫等：《旧唐书》卷 174《李德裕传》，中华书局 1975 年，第 4512 页。

㉘《元和十四年七月二十三日上尊号赦》，见 [宋] 李昉等编：《文苑英华》卷 422，中华书局 1966 年，第 2139 页。

㉙ [后晋] 刘昫等：《旧唐书》卷 129《韩滉传》，中华书局 1975 年，第 3601 页。

㉚ [唐] 权德舆：《论江淮水灾上疏》，见霍旭东点校：《权德舆文集》卷 37，甘肃人民出版社 1999 年，第 597 页。

㉛ [唐] 白居易：《苏州刺史谢上表》，见顾学颉校点：《白居易集》卷 68，中华书局 1979 年，第 1434 页。

㉜ [唐] 韩愈：《送陆歙州诗序》，见钱仲联、马茂元校点：《韩愈全集》文集卷 4，上海古籍出版社 1997 年，第 201 页。

㉝ [唐] 杜牧：《崔公行状》，见《樊川文集》卷 14，上海古籍出版社 1978 年，第 210 页。

㉞ [唐] 罗让：《对才识兼茂明于体用策》，见 [清] 董诰等编：《全唐文》卷 525，中华书局 1985 年，第 5335 页。

㉟ [唐] 杜牧：《上宰相求杭州启》，见《樊川文集》卷 16，上海古籍出版社 1978 年，第 249 页。

㊱ [唐] 颜真卿：《谢浙西节度使表》，见 [清] 董诰等编：《全唐文》卷 336，中华书局 1985 年，第 3404 页。

㊲[唐]李白：《黄鹤楼送孟浩然之广陵》，见[清]王琦注：《李太白全集》卷15，中华书局1977年，第734页。

㊳[唐]杜甫：《送许八拾遗归江宁觐省》，题后注："甫昔时尝客游此县，于许生处乞瓦官寺维摩图样，志诸篇末。"见[清]仇兆鳌注：《杜诗详注》卷6，中华书局1979年，第457页。

㊴[唐]王昌龄：《芙蓉楼送辛渐二首》，见[清]曹寅等：《全唐诗》卷143，中华书局1960年，第1448页。

㊵[唐]白居易：《送刘郎中赴任苏州》，见顾学颉校点：《白居易集》外集卷3，中华书局1979年，第1510页。

㊶[宋]龚明之撰，孙菊园校点：《中吴纪闻》卷4《思贤堂》称："郡斋后旧有思贤堂，以祠韦、白、刘三太守，后更名'三贤'。"上海古籍出版社1986年，第80页。

㊷[唐]白居易：《正月三日闲行》，见顾学颉校点：《白居易集》卷24，中华书局1979年，第540页。

㊸[唐]白居易：《登阊门闲望》，见顾学颉校点：《白居易集》卷24，中华书局1979年，第533页。

㊹[唐]白居易：《九日宴集醉题郡楼兼呈周殷二判官》，见顾学颉校点：《白居易集》卷21，中华书局1979年，第457页。

㊺[宋]龚明之撰，孙菊园校点：《中吴纪闻》卷3《白公桧》，上海古籍出版社1986年，第70页。

㊻[唐]刘禹锡：《白太守行》，见[清]曹寅等：《全唐诗》卷355。

㊼[唐]刘禹锡：《别苏州二首》，见陶敏、陶红雨校注：《刘禹锡全集编年校注》卷9，岳麓书社2003年，第607页。

㊽[唐]刘禹锡：《酬乐天扬州初逢席上见赠》，见陶敏、陶红雨校注：《刘禹锡全集编年校注》卷6，岳麓书社2003年，第402页。

㊾[唐]杜牧：《赠别》，见[清]冯集梧注：《樊川诗集注·樊川外集》，上海古籍出版社1978年，第369页。

㊿[唐]杜牧：《遣怀》，见[清]冯集梧注：《樊川诗集注》卷4，上海古籍出版社1978年，第311页。

(51)[唐]杜牧：《寄扬州韩绰判官》，见[清]冯集梧注：《樊川诗集注》卷4，上海古籍出版社 1978 年，第 282 页。

(52) [唐]杜牧：《泊秦淮》，见[清]冯集梧注：《樊川诗集注》卷 4，上海古籍出版社 1978 年，第 273—274 页。

(53) [唐]杜牧：《江南春绝句》，见[清]冯集梧注：《樊川诗集注》卷 3，上海古籍出版社 1978 年，第 201 页。

(54) [唐]韦庄：《台城》，见[清]曹寅：《全唐诗》卷 697，中华书局 1960 年，第 8021 页。

(55) [唐]张继：《枫桥夜泊》，见[清]曹寅：《全唐诗》卷 242，中华书局 1960 年，第 2721 页。

(56) [后晋]刘昫等撰：《旧唐书》卷 198 上《儒学传上・曹宪》，中华书局 1975 年，第 4945 页。

(57) 以上引诗均为陆龟蒙《村夜二篇其二》，见[清]曹寅：《全唐诗》卷 619，中华书局 1960 年，第 7129 页。

(58) [宋]欧阳修、宋祁撰：《新唐书》卷 202《文艺传・张旭》，中华书局 1975 年，第 5764 页。

(59) [唐]张彦远撰，秦仲文、黄苗子点校：《历代名画记》卷 10，人民美术出版社 1963 年，第 198 页。

(60) [唐]朱景玄撰，温肇桐注：《唐朝名画录》"神品下"张燥条，四川美术出版社 1985 年，第 11 页。

(61) [唐]张彦远撰，秦仲文、黄苗子点校：《历代名画记》卷 10，人民美术出版社 1963 年，第 198 页。

(62) [宋]欧阳修、宋祁撰：《新唐书》卷 146《李栖筠传》，中华书局 1975 年，第 4736 页。

(63) [宋]王溥撰：《唐会要》卷 35《学校》，中华书局 1955 年，第 635 页。

(64) [唐]李绅：《过梅里七首》，见[清]曹寅等：《全唐诗》卷 481，中华书局 1960 年，第 5472 页。

(65) [唐]李鹭：《题惠山寺诗序》，见[清]董诰等编：《全唐文》卷 724，中华书局 1980 年，第 7453 页。

(66) 参见《江苏省通志稿》第 3 卷《选举志》，江苏古籍出版社 1993 年；许有根：《〈江苏省通志稿〉唐代进士补考》，《江苏地方志》2004 年第 6 期。

㉇《孤云先生事迹》所收《家乘》，见（韩）民族文化推进会编《景印标点韩国文集丛刊》第一册《孤云集》，景仁文化社 1990 年，第 140 页。

㉈ [新罗] 崔致远撰，党银平校注：《桂苑笔耕集》卷 20，中华书局 2007 年，第 718 页。

㉉ [唐] 李翱：《徐公（申）行状》，见 [清] 董诰等：《全唐文》卷 639，中华书局 1985 年，第 6459 页。

㉊ [唐] 杜甫：《解闷十二首》，见 [清] 仇兆鳌注：《杜诗详注》卷 17，中华书局 1979 年，第 1512 页。

㉋ [后晋] 刘昫等：《旧唐书》卷 110《邓景山传》，中华书局 1975 年，第 3313 页。

㉌ [宋] 司马光编著：《资治通鉴》卷 259，唐昭宗景福元年（892）八月条，中华书局 1955 年，第 8435 页。

㉍ [宋] 司马光编著：《资治通鉴》卷 260，唐昭宗乾宁二年（895）三月条，中华书局 1955 年，第 8467 页。

㉎ [宋] 吴载：《吴唐拾遗录》，见《容斋续笔》卷 16。

㉏ [宋] 吴载：《吴唐拾遗录》，见《容斋续笔》卷 16。

㉐ [宋] 薛居正等：《旧五代史》卷 134《僭伪列传·李景》，中华书局 1976 年，第 1787 页。

㉑ [宋] 陆游：《南唐书》列传卷 12《魏岑传》，南京出版社 2010 年，第 332 页。

㉒ 王国维：《人间词话》，见王幼安校订《蕙风词话人间词话》，人民文学出版社 1961 年，第 197 页。

㉓ 王国维：《人间词话》，见王幼安校订《蕙风词话人间词话》，人民文学出版社 1961 年，第 198 页。

㉔ [宋] 佚名撰，顾逸点校：《宣和书谱》卷 5，上海书画出版社 1984 年，第 43 页。

㉕ [宋] 佚名撰，顾逸点校：《宣和书谱》卷 12，上海书画出版社 1984 年，第 89 页。

第五章

教育隆盛文化勃兴：宋元江苏文化的积累与转型

开宝八年（975）底，宋军在吴越国的配合下，攻占金陵（今江苏南京），南唐灭亡。太平兴国三年（978），吴越王上表献纳吴越国土，吴越国灭亡。至此，原来主要分属南唐、吴越国的江苏，被重新统一到中央王朝。然而，今天的江苏省，在当时仍分属不同的政区。长江以南地区，江宁府（今江苏南京）等属于江南东路，平江（今江苏苏州）、常州、镇江府属于两浙路。长江以北地区，大部分属于淮南路（扬州、宿州、楚州、海州、泰州、通州以及建安军、涟水军、高邮军等），而今徐州等地则又属于京东路。其间因政区变动，如两浙东西路和淮南东西路的分合，归属也略有调整，但其本格局未变。如果从历史沿革来看，原南唐、吴越国的疆土分隔在新朝仍有明显的体现，不同的是，原南唐所辖的长江以北地区被分割了出去，行政区划上得以独立。

大致而言，在今天的江苏境内，形成了以苏州与常州、南京、扬州与楚州（今江苏淮安）为中心的三大板块，再加上明显游离于这三大板块之外的徐州地区。苏州与常州板块，与浙江的杭州、嘉兴、湖州等地区关系紧密，而南京板块，则与今安徽南部地区互成一体。扬州、楚州板块，与今安徽江淮地区较接近，但与江南两大板块都互有影响。今徐州地区，则与中原地区难以分割。宋室南渡以后，绍兴和议（绍兴十一年，1141）约定以淮河为宋金国界，当时属于淮南东路的今江苏宿州、海州，楚州涟水县，以及属于京东路的徐州，被割给了金国。江苏的其他行政区划及政区归属基本未变。

两宋，是江苏发展的关键时期。江苏的发达，至宋代已完全奠定，至今仍是经济、文化最发达的地区之一。北宋时期，北方地区虽仍是传统的政治、文化中心，但其经济地位却继续下降。与此同时，从中唐开始的全国经济重心的南移仍在继续，至北宋后期已经完成。后来居上的江南地区，在"社会经济方面发挥的重要功能远远压倒其他地域"①，包括基本的技术变化、资源利用的集约化、社会的商业化、城市化，以及以知识分子为代表的社会精英的流动与社会文化的渗透等诸多方面，显现出明显的地域差异，南北已不可同日而语。

宋室南渡对江苏的发展产生了重大影响。宋靖康二年（1127），都城汴京被金兵攻破，徽、钦二帝被掳掠，北宋灭亡。中原地区大量移民南下，形成了历史上第三次大规模的移民。来自河北、河南、山东的东线移民，经大运河及其两侧南下，渡长江，在镇江、建康、太平州、池州、江州等地上岸，分别进入江南、江西。今以南京为中心的苏南地区是当时移民最集中的区域之一。

宋室政治中心的南移，以及随之而来的文化大发展及文化中心地位的确立，使江苏首次成为了中国政治、经济、文化中心重叠的核心区之一。汉族政权不仅在此支撑了长达150年之久，而且其文化也实现了全面转型，并基本奠定了以后发展的方向。

元代统一后，今江苏辖地在行政上被一分为二，长江以南归江浙行省，长江以北归河南江北行省。江浙行省是元朝经济、文化最发达，物资最富庶的地区。而被归入河南行省的扬州等地，其经济、文化也相当繁盛。因此，元代江苏的地域文化，不仅仍保持着全国领先的地位，而且还具有鲜明的时代特色。

第一节　苏湖熟，天下足
——全国经济中心地位的确立

宋代江苏地位的提升　全国经济中心地位的确立

朝代鼎革，对江苏几大城市的地位有一定的影响，其中以南京最为明显。但此时江苏及主要城市，经长期的发展已积累了一定的实力，很快在新朝重新崛起。北宋平南唐之初，曾一度有意抑制南京，改南唐之江宁府为昇州。但到天禧二年（1018），距灭南唐四十多年之后，宋真宗诏以昇州为江宁府，并置建康军，以寿春郡王赵祯（即后来的宋仁宗）行江宁府尹，充建康军节度、管内观察处置等使，加太保，封昇王。仁宗即位后，南京的地位更是有所提高。从北宋开始，江南东路转运使、兵马钤辖司就常驻南京，这标志着南京是江南东道即江宁府、宣、歙、江、池、信、太平州、南康、广德军等 10 府州 48 县的行政、军事中心。后来增设的提点刑狱司也一度在南京。苏州在北宋前期（景德以前）也是两浙转运使的驻地，这说明苏州曾是整个两浙路的行政中心。神宗时开始设立的两浙提举常平司，其驻地就在苏州，后虽有变更，但苏州仍是两浙西路提举常平司的常驻地，是浙西地区的赋役管理中心。扬州则是淮南东路兵马钤辖司的治所，是该路的军事中心。同时，扬州也是淮南东路提点刑狱司的治所，即该路的司法中心[②]。

统一的新朝之所以无法像隋朝、初唐那样长期打压南京等地，是因为长江下游地区在全国的地位尤其是经济地位，已是举足轻重，今非昔比。这一地区的崛起，至少始于唐中后期。六朝之后的江南，虽在政治上已是"金陵王气黯然收"，处于"山围故国周遭在，潮打空城寂寞回"的低潮时期，但在经济上却取得了一个长时段稳定发展时期。唐人对长江下游地区（当时习惯称"江淮"）的经济贡献已有十分清晰的认识，诸如"江淮赋税，国用根本"[③]、"今国家内王畿，外诸夏，水陆绵地，四面而远，而论明该之大贵，根本实在于江淮矣……在最急者，江淮之表里天下耳"[④]之类的说法就不绝于耳。而这种发展，经一定时期酝酿和积累后，就成为不可逆转的趋势。北宋虽在军事、政治上压服了南唐、吴越两个地方割据政权，把长江下游地区重新统一，但再也无法改变全国经济中心南移到该地区的趋势。更值得注意的是，进入宋代以后，长江下游地区的经济获得了全面加速，其质量也全面提升。这种飞跃，不仅彻底巩固了该地区在全国的经济中心地位，而且也引起了本地区自身社会、文化等一系列巨大变化，逐步形成自身鲜明的地域特色，并在全国产生越来越大的影响。作为长江下游的重要省份，江苏在这一过程中自然也扮演重要的角色。

需要指出的是，就全国尤其是中原地区而言，金朝灭宋即"靖康之耻"（1127）后的宋室南渡，是一场巨大的灾难。但这一重大历史事件，对江苏的影响却是十分复杂的。南宋初期金兵南下试图灭宋的军事行动，对今江苏的许多城市如扬州、苏州、南京造成了巨大的破坏。宋金两国"绍兴和议"（1141）之后，不仅今淮河以北地区的江苏辖地，被割入金朝版图，而且随着南北对抗军事格局的形成，扬州等所在的淮东路也成为宋室防御入侵的前沿阵地、战略要地，其角色发生了明显的变化。但是，在承认宋金之战负面影响的同时，也必须看到宋室南渡对江苏产生的其他客观后果。从长期趋势来看，南宋政权的确立，不仅没有打断北宋以来江苏尤其是其长江以南地区的经济发展趋势，在某种程度而言，反而是进一步巩固了其中心地位。

宋代江苏文化的繁荣，是以其经济的持续发展为前提的。经济的发展，首先体现在农业的进步。农业的进步，一方面必须依靠耕地面积的扩大，另一方面也依赖技术的改良。宋代的江苏，其耕地面积在持续增长的同时，其土地的使用方式也因技术的不断改良和推广而日趋合理，其效率也随之大为提高。

人口规模是衡量一个地区经济、社会发展水平的重要指标。对处于开发阶段的宋代江苏而言，适度的人口规模标志着有足够的劳动力投入。充足的劳动力供给，对当时的农业发展而言至少可以有两大益处：一是不断开垦新的田地，扩大耕地面积；二是提高原有耕地的劳力集约化生产水平。而耕地面积的扩大和集约化水平的提高，都可以大幅度提高农业产量。更重要的是，充足的劳动力供给，还为劳力集约程度更高的农村手工业的发展提供了广阔的前景，而农村手工业的发展，则能极大地提高农业的发展水平。

人口的急剧增长，既使开垦新的耕地成为强大的社会需求，也使其必需的劳动力供给得到了保证。两宋期间，江苏通过开凿人工运河，疏浚河渠塘浦，沿海修筑海塘，大造闸坝堰堤，围湖围海，丘陵高地兴修中小型水库蓄水，大规模增加耕地的面积。新垦耕地，主要有低田和高地两种类型。低田是指利用湖泊等水区进行围垦，以圩田为主；高地则是指地势较高、灌溉不便的坡地、山地等。其中以低田的开发为主要类型，围湖造田是其主要手段。圩田一旦修成，其收益是相当高的。当时人对此就有深刻的认识，诸如"天下之利，莫大于水田，水田之美，无过于苏州"、"天下之地膏腴，莫美于水田。水田利倍，莫盛于平江。缘平江水田以低为胜，昔之赋入多出于低乡"⑤之类的说法甚为流行。

正是由于粮食生产取得了长足的发展，当时已有广为流传的"苏常熟，天下足"、"苏湖熟，天下足"之类的谚语。根据有关学者的考证，这些谚语并不像原先普遍认为的那样是开始于南宋，而是早在北宋时期就广为人知。大约在北宋中期开始，宋人对这一地区的重要性就有了充分认识。自范仲淹在《答手诏条成十事》中提出"苏、常、湖、秀，膏腴千里，国之仓庾"这一说法后，两宋之宋祁、李觏、包拯、苏轼、范祖禹等皆提出类似看法⑥。这说明早在北宋时期，太湖流域尤其是以苏州、湖州、常州等地区已成为全国的粮仓。南宋陆游曾这样总结过江南地区的经济贡献："予谓方朝廷在故都时，实仰东南财赋，而吴中又为东南根柢。语曰：'苏常熟，天下足。'……自天子驻跸临安，牧贡戎赟，四方之赋输，与邮置往来，军旅征戍，商贾贸迁者，途出于此，居天下十七。其所系岂不愈重哉！"⑦

粮食生产水平的提高，是江苏农业发达的重要标志。也正是因为农业的高度发达，宋代江苏经济的全面发展才拥有了坚实的基础。手工业、商品经济的发展，以及城市化水平的提高等等，莫不以此为前提。事实上，宋代特别是南宋以后，由于北方持续战乱，南迁人口的大量涌入，特别是临安、南京人口激

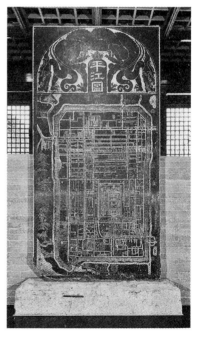

图上 5-1 苏州《平江图》（苏州碑刻博物馆藏）

增，江南商品经济的发展，已进入了一个前所未有的高度，其影响也十分巨大。如宋代的城镇发展，就与此有很大的关系。宋代大量涌现的工商业市镇，就是农村商品经济发展的直接成果。反之，大量城镇人口的需求，是农村商品经济发展的动力。据不完全统计，两宋时期江南地区先后兴起886个市镇，其中镇240个，草市646个⑧。这些市镇，虽然类型不同，但"都有一个显著的特点，即工商业十分兴盛。这既反映了当时江南地区商品经济的发展，也从一个侧面表明江南市镇已逐渐向新型经济都市方向发展"⑨。商品经济的发展，也有力的推动了该地区中心城市的发展。如苏州经北宋百余年的发展，俨然已成东南商业都会，"若夫舟航往来，北自京国，南达海徼，衣冠之所萃聚，食货之所丛集，乃江外之一都会也"。而工商的发达，使苏州城日趋繁荣："自钱俶纳土至于今元丰七年，百有七年矣。当此百年之间，井邑之富，过于唐世，郭郭填溢，楼阁相望，飞杠如虹，栉比棋布，近郊隘巷，悉甃以甓。冠盖之多，人物之盛，为东南冠。实太平盛事也。"⑩发达的城镇体系，正是江苏文化勃兴的重要条件。

第二节　多元族群区域之整合
——元朝的统治和元代江苏社会

元朝的统治和元代江苏社会　多元文化之融汇　东西方文化交流

　　蒙古的对宋战争，最终将位于欧亚大陆最东端的南宋各区域整合进一个由非汉族主导完成的空前广阔的大一统王朝，江苏将与西夏、吐蕃、金朝、漠南和漠北蒙古，甚至与内陆欧亚伊斯兰和基督教文化圈联结在一起。这对于当时江苏的人们来说，是历史上第一次。

　　当时全国有五分之四的人口集中在长江中下游的江浙、江西、湖广行省。江南地区是元朝统治的各区域中物产最丰富，经济最发达的地区，对于元朝的统治具有举足轻重的作用。

　　元朝在地方的行政建制单位是行省。江苏最终归属两大行省，即江北的淮安路和扬州路属河南江北，徐州作为归德府之一部分，同属河南行省；而江南的集庆路、镇江路、常州路和平江路与今皖南、浙江和福建同属江浙行省。元朝中央政府对于江浙等行省长官的任命极为慎重。大批蒙古和色目官员被派到江浙行省，充当各级政府以及其他机构的官员，其家属和随从也随之南下，这是江南地区蒙古、色目移民的主要来源。根据学者统计，终元一代，有大约 200 名蒙古色目官员出任江浙和江西行省的丞相和平章一职⑪。曾经追随成吉思汗统一漠北、建立大蒙古国的诸多"大根脚"家族，其后裔都曾经在江浙行省世代任职。

江浙行省是元朝经济、文化最发达，物资最富庶的地区，"是元朝京城大都粮食的主要供给地，是元王朝的经济命脉所在。所以，江浙行省在元代不但具有特殊重要的经济地位，也具有极为重要的政治地位"⑫。甫灭宋，元籍江南户口一千一百八十多万户，超过当时北中国六倍以上。灭宋途中，北人将吏艳羡江南"故官大家"的财富，常常借机侵夺其资产，但是忽必烈很快意识到，他必须保护这些富室大户的利益，依靠他们来维护在江南的统治。叶子奇《草木子》说"元朝自混一以来，大抵皆内北国而外中国，内北人而外南人……是以王泽之施，少及于南，渗漉之恩，悉归于北。故'贫极江南，富称塞北'，见于伪诏之所云也。"⑬见于元末农民军政权的诏书的这一句"贫极江南，富称塞北"往往被学人用来说明元朝的民族压迫政策。民族压迫政策当然是存在的，但是这个标语明显带有动员和号召的意味在其中。江南地主阶级的利益在征服战争及其以后并未受到大规模损害。他们中的很多人在权衡利弊之后很快与元代蒙、汉、色目统治者勾结到一起，对江南人民施行联合统治。很多南人地主阶层北上谋官职于大都，江南地方的实际权利也大多掌握在这些地主阶层的手中。

元朝的征服战争是大蒙古国黄金家族的对外扩张事业，为支持对诸王的赏赐和平定北方诸王的叛乱，忽必烈直接沿用了南宋的税制。《元史·食货志》说"取于江南者，曰秋税，曰夏税，此仿唐之两税也"⑭。实际是沿用了南宋税制而已，对于忽必烈而言，这是元朝政府把财源掌握在中央政权的最佳统治方式。

为江南物资北运之需，元朝在 1289 年和 1291 年前后凿通了会通河和通惠河，连接起贯穿南北的大运河，成为南北物资和人员交流的大通道。通过大运河，人们可以从杭州直抵大都。新开辟的南北海运航线也将苏南、苏北地区和华北沿海地区贯穿到一起。这条航线的北段分为三股，但是南段必从平江刘家港（今江苏太仓浏河镇）起航，顺江东下至崇明岛，沿陆北上至历万历长滩（今江苏如东县东）才向北航行。另外一条沟通南北的交通和通讯动脉是驿站系统。在江南陆路与运河交汇的地方，"水站和陆站是建在一起的"，以镇江的丹阳驿为例，"馆舍共一百九楹，使客之驰驿而至者，则西馆处焉；其乘舟而至者，则东馆处焉"⑮。隔江相望的扬州也是运河沿线繁忙的驿站，扬州博物馆所藏元代夜行铜牌上署"宣慰使司都元帅府"八个字，就是这一真实情况的写照。

14世纪中期以后，元朝政府的统治开始走向衰亡。统治集团内部矛盾错综复杂，贫富差距无限扩大，各种社会矛盾激化，自然灾害不断发生。天灾和人祸交加，最终将元朝在汉地和江南的统治推向终点。到元顺帝妥欢帖木儿警醒并试图挽回时，大势已去。

蒙元灭亡南宋时，蒙元帝国早已将漠北和漠南蒙古、东北亚、西夏和金朝故地与整个内陆欧亚甚至东欧紧密联结。1276年以后，南宋故地作为东亚儒教世界的中心和当时世界物产最为富庶的地区，欧亚大陆东部陆上与海上丝绸之路在此交汇，与内陆欧亚和北非诸地区的人员和物资的交流空前繁盛。江南地区目睹了大批来自汉地周边地区，甚至欧、亚、北非各国的外国人。其中包括官员及其家属、旅行者、商人、传教士，有匆匆过客，更多的是长期寓居，入乡随俗，浸染儒家文化，成为这个地区的新移民。"说到我国是多民族国家，一般就是联系到边疆少数民族和内地的回族，……其实在我们江南地区，元代就有来自北方、东北、西北多个民族的人口，在政治、经济、哲学、文学艺术、医学、工艺等多领域，呈现出多种文化交相辉映、相互影响的斑斓色彩；其中的回回人（包括若干信奉伊斯兰教的民族）形成为回族，延续至今，而其他民族人口后来多融入当地汉族中，所以现今江南汉族中无疑包含了元代入居的多民族成分。"⑯

元朝的江南诸道行御史台（简称南台）1287年以后定治于建康。其中御史大夫、御史中丞等官员的任命，使得又一批蒙古和色目官员来到江南。学者根据《至正金陵新志》的记载统计，任南台官员的蒙古、色目人有 90 人之多。另外，中央直属部门也在江南地区设立相应机构。这些机构包括：宣徽院有淮东、淮西屯田打捕总管府，下属淮安州屯田打捕提举司、高邮打捕提举司、常湖等处茶园提举司；大禧院下有江淮等处营田提举司、镇江稻田提举司、平江等处田赋提举司、集庆万寿营缮部司等部门。这些机构中有大批蒙古和色目官员。在江南地区各路、府、州、县政府中的蒙古、色目官员人数更多。有学者统计，在建康路、溧水州、镇江路等各级政府，都有来自北方的蒙古人和来自西域的色目人担任达鲁花赤。

驻扎军队的官员及其家属是这批新移民的又一来源。元朝在扬州、镇江、建康等地驻扎七万户，这些万户的主体部分当然是汉军，但是在各万户府和千户所的长官大多是蒙古人和色目人。随着驻扎时间的推移，很多军官及其家属与汉族等各族人民交往加深，很多军官及其家属、子弟留居江南。钦察人来自南俄罗斯草原，随蒙古军东来。钦察人完者都把都曾任高邮万户府达鲁花赤，后来定居高邮，死亦葬于高邮，其子弟大多在高邮万户府等机构任职。完者都把都只是其中一个例子，类似他这样因军队驻扎而定居于驻地的色目人和蒙古人还有很多。

江南是儒家文化的高地，寓居此地的蒙古人和色目人长期濡染儒家文化，"舍弓马而习诗书"，涌现出很多汉文化素养很高的蒙古、色目文人。有很多蒙古人和色目人在江浙行省考取进士。昆山顾瑛（1310—1369）出身富足之家，雅好文学，礼贤下士。至正初年，他在自己新建的玉山草堂多次组织"玉山雅集"。这类似于当今文学家和诗人的笔会。参加雅集的文人有汉人、南人，也有蒙古人、色目人，甚至有也里可温、答失蛮等不同宗教背景的人士。其中突出的如蒙古伯牙吾氏泰不华、蒙古人锁住、阿鲁威，以及色目人贯云石、丁鹤年等，都曾是玉山草堂的座上客。学者认为泰不华应该是元代汉学造诣最为深厚的蒙古人，有诗集《顾北集》，其诗"清标雅韵，蔚有晋唐风度"①，这当然与他多年侨寓的江南文化环境有直接关系。如此多元民族和多元宗教的人士在东道主顾瑛家的雅集之上饮酒赋诗，以汉文诗歌唱酬和答，是元末东南地区的文学盛事，也是中国文学史上难得的佳话。汉族文人和这些多元族群文人之间的关系融洽，并未因为大都皇宫内统治集团的族群背景而有任何芥蒂。甚至，在元朝统治集团被迫退出汉地以后，一些江南汉族文人甘当元朝遗民，竟至有人在酒后大书"身在江南，心思塞北"，遭朱元璋杀头而无悔。

多元族群、多元宗教和中外关系从来就是紧密联系在一起的，随着非汉族群迁徙而来的还有外来宗教。元代东来的旅行家中马可波罗是最著名的，他在《马可波罗行记》（又名《寰宇记》）中说他在扬州任官17年。这一点尚未得到汉文史料的印证。但是在元代的扬州和镇江等地应该有很多马可波罗这样的洋面孔。元中期以后，天主教开始在江苏传播，据鄂多立克记载，当时扬州住有若干天主教士。20世纪50年代，考古专家在扬州发现元代的拉丁文墓碑恰可与鄂氏的记载相印证。比天主教更早东传的景教（聂思托里教）在元代镇江非常繁盛，这与来自撒马尔干的景教徒马薛里吉思担任镇江路达鲁花赤有关。他在镇江任职期间先后建设了六所教堂，教堂的田产达到70余顷。这应该是江南历史上最早一批聂思托里教堂。

镇江处于南北大运河沿岸，是重要的交通枢纽。而集庆路在江南政治、经济和交通等方面也具有重要地位。所以，这两个城市成为蒙古和色目侨寓人户的重要定居地。在留存至今的《至正金陵新志》和《至顺镇江志》等方志中，我们可以看到元代建康和镇江的非汉族户口数量。集庆路回族聚居区的形成应该与元代色目人的移居有重要关系。在元代镇江的文人郭畀（字天锡）的《云山日记》中我们可以看到多元文化互动融合的很多例证。元代江南海外贸易极发达，刘家港和昆山都是当时海外贸易的重要港口。昆山号称"六国码头"，在东亚海运贸易中占有重要地位。落籍此地的蒙古、色目人，特别是色目商人应该很多。

唐宋以来的东南沿海地区通过海上丝绸之路对外贸易，连绵不绝。元朝灭亡南宋以后，陆上与海上丝绸之路联结起来，对外贸易盛极一时。江苏既处亚洲大陆东端，又东联高丽和日本，地位更显重要。当时的江苏人对世界地理知识的了解程度，要远远超过我们原先的估计。《混一疆理列代国都之图》是由朝鲜人金仕衡在建文四年（1402）绘制的世界地图。此图海外部分即主要依据元代苏州人李泽民的《声教广被图》，中国部分主要依据浙江天台僧清俊的《混一疆理图》。从《混一疆理列代国都之图》来看，时人对当时的世界地理有了相当的了解。这种地理知识的积累，与当时江苏发达的对外交流密不可分，也是明初郑和下西洋的必要条件之一。

第三节　宋元时期的江苏文化

学校、书院　胡瑗的"苏湖教法"　范仲淹的文学成就　宋词　诗歌与诗论　医家和临证各科的贡献

北宋仁宗庆历四年（1044），经参知政事范仲淹奏请，朝廷下诏州县立学。自此，学校之设遍天下，江苏各地普遍建立起府州县学校，形成学校发展史上的第一个高峰，也奠定了后世府州县学的规制格局基础。

范仲淹出守苏州，于仁宗景祐二年（1035），奏请设立学校，选择南园之地建起府学。给田五顷，以赡学徒。其时入学者才二三十人，有人言学校太广，范仲淹说，我恐异日太小。于是置立学钱，延请胡瑗为首

图上 5-2　范公祠堂

位讲席。胡瑗教育得法，自后王逢、张匄、张伯玉等继任，英才杂沓，历年登科者百余人。熙宁之际，朝廷选置学官，重视学校，苏州府学转盛，学舍稍加扩充，但仍显狭隘。元祐四年（1089），经范仲淹之子制置江淮漕事范纯礼奏请，朝廷下诏以度牒十纸作为学费。苏州府乃选朱长文为学官，大事修筑，完旧创新，一年后学舍完工，建起屋宇共150间，较原来增加两倍。又清理学田，确保学校资金。府学先有六经阁，后更为御书阁，以奉高宗所赐御书。又有文正公祠，奉祀范仲淹，以安定先生（胡瑗）为配。南宋时，苏州府学一度失修，学田被豪右侵占，后经各方努力得以恢复，屡有兴建之举⑩。

宋代较为有名的府学还有镇江府学、常州州学。前者始建于宋太宗太平兴国八年（983），后来经郡守范仲淹于宝元初年扩建，购置经史传疏诸子书籍，延请江南名士李觏讲说。后者设有致道、成德、兴贤、登俊、维诚、辅文等六斋。较为有名的县学，有常熟县学、无锡县学。这些府州县学，规制较为齐备。

唐末以前，未见江苏境内建有书院。江苏书院最早出现于北宋仁宗天圣年间的金坛茅山书院。其后直到北宋灭亡，共有4所书院，即金坛茅山书院（仁宗朝）、龟山（东林）书院（徽宗朝）、华亭九峰书院、如皋王俊义书院。其时全国共有书院71所，江苏占全国不足5%。

南宋全国书院总数在500所以上，其中新建299所，江苏仅16所：即溧阳金渊书院、上元南轩书院、阳湖城南书院、丹徒淮海书院、无锡遂初书院、泰州胡公（安定）书院、武进龟山书院、长洲和靖书院、吴县鹤山书院、上元明道书院、丹徒濂溪书院、吴县学道书院、金坛龙山书院、泰兴马洲书院、昆山玉峰书院、金坛申义书院。江苏另有不知建于何时、而其时存在活动的书院5所，即昆山石湖书院、嘉定北府书院、青浦孔宅书院、如皋都天锡书院、丹阳丹阳书院。当时实际存在的书院为23所，占全国不足5%。

元代全国书院406所，其中新建书院282所，江苏为18所，即上元昭文书院、青浦白社书院、华亭西湖书院、武进东坡书院、上元江东书院、常熟文学（学道、虞山）书院、长洲甫里书院、吴县文正书院、崇明三沙书院、青浦清忠书院、江阴澄江书院、上海沂源书院、华亭石洞书院、如皋陈省元（应雷）书院、如皋许芳书院、如皋万竹书院、金坛依绿书院、江宁青溪书院。另外修复和重建前代书院 7 所，即上元南轩书院、丹徒淮海书院、青浦孔宅书院、吴县鹤山书院、长洲和靖书院、上元明道书院、丹徒濂溪书院。江苏总共存在的书院为 25 所，占全国的 6% 强[19]。

宋代书院之盛设，本是随着理学学术和政治合法地位的获得，理学家传播其学说的产物。江苏无锡的龟山书院，就是理学家杨时创办的。南宋时，不但书院建立进入发展的新高潮，而且官学化色彩也开始日益明显。

元初曾一度萧条的江苏书院也迅速进入稳定发展期。元代江宁江东书院，因有著名学者吴澄主讲，受业者甚众；元贞间官建的华亭西湖书院，一时生徒甚盛。这些书院所讲授内容，均是具有程朱烙印的儒家学说。元代书院还以建筑严整、规制完备、藏书丰富、学田充裕而著称。如长洲甫里书院，有宣圣殿、明伦堂、大学和小学二斋。常熟文学书院，学田多达 4000 余亩。至正间江阴澄江书院，有田六顷。又如吴澄在主讲江宁江东书院期间，其子吴霖即在溧阳置田 900 亩，供赡养生徒。

胡瑗（993—1059），字翼之，泰州海陵人，因世居安定，后世学者称为安定先生。北宋著名的学者和教育家，与孙复、石介被称为"宋初三先生"。但对北宋学术及教育的影响，胡瑗较孙、石二人为大。早年与好友孙复、石介二人隐居泰山，攻苦十年，形成了独特的沉潜、笃实、醇厚、和易的学风。下山后，在苏州开办私学，"以经术教授吴中"[20]，深得范仲淹敬重。景祐二年（1035），范仲淹奏准设立苏州郡学，胡瑗被聘为郡学教授，从其游者常数百人，开始了官学教育生涯。胡瑗制定条规，苏州官学成为各地郡学的表率，人称"天下郡县学莫盛于宋，然其始亦由于吴中。盖范文正以宅建学，延胡安定为师，文教自此兴焉"[21]。后来湖州知事滕宗谅奏立湖州州学，胡瑗又被聘为教授，前往就学者常数百人。仁宗时，诏令使者到苏湖考察，取胡瑗教授之法以为太学教法，著为令，编为《学政条约》，其教法影响全国。胡瑗提出"明体达用"的主张，认为只有"明夫圣人体用"，才能"以为政教之本"，并以此作为教育目的，教授诸生长期实践。胡瑗所谓"体"，包括孔子之道和一切善言善行两个方面。胡瑗在苏湖设教二十余年，制订详细的教学科条，摸索出一套行之有效的教学办法。胡瑗以其顽强的毅力和精湛的教育艺术，培养了大批有用人才，其弟子科考极为成功，而且形成胡门风格，观其学生言行，即知其出自胡瑗之门。

宋代刻书机构按其投资和经营性质，分为官刻、私刻和民间刻书三大系统。宋代公使库，职能是接待安寓来往的官吏，也曾刻书。北宋哲宗元符元年（1098），苏州公使库刻印了朱长文的《吴郡图经续记》三卷。江苏地方府、州、军刻书较为散见。绍兴十五年（1145）平江府刻印《营造法式》三十四卷。十九年又刻印《徐铉骑省集》三十卷，二十八年又刻印《文选》六十卷。端平三年（1236）常州刻印《古文苑注》二十一卷。府、州、军、县学刻书更多。乾道七年（1171）平江府学刻印唐韦应物《韦苏州集》十卷、《拾遗》一卷。九年高邮军刻印当地人秦观《淮海集》十卷、《近集》六卷、《长短句》三卷。淳熙二年（1175）镇江府学刻印宋聂崇义《新定三礼图集注》二十卷。嘉定十三年（1220）溧阳学宫刻印宋陆游《渭南文集》五十卷。咸淳元年（1265）镇江府学刻印汉刘向《说苑》二十卷㉒。此外，建康府刊印过《花间集》，昆山县刻印过《昆山杂咏》等。各地书院也曾刻书，建康明道书院，马光祖为知府时，与部使者率僚属会讲于春风堂，听讲之士数百，乃属山长修程子书，刻梓以授诸生，教养之事大备。南宋初年吴县人叶梦得就任建康府行宫留守，以军赋余款雕版印刷《六经》，又先后刊印 60 余种典籍。寺院也曾刻书。平江府碛砂延圣院在南宋末年开始雕印《碛砂藏》，收佛经六千余卷，至元代初年才完成。私人也多刻印。光宗时无锡人尤袤也曾刻印过《文选》，亲为校勘，年余乃成，称为善本。

元代刻书主要由行省下各路及儒学官刻。以十七史限得，遍牒九路刻印㉓。大德九年（1305）江东建康道。同年，无锡州学刻印《白虎通义》、《风俗通义》。后至元二年（1336）江南行省于赡学钱粮内刻印苏天爵编辑的《国朝文类》。至正元年（1341），集庆路儒学刻印《乐府诗集》。四年，集庆路儒学、溧阳州学、溧水州学合资刻印《金陵新志》，江浙行省曾奉令刻印辽、金、宋三史。六年，又刻《宋史》。八年，江浙行省发各路儒学刻印宋褧《燕石集》。二十五年，江南浙西道肃政廉访司平江路儒学刻印鲍彪注《战国策》。这些均是元代有名的官刻和儒学刻本㉔。

范仲淹（989—1052），字希文，苏州吴县（今属江苏）人。官至参知政事，是庆历新政的倡导者，罢政后出任陕西河东宣抚使，后病死徐州，谥"文正"。著作有《范文正公集》。在文学上，范仲淹的散文以"记"著称，《岳阳楼记》是传世名篇，文中描绘了洞庭湖万千气象之后，抒发了"不以物喜，不以己悲"，"先天下之忧而忧，后天下之乐而乐"的襟怀。诗歌内容颇为广泛，现存 300 余首。词虽仅存五首，但风格清新明健，脍炙人口，如《苏幕遮》借秋色抒羁旅情怀，真切感人：

> 碧云天，黄叶地，秋色连波，波上寒烟翠。山映斜阳天接水，芳草无情，更在斜阳外。　黯乡魂，追旅思，夜夜除非，好梦留人睡。明月楼高休独倚，酒入愁肠，化作相思泪。

《渔家傲》写塞上风光，意境辽远深沉，气象壮阔宏伟，被欧阳修称为"穷塞主词"，为宋词开拓了新的境界，对苏轼、王安石的词作有一定的影响。

与范仲淹苍凉悲壮的词风不同，作为苏门四学士之一的秦观则被称为宋词"婉约之宗"。秦观（1049—1100），字少游，扬州高邮（今江苏高邮）人。豪俊慷慨，溢于文辞，苏轼识其才俊，常叹道："少游文章如美玉无瑕，又琢磨之功，殆未有出其右者。"㉕37 岁始登进士第，哲宗元祐初，因苏轼的推荐，除太学博士，兼国史院编修官。绍圣初，新党执政，连遭贬斥，死于藤州。有《淮海集》十七卷传世。秦观对苏轼十分推崇，他和黄庭坚、晁补之、张耒被时人称为"苏门四学士"。但秦观的词风则与苏轼迥然不同，他长于写景抒情，语言雅淡，音律谐美，如《鹊桥仙》：

> 纤云弄巧，飞星传恨，银汉迢迢暗度。金风玉露一相逢，便胜却人间无数。　柔情似水，佳期如梦，忍顾鹊桥归路！两情若是久长时，又岂在朝朝暮暮。

南宋张炎说："秦少游词体制淡雅，气骨不衰。清丽中不断意脉，咀嚼无滓，久而知味。"㉖秦观的词风，远袭温庭筠，近效柳永，向来被认为婉约派的代表作家，对后来的词家，从周邦彦、李清照直到清代的纳兰容若等，都有显著的影响。

　　同为苏门四学士之一还有江苏籍文人张耒。张耒（1052—1112），字文潜，号柯山，楚州淮阴（今江苏淮阴）人。宋熙宁进士，曾任著作郎兼史馆检讨，后以直龙阁出知润州。为苏门四学士之一，是四学士中辞世最晚且受唐音影响最深的作家。张耒的诗学白居易、张籍，语言较平易浅近，不拘一格，与黄庭坚的搜奇抉怪，一字半句不轻出的创作态度明显不同。其词语言香浓婉约，风格与柳永、秦观相近。代表作有《少年游》、《风流子》等。其文学主张的核心是以理为主，辞情翼之："文章之于人，有满心而发，肆口而成，不待思虑而工，不待雕琢而丽者，皆天理之自然而情性之道也。"㉗著有《柯山集》、《宛邱集》。词有《柯山诗余》。

　　江西诗派是宋代最有影响的诗歌流派，被誉为江西诗派"三宗"之一的陈师道正是江苏籍作家。陈师道（1053—1102），字履常，一字无己，号后山居士，彭城（今江苏徐州）人。曾任徐州教授，秘书省正字等。著有《后山集》、《谈丛》、《诗话》、《后山词》等。其诗锤炼幽深，以苦吟著名。诗歌中吟诵、赞叹故乡徐州的作品较多。词作自视颇高，自称："余他文未能及人，独于词自谓不减秦七黄九。"㉘他提出学诗应从黄庭坚入手，而最终还是要学杜甫，尤其是注重学习杜诗字法、句法、格律。他还主张师古："言以古为师，行以古为则。"体现了江西诗派的基本诗学主张。在诗歌风格方面，主张"宁拙毋巧，宁朴毋华，宁粗毋弱，宁僻毋俗。"㉙《后山诗话》可能不完全为陈师道所作，有后人增补的内容。

　　在江西诗派风行之时，也有人对苏黄和江西诗派好奇险、尚占硬的诗风提出批评，江苏籍作家叶梦得即是其中之一。叶梦得（1077—1148），字少蕴，号石林居士，江苏吴县人。宋绍圣四年（1097）进士，宋徽宗时任翰林学士，高宗时又任江东安抚使兼知建康府等职。叶梦得通经学，"深晓财赋"，参加了南宋初年的抗金斗争。晚年隐居湖州弁山玲珑山石林，故号石林居士，以读书吟咏自乐，所著多以石林为名，如《石林词》、《石林诗话》等。所作以词著称，创作活动以南渡为界，早年词风婉丽，后期"于简淡时出雄杰"，多抒写家国之恨和抗敌之志，与张元幹、张孝祥等词人一样，都是辛派词的先驱。代表作有《八声甘州·寿阳楼八公山作》等。《石林诗话》评论精当，切中时弊，论诗重立意，主气格。反对模拟雕琢，贵自然浑成，欣赏如"初日芙蕖"，"弹丸脱手"的诗歌。从艺术理论方面来看，叶梦得《石林诗话》与姜夔《白石道人诗说》、严羽《沧浪诗话》相承有绪，鼎足而三。《直斋书录解题》著录《石林总集》一百卷，《建康集》十卷，《审是集》八卷，今仅存《建康集》八卷。后世对叶梦得的评价多受元代方回的影响，而学界新近考证得知叶梦得并不依附蔡京，而是勇于直谏，正直爱国之士。

南宋诗坛江苏籍诗人也占据重要地位，范成大与尤袤都名列于"中兴四大诗人"。

范成大（1126—1193），字致能，平江（今江苏苏州）人。绍兴二十四年（1154）进士。乾道四年（1168），孝宗为索取河南"陵寝"地，派其出使金国，全节而归，为朝野所称道。此后由中书舍人，累官至四川制置使、参知政事。后因疾归故里，自号石湖居士。有《石湖居士诗集》、《石湖词》等。范成大虽然受过江西诗派的影响，但主要还是继承了白居易、张籍、王建的新乐府传统的现实主义精神，作品中有不少即事名篇描写现实生活的内容。如《催租行》、《后催租行》、《劳畲耕》等。晚年所作的《四时田园杂兴》和《腊月村田乐府》，描述了江南农村生活的各个方面，像一组生动的农村风俗画，展示了宋代江南的风土人情，富有浓郁的乡土气息，钱锺书在《宋诗选注》中谓之"也算得中国古代田园诗的集大成"㉚。他使金期间所写纪行组诗绝句七十二首，反映了沦陷地区人民渴望宋军恢复河山的情感。范成大的诗歌风格多样，他还学孟郊、李贺，有"玉台体"。他的词现存八十余首，清人陈廷焯说："石湖词音节最婉转，读稼轩词后读石湖词，令人心平气和。"㉛

尤袤（1127—1202），字延之，号遂初居士，江苏无锡人。绍兴十八年（1148）进士，初为泰兴令，累官至礼部尚书兼侍读。他的诗歌称著一时，可惜大量诗稿和其他著作以及三万多卷藏书均被焚毁，仅存《遂初堂书目》一部。尤袤的文集，据《宋史》有《遂初小稿》六十卷，《内外制》三十卷。《直斋书录解题》载有《梁溪集》五十卷，均已早佚。清人尤侗辑尤袤古今体诗四十七首，杂文二十六篇为《梁溪遗稿》，厉鹗又辑得遗诗数首。从现存的诗歌来看，尤袤的诗歌多写对国事的忧患与对不思恢复的不满，诗风平易自然。尤袤一生嗜书，曾把家藏书籍编成《遂初堂书目》。这是我国最早的一部版本目录，具有重要的文献价值。尤袤于淳熙八年（1181）所刊李注《文选》，是选学研究的珍贵资料。

宋元时期江苏医家的贡献主要是对东汉张仲景所著《伤寒论》临证各科的应用发展。

《伤寒论》理法谨严，疗效卓著，为历代医家所推崇，但其表述，是以方证对照为中心的条文，共三百九十七条（后世称397法），理论阐述并不多，其理论方药蕴义，是由后代医家结合临床加以研究和阐发的。江苏医家许叔微在阐发《伤寒论》蕴义上，贡献卓越，而王履结合临证，在区分广义与狭义伤寒、狭义伤寒与温病上，提出了创新性见解。

许叔微（1080—1150），字知可，宋真州（今江苏仪征）白沙人，初业儒，屡试不第，1132年（南宋绍兴二年）方中进士，曾任集贤院学士，故人称许学士。许氏在业儒同时，因父母百日之内，相继病逝，故也热忱学习医学知识，并为人治病，活人众多，成为一代名医，所撰有《伤寒百证歌》、《伤寒发微论》、《伤寒九十论》、《仲景脉三十六图》（已佚）、《翼伤寒论》、《辨证》、《类证普济本事方》（简称《本事方》）等。许氏学术的重点，在于阐发《伤寒论》的辨证论治原则，和相应的理法方药。他提出："伤寒治法，先要明表里虚实，能明此四字，则仲景三百九十七法，可坐而定也"③，他的《伤寒百证歌》，以七言歌诀形式，将《伤寒论》各方面的内容，概括为"百证"，内含该书的六经、病证、脉法、治则及汗、吐、下等法的具体应用，所列证如"表征歌"、"里证歌"、"表里虚实歌"、"阳证似阴歌"、"阴证似阳歌"等等，将辨证论治中的阴阳、表里、虚实、寒热八纲，结合临床治疗加以阐明。他研究《伤寒论》的其他各书，多为这一主题的深入。此外，他的《本事方》，实为后世医案专书的创始，所载之"真珠丸"、"独活汤"相配合，为治疗肝经受邪之失眠症之良方，颇为医家重视。

在区分广义伤寒与狭义伤寒、狭义伤寒与温病上，江苏医家也有创见，对后世温病学说的形成有重要启迪。广义的伤寒，是外感热性病的总称，如《难经·五十八难》曰："伤寒有五，有中风，有伤寒，有湿温，有热病，有温病"，狭义的伤寒，指人体感受寒邪之病证，如伤寒、中风。《伤寒论》所论之伤寒，原则上概括了广义的伤寒，但重点是论述狭义的伤寒。狭义的伤寒与温病、湿温、热病（后世通称温病），是两类性质不同的病证，临床上如何加以严格区分，施以不同治法，并在理论上加以阐明，这是当时医家面临的重要课题。这方面，江苏医家王履对此作出了明确论断，有重要贡献。

王履（1332—1391），字安道，号畸叟，又号奇翁和雨公，别署抱独老人，江苏昆山人。王履是我国元末明初一位杰出的医学家、画家和艺术理论家。在医学上，他少年时期即从"金元四大家"之一的朱震亨学医，为朱氏著名弟子，其医著有《医经溯洄集》、《标题原病式》、《百病钩玄》、《医蕴通》等。今只存《医经溯洄集》，该书是医学论文集，有医论二十一篇，内容包括对《内经》、《本经》、《伤寒论》、《难经》的研究心得和对李杲等二十余家名医的评述。他有许多有价值的学术见解，其中最突出的是温病与狭义伤寒在病机和治法上的明确区分，他反对"温病、热病混称伤寒"③③，提出"凡温病、热病，若无重感，表证虽间见，而里病为多，故少有不渴者，斯时也，法当治里热为主，而解表兼之，亦有治里而表自解者"③④。在治法上，主张伤寒以辛甘温散之，温病、热病以辛凉或苦寒或酸苦解之，他的这些论断，对后世温病学说的形成有重要启迪，清代温病大家吴瑭说"奈温病一证，诸贤悉未能透过此关，多所弥缝补救，皆未得其本真……至王安道始脱却伤寒，辨证温病。"③⑤此外，由于王履治学严谨，又敢于直言，故他的其他一些学术见解，也为医家所重视，如传统言《伤寒论》为397法，他考订为238治较合理，对内科杂病"中风"，他总结刘完素、李杲、朱震亨经验，提出因于风者，为真"中风"；因于体内火，气、湿者，为"类中风"，符合临床实际。

宋元时期，临证已有较细的分科，江苏医家在推动各科进展上，作出了贡献。陈自明的妇科著作，规范了妇科的学术内容，其外科著作，则注意将中医的整体观和辨证论治原则贯彻到外科证治中去。陈文中的《小儿痘疹方论》，则对北宋钱乙奠定的儿科学术体系做了有益的补充。世医葛乾孙等对自宋末至元代吴中（吴郡）医学学术影响极大，其肺痨病专著则拯救了成百上千患者，并在全国深有影响。

陈自明（约1190—1270），字良甫（亦作良父），南宋江西临川（今江西抚州）人。其家三代行医，至陈自明更精良，曾出任官办建康府明道书院医学教谕，所著有《妇人良方》、《外科精要》等。

《妇人良方》（又称《妇人大全良方》）作于其任教谕时。鉴于前代妇产科医书，"纲领散漫而无统，节目淳略而未备"[36]，他对前代妇产科医著进行了一次全面的整理，附以家传经验，又收集东南各地的方书，总括而撰《妇人良方》二十四卷，将妇产科分为八门，妇科分调经、众疾、求嗣三门，产科分为胎教、妊娠、坐月、产难、产后五门。每门有论，全书总数二百六十论，每论列数十余证，证后列方药，有时则附治验案例。内容详备，理论与实际联系，便于临床应用。清代《四库全书总目提要》评曰："提纲挈领，于妇科证治详悉无遗。"[37]

《外科精要》（三卷）是他晚年之作，对外科理论有一定贡献。自《内经》以来，外科理论在《刘涓子鬼遗方》、《诸病源候论》、《圣济总录》等书中均有所论述，但较分散，不够全面、充实和深入。《外科精要》取材于《内经》以来历代外科资料和当代名医之经验，著论五十余篇，提出痈疽等疮疡，并不单是局部病变，而与人体脏腑气血寒热虚实变化有关。临证治疗应贯彻审因察证，对证施治原则："治当寒者温之，热者清之，虚者补之，实者泻之，导之以针石，灼之以艾柱，破毒溃坚，各遵成法，以平为期。"[38]他抨击了外科证治中不良倾向，注意将中医基本理论，特别是整体观和辨证论治原则贯彻到外科证治中去，初步树立了"治外必本诸内"的指导原则。后代医家如朱震亨、汪机、薛己等多推崇之。

陈文中，字文秀，原籍为宋宿州符离（今安徽宿县），家乡陷金后，流亡南宋，居江苏涟水十五年。由于他医术精湛，医德高尚，不论贫富贵贱，他都悉心治疗，他医束手之病证，经他治疗，多获痊愈，医声颇著，后移居维扬（今江苏扬州），医道大行，民望很高。朝廷征召他为和安郎，判太医局，兼翰林良医。他擅长儿科，著有《小儿病源方论》、《小儿痘疹方论》，在医学界颇有影响。我国儿科学体系，是由北宋钱乙基本奠定的，钱乙认为"小儿纯阳，无烦益火"，故常喜用清凉滋阴之剂，至北宋董汲撰《小儿斑疹备急方论》，力倡因热致病，治疗上多用寒凉之剂，虽不失为一家之论，但辨证不够全面，陈文中在《小儿痘疹备急方论》中强调在痘疹已出未出或已出未愈之时是里虚或表虚之证，均应温补扶正，不应用凉药、泻药，与钱乙、董汲成为儿科中不同流派，受到后世薛己、熊宗立等的肯定。

葛应雷（1264—1323），字震父，号彦和，别号恒斋，姑苏（今江苏苏州）人。葛家系世医，其祖父思恭、父从豫，皆精医学，仕于宋，俗称"吴中以儒通医者，世称葛氏"。应雷曾任元代平江医学教授，后升为成全郎、江浙官医提举，所撰有《经络十二论》和《医学会同》，今俱佚，其学术主张与刘完素、张元素略同，一位中州名医与他晤谈，赠以刘、张之书，刘、张之学遂行于江南。应雷之子葛乾孙（1305—1353），字可久。传父业行医，与朱震亨齐名，相互往还。所撰《十药神书》和《医学启蒙》。肺痨病（肺结核）是古代一种疑难病证，病势迁延，死亡率高，《十药神书》列治该病十个处方，分别为甲字十灰散、乙字花蕊石散、丙字独参汤、丁字保和汤、戊字保真汤，己字太平丸，庚字沉香消化丸，辛字润肺膏，壬字白凤膏，癸字补髓丹。依葛氏之意，这十方从治吐血咳嗽开始（甲方乙方），然后依次服用以下各方。在实际应用中，可对证施药，不一定要依此顺序。经分析，十方中有止血的三方，止咳的三方，祛痰的一方，补养的三方。《十药神书》为医家所推崇，朱震亨、叶桂等均以其方治愈了肺痨病。

【注释】

① 斯波信义：《宋代江南经济史研究》前言，江苏人民出版社 2001 年，第 3 页。

② 李昌宪：《中国行政区划通史·宋西夏卷》第一编第二章《宋代诸路的辖区与治所》，复旦大学出版社 2007 年，第 68 页。

③ [唐] 杜牧：《樊川文集》卷 11，《上李太尉论江贼书》，上海古籍出版社 1978 年，第 168 页。

④ [唐] 罗让：《才识兼茂明于体用策》，李昉等编：《文苑英华》卷 489，中华书局 1966 年，第 2497 页。

⑤《吴郡志》卷 19，江苏古籍出版社 1999 年，第 264、289 页。

⑥ 方健：《关于宋代江南农业生产力发展水平的若干问题研究》，载范金民、高荣盛

主编:《江南社会经济研究·宋元》,农业出版社 2006 年。

⑦ [宋] 陆游:《陆游集·渭南文集》卷 20《常州奔牛闸记》,中华书局 1976 年,第 2165 页。

⑧ 参见傅宗文:《宋代草市镇研究》下卷《宋代草市镇名录》,福建人民出版社 1989 年。

⑨ 陈国灿:《略论南宋时期江南市镇的社会形态》,《学术月刊》2001 年第 2 期,第 19 页。

⑩ [宋] 朱文长:《吴郡图经续记》卷上"物产"、"城邑",江苏古籍出版社 1999 年,第 10 页、第 4—5 页。

⑪ 潘清:《元代江南民族重组与文化交融》,凤凰出版社 2006 年,第 15 页。

⑫ 刘如臻:《元代江浙行省研究》,中国元史研究会编:《元史论丛》第六辑,中国社会科学出版社 1997 年,第 95 页。

⑬ [明] 叶子奇:《草木子》卷之三(上)中华书局 1959 年,第 55 页。

⑭ [明] 宋濂:《元史》卷 93《食货一》,中华书局 1976 年,第 2357 页。

⑮ 陈得芝《序》,见潘清《元代江南民族重组与文化交融》,凤凰出版社 2006 年,第 2—3 页。

⑯ 潘清:《元代江南民族重组与文化交融》,凤凰出版社 2006 年,第 36 页。

⑰《题兼善尚书自书所作诗后》,[元] 苏天爵:《滋溪文稿》卷 30 题跋,《景印文渊阁四库全书》,台湾商务印务馆 1986 年,第 356 页。

⑱ [宋] 朱长文:《吴郡图经续记》卷上《学校》;[宋] 范成大:《吴郡志》卷 4《学校》;正德《姑苏志》卷 24《学校》。

⑲ 据白新良《中国古代书院发展史》(天津大学出版社 1995 年)有关内容统计。

⑳《宋史》卷 432《儒林二·胡瑗传》,中华书局 1977 年,第 12837 页。

㉑ 同治《苏州府志》卷 26《学校》,《中国地方志集成·江苏府县志辑》,江苏古籍出版社 1991 年,第 1 册,第 615 页。

㉒ 参见李致忠《宋代刻书述略》,载《历代刻书概况》,印刷工业出版社 1991 年,第 61—65 页。

㉓ 于敏中、王际华等奉敕编《钦定天禄琳琅书目·汉书》孔文声跋,《景印文渊阁四库全书》第 675 册,第 439 页。

㉔ 叶德辉:《书林清话》卷 4 "元监署各路儒学书院医院刻书" 条,古籍出版社 1957

年，第 91—97 页；参见李致忠《元代刻书述略》，载《历代刻书概况》，第 230—233 页。

㉕ 转引自 [清] 孙梅辑：《四六丛话》卷 5，清嘉庆三年吴兴旧言堂刻本。

㉖ 张源：《词源》，《词话丛编》本，中华书局 1986 年，第 267 页。

㉗ [宋] 张耒：《贺方回乐府序》，张耒著，李逸安等校点：《张耒集》，中华书局 1990 年，第 755 页。

㉘ [宋] 陈师道：《书旧词后》，《后山居士文集》卷九，宋刻本。

㉙ [宋] 陈师道：《后山诗话》，见何文焕辑：《历代诗话》，中华书局 1981 年，第 311 页。

㉚ 钱锺书选注：《宋诗选注》，人民文学出版社 1958 年，第 216 页。

㉛ [清] 陈廷焯著：《唐宋人词话》，河南文艺出版社 1999 年，第 560 页。

㉜《伤寒发微论》卷下《许淑微伤寒论著三种》，商务印书馆 1965 年，第 15 页。

㉝ [明] 王履：《医经溯洄集》，江苏科学技术出版社 1985 年，第 25 页。

㉞ [明] 王履：《医经溯洄集》，江苏科学技术出版社 1985 年，第 25 页。

㉟ [清] 吴瑭：《增补评注温病条辨》，上海卫生出版社 1985 年，第 1 页。

㊱ [宋] 陈自明：《妇人良方》校注补遗《序 5（原序）》，上海科学技术出版社 1991 年。

㊲ [清] 纪昀：《四库全书总目》，中华书局 1965 年，第 866 页。

㊳ [宋] 陈自明：《外科精要：痈疽叙论》第 13，人民卫生出版社 1982 年，第 23 页。

第六章

全盛期的繁华胜景图：明初至清中期江苏文化发展之高潮

　　1368 年正月，朱元璋登基，国号大明，建元洪武，明朝正式建立。明朝是南京建都史上第一个统一全国的政权。明初采取的一系列文化举措，确立了崇儒重道、以理学立国的基本国策，并与学校、科举、法律等紧密结合，对后世产生了重大影响。其后，江苏的政治地位虽因永乐末期的迁都而有所下降，但其经济、文化等仍居全国前列。大约从明中期开始，江苏的经济、社会发展进入了一个全新的时期，江苏地域文化也全面繁荣，并呈现出前所未有的特色。明清鼎革，江苏曾一度深受影响，但随着新朝统治局面的稳定，江苏又重新进入了全面的恢复、发展时期，并取得了一系列辉煌的文化成就，但就其风格尤其是士风而言，却已与晚明大有不同。

第一节　"东南财赋地，江左人文薮"

《元史》、《永乐大典》及三部"大全"　郑和下西洋的创举　物产之富甲于海内

　　朱元璋建立明朝以后，从一开始就确定了崇儒重道，以理学作为开国的国策，要求"臣民之家，务要父子有亲，率土之民，要知君臣之义，务要夫妇有别，邻里、亲戚必然长幼有序，朋友有信"①。为此，朱元璋在明初政治实践中大力举兴儒学，重用如刘基、宋濂、朱升、李善长等儒生以为其治国安邦之用，而这批儒生在明初政权的建立过程中也的确发挥了至关重要的作用。与此同时，将学校教育与程朱理学、科举取士紧紧结合在一起，有效地达到了思想控制的政治目的。

作为渲染开国伟业、盛世修典的重要手段，明初在大型文化典籍的编纂上下了很大功夫，《元史》、《永乐大典》就是其中的代表性成果。洪武二年（1369）二月，明太祖诏修《元史》，由开国文臣之首的宋濂和精通元朝历史的王祎担任总裁，征召遗逸之士王克宽、胡翰等16个学者参加编纂队伍，在南京天界寺设史局编修《元史》。朱棣登基后，即令翰林学士解缙为监修，陈济为总裁，在南京编修《永乐大典》。这是我国历史上前所未有的最大的一部类书，全书共22877卷，凡例、目录60卷，共11095册，约37000万字。《永乐大典》始修于永乐元年，第三年奏进，初名《文献大成》，因所辑多未备，又重修，参与其事者约2000人，告成于永乐六年（1408），更名《永乐大典》。它保存了14世纪以前中国历史地理、文学艺术、哲学宗教和其他百科文献，与法国狄德罗编纂的百科全书和英国的《大英百科全书》相比，都要早三百多年，堪称世界文化遗产的珍品。

朱棣时期，为进一步完善朱元璋的文化专制政策，编撰了程朱理学的三部"大全"。永乐十三年（1415）朱棣亲自主持，命胡广、杨荣等人纂修《五经大全》、《四书大全》、《性理大全》三部书，不仅使程朱理学的思想统治进一步制度化，而且更从思想理论方面进一步规范化，标志着程朱理学统治地位的最终确立。

明初在中外文化交流方面取得举世瞩目的成就。600年前的中国明代航海家郑和与他的远洋船队肩负"宣教化于海外诸番国，导以礼仪，变其夷习"的使命，航行于世界海域，与亚非三十多个国家和地区建立友好关系，翻开了中国对外交往史上崭新的一页。从永乐到宣德，28年间郑和七次奉旨率船队远航西洋，执行明成祖"内安华夏，外抚四夷，一视同仁，共享太平"的和平外交政策，把国内的稳定与发展同周边世界

图上6-1　南京明代龙江宝船厂遗址（选自《人文江苏——江苏省全国重点文物保护单位图集》）

联系起来。对于明王朝来说，这一空前壮举的意义不仅在于开辟了海上商旅之路，而且成为国力鼎盛的象征，在加强与各国经济、文化、政治的交往的同时，极大提高了中国的国际威望。

明中叶以后，江苏的经济进入了一个新的增长期。其中商品经济的迅速发展，尤为瞩目。经济作物得到大面积种植，农村家庭副业、手工业生产激增。社会分工不断扩大，城市商业、手工业、服务业获得巨大发展。城市化水平不断提高，形成了庞大的城镇体系，江苏成为全国的经济中心之一。何良俊在《四友斋丛说》中曾经分析了正德（1506—1521）前后的情况："余谓正德以前，百姓十一在官，十九在田。……今去农而改业为工商者，三倍于前矣。"这种弃农经商，活跃商品经济的势头，在当时的江苏境内发展较快。如苏州府的吴县人，"人生十七八，即挟资出商楚、卫、齐、鲁，靡远不到，有数年不归者"[②]。

明嘉靖时的礼部尚书顾鼎臣曾说："苏、松、常、镇、嘉、湖、杭七府，财赋甲天下。"[③]著名思想家黄宗羲说："今关中人物不及吴会，久矣。……而东南粟帛，灌输天下。天下之有吴会，犹富室之有仓库匮箧也。"[④]康熙初年的江宁巡抚韩世琦也说："然财赋之重，首称江南，而江南之中，唯苏、松为最，"[⑤]康熙中期的江宁巡抚余国柱更是感叹："江南田赋之供当天下十之三，漕糈当天下十之五，又益以江淮之盐荚、关河之征榷，是以一省当九州之半未已也。"[⑥]对于封建王朝来说，江苏地方之重要可知。据统计，明代初年江南八府（苏州、松江、常州、镇江、应天、嘉兴、湖州、杭州）田地不到全国的 6%，而税粮却高达 23%，其中赋重最为突出的是苏、松二府。洪武二十六年二府田地不到 15 万顷，仅占全国 850 万顷的 1.76%，而税粮却占 13.69%，苏州府一府征收的税粮总额，竟占全国税粮总额的 9.55%。有明一代，江南地区每年上缴的 606 万石税粮中，有 342 万余石是苏、松二府上交的，占了江南的 56% 强[⑦]。如此高额的赋税比重，如没有发达的经济支撑，是难以为继的。

第二节　书院教育与科举之盛

书院教育之成就　　科举之盛

江苏自明初至弘治时新建书院 17 所；正德、嘉靖两朝新建书院 42 所，修复和重建前代书院 8 所；隆庆、万历两朝新建书院 28 所，修复和重建 2 所；天启、崇祯两朝新建 4 所；另有不明修建年代的书院 18 所，共计 119 所，占全国书院总数的 6% 强。清代江苏书院，顺治朝新建 4 所，修复和重建前代书院 5 所；康熙朝新建 35 所，修复和重建 10 所；雍正朝新建 5 所，乾隆朝新建 58 所，修复和重建 6 所；嘉道咸三朝新建 58 所，修复和重建 2 所；同光两朝新建 68 所；不详年代者 2 所。总计清朝共存在 253 所，占全国书院总数的近 6%。上述统计表明，江苏书院数量明清三代一直维持在占全国 6% 的比例，较为稳定[⑧]。

入明，朝廷和地方政府重视学校教育，书院建设发展既慢，官学性质也较为突出。苏州书院共六所，设官主教事者四所，即学道、文学、和靖、甫里，子孙奉祀者二所，即文正和鹤山。到嘉靖初，只存文正和鹤山二所，而鹤山又为巡抚公署[⑨]。明中期，特别是嘉靖朝起，讲学之风大兴，各级儒学趋向衰落，书院数量从而激增，江苏新建书院 34 所，修复和重建前朝书院 6 所，占明代江苏书院的四分之一。与此同时，书院教育逐渐取代各级官学而成为主要教育机构。后来虽经万历三年（1575）朝廷诏令禁毁天下书院一度萧条，但万历十年开禁后，江苏各地书院迅速恢复和发展，其对于政治和社会的影响日益增大。

清代江苏书院，在明末清初的一度衰落后，康雍乾时期处于稳定发展时期，数量多，规模宏，经费充裕，大师辈出，人才济济，形成江苏书院发展史上的第三个高峰。虽然嘉庆时期起江苏书院废圮者众多，但总体而言，直到太平天国战争爆发，一直处于较为稳定时期。同治、光绪年间，江苏书院短暂复兴，数量众多，继承发挥其基本功能。

光绪末年，兴建学校，书院废罢，最初以省立书院为省城高等学堂，府治州治学校为中学堂，县治之书院为小学堂，后也不尽然。

江苏书院设立较晚，数量也不多，但以其培养人才和学术成就突出，在全国书院中占有重要地位。省会如南京、苏州书院众多，一般府县城均有，甚至市镇乡村也有不少，散布在各地。著名者如宋苏州鹤山书院、苏州文正书院、建康明道书院、镇江淮海书院、丹徒濂溪书院、金坛茅山书院、兴化涵江书院，明无锡东林书院，清江宁钟山书院、江宁尊经书院、苏州紫阳书院、苏州正谊书院、太仓娄东书院、扬州安定书院、扬州梅花书院、扬州广陵书院、淮安淮阴书院、常州龙城书院、江阴南菁书院、江阴暨阳书院、丹徒宝晋书院、徐州云龙书院等，洞庭东山之太湖书院，吴江盛泽之盛湖书院，同里镇之同川书院，江都县

图上 6-2　苏州正谊书院旧址

翠屏洲之邗江书院，甘泉县邵伯镇之安石书院，泰州海安镇之明道书院等，不但在江苏书院中具有重要地位，而且享誉宇内⑩。

江苏书院多由地方政府官建，官员和绅士多予资助，社会各界也予捐助，得到朝廷和皇帝垂注，所以大多规模宏丽，田产丰赡，资力雄厚。江苏驰名书院生徒众多，不少超过了当时的府学规模，生徒廪膳相当丰厚。

书院教育一般认为有三种类型，即传习理学、讲授时文和讲习汉学。书院均采用或仿照朱熹《白鹿洞条规》制定教学准则，约束教导肄业生徒，大多采用元人程端礼《程氏家塾读书分年日程》，将朱子读书法落到实处，并使之形成条理清晰的规章与程式。对于一般读书人而言，《程氏读书分年日程》既是循序渐进的读书指南，也是读书人自我评判自我约束的准则，使读书人自律自持，力求日有所进，而不至于荒废懈怠，从而有利于学问的积累和心性的养成。巡抚张伯行参照《程氏读书分年日程》，订有《紫阳书院读书日程》。乾隆初年杨绳武院长定钟山书院规约：先励志、务立品、勤学业、穷经学、通史学、论古文源流、论诗赋派别、论制义得失，戒抄袭倩代，戒矜夸忌毁，可见书院旨趣惟重学问、学术和科举。太仓娄东书院山长沈起元订立教规，内容分四个方面：士子以另立品为先；为学以穷经为本；读史以明历代治乱兴替；作文以经史、八家文为依归。其顺序一如《程氏读书分年日程》，在读史、作文两层上，更有类似之处。李兆洛道光年间出任江阴暨阳书院山长时，曾以"小学问"、"农桑问"诸题让生徒发表意见，于"小学问"中提及《程氏读书分年日程》。程氏《读书分年日程》被书院采用，条理清晰的日程无疑是一套行之有效的管理规条和评价体系。

书院本以切磋学问，倡明正学、掌握时务知识为指归，但明清时期尤其到清代，书院教育多以举业为重。各书院订有《课艺》，汇集士子的优等习作，作出评点，以为士子撰作时文的范本。具有丰富科场经验和科考成功经验的山长的评点，以及日常讲评，对于生徒的应考极为有用。潘遵祁主持苏州紫阳书院多年，编集课艺多达十七编，每集皆有评点。清代的大量举子就经由书院教育途径在科考中不断发挥出优势。诚然，直到清末，书院仍然保留着保存古学、崇尚学术的一面，在探讨学问，钻研学术，形成学术成果方面发挥出作用。

江苏书院的山长，多为饱学之士，不少是驰名当时的学术大师，注重经史朴学传统，不少人在书院撰就了传之后世的经典之作，在清代乾嘉考据中具有重要地位。尤以江宁钟山书院、苏州紫阳书院、扬州安定与梅花书院最为突出。姚鼐主讲安定书院，对桐城文派发展有重要影响；扬州学派的形成，与扬州书院教育的发达大有关系。兴盛一时的吴派、常州学派、扬州学派的成就与特色，与书院教育大有关系。扬州学派之特色，重在其通，即能融会吴学之专、皖学之精而自成面目，而此种基调的设立，当溯源于卢见曾幕府中惠栋、戴震对扬州士人的影响。江苏书院中有不少科举教育型书院，书院山长都是科考的行家里手，传授其知识和经验，从而成功地培养了一批又一批科举之士和文才。明嘉靖初湛若水，无日不讲学，足迹遍及江南各地，生平所至，必建书院以祀陈献章，"道德尊崇，四方风动"。曾先后在其家乡的甘泉、独冈、莲花书院，江浦的新江书院等地讲学。钟山书院山长如杨绳武、夏之蓉、钱大昕、卢文弨、姚鼐、朱琦、程恩泽、胡培翚、仁泰诸人，苏州紫阳书院山长如陈祖范、沈德潜、彭启丰、钱大昕、吴省兰、石韫玉、朱琦、翁心存、俞樾、潘遵祁等，正谊书院山长如吴廷琛、朱琦、翁心存、冯桂芬等，安定书院山长如王步青、储大文、陈祖范、邵泰、沈起元、杭世骏、蒋士铨、吴珏、赵翼、吴锡麒等，梅花书院山长如姚鼐、蒋宗海、洪梧等，太仓娄东书院山长如秦大成、卢文弨、钱大昕、王昶、段玉裁、王祖畲等，仪征乐仪书院山长如沈芳廷、赵翼、蒋宗海、吴锡麒、王芑孙等，皆为大家，汲汲于造就人才。可考的广陵书院山长，江苏6人，浙江1人，江西1人；安定书院山长，江苏20人，浙江12人，安徽3人，浙江1人。这些人，均是当时东南学术的人望。如沈德潜出掌紫阳书院时，门下号称多士。钱大昕、朱琦、俞樾，皆以博洽导士。钱大昕为紫阳书院肄业生，晚年又掌教紫阳书院16年，且终于紫阳，尤为盛事。冯桂芬殚力经世之学，亦以紫阳肄业生为两院院长，士林尤为推重。卢文弨曾为常州龙城书院山长，后又出掌江阴暨阳书院，门下多通材。姚鼐主讲钟山书院最久，以古文义法教弟子，管同、梅曾亮等传其文笔，天下号为桐城派。曾国藩恢复金陵，首延宗师李联琇为书院山长，词章之士鹊起。李兆洛尤有声于时。如果考察其经历，不少大师多曾在江苏著名书院肄业过。钱大昕肄业紫阳时，与王昶、长洲王礼堂、曹习庵等在同舍，以古学相策励，吴中老宿李客山、赵饮谷、惠栋等引为忘年交。安定、梅花两书院肄业者，能文通艺之士荟萃，如焦循、梁国治、谢溶生、蒋宗海、仁大椿、杨文铎、段玉裁、王念孙、汪中、刘台拱、徐步云、洪亮吉、孙星衍、江涟、贵徵、汪喜孙等。汪元、汪中、汪喜祖孙三代皆为安定书院弟子⑪。

　　江苏的众多书院中，有不少秉承关心国是，联系现实，经世功能突出。这方面，尤以顾宪成讲学和东林书院最为突出。致仕后的顾宪成与高攀龙，以在野之身，在原籍无锡东林书院，屡屡大会生儒会讲，贯彻自己的政治主张和学术思想。其讲学，提倡关心国是，关注现实，往往"讽议朝政，裁量人物"。针对王学末流束书不观、游谈无根的陋习，讲求实学。发挥朱熹的《白鹿洞条规》，提出"饬四要，破二惑，崇九益，屏九损"，形成著名的《东林会约》。东林书院和东林会讲，在社会上获得了极高的声望，"虽黄童白叟，妇人女子，皆知东林为贤"⑫，也成为反对阉党的大本营。受其影响，邻近的宜兴明道书院等，一时名贤云集，与东林书院相辉映。以东林书院为代表的江苏书院，强调实用，关心现实，与邪恶势力作斗争，使得书院不仅是一个学术和教育机构，而且是一个舆论中心和政治活动中心，在中国古代书院发展史上占有极为重要的地位。

　　明朝洪武四年（1371）开始恢复科举考试，停顿几科后，丁洪武十八年再行开考。此后每三年举行一次，科举考试趋于定型，前后开考89科。清朝自顺治三年（1646）沿用明代科举考试之法，三年一考，并不时举行恩科加试，科考次数较明朝为多，不计满洲翻译科，前后开考112科。

　　根据《明清进士题名碑录索引》所作统计，明清两朝全国共录取进士51681人，其中明代为24866人，清代为26815人⑬，清代开科次数多，录取总数较明代稍多，但每科录取人数较明代为少。明清两代江苏各府进士，总计为5797人，依次为：苏州府（含太仓州）1861人，常州府1281人，松江府673人，江宁府（明应天府）668人，扬州府542

人，镇江府 398 人，淮安府 192 人，通州 148 人，徐州府 23 人，海州 11
人。占全国总数的 11.2% 强，成为考取进士最多的省份。

　　明清时期的江苏的进士不但数量在全国独为翘楚，而且其科试名次
在全国最为显赫，掇巍科，点翰林，人数众多。科考状元，明代 89 人，
江苏 16 人，占五分之一以上；清代 112 人，江苏 49 人，占近二分之
一。两朝统计，江苏状元占全国的 32% 强，也就是说，江苏状元占了将
近三分之一。112 个会元，苏州一地就多达 17 人。连中三元者，清代全
国仅 2 人，苏州有其一（钱棨），"三元坊高竖学宫道左"，天下荣之。

　　江苏因为三鼎甲特多，所以一地同科或一门再及第者比比皆是。
父子鼎甲，自古稀见，而苏州一地即有三对：明代太仓王锡爵与王衡，
清代吴县缪彤与缪曰藻，镇洋汪廷珍与汪学金。兄弟鼎甲，堪称难得，
而顾炎武之外甥、昆山徐氏兄弟三人却分科荣获：元文为顺治十六年状

图上 6-3　翁同龢故居

元，乾学为康熙九年探花，秉
义为康熙十二年探花，"同胞三
及第，前明三百年所未见也"；
武进庄存与、培因兄弟，一为
乾隆十年榜眼，一为乾隆十九
年状元。常熟翁同龢与其侄曾
源先后为状元。长洲彭定求与
其孙启丰，祖孙状元。至于同
县一榜三鼎甲，在江苏更不在
少数。

　　江苏为人文渊薮，进士前
后络绎不绝，但观其地域分布，
却极不均衡。大体上以苏州、常
州、松江（上海地区）、南京、
扬州、镇江、南通、淮安、徐
州、海州地区为序。而主要集中
在少数县份，特别是集中在城
郊各县，集中在苏州的长洲、

吴县、太仓、常熟，常州的武进、无锡，松江的华亭，江宁的上元、江宁，扬州的江都，镇江的丹徒等县最为明显。这与各地的经济发展水平、望族集中和文风盛衰有关。

不但进士的地域分布极不均衡，而且还往往集中在有限的几姓几族之间，从而形成诸多科第世家，簪缨相望。以明清两代而论，整个江苏之顾、潘、浦、蒋、沈、金、陶、周、郁、严、陆、俞、钱氏等，考中进士特多。就府县而论，明清两代苏州府之归，无锡之秦、邹、毕，宜兴之路、任、储，溧阳之狄，溧阳和金坛之史，丹阳之姜、荆、贺，金坛之于，武进之恽、薛、庄，丹徒之茅，长洲之韩、皇甫，吴江之叶，上海之乔；明代武进之白、常熟之瞿，清代常熟、无锡之嵇，昆山之徐，长洲和溧阳之彭等，都是世代科第不绝的簪缨望族，探杏折桂代有闻人。可以说，就家族而言，江苏进士主要出身于那些科第大家。如长洲彭氏，有清一代，先后出了2个状元，1个探花，14个进士，31个举人，7个副榜，附贡生130余人，"科目之盛，为当代之冠"，有"昭代科名第一家"之称。清初华亭王顼龄、九龄和鸿绪三兄弟，皆为进士，荣为学士。明代常熟钱氏一门，前后出过9个进士。清代吴县潘氏，世恩为状元，弟世璜为下科探花，其孙祖荫为咸丰二年探花，其余翰林、进士、举人彬彬不可胜数，李鸿章题匾为"祖孙父子叔侄兄弟翰林之家"，时人有"天下无第二家"之赞。这些衣冠望族，甲第连绵，人数特多，而且屡屡荣膺鼎甲殊荣，在江南进士群体中璀璨夺目，构成江苏进士成分的一个显著特色。明清两代苏州一地的60余位二鼎甲，绝大部分出身于书香门第或世代仕宦之家。

江苏人尤其是苏南各地人攻读应举，有着相对他地较为雄厚的经济实力。经济和文化，从长时段来看，大体上趋向一致。明初人高启所谓"财赋甲天下，词华并两京"是也，清末人袁学澜所谓"赋税甲天下，科第冠海内"是也。明初江苏赋税每年上交米麦603万石，占全国2943万石的20.5%，整整五分之一以上。全国最大的棉纺织业集中在江苏，全国最大的蚕桑丝织基地江苏与浙江分享，全国最为发达的商品流通地也在江苏，明代苏州、南京、镇江、扬州、淮安、无锡等地，均是全国有名的"天下码头"之处。清代号称有"天下四聚"，苏州为东部惟一的一聚。

　　科举考试要以经济实力为后盾。科考原则上面向全社会开放，农家或工商子弟也有可能崛起于村夫野老之间，跻入绅衿行列。明中期开始，江苏的苏南地区，农户力田致富者逐渐增多，明中期人吴宽所谓"三吴之野，终岁勤动，为上农者不知其几千万人"⑭。江苏进士，不少人出身起自素封之家甚至是贫寒的农家或工商之家。江南商品经济发达，工商业者特别是商人长袖善舞，获利致富者所在多有。这些人将经营所得投资于子弟教育，后代即有不少跻身士林。明清两代苏州的 36 个状元，至少 3 个是商人之子弟。即明代苏州第一个状元施槃，出身商人之家，而有志于学；嘉靖时位至大学士的昆山顾鼎臣，其父是开店的小商人；曾任清朝驻外四国公使的苏州人洪钧，其父为商。最为荣显的状元如此，一般进士出身农家或工商之家的就更多。按照万历时人张瀚的说法，其时江南以经营丝织业致富者众多，其子弟不少人迈上了科举之路。康熙时，无锡号称"南朱北杨"的两家富商，后人多读书，都有人成进士。江苏的洞庭商人是明中后期起活跃于商界的一支重要商帮，有"钻天洞庭"之称，其家乡苏州洞庭东西山，明清两代出过 2 名状元，1名探花，2 名会元，50 名进士。这些荣登甲榜者，大多非为商人子道，即为商人之后嗣。自明中期到清前期，江苏苏南地区进士数量不断增加，而这个时段也是苏南经济稳定持续发展时期。江苏进士之多，正是奠基在富庶的经济之上的。扬州、淮安地区明清时期科举盛于前朝，正与当地是全国最大的盐业重地，淮安据有漕运、河道重地，扬州成为南来北往交通中心四方文士云集其地大有关系。

　　经济是科考之基础，但功名兴盛又并非全系经济因素，实与江苏尤其是苏南地区全社会好学勤学、重教重考，擅长科考大有关系。苏南人读书喜学，有着悠久的传统和良好的习惯。早在北宋中期，苏州人朱长文即说："自本朝承平，民被德泽，垂髫之儿皆知翰墨，戴白之老不识戈马。"⑮正德《松江府志》卷四载，"田野小民生理裁足，皆知以教子孙读书为事。"宋许克昌也说，松江"虽佃家中人衣食才足，喜教子弟以读书，秀民才士，往往起家为达官，由是兢劝于学，弦歌之声相闻"⑯。由南宋经元而明，苏南文风更甚。明人归有光说："吴为人材渊薮，文字之盛，甲于天下，其人耻为他业，自髫龄以上皆能诵习，举子应主司之试，居庠校中，有白首不自已者。江以南其俗尽然。"[17]苏州是"家家礼乐，人人诗书"。太仓是"街坊子弟习举业者彬彬郁郁"。昆山是"家知读书，人知尚礼"。常熟是"士之习诗书者，诵读之声比户相闻"，"子弟皆幼而读书，每有司较童子试，辄及先人"。常州是"士子多以读书世其家"，一府之中，"崇师喜读书者，弦诵之声比屋而是"。整个江南"今虽间阎贱隶处力役之际，吟咏不辍"[18]。这种家弦户诵，人人诗书的盛况，由来既久，泽被自广。所以清末江苏巡抚陈夔龙将江南进士辈出归之于"其间山水之钟毓，与夫历代师儒之传述，家弦户诵，风气开先，拔帜非难，夺标自易"[19]，是原因之一。

更为突出的是，明清时代的江南人，勤苦力学，目标十分明确，这就是以科举为首业，以登第入仕为最终目的。这一特点，连 15 世纪后期的朝鲜人崔溥行经江南时也发现了，说"江南人以读书为业"。这与山西、徽州等地的情形形成鲜明对照。嘉靖时，有人讽刺说，吴下士人，凡稍有资质者，皆把精神费在诵读时文上。可见读书应举到了痴迷的地步。这样的读书应举，带有赤裸裸的功利色彩和追名逐利的动机，已与求学问道宗旨相去甚远，却与朝廷的提倡、社会的认同十分契合。

仕宦之家要保持家业不坠，仕途不绝，富贵长久，读书登第是最为有效最为可靠的途径，而且较之贫寒下户更为迫切更有危机感，如万历时王士性所谓"缙绅家非奕叶科第，富贵难于长守"，所以江苏缙绅之家、世代科家之家极为繁夥。当然，对寒门小户来说，科考则是其摆脱贫困或扩大财富、跻身上层行列的惟一途径，迫切心更为强烈。诚如时人所言，"生等励志芸窗，希心桂籍，或贫而假馆，远道盈千，或老而观场，背城倡一；少年英俊，父兄之督责维严，壮岁飞腾，妻孥之属望尤切"[20]。不少农家子弟因而崛起于茅舍寒室，如无锡顾宪成、允成兄弟，分别为万历八年和十四年进士，其父顾学，只是个肩挑豆腐担做小买卖的乡下人，至民间有"一担两尚书"之说。正德、嘉靖时的无锡人安国，业农起家，经商成巨富，其子如山、孙希范、曾孙绍芳三世登第。明清江南文运弘开，进士辈出，正是社会各阶层都视读书应考为安身立命的不二法门所造就的。

江南进士冠绝海内，与当地环境之美、条件之优也不无关系。江苏山川秀丽，湖光山色，处处画景，交通便利，文人学士结社交流，文化生活丰富，信息传递迅捷，来路广阔。在这舒适的人间天堂里，文人学士优游自在，或寄情山水，或潜心学问，"或辨理诘义以资其学，或赓歌酬诗以通其志，或鼓琴瑟以宣湮滞之怀，或陈几筵以合宴乐之好"㉑。一代一代进士举人崛起其间，乃属事理之常。故明清时的文豪归有光、袁宏道和显宦宋荦都将这些因素归为江南进士辈出的原因之一。江南又是文献之邦，书楼之林立，册籍之充栋，绝对海内第一。文人麋集，选本出笼最快，应考又最有效。明代江南人与江西人争夺选本市场极为激烈。江西"选本"大佬艾南英就承认："今天下选政之盛，莫盛于吴，吴多君子，非独师友渊源，以故去取详明，而所据东南之会，四方所辐辏，征材博而为时多暇。独吾乡以邮寄艰，征文多所浮沉。"江南不少文人如李应升就极为关注时文选本，业衷于操此营生。

江南教育发达，黉宫宏伟，书院林立，学校为科考储备人才，书院为士子制造舆论，都是科考成功的有效途径。王锜豪气十足地说："吾苏学宫，制度宏壮，为天下第一。"书院山长，多是博学贯通、称雄一时的大师，又多是科考的行家里手。他们在传道授业解惑的同时，在担任缙绅巨室的塾师之际，也将他们投身科第的经验教训、酸甜苦辣传给了江南士子，所谓"盖非得于师友之渊源，即得于家庭之传习"。江苏士子知识既博，见闻又广，方法又多，宜乎科考屡操胜券。

江南进士既多，仕宦既显，且多据清华选人之列，江南人又多垂意于桑梓后进，奖掖拔擢不遗余力，江南进士也就如滚雪球般日益膨大。嘉靖时松江绅士何良俊说："苏州士风，大率前辈喜汲引后进，而后辈亦皆推重先达，有一善则褒崇赞述，无不备至，故其文献足征。"㉒考官之于考生，亲属师友虽须回避，但友人之友人，同乡之同榜，多少沾点关系，录取前，造点声势，打打招呼，透点意思，予以照顾，事或常有；录取时，江南人布列朝野，话语大权在握，舆论影响非同一般。明代顺天乡试，大抵取南士为解元，"盖以胄监多才，北人不敌，间取一二北士，多不惬众论"，"不惬众论"四字，折射出江南人嗓门大、舆论势力强大的优势。陈夔龙也指出，"冠盖京师，凡登揆席再而跻九列者，半属江南人士。父兄之衣钵，乡里之标榜，事甫半而功必倍，实未至而名先归。半生温饱，尽是王曾；年少展裙，转羞梁灏。不识大魁为天下公器，竟视巍科乃我家故物"㉓，强调江南进士有着特别有利的条件。江南进士独多，也正在于江苏士子有着他地士子所不具备的这种种乡邦优势。

综上所述，明清江苏进士因为数量多，名次前，三鼎甲多，仕途极为辉煌。尤其是至为清要的翰林、学士类职位，江苏进士荣任者最多，并以此作为便捷的晋身阶梯，成为枢府要员、部院重臣、封疆大吏。明代江苏进士仕途顺畅，广布朝野，构成明朝统治机制的重要组成部分，在中央和地方各级政府的决策和运转过程中发挥了重要的作用，维系和延长了明朝的统治。江苏进士流品不一，人品则杂，是一个多面体，但识大局，持大体者后先相继，为国家为民族抱残守缺，表现出高度的责任感和沉重的使命感。他们提倡并践行立足现实，敦尚气节，崇正实学，关心国计民生，发展社会经济，体现了明代江苏进士的主流风貌，深深地激励和影响着后人。江苏进士毕竟是科考制度的产物，科考为做官，做官为发财，多数江南进士干脆就是"以仕为贾"。他们在位时蝇营求利，致仕时囊囊丰满，乡居又滥用特权，把持豪横，侵吞小民财产，更凭借各种势力和社会关系，经营工商，与民争利，激化了与下层民众的矛盾。他们以其丰厚的资财，追求荒淫糜烂的生活，浪费人力物力，败坏社会风气，腐蚀统治机制，加速各级政权特别是江南地方政权的溃烂。江苏进士在追求舒适享受的同时，也充分利用人杰地灵的有利条件，凭着雄厚的经济实力，以其博学多闻，赋诗填词，作文撰史，写字画画，审音度曲，藏书籍，砌园林，收古玩，虽动机复杂，臧否难论，但毫无疑问使得富庶的江南更加多姿多彩，熠熠生辉。江南进士是明代统治队伍中不可或缺的重要力量，也是江南乃至中国文化的重要参与者和杰出贡献者。

清代江苏进士入仕后，供奉内廷，秉政部寺，纵横捭阖，嘉言懿行，显得得心应手。江苏进士官员文化素养优，知识起点高，经济实力巨，有利条件多，在学术文化领域则十分活跃，不但在传统的诗文、书画、经史、收藏等领域卓有建树，发扬光大，而且在清代竖起丰碑的考据学、今古文经学领域，也与皖派各树大旗，业绩骄人，垂范后世，大师辈出，可以说，江苏进士的文化学术活动代表了清代学术发展的方向。然而时世不同，清代江苏进士的声势远不如明代江南进士显赫，对于地方官府和地方事务的影响力，较之明代江苏进士也相差远甚。由于清代皇帝特别是清中期的皇帝乾纲独断，江苏进士官员大多只是小心侍奉，发挥作用极为有限。凡有关国计民生之宏猷大略、重大举措，几乎都非他们提出，即便在具体落实中也是谨慎有余，开拓不足，进取甚少，至于任职封疆、履土亲民则更乏善可陈，殊少建树。从总体上说，在清代江苏进士这个群体中，既缺少像明后期东林学派那样关心社会现实的人，也缺少像明末徐光启、陈子龙那样关心地方经济的人。无论在中西冲突、社会动荡的道、咸年间，还是在新旧交替、民族存亡的晚清时期，江苏进士均少有作为。他们可以是盛世的良臣，雍容华贵、宏篇巨著增添无数绚丽华章；却难成为衰世之能臣，开拓进取、力挽狂澜往往难见其踪影。

第三节　灿烂繁荣的诗词

高启与吴中四杰　徐祯卿与"吴中四才子"　顾璘与"金陵三俊"　唐宋派　七子派　张溥、张采与复社　钱谦益与虞山诗派　吴伟业与娄东诗派　沈德潜与格调派　袁枚与性灵派　陈维崧与阳羡派　张惠言与常州词派

明清两代是江苏文学发展的鼎盛时期，大家辈出，流派纷呈，创作与批评交相辉映，引领着全国文坛风气。

明初以高启为首的"吴中四杰"、"北郭十友"称盛于一时。高启（1336—1374），字季迪，长洲（今江苏苏州）人。元末隐居吴淞青丘，自号青丘子。洪武初年召入修《元史》，授户部侍郎，坚辞不受，后被朱元璋借故腰斩。高启诗作很多，一生共作诗 2000 余首，有《吹台集》、《江馆集》、《娄江吟稿》、《凤台集》、《姑苏杂咏》等诗集。生前还自选诗成《缶鸣集》，死后徐庸搜集其遗篇而成《高太史大全集》。高启才华横溢，诗歌兼采众长，取法不限于一代一家，风格清新超拔，是明代成就最高的诗人之一。高启的乐府诗中有不少能反映农村生活的作品，如

《养蚕词》、《打麦词》、《采茶词》等真实感人，而七言歌行和七言律诗最能表现其个性特征和卓荦的才华。在这些作品中作者抒写怀抱，跌宕淋漓，如《登金陵雨花台望大江》，以豪放不羁的诗笔，描写了江山的雄伟壮丽。早年所作的《青丘子歌》自述了其疏狂的性格，苦吟的生活。后人对高启的诗歌成就甚为推崇，如赵翼在《瓯北诗话》中谓其："有明一代诗人，终莫有能及之者。"㉔陈田在《明诗纪事》中也说高启"为明三百年诗人称首，不止冠绝一时也"㉕。高启的散文成就虽不及诗歌，但也有如《书博鸡者事》等愤世嫉俗，托笔抒怀之作，写得通达流畅，不失为佳作。值得指出的是，以高启为代表的吴中文人具有较大的影响，高启与当时的杨基、张羽、徐贲号称"吴中四杰"，时人将他们与"初唐四杰"相比拟，但其余三人的成就都不及高启。当时，还因为一批文人居于长洲北郭，高启与张羽、徐贲、王行、高逊志、宋克、唐肃、余尧臣、吕敏、陈则等人时常切磋诗文，号称为"北郭十友"。

　　明中叶誉著文坛艺苑的"吴中四才子"是指祝允明、唐寅、文徵明、徐祯卿。在文学方面，他们继承了尚情的吴中文学传统，任情适性，尚俗尚趣，以别样的风格与前七子并峙于文坛。虽然徐祯卿其后也入列七子，但风格及持论仍与李梦阳、何景明稍异，吴中的诗文风格犹存。四才子中的祝允明、唐寅、文徵明等在艺术领域多有造诣，诗文成就以徐祯卿最为突出。徐祯卿（1479—1511），字昌谷，吴县（今江苏苏州）人，弘治进士，曾任国子监博士。诗集有《徐昌谷集》。其诗初学白居易、刘禹锡。登第后，追随李攀龙、何景明，悔其少作，改而主张以汉诗为堂奥，魏诗为门户，但论诗亦有与李何不同之处。他论诗重情贵实，认为情能动物，故而诗足以感人。他反对徒事藻饰，陈采眩目，他还认识到情感的产生是由于外物触发而兴，因此，提出"因情立格"，这与李梦阳等人所主张的尺寸古法，立格而约束情感的观点有所不同。徐祯卿明确揭示了格调应该根据抒写情感、状写事物的不同情形而定，这是徐祯卿诗论中的卓异之处。他的诗学著作有《谈艺录》。

　　顾璘（1476—1545），字华玉，号东桥居士，上元（今江苏南京）人。弘治进士，授广平知县，累官至南京刑部尚书。以诗文名，与陈沂、王韦友善，号称"金陵三俊"。弘治十二年（1566），朱应登中进士，来南京任户部主事，称"江南四大家"。对于四大家的诗歌风格以及诗学主张，时人评价道："璘诗，矩矱唐人，以风调胜。韦婉丽多致，颇失纤弱。沂与韦同调。应登才思泉涌，落笔千言。然璘、应登羽翼李梦阳，而韦、沂则颇持异论。"㉘嘉靖初年，边贡任南京太常少卿，后升至南京户部尚书，也成为南京作家群的重要成员。其中顾璘的声望最隆，诗文成就也最高。顾璘还与刘麟、徐祯卿号为"江东三才子"。著有《浮湘集》、《山中集》、《凭几集》、《息园诗文稿》等。

明代嘉靖年间，王慎中、唐顺之、茅坤、归有光等人继承南宋以来为推尊韩柳欧曾王苏古文的传统，他们反对前后七子"文必秦汉"的主张，自觉地提倡唐宋古文，因此而被称为唐宋派。唐宋派中的核心人物唐顺之、归有光都是江苏人。首先推崇唐宋之文的王慎中也是在任职常州通判、南京户部主事、礼部员外郎期间始从七子派尚古观念中解脱出来，转而归慕唐宋古文的。因此，唐宋派是明代嘉靖年间产生于江苏而影响于全国文坛的一个文学流派。其中创作成就最为卓著的是归有光，理论最具特色的是唐顺之。

归有光（1506—1571），字熙甫，江苏昆山人。才华卓异但科场坎坷，三十五岁中举人，六十岁时始中进士。曾任长兴县令，官至南京太仆寺丞，有《震川先生集》。《明史》卷二八七有传。是明代唐宋派的重要人物之一。当王世贞等后七子主盟文坛，大倡复古之时，归有光尚是处于荒江虚市之间的卑微老举子，但是直斥声华煊赫的王世贞为"庸妄巨子"，认为宋元诸名家足可追数千年之上而与之颉颃。他指出当时七子派以琢句为工的文风，虽然自谓欲追秦汉，实际是剽窃齐、梁之余而已。归有光为文崇尚《史记》，学习唐宋诸家，直抒胸臆，文从字顺，是唐宋派中创作成就卓著者，主要作品有《先妣事略》、《思子亭记》、《项脊轩志》等。归有光的散文创作得到了后世的积极认同并产生了深刻的影响，清代桐城派集大成者姚鼐在编辑著名的《古文辞类纂》时，从元明两代众多的散文家中，仅仅选取了归有光一人作为上承唐宋、下启清代的散文大家。

唐顺之（1507—1560），字应德，一字义修，江苏武进人。嘉靖八年（1529）会试第一，官翰林院编修，因抗倭有功，升为南京右佥都御史代凤阳巡抚，卒谥文襄，人称荆川先生。唐顺之学识渊博。当七子倡导复古摹拟之风盛行之时，唐顺之与王慎中在嘉靖初年标举唐宋散文，与"文必秦汉"的七子派相对峙。是为唐宋派。他是唐宋派中理论较为完备、影响较著者。他主张由唐宋窥西汉，再由西汉上窥孔门文学，以建立千古一脉的文统。关于为文之"法"，他主张由唐宋入手，而达到"法寓于无法之中"的秦汉。"法"要从"开合首尾，经纬错综"的结构入手。他在《答茅鹿门知县》中还提出文章当"具千古只眼"，具有独创性，在表现方法上孜求为文本色，要"直抒胸臆"，"信手写出，如写家书"，表现真实情感。唐宋派的文论以及他们将古文与时文相结合的创作成就在明代中后期文坛产生了很大影响，乃至于四库馆臣言当时文坛"言古文者终以顺之及归有光、王慎中三家为归"[27]。其后的公安派、艾南英、钱谦益以及清代的桐城派都不同程度地接受并继承了他们的文学观念。著有《荆川集》十二卷，选辑《文编》六十四卷等。

宗臣（1525—1560），字子相，号方城山人。江苏兴化人。嘉靖二十九年（1550）进士，初授刑部主事，后改吏部员外郎。因不附权贵，作文祭奠杨继盛而得罪严嵩，被贬为福建参政，迁提学副使，卒于官。有《宗子相集》。宗臣虽然也见列于后七子，但其文学观念与李攀龙等人有所不同，他在为福建提学副使时曾作《总约》以训导诸生，其中的《谈艺》专门论文。他高度评价了唐宋之文的价值，说："夫六经而下，文岂胜谈哉。左、马之古也，董、贾之浑也，班、扬之严也，韩、柳之粹也，苏、曾之畅也，咸炳炳朗朗，千载之所共嗟也。"[28]这与唐宋派文论十分相似。宗臣认为文学应该是不断发展的，他以天之云霞、地之草木相喻，丽于天的云霞日日而生，丽于地之草木岁岁而生，昔日的断云残霞不可存之于今日，今年的萎叶枯株不可存之于来年。因此，他人的陈言庸语并不能发抒我心。宗臣的诗歌如《雨夜沈二丈至》等格调娟秀，称著一时；散文内容较为丰富，如《报刘一丈书》抨击了官场的腐败，描摹了奔走权门的无耻之徒的丑态，《西门记》、《西征记》则描写了抗倭斗争，生动真切，较为出色。

王世贞（1526—1590），字元美，号凤洲，又号弇州山人，江苏太仓人。嘉靖二十六年（1547）进士，授刑部主事，因杨继盛而忤严嵩，严嵩构陷其父，父丧，世贞与弟世懋去官。万历间，官至南京刑部尚书。有《弇州山人四部稿》一百七十四卷、《续稿》二百零七卷，《弇州山人读书后》八卷等。世贞好为诗古文，与李攀龙迭主文盟，攀龙殁，独主坛坫二十年，是明代嘉靖后期至万历初年文学复古运动的领袖。清人朱彝尊说："嘉靖七子中，元美才气，十倍于鳞。""当日名虽七子，实则一雄。"㉙王世贞的文学观念与李梦阳、李攀龙等人相似，认为："文自西京而下，诗自天宝而下，俱无足观。"㉚主张师古以高其格，同时也要尽其变以广其体，因此，他对李梦阳等人的主张有所不满。他学习古人的方法也与李攀龙等人有所不同，认为当广泛熟读古代作品，涵泳会通，"渐渍汪洋"，当创作时"遇有操觚，一师心匠。气从意畅，神与境合，分途策驭，默受指挥，台阁山林，绝迹大漠，岂不快哉"！㉛这实际是师古与师心相结合的创作方法。他注重格调，但认为格调生于才思，本于情实，当以"我"用"格"，方能写出"真诗"。王世贞的文学主张与审美风格随着年岁的变化而发生了一些改变。前期少年气盛，持论偏激，与李攀龙应和甚多。后期识随人老，见解趋于平和，承认了宋诗也不可废弃，认为苏轼的诗歌最为雄豪，陆游、杨万里辈也彬彬称盛于一时，还提出"代不能废人，人不能废篇，篇不能废句"㉜。同时，对于自己前期所作的文学批评专著《艺苑卮言》有这样的省思："余作《艺苑卮言》时，年未四十，方与于鳞辈是古非今，此长彼短，未为定论，至于戏学世说，比拟形似，既不切当，又伤俭薄，行世已久，不能复秘，姑随事改正，勿令多误后人而已。"㉝晚明文人虞淳熙将晚明"东坡临御"，分身有四，其中，王世贞与徐渭、汤显祖、袁宏道并为分身之体。

顾起纶（1517—1587），字更生，又字玄言，号九华，江苏无锡人。以国子监生累官至郁林州同知。顾起纶编辑明诗，名为《国雅》，凡二十卷，《续国雅》四十卷，选编了明代诸家诗歌。《国雅品》是取《国雅》中的若干名家，按时代编次，仿照钟嵘《诗品》体例，分士品、闺品、仙品、释品、杂品五种，入品的诗人共二百多人。书中顾氏或引述前人所述，或征引诗人诗句，以形象的语言，状写了入选诗人的风格特征。顾起纶受七子派影响较著，奉王世贞《艺苑卮言》为圭臬，视七子派为复臻古雅之举。于明初诗人，首推高启。该书是了解明代前中期诗坛状况的重要文献。

许学夷（1563—1633），字伯清，江苏江阴人。早谢科举，以文史自娱，闭门著述。其文学活动主要有结沧州诗社，参与编定《澄江诗选》，在邑中享有盛名。他曾历四十年之久，十二易其稿而成《诗源辩体》三十六卷，《纂要》二卷。该书以时代为序，梳理了各种诗体的源流，品评了《诗经》、《楚辞》、汉魏至元明诗。各卷先总论，然后按诗体分论，品评作家作品。另有总论三卷，品评历代诗话、诗论、诗歌选本等。其论诗秉承七子宗旨，而对公安、竟陵訾诃甚烈。

张溥（1602—1641），字天如，号西铭，江苏太仓人，崇祯进士。张溥是复社的创始人和领袖，有《七录斋集》。张采（1596—1648），字受先，与张溥同里，有《知畏堂集》。二人交善，有文名，尚节气，人称娄东二张。天启四年（1624），张溥、张采与顾梦麟等十一人成立应社。张采于崇祯元年（1628）中进士，任临川知县；张溥则积极联络并集合许多小社，成立复社。以复兴古学、务相有用相号召，规模盛大，"春秋之集，衣冠盈路"，乃至声气通朝右，奔走附丽者，往往以承嗣东林自矜。他们针对万历末年时文好奇尚怪的风气，提出尊经复古，目的是以古文入时文，以提高时文之格，并期以学古人，行古道，使古学为现实服务。因此，他们的师古与七子派形同而实异。张溥的《五人墓碑记》歌颂了苏州市民与阉党的斗争，强调匹夫之死"有重于社稷"，远非缙绅之士可比。张溥所辑的《汉魏六朝百三家集》是一部规模宏大的"兴复古学"的总集，各集前均有题辞。全书又有《自叙》一篇，总论汉魏六朝文学，品题诸家的标准是"先质后文，吐华含实"。张溥还有《春秋三书》三十二卷，《历代史论二编》十卷，《诗经注疏大全全纂》三十四卷。张采与张溥齐名，文学观念亦与张溥相似，以读书学道为学诗的门径。

明清之际江苏文人操诸文柄，这与他们形成影响全国的文学流派具有密切的关系。

虞山诗派是明末清初江南海虞地区的一个地域性的诗歌流派。这个流派奉钱谦益为宗师，以冯舒与冯班作为重要辅翼。与当时诗坛上以陈子龙为首的云间派和以吴伟业为首的娄东派鼎立而三，使吴中地区成为一个誉著全国的诗学中心。钱谦益（1582—1664），字受之，号牧斋，晚号蒙叟，常熟（今江苏常熟）人。明万历进士，崇祯时官至礼部侍郎。钱谦益一生几度沉浮，因易代失节并在明末弘光朝谄事马士英、阮大铖，受到士人讥斥。降清后曾为礼部侍郎，仅半年即以疾告归，暗中帮助抗清活动，并在诗文中不时流露出失节的悔恨。著有《初学集》、《有学集》、《投笔集》，还编有明诗选集《列朝诗集》，附以诗人传略，族孙钱陆灿将其传略别辑为《列朝诗集小传》。此外，还著有《钱注杜诗》、《国朝群雄事略》等。钱谦益早期宗奉七子，熟烂空同、弇州之书，但中年以后，由于汤显祖、程嘉燧等人的影响，"幡然易帜"，追悔少作，摆脱了七子的羁绊。他在文学上的贡献除了诗文创作之外，主要是编定了《列朝诗集》，通过书中的诗人小传，对明代诗人一一作了品评与分析，对明代近三百年诗歌发展的历史进行了一次系统梳理与总结。在《列朝诗集小传》以及其他论述中，钱氏提出了自己的文学主张。他对以李东阳为首的茶陵诗派以及公安派的诗歌较为认可，文则以唐宋派为宗。他标举茶陵诗派，因为在他看来，李东阳的诗，本于唐之少陵、随州、香山，再以宋之眉山、元之道园兼综而出之。同样，公安派也崇尚王、李所不屑的白、苏。可见，钱谦益是通过称宋元之诗而矫王、李之失。对于闽诗派、前后七子以及竟陵派的批评，显示了其对于"学古而赝"与"师心而妄"两个极端的不满。钱谦益标举宋元诗背后的真实目的是矫七子"诗必盛唐"之偏。他将"灵心"、"世运"、"学问"视为诗文之道得以昌盛的三个重要因素，还从时代与文学的关系中考察文学的社会作用，推尚大音宫声，高华俊朗的辞采、铺陈恣纵的结构，和气象宏博、沉稳雅健的风格。钱谦益对前人诗歌的看法对当时文坛产生了重要影响。钱谦益乃明清之际的诗文巨擘，虽然也有应酬风月之作，但也留下了时代变迁的痕迹，尤其是《投笔集》中颇多佳作，多取经于眉山、剑南，虽然不以宗宋相标榜，但确为其后宋诗的流行开辟了新的境界。沈德潜在《清诗别裁集》中将钱氏列为清诗开山，其原因正如乔亿在《剑溪说诗》中所说："观钱受之诗，则知本朝诸公体制所自出。"

　　钱谦益的影响还在于他是虞山诗派的宗师。当时受其影响而声名较著的虞山诗人有瞿式耜、冯班、冯舒、陆敕先、陈玉齐等人。其中又以二冯为翘楚。冯舒（1593—1649），字己苍，号默庵，又号癸巳老人。

冯班（1614—1681），字定远，自号钝吟老人。他们与钱谦益同乡，又都游于钱氏之门，以文学著称，被称为"海虞二冯"。冯舒著有《默庵遗稿》、《诗经匡谬》；冯班有《钝吟集》、《钝吟文稿》、《钝吟杂录》等。近人张鸿辑刊《常熟二冯先生集》。另有《二冯评点才调集》等。虞山诗派以钱谦益为魁首，再振于二冯兄弟，其中，冯班的影响较冯舒更著。冯氏兄弟的诗作成就难为轩轾，但论诗衡文，冯班更为深入细密。对于诗法取向，二冯自有主张。冯舒以杜牧之为宗，又广及白香山等人，在诗歌的搜讨遗佚，编削伪谬方面倾注了较多的精力。就对师说的承绪而言，钱谦益对《沧浪诗话》、《唐诗品汇》于明代诗坛的影响多有负面评述，对于严羽《沧浪诗话》中的学理提出批评。冯班继续对严羽《沧浪诗话》进行学术清算，在《钝吟杂录》中专列《严氏纠谬》一卷，虽然其所纠并不完全正确，但也确实提出了严羽的诸种不周之论，并形成了较大的影响。首肯者如赵执信、王应奎等，不屑者如王士禛等。二冯注重诗人之学植，主张转益多师，会通知变，但其文学主张与钱谦益也是同中有异，如冯班对钱谦益推重李东阳不以为然；钱谦益对于晚明诗人徐渭、汤显祖、公安派多有褒赞之辞，但冯舒却将他们与前后七子与竟陵派一样一概骂倒；钱谦益喜宋诗，尤其是眉山、剑南等人之作，冯班作诗则出入于李义山、杜牧之、温庭筠之间，并注重《玉台新咏》与《才调集》，取法的是晚唐以及其后的西昆体，并由此上溯到齐梁。虞山诗派就其诗学主张来看，可分为前后两期，前期乃以钱谦益为标的。后期据王应奎所说，则又分为两派，一派以钱陆灿为代表，以学杜见长；一派则是以冯班为代表。两派之中，冯班的影响更大，追随者更多，诸如昆山吴修龄，长洲顾嗣立，以及吴乔、赵执信等人。他们都宗冯班之说，乃至更胜于敬奉钱氏。赵执信还亲往虞山冯班墓前"以私淑门人刺焚于冢前"㉞。由此亦可见虞山诗派在清初诗坛的影响与地位。

　　吴伟业（1609—1671），字骏公，号梅村，别署鹿樵生、灌隐主人，江苏太仓人。崇祯进士，曾任翰林编修，南京国子监司业诸职。在崇祯党争中，他是张溥为首的复社重要成员，名列"十哲"，因抗击温体仁以及党羽蔡奕琛等，几遭陷害。福王时为少詹事，仅两个月即托病告归，直到明亡，因身家念重，屈节事清，为国子监祭酒，三年后辞归。吴伟

图上6-4 （清）吴伟业《梅村集》书影
康熙八年（1669）（南京图书馆藏）

业是明清间著名诗人，其诗取法盛唐诸大家及元白，以七言著称。早年诗风清丽流畅，辞藻美丽，国变之后，身经丧乱，诗歌风格一变，暮年诗风萧瑟，沉郁苍凉，论者比之庾信。有《梅村家藏稿》，以其仕清为界分为前后集。在后集中，作者多写失足的惭愧与悔恨，触处即发，不作讳饰："死生总负侯嬴诺，欲滴椒浆泪满樽。"㉟沉痛悲怆，字字血泪。长诗如《鸳湖曲》、《听女道士卞玉京弹琴歌》、《圆圆曲》等，反映了明亡前后的政治面貌，抒写时人的惨痛境遇，风华宛转。还有些诗歌反映了民生疾苦，如《直溪吏》、《临顿儿》等。吴梅村的长篇叙事诗多学元白，律诗沉博工丽，得李义山精髓，又有拟杜之作，熔铸诸家而自成一体，开创了娄东诗派。吴伟业亦善词曲，风格多样，小令婉约清丽，长调沉郁苍凉。

娄东诗派是以吴伟业为首，以周肇、王撰、王撰、王昊、王曜、黄与坚、吴兆骞等"太仓十子"为主要作家的明末清初的一个诗学流派，他们大都是娄东（今属江苏苏州）人，因此得名。娄东派诗歌推崇唐人，倾向七子派，与云间派相近，而对于虞山派钱谦益攻伐王世贞的言论有所不满。该派还与后七子存在着特殊的关系，后七子中的魁杰王世贞以及其弟王世懋都是太仓人。王世懋之子王昊、王曜见列于太仓十子，都是娄东派作家。但娄东诗派又不拘守七子派诗必盛唐之说，重视白居易、陆游等人的诗歌。太仓十子以吴伟业为帜志，汪学金《娄东诗派·例略》说："十子胚胎梅村。"吴伟业仿白居易而作的七言歌行被称为"梅村体"，为娄东诗人所效仿。"梅村体"多描写易代之时的种种人情物态，在艺术上讲究格律，文词工丽，音节和谐，委婉含蓄。娄东派崇唐的倾向开启了清代诗坛推崇唐诗的先河，其诗歌的标志性成果是顺治十七年（1660）由吴伟业辑选，顾湄刊刻的《太仓十子诗选》，前有吴伟业序。

清代江苏诗坛以沈德潜的格调派与袁枚的性灵派影响最大。清代前期叶燮的《原诗》以"作论之体"代表了当时诗学的最高水平，并对格调派盟主沈德潜的诗论产生了直接的影响。

叶燮（1627—1703），字星期，号己畦，浙江嘉兴人，晚年定居吴江横山讲学，学者称横山先生，亦作吴江人。康熙九年（1670）进士，十四年（1675）任江苏宝应知县，不趋奉上官，故而不久被免职。著有《己畦文集》，其中包括《诗集》十卷，《己畦诗集残余》一卷，《文集》二十二卷，《原诗》内外篇四卷，《汪文摘谬》一卷。《原诗》是一部探究诗歌创作本源、以批驳复古主义为宗旨的诗歌理论批评著作，被认为是继《文心雕龙》、《诗品》之后的一部体系周密的诗学理论专著。总之，针对当时的复古倾向，《原诗》提出了不少很有见地的主张，具有一定的系统性。四库馆臣也认为，《原诗》极纵横博辩之致，"是作论之体，非评诗之体"[36]。这也是《原诗》与一般的诗学著作相区别的根本所在，因此受到当代学者的极大关注。叶燮的诗论对沈德潜、薛雪等人的诗学思想具有直接影响。

清代中叶诗坛出现了以沈德潜为中心的格调诗派。沈德潜（1673—1769），字确士，号归愚，江苏长洲（今江苏苏州）人。乾隆进士，曾任内阁学士兼礼部侍郎。有《沈归愚诗文全集》、《说诗晬语》等，编有《古诗源》、《唐诗别裁集》、《明诗别裁集》、《清诗别裁集》等，流传甚广，影响颇大。沈德潜论诗强调"温柔敦厚"，注重格调。选诗标准也是"始端宗旨，继审规格，终流神韵"[37]。他尊盛唐，主格调，对明代诗坛，偏重复古派，认为明代弘治、正德年间李梦阳、何景明"力追雅音"，边贡、徐祯卿为其羽翼而"古风不坠"，对公安、竟陵以及钱谦益、王士禛都有贬议。他鄙薄宋元诗歌，在序《明诗别裁集》时说："宋诗近腐，元诗近纤，明诗其复古也。"[38]沈德潜反对诗歌专以嘲风月、弄花草为事，强调诗歌当言之有物，反映古今成败兴衰的原因。在诗歌美学方面，他主张诗歌当含蓄蕴藉，托物连类以形之。他的诗歌一般中正和平，是康乾盛世的产物。在清代中叶，主格调的诗话作者多以吴中文人为主，主要有薛雪的《一瓢诗话》、钱良择的《唐音审体》、吴雷发的《说诗菅蒯》、李重华的《贞一斋诗说》等。诗坛称盛的神韵、格调、性灵三大诗派中的后两派，都以江苏文人为盟主，且形成昭著的影响。

格调派中的重要作家包括王鸣盛、吴泰来、王昶、赵文哲、钱大昕、黄文莲、曹文虎和"城南诗社"、"北郭诗社"的成员等。王鸣盛（1722—1797），字凤喈，号礼堂，上海嘉定人。吴泰来（？—1788），字企晋，号竹屿，江苏苏州人。王昶（1724—1806），字德甫，又能字叔庵，号兰泉，青浦（今属上海）人。赵文哲（1725—1773），字升之，上海人。钱大昕（1728—1804），字晓征，号辛楣，嘉定（今属上海）人。七人的籍贯都属古代的吴郡，因此号为"吴中七子"。他们不仅和沈德潜同属吴人，且都是沈德潜的学生。而"城南诗社"和"北郭诗社"都是沈德潜在家乡苏州组成的诗社。他利用这两个诗社传播自己的诗学主张，因社址分别在苏州城的南北，故而称为"城南诗社"和"北郭诗社"。

清代后期潘德舆论诗与格调派相近。潘德舆（1785—1839），字彦博，号四农，山阳（今江苏淮安）人。道光举人，任安徽知县，未几卒，著有《养一斋诗文集》、《养一斋诗话》等。潘德舆诗歌精深奥博，耐人寻味，其文亦入幽出显，别具一格。《养一斋诗话》凡三百二十余则，全面体现了他的诗学思想。该书评述了历代诗歌的发展源流，品评各家诗歌的得失，持论较为允当，是清代嘉道年间出现的优秀的诗话之一。潘德舆论诗以《三百篇》为本，秉执儒家诗教，认为诗品出于人品，"无论作诗说诗，皆以打扫心地为本"㊴。潘德舆还对历代的诗话作品进行评析，对于《沧浪诗话》、《岁寒堂诗话》和《白石诗说》评价很高，称其为诗道之中的"金绳宝筏"。对于明代诗话，潘德舆推崇王世懋的《艺圃撷余》而贬斥徐祯卿的《谈艺录》，其品评标准主要依儒家诗教为旨归。

清代江苏诗坛以袁枚为首的性灵派称盛一时，他们的诗论与格调派异致明显。而郑燮、洪亮吉、黄景仁等诗人虽然并未分宗衍派，但都以鲜明的特色称著于时，与沈德潜为首的格调派迥然有异。

袁枚（1716—1797），字子才，号简斋，又号随园老人、仓山居士，浙江钱塘（今浙江杭州）人，性灵派的盟主。乾隆四年（1739）进士，选庶吉士，出为溧水县令，乾隆十九年（1754）辞官，卜居于南京小仓山随园，以诗文自娱，优游山水，广交名流，成为诗坛领袖，世称"随园先生"。其诗歌与赵翼、蒋士铨齐名，号称"江右三大家"，有《小仓山房诗文集》、《随园诗话》、《子不语》等。其中，《随园诗话》凡二十六卷，论诗条目多达一千九百九十九条。多记述文坛掌故，诗人佳话，品藻历代诗歌，阐述其诗学见解，主张诗写性灵，标举诗人之真情与个性，反对模唐仿宋，大谈格调的拟古诗风。他说："自三百篇至今日，凡诗之传者，都是性灵，不关堆垛。"⑩主张把性情、学问、神韵三者熔于一炉，从而建立起了以"性灵说"为核心的诗歌理论体系。他对于古今各个流派、各种风格的诗歌无所不爱，

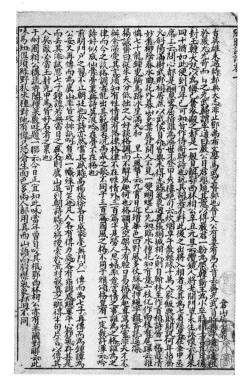

图上 6-5　（清）袁枚《随园诗话》书影　清末（南京图书馆藏）

无所偏嗜，主要根据其是否表现性情而定。袁枚论诗深受晚明公安派的影响。对于清代以来盛行于诗坛的神韵派与格调派，袁枚都有较为客观的评价，并不一笔抹杀，堪称是清代集大成的诗论家。袁枚的诗歌创作，多写自己的生活感受，"性情遭际"，具有清新灵巧的风格，诗歌佳作多为近体诗。

赵翼（1727—1814），字云崧，号瓯北，阳湖（今江苏常州）人，乾隆二十六年（1761）进士，入翰林院，后辞官归隐，讲学、著述长达三十余年。赵翼学问渊博，除长于史学、考据外，尤以诗名，一生创作了4800多首诗，著有《瓯北诗话》、《瓯北诗集》等。赵翼论诗与袁枚相近，反对沈德潜的格调说。在《瓯北诗话》中，他选论了李白、杜甫、韩愈、白居易、苏轼、陆游、元好问、高启、吴伟业、查慎行等十家，不以朝代为标准，与明代七子派的诗论迥异其趣。赵翼主张诗歌应随着

时代的变化而发展，其《论诗》绝句说："李杜诗篇万口传，至今已觉不新鲜。江山代有才人出，各领风骚数百年。"⑪不荣古虐今，具有强烈的创新精神。他的诗歌以七言古体见长，也有不拘格套、冲口而出的特点，但受宋诗的影响，议论较多，略显板滞。

郑燮（1693—1765），字克柔，号板桥，江苏兴化人。乾隆元年（1736）进士，曾任知县，后因触忤官员而罢免，晚年客居扬州。郑燮工书善画，诗歌成就亦佳，有"三绝"之称，为扬州八怪之一，有《板桥全集》。郑燮为诗推重杜甫，反对拟古主义和形式主义的诗风，对神韵派与格调派均不满，认为追求言外言，味外味的审美风格是纤小之夫的"自文其陋"。他的诗论是其文艺思想的重要组成部分，主张作品要反映现实，有感而发，提倡直抒胸臆，秉笔快书，不加雕琢，崇尚雄肆苍劲之美。郑燮的许多诗作反映了民生疾苦，如《悍吏》、《私刑恶》、《逃荒行》、《还家行》等，都真实地表现了现实生活。郑燮的"文章"观念也颇有特点。他常常将经、史、百家之文视为文章，认为"无论时文、古文、诗歌、词赋，皆谓之文章"⑫。他将"达天地万物之情，国家得失兴废之故"的作品称为文之"大乘法"。相反，那些锦绣才子则被其视为"天下之废物"。他的散文同样独具风格，如，他的《家书》，叙述家常，无所不谈，抒情议论，自如流走，较之于诗更能体现自由抒写的精神。

洪亮吉（1746—1809），字君直，一字稚存，号北江，阳湖（今江苏常州）人。乾隆五十五年（1790）进士，授翰林院编修，充国史馆编纂官。嘉庆时，因上书批评朝政，被谪戍伊犁，不久赦还，改号更生居士。洪亮吉博览群书，精研经史、音韵训诂及舆地学，诗文亦称著。经学与孙星衍齐名，诗与黄景仁并称。著有《卷施阁诗文集》、《更生斋诗文集》、《北江诗话》及《春秋左传诂》等。洪亮吉的骈文古雅清淡，清新委婉，如《游九华山记》哀婉动人，《游天台山记》、《出关与毕侍郎笺》、《青山庄访古图记》等情景交融，给人以审美享受。《北江诗话》系统地体现了其文学思想。洪亮吉论诗主张抒写性情，与袁枚与赵翼等颇为相似，而对"神韵"说与"格调"说有所不满。洪亮吉在《北江诗话》中论述了诗文可传诸后世的几个要素：性、情、气、趣、格。他分性情为二，写性为最难，"写景易，写情难，写情犹易，写性最难"⑬。他所谓"性"乃儒家所论的普遍人性，而情则是接物而生的情感。可见，洪亮吉较之于袁枚的性灵说中以写情为上尚有一定的区别。

黄景仁（1749—1783），字仲则，又字汉镛，自号鹿菲子，江苏武进人。幼年聪明好学，九岁能诗，十六岁应童子试，名列第一，但其后科场屡挫，一生仕途困顿，生活极端窘迫，长期浪迹江湖，寄人篱下，怀才不遇，病逝于河东盐运使沈业富署中，年仅三十五岁。著有《两当轩集》。黄景仁与许多著名文人学士如洪亮吉、袁枚、汪中、蒋士铨、孙星衍、翁方纲等相往还，在京师期间，还与洪、翁、蒋以及程晋芳等组织"都门诗社"。黄景仁的诗歌多凄怆悱恻之情，沉郁掩抑之感，与当时诗坛多讴歌"太平盛世"的诗风迥然不同，嗟贫叹苦，啼饥号寒是他诗歌作品中的重要内容。正如郁达夫所说："要想在乾、嘉两代的诗人之中，求一些语语沉痛，字字辛酸的真正具有诗人气质的诗，自然非黄仲则莫属了。"㊹七律、七绝诗最能体现其创作风格。

清代词学成就超迈于元明，形成于江苏的阳羡词派与常州词派先后标映于清代词坛，影响甚巨。

陈维崧（1625—1682），清代词人、骈文作家，字其年，号迦陵，江苏宜兴人。康熙十八年（1679）举博学鸿儒，授翰林院检讨，曾参与修纂《明史》。陈维崧生于文学世家，少富才藻，吴伟业曾誉其为"江左凤凰"，与吴伟业、朱彝尊等交谊甚笃。与朱氏在京师切磋词学，并合刊《朱陈村词》，流行禁中。清初词坛，朱、陈并列，朱彝尊为浙西词派首领，陈维崧是阳羡词派首领。两派旗鼓相当，工力悉敌。蔡嵩云概括两派论词的核心主张是：浙西派"崇尚姜、张，以雅正为归"；阳羡派"效法苏、辛，惟才气是尚"㊺。阳羡派前期以陈维嵩、蒋景祁为代表，后期以刘熙载为代表。陈维崧的词数量很多，现存《湖海楼词》尚有1600多首，各体词都写得很出色，兼有"铁板铜琶"与"晓风残月"二者之美。陈廷焯《白雨斋词话》中说："国初词家，断以迦陵为巨擘。"又说："迦陵词气魄绝大，骨力绝遒，填词之富，古今无两。"陈维崧早年工于哀艳之辞，当时尚未开宗创派，词风亦近婉约。中年以后，颠沛流离，"一切诙谐狂啸，细泣幽吟，无不寓之于词"㊻，词风也随之一变，并自树一帜，创立阳羡词派。他在《词选序》中将词与经、史、诗并列，认为四

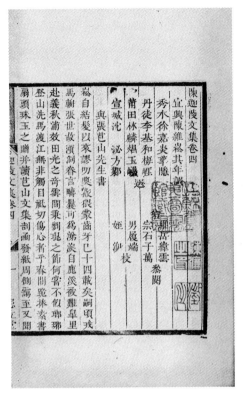

者都是穷神知化、竭才渺虑的工具。他将东坡、稼轩长调与杜甫歌行、西京乐府相并列。《词选序》是阳羡派全面抨击"词为小道"的纲领性文章。陈维崧认为词的地位的提高，还需要词的风格多样化，他反对专尚婉约，强调抒情写恨，寄寓亡国悲慨。总体而言，他的词重豪放而轻婉约。陈维崧的词学主张得到了同里蒋景祁的继承。

蒋景祁（1646—1695），字京少，一作荆少，江苏宜兴人。以岁贡生至府同知，康熙间曾举博学鸿儒，未遇，常与陈维崧唱和，自称"阳羡后学"，词风也追步陈维崧，是陈维崧的高足。其词秾而不靡，直而不俚，婉曲而不晦，往往能从细节入手，写出豪放壮阔、悲凉郁勃的篇章。蒋景祁选编了《瑶华

图上 6-6 （清）陈维崧《陈迦陵文集》书影康熙二十八年（1689）（南京图书馆藏）

集》，共二十二卷，选入明末清初 507 家词人的 2467 首词。其词学理论亦与陈维崧相近，对陈维崧词的风格概括得十分准确精辟。将阳羡派词学发扬光大的后劲则是清代末年的刘熙载。

刘熙载（1813—1881），字伯简，一字融斋，江苏兴化人。道光进士，官至广东提学使，晚年辞官，主讲于上海龙门书院，著有《昨非集》、《艺概》等，合刊为《古桐书屋六种》。其中，《艺概》是其文学批评的代表著作。《艺概》一书共分为《文概》、《诗概》、《赋概》、《词曲概》、《书概》和《经义概》六部分。李详认为，《艺概》是我国文学批评史上继刘勰《文心雕龙》之后的又一部通论各种文体的杰作。刘熙载在《艺概》中对于作家作品的品评，对文学形式的流变、对艺术特点的阐发，时有精到的见解。他的文学批评的重要原则是"诗品出于人品"，认

为文学作品的价值与作家的道德品格密切相关。他认为文学作品应有独创性，提倡情景交融，多种风格与表现手法的结合。关于词学，他的《虞美人》词有云："好词好在须眉气，怕杀香奁体。"他在《艺概·词曲概》中还提出了与前人不同的词学"正变"历史，以李白的《菩萨蛮》、《忆秦娥》二词为正宗，认为苏轼的词风与此接近，正是复李白词之古，彻底颠覆了对苏轼豪放词的看法。他将苏轼的词与杜甫的诗歌相比，说："东坡词颇似老杜诗，以其无意不可入，无事不可言也。若其豪放之致，则时与太白为近。"⑰这些观念都直接继承了阳羡派的余绪，将阳羡词派崇尚豪放的词风发挥到了极致。刘熙载的词论与其文学批评理论一样，缜密精粹，持平公允，成就卓异，虽然不以阳羡词派相标榜，但其理论显然承绪了阳羡派神韵。

常州词派是清代嘉庆以后由张惠言开创的重要的词学流派。清代康熙、乾隆年间浙派词人占据词坛，他们推崇姜夔、张炎，追求清空醇雅的词风，词的内容比较狭窄。嘉庆初年，浙派词人更专注于格律声调。常州词人张惠言有感于此，主张意内言外，比兴含蓄，"以国风离骚之旨趣，铸温韦周辛之面目"⑱，期以提高词的地位，使词与风、骚同科。一时和者甚多，蔚成风气，常州词派因之而起。常州词派始于张惠言编辑的《词选》。其书选唐宋两代词，共44家，160首。所选内容与浙派迥然不同，多选唐、五代，少选南宋，对浙派推尊的姜夔仅选3首，张炎仅选1首。张惠言注重词的内容，往往从词作中寻绎出"感物而发"的意旨，揭示词人的寄托用心。张惠言的同调者有张琦、董士锡、周济、恽敬、左辅、钱季重、丁兆洛等，其中周济最为突出。周济（1781—1839），字保绪，撰作《词辨》、《宋四家词选》等。他并不以张氏的观点为绳墨，多有新见，主要提倡词的论世作用，提出词之"感慨所寄，不过盛衰"，词要能够"见事多，识理透，可为后人论世之资。"⑲因此，他认为"诗有史，词亦有史，庶乎自树一帜矣"。词与诗一样，具有反映时代、记录时代的作用，即所谓"词非寄托不入，专寄托不出"。其晚年所著的《宋四家词选》，特别推尊辛弃疾，公开打出了反浙派的旗帜，明确提出"问途碧山（王沂孙），历梦窗（吴文英）、稼轩（辛弃疾），以还清真（周邦彦）之浑化"⑳，建立词统以供学词者因序渐进。这一词统既不偏主婉约，也不任纵豪放，而是要求以浑化、老辣之境为词的最高理想。常州词派对清代词的发展产生了重要影响，近代的谭献、王鹏运、朱孝臧、况周颐等四大词家，都是常州词派的后劲，他们对于词学作品的整理作出了较为突出的成绩。

陈廷焯（1853—1892），字亦峰，江苏丹徒人。光绪十四年（1888）举人。词学初从浙派，著有《词坛丛话》。曾选古诗词二十六卷，得三千多首，名为《云韶集》，后奉常州词派，选编《词则》，著有《白雨斋词话》、《白雨斋词存》及《白雨斋诗钞》等。其中，《白雨斋词话》是其词论的代表作，也是中国词论史上篇幅最大的一部著作，其论词要旨是"温厚以为体，沉郁以为用"[51]。他认为作词之法，首贵沉郁。所谓沉郁，是指"意在笔先，神余言外"，即含蓄蕴藉。他将《风》、《骚》作为学词的典范，以雅正为旨归。陈廷焯不但论词，还论及词话与词选，在词学方面的抱负甚大，用力极多，可惜享年不永，若天假其年，必能取得更大的成就。

第四节　小说、散文与骈文创作成果卓著

施耐庵与《水浒传》　　吴承恩与《西游记》　　冯梦龙与通俗文学　　曹雪芹与《红楼梦》　　吴敬梓与《儒林外史》　　金圣叹等与小说点评桐城派及阳湖派　　汪中等与骈文派

明清小说是中国古典文学中的奇葩，江苏作家与批评家在这一时期为小说的繁荣作出了巨大的贡献。金圣叹、叶昼、毛宗岗父子的小说批评，促进了小说的发展。这一时期的小说作家多为江苏籍，或与江苏具有密切的关系。

《水浒传》是我国古典长篇小说杰作之一，虽然它是经过艺人、文士乃至民众们的集体创作，但其中最为主要且具有代表性的人物是施耐庵。施耐庵的生平史料较为缺乏，有一些记载认为他生于元元贞二年（1296），卒于明太祖洪武三年（1370）。原名耳，又名子安，祖籍江苏苏州，后迁居当时的兴化县白驹场（今属江苏大丰）。曾出仕钱塘，入张

士诚军幕，后离开平江，浪迹江湖，创作了《水浒传》。也有人提出施耐庵就是元末明初南曲著名戏曲家施惠。小说在数百年来的流传过程中，出现很多版本，但最主要的版本有三种，即百二十回本、百回本、七十回本。其中，经过金圣叹删改的七十回本曾经盛行。小说生动地描绘了一系列具有鲜明个性的人物形象，对其后的文学创作，特别是对小说、戏剧、民间文艺多有启示。在《说唐》、《杨家将》、《说岳》、《水浒后传》等小说中明显可以看到它的影响。戏剧方面《宝剑记》、《义侠记》都是从《水浒传》中衍生出的剧目。

吴承恩（约 1500—1582），字汝忠，号射阳山人，山阳（今江苏淮安）人，嘉靖中补贡生，后任县丞，数年后拂袖而归，开始卖文自给，专意著述，其作品多散佚。他根据民间传说编写的短篇志怪小说集《禹鼎记》已失传，目前仅存《射阳先生存稿》四卷。不少学者据《天启淮安府志》的著录认为《西游记》是由吴承恩最终写定。《西游记》写的是唐僧赴西天取经，其弟子孙悟空于路上降伏妖魔，排除险阻的故事。唐僧取经故事是在真人真事的基础之上发展起来的。从唐代玄奘取经的故事开始流传，到明代吴承恩写定《西游记》，其间经历了近九百年。《西游记》经过吴承恩的再创造，冲淡了取经故事原有的浓厚的宗教色彩，丰富了作品的现实内容，将其改造成为一部具有时代特征的神话小说。小说真幻参半，奇正相生，数十个小故事是通过僧徒、神佛、妖魔间的错综关系，一波未平一波又起地展示出来的，结构精巧，经纬分明，表现了作者高超的构思能力。《西游记》问世后，影响甚大，并陆续出现了一系列仿作、续作。如《西游记传》、《后西游记》、《续西游记》、《西游补》等。《西游记》扩大了神魔小说的影响，其后出现的《三宝太监西洋记通俗演义》、《封神演义》等作品，即借鉴《西游记》的创作方法，根据历史事件所写的神魔小说。

冯梦龙（1574—1646），字犹龙、子犹，别号龙子犹，墨憨斋主人，顾曲散人等。长洲（今江苏苏州）人。他少年时才情卓异，由于言行常不受名教所羁，并寄情于青楼歌场，被目为"狂生"、"畸士"，与兄冯梦桂，弟冯梦熊并称为"吴下三冯"。冯梦龙博览群书，兴趣广泛，但久困场屋，直至五十七岁时始成贡生，授丹徒县训导，四年后升任福建寿宁知县。七年后归里，广交各界人士，明亡后，悲愤殉身。冯梦龙一生从事小说、戏曲、民间文学的创作、搜集、改作、研究和编印。他编订辑录了短篇小说集《三言》（《喻世明言》、《警世通言》、《醒世恒言》），增补了《平妖传》，改作了《新列国志》，还编纂了《古今谈概》、《情史》、《智囊》、《太平广记钞》，刊行了民歌集《挂枝儿》、《山歌》等，怂惠书商刻印世情小说《金瓶梅》等等。此外，还作有《双雄记》、《万事足》两种传奇，并取张凤翼、汤显祖和李玉等人的传奇十七种进行评改，合称为《墨憨斋定本传奇》。冯梦龙是明末著名的文学活动家。他致力于通俗文学的整理与传播与其文学观具有直接关系，提出"史统散而小说兴"[52]。在《古今小说序》中历述了小说产生与发展的历史，将韩非、列御寇等人视为创作小说之祖。还批驳了明代小说不如唐传奇的论调，认为一个时代有一个时代的文学。冯梦龙还讨论了小说的真实性问题，提出"事真而理不赝，即事赝而理亦真"[53]，肯定了小说所写的"人"、"事"，不必是真人真事，但又不能与人情物理相悖。他还特别注重男女之情在小说以及世间的作用，如其所谓"天地若无情，不生一切物。一切物无情，不能环相生。生生而不灭，因情不灭故"[54]。他编定的"三言"中每个短篇小说集各四十篇，共一百二十篇，是古代话本和拟话本的总汇，也是研究宋、元以来话本文学的重要史料。这些作品可能都经过冯梦龙的润饰和加工。冯梦龙在余邵鱼《列国志传》的基础上编著的《新列国志》，是一部除《三国演义》之外流传最广、影响较大的通俗历史演义。清代乾隆年间以蔡元放名义印行的《东周列国志》，实即是冯梦龙《新列国志》的评点本。小说文字朴实生动，明白晓畅，比《列国志传》更接近史实。

《红楼梦》的作者曹雪芹虽不是江苏人，但《红楼梦》的创作则与江苏具有密切的关系。《红楼梦》描写的大观园中的花团锦簇，锦衣玉食的场景，实乃曹雪芹经历过的"富贵荣华"的生活写照。从曹家的盛衰来看，曹雪芹的曾祖父、祖父、父辈三代世袭江宁织造，有时还兼任苏州织造和两淮盐政。祖父曹寅的两个女儿都被选作王妃。直到雍正五年（1727），曹雪芹的父亲因事被株连，家产抄没，次年全家北返，这个煊赫一时的家族才就此衰落。曹雪芹的一生就曾经历了曹家由盛而衰的过程，他十三岁前曾在南京度过了一段"锦衣纨绔"的生活，而十三岁迁居北京后则家境遽变。可见，曹雪芹在南京的经历，为《红楼梦》中贾家贵族生活的现实经历。因此，《红楼梦》的创作与江苏尤其是南京的关系不言而喻。同时，《红楼梦》得以流播，也与吴人程伟元密切相关。乾隆五十六年（1791），活字版一百二十回《红楼梦》第一次问世，就是程伟元排印而成，被称为"程甲本"。其后，程伟元发现"间有纰缪"，又搜集材料，"详加校阅，改订无讹"，后重新排印，这就是通行的《红楼梦》版本——"程乙本"。

同样，《儒林外史》的作者吴敬梓虽然是安徽全椒（今安徽全椒）人，其少年以及青年时代的前半期生活在赣榆，但自三十三岁始即迁居南京，晚年客死扬州，一生漂泊不定，多在江苏境内。据陈美林先生《吴敬梓评传》考证，大约在移家南京之后不久，吴敬梓就开始酝酿《儒林外史》的创作，因而在小说中多处出现对当时南京文化的描写。《镜花缘》的作者李汝珍，是直隶大兴县（今属北京）人，乾隆四十七年（1782）随其兄李汝璜先生居于海州及板浦镇（今属江苏灌云），并在此完成了《镜花缘》。

这一时期，南京许仲琳（署名"钟山遗叟"）所编辑的《封神演义》、南京纪振纶（署名"秦淮墨客"）所著的《杨家将演义》、吴县袁于令著的《隋史遗文》、昆山吕熊所著的《女仙外史》、江阴夏敬渠所著的《野叟曝言》、常州陈森所著的《品花宝鉴》等也都颇具影响。《隋史遗文》属于"说唐"小说系统，作品以乱世英雄秦琼为中心人物，把隋炀帝、唐太宗等皇帝放在次要地位，标志着说唐故事进入了一个新的阶段。康熙年间褚人获即是根据《隋唐遗文》以及《隋唐志传》等，写成一百回的《隋唐演义》。

明清时期小说艺术进入了一个空前繁盛时期，乃至于成为一个时代文学的重要表征，这是与明清时期小说评点的盛行与深入分不开的，而明清时期的小说批评家主要是江苏籍文人。

叶昼（生卒年不详），字文通，自号叶阳开、锦翁、叶五叶、叶不夜、梁无知等，江苏无锡人。生平资料所存甚少。据《顾端文公年谱》记载，万历二十二年（1594）叶昼曾就学于东林党领袖顾宪成。清人周亮工《书影》中记载其"多读书,有才情,留心二氏学,故为诡异之行,迹其生平,多似何心隐。……当温陵《焚》、《藏》书盛行时,坊间种种借温陵之名以行者,如《四书第一评》、《第二评》、《水浒传》、《琵琶》、《拜月》诸评,皆出文通手。文通自有《中庸颂》、《法海雪》、《悦容编》诸集。今所传者,独《悦容编》耳。"天启四年(1624)作客开封,与当地文人共创海金社。现存的万历三十八年(1610)容与堂刊一百回本《水浒传》的评点和明代吴观明刊《三国志演义》的评点,虽然署李贽之名,但实际都出自叶昼之手。其中以对《水浒传》的评点成就最为卓著,无论是思想还是艺术,都比一百二十回本的评点高出一筹,分析也更加细密、深刻。叶昼在小说批评方面的建树甚多,是一位上承李卓吾,下启金圣叹以及清代小说理论批评的重要的小说评论家。

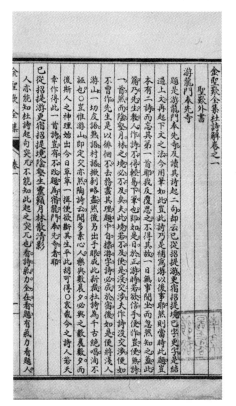

图上 6-7 (清)金圣叹《金圣叹全集》 清末(南京图书馆藏)

金圣叹(1608—1661),名采,字若采,又名喟,号圣叹,原姓张。入清后更名人瑞,喜学佛,名书斋为"唱经堂",因被称为唱经先生。长洲(今江苏苏州)人。顺治十八年,清世祖去世,金圣叹与同郡诸生借哭庙之际,鸣钟击鼓,掀起一场和平的反贪官、抗征粮风波,史称"哭庙案",同年七月金圣叹被杀害。金圣叹性格滑稽诙谐,行为狂怪。曾评点的书主要有《水浒传》、《西厢记》、《天下才子必读书》、《唐才子诗》、《杜诗解》等,还著有《沉吟楼诗选》和其他杂著多种,今有点校本《金圣叹全集》传世。其中,对《水浒传》的评点,是金圣叹文学批评方面的代表作。金批本《水浒》以"梁山泊英雄惊恶梦"作结,删去了其后的情节。

他对《水浒》及其作者予以极高的评价，将《水浒》与《史记》、杜诗等并称为"六才子书"。金圣叹注重小说与史书的区别与联系，认为史书是以文运事，而小说则是因文生事，对小说的特征与创作规律有深刻的认识。他把小说塑造人物形象的问题提到了突出的位置，并进行了深入的探讨。金圣叹开创的将序、读法和总批、夹批、眉批等方式综合运用的格式，将中国传统的评点样式提高到一个新的水平。他在批评《水浒传》中阐发的一系列小说观点及原理，大大丰富了我国古代小说理论，对其后的小说批评产生了重大的影响。同时，他对《西厢》的批点，也有诸多创获。金氏所作，深受当时读者的欢迎，王应奎在《柳南随笔》中说："顾一时学者爱读圣叹书，几乎家置一部"，可见其巨大影响。

毛纶（生卒年不详），与金圣叹大约同时，字德音，号声山。长洲（今江苏苏州）人。虽颇有文名，但一生不仕，贫困潦倒。中年双目失明，乃评《琵琶记》、《三国志演义》以自娱。毛宗岗（1632—1709 以后），字序始，曾评刻《三国志演义》，但据毛纶《第七才子书琵琶记总论》等记载，《三国志演义》的评改实由毛宗岗与其父毛纶共同完成的。评书之时，由毛纶口授，再由毛宗岗校订、加工和定稿。其书卷首有李渔序，称《三国志演义》是"四大奇书第一种"，后通行本将李序删改，伪题为"金人瑞圣叹"作，并改称《三国志演义》为"第一才子书"。序文后是《凡例》和《读三国志法》，在其后的每一回中，又有回前总评和回中夹批。从《凡例》中可以看出毛氏父子修订《三国》的总体原则，主要是：修改文词，使之流畅；辨正史事，增删内容；整顿回目，改为对偶；削除论赞，改为古诗；删尽原评，另作批点。毛氏父子对于历史小说特征的认识，以及对于《三国》的结构及其人物形象的分析方面多有创见。毛氏父子评点的《三国志演义》是在金圣叹评《水浒》之后用功最勤、声名最大的小说评点作品之一。

张道深（1670—1698），字自得，号竹坡，江苏铜山人，有诗集《十一草》，曾评点过《东游记》、《幽梦影》等，而最为称著的则是他以竹坡名批评《金瓶梅》。张竹坡评本《第一奇书金瓶梅》，刊刻于康熙三十四年（1695）。张竹坡对《金瓶梅》写下了近十万言的总评、回评与夹批、眉批，并与圈点相互配合，使我国小说评点的形式更加完善。与流行的视《金瓶梅》为"淫书"的观点不同，张竹坡认为《金瓶梅》是一部可见历史真实的作品。他说："凡人谓《金瓶》是淫书者，想必伊止知看其淫处也。若我看此书，纯是一部史公文字。"⑤同时，他还具体分析了《金瓶梅》中"淫话"的具体情况，指出这些语言主要是为了"深罪西门"。他认为《金瓶梅》是一部成就极高的佳作。张氏所评，丰富和完善了我国古代世情小说的理论。继李贽、冯梦龙、金圣叹之后，在小说批评史上，张竹坡作出了新的贡献。

清代江苏文坛以散文与骈文著称的作家众多，且在全国产生了重要的影响。桐城派是清代中叶最具影响的散文流派，其产生与流衍与江苏文坛有密切的关系。清初的汪琬实已开启了桐城文派的先声。桐城派中坚姚鼐在江苏讲学数十年，弟子众多，以恽敬、张惠言为代表的阳湖派堪称是桐城派的支流，并开拓了清代散文的新境界，而清代中叶出现的骈文中兴现象，则是以江苏文人为主体的。

首开桐城派文论先声的汪琬。汪琬（1624—1691），字苕文，号钝庵，曾结庐太湖尧峰山，世称尧峰先生，长洲（今江苏苏州）人。顺治进士、曾任刑部郎中、户部主事等职，康熙十八年（1679）举鸿博，授编修，受排挤而告病归。有《钝翁类稿》前后编，晚年自加汰选，成《尧峰文钞》。汪琬与侯方域、魏禧被称为清初散文"三大家"。散文疏畅条达。计东谓："若其文章，溯宋而唐，明理卓绝，似李习之；简洁有气，似柳子厚。"⑤《四库全书总目·尧峰文钞提要》称："琬学术既深，轨辙复正，其言大抵原本《六经》，与二家迥别，其气体浩瀚，疏通畅达，颇近南宋诸家。"⑤他反对将义理、经济、诗歌古文辞三者相割裂，已见桐城派理论的雏形。他很重视源自于作者"才"、"气"的文章艺术感染力，认为作者的寄托与文章的艺术法度都十分重要，文章"工者传，不工者不传也，又必其尤工者，然后能传数千百年而终于不可磨灭也"⑤。此之"工"，主要指法度的疏密、全阙、精陋等。汪琬的古文体现了他的文学主张。

姚鼐在江苏讲学40余年，弟子遍布江苏。管同、梅曾亮是其中成就最为卓著者，他们都是江宁上元（今江苏南京）人。管同（1780—1831），字异之，道光五年（1825）中举，入安徽巡抚邓廷桢幕。管同论学为文既尊奉姚氏之说，并弘宣姚氏古文之法，又能直言姚氏所失。所著之文，长于议论，具阳刚之美，有《因寄轩文集》。梅曾亮（1786—1856），字伯言，道光二年（1822）进士，少喜骈文，因管同的影响转而为古文，是姚鼐门下创作成就最高的。梅氏虽然曾居户部郎官二十年，但并无进取之志，自视为一逆旅客而已，但对传播古文作用较著，在京师承姚鼐之势，文名颇盛，治古文者多从其问义法，颇有继主文坛之势，方东树、姚莹都对其颇为推崇，成为弘扬桐城派散文理论的核心人物。梅曾亮以救时济世为己任，文中体现了作者强烈的现实关怀。梅曾亮被视为继姚鼐之后影响最大的桐城派代表人物。

恽敬（1757—1817），字子居，号简堂，阳湖（今江苏武进）人。乾隆举人，官南昌等地同知。著有《大云山房文稿》等。恽敬致力于古文，与张惠言同为阳湖派的创始人，其文《上曹俪笙侍郎书》比较全面地阐明了阳湖派与桐城派的异同。恽敬的文章颇具气势，语言取法于六经史汉，旁及诸子杂书，所作多为碑传与学术性文字，亦有风格清俊的山水小品，颇具词采。张惠言（1761—1802），字皋文，江苏武进（今江苏常州）人。嘉庆进士，任实录馆纂修，后官编修，著有《周易虞氏义》、《虞氏消息》、《茗柯诗文集》等，编有《词选》、《七十家赋钞》。张惠言在散文与诗词方面均有建树，是阳湖文派和常州词派的创始人，对清代文学的发展具有广泛的影响。

阳湖于清雍正二年析武进而独立置县。阳湖派实际是由武进、阳湖两县一批志同道合的文人形成的以古文创作为主的文学派别。其中以恽敬、张惠言为盟主。主要成员还有李兆洛、陆继辂、董士锡等。他们一方面深受桐城派的影响，致力于唐宋古文；另一方面又独标异帜，对桐城派进行批评，阳湖派意识到因理学的影响而使古文衰弱，提出从诸子入手，汲取思想与艺术的精华，以救文集之衰，而不是唯以儒家思想为尊。阳湖派能够以多种艺术风格的竞相标映，克服桐城派文学风格单一之弊。与桐城派主张骈散对立，摒弃骈文不同，阳湖文派的成员大多先从骈文入而后为古文，不鄙薄六朝之文。尤其以张惠言、李兆洛最为突出，他们通过汲骈入散，丰富了文章的表达效果，增强了文章的审美效果。"散行中时时间以八字骈语"是阳湖派为文的特征之一。

在桐城派古文盛行之时，清代的骈体文也很流行，其中多为江苏文人，较早的如陈维崧、吴绮等。乾、嘉之际，除了汪中与胡天游之外，还有袁枚、邵齐焘、刘星炜、孙星衍、吴锡麒、洪亮吉、曾燠、孔广森等八大家，他们对于文章的态度多与桐城派相对。在清代的骈文作家中，成就较高的是汪中。汪中（1744—1794），字容甫，江苏江都（今属江苏扬州）人。出身贫寒，少年丧父，十四岁时受雇于书商，贩书之暇，得以遍读经史百家，过目成诵，遂为通人。汪中恃才傲物，为时人所忌，目睹科场黑暗，虽文名为时所重，但绝意科场，一生未入仕，而以学术与骈文称著于时。他合学术与文章为一，别具风格，对先秦诸子的研究，创获尤多，实开近代诸子研究的风气。汪中为时人称道的还在于他的文章，他高举骈文的大旗，而与桐城古文相抗，形成了清代中叶骈文中兴的气象。他的骈文打破了形式的拘束，钩贯经史，熔铸汉唐，宏丽渊雅，卓然自成一家。汪中与袁枚、胡天游等人或为骈文争正统，或打破骈散壁垒，主张骈散合一，在清代乾嘉时期形成中兴的局面。

阮元（1764—1849），字伯元，号芸台，江苏仪征人，乾隆五十四年（1789）进士。翰林院编修大考第一，擢少詹，官至体仁阁大学士。阮元提倡朴学，在清代文章学方面亦具有独特的贡献。他继承和发展了南朝的"文笔说"，竭力肯定具有比偶声色特点的美文的价值，认为只有协音以成韵，修词以达远，"以文为本"的作品才能称之为文章，否则只是笔、言、语而已。他认为骈体文讲究声韵、比偶、辞藻，这是与《文言》、《系辞》、《诗大序》等秦汉之文的审美取向一致的，因此，齐梁以及唐代的四六文体乃承祧文之正统而来。只是因为齐梁以来的作品溺于声律而使笔力不济才使得文体卑弱。因此，唐宋诸大家矫八代之衰，所写的文章，实乃非经即子，非子即史。同样，他认为桐城派的古文就类别而言，也只能或归于经派，或归于史派，或归于子派，并不是真正的文，只有"沉思"、"翰藻"的作品，才能视为真正的"文"。阮元打破了桐城文派奉为偶像的唐宋古文的正统形象，对当时声势甚大的桐城派以很大的冲击。阮元的"文言"说在近代产生了一定的影响，尤其是同乡刘师培反对白话文的"文言"论，直接承祧了阮元的文章观念。

第五节　文献著述与刻书藏书

文献著述　图书刻印　藏书

　　明代江苏特殊的政治、经济和文化地位，铸就其辉煌的史学成就。除了明初的几部官修史书外，随着政治中心的北移，永乐十九年以后的史学成果多偏向于私人撰述，其中江苏籍的史家著述特别丰富。

　　通史及史评著作方面，有嘉靖朝南京人沈越撰《宋史详节》、《通鉴纪事前编》，上元陶元素撰《史隽》，江宁司马泰撰《史流十品》，高淳邢土乾撰《历代帝王世袭图考》，六合孙近辰撰《通鉴大全解》。昆山人顾炎武一生史学著述颇丰，《天下郡国利病书》和《肇域志》两书纂辑了明代社会经济、地理、政治等方面的丰富资料；他汇集历代都城史料而成的《历代宅京记》，是中国古代第一部都城历史资料的专书；《日知录》是他读书时勤于札记，将心得写成条文，经数十年累计和不断增补、修订而成，反映了顾炎武在学术研究中的务实精神。

　　私家修史方面，有嘉靖时期曾累官至南京刑部尚书的王世贞撰有《弇山堂别集》100卷，《弇州史料》100卷，《四库全书总目提要》称其"博综典籍，谙习掌故，则后七子不及，前七子亦不及"，其史学著作除前两部外还有《明野史汇》、《嘉靖以来首辅传》、《谥法通记》、《皇明名臣琬琰录》、《朝野异闻》、《觚不觚录》等，有的虽属笔记性质，但其内容大多记有明朝典章制度，具有很高的史料价值。

　　万历时期江宁人焦竑曾任翰林院编修，南京国子监司业。编有目录学著作《国史经籍志》6卷，另有《纠缪》1卷，成为事实上的一部明代国家总书目。所撰《国朝献征录》200卷，实有明史别裁之意，可补正史之不足。谈迁撰《国榷》108卷，是编年体明史中篇幅最浩繁的一部史书。

　　为解"建文逊国之谜"，弘治年间，曾任职兵部的南京人陈谦之就得"诸臣事于故牍中，铨次为集"，惜"家世寝远，书以不存"⑤，是较早补辑建文朝史者。江宁人焦竑撰《逊国忠记》、黄佑撰《革除遗事》均颇具特色。

　　记载福王南都之事的野史很多，其中以六合徐鼐撰《小腆纪年》、《小脾纪传》可概一般。正德时期，曾任南部刑部尚书的江浦人张瑄撰《南征录》1卷，记载广西布政使镇压瑶民事。明末党事，陈子龙、吴应箕常居南京，反对阮大铖、马士英。陈子龙辑《皇明经世文编》504卷，补遗4卷，是研究明史的重要史料。吴应箕撰《留都防乱公揭》、《留都见闻录》、《东林本末》、《启祯两朝剥复录》、《熹朝忠节死臣传》等影响颇大，其辑录的《复社姓氏录》多达几千人。明万历太监，后充南京孝陵卫净军的刘若愚撰《酌中志》，多记宫中秘闻。

关于南京历史沿革方面的著述，有正德、嘉靖年间侨居南京的陈沂撰《金陵世纪》4卷，概括了南京古今历史。金陵野史记人物轶闻、风俗时尚者，有周晖的《金陵琐事》、焦竑《金陵旧事》、李贽《藏书》，此外还有何开远撰《东晋人物略》、曹大用撰《留都士女表》、陈镐撰《金陵人物志稿》、陈毅撰《陵闻见录》等。明著名历史学家，万历、天启时江宁人顾起元，一生致力于南京历史研究，历官南京国子监司业、祭酒。著有《顾氏小史》，《金陵古金石考目》1卷、《客座赘语》10卷共471条等。《客座赘语》主要记述了南京掌故和风俗民情，为研究明代南京地方历史提供了十分宝贵的资料。

此外，南京本地藏书家甘熙著有著名的《白下琐言》、《栖霞寺志》等。朱国祯《皇明史概》、吴朴《龙飞纪略》两书为对研究明史有参考价值的书。刘树声《金陵闻见杂著》，路鸿休《帝里明代人物略》，戴衍善《金陵先进人文略》，陈作霖《金陵通传》均为记载南京人物之名作。

随着明朝对外交往的发展，应天人巩珍于宣德五年（1430）随郑和等通使西洋，往返三年，历二十余国。询悉各国事迹，归国后撰成《西洋番国志》，记述各国风土人物等。

明代江苏的方志、年谱及家乘也很兴盛。如明初诏撰《洪武京城图志》。洪武二十八年（1395）颁布发行的《洪武志书》专述都城南京的山川地理，封疆之沿革，宫阙门观之制度以及坛、庙、寺宇、街市、桥梁之建置。明上元人、正统进士倪谦曾参与编修《寰宇通衢书》。嘉靖侨居南京的陈沂修《南畿志》，创私人修志之风。之后有官修的《江宁府志》、《江南通志》，县志有江宁、上元、六合、江浦、高淳、溧水等。经过历朝修撰或续补，各县都有志书数种，此外还有一些专门志书也纷纷问世。如陈沂的《金陵志》、《金陵古今图考》、《献花岩志》、《皇明翰林志》等。嘉靖进士、上元人盛世泰。撰有《牛首山志》2卷、《金陵纪胜》2卷、《大城山人集》68卷，以及《大城山志》、《栖霞小志》、《金陵泉志》、《方山志》等。另有金石目录《巷润轩碑跋》、《续跋》各1卷。明末上元人张怡撰《金陵私乘》8卷，《摄山志略》6卷，《史絮》24卷，《张氏家谱》8卷等。曾任南京礼部郎中、南京尚宝司卿的葛寅亮，撰有《金陵梵刹志》53卷、《金陵玄观志》13卷，这是南京最早的佛寺志。家乘年谱之作有：明王应宪撰《广万姓谱》，沈朝阳撰《沈氏世传》，徐鼐撰《敝帚斋年谱》等。

明代定都南京，南京成为全国政治、经济、文化中心，《大明律》、《大诰》等一应官方典制之书均在南京开雕印刷，大明宝钞则由宝钞局印制。洪武五年至永乐元年（1372—1403），在南京刻印的佛教《大藏经》，是明初南京最大的刻书工程。永乐十九年（1421）迁都北京后，南京为留都，南京国子监刻书仍持续不断，称为南监本。南监曾汇编刊印二十一史、《通鉴》等书，前后共刻印书籍270余种。此外，南京都察院、大理寺、会同馆也刻印书籍。直到明末，江苏的官刻本如松江府所刻的徐光启《农政全书》等均极为有名。

由明入清，在民间刻书已蔚成风气的江苏，由官府及官员主持进行的书籍刻印事业仍然得到重视和发展，值得一提。江宁织造曹寅奉旨在扬州设立全唐诗局，校刻《全唐诗》。诗局开设于康熙四十四年五月，康熙命侍讲彭定求等九人及翰林俞梅前往校刊。曹寅细心挑选写刻人工，选择笔迹相近者练习书写成为一种字体，再为缮写同时遣人四处访觅中晚唐诗，以求齐备，而后确定凡例，得到皇帝肯定"凡例甚好"。刻印后再行校对。当年十月，刻成唐太宗及高、岑、王、孟四家诗后，曹寅先装潢两部进呈，请康熙帝审定纸张之厚薄、开本之大小。诗局边刻边校，到次年九月，刻对完全唐诗90套，十月初一日进呈御览。四十六年四月康熙帝撰成诗序，补刻置于卷首。据统计，今本《全唐诗》共900卷9814页，除去先前所刻部分，平均每月刊印一千页以上，速度相当快。曹寅刻印的《全唐诗》，深得康熙帝赞赏，朱批"刻的书甚好"，更"创造了中国古代雕版印刷史上以'欧字精校精刻'见长的'康版'风格，把中国雕版印刷史大大地向前推进了一步"⑩。"康版"风格从而引起民间刻家纷飞效仿，其精致程度远在宋版之上，为时所尚。《全唐诗》之外，曹寅还领衔刊刻了康熙朝的另一部巨著《佩文韵府》。该书由康熙帝确定编纂体例和具体卷帙，众大臣奉敕修成。原由武英殿刊刻，为显示稽古右文，康熙帝又于五十一年（1712）命江宁、苏州和杭州三织造在扬州开刻。曹寅于当年三月开工，精心挑选匠手一百余人，本自在书局料理，杭州织造孙文成从杭州办纸。曹寅于七月去世后，苏州织造李煦主持刊刻，到次年九月工竣，以连四纸和将乐纸分别装订各十部，分装 20 箱进呈。康熙帝十分满意，朱批"此书刻得好的极处"，下令刷印 1000 部，其中以将乐纸装订 200 部。此外，曹寅在扬州诗局刊刻了《御定历代赋汇》等内府藏书十余种近三千卷；将自己珍藏的宋元善本汇集成《楝亭藏书十二种》和《楝亭音韵五种》，自己的诗文集等，出资刻印；并为顾景星、施闰章、朱彝尊等文人刻印文集。苏州织造李煦也曾于康熙四十九年（1710）前后两次遵旨刷印御批《资治通鉴纲目》1600 部，康熙五十五年多次刊刻康熙御制诗集。其时扬州、苏州成为官府刻书的典范，影响及于民间刻书。

同治年间，清廷恢复了在南京的统治后，曾国藩为推进教育和读书风气，于三年四月（1864），即在南京设立书局，延请绅士一人督理局事，提调道府一人为佐，延聘四方绩学之士分任校勘，考核工匠之勤惰，刻印书籍。刊刻经、史、子、集各类书籍。江宁知府涂宗瀛也自刻《濂溪集》、《二程全书》等书，两淮盐运使活汝奎则自刻《易说》等，江宁布政使孙衣言等也刊印善本以劝学。四年（1865），巡抚李鸿章在苏州创立江苏官书局，在扬州创建淮南官书局，刊刻经史子集各类书籍，苏州局另又刻印了《圣谕广训附律》、《圣谕广训直解》等书。六年（1867），总督李鸿章在南京设立聚珍书局，用䃽字本排印史书、舆地、官箴、文集等书籍，谕旨以道员一人主持其事。书局于光绪五年（1879）裁撤⑪。光绪二十七年（1901）两江总督刘坤一和湖广总督张之洞会奏设立江楚编译官书局，编辑教学参考书及翻译东西洋教科书，以备新式学堂教育之用。清廷认可后，当年九月于南京正式成立，并兼管合并了江南官书局和淮南官书局。江楚书局以出版学堂各类教科书和地方史志为主，共出书70余种，其中学堂章程和各科各级教材教法较有价值。当时各学堂多采用上海商务印书馆和文明书局教材，江楚书局出版书籍发行不畅，经济困难。1909年，江苏咨议局提出裁撤书局议案，次年，江楚编译官书局改为江苏通志局。

　　明清时期，江苏最为突出的是书坊刻印书籍即坊刻，尤其是江南的南京、苏州、无锡、常熟、松江和苏中的扬州等地兴起为全国重要的刻书中心，明后期起与杭州、湖州等地一起成为全国最大的书籍产地。明代隆庆、万历时，著名藏书家项元汴说："文献之中，三吴、七闽典籍萃焉。……吴会、金陵擅名文献，刻本至多，钜秩类书，咸会萃焉。海内商贾所资，二分十七，闽中十三，燕越弗与也。然自本方所梓外，他省至者绝寡，虽连楹丽栋，蒐其奇秘，百不二三，盖书之所出，而非书之所聚也。至荐绅博雅胜士韵流好古之称籍籍海内，其藏蓄当甲诸方矣。"⑧是说江南市场上的书籍，都是当地刻印的。这种说法，后来被万历时著名藏书家、文献学家胡应麟所袭用。而且明后期江苏刻印书籍的水平全国最为高超，按照时人的说法，江南自明后期以来就是全国最为有名的刻书中心，到清代康熙年间，南京、苏州、杭州书坊刻书大盛，宋代以来即有名的福建建阳之书，销路不过大庾岭，北京也少刻书高手，全国刻书聚于江南一隅，以后直到太平天国爆发，江南一直是最为兴盛集中的刻书中心，书版之善，名家辈出。

　　众多书坊的存在，催生了大批著名的刻书印家。研究表明，江苏仅明代南京一地，就有金陵积德堂、唐氏文林阁、富春堂、周氏嘉宾堂等30余家书坊，其中以唐姓十二家和周姓七家最负盛名，刻印了经史子集、文集尺牍、医书琴谱、小说戏曲等书。仅戏剧就可能多达二三百种，超过同时期的福建建阳所刻戏曲⑧。李时珍集医书大成的《本草纲目》一书，就是由南京藏书家胡承龙刻印于万历十八年至二十四年（1590—1596）的，后来才由江西巡抚翻刻广为流布。明代苏州也以雕刻书版闻名。仅据国家图书馆所藏善本书统计，明代苏州地区可知名姓的刻工就达600余人，所刻之书至今藏于国家图书馆的就有100余种。明末清初的常熟人毛晋，就是著名的刻书家。自天启起直到清顺治的40余年间，毛晋高价收购各种善本图书，延聘文士校勘，雇募工匠，大规模、高质量刻印各类书籍，至少成书 600 余种，经、史、子、集丛书无一不刻，所刻书籍，通称汲古阁。其中最多者为十三经、十七史，另刻宋名家词六十一种，为汇刻词集之始，六十种曲，为明人传奇总集，不少传奇赖以保存。

江苏书坊自史书经书、地志文集、科举时文、小说戏文，乃至淫秽唱片，无所不刻不印。藏书家所刻，多为经史子集、高头讲章，以汇集全、底本优，校勘精、梓刻佳为旨归，而坊刻多从获利目的出发，以出手快、面市早、发行广、获利多为目的。即如历代地方官府不时严禁的所谓淫书秽曲，也充斥于市。康熙中期，江苏巡抚张伯行发布告示，痛斥"江苏坊贾，惟知射利，专结一种无品无学希图苟得之徒，编纂小说传奇，宣淫诲诈，备极秽亵，污人耳目，绣像镂版，极巧穷工"。汤斌也下令今后"除十三经、二十一史及《性理》、《通鉴纲目》等书，……在所不禁，若仍前编刻淫词小说戏曲坏乱人心伤风败俗者，许人据实出首，将书板立行焚毁，其编次者、刊刻者、发卖者一并重责，枷号通衢，仍追原工价，勒限另刻古书一部，完日发落"⑩。而由地方文献所载，此种现象直到清末未有改观。

因为同业众多，为了规范约束，苏州书坊同业于康熙十年（1671）在吴县北利三图汪家坟，建立崇德书院，供奉梓潼帝君，为同业订正书籍、讨论删原之所。公所毁于太平天国兵燹，同治年间得以重建。

江南梓刻如此，印刷水平也极为高超。在乾隆中后期，苏州有印纸作坊 34 家，动用工匠共 800 余人，分工细密，按工计酬，染印丹素、胭脂、金巨红、笺金、丹红、砂绿、山木红、蓝等各色纸张。江苏刻印书籍的成就突出体现在活字印书和彩色套印，除普通木刻书版外，还运用了木活字和铜活字的方法。明朝中期，江苏的无锡、苏州、南京等地已盛行铜活字印书。弘治时，无锡华坚、华镜兰雪堂，华燧、华煜会通馆都用铜活字印书。华氏兰雪堂印行了《春秋繁露》、《艺文类聚》、《蔡中郎文集》、《元氏长庆集》、《白氏长庆集》等书，会通馆印行了《九经韵览》、《容斋随笔》、《古今合璧事类》、《文苑英华纂要》、《锦绣万花谷》等书，华燧所刻的《会通馆集》和《九经韵览》版芯下有"会通馆活字铜版印"两行八字。而且印制速度奇快，华珵"所制活板，甚精密，每得秘书，不数日而印本出"[65]。正德、嘉靖时无锡安国桂坡馆曾用铜活字印过《吴中水利通志》、《颜鲁公集》、《魏鹤山先生大全集》等书[66]。苏州金粮馆曾用铜活字印宋范成大《石湖居士集》和明人的《西庵集》等书。今国家图书馆所藏《开元天宝遗事》二卷，卷上首页即有"建业张氏铜板印行"字样，该书大约刻印于弘治至嘉靖年间。

　　自明中期起，江苏还开始流行红、黑两色套印的书籍，并且出现了多色套印的彩色木刻画。一幅较为复杂的花鸟或人物画，常需刻三四十版，印刷六七十次才能完成。明末徽州休宁人胡正言，弃官后寓居南京，大量收购，在其十竹斋中，雇佣了十数名刻工，用五色套印出了《十竹斋画谱》、《笺谱》，不论花卉羽虫，色彩逼真，栩栩如生，成为学画的模版，"销于大江南北，时人争购"。光为十竹斋包揽经营的汪姓良工就成了巨富。

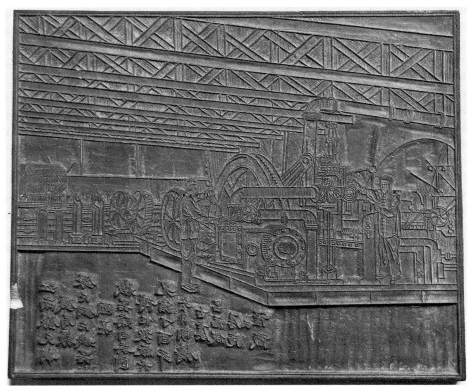

图上 6-8　（清）十竹斋木刻　（南京十竹斋藏）

　　清代江苏尤其是苏南地区作为全国最大的文化中心，著书、刻书、印书、藏书盛况空前，地域集中。南京刻书印书业继续发展，"雕印书板，海内资之，粗者多而精者亦不乏"⑥，涌现出诸多刻书高手。仅刘氏一门如刘文奎、刘文楷、刘文模、刘觐宸、刘汉洲等皆为刻书名手。黄丕烈说："今金陵多书坊，且多刻工，但剞劂不精，坊间亦无好事如举直者。"⑧虽然刻书质量有所下降，但书坊和刻工仍然非常之多。按照清末民初人叶德辉的说法，卢文弨的《抱经堂丛书》，以及当时江南著名的藏书家如鲍廷博、孙星衍、黄丕烈、顾广圻出版的书籍，就是由刘氏刻工梓刻的。清前期，苏州刻工的名声也遐迩闻名。雍、乾时吴江人袁栋说："印板之盛，莫盛于今矣，吾苏特工。"⑥同时的浙江山阴人金埴称当时出书，"吴门为上，西泠次之，白门为下"⑩。所以江南与闽越之地盛行刻书，而以苏州所刻质量最优，书价最高。嘉、道时无锡人钱泳也认为，苏州刻书质量虽不如前，"然康熙、雍正、乾隆三朝所刻之书，如《佩文斋书画谱》、《骈字类编》、《渊鉴类函》及《五礼通考》诸书，尚有好手"⑪。上述事例表明，苏州一直居刻书印书鳌头地位，整个江南的书籍中心，更加集中到了苏州。

　　雕版刻印书籍的同时，活字印书也仍流行。乾隆时常州人赵翼说："今世刻工有活板法，亦起于宋时。……但宋时犹用泥刻字，今则并用木刻，尤为适用耳。"⑫民间使用木活字刻书十分广泛。有名者如苏州徐氏灵芬阁、岞崿山房，南京倦游阁、宜春阁，常州谢氏瑞云阁。藏书家和名人印书使用木活字者也不少。嘉庆时常熟张金吾，从无锡得到十万余枚活字，排印其著作《爱日精庐藏书志》，又印行《续资治通鉴长编》，用了16个月，印成120册。清代常州的铜板木活字仍享有盛名，而大多用于印刷家谱，因此清代的家谱十分之六七都用木字排印。常州、无锡印工在清代负有盛名，以致四川人把宗谱稿本寄到常州排印。安徽人更将省立的官书局——曲水书局设立在常州龙城书院。吹黎阁本《文苑英华律赋选》，序文作于康熙二十五年（1686），是现在所知清代最早的铜活字本，比《古今图书集成》还早40年。该书凡四册，黑口，四周大单边。字为笔写体，也就是所谓"软字"（即楷体）或"今体"，楷书流利悦目，印刷清楚，体现了高超的印刷水平⑬。木活字排印灵活方便，成本下降，使得价格便宜，也使得书籍的种类更加丰富齐全。

　　江苏书籍刻印水平高、种类多、品种全，质量优，购买方便，从而占领了国内外书籍市场。毛晋汲古阁所刻书籍，畅销全国，至有"毛氏之书走天下"的说法[74]，于是天下之购善本者必望走隐湖毛氏之门，或谓"湖州书舶云集于七星桥毛氏之门"[75]，是为书籍流通佳话。明末兴起的席氏扫叶山房，"贩夫盈门，席氏之书不胫而走天下"[76]。整个江南，书籍买卖一派兴旺繁忙景象。作为书籍大卖场的北京琉璃厂，书籍来自江南和江西。李文藻《琉璃厂书肆记》记乾隆中期北京琉璃厂的书铺，主要是江南人和江西金溪人所开，其中文粹堂金氏、五柳居陶氏，均是苏州人，他们"每年购书于苏州，载船而来"。清代二百余年间畅销于日本市场的中国书籍，主要来自江苏、浙江两省[77]。因为书籍采买容易，嘉庆十四年皇帝五十大寿，苏州特开贡局，景庆、大观（虎门彭、宋两家所开）两家先后开张，提供各省大僚书籍文玩等进呈贡品，因为出价高昂，不少珍本善本因时而出[78]。

　　书铺、私人藏书和藏书家刻书江南刻书印书既多，书籍市场就特别发达，书铺林立，册籍充栋，购买十分便利，价格相对便宜。苏南城市的书铺分布，苏州书肆多在阊门内外及吴县县衙前，书多精整，但大多是当地所刻。金陵书肆大多在三山街及太学前。乾隆年间，苏州金阊之间有一家文雅堂书坊，就曾刻印过商书《示我周行》等书。乾隆二十四年（1759）记录的《江南省苏州府街道开店总目》，第八店则为益智堂书坊。嘉庆、道光时期，著名苏州藏书家黄丕烈称，由府衙至按察司署，直至胥门学士街，三十年间书坊多至十数家，元妙观前向多书坊，其时更盛。如胥门经义斋书坊、阊门横街留耕堂书坊、阊门书业堂、阊门文秀堂书坊、金阊门外桐泾桥头书铺芸芬堂、山塘白堤萃古斋、学余堂书肆、丁俊卿店、文瑞堂书肆、臬署前玉照堂书坊、臬署西中有堂书坊、紫阳阁朱秀成书坊、遗经堂、酉山堂、本立堂书坊郡庙前五柳居、东城醋坊桥崇善堂书肆、元妙观前遗经堂、师德堂书坊、府东敏求堂、元妙观前墨林居、元妙观前学山堂书坊、元妙观东闵师德堂、郡东王府周姓墨古堂、阊门外上塘街冷摊、王府基高姓书摊等，极为有名。

　　今人张秀民先生精于中国印刷史，考订清代苏州有赵氏书业堂、宝翰楼、振邺堂、绿荫堂、穆大展局、经锄堂、文粹堂、文英堂、文裕堂、文林堂、文喜堂、文渊堂等书坊53家。其所记书坊均为寓目实有其名者，实际见于著录者还远不止此。道光十七年（1837），苏州府具立收缴淫书议单的书坊多达65家，其中有书业堂、桐石山房、酉山堂芝记、文渊堂、师德堂、扫叶山房、兴贤堂、文林堂、三味堂、步月楼等。清中期南京的状元境，书坊有20余家，大"半皆江右人"所开。

江苏尤其是江南为文献渊薮，书籍刻印和流通极为发达，书籍收藏事业也因而持续兴盛，藏书名家辈出。诸如：南宋苏州人叶梦得石林书屋，无锡尤袤遂初堂，苏州朱长文乐圃，江都李衡乐庵；元无锡倪瓒清閟阁，昆山顾德辉玉山佳处，苏州袁易静春堂，溧阳孔文升开有益斋；明昆山叶盛篆竹堂，苏州吴宽丛书堂、文氏愿贤堂，无锡邵宝泉斋、华珵尚古斋、安国桂坡，太仓陆容式斋、王世贞小酉馆，南京司马泰怀洛楼、常熟赵琦美脉望馆、毛晋汲古阁、钱谦益绛云楼；清常熟钱曾述古堂、瞿镛铁琴铜剑楼、席鉴扫叶山房、张海鹏借月山房、王应奎柳南草堂，昆山徐秉义培林堂、徐乾学传是楼，苏州惠氏红豆山房、吴泰来遂

图上6-9 瞿镛铁琴铜剑楼

初园、黄丕烈士礼居、顾广圻思适斋、顾沅艺海楼、潘祖荫滂喜斋，吴江彭桐桥静坐斋，南京黄虞稷千顷堂、甘氏津逮楼、陈作霖可园，阳湖孙星衍平津馆，武进李兆洛静补斋，无锡秦蕙田味经书屋，扬州江藩石研斋、马氏小玲珑山馆、陈逢衡瓠室、阮元文选楼、张敦仁与古楼，江阴王谦吉环山楼、缪荃孙艺风堂，等等，上述都是藏书名家，家藏书籍多在万卷以上。清代更有突出者如南京黄虞稷、扬州江藩均藏书八万余卷，而江宁甘国栋津逮楼、常熟张金吾和陈揆，扬州马氏玲珑山馆与汪喜荀，藏书均不下十余万卷；还有江宁汪士铎、丹徒蒋宗海等均三万余卷，丹徒张若筠等均二万余卷。此外，南宋淮海周辉，明武进唐顺之，清昆山徐元文，泰兴季振宜，扬州陈季模，常熟冯舒、冯班兄弟，苏州蒋重光、叶昌炽，江阴王塾，山阳鲍桂生，也都以藏书著名。

　　江苏藏书家所藏，多珍本稀见本。清中期，黄廷鉴说："今文教浸昌，海内响风，争购宋元旧刻，及四库已佚之书。"其时收集古籍的常熟张金吾和陈揆两家，收藏不下十余万卷，其中宋元旧刻及新旧抄本，精妙者可得一二万卷，于是"四方之名士，书林之贾客，挟秘册访异书，望两家之门而投止者，络绎于虞山之麓、尚湖之滨"⑦。如苏州顾沅艺海楼藏书不及四库六百余种，而四库未收者二千余种。扬州马曰琯，四库馆征书时进献秘本776部，蒙赐《古今图书集成》一部。苏州汪士钟，广搜宋元旧刻以及四库未采者，摹刻宋本《孝经义疏》、《刘氏诗说》、《郡斋读书志》诸书，校对精审，举世珍若拱璧。苏州顾若霖，喜蓄异书，手白雠勘，季振宜藏宋元板刻以至钞本几无遗漏。江都人翁长森，留意乡邦掌故，辑成《金陵丛书》。吴江平望翁广平，性好异书，撰成反映日本情形的《吾妻镜补》三十卷。

　　藏书家利用广藏多蓄的有利条件，大量编书刻书，所刻之书质量上乘，为人所宝。明代如前述无锡安氏、华氏，常熟毛晋等即是。又如江宁人司马泰，编辑《文献汇编》、《续百川学海》、《广说郛》、《古今汇说》、《再续百川学海》等丛书，书多秘籍。若参照王桂平的统计，清代江宁、镇江、常州、无锡、苏州、扬州等地的藏书家476人，其中231人曾刻印过书籍⑧。如昆山徐氏传是楼、苏州席氏扫叶山房、黄丕烈士礼居、顾广圻赐砚堂、潘氏滂喜斋、南京宜春阁、常州孙星衍平津馆、谢氏瑞云阁等，大多属于嘉、道时人，黄丕烈所谓"非特善藏而又善刻"者一类，都是兼事刻书颇具声名的。无锡秦氏摹宋刻小本九经，王士祯称其剞劂最精，点画不苟。日本学界熟知的《沈归愚诗文集》，就是沈德潜自刻的。清河人王锡祺，曾编山经地志为《舆地丛钞》，又采前人未刊遗书著为《小方壶斋舆地丛钞》，自铸铅版印行，一时纸贵。

藏书家编书刻书，一般都事先精心校勘审核，因而江苏校勘目录学极为发达。明无锡华燧好校阅同异，辄为辨证，手录成帙。南京焦竑藏书两楼，五楹俱满，一一皆经校雠探讨。明赵琦美以朱黄雠校，十分认真。更有明末南京人黄居中，锐意藏书，老而弥笃，积书六万余卷，建有千顷斋藏书楼。其子黄虞稷，精心保存，又努力搜求，得书二万余种，书楼扩大为千顷堂，与另一藏书家丁雄飞订立古欢社，互相考订，立古欢社约，互相借还图书。后来又以千顷斋藏书为基础，编成《千顷堂书目》32卷，在此基础上修订成《明史艺文志稿》。该书目收录宏富，收入明人著作12000余种，成为著录明代著作最为完备的书目，也成为考订明代著作的依据。现行的《明史·艺文志》即在其基础上删改而成，更创断代正史艺文志之先河，补述了宋、辽、金、元史艺文志。其分编著录精详，按经、史、子、集分成四大类，下分设51小类，较之以往书目，有分有合，详略得当。每书均录书名、卷数，以及作者姓名、爵里、科第。有些还撰有提要，详记内容及成书情形。该书对中国目录学的发展及正史撰修均产生了重要影响[61]。

清苏州黄丕烈，读书于版本先后、篇第多少、音训异同、字画增损，及其授受源流、翻摹本末，以至行幅疏密广狭、装帧之精粗敝好，无不心营目识，条分缕析。尤其嗜好宋本，购有宋刻百余种，自号佞宋主人。刊《士礼居丛书》，为学者所重。又有《士礼居藏书题跋记》、《续录》、《百宋一廛书录》等，嘉惠学林。苏州顾广圻，喜校书，皆有依据，绝无凿空。主张"凡天下书皆当以不校校之"，论古书舛谬处，细若毛发，极为精到。常熟黄廷鉴、王振声及李芝绶兄弟，皆以校雠著名。昆山徐元文，积书万余卷。皆手自校雠，卷帙大多精好。清山阳张弨，精小学，辨体审音，为顾炎武刊《广韵》及《音学五书》，手自校雠。阳湖孙星衍，勤于著述，性好聚书，闻人藏有善本，借钞无虚日，凡金石文字拓本、古鼎彝书画无不考其原委。有《孙氏家藏书目》内编四卷外编三卷、《平津馆藏书记》等。常熟张海鹏，藏书室名照旷阁、借月山房、从善堂，家多宋元旧刻，精于校勘，以刻印古籍为己任，致力于刊印丛书，有《借月山房汇钞》。其侄张金吾，益以聚书为事，编有《爱日精庐藏书志》，著录图书七百余种，每书有解题，考核版本，详录历代序跋题识和先辈时贤手迹，为以后多种藏书目录所仿效。又印行《续资治通鉴长编》。常熟江声，得秘本辄手抄，校勘精确。苏州何焯，读书必审必核，校勘细如毛发，蓄书数万卷，校定《两汉书》、《三国志》最有名。武进李兆洛，精于鉴别古籍，藏书五万卷，皆手加丹铅，校羡脱，正错讹。尤其耽嗜舆地之学，购备各省通志，校对千余年间水利之书，证以正史，刊定顾祖禹《读史方舆纪要》之不符原史者。清末苏州叶昌炽，校勘学冠当代，瞿氏《铁琴铜剑楼书目》、蒋氏《铁华馆丛书》、潘氏《功顺堂丛书》均其所审定。又隐括《历代藏书纪事诗》七卷。江阴缪荃孙主持钟山书院，课士之暇，一意刻书，日事校勘[82]。

图上 6-10　黄丕烈像（选自《清代学者像传》）

　　文汇阁和文宗阁是著名的国家藏书楼。清代江苏私人藏书楼林立，藏书繁夥，版本目录学发达，因缘际会，国家藏书也别具一格。《四库全书》修成后，除了北京等地四阁所藏四部外，为广流布，乾隆帝考虑到江苏、浙江是人文重地，决定再抄三部，分贮于扬州、镇江和杭州。在此之前，乾隆帝已向三地各处颁赐了一部《古今图书集成》，扬州和镇江已仿照浙江天一阁修建了文汇阁和文宗阁，以贮藏该书。乾隆四十二年（1777），两淮盐政寅著领到《古今图书集成》后，就奏请在扬州天宁寺行宫和镇江金山寺行宫内高宽之处鼎建书阁，永远宝藏。四十四年，镇江藏书阁首先建成，赐名文宗阁。次年，扬州藏书楼相继告竣，赐名文汇阁。两阁各贮《古今图书集成》一部。五十五年，《四库全书》三部抄写核对完毕，正式颁发江、浙两省三阁。江浙三阁大体取法天一阁，并仿照内廷四阁的结构，略有所异，也没有乾隆帝御制记文。文宗阁所藏《四库全书》，计经部书947匣，5402本；史部书1625匣，9463本；子部书1583匣，9084本；集部书2042匣，12389本。另有《总目录》计22匣，127本；《简明目录》2匣，8本。又有《古今图书集成》520匣，5020本。此外，尚有《全唐文》、《明鉴》诸书。文汇阁共三层：下层中间放置《古今图书集成》，书面用黄色绢；上层左侧贮子部，书面用玉色绢；右侧贮集部，书面用藕荷色绢。三阁收藏《四库全书》后，乾隆帝谕令该省士子可以呈明后到阁抄阅。江浙地方官遵照谕令，允许当地士子在阁借阅或抄写，对典籍和文化传播发挥了积极作用。咸丰三年，由于太平军攻入镇江，文宗、文汇两阁《四库全书》毁于战火㊸。

第六节　医学的繁荣及成就

温病学说的形成和确立　古典医籍的整理、研究和阐发　重要医学书之刊印　中医学术的新成就　孟河医派

明清时期，随着江苏经济文化在全国地位的提升，江苏中医药也在前代的基础上，又有重要进展，不少方面处于全国领先地位，如温病学说，处于全国中心地位，作出了卓越的贡献，其他如对古典医籍的整理、研究和阐发，大量具有个人特色的医籍的刊行，以及临证内、外、妇、骨科的推进等，均在全国范围有很大的影响。

《难经·五十八难》中，将感受外邪的发热性疾病，总称为广义伤寒，其中狭义伤寒和中风是感受寒邪而发，而温病、湿温、热病是感受温热、湿热而发，后世通称温病。中医归纳温病的特点是发病急剧、热象偏盛和易化燥伤津。其主要病证如吴瑭所列，有风温、温热、温疫、温毒、暑温、湿温、秋燥、温疟……等等。用现代医学名词表述，大致为春季多种呼吸系统传染性疾病如肺炎、急性支气管炎、胸膜炎、流行性脑脊髓膜炎等；夏季的流行性乙型脑炎等；秋季的上呼吸道感染；冬季的感染性的呼吸道疾患，以及肠伤寒、副肠伤寒、疟疾……等等。这些疾病的症状和发病过程，大致符合中医归纳的上述三个特点。对温病的论述，《内经》、《难经》、《伤寒论》以及历代医家均有所论述，并有一定的方药治疗，但不够系统、全面，元末明初王履对温病病机的论述可说开后世温病学说端绪。

温病学说的形成和确立是在明清时期，江苏众多医家对此作出了贡献，江苏也成为温病学说的中心地带，这与当时传染病的流行，江苏部分地区的气候地理环境和经济文化的发达等各种因素有关。现介绍其代表性人物和成就。

吴有性，字又可，明末江苏吴县人，是一位民间医生。明朝末年，政治腐败，战乱迭起，灾荒连年，疫病的流行也更为严重，如 1641 年的一次疫病大流行，地区遍及山东、河北、江苏、浙江等省，吴有性目睹疫病肆虐之惨状，又见不少医生，以治伤寒（狭义）之法误治，致使不少患者夭亡，极为痛心，遂"静心穷理，格其所感之气，所入之门，所受之处，及其传变之体，平日所用历验之法"，于次年（1642）发表《温疫论》一书，将温疫与伤寒（狭义）截然分开，从病原、感染、传变过程和治疗原则等方面，从实际观察和分析所得，提出了许多创新见解，对后世温病学说的形成，有重要影响。

在温疫源学说上，他突破了传统外感病皆因于六气之说，提出了感染"杂气"（或称戾气）的病因说。他说："夫温疫之为病，非风、非寒、非暑、非湿，乃天地间别有一种异气所感。"他认为"六气有限，现在可测，杂气无穷，茫然不可测，专务六气，不言杂气，岂能包括天下之病欤？"他还认为一些感染性外科疾患的病源也是"杂气"："杂气为病最多……如疔疮、发背、痈疽、流注、流火、丹毒，与夫发斑痘疹之类，以为诸痛疮痒，皆属心火……实非火也，亦杂气之所为耳。"㉞对于温疫的感染和传变，他也与伤寒作了明确的区分，他指出伤寒之邪自毛窍而入，中于脉络，从表入里，故其传变有六，自阳至阴，以次而深。温疫之邪自口鼻而入，伏于膜原，在不表不里之间，其传变有九，或表或里，各自为病。对于温疫之辨证和治疗，他主张：邪伏于膜原时，应以达原饮（自创）散其邪，如已或表或里传变，则随症处治。他的这些论述，受到后世医家之推崇，如吴瑭说"御邪伤寒，单论温病""其议论之宏阔，实有发前人所未发"⑤，当然也指出了他的某些不足。从世界传染病史角度审察，最早较系统论述传染病的，是意大利人弗拉卡斯托罗，他于1546年发表《论传染、传染病及其治疗》一书，但该书当时并未传入中国，吴有性是在中国疫病的大流行中，根据细致的观察，独立地发表《温疫论》的，该书广泛论述了传染病病原的物质性、多样性、流行特点（流行性、季节性、地方性）和物种、种族、个体的特异性等，内容十分丰富具体，是一部世界传染病学说史上的珍贵文献。

叶桂与《温热论》。叶桂（1667—1746），字天士，号香岩，晚号上津老人，江苏吴县人。其祖、父皆吴中名医。天士十四岁时，其父逝世，故他年幼时孤贫，但奋力攻读医书。从十二岁至十八岁，对有医学专长之人，他均拜其为师，前后共十七位。由于叶氏天资聪慧，又勤奋好学，医术日精，未满三十岁，就名盛于世，朝野皆知，民间称之为"天医星"，他对内、妇、儿、眼各科均有丰富的证治经验，他的著述，后世号称有近三十种，其中不少为书坊伪托。实际上叶氏一生忙于诊务，其著述多由其门人、子孙整理而成，其中可信且价值较高者，为《温热论》（顾景文录）、《临证指南医案》十卷（华岫云刻）、《三时伏气外感篇》（后人辑）等。叶桂学术最大的贡献是奠定了温病学说理论和实践的基础，为温病学说的奠基人。

在《温热论》中，叶桂提出，"温邪上受，首先犯肺，逆传心包"，为温病发生、发展的主要规律，成为温病临证的指导性纲领。"逆传"与"顺传"是相对的，"顺传"指传胃与脾，逆传则为心包。又称："大凡看法，卫之后方言气，营之后方言血。在卫汗之可也，到气才宜清气……乍入营分，犹可透热，仍转气分而解……至入于血，则恐动血耗血，直须凉血散血"，提出了温病的卫、气、营、血辨证和相应的治疗原则。卫、气、营、血是叶天士提出来的温病发展过程中热邪由浅入深的四个辨证阶段，概念虽出自《内经》，但在温热病的辨证和治疗中有特定意义。卫、气属于温热病的早期阶段，用汗法发表，用清法清气热；营分证是温热病中期而又比较严重的阶段，以舌质红绛、出现神昏谵语等初步神志症状为特征，治疗上以透热转气为法，以药物清营解毒和转入气分透热；进入血分证，以谵语发狂等更重的神志症状，以及吐血或便血等为特征，治疗上则以凉血和养血定风为法。他还发展了温病的诊断方法，阐述了察舌、验齿和检查斑疹、白（pei）的重要意义，如他列举了十余种舌象，用以判断病势进退、热象高低、津液存亡和是否挟湿等。验齿对判断胃、肾的热象和津液有重要意义："齿若光燥如石者，胃热甚也……若如枯骨色者，肾液枯也，为难治。"⑯检查斑疹、白（音pei），当观其色泽、隐显和分布等情，对诊断也有一定意义。

叶桂一生，享盛名五十余年，医术精湛奇特，轶闻众多，堪称一代宗师。1746年春，巨星殒落，卒年八十，临终遗言："医可为而不可为，必天资敏悟，读万卷书，而后可借术济世。不然鲜有不杀人者，是以药饵为刀刃也。吾死，子孙慎毋轻言医。"⑰表明了他对职业的尊重和敬畏，也给后人以思索。

薛雪（1681—1770），字生白，号一瓢，又号扫叶老人，清代吴县人。薛氏博学多才，工诗文，擅绘画，精击技，善医术，他两次拒绝清廷"博学鸿词"的征召，表现了高尚的民族气节。在医学上，他善治湿热病，与叶桂齐名，著有《医经原旨》、《湿热条辨》、《薛氏医案》、《日讲杂记》等，其中《湿热条辨》影响较大，后世医书多加转载，并作注释、附注等。"湿热"是当时的一种疑难病，约略相当于现代医学中的肠伤寒、副肠伤寒、钩端螺旋体病等。中医认为由于湿温之邪侵入阳明、太阳经脉及相关脏腑（脾与胃）所致，在发病过程中可累及其他经络、脏腑、在当时死亡率较高。薛雪在《湿热条辨》中列该病诊治纲要三十五条，并详细注述，对临证有一定的指导作用。

吴瑭（1758—1836），字鞠通，江苏淮阴人。吴氏鉴于当时疫病流行，而医家诊治多失，中年后潜心于温病学说之研究，多有所得，尤推崇叶天士的论述和经验。乾隆、嘉庆年间，他游学京师，时值疫病流行，以己法治疗患者，活者甚众，遂进而采辑历代名贤著述，去其驳杂，取其精微，间附己意以及考验，合成一书，名曰《温病条辨》。该书篇幅较多，刊行于1798年，离叶桂《温热论》之作，已达半个多世纪。其间许多医家在诊治温热病方面，已积累了较丰富的经验，故吴瑭之作，虽亦宗叶氏之说，但在内容的深度和广度上，较《温疫论》、《温热论》更为充实。

在温病的辨证上，吴瑭根据《内经》中有关三焦的论述和叶桂关于温病须究三焦之说，提出了温病的三焦辨证理论，"即温病自口鼻而入，鼻气通于肺，口气通于胃，肺病逆传，则为心包。上焦病不治，则传中焦，胃与脾也。中焦病不治，即传下焦，肝与肾也。始上焦，终下焦"，这是一种脱胎于六经而有所化裁演绎的辨证方法。在治疗上，他相应地提出："治上焦如羽，治中焦如衡，治下焦如权"⑱的原则。即治上焦病证，宜用轻清宣透之剂，使邪外泄；治中焦病证，用药要厚薄适中，关于上下，斡旋于中，多为清凉透泄之剂；治下焦病证，须用重坠滋填之品辅正祛邪。他在三焦辨证的基础上，与辨病相结，在该书上、中、下三焦篇中，论述了风温、温热、温疫、温毒、暑温、湿温、秋燥、冬温、温虐等九种温病，分别叙述其病因、病机、证候、治法、方药等，便于医家领会和应用。在运用和创制温病治疗的方剂方面，吴瑭也取得了相当成就，全书载录方剂三百余首，其所创制和化裁的银翘散、桑菊饮、清营汤、三甲复脉汤、雪梨浆、五汁饮等，至今仍应用于临床。

余霖，字师愚，清代常州人，为乾隆年间治瘟疫学家。他在深研本草中，见石膏性寒，有清胃热，表肌热和泄实热之功，遂投大剂石膏创清温败毒饮施治，活人甚众。其《疫疹一得》，为总结自身三十年临证经验而作，为后世医家所重。解放后，中医治疗乙脑，多依余氏之法，对早期病例，确有良效。

对于外感热性病中的六经、卫气营血和三焦三种辨证方法如何看待？实际主要是由于视察角度不同，并无根本分歧。正如吴瑭所言，关键"全在认证无差，用药先后缓急得宜"⑲，尤其在方药运用上，只要认证无误，各家方药均可相互参用。从总体上言，《伤寒论》的六经辨证，奠定了外感病辨证的基础，"而温热、温疫之旨有未畅"⑳。温病学说则是在医疗实践中形成的一种对温热病诊疗体系，它补充和完善了中医对外感病诊疗的理论、原则和方法。

徐大椿（1693—1771），字灵胎，晚号洄溪老人，江苏吴江人，是清代古典医学学派的主要代表之一。他亲撰的医书有《难经经释》、《医学源流论》、《神农本草经百种录》、《伤寒类方》、《兰台轨范》、《医贯砭》、

《慎疾刍言》，还有后人整理的《洄溪医案》。他重视对古典医籍的研究，并重视其临证应用，而对宋元以来各家之说中的片面性及其流传中产生的弊端，则多加抨击。他提出了医家应以《内经》、《本经》和《伤寒杂病论》作为自己的根柢之学。其亲撰的七部医书中，五部是研究古典医学的。徐氏对古典医著的研究，既重视传承，也通过研究、阐发和拓展其蕴义，便于临床应用和创新，如其在《神农本草经百种录》中，提出以往的本草书，多"只释其所当然，而未推测其所以然，知所当然，则用古之方，能不失古人之意，知所以然，则方可自制，而亦能合古人制方之意也"，故他撰写该书的主旨为"辨明药性，阐发义蕴，使读者深识其所以然，因此悟彼，方药不致误用"。据此，他对中药的性能、功效之缘由，在中国医药史上首次作了如下唯物主义的概括："凡药之用，或取其气，或取其味，或取其色，或取其形，或取其质，或取其性情，或取其所生之时，或取其所生之地，各从其所偏胜，而即资之疗疾，故能补偏救弊，调和脏腑，探求其理，自可得之"，论述较全面。但作为一位严肃的医药家，他没有将这种概括绝对化，故又在"菟丝子"药条下说："其深藏于性中者，不可以常理求也。"[30] 在《伤寒类方》中，他将《伤寒论》中113方，按性质分为桂枝汤、麻黄汤、葛根汤、柴胡汤、栀子汤、承气汤、泻心汤、白虎汤、五苓汤、四逆汤、理中汤及杂方共十二大类，每类先定主方，再将同类诸方附列，并录相关条文，这便于医家临证应用，也有助于医家理解仲景制方之义。

徐大椿出身于书香世家，博学多才，除经史诸子百家外，于天文、历算、地理、水利、兵法、音乐、书画、诗文，以至于技击等务实之学，无不精研。弱冠后以医济世，浏览之书不下万卷，细心披阅之书千余卷。他临证五十余年，对病症难易生死，无不立辨，怪症痼疾，皆获效验，故医名卓著。晚年曾两次奉诏进京，一次在乾隆二十六年（1761）一月，进京诊大学士蒋溥之病，诊后直言："过立夏七日则休矣。"后蒋氏病果剧，帝嘉其能明断又诚实，要其在京效力，徐氏以年老力辞，于五月放归田里。第二次为乾隆三十六年（1771），再次奉诏入京，徐自揣年老多病，料未必能生还，乃由其次子徐燨陪同力疾起程，到京后三日旋卒，其子扶榇以归，其墓地在今吴江市八坼之乌金浜。生前曾自拟墓门联:"满山芳草仙人药,一径清风处士坟";"魄返九原,满腹经纶埋地下;书传四海,万年利济在人间"⑫,隐喻其一生超然之气节。

尤怡(? —1749),字在泾,号拙吾,晚年自号饲鹤山人,清代长洲(今江苏苏州)人。对仲景学说研究颇深,撰有《伤寒贯珠集》,将《伤寒论》各篇中之治法,加以集中整理,归纳为正治法、权变法、斡旋法、救逆法、类病法、明辨法、杂治法等,对医家理解仲景治法和临证应用,有指导作用。他纂注的《金匮要略心典》,对《金匮要略》作了校正、注释和阐述,因其治学严谨,被医界认为有较高的参考价值。他又撰《金匮翼》,主要论述了内科疾病的证治,是对前书的补充。此外,他还撰有《医学读书记》、《静香楼医案》等。

缪希雍(1566—1627),字仲醇,号慕台,常熟虞山人,为明代研究本草学的大家。其所撰的《本草经疏》、《先醒斋广笔记》、《缪仲醇先生诸药治例》、《本草单方》、《续本草经疏》、《方药宜忌考》等书,俱是其研究本草学的心得和经验。其著述尚有《炮炙大法》、《仲醇医案》、《医学传心》(后人)等。

邹澍,字润安,清代江苏武进人。他所撰的《本经疏证》、《本经序疏要》、《本经序疏》,俱是研究《本经》的。其中《本经疏证》十二卷,载张仲景所用的《本经》药物173种。重点是以《伤寒论》、《金匮要略》方中用药,来阐明药物的性能功效。如其疏证"人参",他引述张仲景所用人参的二十七方,剖析说明人参在诸方中的性能和功效;又如"甘草",他总计张仲景在两书二百五十方中,用"甘草"达一百二十方,他指出"非甘草之主病多,乃诸方必合甘草,始能曲当病情也"⑬。他的其他医药著作尚有《伤寒通解》、《伤寒金匮方解》、《医理摘要》等。

此外,《神农本草经》大致在宋代已佚,明清时期有六种以上辑复本问世,其中江苏医家孙星衍、孙冯翼合作之辑复本和顾观光所辑之本,因各具特色,流传较广。

薛己(约1488—1558),字新甫,号立斋,明代江苏吴县人。父薛铠,字良武,曾征为太医,撰有《保婴撮要》。薛己先被选为御医,不久又任南京太医院院判,后又晋升为院使,成为明代一大临床学家。他初以外科知名,后又以内科著称,所撰各类医书众多,有《内科摘要》、《外科枢要》、《外科发挥》、《外科心法》、《外科经验方》、《疬疡机要》、《保婴粹要》、《保婴金镜》、《痘疹撮要》、《正体类要》(伤科)，《口齿类要》、《女科撮要》、《本草约言》等十三种，还校注前人医书二十四种。后人选取薛己及其父所撰写和校注的医书，辑录为《薛氏医案》，现存通行本共收医书二十四种，初刊于明万历年间。薛氏治病，重视温补脾肾，成为后来明代温补派的先驱。

王肯堂(1549—1613)，字宇泰，又字损庵、损仲，号念西居士，明代金坛人，出身官宦家庭。万历十七年(1589)中进士，在朝廷任职。他青年时即研习医学，后医术更精，撰有《六科证治准绳》四十六卷，包括《证治准绳》、《杂病证治准绳》、《伤寒证治准绳》、《外科证治准绳》、《幼科证治准绳》、《女科证治准绳》等六部书。其中《女科证治准绳》，因收集的材料广，内容详备，为医家所重。此外，他与吴学勉辑校的《医统正脉全书》，刊行《内经》以下医书四十四种，为一部重要的医学丛书。

张璐(1617—1699)，字路玉，号石顽老人，江苏长洲(今江苏苏州)人，为清初著名医家。撰有《张氏医通》、《伤寒大成》、《伤寒缵论》、《诊宗三昧》、《本草崇原》，其中《张氏医通》共十六卷，影响较大。该书参考历代医书近130种，征询当代名医40余人，历时50年，十易其稿，是古今医学论说的荟萃综合。

沈金鳌(1717—1776)，字芊绿，号汲门，晚号尊生老人，江苏无锡人。沈氏博经史，儒医兼通，为乾嘉时期有影响之医家。撰有《脉象统类》、《诸脉主病诗》、《杂病源流犀烛》、《伤寒论纲目》、《妇科玉尺》、《幼科释迷》、《要药分剂》共七种七十二卷，总名《沈氏尊生书》，其中比重最大者为《杂病源流犀烛》，占三十卷。他所称之"杂病"，泛指一切疾病。沈氏既重视疾病的治疗，又提倡导引、运动、养生术等，其书总名"尊生"即含有此意。

陆懋修，字九芝，清代元和县(江苏苏州)人。其先世以儒著称，皆通医，九芝先修儒，中年后肆力于医。咸丰(1851—1864)期间转徙上海，竟以医名。他所撰及校订的他人之书共十六种，总称《世补斋医书》，总计七十余卷，其中其亲撰的为六种，计《世补斋医书文集》(十六卷)、《不谢方》、《伤寒论阳明病释》、《内经运气病释》、《内经运气表》、《内经难字音义》，重订他人的书有十种。陆氏重视《内经》、《伤寒论》之研究，对后世医家之论多有驳正。其临床亦佳，当时上海霍乱流行，他以清凉之剂治疗，多获效。

张乃修（1844—1905），字聿青，又字莲葆，晚年更号且休馆主，江苏无锡人。撰有《张聿青医案》二十卷。该书按语较多，又有附注，对疾病反复推敲，务在道出疾病之症结，使后学者体会如何辨证和掌握病变规律，故有一定影响。

王泰林（1798—1862），字旭高，晚号退思居士，清代无锡人。少习儒学，博通经史子集，后随舅父高锦庭学医，先以疡医闻名，后又专研内科，亦精。王氏学术思想上远法仲景，近宗叶桂，又善于化裁古方，故其《王旭高临床医案》（门人方耕霞辑，四卷）颇受后代医家重视。晚清医家柳宝贻辑《柳选四家医案》中收旭高医案颇多，也扩大了王氏影响。王氏另有医学著作多种，如民国以后陆晋笙、周小农编述的《王旭高医书六种》等。

余景和（1847—1907），字听鸿，清代宜兴人，后随兄至孟河，学习孟河费、马、巢、丁四家之术，搜集孟河诸前辈医方达数万页。后徙常熟悬壶，历愈险证，医名大著，有"余仙人"之称。撰有《余听鸿医案》（原名《诊余集》）、《余注伤寒论翼》。另有《外症医案汇编》系搜集叶天士等外科医案而成。

清代江苏长洲医家唐大烈于1792年至1801年创办、主编了《吴医汇讲》，重点讲载吴中医家之学术见解，题材上广采博收，不拘一格，来稿随到随镌，每年合为一卷，共刊出十一卷，作者达四十余人。该刊在发展中医学术和开拓医学交流上，有一定贡献，如叶桂的《温证论治》（即《温热论》），薛生白的《日讲杂记》均首刊于此，可说是我国最早的中医杂志。

陈实功（1555—1636），字毓仁，号若虚，江苏南通人，明代著名的外科医家。他从事外科四十年，具有丰富的理论知识、临证经验和诊疗技艺，所撰《外科正宗》四卷，对我国外科学作出了重要贡献。在学术思想上，陈氏兼顾内外，较重外治，强调"开户逐贼"、"使毒外出为第一"。常用刀针和腐蚀药清除坏死组织，以扩创引流，在外科中有革新倾向。方药收载丰富，集唐以来外敷内服方药之大成。在内治方面，他十分重视调理脾胃和饮食营养，认为患者气血之盛衰与疮疡预后之善恶有密切关系，反对无原则的禁忌。在证疗技艺上，他创造和记录了当时外科的先进技术，如截肢、鼻息肉摘除、气管缝合、咽喉部异物剔除术、用火针和枯瘤法治疗瘰疬和肿瘤，以及用枯痔散、枯痔钉、挂线法治疗痔瘘等。在诊断和治疗上，他记载了乳癌和失荣（颈部肿瘤）等多种恶性肿瘤，其所创之"和荣散坚丸"、"阿魏化坚膏"，明言仅能缓和失荣证状、延长存活期的功效。该书附图三十六幅，便于医家识别疑难病。后世对该书评价甚高，清代《四库全书总目提要》评为"列证最详，论治最精"。

王维德（约1669—1749），字洪绪，号林屋山人，清代江苏吴县人。其家自曾祖若谷起，四世业医，尤擅外科。王洪绪撰《外科证治全生集》五卷（坊间刻本也有四卷本），集其家世代和自己四十余年外科经验。在学术上，他强调外科阴阳之别，认为痈发于腑，毒浅，属阳证和热证；疽发于脏，毒深，属阴证和寒证，发展了《内经》中有关论述。他擅长治阴证，其所创之"阳和汤"、"犀黄丸"对治疗阴证，疗效显著。尤其是"阳和汤"，至今仍广泛应用于临床，其中特别是对骨结核、深部脓肿等阴寒证。

高秉钧（1755—1829），字锦庭，号心得，清代江苏无锡人。撰有《疡科心得集》及其他医书。高氏为嘉庆时名医，兼通内外科，他常从内科角度论述和治疗外科疾患，其中受温病学说之影响较大。他分析外科疾患病机时，认为上部属风火、风热，中部属气郁、火郁，下部为湿热、湿火。用药也如此，如他治外科重病疔疮走黄，用至宝丹、紫雪丹、犀角地黄汤治疗，取得显效。高氏辨证明晰，常附两种外科病种加以比较，剖析其异同，从中得出治法，故名重一时。

上述三位医家及其医著，成为明清时期外科学术上三个流派，相互争鸣，其中"全生派"、"心得派"偏重内治，攻击"正宗派"注重使用刀针等外治法，并不完全妥当。

孟河医派是晚清时期一个重要的医学流派，崛起于孟河。孟河是江苏武进地近长江的一个小镇，交通便利，文化发达，医学也渐次发展。该派医学，自清代道光年间崛起，至咸同年间已名闻朝野，到清末民初，又外传至今沪、苏、锡、常及大江南北省份，影响中国医坛一百多年。正如近代名医丁甘仁所言："吾吴医学之盛，甲于天下，而吾孟河名医之众，又冠于吴中。"⑭学派中重要的是费、马、巢、丁四个医学世家其中代表性人物为费伯雄、马文植、巢峻（字崇山）和丁甘仁。因巢，丁两氏主要活动地域在上海，且时间较晚，故此重点介绍费、马两氏的事迹。

费伯雄（1810—1885），号晋卿，出身于六代世医家庭。他长于治内科杂病，立论以和缓为宗，制方用药，戒偏戒杂，多寓神奇于平淡，这在一定程度上体现了中药治疗慢性疑难病症的特色。《清史稿》谓"清末江南诸医，以伯雄为最"⑮。他两次受朝廷征召，治愈道光帝太后和道光帝之疾，御赐匾额"是活国手"，所撰有《医醇剩义》（四卷）、《医方论》（四卷），后人整理刊印的尚有《费伯雄医案》、《食鉴本草》和《怪疾奇方》等。

除临证治疗外，费氏对中医学术的一项重要贡献，是对传统中医学术的言简意赅的概括，对后代医家有重大的启迪作用。他说："学医而不读《灵》、《素》，则不明经络，无以知治病之由，不读《伤寒》、《金匮》，无以知立方之法，而无从施治，不读金元四大家，则无以通补泻温凉之用，而不知变化"，说明了中医基本理论和金元医家学术的关系，即前者是基础，后者是具体应用和变化，两者相辅相成，缺一不可，避免了古方与今方、古典理论与金元学术的对立和争论。对于金元各家的学术，他也用中医基本理论中的阴阳正邪补泻理论来阐明其实质。他说："所谓四大家者，乃张子和、刘完素、李东垣、朱丹溪也。张刘两家，善攻善散，即邪去正安之义，但用药太峻，虽有独到处，亦未免有偏胜处。学者用其长而化其偏，斯为得之。李朱两家，一补阳，一补阴，即正盛邪退之义。各有灼见，卓然成家。"⑯他的这些论述，是对中医学术很好的综合和总结。

马培之（1820—1903），名文植，晚号退叟，孟河人。其家从明代马院判起，世代业医。文植除从祖父马省三获得家传经验外，又旁收王九峰、费伯雄等诸家之长，融会贯通，成为精于内、外科的名家。光绪六年（1880）应诏进京治愈西太后之疾，御赐匾额"福"和"务存精要"两块，医声更著。所撰有《外科传薪集》、《医略存真》、《马评外科证治全生集》等。

马氏精于内、外、喉等科，尤以外科见长。《外科传薪集》为其代表作。该书汇集了前代外科各家之说加以贯通，加上家传经验，对外科刀针的使用、膏药的配制及外科常用药、验方等，均有切要论述，是一本近代一百多年来颇受欢迎的外科临证专书。

【注释】

① 《御制大诰续编·申明五常》，《续修四库全书》第 862 册，上海古籍出版社 1995 年，第 269 页。

② 崇祯《吴县志》卷 10《风俗》，《天一阁明代方志选刊续编》第 15 册，上海书店 1990 年，第 893 页。

③ 《明世宗实录》卷 204，嘉靖十六年九月戊戌，台湾中央研究院历史语言研究所 1962 年，第 4269 页。

④ [明]黄宗羲：《明夷待访录·建都》，《黄宗羲全集》，浙江古籍出版社 1985 年，第 20 页。

⑤ [清]韩世琦：《请减浮粮疏》，乾隆《苏州府志》卷 10《田赋》，清乾隆十三年刻本。

⑥ [清]余国柱：《江南通志序》，康熙《江南通志》卷首，清康熙二十三年金陵江南通志局刻本。

⑦ 范金民：《明清江南重赋问题述论》，《中国经济史研究》1996 年 3 期。

⑧ 据白新良《中国古代书院发展史》（天津大学出版社 1995 年）一书统计。

⑨ 正德《姑苏志》卷 24《书院》，《天一阁明代方志选刊续编》第 12 册，第 414 页。

⑩ 参见柳诒徵《江苏书院志初稿》，《江苏国学图书馆年刊》第 4 期，1931 年 8 月。

⑪ 徐雁平：《清代东南书院与学术及文学》，安徽教育出版社 2007 年，第 362—369 页、第 415—416 页。

⑫ [清]陈鼎：《东林列传》卷 2《顾宪成传》，广陵书社 2007 年，第 45 页。

⑬ 据朱保炯、谢沛霖编《明清进士题名碑录索引》（上海古籍出版社 1979 年）统计。

⑭ [明] 吴宽：《匏翁家藏集》卷 36《心耕记》，《四部丛刊初编》第 255 册，上海书店 1989 年。

⑮ [宋] 朱长文：《吴郡图经续记》卷上《风俗》，江苏古籍出版社 1999 年，第 11 页。

⑯ 嘉庆《松江府志》卷 5《风俗》，《续修四库全书》第 687 册，第 231 页。

⑰ [明] 归有光：《震川先生集》卷 9《送王汝康会试序》，《四部丛刊初编》第 263 册。

⑱《古今图书集成》卷 652《江南总部·三吴风俗》，清光绪甲申年上海图书集成局铅印本。

⑲ [清] 陈夔龙：《梦蕉亭杂记》卷 2 "清代科举状元分布情况"，山西古籍出版社 1996 年，第 117 页。

⑳ [清] 彭元瑞：《恩余堂辑稿》卷 2《谕录科诸生告示》，《续修四库全书》第 1447 册，第 477 页。

㉑ [明] 高启：《高太史凫藻集》卷 2《送唐处敬序》，《四部丛刊初编》第 252 册。

㉒ [明] 何良俊：《四友斋丛说》卷 16《史十二》，中华书局 1959 年，第 134 页。

㉓ [清] 陈夔龙：《梦蕉亭杂记》卷 2 "清代科举状元分布情况"，山西古籍出版社 1996 年，第 117 页。

㉔ [清] 赵翼著，霍松林、胡主佑校点：《瓯北诗话》，人民文学出版社 1963 年，第 125 页。

㉕ [清] 陈田：《明诗纪事》，商务印书馆 1936 年，第 152 页。

㉖ [清] 张廷玉等：《明史》卷 286《文苑二》，中华书局 1974 年，第 7355 页。

㉗ [清] 纪昀等：《钦定四库全书总目》，中华书局 1997 年，第 2644 页。

㉘ [明] 宗臣：《谈艺》，《宗子相集》卷 13《文部下·谈艺第六》，《景印文渊阁四库全书》第 1287 册，台湾商务印书馆 1986 年，第 152 页。

㉙ [明] 朱彝尊著，黄君坦校点：《静志居诗话》，人民文学出版社 1990 年，第 382 页。

㉚ [清] 张廷玉：《明史》卷 388《文苑传》，中华书局 1974 年，第 7378 页。

㉛ [明] 王世贞：《艺苑卮言》卷 1，载丁福保辑《历代诗话续编》，中华书局 1983 年，第 964 页。

㉜ [明] 王世贞：《弇州山人四部续稿》卷 41《文部·宋诗选序》，《景印文渊阁四库全书》第 1282 册，第 549 页。

㉝ [明] 王世贞：《书西涯古乐府后》，载钱谦益：《列朝诗集小传·李少师东阳》条附，上海古籍出版社 1983 年，第 246 页。

㉞ [清] 王应奎：《柳南随笔》卷 1，中华书局 1983 年，第 1 页。

㉟ [明] 吴伟业：《怀古兼吊侯朝宗》，《吴梅村全集》卷 16，上海古籍出版社 1990 年，第 428 页。

㊱ [清] 纪昀等：《四库全书总目》，中华书局 1997 年，第 2778 页。

㊲ 蒋重光：《明诗别裁集序》，载沈德潜、周准编：《明诗别裁集》，上海古籍出版社 1979 年，第 4 页。

㊳ [清] 沈德潜：《明诗别裁集序》，载沈德潜、周准编：《明诗别裁集》，上海古籍出版社 1979 年，第 1 页。

㊴ [清] 潘德舆：《养一斋诗话》，载郭绍虞编选、富寿荪校点：《清诗话续编》，上海古籍出版社 1983 年，第 2031 页。

㊵ [清] 袁枚著，顾学颉校点：《随园诗话》，人民文学出版社 1982 年，第 146 页。

㊶ [清] 赵翼：《瓯北集》卷 28，清嘉庆十七年湛贻堂刻本。

㊷ [清] 郑燮：《潍县署中与舍弟第五书》，《郑板桥集》，上海古籍出版社 1979 年，第 21 页。

㊸ [清] 洪亮吉著，陈迩冬校点：《北江诗话》，《中国古典文学理论批评专著选辑》，人民文学出版社 1983 年，第 32 页。

㊹ 郁达夫：《关于黄仲则》，《郁达夫全集》第 11 卷，浙江大学出版社 2007 年，第 20 页。

㊺ 蔡嵩云著：《柯亭词论》，《词话丛编》本，中华书局 1986 年，第 4908 页。

㊻ [清] 陈宗石：《迦陵词全集跋》，载陈维崧著，马祖熙笺注：《迦陵词选》附录二，江西人民出版社 1986 年，第 203 页。

㊼ 刘熙载：《艺概·词曲概》，《词话丛编》本，中华书局 1986 年，第 3690 页。

㊽ [清] 周济：《味隽斋词自序》，载陈乃乾辑：《清名家词》第 7 卷，上海书店 1982 年。

㊾ [清] 周济著，顾学颉点校：《介存斋论词杂著》，人民文学出版社 1959 年，第 4 页。

㊿ [清] 周济：《宋四家词选序论》，施蛰存主编：《词籍序跋粹编》，中国社会科学出版社 1994 年，第 802 页。

(51)［清］陈廷焯著，杜维沫点校：《白雨斋词话·自序》，人民文学出版社 1959 年，第 2 页。

(52)［明］冯梦龙：《〈古今小说〉序》，载高鸿钧编著：《冯梦龙集笺注》，天津古籍出版社 2006 年，第 80 页。

(53)［明］冯梦龙：《〈警世通言〉序》，载高鸿钧编著：《冯梦龙集笺注》，天津古籍出版社 2006 年，第 83 页。

(54)［明］冯梦龙：《〈情史〉序二》，载高鸿钧编著：《冯梦龙集笺注》，天津古籍出版社 2006 年，第 134 页。

(55)［清］张竹坡：《金瓶梅读法》，引自朱一玄编：《金瓶梅资料汇编》，南开大学出版社 2002 年，第 437 页。

(56)［明］计东：《钝翁生圹志》，《改亭诗文集》文卷 14，清乾隆十三年计瑸刻本。

(57)［清］纪昀等：《钦定四库全书总目》，中华书局 1997 年，第 2343 页。

(58)［清］汪琬：《尧峰文钞》卷 32《答陈霭公书二》，《四部丛刊初编》第 277 册。

(59)［明］焦竑：《澹园集》卷 14《忠节录序》，《四库禁毁书丛刊》集部第 61 册，北京出版社 1998 年，第 134 页。

(60) 方晓伟：《曹寅评传》，广陵书社 2010 年，第 87—88 页。惟作者将“欧”误成“软”字，又引金埴《不下带编》卷 4 而误成《不下带编·巾箱说》。

(61) 光绪《续纂江宁府志》卷 6《实政》，《中国地方志集成·江苏府县志辑》第 2 册，江苏古籍出版社 1991 年，第 53 页。

(62)［明］项元汴：《蕉窗九录·书录》“献售”条，《四库全书存目丛书》子部第 118 册，齐鲁书社 1997 年，第 149 页。

(63) 参见李致忠《明代南京的印书》，《文物》1980 年第 11 期。

(64)［清］汤斌：《汤子遗书》卷 9《严禁私刻淫邪小说戏文告谕》，《景印文渊阁四库全书》第 1312 册，第 606—607 页。

(65) 康熙《常州府志》卷 25《孝友》，《中国地方志集成·江苏府县志辑》第 36 册，第 563 页。

(66) 参见沈燮元《明代江苏刻书事业概述》，《学术月刊》1957 年第 9 期。

(67) 嘉庆《新修江宁府志》卷 11《物产》，《中国地方志集成·江苏府县志辑》第 1 册，第 110 页。

(68)［清］黄丕烈：《士礼居藏书题跋记》卷 6《雅颂正音五卷》，《续修四库全书》第

923 册，上海古籍出版社 1995 年，第 854 页。

⑥⑨ 转引自张秀民《中国印刷史》，上海人民出版社 1989 年，第 553 页。

⑦⑩ [清] 金埴：《不下带编》卷 4，中华书局 1982 年，第 65 页。

⑦① [清] 钱泳：《履园丛话》卷 12《艺能·刻书》，中华书局 1979 年，第 323 页。

⑦② [清] 赵翼：《陔余丛考》卷 33 "刻时文" 条，河北人民出版社 1990 年，第 572—
573 页。

⑦③ 以上参见张秀民：《清代的木活字》（《图书馆》1962 年第 2、3 期）和《清代的铜
活字》（《文物》1962 年第 1 期）。

⑦④ [清] 钱谦益：《牧斋初学集》卷 31《隐湖毛君墓志铭》，钱仲联标校《钱谦益全集》
第 6 册，上海古籍出版社 2003 年，第 1141 页。

⑦⑤ [明] 荥阳悔道人：《汲古阁主人小传》，转引自叶德辉《书林清话》卷 7《明毛氏
汲古阁刻书之二》，古籍出版社 1957 年，第 192 页。

⑦⑥ 孙毓修：《中国雕版源流考》，上海古籍出版社 2008 年，第 35 页。

⑦⑦ 参见范金民：《缥囊缃帙：清代前期江南书籍的日本销场》，《史林》2010 年第 1 期。

⑦⑧ [清] 黄丕烈：《士礼居藏书题跋记》卷 2《绍兴十八年同年小录不分卷》，《续修
四库全书》第 923 册，第 710—711 页。

⑦⑨ [清] 黄廷鉴：《第六弦溪文钞》卷 2《藏书二友记》，《丛书集成初编》第 2461 册，
商务印书馆 1936 年，第 34—35 页。

⑧⑩ 王桂平：《清代江南藏书家刻书研究》，凤凰出版社 2008 年，第 2 页。

⑧① 参见任继愈主编《中国藏书楼》，辽宁人民出版社 2010 年，第 1103—1110 页。

⑧② 参见吴晗《江浙藏书家史略》，中华书局 1981 年，第 221 页。

⑧③ 任继愈主编：《中国藏书楼》，辽宁人民出版社 2010 年，第 1366—1367 页。

⑧④ [明] 吴有性：《吴中医集·温病类》，江苏科技出版社 1989 年，第 28—29 页。

⑧⑤ [清] 吴瑭：《增补评注温病条辨》，序九（自序），上海卫生出版社 1985 年。

⑧⑥ [清] 叶桂：《吴中医集·温病类》，江苏科技出版社 1989 年，第 154 页、第 157
页。

⑧⑦ [民国] 赵尔巽等：《清史稿》卷 502《艺术一》，中华书局 1977 年，第 13875 页。

⑧⑧ [清] 吴瑭：《增补评注温病条辨》卷 2《中焦篇》、卷 4《杂说》，上海卫生出版
社 1958 年，第 4 页、第 19 页。

⑧⑨ 同上书，"凡例"，第 5 页。

⑩ [清]程国彭：《医学心悟·凡例》，人民卫生出版社 1963 年，第 6 页。

⑪ [清]徐大椿：《神农本草经百种录》，人民卫生出版社 1956 年，"凡例"第 6 页、第 18 页、第 31 页。

⑫ 徐景藩等：《徐灵胎研究文集》，上海科技出版社 2001 年，第 3 页、第 10 页。

⑬ [清]邹澍：《本经疏证》"甘草"条，上海卫生出版社 1957 年，第 25 页。

⑭ 盛亦如等：《中医教育思想史》，中国中医药出版社 2005 年，第 266 页。

⑮ [民国]赵尔巽等：《清史稿》卷 502《艺术一》，中华书局 1977 年，第 13883 页。

⑯ 盛亦如等：《中医教育思想史》，中国中医药出版社 2005 年，第 267—268 页。

第七章

开放与兼容：晚清"西学东渐"中的江苏文化

明清以来，苏南地区的社会经济得到了长足发展，被许多学者视为中国资本主义萌芽的典型地区。这些发展涉及社会的各个层面，在文化思想领域也有显著的表现。在解决清代各种社会矛盾和社会问题时，不少学者成为经世致用派的重要人物。这种思想很容易与近代西方的实证科学接轨。

第一节　"开风气之先"的改革先驱

魏源与《海国图志》　冯桂芬与《校邠庐抗议》　洪仁玕与《资政新篇》

清政府在经历了"康乾盛世"后逐步走向了衰败，特别是鸦片战争后，思想界出现了一批"稍有识者"，高扬经世致用的旗帜以抵御外侮。在东西文化的碰撞与融合中，历史的沧桑巨变孕育出大批文化名人。

魏源（1794—1857），原籍湖南，自道光十一年（1831）到江苏奔父丧后，寓居金陵，后举家迁往扬州。其后半生长期在江苏工作与生活，参与治水、改良盐业与漕务，鸦片战争时筹划抗英斗争，参与编辑《皇朝经世文编》。他在林则徐《四国志》的基础上增补完成了《海国图志》，

图上 7-1　魏源像（选自《清代学者像传》）

介绍各国历史、地理概况，以"师夷长技以制夷"。根据对列强的认识，魏源总结鸦片战争的教训，认为在国防建设上最好是以守为战，提出"守外洋不如守海口，守海口不如守内河"的思想，充分利用列强之间的矛盾"以海夷攻海夷"。针对吏治的腐败，他认为改革成败的关键在于人才培养。"得其人则能行，不得其人则不能行"①。通过实际锻炼才能培养真正的人才。经济方面，提倡学习西方国家先进的贸易经验，注意到公司制。指出"公司者，数十商辏资营运，出则通力合作，归则计本均分，其局大而联"②，将学习西方的"长技"扩展到允许商民自行办厂，发展民用工业。这些思想无疑是符合时代潮流的。

《海国图志》有着同时代学人无可匹敌的进步性。"其论以互市议款及师夷长技以制夷，言之始通商之日，无不笑且骇者，历十余年而其言皆验"，"其议论乃以卓绝天下"③。从当时中国社会舆情来看，朝廷内外对鸦片战争之所以失败不甚了了，魏源的"师夷长技以制夷"正是对执迷不悟的当局者最好的棒喝："师夷"只是一种手段，"制夷"才是最终的目的，促使国人对西方列强必须有更加全面的认识。

冯桂芬（1809—1874），江苏吴县人，道光二十年（1840）进士。著有《校邠庐抗议》等，他继承了魏源"师夷长技以制夷"的思想，又将其主张向前推进了一步：认为不仅要学习西方的"船坚炮利"之术以及相关自然科学理论，更强调把摈弃文化上的对外闭塞态度与"采西学"联系起来，引入西方文化对中国文化传统进行一定的改造。

《校邠庐抗议》揭露了社会政治的黑暗，指出当时官僚机构重叠，行政效率极低，上下级不能及时传递政息，中饱私囊者甚嚣尘上，真心为民着想的官员少之又少，而官员上任更未经公正合理的遴选程序，因此必须进行变革以图强④。

在选拔人才方面，冯桂芬主张要做到人尽其才，须依专长分别任用。他特别强调算学的重要性，认为"一切西学皆从算学出，西人十岁外无人不学算，今欲采西学，自不可不学算"⑤。

冯桂芬就农业与水利、贸易与运输、财政与税收等方面提出了具体的改革措施。他指出，西方的机械开垦之法用力少而效果显著。在财政与税收方面，则提出了筹国用、节经费、杜绝亏空等措施，旨在开源节流，搞活经济。加强对外贸易，扩大出口⑥。他还在《善驭夷议》一文中，专门论述了如何处理对外关系，指出西方国家之间的相互矛盾，以及由此对中国造成的影响。重在说明"自强之道，诚不可须臾缓矣"⑦。

冯桂芬所主张的"以中国之伦常名教为原本，辅以诸国富强之术"⑧与洋务派的"中体西用"很接近。有学者据此将《校邠庐抗议》视为洋务运动的理论纲领。其实，《校邠庐抗议》在晚清政府的统治高层中引起广泛注意，已是 19 世纪 90 年代前后，特别是戊戌变法运动后的事了。⑨但无论如何，《校邠庐抗议》以西方资本主义国家为参照，对清政府的社会各方面进行了多面相的解剖分析，力主改弦。特别是冯氏的政治主张，已有了朦胧的民主意识，并催发了维新变法思想的萌生。

洪仁玕（1822—1864），字益谦，号吉甫。汉族，广东花县（今属广州）人。清末政治家，是太平天国天王洪秀全 1843 年创立拜上帝教时最早的信徒之一（另一人为冯云山）。1847 年 3 月，洪仁玕与洪秀全一起在广州投美国教士罗孝全（I.J.Roberts），首次读到圣经（但被其他教徒排挤而未受洗），之后写出了《原道觉世训》。1851 年太平天国金田起义时，洪仁玕在广东未能参与。之后，他六次追奔太平军未果，还曾于 1852 年被捕，脱险后转至香港，在那里认识了瑞典籍传教士韩山文，次年受洗。1854 年洪仁玕一度到上海，继而欲去天京（今江苏南京）而未果，即又返回香港，居住多年，成为伦敦布道会传道人，因而接触到更多的西方文明。

　　咸丰九年（1859）三月，洪仁玕在英国人的帮助下到达天京。当时正处于天京事变后危机之中的洪秀全十分器重这位当年和自己一起参与创立拜上帝教，同时对于西方事物也非常了解的族弟，当即封他为军师、干王，一度还让他总理天国朝政。凭借洪秀全的支持，洪仁玕也想在此任上作一番兴利除弊的努力，使面临危机的天国政权稳固下去。作为太平天国领导层中对西方见识较广的一位，洪仁玕依据自己在香港及上海多年所见所闻所想，在现实感受的催化下，不久即写下了"治国必先立政，立政必有取资"⑩的《资政新篇》，经天王审批后，旨准刊刻颁布。

　　洪仁玕透过《资政新篇》所表达出来的，是他个人对于西方文化渐趋清晰、成熟的思考，以及对中国社会切中时弊的改革方案。整个方案的基本精神是向西方学习，在中国发展资本主义，其内容包括：

　　政治上，"自大至小，由上而下，权归于一"，加强中央集中领导；设立不受一般官吏节制的意见箱，使"上下情通，中无壅塞弄弊者"，发扬公议，听取社会舆论，杜绝朋党之弊。外交方面，提议与各国通商，允许外国人来中国传授科学技术，但不准其干涉内政。

　　经济上，主张发展交通运输事业，兴建沟通全国的"二十一条大路，以为全国之脉络"，并辅以郡、县、乡公路，通"车马之利"；仿制火车、轮船，兴办邮政；鼓励民间开矿、办企业，凡金、银、铜、铁、锡、煤、盐等货，"有民探其出者，准其禀报，爵为总领，准其招民探取"；创立银行，发行纸币，开办保险，设专利局，奖励科技发明创造，"有能制造精奇利便，准其自售，他人仿造，罪而罚之"。

　　文化上，兴办医院以救济贫苦民众，兴办学堂以改进不务实学的文风；规划新闻事业的蓝图，在各省设立新闻官"官职不受众官节制"，"专收十八省及新闻篇有招牌图记者，以资圣鉴"。此外，主张关闭寺庙道观，反对传统迷信，提倡崇信上帝教；移风易俗，禁止买卖人口和使用奴婢，革除溺婴、吸食鸦片、妇女缠足等陋习。力求把中国改造成具有新风尚、新道德、新气象的国家。

　　《资政新篇》是旨在改变中国贫穷落后面貌的第一个近代化纲领，它的颁布给天京事变后较为沉闷的政局带来了生气，特别是对天京所在的江苏地区产生了较大影响。但是，由于当时中国还缺乏实现这一纲领的社会条件与制度上的保障，加上太平天国又处在紧张的战争环境之中，"其他诸王及领导人都出征在外，他是孤立的，没有人支持他来付诸实施"。⑪尽管如此，洪仁玕明确主张发展资本主义工商业和实行一些民主政治的要求，勾勒出了一个崭新的近代化纲领，不失为 19 世纪 50 年代末中国学习西方的一个积极成果，使国人中向西方学习的改革思想，呈现出一个逐级递进的层次⑫。

第二节　江苏早期的机器工业

　　金陵机器制造局　官书局　业勤、苏纶和大生纱厂

　　金陵机器制造局源于同治二年（1863）李鸿章依从英国人马格里建议设立的苏州洋炮局。同治四年（1865），李鸿章任两江总督后，将该厂和英国技工一齐带往南京，更名为金陵机器制造局，规模随之扩大，生

图上 7-2　金陵机器制造局全貌

产能力得到相应提高。机器设备主要购自英、德和瑞士等国。制造局投产之际，有员工役夫、匠目、亲兵约 400 余人，能够制各种枪炮子弹、车架、军火等件。同治十三年（1874）添设乌龙山机器分局，光绪十二年（1886）又加以扩建。光绪二十年（1894），全局工人已达 1200 余人，比初创时增加了近三倍⑬。光绪二十五年（1899），金陵机器局"每年可造后膛抬枪一百八十枝，两磅后膛炮四十八尊，一磅子快炮十六尊，各项炮弹六万五千八百颗，抬枪自来火子弹五万粒，毛瑟枪子弹八万一千五百粒"⑭。

机器局的各项用款最初"随造随拨"。经过小幅度的额外拨款后，光绪十年（1884），户部规定"嗣后该局经费额拨银十万五千两，一切制造军火，务于额款内核实支发，不准于额外任意加拨"⑮。只是每年的额定银 10 万两，除薪水伙食及一切杂用外，即使尽数用于军事生产，仍不敷用。生产的武器弹药大部分运往天津，以备大沽炮台和李鸿章的军队之用。

金陵机器制造局作为江苏省内最早一家引进西方技术的机械兵工厂，用蒸汽机作为动力，雇佣工人进行机器生产，代表了一种新的社会生产力在中国的发展。但是，机器局对工人的剥削相当残酷。官方规定"匠役工食系按技艺之优劣以定支数之多寡。稽其勤惰，随时增减，加遇急需之件，日作不足，继以夜工，亦系按工加给工资，凡此支用各款皆系实用实销"⑯。工人劳动强度非常大，每天劳动 12 小时以上，晚上还要加班，所得工资一般每月每人只有七八元或三四元，童工就更少了，在厂房里，连起码的生产安全和劳动保护设施都没有⑰。制造局在进入民国之后因时局战乱而变动频繁。

江苏地区历来是传统文化的集萃之地，迭经太平天国战乱，官书局应运而出。目的在于恢复封建文化秩序，重振士气人心。官书局刻书以经史为主，兼及子集；书籍除了以官方进呈、咨调、颁送外，也参与市场销售发行。

金陵官书局的前身是设在安庆任家坡军械所内的安徽官书局。同治三年（1864），两江总督曾国藩在慕王府内创设，延洪汝奎、莫友芝督理创办书局事宜，同治四年（1865），定名金陵书局。同治七年（1868）移入飞霞阁⑱。光绪年间更名为江南书局，又称江宁书局⑲。创办初期任校勘的有张文虎、戴望、冯煦、刘恭冕等人。经费来源，初创私款捐拨，后由支应局每年拨银4000两，藩库拨银3000两，作为常年经费。光绪二十四年（1898），经费停拨，依靠出售库存书籍来应付一切开支。光绪二十七年（1901），随着新学兴盛，出版业呈好转。所刻书校勘精审，超过殿版，书成之后，又平其值售之，故盛销不衰，以致京朝大官，纷纷索购⑳。金陵书局刻书57种，3095卷，786册。书籍以经史为主，最著名的是于同治八年（1869）协同苏州书局、浙江书局、湖北书局等合刊的《二十四史》。1914年书局被江苏省立第一图书馆接收，1960年全部版片移交扬州图书馆，现在仅存广陵古籍刻印社㉑。

苏州官书局，同治四年（1865）由江苏巡抚李鸿章创于苏州燕家巷内杨家园㉒。该局以刻经史读本为主，所刻书206种，5047卷，1632册。主要有《小学集注》、《五礼通考》、《周易本义》、《牧令全书》、《资治通鉴》、《苏州府志》、《唐文粹》等㉓。在光绪年间达到鼎盛。储藏版片的地方为版库，置放书籍的地方为书库，工人刻书印书的地方为工场。书局内部设提调一人至数人，其下设司事，经管刻印发行业务㉔。书局最初由刘履芬任提调，翰林院编修俞樾为总校。1914年由江苏省立第二图书馆（后改称苏州图书馆）接收，改名"官书印行所"，成为图书馆的附属机构，至抗战时停止。1960年苏州市图书馆将馆藏全部书版移交扬州。

淮南官书局，同治八年（1869）由两淮盐运使方睿颐设于扬州琼花观街，以整理旧有《盐法志》及各种官书残版，刊布江淮耆旧著述为宗旨。同治九年（1870），署盐运使庞际云曾添拨书院余存经费，以充书局。该局所刻书以经部为主，兼及史部和集部。如《大戴补记补注》、《毛诗注疏》、《四书章句集注》、《广陵通典》、《初唐四杰文集》等。淮南官书局共刻书60种，1701卷，479册。光绪二十九年（1903），被并归于江南书局，江楚编译局兼管㉕。

总之，在国门洞开、外来思想涌入之际，统治者欲从思想上加以整合社会，给各官书局所刻书籍提供了鲜明的选题，即以经史子集为主。"文化较为发达的城市和地区，刻书的数量和质量较高，有的超过殿

本"㉖。官书局的建立，利用官府的力量，聚集了许多学者、刻工，大量
整理了刻印书籍，为各地图书馆的建立提供了藏书和基地。㉗客观上保存
了中国古代的文化典籍。

业勤纱厂是无锡的第一家近代资本主义企业，于光绪二十一年
（1895）开始兴建，光绪二十二年（1896）投产运营，它的创建揭开了无
锡工业化的序幕。创办者是洋务官僚出身的杨宗濂、杨宗瀚兄弟。杨氏
兄弟投资 12 万两，并向清政府借积谷公款 10 万两，筹措存款 4 万两。
纱厂创办得到了张之洞的支持㉘。

业勤纱厂的设备均从英国进口，占地约百余亩。因为纱厂没有布
机，产品多数是 12 支、14 支，尤以 16 支纱为主。初办时有工人 1000 余
名，其中女工约占 80%，男工约占 20%，还有部分童工，工人绝大部分
来自农民。工厂实行两班工作制，工人 6 时进厂，6 时出厂，每班工作
时间长达 12 小时㉙。纱厂以"四海升平"为商标。有纱锭 1 万余枚，若
全部工作，日出纱 60 担。纱厂建立后采取了近产近销的策略，"虽然昼
夜开工，对于常州府和苏州府的各个乡镇对该厂的需要，尚无法全部供
应。……这个纱厂的盛况是少有的；在富有效率的经营之下，该厂股息
最少将为 25%"㉚。第一次世界大战后，纱厂出现了长期的资本增值停
滞，1927 年至 1930 年停闭三年，1935 年又停闭 1 年。该厂最高棉纱年
产量为 1915 年的 13530 件，用棉 48128 担㉛。

业勤纱厂的创办揭开了无锡大机器生产的序幕，带动了周围农村织
布业的发展，"1904 年前，土布还以土经土纬为主，以后则主要是洋经
洋纬了"㉜。纱厂也培养了无锡最早一批纺织工人和技术管理人员。纱厂
中招收的女工与通海地区的纺织女工一样，"从一个农民家庭辅助劳动力
转变为相对独立、出卖自身劳动的工人，从事工资劳动，有较固定的收
入，养家活口，她们的家庭地位和社会地位随之提高，从而开始摆脱封
建父系家长制统治，争取自身的解放"㉝。这些都为后来的无锡工业建设
创造了有利条件。1937 年抗日战争爆发后，业勤纱厂毁于战火。

中日《马关条约》签订后，苏州开埠通商，两江总督张之洞奏请创
办纱厂，由丁忧在家的陆润庠经理局务。纱厂由商务局集股合开，息借
积谷公款银 235850 两，又从社会上筹款 547600 两，借户即股东，"股银

利息，原议七厘"㉞。纱厂于光绪二十二年（1896）夏试车开工，有纱锭18200枚，工人1700余名。所出的纱可与上海名厂之纱媲美，多在本省内地销售。所用棉花，多由常熟、太仓购来。纱厂所得利润，减去工人工食等各项开销，初期日赢利三四百元。

从创建到20世纪20年代，苏纶纱厂多次转租易人。最初由陆润庠为总董，光绪二十四年（1898）后由祝承桂租办，吴景萦任总董，纱厂"遇事由江苏藩司会同商务局督察商办"。但由于官绅不善于经营，很快沦为亏损，光绪二十八年（1902）核查账目时，亏折公私本息31万余两。光绪二十九年（1903）改由费承荫接办，借日俄战争之机而获利，添置纱锭4368枚及配套设置，生产规模扩大了近四分之一，此后一直步履维艰。

大生纱厂创办人为张謇（1853—1926），字季直，号啬庵，江苏海门人。于光绪二十一年（1895）九月开始筹建大生纱厂，光绪二十五年（1899）五月投产运营，以"魁星"为商标。建厂初期招收的多是男工，到20世纪30年代"大生纱厂女工占工人总数的56.5%"㉟。继光绪三十三年（1907）兴建大生二厂后，大生三厂于1921年在海门建成。由此，大生纺织企业集团形成，这样的规模不仅在江苏就是在全国也是首屈一指的。

大生纱厂创办初期募资异常艰难，初由南通与上海商人合办，后改为"官商合办"，又因担心官方干涉厂务，加之认股时有难度，遂由"官商合办"再改为"绅领商办"，并得到了两江总督刘坤一的支持，同意将湖北纱布局搁存在上海的"官机"半数，即纱锭20400枚作价25万两，充作大生纱厂的官股㊱。但是，原来商定的股本资金缺乏问题一直困扰着大生纱厂。后大生陷入经营困境时，上海银行钱业成了大生的债主，以致大生被金融资本所控制。

图上7-3　张謇像

纱厂在创办时享有优惠权，"只在洋关报完正税一道，其余厘税概行宽免"。通州一地的原棉、劳动力均能得到合理利用，产品也以近地销售为主。在原棉收购上趁"新货上市之时，趁时吸收，设庄购储"。同时开拓沿海垦荒植棉业，达到"自供自给之境地，不至仰鼻息于外人"。在1899年至1913年的15年间，大生一厂、二厂就获净利高达540万两，纱锭滚积到3倍以上，资本滚积到5倍以上。大生纱厂光绪三十一年（1905）、1912年、1913年的盈利率分别为26.8%、22.1%、26.2%⑰，利率之高，反映了纱厂高额的资产报酬率，仅大生一厂在1921年以前就平均达到17.61%⑱。这奠定了大生集团的资本基础。至1926年，大生纱厂系统已经由一个厂发展到四个厂，固定资产由最初的50万两增加到919万两，增长了18倍⑲。

张謇还制定了针对经营管理人员的《厂约》和针对工人的《厂章》。纱厂车间工人劳动一般实行两班制，布厂工人实行长日班。工人工资在纱厂的全盛时期，男工日工资自2.5角至6角。女工日工资自2角至4角。伴随纱厂的扩大，形成了张謇在纱厂内部权力的集中，在提高了企业办事效率的同时，也带来了许多弊端。光绪三十年（1904）清政府颁布了第一部《公司法》以后，大生纱厂内部开始尝试建立规范的公司治理结构，而实际上，商股们所关心的只是如何收受股息，对企业的经营不感兴趣，不利于现代企业管理制度的健康发展。随着国内新设机器织布厂的增多与洋布在市场上的竞争，大生产品也陷入滞销。仅1922年关庄布销沪总额较之前年竟减少三分之一⑳，到1925年，大生一厂的债务已经高达906.9万两白银以上，相当于资本总额的58.6%，借款总额中，抵押借款占67%左右㉑。但是，在大生集团的全盛时代，"南通是中国有名的实业模范区，张氏也是中国第一个实业大王"㉒。

总之，鸦片战争后，西方资本主义工商业资本进入江苏后，迫使一部分农民放弃传统的家庭手工业，脱离农业生产的这一部分劳动力进而从事非农作物生产。特别是各大工厂的先后建立，招收当地农工，加快了社会各阶层流动。业勤纱厂、苏纶纱厂与大生纱厂的先后建立，适应了江苏地区土布生产近代转型的市场需求，并推动了江苏传统土布业的发展，形成了棉业种植、手工纺织、机器生产的良性循环。使传统手工业的存在和发展与民族机器工业之间形成了一种利益兼顾的良性互动关系。

第三节　接受西学的江苏知识分子群体

王韬　薛福成　徐建寅　华蘅芳

上海的开放,使江苏直接面临着欧风美雨的冲刷。西学凭借着报纸、期刊、书籍、传教士、洋学堂等各种载体更深入地进入到江苏内地。在西学潮流的影响下,部分原先热衷于科举考试的江苏文化人逐渐厌弃传统功名,开始留意和研究西方的自然科学与社会科学,进而完成了思想从传统向现代的转变,他们构成了中国近代第一代"过渡性"改革型知识分子群体。在那个时代,中国因为有了他们而表现出某种进步的活力,江苏也因为有了他们,而显现出一种率先改革的先行者风范。这些新型知识分子中,以王韬、薛福成、徐建寅、华蘅芳等最为有名。

王韬(1828—1897)是中国近代第一代资产阶级改革思想家、教育家和新闻工作者。他从21岁起接触西学,转变观念,进而通过译著西书、撰写政论、创办报纸、主办考课等方式,促进了西学和近代思想在中国的传播,为推动中外文化交流做出了突出的贡献。

王韬出生于苏州甫里(今甪直镇)一个塾师之家,初名王利宾,字兰卿。幼年随父读书,颇有旧学功底。13岁后就学于长洲青萝山馆,18岁时参加昆山县考,被主考官"拔冠邑庠"[43]。但此后王韬的科举之路并不顺利,1849年因父亲突然去世,王家生活来源顿绝,21岁的王韬不得不前往上海墨海书馆工作。

在沪期间,王韬与西方人士麦都思、伟烈亚力、艾约瑟、韦廉臣、合信、慕维廉、林乐知等常相过从,实现了思想从传统到现代的转变。他与西人合作,出版了《格致新学提纲》、《光学图说》、《重学浅说》、《华英通商事略》、《西国天学源流》等一批西学译介著作,促进了西方算学、化学、光学、气学、声学、地学、矿学、医学、机械学等众多学科在中国的传播[44]。1862年,王韬因化名黄畹上书太平天国苏州当局遭清廷通缉,被迫流亡香港。在港期间,他与英国传教士英华书院院长理雅各合作，把《尚书》、《诗经》、《礼记》等古代中国经典译为英文，极大地扩大了中国文化在欧洲的影响。1867年，王韬应理雅各之邀，旅居英国两年有余，因而对西方现代文明有了更深的解读。1874年王韬在香港集资创办了《循环日报》，从而开启了中国人自己创办和经营报纸的历史。王韬在《循环日报》上发表了大量的政论文章，呼吁学习西方，倡导维新变法。1879年，王韬东渡日本，考察了东京、大阪、神户、横滨等城市，着重关注明治维新后日本的政治、经济、文化和社会情况，著成《扶桑记游》。1884年，王韬回到阔别20多年的上海。次年任上海格致书院院长，直至1897年去世。在格致书院任上，王韬尝试教育改革，不讲四书五经，只讲自然科学，并创行考课制度，促进士人研究现实问题。

王韬一生著述丰富，传世的有《弢园文录外编》、《弢园尺牍》、《淞滨琐话》、《漫游随录》、《淞隐漫录》、《瓮牖馀谈》等四十余种，在政治、教育、新闻、史学、文学等许多领域都有杰出成就。他提倡的"君民共主说"、"商为国本说"、"民富优于国富说"、"国佐工商说"等等，后来都成了资产阶级维新派继承的思想财富⑤。

薛福成（1838—1894），字叔耘，号庸盦，是中国近代著名外交官和改良主义思想家，无锡人。早年曾参加科举考试，但不甚用力，他更多地关注的是国内外变化大势。1865年，薛福成应江南乡试时致书曾国藩，建议改革科举、裁减绿营、学习西方军事技术，遂得曾氏赏识，入其幕襄理文案。1875年，薛福成应诏上改革内政外交万言书，名声大振，旋被李鸿章延为幕僚，协理外交事务达十年之久，并长期为李鸿章起草有关洋务的奏稿。1879年，薛福成上书反对清政府授予英人赫德中国南北洋海防大权，使英国控制中国海军的企图不能得逞。中法战争期间，薛福成出任宁绍台道，在浙东防御战中表现优异，战后擢升湖南按察使。1889年，薛氏受命为出使英、法、意、比四国大臣，出使期间，与英国就滇缅界务和商务进行艰难谈判，争回部分主权。

薛福成长期协助李鸿章办理洋务事宜，又曾出使欧洲，深知要改变国弱民贫、备受列强欺凌的局面，就必须争取国家的富强，其根本的方法是"变法"，向西方学习。他认为先要学习西方的坚船利炮，练兵增强国家军事实力，进而过渡到实行西方的君民共主制，这是适合中国的最为理想的政治体制。薛福成强调"欲求自强，先谋致富"，把"振兴商务"看作是"生财大端"，主张减税以促进其发展，认为国家税收只能在此基础上谋求增加。他曾说"有能招商股自成公司者，宜察其才而假以事权，课其效而加之优奖，创办三年之内，酌减税额以示招徕。商民知有利可获，则相率而竞趋之。迨其事渐熟，利渐兴，再为厘定税率，则于国课必有所裨。"⑯还主张实行保护关税，重税外来之货，而减免本国货税，"以畅其销路"。为促进商品流通，保护商民利益，他又主张裁撤厘金。

薛福成一生论著甚丰，大多收录在《庸盦全集》、《庸盦笔记》、《庸盦文别集》等文集之中，其中比较著名的有《出使英法意比日记》和《筹洋刍议》。这两篇作品的核心观点是效法西方国家，经济上发展机器工业，大兴商办企业，实行关税自主，抵制洋货倾销，政治上仿行英德，推行君主立宪制度。

徐建寅（1845—1901），字仲虎，无锡人。其父徐寿为中国近代化学先驱，在世时对刚刚传入中国的声、光、化、电诸学多有研究。徐建寅自幼随父学习，参与父亲的科学实验，青年时就掌握了上海墨海书馆介绍的格致之学。1862年，徐氏父子在自然科学方面的造诣为洋务派大员曾国藩所知，受聘至安庆军械所任职。这一年徐建寅只有17岁。

徐建寅在安庆期间，全力佐助徐寿研制中国的第一艘机器轮船"黄鹄"号。"黄鹄"号下水后，徐寿被任命为新建的江南机器制造局的"总理"，徐建寅也随父赴任，协助徐寿研制出多艘兵轮，开启了中国造船工业的先河。与此同时，徐氏父子在江南制造局创设翻译馆，邀集中外科学人士翻译西方科学与技术著作。中国近代第一批自然科学书籍和第一代技术人员的诞生都与徐氏父子在江南制造局的主张和实践紧密相关。

1874年，李鸿章在北洋创办天津制造局，调徐建寅北上，负责研制硝酸炸药。1875年，山东巡抚丁宝桢闻其名，

图上 7-4　徐建寅像

聘徐建寅为山东机器局总办，负责全面建厂事宜。翌年山东机器局顺利建成，徐建寅因此受到清政府的褒扬。

1879 年，徐建寅受李鸿章推荐，以驻德国二等参赞名义出使德、英、法等国进行技术考察和订购"铁甲"军舰。《欧游杂录》便是他此行的实录，是清季出使人员笔记中记述西方工业技术的一部专著。在欧考察期间，他访问了巴黎矿务院、柏林格致院、克虏伯兵工厂、西门子电机厂、汉堡火药厂、里昂染丝厂、苏格兰钢厂、法兰克福砂轮厂、基尔天文台等 80 多个英、法、德工厂和其他科技单位；记下了真空管、计算器、留声机、后膛枪、锻磨床、真空泵、热处理、油水分离器、蒸汽喷水机、压路机、能写字答问机器、汽车等 200 多项产品与工艺的技术资料，并谋划如何将这些欧洲科技带回中国。最后，他代表清政府在德国司旦丁（今波兰什切青）伏耳铿船厂订造了两艘铁甲舰，它们即是后来中国北洋海军的两大主力舰"镇远"和"定远"[①]。

1886 年，徐建寅应两江总督曾国荃邀请到南京金陵机器局主持工作，先后造成新式后膛枪和铸钢设备。1894 年，光绪皇帝特旨召见，并派他前往威海卫视察。1901 年，徐建寅受张之洞之邀，赴汉阳钢药厂试制无烟火药，因实验室发生爆炸而不幸殉职。

徐建寅是洋务运动中成长起来的第一代技术专家，生平著译有《造船全书》、《欧游杂录》、《兵法新书》、《化学分原》、《水雷录要》、《电学》、《轮船布阵》、《汽机新制》等 20 余种书籍。他对西方科学技术的钻研与介绍，对欧洲船炮机械的考察与仿制，推动了中国近代军事科技的进步。

华蘅芳（1833—1902），字若汀，无锡人，中国近代著名数学家、翻译家。华蘅芳自幼熟读中国古代算经，至 20 岁已学过《周髀算经》、《九章算术》、《孙子算经》、《张丘建算经》、《测圆海镜》以及明清以来的数学书籍，后又悉心钻研墨海书馆出版的西方近代数学著作，掌握了近代数学的原理及其运用方法。

华蘅芳与徐寿为同乡，两人志同道合，过从甚密。1859 年，华蘅芳写成他的第一部数学著作《抛物线说》，徐寿为之作图。后华蘅芳和徐寿同入曾国藩幕府，在安庆内军械所从事机动船的研制。二人通力合作，经过周密的计算和设计，制造出中国第一台蒸汽机，设计制成"黄鹄"

号机动轮船。

　　1876 年，华蘅芳协助徐寿筹划江南制造局事宜，创办格致书院，并主讲数学。制造局开翻译馆，他与傅兰雅等西方人士合作，先后译出《三角数理》、《代数难题解》、《决疑数学》、《合数术》、《金石识别》等数学和地质方面的书籍，又编写出版了《开方古义》、《算法须知》、《数根术解》、《积较术》、《学算笔谈》等著作。1887 年，华蘅芳主讲天津武备学堂。在此期间，学堂因教学需要，从德国引进了一部"试弹速率机"，但没有人知道它的性能及使用方法，华蘅芳运用他在数学领域的丰富知识，向大家一一讲清了这部机器的道理和使用方法。1892 年以后，他主讲湖北两湖书院和自强学堂，写出《求乘数法》、《数根演古》、《循环小数考》、《算学琐语》等著作。华蘅芳任教 20 年，不图名利，全心著述，教学科研成就甚众。他以书斋之名结集出版的《行素轩算稿》是他一生在数学领域的思想结晶。他与徐寿父子一样，也是中国近代科学事业的先行者。

第四节　绅商群体的崛起及其文化影响

"绅"与"商"的合一　　"状元资本家"张謇　官商两栖的盛宣怀　传统与近代文化的融合

　　在清末江苏近代化的进程中，出现了一种值得注意的力量——绅商。他们亦官亦商，儒商合一，在担任政府要职和主导地方教化的同时，秉持"实业救国"、"兵战不如商战"的理念，利用他们可以控制的各种资源集资募股、创办实业、开办学校，在兴办农垦、设厂开矿、兴建铁路、组织商会、拓新教育等方面发挥了重大的作用。他们是推动江苏乃至中国近代化的重要群体。

　　传统绅士阶层向近代商人阶层的转变和商人地位上升进而获得国家认可的功名是绅商群体出现的两大来源。以苏州地区为例，大批的苏州绅士在 1895 年以后，特别是 1905 年科举制度被取消之后自动投身工商实业活动，从而由原来的"士绅"转变为商绅，使绅与商之间不再有明确的界限，商就是绅，绅就是商。苏州总商会 1906 年档案中存有一份《苏省绅商为成立铁路公司呈商部文》，极为典型地反映了江苏的绅与商在 20 世纪初那种密不可分的关系。在这份公呈上签名的商办铁路公司发起人股东计有 103 人，其中有绅转变成的商，也有商转变成的绅。他们名字前都冠有或大或小的绅士功名和头衔，也同时都是现代商办铁路公司的发起股东。他们合二为一，共同自称"在籍绅商"⑩。

在 19 世纪末 20 世纪初的江苏，官、绅、商的合作成了地方经济与社会活动的一大特征，在身份认同上，人们已经难以区分三者的关系。仍以苏州地区为例，吴县知县马海曙原先是一个米店老板⑩，长洲县知县邹某曾是一位杭州"洋货业绅董"⑩，苏商总会会员振兴电灯公司总董祝大椿因创办实业有功，被清廷颁赏勋爵和封典，拥有商部顾问议员头衔。陆润庠原是一位状元，甲午战争后在苏州创办苏纶纱厂，后又前往北京做官，从尚书一直做到大学士。翰林院编修王同愈曾做过湖北学政，回苏后投资工商业，并发起成立苏州总商会，又担任过苏纶纱厂的总理和江苏教育会副会长，后又入京供职。陆、王两人都是亦官亦绅亦商的混合人，在江苏商人反对统捐、请开国会等政治经济活动中，他们两人都是幕后的参与者。张謇是中国近代著名的实业家、教育家和立宪派政治代表人物，也是 19 世纪至 20 世纪之交江苏绅商群体中表现最活跃、成绩最突出的人物。他一生创办了 20 多个企业，370 多所学校，既是"实业救国"和"教育救国"理念的倡导者，也是为其终生奋斗的实践者。他为中国近代民族工业的兴起和教育事业的发展做出了突出的贡献。

张謇自幼读书，16 岁中秀才，后四应乡试未举，入吴长庆幕，与袁世凯一道随军赴朝鲜。1885 年中举，1894 年考中状元，授翰林院修撰。张謇有感于甲午战败，于 1895 年毅然弃官从商，返回南通兴办实业。张謇先是集银 50 万两，在唐闸镇创办了南通第一个近代工厂——大生纱厂（后改名大生一厂），并在吕四、海门交界处围垦沿海荒滩，建成纱厂的原棉基地——拥有 10 多万亩土地的通海垦牧公司。后又陆续举办大达轮船公司、复新面粉公司、资生铁冶公司、淮海实业银行等，并投资苏省铁路公司、大生轮船公司、镇江大照电灯厂等。他所创办的企业涉及到盐业、榨油、面粉、冶铁、轮船等行业，成为当时最具实力的集团公司。19世纪末近代轻纺工业的出现，使南通的城市功能由交换为主转为生产为主，南通成为国内早期的民族资本主义工业基地之一。

兴办实业的同时，张謇按照"父教育，母实业"的思想，在南通又兴办一系列学校。从1902年到1926年25年间，他为兴办各种教育事业注入资金257万元，创办各级各类学校合计370多所。1902年创办了最早的师范学校——通州师范学校，1905年创建了第一座民办博物苑，1907年创办了农业学校和女子师范学校，1909年倡建通海五属公立中学，1912年创办了医学专门学校和纺织专门学校。他还在宁沪等地先后参与或协助创办三江师范学堂、复旦公学、南京河海工程专门学校等多所学校。他创办或参与创办的教育机构，从纵向说有学前教育、初等小学、高等小学、中学、中师、大学专科、大学本科；从横向说，有普通教育、师范教育、专门教育、职业教育、特种教育。构成了门类相对齐全、结构相对完整的教育体系，使南通以至江苏全省成为当时全国教育最为昌明的示范区域，慕名远道来学者络绎不绝。

张謇关注政府的革新，1906年成立预备立宪公会，任副会长，发起声势浩大的全国性的"国会请愿"运动，迫使清廷在立宪方面做出让步承诺。1909年被推为江苏咨议局议长，领导江苏咨议局与守旧派总督张人骏进行抗争。辛亥革命后任南京临时政府实业总长。1913年任北洋政府农商总长。袁世凯即将称帝时，辞职南归，在南通继续办理地方事业，使南通一跃而为现代化模范城市。

张謇1926年病逝于南通，有《张季子九录》、《啬翁自订年谱》等行于世。

盛宣怀（1844—1916），字杏荪，别号愚斋，晚年又自号止叟，江苏武进人。官僚世家出生，其父曾任道台，与李鸿章早有结识。盛宣怀于1867年考中秀才，以后屡试不中，纳赀为主事，入李鸿章幕充文案兼营务处会办。做事精明干练的盛宣怀在李鸿章的提拔下，官运日益亨通，官衔由主事、候选直隶州，连升知府、道员，并获二品顶戴。1902年，盛宣怀升任工部左侍郎，1908年复任邮传部右侍郎，1911年再升任皇族内阁的邮传部大臣。

盛宣怀是近代“官僚型绅商”的典型代表[51]。他“既似官又似商”，忽官忽商，左右逢源，两线顺达[52]。他利用官方职务经营着属于自己的工商王国，又反过来利用工商成就获取更高的官方职务。他在洋务运动中创办并经营轮船、电报、纺织、煤铁矿、铁路、银行等工商企业，左右了近代中国的经济的走向。1872 年他受命参与轮船招商局开办事宜，开始正式涉身洋务运动，逐渐成为清末中国经济活动的核心人物。1881 年盛宣怀被任命为津沪电报陆线的总办。1882 年又受命建造上海至广东、宁波、福州、厦门等地的电报线。1886 年创办中国第一个内河运输公司——山东内河小火轮公司。1897 年盛宣怀建成中国历史上的第一家银行——中国通商银行，同时又负责修筑中国第一条铁路干线卢汉铁路。1898 年，盛宣怀开办萍乡煤矿，并在 1908 年将它与汉阳铁厂、大冶铁矿合并成立中国第一家钢铁煤炭联合企业——汉冶萍公司。

盛宣怀的活动和影响进而延伸到教育及社会领域。他是天津电报学堂、北洋大学堂、南洋公学等一系列中国近代名学堂的创办人，也是上海图书馆、上海红十字会、中国红十字会等一系列社会公益事业的发起者。与其身份一样，他的活动也兼及多个领域，张之洞因此评价他“可联南北，可联中外，可联官商”[53]。

江苏绝大多数企业经营者来自官僚、商人、钱庄主等社会阶层。一方面，他们具有典型的中国传统伦理道德观念；另一方面，他们又在近代社会转型时期，毫不犹豫地吸纳了西方文化，投入到企业活动中，在推动江苏经济发展的同时，也丰富了江苏地域文化的内涵。

在张謇身上，可以明显地看出中国传统伦理的烙印。张謇对孔子非常虔敬，对儒学哲理推崇备至。张謇在科举的道路上艰苦中跋涉了几十年，一生都在研读儒家经典。其子张孝若说：“我父是读书人，对于儒家的立论，认为十分的伟大中正。”张謇主张经世致用，“对于明末清初诸儒的朴学、理论和行事，都十分推重”[54]，学问应当于日常行事中求之。正是由于对中国传统伦理观念中精华部分的合理汲取和利用，使张謇在中国近代社会巨大转型时期能比较准确地把握时代的脉搏，走在同时代企业经营者的前列。

张謇创办的大生纱厂的厂名“大生”一词，即源于《易经·系辞下传》

"天地之大德曰生"一语。"德"不仅是纱厂名称的含义，也概括了张謇从事实业的抱负和计划⑤。因为在他看来，中国的传统伦理都符合《易经》的哲理。在解释南通农校的校训"勤苦俭朴"四字时，他就说过："夫勤者乾德也；乾之德在健，健则自强不息。俭者坤道也；坤之德在啬，啬则俭之本。黄老之学得坤道。勤俭之广义，虽圣人之成德亦由之"⑤。

如果以熊彼特的创新概念来观察张謇的实业活动，那么，张謇排除一切艰难险阻在南通创办新型资本主义企业，并使当地经济结构发生重大变革，完全称得上是一种"创新活动"。张謇的伦理观在三个方面影响以至决定了他的创新活动：强烈的爱国主义和以天下为己任的责任感，推动他向西方学习，并与传统的仕宦之途决裂，走上了创立新型事业之路；为了实现理想而勇往直前的大无畏精神和自我牺牲精神，使他逾越了单凭物质手段难以解决的重重障碍，完成了一系列创新事业；个人物质利益服从社会公益的义利观，又使他成为用个人赢利造福地方的新型企业家⑤。

在江苏企业家中，像张謇这样深受中国传统思想观念熏染的人非常普遍，荣德生（1875—1952）就是这样的人。

荣德生在少年时代学习过许多儒家典籍，这些典籍成为荣德生改造社会的指南。荣德生9岁起读《大学》、《中庸》、《论语》，11岁后开始读《孟子》，13岁读《幼学须知》，14岁读完《诗经》，15岁读《易经》。除了从书本上接受传统教育外，他所受的家训同样符合儒家宗旨。其父荣熙泰经常教育荣氏兄弟说："治家立身，有余顾族及乡，如有能力，即尽力社会。以一身之余，即顾一家；一家之余，顾一族一乡，推而一县一府，皆所应为。"⑤

荣德生毕生从事实业活动，所使用的机器多为外国进口，所聘请的技术人员有不少是外籍技师，但他事业的成功，仍得益于中国古代典籍的影响。他公开宣称"今欲繁荣经济，改造社会，重振人心，若照《大学》做起，必能成功；即照首章'序言'办去，亦能治国平天下"，认为"吾国将来工业发达，生产大增以后，必须保持知足，提倡古训，人人勤俭，衣食自足；地上生产，地下启发，生活物质，无虞匮乏。同时，人人安守本分，知足乐业，笃于忠信，崇尚道义"⑤。

在管理企业方面，荣家在申新三厂首创的"劳工自治区"，包括其中设立的自治法庭、尊贤堂、功德祠，向以运用传统伦理成功管理工人而闻名。其指导思想，用荣德生自己的话来说，就是"余素主实际，不尚空谈，尽力做去，以事实对付竞争。三厂对职员，主教以实习；对工人，主恩威并用，兼顾其自治，及子女教养，有出路，待遇适合，平心和气，不加压力，又留心卫生，居住适宜，与学校无异。一经进厂，有不愿他去之慨"[60]。据当时人记述，申新三厂的劳工自治区，"那完美的设备，秀丽的环境决不像是中国劳工同志的住宅，不，那简直是达官巨富的庭园，组织完善的学府"[61]！

与张謇、荣氏兄弟相类似，无锡庆丰系统的创办人唐保谦，出身于科举世家，少年时代受张謇影响非常大，在实业活动中特别注重实际调查。常州大成纱厂的刘国钧则提出以"忠信笃敬"为厂训，告诫全厂职工恪守。他认为要办好工厂必须以工人以主体，处理好与工人的关系，树立"新厂风"："工厂工厂，乃工人的厂，只有大家努力，才能办好工厂。"为此他还经常深入车间找工人和管理人员谈话，重视工人的思想动态。

这些具有传统伦理的江苏企业家，在近代社会变革时期积极投入到企业活动中，使传统与现代这一对看似矛盾的事物在这里得到了有机的结合。他们的管理思想及所创造的企业文化，成为江苏地域文化的有机组成部分。

第五节　晚清新政与江苏贡献

兴办现代交通和市政事业　全省大规模兴学　举办南洋劝业会

1901 年义和团运动以后，清廷下令在全国举办新政。江苏官、绅、商各界闻风而动，率先开办现代交通与市政事业，兴办各类学堂和派遣留学，并于 1910 年在南京举办了中国历史上第一次产品博览会——南洋劝业会。江苏是新政时期各行省中办理新政最早也最有实效的"领头羊"，清廷后来在试行"宪政"中把江苏定为除直隶和奉天以外唯一的示范行省。

清末十年，开明派官僚刘坤一、张之洞、端方、程德全等先后做过江苏的督抚大员。在他们的主政下，江苏地方新政活动极为活跃。刘坤一和张之洞是"江楚会奏"的发起人，该奏折迫使清廷当局启动了全国新政的步伐。而刘、张及后来的端方、程德全等在地方实际工作中，也总是先于他省举办新政。1901 年，南京电话局便开始在官绅中试用电话，两年后苏州也成立了电话局[62]。1906 年，南京官绅倡设金陵自来水公司。1907 年，两江总督端方筹建南洋印刷官厂。该厂引入市场办法管理经营，印刷业务颇旺，直到辛亥革命发生前，《申报》上还有它的印刷品《宪政读本》、《大清宪法论》、《宪法纲要》等等"良书"的广告[63]。1908 年，当沪宁与津浦两条铁路即将通车之时，南京官绅开始筹划在浦口和下关建立轮渡码头和商埠。同年，两江总督端方下令在吴淞至崇明间建设无线电通讯台。该两处无线电报台一高 50 米，覆盖半径五百华里；一高 30 米，覆盖半径三百五十华里，是当时国内最高且通报能力最强的无线电报台[64]。

最能反映江苏超前发展的举措是筹建南京城内轨道交通城市小火车。1907 年 4 月，两江总督端方考虑到沪宁铁路南京下关站所在的滨江地区有可能出现"百货流通商务日臻繁盛"的情况，果断地提出超前修建连接江边码头、沪宁铁路车站和市中心的城市铁路，以便通行市内小火车，彻底改善南京市区和城外下关地区的交通[65]。此举在当时各行省中可谓独步一时。1907 年 11 月，南京城区铁路正式开工建设。1908 年 8 月，南京城区铁路首期路段顺利建成通车。此事成为那一天中外媒体广泛报道的重大新闻，连美国驻南京领事麦克莱尼（J.C.Mc Nally）也把此事作为重要商务情报报告给美国商务部[66]。一年后，南京官绅进而筹划修建宁芜铁路，把沪宁、津浦、宁芜三条铁路和长江航线串联起来，拟构建沟通两江以致整个南中国的快捷交通系统。

兴办教育是清末新政的主要内容之一。新政伊始，江苏社会各界纷纷响应，兴起了一股兴办教育的热潮。在刘坤一、周馥、张之洞、端方等总督的先后主持下，江苏新式教育在清末十年取得了飞跃性的进步。

教育进步首先表现在各地新学堂如雨后春笋迅速成长，如江苏巡抚衙门所在地苏州于 1904 年就成立了苏州的第一所新式中学堂——江苏省中学堂（后改名为苏州府中学堂）、第一所高等学堂——江苏高等学堂、第一所专业学堂——实业学堂、第一所师范学堂——江苏两级师范学堂以及 40 所官立小学堂。这些学堂基本上都采用西方新式教学模式，聘用留学归国的学者和外籍教师教授课程，江苏两级师范学堂及附设模范小学堂就聘有留日的罗振玉、王国维和日本文学博士藤田丰八。所设科目有史地、伦理、理化、博物等。两江总督所在地南京在 1902 年就创立了三江师范学堂，开设的课程有修身、史地、文学、算学、物理、化学、博物、生理、农学、图画、教育学等，教员中有不少从日本聘来。学制分为一年速成科、二年速成科、三年本科和四年高等师范本科。该学堂是今日南京大学、东南大学、南京农业大学等著名高校的发端源头。1903 年南京又创立了江南省城高等学堂，招收江、皖两省廪增附生入堂学习。1904 年，官方在南京城区建立模范小学 40 所，1907 年以后又在所办学堂基础上，按照日本高等小学的训练方法和教学管理模式，创立师资和设施齐全的模范两等小学堂 4 所，以为全城各小学堂之典范⑥。此

图上 7-5　两江师范学堂

后，南京还成立了江宁初级师范学堂、两江法政学堂、南洋高等商业学堂、南洋方言学堂和专门从事对外文化教学的暨南学堂。

教育的进步还表现在现代教育体系的建立。新政期间，江苏各地的办学活动是一次有计划的创造体系的教育实践活动。高等学堂、专业学堂、师范学堂、中学堂、小学堂、蒙养学堂的普遍建立，基本上构筑了现代中国大、中、小、幼梯级升转的教育体系，而接受海外华侨留学生也开创了中国近代教育的新形式。其他如官、公、私三种所有制形式，法政、师范、金融、工商、农林、医药、陆炮军校等校系专科设置模式，江苏教育会、各地教育分会、各类教育研究所以及教育杂志一类教育机构与社团也都在此期间生发定型，这奠定了以后江苏教育进一步发展的基础。

1910 年在南京举办的南洋劝业会是中国历史上第一次全国性的大型物产博览会。它的酝酿、筹备和成功举办都与中国社会的现代化进程密切相关。中国许多现代事业的原点和中国大国崛起的出发点，其标志性符号非南洋劝业会莫属。

南洋劝业会的酝酿过程和出洋考察宪政大臣、两江总督兼南洋大臣端方的新政倡导有直接的关系。1908 年 4 月，端方与留学出身的幕僚候补道陈琪及江苏绅商的头面人物张謇等商议，在南京召开中国第一次全国性博览会。随后筹款 50 万两，在南京三牌楼一带辟地 700 多亩建造主会场，又上折奏请清廷谕令各地官绅商成立劝业会事务所，赶速筹备与会。1910 年 6 月，南洋劝业会如期在南京隆重开幕。开幕之日，牌楼高筑，龙旗招展，军乐雄壮，中外贵宾云集。在举行开幕仪式的议事大厅里列有席位的就有"部派代表审查官参议

图上 7-6　南洋劝业会

席"、"东西洋来宾席"、"地方官席"、"华侨代表席"、"谘议局代表及评论员席"、"股东席"、"军学农工商代表席"、"协赞会代表及职员席"、"事务所科长及职员席"、"参观人席"、"出品人席"、"女学生及女宾席"、"各报馆记者席"等等。中外参展物品达100万件，分24部、420类，涉及农林、水产、医药、矿冶、化工、纺织、教育、工艺、武备、交通、体育等各个领域。展期内馆内人头攒动，人山人海，商品琳琅满目，五彩缤纷，气氛空前热烈。而馆外小火车往来运送货物，声声汽笛掠过玄武湖的碧波，六朝古都如过节一般。

南洋劝业会的展览持续了6个月。其间评出金牌、银牌等优质产品5269件，极大地推进了中国产业的进步，提升了中国产品的质量。当年获奖的一些产品后来大都成了饮誉海内外的名优特产。湘绣、辑里丝、绍兴黄酒、金华火腿、张小泉剪刀、双沟大曲、高邮双黄鸭蛋、南京香肚、汉阳铁器等等今日名品，大都与当年南洋劝业会的评奖提携有着直接的渊源。情形正如曾经佐助端方办理工商事务的熊希龄所说："劝业会之设，一则使各省未知名之物产以媒介于中外商人，一则使各省未经验之商人以练习远近销路，而奖给赏牌，崇其名誉，品评报告，励其将来，皆于发达商务有密切之关系也。"⑧

南洋劝业会吸引了与会中外客商10万多人，周边地区前来参观游玩的市民更是不计其数。当年仅湖北一省组团参展洽谈的绅商官员就达3000人之多。这种社会成员的大范围流动在相当程度上瓦解了中国传统社会的沉闷，开通了长江流域各地的社会风气。而在它闭幕之后，各地原为劝业会征集展品的产品陈列所，大多由临时转为正式展馆，更长时间地影响了当地经济和社会的发展。

南洋劝业会是中国历史上第一次名副其实的万商博览会，它检阅了中国工商业的真实家底，构筑了中外工商业者交换商品和切磋工艺的巨大平台，打通了传统社会经济信息相互隔绝的栅栏，为中国工业技术的发展提高，为全国大流通市场的形成和产、学、研的沟通，为民众现代消费理念和开放意识的确立创造了有利条件。南洋劝业会也是近代两江乃至整个中国许多新生事业或事物的催产师。它对后来两江以至中国社会的现代化发展具有深远的正面影响。两江电灯的流行、现代运动会的普及、新闻协会的产生、侨资的开放引用等等都可追溯到这一次盛会⑩。

第六节 外国教会兴办的教育卫生事业

教会大学的兴起 教会医院的出现和影响

通过兴办教育而传播福音，原本是西方传教士普遍采用的一种传教方式。早在 1860 年以前，传教士就开始在中国东南沿海创办学校。19 世纪 60 年代以后，随着通商口岸的增加与传教士进入内地自由特权的取得，教会进而在内地省份兴办各式各样的中小学校。江苏紧临通商口岸上海，且上海此时仍为江苏属县，西方教会自然把在江苏兴办学校当成重要布道工作。

在 19 世纪 90 年代末以前，教会在江苏境内所办学校多为层次较低的小学，其中也有一些层次稍高的"书院"，如 1871 年，美国监理会在苏州设立了存养书院（1879 年改为博习书院），1888 年美以美会在南京创办了汇文书院，1891 年美国教会基督会创办了基督书院，1894 年美国教会长老会创办了益智书院。

教会"书院"的教学内容和形式已经进入了正规化和世俗化的阶段。它们基本上都有如下几个特点：第一，各校按照西方教育模式，建立了正规的教学体制，确立了修习年限。教学开始按级分班进行。第二，世俗知识在教学中的比重大为增加、像西语、翻译、数学、地理、物理、天文、化学一类世俗"实学"开始列入教学内容。如汇文书院就设有博物馆（文理科）、医学馆（医科）和神道馆（神学科）等三大科系。第三，改变了前期教会学校教师多为牧师兼职的教会教育传统，1890 年以后出现了一批有较高学位和在某些专业有造诣的专职教育家。美国兴起的学生志愿海外传教运动使大学毕业生以平民信徒身份来华从事专职教育工作，成为教会学校新一代教师。

在教会书院的基础上，19 世纪末 20 世纪初在江苏境内（不包括上海）出现了两所大学，即苏州的东吴大学和南京的金陵大学。

苏州东吴大学是在美国基督教监理会（The Methodist Episcopal

Church，South）在苏州创办的存养书院、宫巷书院及在上海创办的中西书院的基础上"三院合并"建立起来的。1900 年 12 月校董会章程出台，推美国著名传教士林乐知（Young J. Allen）为董事长、孙乐文（David L. Anderson）为校长。

东吴大学创办初期，历经三位美籍校长孙乐文（David L. Anderson）、葛赉恩（John W. Cline）及文乃史（W. B. Nance）。这个时期的办学经费主要来自于捐款及学费。校园内的教学大楼林堂、孙堂及葛堂及教职学生宿舍等设施陆续兴建完成，校园规模日趋完整。学科发展包括文、理、医学、神学及法科，另有四所附中、二十所附小、惠寒小学、吴语学校等组成完整的东吴教育体系。

东吴大学于 1915 年在上海另设"东吴大学法学院"，该学院教学突出"英美法"内容，专以讲授"比较法"为主，其科学的培养目标和鲜明的教学特色，使东吴大学的法学教育在当时饮誉海内外。

金陵大学是在美国美以美会（Methodist Church）、美国基督会和

图上 7-7　金陵大学主楼（今南京大学）

美国长老会等美国差会在南京所办的汇文书院、基督书院、益智书院等基础上于 1910 年成立的。首任校长为美国传教士教育家包文（A. J. Bowen）。金陵大学成立后获得美国纽约州教育局和纽约大学批准立案，后者承认金陵大学为一完全大学，可享受"泰西凡大学应享之权利"⑳。于是金陵大学的毕业文凭早期是由纽约大学的校董会签发的，毕业生持此文凭便可不经考试直接升入国外有关大学研究院深造，并获得学位。

　　金陵大学初创时期有校舍基地面积达 2300 余亩。建成的校舍规模宏大，计有行政楼、科学馆、医科诊室、礼堂、课堂宿舍等共有大楼 11 座。设有文科、理科、医科、农科、林科、工科等。早期金陵大学的教材、图书杂志、教学仪器以至生活设施都来自美国，校长、教务长、各系主任、教授也以外国人为主。金陵大学的课程设置偏重于西洋科学与文化，日常教学用语除国文和经史等课程外，都使用英语。金陵大学文、理、农三院皆在国内著名，英语文学和中国文化研究成就卓著，尤其农林为中国先驱闻名世界。其他方面亦有发展，如开创了中国的电影教育，首开中国医科七年制教育和博士教育等。

　　教会大学是西方近代教育的中国版，它在江苏地区的实践过程，一方面有力地促进了西方科学技术与文化在江苏的传播，较大范围地普及了近代自然科学与社会人文科学知识；另一方面突破了传统中国"精英"和"通才"教育的旧模式，克服了教育内容的人文单科倾向，促进了中国大学教育现代化的进程。

　　英国传教士李提摩太在 1890 年上海传教士大会上曾发表题为"基督教会与中国政府的关系"的演讲，列举了洋务派官僚"不反对基督教"的表现，其中之一是"在南京，当教会要求得到一块土地开办教会学校和医院时，当地政府很快就予以批准"㉑。在地方官员支持下，19 世纪末 20 世纪初江苏境内出现了多所教会医院。

　　江苏最早的西医医院是 1883 年（清光绪九年）美国南方监理会在苏州天赐庄创办的博习医院。第一任院长为柏乐文。1887 年，美国女布道会菲列佩斯医生也在苏州开办了西医妇孺医院。差不多也在 1887 年前后，加拿大籍传教士兼医生马林（William E. Macklin）在南京开设马林诊所，随后美国美基督教会集资将其扩建为马林医院，院址设在南京市

图上7-8 1892年设立的马林医院旧址

中心的鼓楼南坡。

除南京、苏州两个省城以外，江苏全省凡建有教会布道站之城市大都出现了教会医院。如淮安仁慈医院、镇江新西门基督医院；徐州坤维女医院、博济医院（后两医院合并为徐州基督医院）、连云港的义德医院、宿迁仁济医院、江阴福音医院等。

清末江苏教会医院的专业化水平比传统中国的"郎中行医"要高得多。各医院的医生、护士、化验人员分工明确，各司其职。较好的医院已有眼、耳、鼻、喉、妇产科等各类独立专科。现代医院的门诊部、手术室、住院区的设置与划分及病历记录制度与会诊研究制度也建立起来。

清末在江苏出现的教会医院有三个特征：其一是这些医院的规模在当时都属于"大医院"。马林医院初创时就有土地十余亩，四层楼房一栋，员工百余名，病床50张，经费来源除中国富商捐助外还有美国教会与商界的资助。其二是这些医院的医术水平在当时属先进行列。苏州博习医院是中国第一家引进X光诊断机的医院，引进使用的时间是1897

年，离 1895 年德国物理学家威廉·伦琴发现 X 射线时间只有短短两年⑫。此举在当时的中国引起了极大轰动，当年上海《点石斋画报》就曾以图文并茂的形式报道这一中国开创之举。博习医院还将当时国际上先进的消毒法、麻醉术应用于临床。其三是这些医院对所在城市的历史影响都很久远，当年的医院后来均成为所在城市的中心医院⑬。

第七节 晚清小说及其理论

小说创作 小说理论

晚清以来，江苏在小说创作方面成就卓著，"四大谴责小说"中的三部就是由江苏籍作家撰写的。

刘鹗（1857—1909），字铁云，江苏丹徒人。他曾对"西学"颇有兴趣，研究过数学、医学、水利学等，官至知府。八国联军入京时，以"私售仓粟"罪被充军新疆而死。《老残游记》原署洪都百炼生著，共二十回。小说描写一个摇串铃的江湖医生老残在游历途中的所见、所闻、所为。全书以描写玉贤和刚弼两个酷吏的暴政为主要内容。知府玉贤是一位"办盗"能吏，但这是通过残酷屠杀无辜百姓实现的。玉贤署理曹州府不到一年，站笼就站死两千多人。刚弼与玉贤一样，主观臆测，滥杀好人。小说从一个侧面反映了黑暗的社会现实。小说描写自然逼真，细腻生动，有鲜明的特色，尤其是小说中还出现了长段的心理描写，这在我国小说史上十分鲜见。

李伯元（1867—1906），名宝嘉，号南亭亭长，江苏武进人，晚清著名的谴责小说家。虽擅长制艺和诗赋，但屡试不第，科举的失意，刺激了他对清末社

图上 7-9 刘鹗像

会的不满。1896 年起，他创办了一些小报，主要为"俳谐嘲骂之文"。自 1901 年起全力投入文学创作，先后创作了《官场现形记》、《文明小史》、《活地狱》、《海天鸿雪记》、《中国现在记》、《南亭亭长笔记》、《庚子国变弹词》等长篇小说及弹词。其中《官场现形记》是他的代表作。全书共六十回，写于 1901 年到 1905 年，原计划写十编，每编十二回，但第五编尚未完成，作者即因病去世，后面的极小部分为他的朋友代为补齐。小说中描写了上自军机大臣，下至州县杂佐等形形色色的大小官僚，虽然职位不同，但都爱钱如命。他们为了钱卖官鬻爵，贪赃枉法，残害百姓，出卖祖国并最终出卖自己的灵魂，揭露了晚清政府的腐败不堪。《文明小史》是李伯元的另一部重要作品，全书六十回。作品重点揭露了官场"维新"人物的投机嘴脸，反映了一些民众自发的反抗以及社会上新旧思想的冲突。《活地狱》共四十三回，由十五个故事组成，集中揭露了封建衙门内的种种罪恶。李伯元深受《儒林外史》的影响，广泛运用了讽刺和夸张的手法，作者常常将生活中诸种丑恶的现象集中起来，进行渲染和讽刺。

曾朴（1872—1935），字孟朴，江苏常熟人，早年入洋务派办的同文馆学习法文，翻译过雨果等人的小说，参加过维新运动。后创立《小说林》书社，出版小说及翻译作品，并开始《孽海花》的写作。《孽海花》原由曾朴的好友金天翮先写了几回，后由曾朴修改、续写。原计划为六十回，未能完成。小说的创作经历了前后二十七年的漫

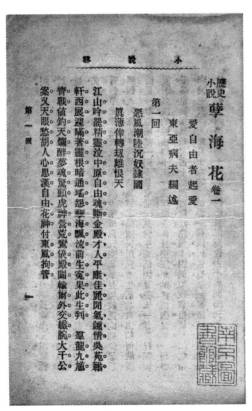

图上 7-10　（清）曾朴《孽海花》书影　（南京图书馆藏）

长过程。与其他小说不同的是，《孽海花》中的人物都有所影射。小说以金雯青和傅彩云的故事为主线，穿插了大量官僚、文人的琐闻轶事，从一个侧面反映了同治初年到甲午战争失败三十年间的社会政治和文化思想状况，对封建统治的腐败进行了讽刺和批判，对帝国主义的侵略野心也有一定程度的揭露。小说在艺术上结构工巧，文采斐然，全书描写了二百多个人物，三十年间的事件，但能以主要人物的故事为线索，贯穿交织，形成一个井然有序的整体。在人物描写方面，作者善于用讽刺的手法刻画官僚名士的形象，常常通过一两个典型的细节，使人物神态毕肖，栩栩如生。具有较高的艺术成就。

当时以小说林社为核心的由曾朴、徐念慈、黄人为首的一批文人，对小说理论进行了深入的探讨，使晚清小说理论达到了一个新的高度。

黄人（1866—1913），原名振元，中年改名人，字慕韩，号摩西，江苏常熟人。曾执教于东吴大学，与曾朴、徐念慈等创办小说林社，辛亥革命后，以愤懑国事，发狂疾而卒。黄人的小说理论和关于小说史的著作颇具意义，他在《小说林发刊词》中批评了鄙视小说和神化小说的两种倾向，强调了小说是"文学之倾向于美的方面之一种"，认为小说只有在真、善、美统一的道路上健康发展，才能对我国文明产生良好的影响。黄人在其《中国文学史》中将小说列为专章，并高度评价了古代小说具有的表现社会现实的作用。在《小说小话》中黄人认为描写人物当如镜中取影，其美丑让读者自行判断，还提出小说作者当博览群书，广通世务。他十分厌恶当时将古代小说一笔抹煞和对西洋小说无限崇拜的倾向，表现了强烈的爱国精神。这是近代中国较早的具有小说史性质的著作。其中关于古代小说的书目评介部分，被鲁迅全部录入《小说旧闻钞》之中。黄人的《中国文学史》凡 170 万字，是中国最早的文学史著作。他还著有《石陶梨烟室诗》、《摩西词》等。

徐念慈（1875—1908），字彦士，别号东海觉我，江苏昭文县（今江苏常熟）人。1905 年为曾朴创办小说林书社的编辑部主任，1907 年与黄人等一起创办小说月刊《小说林》，实为主编。后因误服药物暴亡，年仅三十四岁。徐念慈喜爱科学，懂外文，思想敏锐，这促使他很早就对著译科幻小说发生兴趣。著有《月球殖民地小说》，被视为中国近代科幻小说的先行者。徐念慈一生著述甚多，其中小说理论文字有《小说林缘起》、《余之小说观》及《小说管窥录》等。徐念慈依据黑格尔、康德等人的美学观点，系统地总结了小说之所以具有巨大的艺术感染力是因为具有"合于理性之自在"等特征，抓住了艺术的形象性、典型化和美感作用等关键问题。在小说与社会的关系上，徐念慈认为社会是第一性的，小说是社会的反映。他论述了小说特殊的社会作用，并立足于社会现实探讨了小说的功能。徐念慈的探索，代表了当时我国小说理论的新高度。

【注释】

① [清] 魏源：《魏源集》，中华书局 1976 年，第 420 页。

② [清] 魏源：《海国图志》，岳麓书社 1998 年，第 38 页。

③ [清] 郭嵩焘：《郭嵩焘诗文集》，岳麓书社 1984 年，第 95 页。

④ [清] 冯桂芬：《校邠庐抗议》，上海书店 2002 年，第 37 页。

⑤ [清] 冯桂芬：《校邠庐抗议》，上海书店 2002 年，第 56 页。

⑥ 张岱年编：《采西学议——冯桂芬马建忠集》，辽宁人民出版社 1994 年，第 112 页。

⑦ [清] 冯桂芬：《校邠庐抗议》，上海书店 2002 年，第 53 页。

⑧ [清] 冯桂芬：《校邠庐抗议》，上海书店 2002 年，第 57 页。

⑨ 参见龚书铎：《戊戌变法时期对〈校邠庐抗议〉的一次评论》，载《中国近代文化探索》，北京师范大学出版社 1988 年，第 124—136 页；孔祥吉：《晚清知识分子的悲剧——从陈鼎和他的〈校邠庐抗议别论〉谈起》，《历史研究》1996 年第 6 期，第 66—76 页。

⑩ [清] 洪仁玕：《资政新篇》，太平天国历史博物馆编：《太平天国印书》，江苏人民出版社 1979 年，第 678 页。以下引自该文的内容不另注。

⑪ [清] 容闳：《我在美国和中国的生活追忆》，《太平天国史译丛》（第 1 辑），中华书局 1981 年，第 208 页。关于新政的付诸实践问题可参阅夏春涛著：《从塾师、基督徒到王爷：洪仁玕》，社会科学文献出版社 2007 年，第 77—80 页。有的学者还从政权建设方面论述了"新政"失败的原因，详见王明前：《洪仁玕"新政"失

败原因新探——从权力结构的角度》，《历史教学》（内部资料）2006 年第 1 期，第 18—22 页。

⑫ 沈渭滨：《洪仁玕》，上海人民出版社 1982 年，第 41 页。

⑬ 江苏省政协文史资料委员会编：《江苏文史资料》（内部资料）第 28 辑，江苏文史资料编辑部 1989 年，第 29—31 页。

⑭ 孙毓棠编：《中国近代工业史资料》第 1 辑（上册），科学出版社 1957 年版，第 334 页。

⑮ 孙毓棠编：《中国近代工业史资料》第 1 辑（上册），科学出版社 1957 年版，第 338 页。

⑯ 中国科学院近代史研究所史料编辑室编：《洋务运动》（四），上海人民出版社 1961 年，第 187 页。

⑰ 江苏省政协文史资料委员会编：《江苏文史资料》（内部资料）第 28 辑，江苏文史资料编辑部 1989 年，第 41 页。

⑱ 王玲：《金陵书局移飞霞阁时间补正》，《文献》1991 年第 1 期，第 278 页。

⑲ 叶再生编：《出版史研究》第二辑，中国书籍出版社 1994 年，第 74 页。但也有学者对此提出异议。参见苏晓君：《从国图馆藏看金陵书局所刻书》，《中国古典文化》2010 年总第 72 期，第 89—91 页。

⑳ [清] 吴家驹：《清季各省官书局考略》，《文献》1989 年第 1 期，第 187 页。

㉑ 叶再生编：《出版史研究》第二辑，中国书籍出版社 1994 年，第 74 页。

㉒ [清] 吴家驹：《清季各省官书局考略》，《文献》1989 年第 1 期，第 189 页。

㉓ 叶再生编：《出版史研究》第三辑，中国书籍出版社 1995 年，第 131—138 页。

㉔ 政协苏州市委员会文史资料委员会编：《苏州文史资料》（内部资料）1—5 合辑，1990 年，第 328 页。

㉕ 叶再生编：《出版史研究》第三辑，中国书籍出版社 1995 年，第 139—141 页。

㉖ 张磊：《官书局刻书考略》，《图书馆》2001 年第 2 期，第 77 页。

㉗ 孔毅：《清代官书局刻书述略》，《文献》1992 年第 1 期，第 245 页。

㉘ 汪敬虞编：《中国近代工业史资料》第 2 辑（下册），科学出版社 1957 年，第 931 页。

㉙ 江苏省政协文史资料委员会编：《江苏文史资料集粹·经济卷》（内部资料），江苏文史资料编辑部 1995 年，第 31—32 页。

㉚ 汪敬虞编:《中国近代工业史资料》第 2 辑(下册),科学出版社 1957 年版,第 688—689 页。

㉛《江苏近现代经济史文集》,江苏省近现代经济史学会 1983 年,第 110 页。

㉜ 徐新吾编:《江南土布史》,上海社会科学院出版社 1992 年,第 571 页。

㉝ 穆烜、严学熙编:《大生纱厂工人生活的调查》,江苏人民出版社 1994 年,第 185 页。

㉞ 汪敬虞编:《中国近代工业史资料》第 2 辑(下册),科学出版社 1957 年,第 702 页。

㉟ 穆烜、严学熙编:《大生纱厂工人生活的调查》,江苏人民出版社 1994 年,第 184 页。

㊱ 江苏省政协文史资料委员会编:《江苏文史资料集粹·经济卷》(内部资料),江苏文史资料编辑部 1995 年,第 62—63 页。

㊲ 严中平等编:《中国近代经济史统计资料选辑》,北京科学出版社 1955 年,第 168 页。

㊳ 汤可可、钱江:《大生纱厂的资产、盈利和利润分配——中国近代企业史计量分析若干问题的探讨》,《中国经济史研究》1997 年第 1 期,第 30 页。而同期上海纱厂的亏本,为大生纱厂的资本积累提供了有利的外部环境,见汪敬虞编:《中国近代工业史资料》第 2 辑(下册),北京科学出版社 1957 年,第 1077 页。

㊴《大生系统企业史》编写组:《大生系统企业史》,江苏古籍出版社 1990 年,第 143 页。

㊵ 章开沅:《对外经济关系与大生资本集团的兴衰》,《近代史研究》1987 年第 5 期,第 62 页。

㊶《大生系统企业史》编写组:《大生系统企业史》,江苏古籍出版社 1990 年,第 224—225 页。

㊷ 陈真、姚洛:《中国近代工业史资料》第 1 辑,北京三联出版社 1957 年,第 333 页。

㊸ [清] 王韬:《瓮牖馀谈》卷一《张小浦中丞师殉难》,岳麓书社 1988 年。

㊹ [清] 王韬:《弢园文录外编》附录《弢园著述总目》,光绪九年香港排印本。

㊺ 张海林:《王韬评传》第五章"冲击封建政治的勇士"、第六章"工商社会的吹鼓手",南京大学出版社 1993 年,第 178—258 页。

㊻ [清] 薛福成:《筹洋刍议·商政》,载中国史学会主编《中国近代史资料丛刊》之

《戊戌变法》第一册，神州国光社，1955年，第156页。

㊼ [清]徐建寅：《游欧杂录》，载钟叔河主编《走向世界丛书》第五辑，岳麓书社，1985年，第731—732页。

㊽《苏省绅商为成立铁路公司呈商部文》及所附《在籍绅商具名清单》，载章开沅等编：《苏州商会档案丛编》第1辑，华中师范大学出版社1991年，第773—774页。

㊾ 包天笑：《钏影楼回忆录》（上），台湾龙文出版社股份有限公司1990年，第111页。

㊿《牙厘总局照会苏商总会》，载章开沅等编：《苏州商会档案丛编》第1辑，第1087页。

(51) 章开沅、马敏等在《中国近代史上的官绅商学》（湖北人民出版社，2000年）一书第三章中将近代绅商分为“士人型绅商”、“买办型绅商”和“官僚型绅商”三个类别，此处借其分类。

(52) 夏东元：《论盛宣怀》，《社会科学战线》1981年第4期。

(53) [清]张之洞：《致天津王制台》（光绪二十二年三月二十六日未刻发），《张之洞全集》第9册，河北人民出版社1998年，第6074页。

(54) 张孝若：《南通张季直（謇）先生传记》，《近代中国史料丛刊续编》第80辑，台湾文海出版社1974年，第318—319页。

(55) 详见马俊亚：《张謇与荣氏兄弟经营管理比较》，载高燮初编：《吴文化资源研究与开发》第1辑，江苏人民出版社1994年，第314—327页。

(56) 张謇：《张謇全集》第4卷《农校开学演说》，江苏古籍出版社1994年，第138页。

(57) 林刚：《岂因货殖损清名——试论张謇的传统伦理与创新实践》，载严学熙编：《论张謇：张謇国际学术研讨会论文集》，江苏人民出版社1993年，第272页。

(58) 荣德生：《乐农自订行年纪事》，上海古籍出版社2001年，第22页。

(59) 同上书，第221—222页。

(60) 同上书，第103页。

(61) 丁宜生：《名不虚传之申新劳工自治区》，《无锡杂志》第22期。

(62) 张海林：《苏州早期城市现代化研究》，南京大学出版社1999年，第154—155页。

(63) 1911年9月8日《申报》。

(64) [清]端方：《端忠敏公奏稿》卷十一《淞崇安设无线电片》，台湾文海出版社1967年，第1356页。

㊺ The Tientsin-Pukou Railway，June 6，1908，North China Herald Weekly.

㊻ Opening of New Line in Important Chinese Center，Department of Commerce and Labor Bureau of Manufactures No.339，Monthly Reports from the Consuls of the United States，December，1908，P.67. Washington：Government Printing Office，1908.

㊼《两等模范小学续招学生》，1907年2月7日《申报》。

㊽ [民国] 熊希龄：《1909年熊希龄为江苏实业、商埠和商务等问题上铁良书》，《熊希龄集》上册，湖南人民出版社1996年，第173页。

㊾ 美国驻南京副领事 Albert W. Pontius 曾报告美国商务部说，劝业会场地的电灯达25000盏（American Firmsat Nanking Exhibition，Department of Commerce and Labor Bureau of Manufactures No.356，Monthly Reports from the Consuls of the United States，May，1910，P.233. Washington：Government Printing Office，1910.）。

㊿《金陵光》1913年4月第1期。

㉛ General Missionary Conference：Collected Essays of Papers Submitted to the Conference Heldat Union Church，Shanghai，6-7 May，1890，p.9.

㉜ 王国平：《从苏州博习医院看教会医院的社会作用与影响》，《史林》2007年第3期。

㉝ 如马林医院现名南京鼓楼医院和南京大学附属医院，博习医院现名苏州市第一人民医院和苏州大学附属第一医院，淮安仁慈医院现名淮安市第二人民医院，连云港义德医院现名连云港市第二人民医院，徐州基督医院现名徐州第二人民医院和徐州医学院附属医院。

下编

第一章

发达的城市群体及其文化特色

江苏城市发展的历史十分悠久。苏州之建城可以追溯到春秋战国时期的吴王阖闾时代；公元前 486 年，吴王夫差开邗沟，筑邗城，为扬州建城之始；而越王句践灭吴后所修建的越城，则是今日南京城的前身。此外，镇江、常熟、徐州、淮安等城市的历史也都可上溯到春秋战国至秦汉之际。然而衡量一个地区城市化程度的标准，并不只是个别城市的历史与规模，更重要的是地区城镇体系的发展程度。江苏城镇体系的发展史，在很大程度上影响着近现代城镇体系的格局。而水乡特有的生活方式与城市文化传统，不仅构成人们对江苏城镇景观的基本意象，也是地方认同与文化归属感的基础。

第一节　江苏城镇群体的形成及其原因

城镇体系的发展　传统中心城市　新工商业城市　新型商业市镇

在封建时期，区域城镇体系的上层为较高等级的政治、经济中心，如京城或省会城市；构成中间层级的是各府、州、县城；处于金字塔底部的是规模不等的市镇。从功能上看，较高等级的城镇多为地方性行政与经济中心，亦承担着文教、交通运输、信息交流中枢的职能。在一个城镇体系内，原材料、商品、资本与劳动力能够实现交换与流动，由此而形成的地方性市场体系又与其他地域性甚至国际市场体系之间建立联系。随着城镇体系的成熟，区域内市镇数量与城镇人口比率也相应上升。城镇体系的形成与发展是一个历史过程，与区域经济总体水平、国家政策与城乡关系等众多因素息息相关。

江苏城镇体系的发展，大致经历了三个时期。第一阶段始于六朝时期。此时江南地区快速发展的社会经济，为城镇发展提供了历史契机，也推动了地区城镇体系的形成。这一城镇体系中，建康不仅是六朝政权的政治中心，也是江南一大商业都会。大运河开通后，苏州、扬州成为城镇体系中的商业中心。除政治与经济中心城市之外，六朝之后，府、州、郡、县级城市亦大量出现，构成城镇体系中下层。

城镇体系发展的第二个阶段为唐宋时期。这一时期坊市制度消失与街巷制形成，被学者称为"中世纪的城市革命"。所谓坊市制，是指城市内部居住区，即里坊，与商业市场相互隔离，而市场的开放时间有严格的限制。这样的城市空间格局强调了早期城市的政治、军事职能，但却限制了居民的商业活动。坊市制的消失，使城市的商业活力得以释放，政府对城市居民的控制亦逐渐减弱。一些以政治、军事职能为主的传统城市，开始向着政治经济并重，乃至经济职能为主的城市转变，以工商业发展为特征的新型经济城镇也开始产生。

明清时期是江苏城镇化的第三次高潮。明代中后期，经济作物的广泛种植，把整个江南农村卷入了商品经济的漩涡。商品经济的发展带来了城市的繁荣，也引发了市镇的兴起。这一时期城市发展的特点，首先是原有的中心城市继续发展，其次是新型市镇的大量出现。1843年上海开埠后，无锡、南通等城市在上海的辐射作用下开始发展近代工业，并推动了江苏城市的近代化转型。至清末，江苏省万人以上规模城镇人口数占总人口的19%，十万人以上规模城市人口数占总人口的13.1%，是全国城市化程度最高的省份[①]。

总体而言，江苏地区城镇体系的形成与发展过程呈现出周期性变化与整体稳定两个主要特征。周期性变化的动因来自于国家政策、地区经济发展或政治环境的变迁，这些因素导致个别城市相对地位的起伏以及新型城镇中心的成长。与此同时，周期性变化并没有导致任何一个中心城市的完全衰落，城镇体系的整体结构表现出极强的稳定性。而明清以来的城镇化过程，对近现代江苏城镇体系架构产生的影响尤为深远。

在江苏城镇体系中，南京、苏州、扬州是传统中心城市的代表。这三座城市历史悠久，在区域内一直保持较稳定的政治、经济、文化中心地位。但从城市的发展周期来看，三座城市又呈现出完全不同的轨迹。

自公元 3 世纪以来，古都南京就在历史风云中逐渐树立起区域政治中心的地位。公元 317 年西晋灭亡后，南逃的北方大族拥镇守建康的琅琊王司马睿为皇帝，建立了偏安的东晋王朝。这一时期，为逃避北方战乱而南下的人口数量极多，甚至超过了土著居民。他们不仅对南方的经济发展起了积极作用，也改变了建康城的传统风俗，使之成为一个融南北风格为一体的大都会。公元 589 年隋灭陈后，隋文帝杨坚下令将建康都城及城中的宫殿、官署和其他建筑全部拆除。直至 10 世纪初，在吴杨权臣徐温及其养子徐知诰的监督下，金陵城经历了三次修建。新城不仅比南朝的建康城更大，而且位置更向南移，将秦淮河下游两岸的商业区和居民区都包括在内。至 14 世纪后期，南京的城市发展又进入一个高潮期。随着明太祖朱元璋定都南京，这个城市第一次成为统一政权下的全国政治中心。当时的南京不仅为国都，亦是应天府治，上元、江宁二县附郭。随后，明政府在新都南京开展了大规模的城市扩建，经过近 30 年的营建，不仅使城墙扩展至 60 余里，且城市内部各功能区设施完备。从人口构成上看，明之前金陵土著多为东晋、南宋时期由中原南渡家族的后代。随着洪武二十四年（1391）与二十八年（1395）徙南直隶、浙江等处富民及百姓至南京，以及大量驻军、官员等进入南京，原有的居民结构再一次重组。作为明朝国都，明初南京人口迅速增至近百万。明成祖朱棣迁都北京后，南京虽降为陪都，但依然是南直隶首府应天府所在地。入清后，南京为两江总督所在地。江宁布政使司掌管江苏北部的江宁府、淮安府、徐州府、扬州府、通州和海州事务，其政治中心地位依然稳定。

政治中心的地位，决定了南京独特的城市化历程。与太湖流域的苏州等城市相比，南京地区的自然地理条件较差，农业经济落后，商品化程度低。维持这个城市经济活力的根本因素，并非其腹地农村人口与资本的增长积聚，而是南京在交通运输、教育、行政以及公共设施上所占有的资源。这使得大量的官员、幕僚、军人、商人、学生、文人或主动或被动地来到这个城市。他们的到来又吸引了更多小手工业者、服务业、娱乐业人员向城市流动。因此，明清以来南京城人文荟萃，有极强的文化包容性，消费能力较强，服务业、娱乐业发达，城市管理相对严格，社会治安稳定。然而城市的经济文化生活与腹地农村之间的互动程度并不高。

与南京相比，苏州的城市发展更多依赖于周边腹地优越的自然地理条件以及区域社会经济的繁荣。公元前514年，在吴王阖闾的委托下，大臣伍子胥督建的阖闾大城奠定了苏州城的基础。虽然苏州一直是江南地区的重要城市之一，但其地位的根本性变化发生在大运河开通之后。此后，苏州的商业地位开始超越建康，成为仅次于扬州的一大商业都会。唐宋元之际，苏州城市人口稳定增长，商业区不断扩大，城内也出现较为严密的工商业组织，如粮船公所、机圣庙和吴郡机业公所等。明清时期，苏州的发展获得新的契机。从嘉靖到万历中期的六七十年中，苏州地区以桑蚕、棉花为主的经济作物的种植面积不断扩大，农业经济的商品化程度也因此大大提高。在城市中，丝织业手工作坊的数量也相应增加，著名的绸缎庄、布庄字号有数十家。随着越来越多的富商大贾、高利贷者以及城居地主成为城市常住人口，对高档消费品的需求推动着城市工商业的不断发展。碑刻资料显示，明清时期苏州的手工行业有丝织业、刺绣业、金线业、染布业、踹布业、冶金业、造纸业、印刷业、蜡烛业、漆作业等等。城市消费能力的增强又吸引着更多小商品生产者与服务业者涌入苏州。

明代苏州虽为府级城市，但由于巡抚都御史、巡按御史经常驻在苏州，从而使苏州有了超越府级城市的行政功能。明清鼎革后，苏州的行政地位上升至省级城市，为江苏巡抚所在地，苏州布政使掌管江苏南部的苏州府、松江府、常州府、镇江府、太仓州事务。明代苏州城内以卧龙街为界，东隶长洲，西属吴县。至清代，元和县亦成为苏州附郭县。

由于商品经济的发展，城市由封闭趋向开放，清朝的苏州城已经冲破了城墙的限制，开始向郊外拓展商业空间。清代乾隆前期，居住在城东南娄门、葑门一带的居民依然以田户为主，但到乾隆后期，这里已成为灯火万家的新商业中心。葑门是苏州最大的海鲜水产市场。袁景澜在《吴郡岁华纪丽》中记载："吴郡滨海，海物充轫。葑门外海鲜行，为海舶渔商群集之所。"市场自清晨开始营业，鳖鳓、鲳鳊、江鲚等各类水产无所不有，而最珍贵的是鲥鱼。此外还建有十二所冰库，用来储藏海鲜。②阊门、胥门仍然是城市经济、文化中心。这一带街巷纵横，商铺鳞比，四方百货齐聚，仕宦大族聚集，当地居民见多识广，民风也比较奢侈。著名的孙春阳南货店，在皋桥西偏，是由明至清延续了二三百年的老字号。"其为铺也如州县属，亦有六房，曰南北货房、南货房、腌腊房、酱货房、蜜饯房、蜡烛房，售者由柜上给钱，取一票自往各房发货。"③阊门外上、下塘一带，为布号聚集地，城市西南部的胥门、盘门之间，则为政治中心区。康熙至乾隆年间，苏州城市人口数约在70万人左右，嘉庆年间更达到百万以上，成为江苏最大的城市。

　　江苏另一传统中心城市是扬州。公元前486年，吴王夫差开邗沟，筑邗城，为扬州建城之始。589年，隋文帝派晋王杨勇驻防广陵，营建了江都城。作为一个行政中心，隋朝时的江都曾下辖长江南北的16个县。然而推动扬州城市发展的两个最重要的历史因素是大运河的开通与食盐专卖制度。依靠大运河，扬州自隋唐以来就是一个重要的商贸中心，而

图下1-1　（清）徐扬《姑苏繁华图》局部　（辽宁省博物馆藏）

图下 1-2　古邗沟

食盐专卖，更造就了明清扬州盐商的传奇与城市繁华。

　　明朝盐课银收入约占国家财政收入的十分之四左右，而两淮盐场是当时最大的盐场，两淮盐课银几乎占全国盐课银的一半。两淮盐的行销区域是今天的江苏、安徽、江西、湖南、湖北、河南，扬州是两淮盐业的运营中心。最先来扬州的是开中制度下的开中商人。这些商人在边境交纳粮草，然后凭相关证明至扬州两淮盐运司领取盐引，再下盐场支盐，最后将盐贩卖至指定的地区。因为开中的地点大多在陕西、山西北部的边境地区，早期开中商人多来自山、陕一带。后来开中商人有边商、内商、水商之分，扬州的盐商多为内商和水商，其中徽商最多。万历四十五年（1617）实行纲盐法后，扬州出现了垄断性的盐业商人——纲商，他们是得到政府特许的盐业专卖商人。盐业的丰厚利润，使盐商成为资产雄厚的大贾，其中来自徽州、山西、陕西的商人最为富有，时人谈及广陵商人，无不称其盛宫室、美衣服、侈饮食。盐商的资本和消费直接推动了扬州的繁荣，经济的发展也带动从业人数的增加。

明清鼎革之际，扬州经历了血腥屠城，两淮盐场荒弃，盐商死亡、逃难、破产者众多，盐业经济受到重创。但是盐课的输纳关乎国计，因此清政府对两淮盐业的恢复和发展相当重视。清朝前期，盐政管理基本沿袭明制，两淮盐区设盐政管理机构，食盐的运销依然沿袭明代的纲法，实行专商引岸制。清代乾嘉道时期，两淮盐产量约占全国盐产量的三分之一，是明代产量的三至四倍。清政府从两淮获得巨额的盐课收入，盐商也积累了巨额财富，而扬州也再度达到了城市经济文化发展的巅峰。清代扬州盐商们兴建的私家园林，可与苏州园林媲美。他们还参与了扬州的桥梁、道路修建以及疏通水道、修建码头等公共事业。在文化方面，扬州的学校、印刷业、古玩收藏、戏剧、饮食等也都因盐商的存在而发展和繁荣。

扬州的城市发展模式，再次体现了国家政策对城市的影响。在传统时期，决定扬州城市兴衰的是运河经济与盐政制度，而非腹地农村的经济发展与人口增长状况。清代后期票盐法推行后，原来的许多世袭垄断盐商家族逐渐衰落。19世纪中叶，太平天国战争的爆发再次冲击了扬州盐业。随着盐业的衰落，扬州昔日繁华不再。

19世纪中期，随着鸦片战争的爆发，国内的政治经济环境开始悄然发生变化，近代化因素的变革力量逐渐显现，这也促进了江苏地区一批新工商业城市的兴起，其中镇江、无锡、常州、南通最具代表性。在传统的城镇体系中，这些府、县级城市，长期处于中间层。但在晚清的变革时期，它们通过发展近代工商业，迅速提升了自身的经济地位。

1858年，《天津条约》使镇江成为长江下游继上海之后的又一通商口岸。近代镇江贸易由洋货贸易与土货转口贸易构成。洋货贸易以鸦片、洋布、棉纱、煤油为主，商品流向主要是南京、苏北、安徽、河南以及山东南部。土货的转口贸易则以桐油、食糖、粮食、烟草、木材为大宗，使镇江与汉口、上海、安庆、九江、汕头等地区的经济联系日益紧密。贸易和商业的发展带来了商业资本的增加，实业救国的理念进一步推动了近代民营工业的发展。甲午战争后，镇江出现了近代工业：19世纪建立的四经缫丝厂和大伦缫丝厂，是江苏省最早的机器缫丝厂；1903年，商人朱乡倚、刘舜年合资创办了合兴面粉厂；1904年，张謇与邑商

图下 1-3　镇江英国领事馆

许鼎霖合资兴办了开成笔铅罐厂；同年，大照电灯厂在镇江建成，这是江苏省最早的发电厂。镇江早期的近代工业，有以下特点。"第一，起步较早。无论是缫丝厂，还是电厂，都是江苏（上海除外）最早的企业。第二，作为长江要埠，粮食、大豆既为转运大宗，利用往来物资，就地加工，发挥当地优势，也是贸易和商业发展的自然结果。第三，产业资本皆由商业资本转化而来，体现了该城市的商业特色。第四，企业所有权与经营权的分离，固定资产与流动资金的分离，是镇江近代主要工厂——缫丝厂的管理和经营特点。"④

　　位于太湖北岸的无锡，明清时期一直为常州府下辖的县级城市。当地可耕地少，人口密度高，手工纺纱织布成为农村的主要副业，桑蚕业普遍发展。清代中后期，无锡的米市、布市、丝市交易活跃，不仅促进了城乡交流，也加强了与外地市场之间的交换。19 世纪后半期，随着商业资本进入工业与金融业，无锡迅速成为长江下游一个繁荣的工商业城市。无锡的近代工业的三大支柱为缫丝、纺织、面粉，与明清时期形成的丝、布、米市贸易有直接的联系。而对于民族资本家而言，无锡的吸引力来源于其地理位置的优越性。此地紧邻上海，水陆交通方便，但作为非条约通商口岸，地价和工资水平却大大低于上海。因此，无锡近代工业的发展，是地方经济传统与来自上海的辐射共同作用促进下的结果。除缫丝、纺织与面粉业外，交通运输、邮电通讯、近代金融业也随之发展，而1898年出现的第一所近代新式学堂——竢实学堂，则标志着无锡近代教育事业的开端。到20世纪初，无锡的近代化程度已超过苏州、常州和镇江，成为近代中国非通商口岸城市中工业最发达的城市。

常州之名始于隋代，直至明清，常州一直是个州、府级的行政中心城市。明末清初，常州城市商业逐渐兴起。黄豆、木材、钱庄、典业为常州传统四大商业，地方手工业中，以梳篦、土布最为著名。作为非条约通商口岸，常州近代化转型较迟，大约在19世纪末、20世纪初开始发生变化。"常州走的是一条不同于条约通商口岸城市的近代化道路。在没有外国企业直接挤压，没有官僚资本吞噬的条件下，由土生土长的民族资产阶级在本地传统手工业、商业的基础上，走出传统，变商为工，建立起近代工业。在经营中充分利用本地设备和国产原料，加强与外地合作，同时利用有利的反帝斗争形势，实现地区的初步工业化"⑤。

南通古称通州，清代通州为直隶州，隶江苏布政使司。传统时期，通州城并非一个商品集散中心。虽然自明末清初，通州地区棉花与土布商品化程度日益提高，但直到清代同治年间，通州城市商业依然不发达。南通社会的近代转型，与张謇密不可分。张謇，字季直，江苏海门人，光绪二十年（1894）状元。1895年，张之洞委派张謇办理通州、海门厅两属团练，当年年底，又委派其在通州创办纱厂。在张謇的不懈努力下，大生纱厂于1899年开工，生产当地农民制土布所需的机纱。大生纱厂促进了南通地区农村土布业的发展，而农村对机纱的需求，也保证了大生纱厂的成功运营。近代棉纺织业还带动了包括食品与农副产品加工、冶铁与机器制造、造纸与印刷业、蚕丝染织业在内的其他近代工业企业的发展。南通社会经济的实力和声望，在江苏甚至全国都产生重要影响。

在江苏城镇体系发展过程中，同样值得一提的是明中后期以来新型商业市镇的兴起。从功能上说，传统性市镇是由农村集市所发展起来的，是为地区内部的农村居民提供购买与交换的场所。明清之际，随着农村商品性生产的普及、市场网络的扩大与成熟，家庭手工业产品或半成品除满足本地需求之外，更多是要销往外地甚至国际市场。与此同时，由于传统自给自足型农业经济模式的改变，农村居民的粮食需求也大量依靠市场。新型市镇正是在这样的条件下发展起来的，它们不仅为农村消费服务，也为农村生产服务。从市场层级来看，市镇贸易往往会越过府县级城市，直接将商品输向全国性市场或国际市场。在人口规模上，新型市镇也常打破一般规律：虽然其在城镇体系中的层级最低，但人口规模甚至可以超越级别较高的府县级城市。明末清初，江苏地区新型市镇数量迅速增长，市镇人口亦随之增加，苏州府、常州府、太仓州出现了一批千户以上的大镇，而苏州地区甚至有万户以上的巨镇。这种农村人口向市镇集中的现象，是明清时期江苏城市化的重要特征之一。

新型市镇在江苏地区的分布并不均衡，大多集中在苏南一带。从类型上看，以丝织市镇与米粮市镇最为典型。盛泽镇与震泽镇就是丝织市镇的代表。盛泽镇属苏州吴江县，明代弘治年间尚为居民五、六十家的小村落，嘉靖时期逐渐形成市集，居民亦增至百家，以绫绸为业。至清初，随着丝绸利润不断提高，盛泽镇南北商贩聚集，盛泽成为吴江县第一大镇。太平天国时期，盛泽接纳了不少来自浙西的难民。到光绪年间，更是商贾辐辏，灯火万家，其繁华富庶已超过当时的吴江县城。可以说，盛泽的兴起几乎完全依赖于丝织业的发展。作为丝织专业市镇，盛泽不仅大量生产蚕丝及丝织品，而且是绸丝的运销集散中心，各种绫、纱、罗、绢、手帕、汗巾以及白丝布都通过牙行进行交易。这种经济模式，使城镇与乡村之间逐渐形成一种生产与贸易的联系。

震泽镇地滨太湖，原属吴江县，雍正年间设震泽县后，属震泽县。明成化年间，震泽逐渐成镇，当时居民约三四百家。而到正德、嘉靖时期，震泽已成为"地方三里，居民千家"的中型市镇。至清初，在地方丝织业的推动下，震泽发展为居民二三千家的大镇。震泽镇四乡居民以桑蚕为业，农家所产的经丝、绸丝都集中于镇，再由镇上客商转往各地。在这些商品中，又以"苏经"最为著名。所谓苏经，是指供应苏州府城机户织缎所用的经丝，镇上有专门从事经丝生意的牙行。当地农家以自家之丝纺成的经丝，称为"乡经"，从牙行取丝代纺而成的经丝，则称为"料经"。除蚕丝外，震泽镇及四乡农家也从事丝织，当地生产的绫绸也颇有名气。

新型市镇中的另一大类为米粮市镇。长江三角洲原为全国稻作经济中心，有"苏湖熟，天下足"或"苏常熟，天下足"的民谚。然而进入明代以后，随着商品作物的种植的推广，粮食耕地日益减少，传统自给自足的农村经济模式改变了。与此同时，商业市镇的发展又吸引了大量原本务农的农民，他们或者进入城镇，或在城镇腹地从事小规模的手工业生产，成为非农业人口。在这两个因素的共同作用下，明清以来商品化程度较高的地区都发生粮食不足的现象。在江苏，几个大城市与苏南新型市镇，都必须依靠长江中上游各省，如四川、湖北、湖南、江西、安徽，输入米粮，"苏湖熟，天下足"的状况不复存在。清代的苏州成为一个米粮贸易中心。当时苏州米粮市场集中于阊门外的浒墅关、月城及枫桥一带。浒墅关即浒墅镇，亦名许市，为南北运道之要冲，位于运河边，商船往来，日以千计。因为所处商货必经之地，故成为临近各地米粮供应的主要转口地。枫桥市在阊门西七里，康雍时期，此地成为湖广支米的集散地。有学者推算，雍正十二年（1734）一年之中，自湖广运往江浙的食米约为一千万石左右，这些粮食大多先汇集于枫桥市，再转销邻近市镇及浙江、福建一带⑥。以枫桥为中心的米市，成为当时全国最大的米豆集散地，其繁荣景象甚至超过当时号称"四大镇"的河南朱仙、江西景德、广东佛山与湖北汉口。

第二节　高度发达的城市文化

知识与信息传播　娱乐业发展　城市认同

城市文化与乡村文化之所以有所差异，不仅因为二者发展的空间不同，更重要的是它们反映出不同空间的社会生态特征。就城市空间而言，其最重要的特征是社会结构的复杂性。与农村社会相比，城市中五方杂处，居民的地缘构成、职业、信仰、生活习性、教育程度乃至审美情趣都呈现出多样性与复杂性，因此城市文化也必然是开放与包容的。其次，城市社会中的人际交往逐渐脱离了血缘、家族或宗族的网络，而是建立在服务、商品或资本的交换上。因此对于城市居民而言，知识、技能与信息的获得十分重要，而城市必须提供相应的文化商品与文化环境。与农村相比，城市是展示广阔世界的一个窗口。在各种文化的影响和熏陶下，城市居民不仅开阔了眼界，丰富了社会阅历，也逐渐通晓了各种实际有用的知识。最后，城市社会在吸引了大量外来人口之后，也需要建立一种新的社会认同，而文化在这一过程中无疑起了极为关键的作用。城市的文化活动往往是超越社会身份等级与地缘隔膜的，在共同参与中，人们相互融合，并形成对城市的认同感。

明清时期，随着江苏地区庞大城镇体系的发展与成熟，城市文化也获得新的发展动力。这一时期城市文化的成就尤其体现在知识与信息传播、娱乐业发展与城市认同感的形成这三个方面。

要提高城市在知识与信息传播方面的能力，必须有先进的印刷技术与便利的印刷品流通渠道作为支撑。江苏地区的南京、苏州、扬州、常州等城市自明代以来就是全国闻名的出版集中地。明人胡应麟在《少室山房笔丛》卷四《经籍会通》中指出，京师书籍市场上出售的各类书籍中，约有七成来自于苏州与南京的书坊。当时苏州阊门内外与吴县官衙前，南京的三山街与太学前，都是书肆集中之地。在反映明代南京城市生活的两幅长卷《南都繁绘图》与《上元灯彩图》中，也都绘有书坊及图书交易场景。随着印刷品价格的降低，书籍不再是官僚士大夫所专享的文化产品，而城市大众识字率的提高与强烈的文化需求，进一步推动了各类通俗读物的出现。当普通百姓开始将印刷品作为休闲读物、日常工具书甚至民意表达的方式时，印刷品作为知识与信息传播媒介的作用就大大提高了。

在新型通俗类读物中，通俗小说就是书坊顺应城市文化的需求而产生的。其中著名的冯梦龙的"三言"和凌濛初的"二拍"，就是应书商之请而编纂的。明代白话小说盛行后，城市中很快出现了妇孺皆读的现象。除通俗小说外，明代刊刻的剧本数量也极多。明末祁彪佳《远山堂剧品》中就收录了杂剧 242 种，传奇 463 种，多为明人所作。这些戏剧故事或取材于本朝，或借古讽今，对现实中的人物事件进行揭露，如《鸣凤记》中的严嵩父子，《清忠谱》中的魏忠贤及其党羽。而一些临时刊刻的揭帖等，则能更快地传播时政信息。吴应箕在《留都见闻录》中就曾记载，天启四年（1624）七月，杨涟弹劾魏忠贤的《二十四罪疏》从京城传至南京，在南京百姓中造成极大反响，"几于家钞户诵"。如果没有印刷技术的支持，信息传播的速度和广度很难达到这样的水平。可以说，这一时期的文化产品已不只是政府的教化工具，而开始反映城市居民的生活与情感，并承担起信息传播的作用。

除小说、戏剧外，通书类出版物中还包括大量的经商用书、日用生活类书以及王朝法令等，这些印刷品在知识与信息传播方面的作用更为明显。万历三十七年（1609）金陵槐荫草堂刊刻的《三才图会》，就是一部大型插图类书。该书由松江人王圻、王思义父子共同编撰，所谓"三才"是指天、地、人，因此该书内容包罗万象。全书分天文、地理、人物、时令、宫室、器物、身体、衣服、人事、仪制、珍宝、文史、鸟兽、草木 14 门共 106 卷，卷中每一条目皆有插图，可谓当时的大百科全书。明末西方传教士们带入中国的西方科学与宗教书籍中，也有相当一批在江苏地区翻译出版。1597 年到 1600 年间，意大利传教士利玛窦曾在南京生活了三年，他绘制的《山海舆地全图》在苏州、南京等地的官员士大夫之间广泛流传，丰富了明人对世界地理的知识。当王圻父子编撰《三才图会》时，又将《山海舆地全图》列为《地理一卷》中的第一条目，使更多人能通过书籍了解西方的知识体系。

除购买与阅读各类印刷品外，城市居民亦开始利用印刷品表达其政治意愿。例如在万历四十四年（1616）的"南京教案"中，为解救被捕传教士王丰肃与其他信徒，几名入教者便想到刊刻揭帖，并计划在朝天宫散发。他们先雇用三名刻匠刊刻，又将雕版送到书坊印刷装订，仅仅用了五天的时间就完成了印制揭帖的任务。这些教徒都来自于社会底层，包括描金匠、卖糕人、看园人等。他们能够想到刊刻揭帖，一方面表明由于从事印刷业人员的增加，刻字、印刷、装订的工价不断降低，一般平民也能够支付印刷费用；另一方面，也表明城市居民已开始学会使用印刷品作为个人政治意愿的表达媒介。公众阅读习惯的培养，以及信息传播的方式，都可以在古代城市文化中找到发展的根源。

休闲娱乐一向是城市文化生活的一个重要部分，而公共休闲娱乐空间与专门性场所的形成却要经历一个逐步完善与成熟的过程。伴随这一过程的，是大众文化的形成与娱乐业从业人员的职业化，这些变化都生动地反映在明清以来的江苏城市群中。

直至明代中期，观看戏曲表演依然是公侯、缙绅与富有阶层才能享受的娱乐。很多表演就安排在私家园林与宅院中，而士大夫的审美情趣往往决定了流行的趋势。在南京，万历以前公侯与士绅家庭喜听大套北曲，此后南戏逐渐风行。南戏的唱腔，开始有弋阳、海盐，后渐变为四平、昆山。昆山腔以其"一字之长，延至数息"的婉转风格，独为士大夫所青睐，很快流行开来。而一般百姓却很少有机会欣赏到高水平的戏剧演出。由于当时城市中缺少固定的公共演出场所，优秀戏班的演出费用又高，因此普通百姓所能接触到的，大多是民间戏班的临时演出。这些戏班的演员并没有经过严格的训练，演出的节目也粗糙杂乱。在《嘲川戏》中，明代南京的著名散曲作家陈铎就对这些民间戏班的演出进行了戏谑与嘲讽："黄昏头唱到明，早辰间叫到黑。穷言杂语诸般记，把那骨牌名仅说一遍，生药从头数一回，有会家又把花名对。称呼也称呼的改样，礼数也礼数的跷蹊。"

至明末，随着城市的发展，娱乐市场也开始逐渐发生变化。就戏剧演出而言，不仅戏班的数量不断增多，而且演员的水平也不断提高。侯方域在《马伶传》中记载，明末南京"人易为乐"，"梨园以技鸣者，无虑数十辈"，其中又以兴化部与华林部最为著名。某日，新安富商请两家戏班同时演出《鸣凤记》，邀请南京贵客文人与名妓仕女一同观赏这场特殊的对台戏，为一时之盛事。而对于城市大众来说，一些价格相对低廉，又通俗易懂的表演项目，如说书，对丰富他们的文化生活有更重要的意义。李玉在《清忠谱》第二折《书闹》中，描写苏州玄妙观前说书的李海泉，最擅长说《岳传》，有人请他开设书场，一日总能收入一二千文钱。明末南京的柳敬亭，也以擅说书闻名，"一日说书一回，定价一两，十日前先送书帕下定，常不得空"⑦。但整体而言，文化生活中精英与大众之间的隔膜依然很深。

至清代，随着城市平民阶层对娱乐生活需求的不断提高，娱乐业中出现了更多适合大众消费水平与欣赏口味的演出。大众文化发展的势头如此迅猛，甚至对精英阶层所代表的主流文化产生了强烈冲击。苏州昆曲博物馆中存有一块刻于嘉庆三年（1798）的石碑，正表现了清政府对这一现象的忧虑与重视。碑文中称，苏州、扬州等地"尚习昆腔，近有厌旧喜新，皆以乱弹等腔为新奇可喜，转将素习昆腔抛弃，流风日下，不可不严行禁止"。所谓"乱弹等腔"是指来自陕西、安徽等处的乱弹、梆子、弦索、秦腔。在官府看来，这些演出词曲淫靡，所演故事不是狭邪媚亵就是怪诞悖乱，实为伤风败俗。为此朝廷谕示，"嗣后民间演唱戏剧，止许扮演昆弋两腔，其有演乱弹等戏者，定将演戏之家及在班人等，均照违制律一体治罪，断不宽贷"。不仅如此，为提高地方官员对此事的重视，朝廷还令江苏安徽巡抚、苏州织造、两淮盐政一体严行查禁，如有依旧演唱者，巡抚、盐政、织造都要被问责。可以想象，对于普通百姓而言，"一字之长，延至数息"的昆曲显然不如乱弹来得新奇醋畅。因此，这样严格的谕令恐怕也无法真正扼制大众文化的需求。

伴随着大众娱乐与休闲活动的发展，城市中逐渐形成较为固定的公共娱乐空间，如南京内秦淮河沿岸，苏州的虎丘，扬州的小秦淮与保障湖。南京秦淮河一带，自明代开始就以画舫、河房、旧院佳丽而闻名，但其消费主体以官员士绅为主。清代中后期，秦淮河一带的文化活动，无论从形式内容还是参与者来看，都更为大众化。时人描写到，每逢节日，此地百戏具陈，各种游艺项目、杂技、街头演出无所不有。观者"翘首伸颈，围如堵墙，评驳优劣，啧啧有言"，而到演员收钱时，则互相退缩默不作声，实在躲不过时才从钱袋中摸出一二文钱。也有些人就乘乱离开，等到下场演出开始，又悄悄挤入人群观看⑧。这样的情形与明代秦淮文化的精英特征已完全不同。苏州的苏堤，也是各种杂技表演纷然汇集之地，尤其是节日期间。诸如走索、骠骑、飞钱、撒沙、吞刀、吐火、跃圈、觔斗、舞盘乃至于禽虫之戏，无所不有。

在城市文化生活中，最不受性别、社会等级与经济能力限制的，是岁时节日的出游与狂欢。一年之中，围绕着春节、清明、端午、中秋、

图下 1-4 （清）汪鋆《龙舟竞渡》（选自《扬州园林甲天下——扬州博物馆馆藏画本集粹》）

重阳等节日而形成的各种游乐活动，总能带来男女毕出，举城若狂的欢乐气氛。人们无需为这样的活动支付太高成本，只要参与其中，便能获得身心的放松与愉悦。正如申时行在《吴山行》中所描写的："九月九日风色嘉，吴山胜事俗相夸。阊阖城中十万户，争门出郭纷如麻。"这些节日活动不仅超越了社会等级，更能加强人们对城市的认同感。

认同感首先建立在仪式化的集体行为之上。新春佳节，辞旧迎新之际，人们前往寺庙烧香祈福，庙会也随之兴起。苏州玄妙观的春节庙会上，有来自各地的杂耍游戏，游人如潮。清明寒食，人们在祭扫先人之后，往往举家踏青游玩，哀往而乐归。扬州城中"男女毕出，家家展墓"。富有之家轻车骏马，箫鼓画船，监门小户也带上酒菜纸钱，去自家墓地祭扫后，席地而坐，饮酒野餐。从钞关、南门、古渡桥、天宁寺至平山堂，延绵近三十里之地，货摊、游戏、赌博、跑马放鹰、斗鸡踢球、说书弹琴、看相算命无所不有。即使家墓不在扬州的客商移民、曲中名妓也都出城游玩。此情此景，只有西湖之春、秦淮之夏、虎丘之秋才可相比⑨。端午节的龙舟竞渡，亦是一道特殊风景。苏州龙船会时，男女老少倾城出游，七里山塘几无驻足之地。中秋月夜，虎丘的吴歌会最为壮观，游人"皆铺毡席地坐，登高望之，如雁落平沙，霞铺江上"⑩。重阳登高，无锡惠山上亦是游人蚁附，弥崖遍谷。

其次，通过各种岁时游乐活动，人们逐渐形成了对城市风景名胜地的认识。被赋予了地方历史与文化意义的风景名胜，将作为一个城市历史记忆的重要部分得以传承，并最终成为城市自豪感与认同感的重要基础。时至今日，苏州虎丘、南京秦淮河、扬州瘦西湖、无锡惠山、镇江金山寺等名胜依然是这些城市的景观地标。在这一过程中，地方士绅起了十分关键的作用。通过文人之笔，一个个景点所承载的历史与审美意义得以在文本中流传；而他们在景点的游冶活动及消费行为不仅推动了休闲文化的发展，也被普通大众所模仿，成为城市文化的一部分。清代小说家吴敬梓在《儒林外史》第二十九回中描写的一个有趣场景，就反映了城市文化中精英与大众间的相互影响，以及南京城市的人文特色：

> 坐了半日，日色已经西斜。只见两个挑粪桶的，挑了两担空桶，歇在山上。这一个拍那一个肩头道："兄弟，今日的货已经卖完了！我和你到永宁泉吃一壶水，回来再到雨花台看看落照！"杜慎卿笑道："真乃'菜佣酒保，都有六朝烟水气。'一点也不差！"

第三节　鲜明的水乡文化特色

水乡建筑景观　船与日常生活　水环境保护

江苏城镇生活的另一大特征是鲜明的水乡文化特色。"小桥、流水、人家"构成人们对江南城镇景观的基本意象。这里的建筑风格、城市布局乃至人们的生活方式都与水乡的自然生态和谐统一，娱乐与休闲活动也都将水乡情趣发挥到极致。然而，由于人口膨胀以及丝、棉纺织业对水资源的大量占用，水质污染也是困扰地方居民生活的问题。至清代中后期，人们已开始思考如何在维持地方经济与保障水质之间寻求两便之法。

水乡城镇空间布局的一个特点是河道密布，桥梁多。以苏州为例，其城市河道构成"三横四直"的系统。太湖水经胥口、五龙桥东流，由盘门、阊门进入，再由娄、葑门汇入城濠，进娄江而归于海。仅第一横河上的桥梁，自阊门水关桥起至娄门之间，就依次有至德桥、张广桥、红桥、崇真宫桥、南过军桥、里水关桥、西仓桥、尚义桥、宝成桥、桃花桥、永仓桥、报恩寺香花桥、中路桥、临顿桥、周通桥、华阳桥及张香桥。白居易的佳句"绿浪东西南北水，红栏三百九十桥"，常被用来形容苏州的城市景观。南京城的主要河流为秦淮河，河水在通济门外分为两支，内秦淮从东水关入城，穿城南，出西水关。秦淮河在城内的支流还包括青溪、运渎、北门桥河、明御河和小运河等。至清中后期，内秦淮河干流与支流上的主要桥梁下浮桥、陡门桥、上浮桥、新桥、南门桥、长乐渡、武定桥、文德桥、利涉桥、大中桥、佛成桥、西华门桥、竹桥、太平桥、浮桥、通心桥、莲花桥。古城扬州亦为水多桥多的格局，瘦西湖上的五亭桥至今仍是城市标志性建筑。清人黄惺庵曾在《望江南·五亭桥》中赞道："扬州好，高跨五亭桥。面面清波涵月镜，头头空洞过云桡，夜听玉人箫。"苏南古镇中，苏州的甪直镇甚至被冠以"桥都"美称。古镇区现存不同时期的古石桥41座。这些桥梁造型各异，有多孔的大石桥、独孔的小石桥、宽敞的拱形桥、狭窄的平顶桥，也有装饰性很强的双桥。

水乡城镇的民居多倚河而筑，粉墙黛瓦，属徽派建筑风格。前部是水墙门、河埠，中部有门楼、茶厅、正厅。在周庄镇（今属昆山）保存较好的古民居张厅，箸泾河穿屋而过，河中有一丈余见方的水池，供船只交换和调头用。后厅临河处多设一排敞窗，透过窗户可观赏河中轻舟荡漾，其味无穷。而时人将河边建筑称为"河房"，正反映了当地人家将水景与建筑、生活融为一体的追求。张岱（1597—1679）在《陶庵梦忆》中描写到，夏秋之际，秦淮河上"画船箫鼓，去去来来，周折其间"，岸边河房之外"家有露台，朱栏绮疏，竹帘纱幔。夏月浴罢，露台杂坐。两岸水楼中，茉莉风起，动儿女香甚"。这样的河房虽然房租极贵，但租客常满，是城市中一道独特的风景。

水乡生活离不开船。船最重要的功能当然是交通运输工具，由于水乡城镇前河后街的格局，舟楫可在巷陌间行使，载运薪粟，无负担之苦。除货物运输外，居民出行、渡河也常依靠船只。清代中后期，南京有一种灰粪船，长约三丈，宽四、五尺，平时装运粪草，至端午节则略为刷洗，在西水关与东水关之间往返，专门搭载前去观看龙舟竞渡的百姓。每人收船费数文，一船之上往往能载五六十人，男女老幼，嘈杂热闹，一批人下船后，再搭载第二批。当然渡河也会发生危险，每年秦淮河水涨时，便常有人失足落水。如果外地人溺亡后无人收殓，两岸居民便出钱请小船将尸体拖至长江。每到中元节，还有好善之人以大船载僧众，在河上诵经并放烟火，以济孤魂。嘉庆十九年（1814），地方绅士甘福等人捐资设立救生局，总局设在长乐渡头，专门负责河上救生以及掩埋溺亡旅人①。

　　除作为交通工具外，船的另一个重要功能是游乐。所谓"吴树依依吴水流，吴中舟楫好夷游"，游船是水乡城镇特有的休闲娱乐项目。明清时期，南京秦淮画舫最为著名。只要气候适宜，游画舫是当地人招待贵客亲朋的首选方式。为招揽生意，船主都尽力将画舫装饰得富丽华美。画舫上所悬风灯，原以羊角镶嵌。至嘉庆时期，则皆改嵌以白玻璃，再以珠络装饰，仿佛花篮，丈余长的船上可多达五六十盏。盛夏时分，则将席篷撤去，以西洋花布为篷，即遮阳又通风。很多画舫主都有自己的

图下 1-5　（清）李墅《湖上夜景》(选自《扬州园林甲天下——扬州博物馆馆藏画本集粹》)

熟客，只要看到客人招手，便将船撑至其面前。游船不只是男士的专利，妇女们也可以享受这一乐趣。扬州的画舫有堂客、官客之分，堂客船专为妇女设计，四面垂帘，屏后另外设有一小室，放置马桶等物，亦十分洁净。富贵人家所雇的大船则务求宽敞气派，穹篷六柱，两旁围以栏杆，如亭榭一般。有时数船并驶，远望如驾山倒海而来⑫。游至夜间，人们还爱在河上燃放烟火。在南京，画舫所放烟花的种类有水鸭、水鼠、满天星、遍地锦、金盏银台、赛月明、风车、滴滴金等。烟花竞放之时，东水关及月牙池前灯影炽天，爆声溅水，升平景象难以描绘。

画舫也带动了其他相关行业的发展，其中最重要的是餐饮服务。画舫游客要解决用餐问题，一般有两种选择。一是在沿河酒楼订餐。清中后期南京秦淮河沿岸较著名的酒楼有泰源、德源、太和、来仪等。嘉庆年间，淮清桥河沿之新顺馆生意最兴隆。新顺馆为苏州人所开，菜肴丰盛而可口。每到傍晚时分，各色画舫纷纷驶到新顺馆外，人们并不用上岸，只在酒楼临河的栏杆处点菜，告知某船某人需某菜若干、酒若干、碟若干，一时间万声齐沸，应接不暇。而新顺馆中有一李姓酒保，能将各船所点菜肴记得分毫不错，俄顷酒肴齐备，游人设宴舫中，继续行船游乐。另一种选择是雇用外庖，即厨子，在酒船上烹饪菜肴。在扬州、苏州一带，这种可以设灶的酒船被称为沙飞船，因最早由扬州沙氏建造而得此名。厨子事先准备好各种炊具、餐具、调料、食材等，令人担至沙飞船上。游船时画舫在前，酒船随后；用餐时间将至，厨子们在酒船上烹饪调制，画舫则可停歇于柳荫之下，舒适而惬意。在南京，一些杂货店为了方便船上烹饪，还特意开辟水门。如板桥口的利记香烛铺，凡盐酱、果实、米油、酒炷之类，无不备集。游船者可以根据船上的需要，将要采购的物品事先列出，交给店家。晚炊时将船停在水门前，付款取货，十分便利。

与船相关的传统游乐项目还有端午节的龙舟竞渡。由于这项活动的竞争性和观赏性极强，渐渐地清明、中元亦有竞渡，如周庄镇中元节就有龙舟赛。在南京秦淮河上，即使日常游船中，也有"抢水"之戏。所谓"抢水"，是撑船者之间的速度游戏。夕阳西下时，十几只船正首尾相连，缓缓而行。突然，年轻船伕们如约定好一般，加速划行，越来越快，船上客人们禁之不能，岸边观者乐不可支。正当人们心摇目眩之时，船夫们又突然停桨，此时船上客人的衣服早已被水花溅湿。在19世纪初，"抢水"是秦淮河上流行的游戏，不会抢水的船夫被认为不入时，因此他们即使拼到咯血也乐此不疲。

水乡城镇中，人与水的关系十分亲近。然而由于人口膨胀以及经济活动对水资源的占用，水环境也在不断受到破坏。加之地方政府无法保证定期疏浚河道，因此河道淤塞甚至断流的现象在大城市中十分普遍。在苏州，城市人口增加导致民居侵占河道，而河道又渐为各种生活废物所淤塞。自乾隆十一年（1746）后，有五十年未浚，"遂多叠屋营构，跨越侵逼。且烟火稠密，秽滞陈因"，"所谓四经三纬之水道，淤塞过半。其他小港断流，有遂成平陆者"。嘉庆二年（1797），巡抚费淳等人全面疏浚城河，但依然制止不了河道淤塞直至完全被填没的趋势⑬。在扬州，龙头关河道"半为两岸匽潴，潅池所集，浑浊污秽，五色备具，居人恒苦之"⑭。南京秦淮河也面临着相同的命运，嘉庆时期，有地方官疏浚旧河，西起陡门桥、运渎，东由淮青桥，四象桥迤逦铁窗棂为止，逐段兴工，未一年而事毕，地方百姓无不称颂。然而疏浚河道并不能从根本上改变居民侵占与日常污染的现象，秦淮河的水质污染依然日益严重⑮。

导致水环境变差的另一个重要原因是地方丝棉加工业，尤其是染坊，常将污水和废渣直接排入河道。从工艺上看，这是因为当时经丝染色时，首先要将丝与染料一同放入煮锅，待水沸之后立即取出，并迅速下河漂洗。如稍微延迟，经丝的韧度则不够，日后上机时容易脆断。苏州染坊众多，棉布加工作坊大都集中在虎丘附近的上、下塘，这一带满河青红黑紫，河水变质污染，严重影响居民的生活。而虎丘是旅游胜地，到处开设茶棚，皆以河水泡茶，因此水质污染使茶棚经受经济损失。早在雍正二年（1724），长洲知县下令禁开染坊，未能奏效。乾隆二年（1737），虎丘一带居民联名上告，后经苏州府同城而治的长洲、元和、吴县三县知县共同勘查商议，将染坊都迁到了位于东北方向的娄门外营业，才制止了虎丘一带河水污染的加剧。

在水环境问题上，生活与生产之间的矛盾是地方政府要面临的最大难题。居民生活与制造行业都会污染河道，但两方面却又都需要优质的水源。在处理这对矛盾时，如何选择两便之法是一个最大的考验。光绪十六年（1890），江宁染业公所为河道使用问题向县衙求助。他们指出，金陵贡缎为地方经济支柱，而染坊漂洗经丝多在秦淮河，秋冬季内秦淮水涸时，则移至聚宝门外长干桥东。太平天国战争之后，长干巷沿河一带迁来许多江北难民，他们居住在私自搭建的草棚中，生活垃圾与粪便堆积在路边，阻塞染坊下河漂染。江宁县查明事实后，颁布告示，命当地居民将灰粪另择空地堆积，以方便染业人等漂洗丝布。光绪十九年（1893），上江两县又出示晓谕，严禁沿河居民向河内倾倒粪秽。而各染坊漂洗经丝，依然在秦淮河，每年春夏秋三季在内河码头，冬季准出城漂洗。此后河边居民虽然为污染之事多次与染坊主发生冲突，但问题一直未能得到解决。直至光绪三十四年（1908），南四区汪巡官突然下令禁止染坊在内秦淮河漂洗经丝，引起染业内一片恐慌。染业商人一再恳求商务局宪，称南京以染业求生计者不下数万人，他们并非专求利益而不讲卫生之人，下河漂洗经丝实属不得已。后经各方商议，订立新规：春夏秋三季每日以黎明至中午十二点止，为染坊漂洗丝经之时，午后内河潮涨，则为居民用水之时，染坊如在十二点后漂洗经丝，将受到处罚；冬季内秦淮河水涸，染坊仍赴外河漂洗。在居民与染坊的相互妥协下，矛盾暂时平息[16]。然而维持经济利益与环境卫生之间的平衡并非易事，对苏南城镇而言，水环境保护的难题从清代一直延续到了现代。

【注释】

① 刘石吉：《明清时代江南市镇研究》，中国社会科学出版社 1987 年，第 140 页。

② [清] 袁景澜：《吴郡岁华纪丽》卷 4《四月·海鲜市》，江苏古籍出版社 1998 年，第 153 页。

③ [清] 钱咏：《履园丛话》卷 24《杂记下·孙春阳》，中华书局 1979 年，第 640 页。

④ 茅家琦等编：《横看成岭侧成峰：长江下游城市近代化的轨迹》，江苏人民出版社 1993 年，第 322 页。

⑤ 茅家琦等编：《横看成岭侧成峰：长江下游城市近代化的轨迹》，江苏人民出版社

1993 年，第 238 页。

⑥ 樊树志：《明清江南市镇探微》，复旦大学出版社 1990 年，第 243—244 页。

⑦ [明] 张岱：《陶庵梦忆》卷 5《柳敬亭说书》，上海古籍出版社 2003 年，第 45 页。

⑧ [清] 捧花生：《画舫余谈》，清光绪铅印本。

⑨ [明] 张岱：《陶庵梦忆》卷 5《扬州清明》，上海古籍出版社 2003 年，第 48 页。

⑩ [明] 张岱：《陶庵梦忆》卷 5《虎丘中秋夜》，上海古籍出版社 2003 年，第 47 页。

⑪ [清] 捧花生：《画舫余谈》，清光绪铅印本。

⑫ [清] 李斗：《扬州画舫录》卷 11《虹桥录下》，中华书局 1980 年，第 252—253 页。

⑬ [清] 费淳：《重浚苏州城河记》，《明清苏州工商业碑刻集》，江苏人民出版社 1981 年，第 305—306 页。

⑭ [清] 李斗：《扬州画舫录》卷 9《小秦淮录》，中华书局 1980 年，第 193 页。

⑮ [清] 捧花生：《画舫余谈》，清光绪铅印本。

⑯ 参见《江宁县染业公所碑》（光绪十六年）、《金陵染业碑》（光绪三十四年），现藏南京博物院。

第二章

引领风气　创新学派：明清以来学术思想成就斐然

　　明代中叶以前，江苏学界也和全国其他省份一样，在程朱理学统治下呈现出沉寂的景象。到弘治年间出现吴中傲诞士风，开始表达对理学的不满，学术界才略有一丝生机。正德年间东台灶丁王艮创立泰州学派，江苏学界才开始活跃起来。到万历年间，泰州学派的思想经过李贽"又创特解"的改造，发展成为初具近代性质的早期启蒙思潮。

　　隆庆、万历年间，伴随着海禁的开放和一条鞭法的实施，江南商品经济蓬勃发展，苏州地区成为全国商业、金融和手工业的中心，社会生活呈现出新的气象，江南成了最适合新思想、新文化生长的沃土。从新的经济、政治诉求中产生出东林、复社的党社运动，"工商皆本"的经济思想、"以众论定国是"的政治改革思想，在东林学派和同时期江苏学者的思想中都有所表达。从嘉靖、万历年间江南学者批评"宋儒不讲防秋讲《春秋》"，发出盛世危言，到崇祯十一年复社志士冒着"集众矢之的"的危险编撰《皇明经世文编》，江南学界总是最敏锐地意识到时代的矛盾，开学界新风气之先。

　　以清代明，顾炎武深刻反思明朝灭亡的教训，全面总结中国传统文化，几乎在所有的思想领域中都作出了超越前人的贡献，成为江苏有史以来最伟大的思想文化巨人。在思想文化专制最为严酷的乾嘉时期，江苏学者仍然在学术领域潜心开拓，产生了考据学的吴派和扬州学派。通过考据所表达的某些新思想，反映了江苏学者对于社会发展之未来的远见卓识和与文化专制主义作斗争的坚韧精神。兴起于嘉庆、道光年间的常州学派，通过生活于江苏的龚自珍、魏源等人的发展，为中国的近代化起了"创榛辟莽，前驱先路"的作用。

第一节　泰州学派

王艮　王襞　韩贞　焦竑

明朝正德至万历年间，有一支边走边唱、手舞足蹈的队伍活跃在苏中平原的城镇和乡村。他们唱道：

> 人心本自乐，自将私心缚。私欲一萌时，良知还自觉。一觉便消除，人心依旧乐。乐是乐此学，学是学此乐，不乐不是学，不学不是乐。
>
> ……於乎！天下之乐，何如此学？天下之学，何如此乐？

这首歌叫《乐学歌》，这支边走边唱的队伍是泰州学派中人，歌的作者是泰州学派创始人王艮。

王艮（1483—1541），字汝止，号心斋。泰州安丰场（今属江苏东台）人。7岁进乡塾读书，11岁随父兄烧盐。19岁贩私盐到山东发了财，穿了一身干净衣服进孔庙，突然感悟："夫子亦人也，我亦人也，圣人者可学而至也。"从此每天读《孝经》、《论语》、《大学》。29岁开始讲学，"毅然以先觉为己任"。所到之处，坐着招摇车，戴着纸糊的"五常冠"，穿着所谓三代形制的衣服，车上挂着广告，以吸引大众注意力；加上他有一副说话唱歌的好嗓子，一下子就红火起来。是为泰州学派创立之始。

李卓吾说王艮"最英灵"，说来此人还真是聪明过人，学院派的儒者都被他镇住了。北方的学官问他，你治哪本经书？他说治"总经"。南京的儒者想为难他，他就反问道，你们懂得"五经总义"吗？于是个个面面相觑。因此他的名气愈来愈大。

王艮讲学将近十年后，才投到王阳明门下。还是穿着一身奇装异服

图下 2-1 （明）王艮《重镌心斋王先生全集》书影 万历四十三年（1615）（南京图书馆藏）

去见阳明。阳明见他招摇，问他懂不懂"君子思不出其位"的道理，他说遇上尧舜之君才思不出其位。阳明觉得此人是条汉子，把他收在门下。但他常常不满师说，同门弟子每天在那里"致良知"，他却调侃说自己学得"良知致"。跟了阳明八年，阳明去世后才返回故乡。其信徒多为农夫、樵夫、陶匠、盐丁，也有一些士大夫。有《王心斋先生遗集》传世。

王艮提出"天性之体，本自活泼"、"百姓日用即道"等命题。他认为天地、万物、人，都是自然，人本乎天地之形气以生，所以人之"天"即天之"天"，因而"天人同体"、"天人一理"。这"理"也就是鸢飞鱼跃、春风桃李的"自然之则"。同样，人的生命欲求也是自然之所赋予，天性之体在人即为"心之本体"，人应该按照自己的本性去行事。

他发挥王阳明关于"日用间何非天理流行"的命题，以宣扬"百姓日用之学"作为讲学中心。他反复申说："圣人之道，无异于百姓日用，凡有异者，皆是异端。"他认为人民的生活本身就是"道"的体现，只有"百姓日用之学"才是圣人的学问。他讴歌"下"，赞美"下"，称颂"万物俱从海下来，天大还包在地下"。老百姓听了这些话，当然觉得很亲切、很开心。

　　既然心之本体就是自然，百姓日用即道，那么，人欲也就成了天理："君子之学，以己度人。己知所欲，则知人之所欲，己知所恶，则知人之所恶。……必至于内不失己，外不失人，成己成物而后已。"这当然还只是一种诉诸人的道德修养而没有任何体制保障的善良愿望，但它承认了每一个人追求美好生活的合理性，具有积极意义。

　　他提出了著名的"淮南格物说"，以"吾身为天地万物之本"。既然身为万物之本，那么所谓"格物"就要首先知道明哲保身，爱身如宝；要保身，就不敢不爱人；不与人结仇，自身也就平安了。再进一步，吾身犹如矩，天下国家犹如方，所谓"格物"就是要用吾身这个"矩"去矫正天地万物，使之合乎自身的规范。这是"淮南格物说"的两大要义。前者适合普通老百姓，后者则是惟我独尊的儒者们的一贯心态。

　　王艮学说在其次子王襞那里得到进一步发展。王襞（1507—1587），字宗顺，号东崖，9岁随父至会稽，阳明令其师事王龙谿、钱绪山，先后留越中近20年。后随父回淮南。王艮去世后，他继父讲席。

　　王襞把良知论发展成为自然人性论。他说："自然之谓道。""鸟啼花落，山峙川流，饥餐渴饮，夏葛冬裘，至道无余蕴矣。"道的内涵仅仅止于自然现象和人的生命欲求，只此便穷尽了道，此外再无其他涵义。人性即自然，自然本身乃是直观人性的图画，而自然亦是人的天性的外化，犹如"梧桐月照，杨柳风来，万紫千红，鱼跃鸢飞"，一切皆为天机之动荡，一切都是义理之充融。自然的人性即是"善"，而这善乃是每一个人所固有，妇人女子亦不例外："人心自善，本之天性，……妇人女子亦同有是理也。"

　　既然天性即是善，所以用不着外在束缚，用不着戒慎恐惧的工夫："若检点，若安排，皆出于用智之私，而非率夫天命之性之学也。"王艮虽然主张现成良知而不假安排，但也还主张读几本圣贤书，而王襞竟连这一切也否定了。他说学问"不在书册道理上，不在言语思量上"，"道本无言"。他要人们只体认那自然赋予的天性，不必向书本讨生活，不要让这一切束缚了自己的天性。王襞诗云："胸中不挂一丝缠，便有工夫闲打眠。堪笑世人甘受缚，不知潇洒在何年。"

　　但我们不要以为王艮、王襞父子讲"自然"，讲"潇洒"就不要纲常名教了，他们还是很重视维护传统农村社会秩序的。王艮、王襞父子与地方当局都保持着良好的关系，地方官员不仅经常去听他们讲学，而且重要政务也与他们商量。

王襞弟子、陶瓦工出身的韩贞（1509—1585）更善于用通俗易懂的语言和诗歌形式来宣传乐天安命、安贫乐道的思想，以此来化解社会矛盾。在苏中平原上，经常可以听到韩贞和他的弟子引吭高歌：

> 且饮三杯欢喜酒，不争一个皱眉钱。
>
> 尧舜功业浮云过，底事人生不自然。
>
> 人生安分且逍遥，莫向明时叹不遭。
>
> 一心似水惟平好，万事如棋不着高。
>
> 偷个闲时取个欢，莫将愁事锁眉端。
>
> 进前担子千斤重，退后阶梯老大宽。

隆庆三年（1569），兴化遭了水灾，"田园俱没，人心汹汹思乱"，韩贞奉县官之命，"率其门人，驾小舟，遍历村落"，每到灾民集中之处，就一起高唱：

> 养生活计细思量，切勿粗心错主张。
>
> 鱼不忍饥钩上死，鸟因贪食网中亡。
>
> 安贫颜子声名远，饿死夷齐姓氏香。
>
> 去食去兵留信任，男儿到此立纲常。

据说灾民听了他们的歌，为之"感动"，"故虽卖妻鬻子，而邑无崔苻之警"。由于泰州学派有如此妙用，所以一度受到朝廷的青睐，也受到地方官的褒奖。

王艮和王襞的学说在省外产生了广泛影响。将王襞学说继续加以发挥的主要是颜钧、罗汝芳和何心隐，此三人皆为江西人。颜钧认为"制欲非体仁"，主张"所行纯任自然，便谓之道"。罗汝芳以"赤子下胎之初"的"哑啼一声"解释"仁"，"体仁"就是要保持和推广扩充这一赤子的"爱根"。何心隐提出"育欲说"，育欲是个人的"欲货"、"欲色"与"与百姓同欲"的一致。李贽说王襞是"赞之师"，但又说从王艮到罗汝芳皆可见"儒者终无透彻之日"，从而"又创特解"，建立了一个以童心说为核心的新思想体系。

　　何心隐传耿定向，耿定向传焦竑。焦竑（1541—1620），字弱侯，号澹园，又号漪南生、太史氏、龙洞山农等，上元（今江苏南京）人。万历十七年（1589）状元，入翰林院。万历二十五年（1597）主北闱乡试，于落卷中拔取徐光启。同年，以主持乡试"录文险诞"被劾谪官，次年（1598）弃官回到南京。此后一直潜心学问，著有《澹园集》、《焦氏笔乘》等书。他是泰州学派在江苏的后期代表人物。

　　焦竑虽然是被李贽斥为"假道学"的耿定向的学生，但却以李贽为知己。《四库全书总目》说他"于贽之习气沾染尤深，贽至于诋孔子，而竑亦崇杨墨。"在学术上，他是以科学方法研究古音韵学的开创者之一。其《焦氏笔乘》中有"古诗无叶音"条，阐述了他对音韵学的见解。他说学者于《毛诗》、《离骚》皆以今韵读之，有不合则"自以意叶之"，由此造成了种种荒谬的臆说。他研究古音的方法，是以内证与外证相结合：以《诗》证《诗》是内证，而以《离骚》和汉魏诗证《诗》则是外证。他为陈第的《毛诗古音考》、《屈宋古音考》作序，对其古音韵学研究加以表彰。在序言中，他明确指出，宋儒连古经的很多字都不认得，能得"圣人之玄解"吗？以考据为思想解放的工具，是晚明学者的一大发明，也为清代考据学的发展开了先路。

第二节　东林学派

顾宪成　高攀龙　复社

　　　风声，雨声，读书声，声声入耳，
　　　家事，国事，天下事，事事关心。

　　顾宪成为东林书院撰写的这副对联，鲜明地表达了东林学派以天下为己任的人文关怀和注重经世致用的学术风格。

　　东林学派兴起于明朝万历年间。万历三十二年（1604），由顾宪成、允成兄弟倡议，修复东林书院。同年十月，"东林八君子"——顾宪成、顾允成、高攀龙、安希范、刘元珍、钱一本、薛敷教、叶茂才——发起东林大会，定《东林会约》，从此开始了晚明思想史上影响巨大的东林讲学活动，形成了以江南士大夫为核心、以讲学为联系纽带、具有共同学术宗旨的东林学派。

东林讲学，每年一大会，每月一小会，"往往讽议朝政，裁量人物"，激发了人们政治参与的热情，前来听讲的除了士绅和学子外，还有普通市民，人数之多，"学舍至不能容"，被称为"吴中自古以来未有之盛事"。在朝的正直士大夫赵南星、李三才、邹元标、冯从吾、周起元、魏大中、李应升、杨涟、左光斗等人也与他们遥相应和。顾宪成与他们通信时，常用"吾党"这个词，后来就有了"东林党"这个称呼。

江南作为晚明读书人党社运动的中心，成为中国社会健康政治力量向往的地方；而东林党的领袖人物，也成为众望所归的在野政治领袖。天启六年（1626），阉党颁示《东林党人榜》，公开逮捕迫害东林党人，东林书院被限期拆毁。崇祯帝即位后，惩处了阉党，平反了东林党人冤案，并下旨修复东林书院，书院建筑和会讲制度才逐步恢复。

顾宪成（1550—1612），字叔时，号泾阳，学者称东林先生，无锡泾里人。万历八年（1580）进士，曾任户部主事、吏部考功主事、文选司郎中等职。万历二十二年（1594）因忤旨被削职为民，居乡讲学。万历三十二年（1604）重建东林书院，为东林书院首任主讲。著有《顾端文公遗书》。

作为王阳明的三传弟子，顾宪成敏锐地意识到了时代的矛盾。他既肯定阳明学的思想解放作用，但对其流弊却深致不满。他说："当士人桎梏于训诂词章之内，骤而闻良知之说，一时心目俱醒，恍若拨云雾而见天日，岂不大快！然而此窍一凿，混沌几亡，往往凭虚空而

图下 2-2　东林书院（选自《人文江苏——江苏省全国重点文物保护单位图集》）

弄精魂，任自然而藐竞业。"他认为"以考亭为宗，其弊也拘；以姚江为宗，其弊也荡"，"拘者人情所厌"，但"与其荡也宁拘"。不过也应看到，他虽欲矫王学之弊，但却十分推崇阳明"致良知"的学说，认为"其意最为精密"。

他对学者空谈心性的学风深为不满，说他们"官辇毂，念头不在君父上，官封疆，念头不在百姓上，至于山间林下，三三两两，相与讲求性命，切磨德业，念头不在世道上，即有他美，君子不齿也。"认为只知空谈心性的道学家不属于君子之列。其弟顾允成也说："叹乎今日之讲学者，……恁是天崩地陷，他也不管，只管讲学快活过日。"而道学之末流的讲学，更从心性空谈堕落到了只讲庸俗的人生哲学："在缙绅只明哲保身一句，在布衣只传食诸侯一句。"因此，他要提倡具有经世致用品格的"实学"，主张学者要关心现实政治和国计民生。

他不赞成阳明后学极力宣扬的"无善无恶是心之体"之说，明确提出了"以性善为宗"的人性论。认为"善"是天地万物的本原，是"太极"之理的本质属性。他说："将这'善'字打破，本体只是一个'空'。""点出'善'字，正示性有定体，不可以歧见淆也。"他认为佛教最大的错误是"依空立世界"，把现实世界看作"空"而人伦为"幻迹"，导致对社会伦理关系的蔑弃。他也反对阳明后学的"现成良知"说，以"重修"来纠正王门后学的"重悟"之弊，主张本体与工夫的合一，要求君子努力于仁义礼智的道德实践。东林讲学，"砥砺气节，讲究品行"，就体现了这一思想。

由于他出生于商人家庭，与市民阶层有着千丝万缕的联系，所以对遭受超经济掠夺市民阶层抱同情态度，为他们请命。他曾写信给苏州浒墅关的官吏，呼吁减免商税。他说小经纪营生和在家门贸易不出四十里之内者，也要到关纳税极不合理，并对税棍借漏税为名擅杀一个只有八两银子本钱的商民赵焕一事十分愤慨，要求彻查此事，为民除害。作为呼应，李应升（江阴人）也给浒墅关官吏写了信，对他们予以严词批评，指出浒墅关"利在东南西北，而乡民斗粟鱼舟，动遭科迫"，建议他们要"爱商恤民，上不妨工而下利于途"。与东林意气相投的另一位江苏人冯应京（盱眙人）明确提出了"士农工商各执一业"、"九流百工皆治生之事"

的观点。

万历年间，以东林党人为代表的反内阁派与内阁派展开了激烈的论争，争论的主要问题是依据什么来决定国家大政方针。内阁派强调政事的最高决定权在皇帝，为了保障这一体制的运行，就必须进一步强化纪纲统御群僚。而东林党人则极力标榜"天下为公"而揭露内阁派的"一己之私"，主张依靠众论来确定国是。顾宪成揭露内阁次辅张位的《定国是振纲纪》一疏说："究竟所谓定国是振纪纲者，不过欲尽锢天下之公；所谓振纪纲者，不过欲恣行一己之私而已。"他认为，"国家之患，莫大于壅"。所谓"壅"，就是言路的阻塞，他说如果一个政府使人不敢讲真话，听不到人民真正的声音，那么，不仅会导致政治腐败，而且会导致天下大乱。为了以社会舆论来干预和左右现实政治，他明确地把"长安"（指朝廷）与地方、"缙绅之风闻"与"细民之口碑"对立起来，认为真正代表公论的，是地方、"细民"的舆论，并且鲜明地提出了"天下之是非自当听之天下"的口号。与顾宪成相呼应，缪昌期（江阴人）亦指出："公论出于人心之自然而一似有不得不然。故有天子不能夺之公卿大夫，公卿大夫不能夺之愚夫愚妇者。"主张士大夫应以无私无畏的气概来充当老百姓的代言人。

在东林党人为早期市民阶层请命、要求政治改革的呼声中，已开始表现出从传统的民本思想发展出近代民主思想的先兆。顾宪成提出要区别帝王的一家之公与天下之公，认为帝王的一家之公，"就天下看来犹未离乎私也。"与此相呼应，李三才鲜明地提出了"民又君之主"，"百姓亦长为人主之主"的命题。他在上疏中明确地告诉明神宗："人民之离叛"是决定国家命运的根本力量，而人民的反抗斗争也正是"百姓不肯朝廷主"，而要行使自己作为主人权利的表现。

高攀龙（1562—1626），初字云从，更字存之，别号景逸，无锡人。其生父兼营高利贷。万历十七年（1589）进士，万历二十年（1592）被任命为行人司行人，因上《君相同心惜才远佞以臻至治疏》被贬为广东揭阳典史。万历二十三年（1595）二月回到无锡，万历三十二年（1604）与顾宪成等兴复东林书院。万历四十年（1612）顾宪成去世后，主持东林书院。天启元年（1621）三月重获起用，历任光禄寺丞、大理寺右少卿、太仆卿、刑部右侍郎、都察院左都御史等职。天启五年（1625）被罢斥，次年三月十六日得知阉党要抓他的消息后，于深夜自沉于后花园池中。其著作由门人陈龙正编辑成《高子遗书》。

高攀龙述其学术要旨时亦说："百年前宗文清者多，百年后宗文成者多，宗文成者谓文清病实，而不知文成病虚。毕竟实病易消，虚病难补，今虚病见矣，吾辈当稽弊而反之于实。"他主张学者当"以天下为己任，视天下安危为安危"，提倡"治国平天下"的"有用之学"，认为"无用便是落空学问"，又说"学问通不得百姓日用，便不是学问"，但他所谓有用之学主要还是道德修养的学问。

他继承了朱熹关于"无极而太极，是无极中有个至极之理"的学说，以"理"为万物之本原，但又推崇张载的"太虚"（气）为万物之本原的观点，这一对张载的推崇通过他的侄儿、湖广学政高世泰影响了王夫之。他认为"性即理"，从性善论出发来批评王阳明的"无善无恶"说。他反对儒释道"三教合一"论，认为其实质是"本无三教，惟是一乘"，"总归佛门"。他恪守程朱理学的"格物穷理"说，不同意顾宪成把对自然事物的认知也纳入"格物"的范畴。他还强调"人心放他自由不得"，可见他的思想还是相当保守的。

但在经济、政治诉求方面，他的观点则与其他东林党人基本一致。当时东林党人倡议开放地方政权，发挥地方士绅中有识之士的力量，来发展社会经济；同时，抨击科举弊端，要求对海内共以为贤者，不惜破格用之。为此，高攀龙也在天启二年（1622）专门上了一道《破格用人疏》，对拘于资格和等级贵贱的用人观念作了抨击。与高攀龙的主张相一致，被誉为"东林八君子"之一的钱一本更明确地提出了"大破常格，公天下以选举"的主张。

复社有"小东林"之称，最初是由吴江的吴曾羽和孙淳发起成立的。与复社差不多同时成立的还有太仓人张溥、张采，苏州人杨维斗所创立的应社，松江人陈子龙、夏允彝所创立的几社，以及浙西的闻社、江北的南社、江西的则社和历亭席社、吴门的羽朋社和匡社等等。崇祯元年至二年间（1628—1629），在张溥的号召下，会集大江南北的社集统合于复社，"期与四方之士，共兴复古学，将使异日者，务为有用"；同时，复社成员且须做到"忘其身惟取友是亟，义不辞难而千里必应"。

张溥思考的问题是，为什么国家以经义取士，可结果却是"椓人持柄"、阉党专权？为什么"析枝舔痔，半出于诵法孔子之徒"？他认为，根本原因就在于"俗学"泛滥，"诗书之道亏，而廉耻之途塞"，"公卿不通六艺，后进小生剽耳佣目，幸弋获于有司"。他认为解决问题的办法只有从复兴古学入手，"尊遗经，砭俗学，俾盛明著作，比隆三代"。

陈子龙就比张溥高明多了，他不再从儒家经书中去找药方，而更注重迫在眉睫的经济、政治、军事问题的解决。崇祯十一年（1638），他与徐孚远、宋徵璧主持编撰了皇皇五百余卷的《皇明经世文编》，书的内容全是着眼于现实问题之解决的。该书共有九篇序文，分别由方岳贡、张国维、任濬、黄澍、张溥、许誉卿、冯名玠、徐孚远、陈子龙所撰写，表达了江南的明白人要求真正扭转空疏学风的共同心声。

方岳贡序文开篇就提出了"文章莫尚乎经济"的命题。张国维接着说："知今而不知古，其蔽也凡陋；知古而不知今，其蔽也迂疏。"但他强调，知古易而知今难，知今是比知古更值得推崇和重视的学问。黄澍有感于"南寇北奴，日益滋大"的危机，而学者们则是"论卑气塌……自章句而外无闻焉"的状况，因而愤怒批评这些无血性、无人格的读书人既不懂天文地理，也不懂漕马盐茶、边塞形势，更不懂孙吴诸葛兵法，却只知道投机钻营，"生殷忧逼仄之时"却"希倖于优游福胜之事"。这些话说得何等沉痛！

许誉卿问道："古人经生时即以天下为己任，何至今动称乏才也？"回答是："亦士大夫经济疏阔积渐使然耳。"他预见到，陈子龙他们编这部书会成为众矢之的。然而，"洗士大夫经济阔疏之旧耻"，这本书却犹如林中的响箭。冯明玠呼唤经世之才、经世之识，痛斥利禄之途败坏人才，充分肯定陈子龙等人"汲汲为救时之用"的学术取向。徐孚远把杨廷和、张居正作为读书人效法的楷模，希望能像他们一样"当艰难之时，而能措置安平，功业骏朗"。

崇祯十一年（1638），明王朝的形势已经危如累卵，可朝廷中的道学先生们却还在那里与崇祯皇帝争论不休，说"诵《孝经》可以退贼"。陈子龙之所以比这些腐儒们高明，也比东林先辈们高明，就在于他看到再也不能整天唱道德的高调了，他说"正心诚意之言，亲贤远佞之说……义简而直，数语可尽"，值得整天讲个没完吗？真正要讲的是如何拯救国家民族危亡的学问，是兵食、是形势、是奇策！他独具只眼地看出，之所以士无实学，乃是由于帝王私天下的阴暗心理，害怕有真才实学的人出现，所以才用政治和道德的空谈来治读书人，宁可他们做假道学，也不让他们有治国用兵的真本领。他也意识到，这部书会遭到腐儒们的非议，"以功利相摒"；但他表示，为了挽救国家民族，他会坦然面对这些攻击。可叹的是，这部书编了才七年，锦绣江南就淹没在清军大屠杀的血雨腥风之中了。

第三节　朴学先导

顾炎武　阎若璩

顾炎武（1613—1682），初名绛，清军占领南京后（1645）改名炎武，字宁人，学者称亭林先生，江苏昆山人。他出身世家大族，是一位特别富于个性的人物，与同里归庄相友善，二人一起加入复社。清军下江南，他纠合同志起义兵守吴江。兵败后仍坚持抗清活动，南明隆武帝在福建遥授他职方司主事。著有《日知录》、《肇域志》、《天下郡国利病书》等书。

顾炎武对当时南北学人之差异作过以下评价："北方之人，饱食终日，无所用心；南方之人，群居终日，言不及义，好行小慧。"说北方学者懒得吃饱了肚子无所用心，而南方学者虽然好发议论，但都是耍小聪明，"时人谓其评论切中南北学者之病"。顾炎武以其在学术领域的艰辛探索和卓越建树，成为扭转学术风气的一代思想大师。

他提出了"经学即理学"的观点，昭示了宋明道学以后中国学术的新方向。他提出了"读九经自考文始，考文自知音始"的命题，确立了由音韵训诂以通经义的朴学宗旨；他提出了"采铜于山"的方法论原则，开创了以金石铭文等文物资料与文献资料相互印证的研究方法。他还为朴学的发展建立了一整套完备的学术规范，这些规范既体现着求真的要

图下 2-3 （明）顾炎武《天下郡国利病书》书影 清道光三年（1823）（南京图书馆藏）

求，也体现着善的道德准则，因而对于学者人格的陶冶也发挥着重要作用。

其哲学思想，是对程朱陆王的双向扬弃和在更高的基础上向先秦儒学的复归。他改造程朱理学，吸取其"道问学"的合理因素而拒斥其先验本体；扬弃陆王心学，吸取其"致良知"这一"圣学千古之秘"而排斥其末流之空疏放纵；以"博学于文，行己有耻"为学术宗旨，形成了"明体适用"的哲学观。他以"气"为世界之本原，由此而发挥出一整套"唯物"、"唯变"的哲学见解，并由此引申出"非器则道无所寓"的道器论，为自强不息、与时偕行的实践观提供了哲学依据。

他十分重视对于自然的科学认知，要人们去探求天文、地理、数学、声学等学科的知识，把精通天文学看作是"学究天人"的必由之路。在感性认识与理性认识的关系上，他主张要善于把对于事物的感性认识和杂多的知性认识，经过"观其会通"的思维工夫，运用归纳的方法，将其上升到理性认识的高度。同时，还要善于运用演绎的方法，"举本以该末"、由抽象上升到具体。他深知真知难求，个人的认识能力实在有限，所以他总是充满着一种在认识中很容易犯错误的"理性幽暗意识"，反对"执一而不化"、"果敢而窒"的独断论，把认识看作是一个无穷的发展过程。

他看到自然界和人类社会的发展都是有规律可循的，"造化人事之迹有常而可验，变化云为之动日新而无穷"。他把这一辩证发展观运用于社会历史领域，提出了"天下势而已矣"、"势有相因而天心系焉"的历史演化观，主张认识"相因之势"，探询"势"之所以形成的因果关系和辨证转化的环节，由此得出了"圣人以人占天"、"势有相因而天心系焉"的哲学结论。他从时代的变化和"百王之治至殊"的事实中看到，"天下之变无穷，举而措之天下之民者亦无穷"，认为传统的制度已"居得不变之势"，由此总结出"通变宜民"、"唯变所适"的辩证法则。

他继承前辈学者提出的"六经皆史"的思想并加以发展，试图建立以史学统摄经学、经史合一的历史科学。他敏锐地意识到："史策所载，未必皆为实录。"为了廓清历史中的谎言，他提出了考辨史实真伪、订讹补阙的多重证据法。他认为历史学具有"鉴往训今"、"引古筹今"、"稽天成德"三大功能。"鉴往训今"是为了总结历史经验，从历史中获得有益的教训；"引古筹今"是为了从历史中吸取论道经邦的智慧，来解决社会发展所提出的现实问题；"稽天成德"是为了认识社会发展的规律，不断完善人文化成的历史文化世界。

与传统伦理学相区别，他不是从至善的道德理念出发，而是从现实的人性和社会生活的实际出发，来探讨切实可行的道德伦理规范。他不讲"存天理，灭人欲"，而是肯定人们的"私"和"欲"的存在都有其一定程度的合理性；不讲"饿死事极小，失节事极大"，而是讲"不能使天下无再适人之妇"和先王的"恤孤之仁"。他从现实的人性和社会生活的实际出发，反对不切实际的道学说教，而只给人们预设了一个"行己有耻"的道德底线。

在政治思想方面，他不再从儒家的性善论出发讲修齐治平的传统政治哲学，而是从皇帝和官员们的"私"和"欲"的现实存在出发，来探讨有效防止腐败的理性化制度建设之路，包括分权制衡、法制建设等方面。他确认每一个人的合理私人利益，以此为前提来探讨"合天下之私以成天下之大公"的途径。他还紧紧抓住了确保政治体制健全运作的另外两个关键因素，即选举与舆论。"天下之才皆可由天下人举而荐之"的选举，被他看作是人才兴国的一大要务；而"政教风俗苟非尽善即许庶人之议"的舆论监督，则被他看作是弥补体制内权力制衡之不足的又一种权力。

在经济思想方面，他认识到"民享其利，将自为之，而不烦程督"的经济规律，鲜明地提出了"为天子为百姓之心，必不如其自为"的近代经济学命题，提出了保障私有财产、取消对民间工商业者实行横征暴敛的税收政策、行政权力退出市场竞争等主张。他认为贫穷乃是中国社会的最大忧患，把"生财之方"看作是与用人行政同等重要的立国之本，主张藏富于民。此外，他还提出要正视中国大地上自然生态环境遭到严重破坏的现实，认为经济发展必须以尊重自然规律、维护生态平衡为前提。

阎若璩（1636—1704），出身于盐商家庭，字百诗，号潜丘居士，江苏山阳（今江苏淮安）人。康熙十七年应博学鸿词科考试，未被录取。徐乾学在洞庭山开局修《大清一统志》，聘他参与其事。著有《尚书古文疏证》、《潜丘札记》等书。

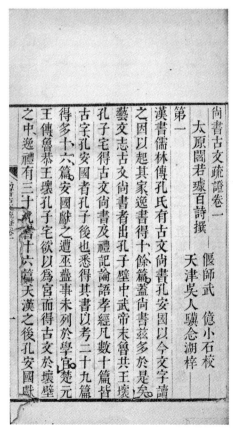

图下 2-4 （清）阎若璩《尚书古文疏证》书影 嘉庆元年（1796）（南京图书馆藏）

他最重要的著作是《尚书古文疏证》。《尚书》在汉代，有今古文之分。但孔安国所传的十六篇古文尚书很早就失传了。东晋时有一个叫梅赜的人，突然拿出一部多达四十五篇的《古文尚书》，还有孔安国为之所作的注释，岂非怪事？可是学界却对此深信不疑。宋代朱熹等人发现这本《古文尚书》比今文还要易懂好读，因而心生怀疑；然而，作为道学家，非但没有去揭露作伪的真相，反而抬出伪《古文尚书》中"人心惟危，道心惟微，惟精惟一，允执厥中"十六个字，作为"孔门传授心法"。清朝统治者又以程朱理学为统治思想，而阎若璩居然列出了 128 条证据，证明了所谓《古文尚书》不过是梅赜的伪造。

阎若璩揭露《古文尚书》的伪

书面目，用的是"据史传以正经"的方法。在传统社会中，可以疑史疑传，但不可疑经；而阎若璩则公然宣称：经典也可以怀疑，可以"据史传以正经"！有人说，《古文尚书》的版本诚然可疑，"然其理则粹然一出于正"，不能否定；而阎若璩则说，其理乃似是而非之理，其学乃弥近理而大乱真之学。他通过辨《古文尚书》之伪，总结出一条重要的方法论原则："盖作伪书者多因其时之所尚，文辞格制亦限于时代，虽极力洗刷出脱，终不能离其本色，此亦可以类推也。"他认为一时代的文章有一时代的风格，特定的语言词汇都带有那个时代社会风尚的印记。因此，魏晋时代伪造古书的人纵然手法再高明，也不可能不留下作伪的痕迹。

《四库全书总目》提要论及阎若璩时说："考证之学，未之或先。"其最大的特点是善于读书，能在无字处读出字来，能在字缝中看出字来，能发现正文背后隐藏的意蕴。梁启超说："大抵百诗学风，如老吏断狱，眼光极尖锐，手段极严辣，然而判断必凭证据，证据往往在别人不注意处得来。"①可见他的眼光之不凡。

第四节　吴　派

"吴中三惠"　余萧客、江声、江藩　王鸣盛　赵翼　钱大昕　袁枚与吴派

朴学的吴派，或称苏州学派，起始于"吴中三惠"，传承于余萧客、江声，弘扬光大于王鸣盛、赵翼、钱大昕等第一流的乾嘉学者。"小红豆山房"的学风，不仅风靡江南，而且北披京华，南及东粤。

吴派朴学的开创者是"吴中三惠"，即惠周惕、惠士奇、惠栋祖孙三人。惠周惕早年从吴县东渚迁居郡城香溪之北时，见东禅寺中有红豆一株，相传是白鸽禅师所栽，早就老枯了，而此时复生新枝，于是便移了一枝栽于其新居的阶前，生意郁然。寺僧睿目存欣然为之绘"红豆新居图"，惠周惕亦自题五绝句，又赋《红豆诗》十首，吴中士人相和者二百余人。四方名士路过苏州，必停舟造访。惠周惕因此自号"红豆主人"。时人称他为"老红豆先生"，称其子惠士奇为"红豆先生"，称其孙惠栋

为"小红豆先生"。

惠周惕是清初名士王士祯的学生，康熙三十年（1691）中进士入翰林院，不久即放外任，最后死在密云知县任上。他工于诗古文辞，有《研溪诗文集》传世。他主要是一位文人，但也研究经学，与顾炎武的学生潘耒为友，著有《易传》、《春秋问》、《三礼问》、《诗说》，学界称他为"吴派朴学的导源者"。

惠士奇（1671—1741），字天牧，晚年自号半农人。官至广东学政、侍读学士。他 12 岁就能写出"柳未成荫夕照多"这样令人神清气爽的诗句，一生刻苦钻研，所以在学术上颇有建树，著有《易说》、《礼说》、《春秋说》等书。反映其致思倾向和学术建树的观点，可举要如下：

一是汉《易》不可废。他认为文王《易》说、孔子《易》说皆存于汉代的《易》学中，不必舍文王、孔子而去远问那虚无缥缈的伏羲。又批评魏晋玄学家王弼的《易》说"举汉学而空之，而古学亡"。他认为《易》学乃是实学，而不是王弼以下的蹈虚之学。

二是"三传"废而《春秋》亦亡。针对宋明道学家轻史实而重义理、极力贬低《左传》的倾向，惠士奇作了颇为严正的批评。他认为，《春秋》三传，事莫详于《左氏》，论莫正于《穀梁》；至于《公羊》，多凭主观臆测，故所失常多。他批驳王通之所谓"三传作而《春秋》散"的说法，指出"《左氏》最有功于《春秋》"。

三是排斥宋儒之性理，主张按照经典的本来面目来阐说经文。他明确宣称：宋儒"援释入儒，吾无取焉"。由于忠实于经典的原文原义，因而其论说与宋儒大异其趣。宋儒论《易传》"继善成性"，以"继之、成之皆在天，非在人之事"，而惠士奇则通过将各种古代经典融会贯通，认为"继善成性"讲的是德性实践的现实人事。

惠栋（1667—1758），字定宇，一字松崖，惠士奇的次子。自幼攻读经、史，曾随父视学东粤。雍正令其父毁家修镇江城时，他奔走于京口、苏州之间，饱尝饥寒困辱。在科举的路上十分不顺，到老还是一个"元和学生员"。

受惠士奇思想的影响，惠栋极力提倡汉儒经学而反对宋儒经学。又受前辈学者毛奇龄、阎若璩、胡渭诸人的启迪，把对宋儒的排击重点集中在作为其立论根基的伪《古文尚书》和王韩《易》说上。他大声疾呼：
"说经无以伪乱真，舍《河图》、《洛书》、《先天图》而后可以言《易》矣。
舍十六字心传而后可以言《书》矣。"因此，他作《古文尚书考》，力辨
孔传之伪，亦力证西汉古文《尚书》二十八篇之真；作《易汉学》、《周
易述》、《易例》，发掘、辑佚、整理，极力恢复汉人《易》说的本来面
目。由于他在恢复汉人经解方面所作出的成就，"汉学"作为清代朴学之
旗帜才得以树立，专宗汉学亦成为吴派朴学的特色。

惠栋的著作最为人们所推重的是《周易述》一书。该书除了在恢复
汉《易》方面具有重要价值之外，还有一个具有哲理性的特点，即对于
"情"的重视。在他看来，全部《周易》就是一部专讲"情"的书："六
爻发挥，旁通情也。""卦象极天下之深情也。""爻象以情言，因其动
而明其情。"情贵在真诚，所以他又特别推崇一个"诚"字："真即诚也，
诚者天之道，故真亦受之天。"惠栋述《易》，特重真情，是对晚明李贽、
汤显祖等人的情感本体论的继承。

惠栋力图从《周易》中去探索中国文化的根本精神。他在《易论》
一文中说："易道深矣，一言以蔽之曰时中。""时"之一字，蕴含着中国
人审时度势、与时偕行的哲学智慧；而"中"之一字，更体现着中国人对
于"中和"这样一种情理和谐的境界的追求。在惠栋看来，不仅《易》尚
中和，其他诸经皆尚中和。对此，他在《周易述》中一一予以举证说明。

余萧客与江声是惠栋的两位著名的弟子。惠栋有了这两位弟子为其羽
翼，吴派朴学或朴学的苏州学派才得以形成而具有"学派"的规模气象。

余萧客（1729—1777），字仲林，别字古农，江苏吴县人。22岁拜
惠栋为师，一生不事科举，不求功名，以布衣终其生。最能代表其学术
成就的，是《古经解钩沉》一书。该书搜集整理了汉、晋、唐千余年间
的经解，共三十三卷。这在如今是要集中很多学者来从事的一项工作，
而他居然以一个人的精力做成了。为此，他几乎累瞎了双眼。而且，他
是在贫病交攻之中完成这项大事业的。当然，该书也有一些遗漏。例如
六朝梁代皇侃的《论语义疏》，在中国虽已佚亡，在日本则完整地保存
着，余萧客作《古经解钩沉》时，该书还未传入中国。又，唐代学者史
征的《周易口诀义》，保存在《永乐大典》之中，民间学者根本就看不到。

　　江声（1722—1799），本字鳄涛，后改字叔澐，学者称艮庭先生，江苏吴县人。35岁拜惠栋为师，一生甘于寂寞，不慕荣利，潜心学问。他认为，阎若璩、惠栋虽然揭露了伪《古文尚书》的作伪之迹和抄袭之原，但还有一件工作没有做，就是对真实可信的《尚书》作经文的刊正和古注的疏明。于是，他就集汉儒之说来注《尚书》。汉注不完备，他就旁考他书。通过精研故训，写成《尚书集注音疏》十二卷。他仔细研究了先秦文献中的《尚书》引文，网罗了汉儒对《尚书》的注解，又把这一切与今古文《尚书》进行对勘，经过认真考辨，证明了《汤誓》和《泰誓》都不是伪书。汉儒马融怀疑《泰誓》的真实性，而江声则通过考证证明，《泰誓》也是可信的，传《尚书》者不应谨守残编而不敢补辑。他的这些观点，皆发阎若璩、惠栋之所未发。江藩称这部书为《尚书》研究的"集大成"之作。

　　江藩（1761—1831），字子屏，号郑堂，晚号节甫，江苏甘泉（今江苏扬州）人。是一位被龚自珍誉为"窥气运之大源，孤神明以深往"的奇士。江藩15岁从余萧客受学，萧客去世后，又师从江声，曾执教于淮安丽正书院，57岁进入两广总督阮元幕府。其著作之最有名者，当推《国朝汉学师承记》和《国朝宋学渊源记》。在《国朝汉学师承记》中，江藩不惜篇幅，全文照录了洪榜在戴震去世不久所写的为戴震反理学思想辩护的文章——《上朱笥河书》，全文照录了孔广森所写的那篇文辞典雅、极力称说戴震"见道之深"的《戴氏遗书序》。他在为戴震所作的传记中，不仅论说了其志在明道的学术宗旨，而且对《原善》、《孟子字义疏证》中的思想精粹作了集中的阐说。《国朝宋学渊源记》所录宋学诸家，"止穷檐苦行，摈南方浮华士"。所谓"穷檐苦行"，是指那些身在草野、自甘寂寞、克己苦行、躬行力践的宋学家。而遭到摈斥的"南方浮华士"，是指桐城派理学家。姚鼐弟子方东树作《汉学商兑》，指斥朴学主流"尤异端寇仇乎程朱"，就是直接由《国朝宋学渊源记》所引发。

　　王鸣盛（1722—1797），字凤喈，号礼堂，又号西庄，晚改号西沚居士，嘉定人。年轻时在苏州从惠栋游，以师礼事之，乾隆十九年（1754）会试中式，以第二名授翰林院编修，官至内阁学士兼礼部侍郎。乾隆二十八年（1763）趁亲丧的机会弃官不做，安家于苏州，从事著述直到去世，居苏州 34 年。在经学方面，他自称"治经断不敢驳经"，而在史学方面，他则有"虽子长孟坚苟有所失，无妨箴而砭之"的气概。著有《十七史商榷》等书。

王鸣盛论学，以求真为最高目的。其《十七史商榷序》云："作史者之所记录，读史者之所考核，总期于能得其实而已矣。"他不否认历代典章制度有得有失，人物事迹有善有恶，但他强调，历史研究的根本任务在于揭示事实。对于典章制度的建置沿革和历史人物的事迹，只需要还它一个真实，不必横生意见、驰骋议论以明法戒，也不必用什么"春秋笔法"来作主观褒贬。他认为史实的考证需借助于正史以外的多重证据，包括"偏霸杂史，稗官野乘，山经地志，谱牒簿录……钟鼎尊彝之款识、山林冢墓祠店伽蓝碑碣断阙之文"等等。

图下 2-5　（清）王鸣盛《十七史商榷》书影光绪六年（1880）（南京图书馆藏）

他之所以拒斥道学议论，乃是为了反对以事实判断从属于政治伦理的价值判断。其实，他自己也是一个好发议论的人。不同的是：第一，他的议论是严格按照历史事实作出的；第二，他的褒贬标准与正统儒家的标准不同。

据《新唐书》记载，李敬元称王勃、杨炯、卢照邻、骆宾王之才，裴行俭曰："勃等虽有才，浮躁炫露，岂享爵禄！炯颇沉默，可至令长，余皆不得其死。"王鸣盛驳斥了"以行俭为知人"的世俗偏见。他根据史实，赞美王勃"学行卓然"，肯定卢照邻坚持独立人格，"不肯诡随徇俗"，更崇仰骆宾王作《讨武曌檄》"凛凛有生气"的豪杰精神。又以四杰的风骨与一般士大夫相比，揭露当时士大夫或模棱诡随，或歌颂升平、粉饰黑暗，或充当鹰犬、为虎作伥的面目，抨击官本位社会中以官做得越大越久就越德高望重的观念为"可鄙甚矣"！

"永贞革新"是唐代中叶发生的一次改革运动。《新唐书》对王叔文肆意诋毁。对此，王鸣盛据实痛驳。他列举王叔文的改革措施，充分肯定其"黜聚敛之小人"、"改革积弊，加惠穷民，自天宝至贞元少有及此者"。又根据史实肯定刘禹锡、柳宗元等八司马都是当时的杰出人才，可见"叔文所引用者皆贤"。

晚唐李商隐、温庭筠向来被认为文人无行，而王鸣盛则以李、温二人诗为之考证，认为"凡新旧书所载李、温之过，皆空滑无实"，散布"文人无行"之说，乃是统治者惯用的一种"胁伏文人"的手段。他肯定李商隐对令狐楚"不肯阿附"，并述其当郑亚贬循州时"相从岭外，至三年之久，其笃行如此，犹得目以偷合无行邪"？这些观点，都是持平之论。

王鸣盛将学术分为义理、考据、经济、词章四类。认为四者之中，义理是根本，如果没有理论的指导，也就不可能有高远的意向，宽广的胸怀，非凡的胆识和气魄，其所谓学问不过是钉饫琐碎、散漫而无归依的小见解、小聪明而已。只有具备深厚理论根柢的人，才能在考据、经济、词章方面作出非同寻常的成就。但另一方面，如果没有考据、经济、词章，那就正如只有树根而没有树干和枝叶一样。他强调"义理之与考据，常两相须"，没有树干和枝叶，树根是死的；枝叶繁盛，树根才具有生命的活力。中国传统学术只讲义理、考据、词章，而王鸣盛则特为增加了"经济"一门，这是他的又一重大贡献。

赵翼著有《廿二史札记》、《陔余丛考》与诗文集等书。赵翼把真实看作是史学的生命，所以坚决拒斥一切以虚伪的道德言辞和政治实用主义的需要来隐瞒、歪曲和篡改历史的行为。因此，他对孔子作《春秋》所开启的为尊者讳的"掩护之法"颇有微词，对陈寿作《三国志》以来被修史者奉为成式的"一定书法"更深致不满。其《廿二史札记》，可以说是一部专门揭露历代正史之作伪的史学巨著。

赵翼治史，以史法与史事并重，每史先考史法，次论史事。把历代官修书的本纪、列传、表、志参互勘校，以发现其中自相矛盾的地方，是赵翼考辨史实真伪的一个重要方法。然而，赵翼使用的方法并不局限于此，还包括他所极力掩饰的据稗乘脞说以驳正史之讹，即经常采用依据私史或野史资料"以驳正史之讹"的方法。在《廿二史札记》中，用来正《三国志》之误所依据的，是《汉晋春秋》、《魏氏春秋》、《世语》、《魏末传》等书；正《旧五代史》之误，依据的是欧阳修私撰的《五代史记》；正《明史》之误，依据的是王圻的《稗史汇编》、王琼的《双琼杂记》等书。

在赵翼的诗作中，更鲜明地提出了史策未必真而传闻未必伪的观点。其《后园居诗》以切身体验证明，之所以青史"大半亦属诬"，就在于学者贪得谀墓金。他在《关索插枪岩歌》结尾处感慨地写道："呜呼！书生论古勿泥古，未必传闻皆伪史策真！"他所说的具有真实性的传闻，不仅有历史遗迹为佐证，而且可以借助理证来说明其不悖情理。例如他考知随诸葛亮南征的关索其人的存在，就是把传闻与遗迹考察和理证相结合的结果。

赵翼《廿二史札记小引》云："或以比顾亭林《日知录》，谓其身虽不仕，而其言有可用者，则吾岂敢。"从这一谦辞中可以看出其治学以顾炎武为楷模，并没有忘记顾炎武经世致用、引古筹今的精神。他通过考据来表达其反对暴政的思想。如《廿二史札记》卷三十二揭露明代各地藩王强占民田民宅，强抢民间女子，滥杀无辜，藏匿亡命，甚至豢养强盗劫财江湖间的罪行。卷三十三据陶宗仪《辍耕录》，揭露奉命考察官吏的大臣多挟势取贿，"国家多一巡方，天下加派百万。"又说："嘉、隆以后……举劾惟贿是视，而人皆贪墨以奉上司，于是吏治日偷，民生日蹙，而国亦遂以亡矣。"这段话对明朝灭亡的根本原因揭示得十分深刻。对于文化专制，赵翼亦通过考据予以揭露和抨击。《廿二史札记》卷二十二《五代幕僚之祸》条，卷二十六《秦桧文字之祸》条，卷三十二《明初文字之祸》条，都是对历代专制暴政迫害读书人的抗议。

作为史学家的赵翼，虽然从未想去建立哲学体系，但他在哲学上也有超迈前人的新见解。其《檐曝杂记》卷五《僭删朱子中庸首节章句》条，就是一篇从学理上揭露朱熹学说的谬误、明辨人性与物性之区别的哲学短论。他还是一位具有世界眼光的学者，同书卷二云："西洋远在十万里外，乃其法更胜，可知天地之大，到处有开创之圣人，固不仅羲、轩、巢、燧已也。"当时学者皆持"西学中源论"，像他这样的议论是不多见的。

钱大昕（1728—1804），字晓徵，一字及之，号辛楣，又号竹汀居士，嘉定人。乾隆十四年（1749）入苏州紫阳书院学习，结识惠栋，以师礼事之。乾隆十九年（1754）进士，历官编修、侍讲学士、提督广东学政。47 岁（乾隆四十年，1775 年）趁奔父丧回乡的机会，引疾不出。历主钟山、娄东、紫阳三书院，在苏州紫阳书院达 16 年之久，最后卒于该书院。著有《廿二史考异》、《十驾斋养新录》、《潜研堂集》等书。

钱大昕治学，"实事求是，不偏主一家"。他出自吴派，但又吸取了皖派和浙东学派的长处，超越惠栋和戴震两位大师，把学问推向新境界。吴派好博而尊闻，钱大昕亦主学者"必以博学为先"，强调学者且须先有万卷书在胸中，而后可以言学。纯粹的吴派学者认为求古即是求是，"舍古而无是"；而皖派学者则认为古未必全是，求古与求是不能完全等同。注重求是，是钱大昕从皖派朴学中吸取的合理因素。

他有一个既超越了惠栋，又超越了戴震的重要贡献，即把史学提到了与经学同等重要的地位，提出了"经与史岂有二学"的深刻命题。他对宋代以来流行的经正而史杂、经精而史粗的观念作了严正的批驳，说儒家经典是讲世俗道德的，可是宋儒却要将这些伦理道德加以神化，貌似精微，其实并不精微；儒家经典是讲求经世致用的，讲经世致用就要合乎实际，而宋儒却用迂阔、苛刻而不近人情的理论来规范活生生的人和社会生活，貌似纯正，其实并不纯正。相反，像司马迁的《史记》、班固的《汉书》却可以与六经相媲美，并传而无愧。

钱大昕有一句名言："能为于举世不为之日者，其人必豪杰之士也。"乾隆时代的绝大多数学者都不敢研究明史，更不敢研究清史；对于与清朝同样奉行民族压迫政策的元朝的历史，当然也没有人涉足。而钱大昕则别具只眼地看到，研究元史与研究清史的意义是一样的，了解元朝也就容易了解清朝。柴德赓《史学丛考》充分肯定了钱大昕研究元史的成就和意义。

钱大昕的朴学研究有一个显著特征，即通过考据来发挥思想。《潜研堂文集》中的一些重要文章，如《读大学》、《原孝》、《洛蜀党论》等，以及《十驾斋养新录》中的有关条目，都既是朴学之作，也是阐发义理之作。

在《大学论》一文中，钱大昕借发挥《大学》为名，阐发"忠恕"之旨，提出了统治者与民众的关系应为友朋关系的近代平等观念，要求统治者抛弃尊己卑人的传统思想，尊重人民的愿望和要求，努力做到"尽天下之情"而不拂逆人民的好恶。这种平等不仅表现在人格上不得"尊己而卑人"，也表现在道德上不得"责人而宽己"。

在《十驾斋养新录》中，他批评宋儒把古本《大学》中的"亲民"改为"新民"，反对满清帝王利用程朱理学来强化礼教的所谓"新民"，而不讲关心民众疾苦、寓富与教二义的"亲民"。他指出："后世治道，所以不如三代，正为不求民之安，而务防民之不善，于是舍德而用刑，自谓革其旧染，而本原日趋于薄矣。"

在《原孝》一文中，他抨击了"倚天子之势，箝天下之口"的专制主义。在《洛蜀党论》一文中，谴责了以程颐为首的洛党"摭语言文字之失以陷人于罪"的劣迹。在《十驾斋养新录》"蔡确车盖亭诗"条中，他更严厉谴责了充当暴君之密探的告密者，说"此等人天所不佑"。又借解释"孔子作《春秋》而乱臣贼子惧"来发挥其反对专制的见解，认为"遇弑者，皆无道之君也"。他甚至认为一代王朝被推翻乃是"天怒人怨"之所必至。

吴派经学虽不像梁启超批评的"凡古皆真，凡汉皆好"，但确有重在求古、不暇求是的倾向，特别是对于东汉郑玄经解的过分推崇，潜伏着陷入对汉儒之迷信的危险性。此时，袁枚以其高于一般朴学家的渊博学识，对以郑玄为代表的汉代经学中的谬误作了嬉笑怒骂式的批评，对吴派学人起了强有力的清醒作用。

袁枚亦精于考据，对于吴派学者过于推崇汉学深致不满。他明确指出："宋儒凿空，汉儒尤凿空。"如郑玄说古代以麒麟皮作鼓郊天，而世上本无麒麟这种动物；周室颁爵禄之制连孟子尚且说其详不可得而闻，汉儒又何从而知？所以他赞成杨慎"《六经》中有伪文章"的说法。他在《麒麟喊冤》一文中更以谐谑调侃的笔调将郑玄经解的错误列举了许多：

"天子冕旒用玉二百八十八片，天子之头几乎压死。夏祭地示，必服大
裘，天子之身几乎暍死。……《丧礼》：合殓用米二升四合，君大夫口含
粱稷四升，如角柶不能启其齿，则凿尸颊一小穴而纳之，凡为子孙者心
俱不忍。"

他更把批判的矛头指向汉儒戴圣所造的《礼经》，指出关于周代宫廷
嫔妃数目的礼制是戴圣编造出来向皇帝献媚的。他说周文王宫女原无定
数，最多不过二三十人，并无九嫔、二十七世妇、八十一御妻的名号。
文王勤于政事，日昃不暇，哪有精力十五夜睡一百多个女人！只是由于
戴圣的作伪和郑玄师弟的大力宣扬，才导致后来"隋宫每日用烟螺五石，
开元宫女六万余人"。当然，汉儒作伪的事实还远不止这些。而对这一切
的揭露，都有力地破除了对于汉儒的迷信，促使考据学者真正贯彻"实
事求是"原则。

袁枚又是一位具有非凡史识的学者，主张把史学从道统束缚下解放
出来。他认为，历史研究的目的是为了获得事实真相，而所谓寓褒贬的
"《春秋》笔法"不过是舞文墨吏的低劣伎俩。他通过揭露《春秋》经传
的自相矛盾来驳斥所谓"孔子作《春秋》而乱臣贼子惧"的说法："传所
载桓公隐公皆被弑，而经皆书'公薨'，隐弑者之冤，灭匿臣之迹，岂非
作《春秋》而乱臣贼子喜欤？"他批评《公羊传》"于外大恶书，于内大
恶讳，然则内之乱臣贼子无忌惮矣"，批评朱熹的《通鉴纲目》"舞文弄
字之弊，不可枚举"。这一切，充分表现了他积学求真的理论勇气。

袁枚的特识还在于进一步论说了前辈学者提出的"六经皆史"说。
前人认为古代经典既是经，又是史，而袁枚则指出："古有史而无经"，
如今被称为"经"的那些书在古代都是史官执掌的；又说"六经之名，
始于庄子；经解之名，始于戴圣；考六经，并无以经字作书名解者"。也
就是说，所谓《六经》本来就是史，"经"的名义是后人加上去的。这一
思想为章学诚所继承和发挥。

第五节　江苏的皖派学人

段玉裁　凌廷堪

段玉裁（1735—1815），字若膺，号茂堂，江苏金坛人。乾隆二十五年（1760）举人，乾隆二十七年（1762）拜戴震为师。乾隆三十五年（1770）任贵州玉屏知县，后又任巫山知县，上任不久就称病离职。46岁卜居苏州枫桥，一心从事学术研究。著有《说文解字注》、《经韵楼集》等书。作为戴震生前最为器重的弟子，他对戴震学术思想的理解显然要比同时期的其他学者更为深刻而独有慧心。

戴震把学术分为义理、考核、文章三大部类，而段玉裁为了打破义理、考据、辞章三者互争高下的局面，调和三者之争论而又坚持朴学的立场，因而提出了以考核统摄一切学问的观点。他认为"通乎性与天道而考核益精"，"学问之全体"乃是"学为人"的人学，而以"考核"名之。把一切学问的求索都归结到为了现实的人生这一根本宗旨上，是段玉裁的特识。

他以治学的亲身体验来说明考镜源流、辨章学术之重要性，尤其是独立思考的重要性。他在《十经斋记》一文中说，学者治学首当寻其源头，由源以及流，才能清楚地了解到六经孔孟之言与程朱理学的区别。譬如《大学》，讲"大学之道，在明明德，在亲民"，宋儒就作了误释和误改。据他考证，"明明德"乃是显明其至德之意。"明明"即明，用两个明字乃是古人的一种修辞方式，唐孔颖达析为"明其明德"已谬，朱熹释为"明，明之也；明德者，人之所得乎天而虚灵不昧以具众理而应万事者也"，更谬。"至于程子之读亲民为新民，则又失其音读者也。……失其音读而为政之次第失矣，尚何至善之可求耶。"

段玉裁注《说文解字》，往往借解释字义来宣扬戴震的哲学思想。例如关于"理"字的解释，就几乎全文引证了戴震《孟子字义疏证》中的两段话，阐说了戴震提出的"察分理"的哲学认识论命题和"情之至于纤微无憾是谓理"的情感哲学命题。他的释字，极具神解精识。如"判"字，《说文解字》的解释是"分也"，而段玉裁则注解道："《媒氏》：'掌万民之判。'注：判，半也，得耦为合，主合其半成夫妇也。"他还专门写了《夫妻牉合也》一文，阐说男女合两半而成一整体之义。

在音韵研究方面，他比顾炎武更为明确地提出并确立了"音韵随时代迁移"的历史观点，强调"音韵之不同，必论其世"。他认为古今音韵之所以不同，乃是人类社会生活中"积习生常"的自然演变的结果。他提出了"古十七部本音说"，凡一字而古今异部，以古音为本音，以今音为音转。例如，他发现，"尤"字的古本音读为"怡"，孔丘的"丘"的古本音应当读为"欺"。他的这些发现受到戴震的肯定，称其"能发自唐以来讲韵者所未发"。

在《王怀祖广雅注序》一文中，他系统阐明了研究文字学的方法。关于古文字的形、音、义，他说"形书《说文》为之首"，"音书《广雅》为之首"，"义书《尔雅》为之首"。他在《说文解字注》中又指出："《说文》《尔雅》相为表里，治《说文》而后《尔雅》及传注明。"但还有比这更为根本的，那就是"得义莫切于得音"。全面而系统的文字学方法乃是形、音、义三者互相求，"举一可得其二"；古形、今形、古音、今音、古义、今义互相求，"举一可得其五"。这一方法，是对戴震"因音以求义"的方法的进一步发展。

凌廷堪（1755—1809），字次仲，一字仲子，其父凌文□自安徽歙县迁居江苏海州（今江苏连云港）板浦场，遂以此为家。他自12岁起便学习经商。25岁始读《四书》《五经》，28岁读《戴氏遗书》，自称"自附于私淑之末"。35岁成进士，任宁国府教授。后来被浙江巡抚阮元延聘，为阮元之子阮常生之师。著有《校礼堂文集》、《礼经释例》等书。

他是一位善于总结学术发展规律、具有远大眼光和独立学术个性的学者。他说学术发展的一般规律是："其将变也，必有一二人开其端，而千百人哗然攻之；其既变也，又必有一二人集其成，而千百人靡然从之。……及其变之既久，有国家者，绳之以法制，诱之以利禄，童稚习其说，耄耋不知非，而天下相与安之。天下安之既久，则又有人焉，思起而变之，此千古学术之大较也。"他强调在治学方法上必须"明千古学术之源流"，充分肯定"一二豪杰之士"开学术风气之先的历史作用，主张学者也需要有敢为天下先的豪杰精神。

　　其治学，特重古书义例的归纳总结。对于《仪礼》通例的归纳，严格采取从经文本身出发的纯客观的归纳法："但据见于经文及注者，取以为例。"他深知，非通诸经不能通一经，要准确无误地揭示古代礼仪的通例，就必须将其与其他经书的记载互相比勘，只有具备充分的证据，说明其为确实可靠者，方能纳入通例的范畴。他所提出的比证归类的原则是："证以群经，合者取之，离者则置之，信者申之，疑者则阙之。"他不仅严格坚持归纳的客观性原则，而且善于由博返约，揭示诸例之间的内在联系，"会通其例，一以贯之"，以通例统摄诸例，并在通例指导下纠正了前人的许多错误，多抒特见。梁启超盛赞其《礼经释例》一书"方法为最科学的，实经学界一大创作"②。

　　在天文历算方面，他的见识要高于同时代的阮元和孙星衍。阮元不信地动说，在宇宙论方面主张"但言其所当然，而不复强求其所以然"；孙星衍取西方数学而排斥其天文，甚至不信地圆之说。凌廷堪曾致书孙星衍，批评在天文历算方面"主中黜西"、鼓吹所谓"宁可使中夏无好历法，不可使中夏有西洋人"的杨光先为"浅妄"，实事求是地论定西方天文历算之学的长处在于能"推明其故"，只有以谦虚的态度去研究它，深入其中才能见其渊微。他还独具慧眼地看到了天文学与数学相为表里的关系，没有精确的数学测算，就不可能有天文学原理的揭示。他劝孙星衍要把朴学的科学精神贯彻到底，不要用汉儒的陈言去驳斥西方学者通过实测而揭示的科学原理，否则就会陷入"向壁虚造"的误区。

　　在戴震学说受到程朱理学卫道士们攻击的情况下，凌廷堪作《戴东原先生事略状》，叙述戴震的治学思路，为其学说辩护。他充分肯定戴震学说是其"晚年极精之诣"，乃"孟荀以还所未有"，其功绩在于使"古圣贤之心不为异学曲说所汩乱"。凌廷堪论人性，基于人之"好恶"，反对"拂人之性"的程朱理学，反对朱熹将"克己复礼"之"己"释为"私欲"。他列举《论语》用"己"字的话十余条，证明《论语》中的"己"字乃"人己对称"，并没有把"己"字当作"私欲"来解释。修身是必要的，但绝不是"存天理灭人欲"。

第六节　扬州学派

王念孙和王引之　汪中　焦循　阮元

清代的扬州学派，既有历史上扬州学术文化传统的渊源，又是吴皖两派朴学大师们共同影响的结果。扬州学派的大师都十分重视乡邦学术文化传统，如阮元依曹宪讲学遗址，造"隋文选楼"，以纪念曹宪、李善等学术大师；王念孙的《广雅疏证》，以校勘曹宪的《博雅音》为基础，同时还吸取了徐铉、徐锴兄弟关于《说文解字》的研究成果和研究方法。扬州学派的大师们对吴皖两派的学风都有所吸取。王念孙是戴震的弟子，精审超过吴派，但在"贵专"方面似又更接近吴派。汪中、焦循、阮元既尊惠栋，更尊戴震。前辈学者把扬州学派的上述几位大师都列为皖派朴学家，并非没有道理，但实际上他们也汲取了吴派的特点，好博尊闻而贵专，加上皖派的精审而自成一派。

王念孙（1744—1832），字怀祖，号石臞，江苏高邮人。12岁师从戴震。31岁成进士，任工部都水司主事，擢给事中。嘉庆四年（1799）仁宗颙琰亲政，王念孙上疏弹劾大学士和珅，时人比之"凤鸣朝"。后历任永定河道、山东运河道等职。

王念孙积十年之功力，殚精竭虑，始成《广雅疏证》一书。《广雅》是三国时魏国张揖所著的一部训诂专书，隋曹宪为之作注。但曹宪所传之本，已有舛误。王念孙首先对《广雅》进行校勘订正："凡字之讹者五百八十，脱者四百九十，衍者三十九，先后错乱者一百二十三，正文误入音内者十九，音内字误入正文者五十七，辄复随条补正，详举所由。"在校勘的基础上，进而"举汉以前仓雅古训，皆搜括而通证之"。当时的学者们把王念孙的《广雅疏证》比拟为郦道元的《水经注》，认为其注文优于经文。

王念孙的《广雅疏证》，除了采取"就古音以求古义"的方法以外，还十分重视从社会历史演变的视角来探本求源、考察字义。例如《广雅疏证》卷四《释诂》"黔首，民也"条：

公元前二世纪，司马迁作《史记》，称秦始皇更"民"名曰"黔首"。

而王念孙则通过引证《祭义》、《魏策》、《吕氏春秋》、《韩非子》等典籍，证明在秦始皇统一中国以前，就已经称"民"为"黔首"了，从而订正了自《史记》以来近两千年的误传。

王念孙的《读书杂志》八十二卷，校正了《淮南子内篇》、《战国策》、《史记》、《管子》、《晏子春秋》、《荀子》、《逸周书》、《汉书》、《墨子》等古籍，有"一字之证，博及万卷"之称。《战国策·赵策》中有一篇很有名的文字，至今我们仍称之为《触詟见赵太后》。文章中的主人公究竟叫"触詟"还是"触龙"呢？古人就有争议。王念孙经过精审的考证得出了应该叫触龙而不叫触詟的结论，且为当代考古发掘所证明。

王念孙还十分重视对于古书致误通例的归纳总结。《读书杂志》中的《淮南内篇第二十二》就是一篇长达一万三千余字的专论古书致误通例的论文。《淮南子内篇》一书，经王念孙校勘，订正其错误九百余条。王念孙总结说："推其致误之由，则传写讹脱者半，凭意妄改者亦半也。"此句以下，乃详细列举致误通例共 62 条，并一一举例论说证明。

王引之（1766—1837），字伯申，王念孙之子。嘉庆四年（1799）一甲三名进士，授翰林院编修，官至礼部尚书。为官敢讲真话，故嘉庆皇帝有"王引之言人所不敢言"之说。他继承父学，他把自己的学术宗旨归结为"用小学说经，用小学校经"十个字。著有《经义述闻》、《经传释词》等书。他"用小学说经"，在文字训诂学上有很精深的研究。其《经义述闻》一书，既大量记载了其父王念孙的学术见解，也有许多自己的研究心得。该书经常把以音求义的方法与据上下文释义的方法相结合，来解决古经字义的难题，订正前人传注笺疏的谬误。如《诗·秦风·终南》一章首句云："终南何有？有条有梅。"二章首句云："终南何有？有纪有堂。"毛传："纪，基也；堂，毕道平如堂也。"东汉郑玄笺、唐孔颖达疏皆将这一解释奉为定论。而王引之则通过考察全诗行文义例，得知"凡云山有某物者，皆指山中之草木而言"，因此，诗中"纪""堂"是用假借字，应予改读："纪"读为"杞"，"堂"读为"棠"。又广征博引古籍来证明"有纪有堂"当读为"有杞有棠"的正确性。经过这番考辨订正，流传了近两千年的误解才涣然冰释，《诗经·秦风·终南》亦因此两字文义之确解而恢复了其固有的神韵。

他在文字学研究上的最大贡献，是对文言虚字的研究。《诗经·邶风·终风》一诗中有"终风且暴"一句，后人说经者以"终风"为终日风或西风。其父王念孙经仔细考证，证明"终"是"既"的意思，"终风且暴"就是"既风且暴"。这一发现给王引之以极大启迪，下决心对文言虚字进行研究，积二十年之功力，写成《经传释词》十卷，对160个文言虚字作了解释，纠正了前人说经的很多错误。在《经义述闻》卷三十二中，他又专门写了《语词误解以实义》一文，对《经传释词》十卷作择要归纳及新的补充，强调"善学者不以语词为实义，则依义作解，较然易明"。当然，有误释也是难免。章太炎专门写了一篇《王伯申新定助词辨》的长文，指出其12处误释。

汪中（1744—1794），字容甫，江都（今江苏扬州）人。出身于贫苦书生家庭，7岁丧父，靠母亲替人缝鞋补衣维持一家四口生计，饥寒交迫，不能入塾读书，由母亲抽暇教他识字。14岁时入书铺为佣工，"助书贾鬻书于市"，刻苦自学而遍观经史百家，以文章宏丽渊雅而倾动士林。20岁中了秀才，靠做幕宾和校书来维持生活。著有《述学》等书。

汪中做出的最有开拓性的学术贡献，是他的子学研究，特别是他对两千年来被视作异端的《墨子》思想的表彰。自汉武帝独尊儒术以后，墨学几成绝学，乾嘉时期虽有学者对《墨子》进行校勘、整理、注释，但却没人敢站出来为《墨子》辩护。正是在这种情况下，汪中言人所不敢言、不能言，公开表彰墨学，为墨子辩护。

他在《墨子后序》中，他认为墨子学说的产生乃是救世的需要，是墨子"学焉而自为其道"的独创。由于当时"国家昏乱"、"国家贫"、"国家务夺侵凌"，所以墨子才有针对性地提出了尚贤尚同、节用节葬、兼爱非攻的学说。在肯定墨子学说原创性的基础上，他进一步辨析儒墨关系，认为孟子说"墨子兼爱，是无父也"乃是过甚其辞的诬妄。对于墨子对孔子的攻击，他辩护说，"立言而务以求胜"是百家争鸣时期的正常现象，当年孔墨是平等的，墨子攻击孔子乃是由于道不同不相为谋的缘故。文章最后肯定墨子乃是一位真诚地同情人民的苦难、以救民于水火之中为己任的仁人志士，为墨学中衰而深感愤惜，对统治者以"正义"为名而痛恶墨学表示愤慨。

他的言论引起了著名朴学家翁方纲的愤怒，宣布汪中为"名教罪人"，建议清政府取消其生员资格。汪中没有屈服，他在给刘台拱的信中说："欲摧我以求胜，其卒归于毁，方以媚于世，是适足以发吾之激昂耳！"他除了研究《墨子》外，还研究了《荀子》、《老子》、《庄子》、《吕氏春秋》和贾谊《新书》等子学著作，提出了很多精辟见解。

他不仅在子学研究方面别开生面，而且还继承了戴震对程朱理学"以理杀人"的深刻批判，通过古礼考证来阐发自己的伦理学思想。凌廷堪说汪中"最恶宋之儒者，闻人举其名，则骂不休"。在《女子许嫁而婿死从死及守志议》一文中，他对传统的节烈观提出批评。文章的题目虽仅就许嫁而未嫁的女子而言，其实内容则涉及已嫁女子，总的思想是"恶人以死伤生"，反对夫死殉节的妇道，揭露程朱理学之所谓"饿死事极小，失节事极大"说教的非人道性质。他还以袁枚的三妹素文被丈夫折磨而至被出卖、郑虎文的婢女为夫所窘服毒而死为例，揭露了旧节烈观的罪恶。在《释媒氏文》中，他通过对古礼的发挥，表达了男女婚姻自由的思想："其有三十不娶，二十不嫁，虽有奔者不禁焉。"

汪中阐发其伦理思想并不限于古礼考证，还有一些直抒胸臆之作。在《过旧苑吊马守真文》中，他盛赞马守真是一位百年千里不可多得的才女，其才华超过班婕妤和蔡文姬，其沦落风尘乃是不得已。对这样的才女，道学家犹"责之以死"，社会又对她摧辱至极，真是太残忍了！由马守真的苦难生涯，他联想到自己，"顾七尺其不自由兮，倏风荡而波沦；纷啼笑其感人兮，孰知其不出于余心？"把自己与妓女相提并论，说明他意识到旧时代读书人可耻的奴隶地位，体现了读书人良知的觉醒。他还有一篇《哀盐船文》，叙乾隆三十五年十二月十九日屯泊在仪征江南的官办运盐船队失火，焚死溺死船工 1400 余人的悲惨事件，抗议专制统治者视人命如草芥的罪恶。杭世骏比之为"变雅"，称其"惊心动魄，一字千金"。

焦循（1763—1820），字里堂，江苏甘泉（今江苏江都）人。16 岁（1779）入扬州安定书院。嘉庆六年（1801）举人，但无意仕禄而潜心著述，以"江南名士"驰名大江南北。著有《雕菰楼易学三书》、《孟子正义》、《论语通释》、《雕菰集》等书。

焦循将"性灵说"引入朴学研究，鲜明地提出了"无性灵不可以言经学"的命题，主张"以己之性灵合诸古圣人之性灵，并贯通于千百家著书立言者之性灵"，倡导"天下之知觉自我始"的个性自觉与学术自觉。其深刻之处在于：研究经学也要有真性情，要在经学研究中体现人类的至性至情。因此，不要让"性灵说"给诗人独占了，朴学家们也应该有"性灵"，有发自生命深处的直觉的创造智慧，有生动的感性直观和直觉的智慧洞观的眼光。

焦循论学，既坚持了"训诂明乃能识羲文周孔之义理"这一朴学的基本思路，又力图超越汉宋之争，以羲文周孔之义理排斥宋儒之义理，进而又以"自得之义理"取代羲文周孔之义理。他明确反对以是否讲求义理为标准来强分汉宋、"以义理归之宋"的传统观念，他以戴震由训诂以明义理的事实为例，明确论定朴学也有其义理；因此，那种认为惟有宋学才有义理的看法是错误的，而以宋儒之义理为孔子之义理的看法更是错误的。他对"述"与"作"的关系作了精辟的论述，认为"圣人之道，日新而不已"，无论是述还是作，都应当适乎时代之潮流，以"人未知而己先知，人未觉而己先觉"为前提。

他的"易学三书"，既重"由辞以通道"，更重数学的实测和数理的逻辑方法之运用。他说其治《易》的主要心得皆来自数理实测，是"以测天之法测《易》"所取得的成果。他把"天"和《易》皆看作科学研究的对象，"天"是自然之天，故可用数理科学实测之；《易》是古人仰观俯察、类万物之情的结果，故亦可以数理科学来实测之。他把《易》学建立在数理科学的基础上，发明"旁通"、"相错"、"时行"之义，提出了一些前无古人的新见解。对他的《易》学成就，阮元有"石破天惊"之说，王引之有"凿破混沌"的赞叹。

他极力打破两千年来儒学独尊在学者中形成的狭隘心态，申说"九流诸子，各有所长"，与其"屏而斥之"，不如"择而取之"的道理。他说孔子说的"攻乎异端"是与异端之学相互切磋讨论的意思。他批评儒家的道统论，认为"有统则仍执一无权"，"凡执一皆贼道"；他致力于为思想异端争生存权，提出了"竞设异端，百家互起"方能"相观而善"的论旨。他对"一以贯之"的解释，有"兼容并包"的意义。他深知人的认识能力的局限性，不可能穷尽对世界上所有事物的认识，一个人可能"知此不知彼"，而他人则可能"知彼不知此"，因而应该以兼容并包的胸怀去容纳不同的意见。

　　焦循最推崇戴震的哲学思想，盛赞戴震"于理道天命性情之名，揭而明之如天日"，作《性善解》以发明戴学义旨。他把传统的先天道德论的性善论改造成为"能知故善"、"能行故善"、"能移故善"的潜在可能性，指出"能知故善"在人性向善的可能性中带有根本性。他还认为，不应把人的自然属性与社会属性相对立，而应看到人的自然属性就扬弃地包含在人后天的向善的发展之中；反过来说，人的向善的努力，人的社会性亦必须通过对人的"饮食男女"的考察才能证明。他继承了戴震的"以情絜情"的思想，把教人"彼此相与以情"看作是"伏羲以来圣圣相传之大经大法"，把"旁通情"看作是使社会没有纷争的充分必要条件。他强调，要建立一个和谐社会，"理"和"法"皆不足恃，唯一可靠的是"情"。

　　阮元（1764—1849），字伯元，号芸台，江苏仪征人。阮元任浙江巡抚时立诂经精舍，任两广总督期间设学海堂，以"不忘旧业且勖新知"为宗旨，选高材生读书其中，课以经、史、小学、天文、地理、算法。他广延同时代的学术大师共同编纂大型典籍，如《经籍籑诂》、《十三经校勘记》、《畴人传》、《积古斋钟鼎彝器款识》等，并汇刻《皇清经解》。代表其学术成就的主要著作是《揅经室集》。

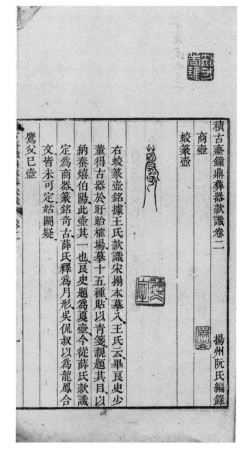

图下 2-6　（清）阮元《积古斋钟鼎彝器款识》书影　嘉庆九年（1804）（南京图书馆藏）

侯外庐认为阮元"扮演了总结 18 世纪汉学思潮的角色"③。

阮元论学，特重一个"达"字。注重通达，充分体现了取众家之长、会通众说的扬州学派风格。他专门作有《释达》一文，首先证明"达"为圣贤道德之始，继而证明古人最重达，"达"乃是学问的"大成"之境，圣即是通，通即是达。所谓"智类通明"、"通达物理"、"博达众务、庶事尽通"，既是圣贤的标准，也是成为圣贤的途径。他引证孔子、曾子、孟子的论述，证明"达"乃兼体用而言，具有经世致用、"所行事功及于家国"的意义，批评宋儒把体用打成两橛的"明体达用"之说。他以通儒的气概，主持编纂《经籍籑诂》，集乾嘉学者由训诂以通经义的成就之大成。

阮元之"通"，还表现在会通中西天文历算之学方面。他把宋儒所讲的玄之又玄的"太极"转化为自然科学研究的对象，认为研究"天地之实象"乃是天文学和地理学的任务，而无论是天文还是地理的研究，都离不开数学，主张"融合中西，归于一是"。他主编的《畴人传》，不仅为中国自上古至清代的数学家 243 人作传，而且也为西方的 37 位数学家作了传记。为了使天文历算在中国成为纯正的科学，无论是"太史"、"佞臣"妄占星气，以天文历算为"方技苟且干禄之具"的谬说，还是"河洛邵蔡"的迷信，统统被他拒斥于这部科学史之外。他认为研究数学，通晓几何，在于把握其"精意"、"深推其理"，即掌握其形式化的公理演绎方法。学者之所以要接受数学的训练，并不见得要使人人都成为数学家，而在于掌握其普遍适用的思维方法，从而能够运用这种方法去追求新知。

阮元治学，运用了文化史还原的方法：

一是从先民的生产活动中去考察语言的起源。字从音出，义从音生，字从音义而造，这是在阮元之前的戴震、王念孙、钱大昕等人就已提出的观点，阮元的突出贡献在于他善于从先民的生产活动来说明语言文字的起源，说明人类的发声与使用劳动工具时的感觉及所获得的劳动成果有密切的关系。例如，其《释矢》一文，就从先民的狩猎活动说明了"矢"与"雉"这两个字的发声、含义和字形的由来。

二是从社会生活的发展来解释文字的演变。例如"门"字，凡事物有间可进、进而靡已者，音皆读若"门"，或转若免、若每、若敏，而其义皆同。后来人们把"器破而未离谓之璺"，又受"玉中破未有不赤"的启迪，便产生了歃血为盟的风俗。"门"的原初意义既有"进而靡已"之义，所以随着社会生活的发展，就产生了具有道德人格意义上的"勉"字。总之，读音相同或相近的文字都以一个最古老的文字为源头，只是随着社会生活的日益丰富，才产生出字的多样性及引申义的多样性。

三是从古代遗存的"器"去考察古代社会生活的"道"，揭示了道与器同出一源的社会历史真相和孔子所谓"唯器与名不可以假人"的秘密。他说先王制器的目的，是为了"驯天下尊王敬祖之心，教天下习礼博文之学"，明尊卑、别贵贱，使各安其本分。"器"既是身份和权力的象征，也是生活享受的制度性规定。《商周铜器说》（下）更活生生地勾画出一幅围绕着"鼎"所象征的财富、权力、享受而展开的贿赂史、争夺史、相斫史的图画。

阮元还特别注重由字义之诠释以发挥义理。他以"圣贤实践之道"释"格物"，格物不再是程朱的"因其已知之理而益穷之，以求至于其极"的体认天理的途径。以"纤微无物不贯"释"心"，使"心"就从陆王心学的虚灵冥照的本体转化为面向经验世界的认识能力。他还以其注重"实践"的观念来解释发挥孔子的"一贯"之义。批评宋儒以"通贯"训贯，"似禅家顿宗冬寒见桶底脱大悟之旨，而非圣贤行事之道"。他又根据曾子关于"夫子之道忠恕而已矣"及《中庸》的相关论述，指出"忠恕"、"施于己而不愿亦勿施于人"，乃是"圣贤极中极庸极实之道，亦即天下古今极大极难之道"。由忠恕之道而论"仁"，由此发挥出"仁道以爱人为主"、"若能保全千万生民，其仁大矣"的人道主义思想。

第七节　常州学派

庄存与　刘逢禄　龚自珍

在乾嘉考据学达于鼎盛的时候，一个新的学派已在萌芽、生长之中。这个学派叫常州学派，由常州武进人庄存与开其端，其外孙刘逢禄、宋翔凤衍其绪；流风所及，魏源、龚自珍发扬而光大之，至廖平、康有为而达于极盛。梁启超曾论定，龚自珍、魏源"籍贯虽不是常州，然不能不说是常州一派"，而"南海康先生的学风"，亦"纯是从这一派衍出"。

庄存与（1719—1788），字方耕，号养恬，官至礼部左侍郎，著有《春秋正辞》等书，是常州学派的创始人。刘逢禄（1776—1829），字申受，亦为武进人，是庄存与的外孙，从舅父庄述祖受《公羊春秋》，嘉庆十九年进士，改翰林院庶吉士，官礼部主事，著有《公羊春秋何氏解诂笺》、《春秋公羊经何氏释例》等书。宋翔凤（1779—1860），字虞庭，一字于庭，长洲（今江苏吴县）人，亦从舅父庄述祖受业。庄述祖曾说："刘甥可师，宋甥可友。"复从段玉裁受文字学。嘉庆五年（1800）举人，历官泰州学正、旌德训导、湖南新宁知县等职，著有《过庭录》，《论语说义》等书。江苏学者中属于这一学派的还有江都凌曙、句容陈立等人。

常州学派的学术宗旨是：主张用西汉崇尚"微言大义"的今文经学去代替东汉专讲"训诂名物"的古文经学，以《春秋》为"五经之钥"，专主《公羊》家之言和董仲舒学说。所以常州学派又被称为清代的今文经学派或"公羊学派"。它与乾嘉考据学的联系和区别在于：考据学家们虽然并不排斥对今文经学的研究，但远不像常州学派如此张大其帜；考据学大师们虽然也讲经世致用，但远不像常州学派那样赋予学术研究以鲜明的社会功利目的；考据学家们侧重在"我注六经"，而常州学派侧重在"六经注我"；考据学家关注的主要是求得关于古代典籍和历史文化的确切可靠的知识，而常州学派关注的则主要是政治的和道德的意识形态建构以及国计民生的具体问题研究。

庄存与身在乾隆时期，其《春秋正辞》讲董仲舒的《春秋》"大一统"之义，意在为清朝统治服务。所谓《春秋》"大一统"，即"以诸夏辅京师，以蛮夷辅诸夏"，"天无二日，世无二王，国无二君，家无二尊，以一治之"，核心是"尊君"。庄存与把董仲舒的这一学说发掘出来，加以发挥，因而受到乾隆皇帝的赏识。但其外孙刘逢禄所处的时代就不同了，清朝统治的危机已经开始显现，故其研究《公羊春秋》的目的乃在于"后王有作"。因此，他十分重视《公羊》学以"三世说"为中心的变易理论，认为《春秋》三传中，唯《公羊传》得孔子真传；强调《公羊》学且须以"张三世、通三统之义贯之"。这种主张"变易"的理论，虽然意在挽救清王朝大厦将倾的危机，但其中所蕴涵的改革社会的意味，却启迪了年轻的龚自珍和魏源。今文经学发挥"微言大义"的手法，赋予了思想家远比借考据发挥义理更大的自由度。因为借考据来发挥义理一旦说离了谱，那就没有人相信；而发挥"微言大义"，虽然也不能说得太离谱，但却总可以说出一些新意来。——显然，常州学派的学风更能适应嘉道以后克服日益加重的社会危机的需要，它引导士人们从浩如烟海的古代典籍中走出，去探讨现实的经世方略。

龚自珍从刘逢禄受《公羊春秋》以后，写下了"从今抛却虫鱼学，甘作东京卖饼家"的诗句，并盛赞"东南绝学在毗陵"（毗陵为常州古称）。他将《公羊春秋》的"据乱"、"升平"、"太平"三世改为"治世"、"衰世"、"乱世"的新三世说，借以发挥其改革社会的思想；魏源以《公羊》学说的变易观来考察历史进程，提出了"气运说"，认为鸦片战争带来的历史变局是："岂天地之气运自西北而东南将中外一家欤！"自龚自珍和魏源以后，借"春秋公羊学"来阐发改革主张，就成了近代立志改革的志士仁人治学的一种新思路。

【注释】

① 梁启超：《中国近三百年学术史》，中国书店 1985 年，第 70 页。
② 梁启超：《中国近三百年学术史》，中国书店 1985 年，第 187 页。
③ 侯外庐：《中国思想通史》第 5 卷，人民出版社 1956 年，第 577 页。

第三章

兼容并包的宗教文化：佛教、道教和其他外来宗教

佛教约在两汉之际传入中国。据《后汉书·楚王英传》，至少在东汉明帝永平八年（65）前，明帝的异母弟楚王刘英就已在其封地与沙门、居士一起奉佛。可见佛教其时已传到彭城（今江苏徐州）一带，并且在上层拥有一定数量的信仰者。到东汉末年，徐州已成为国内佛教流布的中心区域之一。当时有丹阳（今安徽宣城）人笮融，率数百众投靠徐州牧陶谦，他利用广陵（今江苏扬州）、下邳（今江苏宿迁）、彭城三郡的粮运职权，兴造佛寺，举办法会，招徕信徒，有力地扩大了佛教的社会影响。大约与之同时，也开始有汉人出家，最早出现在历史记载中的出家者严佛调，即是临淮郡（今江苏盱眙）人。他师从安世高并助其译经，还撰有《沙弥十慧章句》，这本书也是国人最早的佛教著述。

从现有文献看，佛教传入江南的时间稍晚于北方。东汉建安十六年（211），孙权徙治秣陵（今江苏南京），次年改秣陵为建业。黄龙元年（229），孙权称帝，都武昌，同年仍迁都建业。随着东吴政权的建立，支谦、康僧会等一批西域教徒来到这里，长期从事译经工作，佛教在以建业为中心的江南地区开始得到迅速发展。东晋南朝时期的统治者大抵虔诚信佛，带头崇奉佛法，民众更是风靡，于是各地大兴建造寺庙，佛教影响空前鼎盛。所谓"南朝四百八十寺，多少楼台烟雨中"的诗句，正

是这一历史现象的最好写照。而"格义佛教"的出现则反映了外来佛教这种异质文化力求消除与中土固有文化的隔阂与抵触，使之能更好地被国人理解和接受的努力。

除了佛教之外，六朝时期还是中国本土形成的宗教——道教的重要成长期，在今江苏地域上即出现了葛洪、杨羲、陆修静、陶弘景等一批著名的代表人物。他们不但从理论体系、经典编撰方面，而且从组织制度和教仪创制上，为中国道教逐步走向成熟做出了贡献。此后，无论是隋唐时期中国化佛教宗派的创立和鉴真和尚传法东瀛，还是 17 世纪明清之际的南京伊斯兰教复兴运动和明末万历年间耶稣会传教士利玛窦将天主教传入南京，中西文化交流以此为契机出现新的动向，这些都表明今江苏地域在中国佛教、伊斯兰教和天主教的发展、传播过程中占有十分重要的地位。

第一节　从佛教初传到佛玄交融

佛教初传江南　佛玄交融下的江南佛教　东晋时的江南寺院

来到吴地的西域教徒中，最有名的是支谦与康僧会。支谦，一名越，字恭明，大月支人，其祖父在灵帝时归附东汉。支谦自小就受到汉文化的影响，又兼习胡书，后受学于支谶的弟子支亮，博通内外，有"智囊"之称。他还与支谶、支亮并称"三支"，被认为是当时最博学的人。献帝末年，支谦与乡人避乱南下，受到孙权的赏识，被拜为博士，辅导太子孙登。孙登死后，他隐居于穹隆（一作"隘"）山，不交世务，六十岁时死于山中。

支谦是三国时最重要的译经者。据《祐录》记载，自黄武元年（222）至建兴（252—253）年间，支谦共译经三十六部四十八卷，其中多为大乘经典，主要有《维摩诘经》、《大明度无极经》、《首楞严经》、《慧印三昧经》、《大阿弥陀经》等。此外，他还将自译的《微密持经》与其他两种异译合为一本，以资比照，名曰《合微密持经》，开创了会译或称之为"合本"的传统。支谦又深谙音律，他曾依据《无量寿经》、《中本起经》

创作了《赞菩萨连句》、《梵呗》三契，以供信徒歌咏赞叹之用。

作为三国时代最为重要的译经者，支谦的贡献还在于对译经风格的转变。在中国佛经翻译史上，始终存在着"质"与"文"的争议，即，译经应该偏重于直译，还是意译？早期的译经僧人如安世高、支谶等多倾向译文尚质，偏重直译，然而由于胡汉或梵汉民族在语言上的结构性差异以及文化心理的不同，一味地追求忠实于原文，往往导致译文艰涩难懂，无法为汉地的信徒理解与接受，显然并不利于佛教的传播。支谦首先起来反对译文尚质的偏向，提出尚文、尚约以更好地畅达经意，使人易于理解。当然，这可能会使译文在一定程度上偏离佛经本意，但这也是佛教作为异质文化能为中土社会所认同与接受的必由之路。

支谦离开建业后不久，吴赤乌十年（247），康僧会从交趾来到建业，从事译经传教活动。康僧会（？—280），先祖康居人，世居天竺，其父因经商移居交趾。他年幼父母双亡，丧事毕即出家，自此博览佛经、儒家典籍，天文图谶并多所涉猎。康僧会到建业后，除编译了《六度集经》等佛经外，还营建茅屋，设立佛像，进行传教活动。据说他还带来了佛舍利，由此赢得了吴主孙权对佛教的崇信。孙权为康僧会建造了佛寺，名为建初寺，这是江南有佛寺之始。此后康僧会一直在建初寺活动，直到晋武帝太康元年（280）去世。康僧会在传教中注重融合本土儒家的学说，倡导仁道、孝道等传统观念。他对不同的对象采用不同的传教方式，宣讲因果报应、天堂地狱之说，使佛教在江南一带的影响迅速扩大。

永嘉之乱后，晋室南渡，衣冠士族也纷纷南下。东晋王朝的建立，为江南社会带来了一个相对安定的时期，佛教般若学也在本土玄学思潮的激荡下获得了进一步的发展。佛教般若学的核心主旨是"缘起性空"，认为在缘起之流中没有任何独立存在、自我规定其本性的事物，即所谓的"无自性"，所以称之为"空"。魏晋玄学则试图通过对有无关系的探讨来解决现实的名教与自然的关系问题，追求的是"应物而不累于物"的玄远境界。两者的问题意识与致思路向实际上是全然不同的。然而，由于般若学所谓的空有与玄学所谓的有无等问题在表面上的相似性，当时的清谈名士往往通过吸收般若学思想来丰富与发展玄学，而佛教般若学也需要通过迎合、比附玄学来获得自己的生存空间，体现出强烈的"格义佛教"的色彩。所谓"格义"，也就是基于中土固有的概念和思想来比附、翻译、解释外来的佛教，以消除佛教这种异质文化与本土文化的隔阂与抵触，使之能更好地被中土人士理解和接受。永嘉之乱后，一大批高僧避难南下，他们与名士交游，言谈举止也颇具名士风度。高僧与名士一起赋诗谈玄、设斋礼佛，北方的般若学与格义佛教由此被带到江南并与江南的玄学互动，使这里成为玄佛合流的义学中心之一。南北佛教也就此形成了"南义北禅"的不同特色。

以玄学的问题意识来引导对般若学的理解，必然会引起般若学内部的分化，从而形成了所谓的"六家七宗"。其中以竺道潜、竺法汰为代表的"本无异宗"，以支遁为代表的"即色宗"，以于法开为代表的"识含宗"，以竺道壹为代表的"幻化宗"，都曾在京都建康（今江苏南京）一带流行。

竺道潜（286—374），字法深，俗姓王，琅玡（今山东临沂）人，王敦之弟。永嘉初年道潜避乱过江，深得元、明二帝及王导、庾亮等人的推崇。王、庾相继去世后，竺道潜隐居于剡山（今浙江嵊州），讲经说法三十余年。哀帝时，竺道潜应诏入宫讲《放光般若》，当时的丞相、会稽王司马昱对他十分敬重。后来司马昱即位（即简文帝），对道潜更为礼敬。竺道潜后仍辞归剡山，于宁康二年（374）去世，年八十九。竺道潜的弟子很多，著名的有竺法友、竺法蕴、康法识、竺法济等。

竺法汰（320—387），东莞（今山东沂水）人，少年时与道安（314—385）同学干佛图澄（232—348），后又追随道安。兴宁三年（365）道安在新野分张徒众，竺法汰奉命南下弘法。他与弟子昙一、昙二等四十余人沿江东下，并在荆州难破道恒（346—417）所主张的"心无"义。法汰到达建康后，住在瓦官寺。简文帝请他讲《放光般若经》，在开题之日亲往听讲。此后法汰门徒日众，他也深得王洽（王导之子）、王珣（王洽之子）及谢安等名流的推崇。瓦官寺本来只有堂塔，经法汰重加扩建，终成建康名寺。法汰于太元十二年（387）去世，年六十八。孝武帝下诏褒誉，并赐钱备办丧事。

竺道潜、竺法汰的"本无异宗"与道安的"本无宗"属于同一体系，都是在分离有与无的基础上将无安立为有的终极依据，但"本无异宗"

强调的是无与有具有时间意义上的生成关系，即无在有先，由无产生有。

支遁（314—366），字道林，本姓关，陈留（今河南开封）人，或说河东林虑（今河南林州）人，世代事佛。支遁初至京师，即为名士王濛、殷融等赏识。后来他隐居余杭山中，研究《道行般若经》和《慧印三昧经》等，二十五岁时出家。此后他曾返回吴地，营建支山寺（今江苏苏州），又往剡县隐居。晋哀帝即位（362）后，支遁奉诏入京，在东安寺讲《道行般若经》，前后近三年，后仍辞归剡县。支遁于太和元年（366）去世，年五十三。

支遁是玄佛合流的代表性人物，他与名士谢安、王羲之等多有交游，以好谈玄理而知名当世。支遁曾在建康白马寺与冯怀、刘系之等论《庄子·逍遥游》，又退而注解之，其注于郭象、向秀注外别出新意，当时群儒旧学莫不叹服。支遁对《般若经》也颇有研究，撰有《大小品对比要钞》，并提出了所谓的"即色游玄论"。即色宗已非常接近般若学的本义，认为"色（泛指一切物质现象）即为空"，但最终还是没能达成色与空的完全统一。

于法开，其生年、籍贯均不详，是于法兰的弟子。他不仅精通《放光般若》与《法华》，还擅长医术。升平五年（361）穆帝病重，诏于法开视脉。于法开知穆帝病危不治，不愿再去，因此被投入监狱。穆帝死后，于法开获释，遂往剡县石城山，后住白山灵鹫寺。晋哀帝时，于法开被诏至京师，开讲《放光般若》，讲毕，还东山（今浙江上虞），六十岁时去世。于法开是"识含宗"的代表人物，他认为世界万物有如梦幻，都是心识呈现出来的。于法开还曾多次与支遁论辩即色义，双方都有名士支持，轰动一时。

竺道壹，俗姓陆，吴人，少年出家，深得王珣兄弟敬重。太和年间（366—371）道壹来到京都，在瓦官寺从竺法汰受学，享誉当时，并得简文帝厚遇。在简文帝和竺法汰相继去世后，道壹东往虎丘山（今江苏苏州），后又去若耶山（今浙江绍兴）与帛道猷（？—383）交游。会稽内史王荟（王导幼子）造嘉祥寺，请道壹任僧首，四方僧尼纷纷前来请教，道壹因此被称为"九州都维那"。此后道壹又回到虎丘山隐居，于隆安年间（397—401）去世，年七十一。道壹是"幻化宗"的创立者，幻化宗与识含宗比较接近，也认为世界万物如同幻化，唯有心识真实不空。

东晋时代，除了上述创立新说的义学僧外，还有众多名僧也曾在建康一带活动，著名的有：

帛尸梨密多罗（意译吉友），西域人，时人称为"高座"。相传他本为龟兹王子，让位其弟后出家，永嘉年间来到中国内地，过江住于建初寺。丞相王导见而奇之，因以出名。帛尸梨密多罗与庾亮、周顗、谢鲲、桓彝、卞壶、王湛等名士多有交往，深得他们的推崇，王导之孙王珉并师事之。帛尸梨密多罗不通汉语，与公卿们交谈，都要通过翻译，但往往能得意于言前。他尤长于咒术，曾于元帝时译出《大孔雀王神咒》、《孔雀王杂神咒》各一卷，并授弟子觅历以梵呗。帛尸梨密多罗在咸康年间（335—342）去世，年八十余。他生前常在石子冈东修头陀行，死后即葬于此，后有关西来的僧人在此建寺，即名为高座寺。

竺法义（307—380），出身不详，十三岁时遇竺道潜，后从之出家，遍学众典，尤善《法华》。离开竺道潜后，竺法义来到京师，住在瓦官寺，开讲佛经，王导、孔敷都对他非常敬重。兴宁（363—365）中，竺法义隐居于始宁（今浙江上虞）之保山，常向大众宣扬观世音信仰，受业弟子有百余人。宁康三年（375），竺法义应诏入都讲经，太元五年（380）在京都去世，年七十四。孝武帝用十万钱买下新亭岗为其造墓，并建三层塔，竺法义弟子昙爽又于此处立寺，名为新亭精舍。

竺法旷（327—402），俗姓皋，下邳人，寓居吴兴（今浙江湖州），出家后师事竺昙印。法旷后隐居于潜青山石室，常咏颂《法华经》与《无量寿经》。时任吴兴太守的谢安曾亲往致礼，简文帝也曾派人前来问安并请教。兴宁年间（363—365），法旷游历会稽一带，并在当地为无量寿佛像造了大殿。孝武帝闻其声名，请至京师并事以师礼。法旷到京师后住在长干寺，直到元兴元年（402）去世，年七十六。

名僧与名士的交游与互动，历朝帝王对佛教的崇信与支持，使东晋时代江南地区的佛教有了飞速的发展，这不仅体现在义学的发达，更重要的是佛教已成为一种不可忽略的社会力量，有自己庞大的僧团组织与作为活动基地的众多寺院。东晋时建康一带的主要寺院有：

建初寺，三国吴建。如前述，康僧会带来了佛舍利，孙权遂为之建塔，因为这是江南最早的佛寺，故名建初寺，其所在地则名为佛陀里。孙权还在寺前设立了大市，故此寺又名大市寺。咸和年间（326—334），因苏峻之乱，佛塔曾被焚毁，不久又为何充修复。东晋时，帛尸梨密多罗、支昙籥等都曾住于此寺，其后，僧祐（445—518）、明彻（？—522）等高僧也都曾在此寺弘法。

长干寺，因位于建康长干里（今江苏南京中华门外）而得名。寺内有佛舍利塔，据传是阿育王所建的八万四千佛塔之一。早在东吴时期，此地就有僧尼修建的小精舍，精舍后为孙綝所毁，塔亦同灭。晋平吴后，僧人于旧地重建，东晋初又加修复。咸安二年（372），简文帝命人于此建三层塔，至孝武帝太元九年（384）完工。宁康（373—375）时，有并州人释惠达（俗名刘萨何）在此掘得佛舍利三枚及爪、发各一，于是在简文帝所造塔西又建一层塔来供养，此塔在太元十六年（391）被改建为三层。梁武帝曾于大同三年（537）八月改造阿育王塔，当时也在释惠达等所建塔下挖掘出佛舍利及爪、发。隋仁寿元年（601），杨广在长安建日严寺，并将长干寺塔下的舍利取至长安，埋于日严寺塔下。不过，当时江南的高僧都认为杨广所取走的并非是佛舍利。到了唐代，僧人道宣（596—667）于武德七年（624）将日严寺的舍利移往崇义寺，但他见到舍利后，也对其真伪表示怀疑。长干寺在宋真宗天禧二年（1018）重建，改名为天禧寺，塔名圣感。寺东并建白塔，供奉宋端拱元年（988）由可政从终南山紫阁寺带回的玄奘（602—664）顶骨舍利。元至元年间（1335—1340），天禧寺又改名为慈恩旌忠寺。明永乐十年（1412）寺院再获重建，更名大报恩寺，内建九层琉璃塔，另有三藏塔供奉玄奘顶骨舍利。大报恩寺最终毁于太平天国战火。1942年，侵华日军意外地在南京中华门外挖掘到玄奘顶骨舍利。

高座寺，东晋咸康年间（335—342）所建。寺名来自于帛尸梨密多罗，这位被称为"高座"的僧人生前常在石子冈东修头陀行，死后也被葬于此地，后来在此建寺，就名为高座寺。因此地有甘露井，又名甘露寺。梁初，宝志禅师（418—514）主持此寺时，据说有法云寺云光法师在山顶说法，感得天花乱坠，此地因而得名雨花台。

东安寺，所建年代不详。晋哀帝即位后（362），支遁曾应诏入京，在此寺讲《道行般若》，前后近三年。慧远之弟慧持（337—412）、罗什弟子慧严（363—443）等高僧都曾住过此寺，刘宋时，求那跋陀罗（394—468）也曾在此寺译经。东安寺大概是当时义学的中心，而斗场寺（后改名道场寺）则以禅修知名，所以京城的人都说："斗场禅师窟，东安谈义林。"

瓦官寺，位于凤凰台。此地本是河内山玩的墓地，后王导以此地为制陶处。兴宁二年（364），僧人慧力奏请于此建寺，当时只有堂塔而已。简文帝时，竺法汰至京，住于此寺，遂予以扩建。瓦官寺内有戴逵所制的五尊佛像与戴逵之子戴颙所铸的丈六铜像，顾恺之所绘的维摩像，以及义熙（405—418）初年由师子国（今斯里兰卡）进献的玉佛像，被时人称之为"三绝"。玉佛像后为齐东昏侯所毁。瓦官寺历代都有高僧住持，陈光大元年（567）至太建七年（575），天台宗的实际创始人智顗（538—598）曾在此寺讲经说法，前后达八年，由此奠定了天台宗的学理基础。

新亭寺，太元五年（380）竺法义去世后，晋孝武帝以十万钱买下新亭岗为其造墓，并建三层塔，竺法义弟子昙爽又于此处立寺，名为新亭精舍。后刘宋元嘉三十年（453），宋孝武帝南讨刘劭，曾驻于此寺，同年宋孝武帝即位，将新亭改名为中兴亭，新亭寺则重加扩建，改名为中兴寺。大明四年（460），复改名为天安寺。此寺在宋孝武帝后，实为刘宋京城首刹，其寺僧道温、法颖（416—482，僧祐之师）等曾先后被任命为都邑僧主或僧正，求那跋陀罗后亦移住此寺。

道场寺，因此寺位于秣陵县三桥篱门外的斗场里，故名斗场寺，后称之为道场寺。又因此寺为司空谢石（谢安之弟）所建，故俗称谢司空寺。东晋义熙八年（412），刘裕西讨刘毅，于江陵遇佛驮跋陀罗（359—429，意译觉贤）及其弟子慧观，便请回建康，住于道场寺。义熙十四年（418），佛驮跋陀罗在此寺主持翻译《华严经》，直至刘宋永初二年（421）才最终完成。法显西游归国后，约在义熙九年（413）到达建康，也住在道场寺，与佛驮跋陀罗共同译出了《摩诃僧祇律》、《大般泥洹经》等五部经典。

此外，东晋时京城建康还有白马寺、延兴寺、建福寺、庄严寺、栖禅寺、何后寺、祇洹寺、安乐寺、枳园寺、延贤寺、青园寺等众多名刹，成为其时与慧远（334—416）主持的庐山僧团并称的南方佛教中心。

第二节 南朝佛教的繁盛

南朝的佛典翻译　竺道生和涅槃学派　成实学派、毗昙学派和三论学派　汉地僧人编撰的佛教著述　梁武帝与南朝佛教　佛教艺术

继东晋之后，南朝佛教进一步获得了长足的发展。南朝诸帝与公卿世族大多崇信与支持佛教，他们的大量布施使寺院经济的规模日益扩大，出现了"南朝四百八十寺"的繁盛局面。佛教的影响力也渗透到政治领域，如宋文帝时有僧人慧琳，见赏于文帝，遂参与政事，权倾一时，被称为"黑衣宰相"。从佛教自身的发展来说，首先，南朝时继续有大量的佛典译出，特别以部类众多而迥异前期，各种佛教思潮被同时引入。其次，通过对佛典的研习讲论，佛教义学有了进一步的发展，逐渐形成了以专弘某部佛典为主的各种学派，尤其是由竺道生所倡导的"一切众生悉有佛性"之说，开启了此后中国佛教发展的主流方向，同时还出现了大量国人自己撰写的佛教著述，凡此种种，都表明中国佛教已开始逐步进入建构理论、创宗立派的阶段，从而最终在隋唐时形成了佛教宗派。最后，延续自东晋以来名僧与名士互动的传统，南朝的佛教居士不仅只是提供外部的经济支持，他们还直接参与乃至组织佛教的论辩，撰写佛教著述，从而成为南朝佛教发展的有机组成部分。

这一时朝的佛典翻译，主要集中在刘宋时代，先后有佛驮跋陀罗、求那跋陀罗主持的译经僧团，梁、陈之际，则有真谛在南方译经。

佛驮跋陀罗（359—429，意译觉贤），北印度迦毗罗卫国人，曾游学罽宾，受业于说一切有部大禅师佛大先（又译"佛陀斯那"），同学者有西行求法僧智严，智严于是邀请佛驮跋陀罗来汉地弘法。约在义熙四年（408），佛驮跋陀罗一行到达长安，约义熙七年（411），因与鸠摩罗什僧团发生冲突，被摈出长安。佛驮跋陀罗及其弟子慧观、宝云（376—449）等四十余人先南投庐山慧远，义熙八年（412）复至江陵。其时刘

裕因征讨刘毅，正在江陵，便将佛驮跋陀罗师徒请回建康，住在道场寺。佛驮跋陀罗在道场寺坚持传习禅法，以致道场寺有"禅师窟"之称，同时还主持佛典翻译，其中最重要的就是《华严经》的翻译。据《开元录》，佛驮跋陀罗共译经十三部、一百二十五卷，其中绝大部分都是在道场寺译出的。佛驮跋陀罗于元嘉六年（429）去世，年七十一。

求那跋陀罗（394—468，意译功德贤），中天竺人，元嘉十二年（435）泛海至广州，宋文帝遣使迎入京城，并敕慧严、慧观等名僧接待。求那跋陀罗至京后，先住祇洹寺，深得文帝崇敬，名士颜延之曾登门造访，彭城王刘义康、南谯王刘义宣并师事之，声名大振。求那跋陀罗曾先后在京城祇洹寺、东安寺等处译经，元嘉二十一年（444）南谯王刘义宣出镇荆州，他又被请往荆州。孝建元年（454），刘义宣谋反兵败，孝武帝命人将求那跋陀罗护送回京师，后敕住中兴寺。据《开元录》，求那跋陀罗共译经五十二部、一百三十四卷，主要有《杂阿含经》、《胜鬘经》、《楞伽经》等。求那跋陀罗于泰始四年（468）去世，年七十五。

此外，刘宋时西来的译经僧尚有佛驮什（意译觉寿）、求那跋摩（367—431，意译功德铠）、僧伽跋摩（意译众铠）、昙摩密多（356—442，意译法秀）、畺良耶舍（意译时称）等，中土的西行求法者，如智严、宝云等，其时也都在建康译经。齐、梁二代，义学勃兴，而译事则稍逊刘宋。至梁末陈初，由于真谛的业绩，南朝的译事达到了一个新的高度。

真谛（499—569），西天竺优禅尼国人，梁中大同元年（546）由扶南（今柬埔寨）泛海至南海郡（今广东广州），太清二年（548）入京都建康，受到梁武帝礼遇，准备译经。此时侯景已反，次年陷宫城，梁武帝被饿死，南朝社会空前动荡，真谛由此开始了他颠沛流离的生涯。他先往富春（今浙江富阳），天正元年（551）侯景称帝，次年又将真谛请回建康。侯景随即兵败身亡，真谛移住建康正观寺。承圣三年（554），真谛离京，辗转于今江西、广东、福建等地，后于陈太建元年（569）去世，年七十一。

真谛是中国佛教四大译师之一，他虽然颠沛流离、居无定所，生活极端困顿，却仍然译出了大量的佛典，并积极从事著述。据今人考订，真谛译经及撰述总计为八十一部、三百十七卷，其中最重要的是《摄大乘论》与《俱舍论》，后人通过对这两部论书的研习讲论，在南北朝后期逐渐形成了摄论学派与俱舍学派。

诸家师说的兴起，是南北朝佛教的主要特色，其中最早出现的是以竺道生等为代表的涅槃学派。刘宋初年，竺道生首唱"一切众生悉有佛性"之说，由此确立了中国佛教发展的主流方向。

竺道生（355—434），本姓魏，钜鹿（今河北平乡）人，寓居彭城（今江苏徐州），在建康瓦官寺从竺法汰出家，故随师姓竺。后道生离开建康，入庐山隐修七年，曾与慧远等一起从僧伽提婆（意译众天）学毗昙。隆安五年（后秦弘始三年，401年）鸠摩罗什到长安后，道生与慧睿、慧严、慧观等北上，从鸠摩罗什受学，后被称为罗什门下的"四圣"之一。义熙五年（409），道生经庐山返抵建康，住在覆舟山下的青园寺（后改名龙光寺）。他深得宋文帝的敬重，王弘、范泰（范宁之子）、颜延之等名士也都来向其问法。

义熙十四年（418），由法显传来的《大般泥洹经》六卷（相当于昙无谶所译全本《大般涅槃经》的前十卷）于建康道场寺译出。经中称，一切众生皆有佛性，唯除一阐提不能成佛。佛性的梵文为 buddha-dhātu，因此它的确切译名应为"佛界"，指的是佛的本性或成佛之因。一阐提是梵文 icchantika 的音译，大意为不信佛法、断灭了善根的人。这是说，一切众生都有成佛的可能，但极恶的人却不能成佛。竺道生不为经文所拘，孤明先发，倡言一阐提亦可成佛。这遭到了旧学僧侣的强烈反对，皆以之为邪说，并奏请宋文帝，约在元嘉五、六年间（428—429）将道生逐出了建康僧团。道生先东至苏州虎丘山，留下了"生公说法，顽石点头"的传说，元嘉七年（430）又往投庐山。同年，北凉昙无谶（385—433）于玄始十年（421）译成的全本《大般涅槃经》传至建康，其中果有阐提成佛之言，道生因之声名大振，而"一切众生悉有佛性"之说亦随之流行中土。道生后于元嘉十一年（434）在庐山去世。

道生常以为"入道之要，慧解为本"，他运用玄学中盛行的言意之辨指出，"夫象以尽意，得意则象忘；言以诠理，入理则言息。自经典东流，译人重阻，多守滞文，鲜见圆义。若忘筌取鱼，始可与言道矣"。强调为学贵在得意、彻悟言外，故能不拘泥于经典文字，不受旧说束缚，经过自己的独立思考，提出了一系列大胆的创见，除阐提成佛说外，还有顿悟成佛说等，史称"笼罩旧说，妙有渊旨"。

道生之前，如道安、支遁、慧远、僧肇等都曾探讨过顿悟的问题，他们认为，顿悟是在菩萨修行的第七地，因为经典中说第七地能证得"无生法忍"，即对空性有了透彻的体证并安然接受。据此他们推断说，第七地是由凡入圣的转折点，或者从第七地起才能有无并观，所以第七地是顿悟，由此再经三地的渐修，而于第十地终了成佛。相对于这种后来被称之为"小顿悟"的学说，道生提出的则是所谓"大顿悟"，即，十地皆为渐修，须至十地终了才能顿悟而成佛。这是因为，道生认为成佛在于悟理，而理是不可分割的，因此对理的证悟也不可能循次渐进、逐渐累积，或者一无所悟，或者豁然全悟，两者必居其一，而豁然全悟即是成佛，所以成佛前的十地必然一无所悟，只是渐修而已。这种渐修顿悟的学说实际上是将悟置于修之上，从而其最终的结果就是禅宗的以悟来取代修。

除道生外，当时弘传《大般涅槃经》者还有慧严、慧观等。元嘉七年（430），昙无谶所译四十卷本《大般涅槃经》传至建康，慧严、慧观与谢灵运合作，对此本予以改编润饰，另成三十六卷本，后被称为"南本"，而昙无谶所译四十卷本则被称为"北本"。慧严与慧观反对道生的顿悟说，而主张渐悟，他们也是涅槃学派的开创者。此后在建康一带弘传涅槃学者还有法瑶（约400—475）、僧宗（438—496）、宝亮（444—509）、法安（454—498）等。直到陈后，涅槃学派才渐趋衰微。

成实学派、毗昙学派、三论学派也都先后在南朝流行。成实学派以弘传《成实论》而得名。《成实论》为诃梨跋摩（意译师子铠）所造，后秦弘始十三年至十四年（411—412）鸠摩罗什于长安译出，共十六卷。该论基于小乘譬喻师（经量部的前身）的立场，博采众家之说，对佛教教义予以了体系化的整合。由于其体系谨严、解说明晰，译出后受到汉地义学界的普遍欢迎。罗什去世后，他的弟子僧导在寿春（今安徽寿县）东山寺弘传《成实》等论，宋孝武帝曾征请其入京，住于中兴寺，后仍返回寿春，由此形成为成实学派的寿春系，该系主要流行于南方。属于寿春系的道猛（411—475）入京后深得宋明帝的崇敬，被任命为兴皇寺（在建康建阳门外）纲领，该寺遂成为刘宋时成实师的主要基地。罗什的另一弟子僧嵩则在彭城（今江苏徐州）白塔寺弘传《成实》，其弟子有僧渊（414—481）等，由此形成为成实学派的彭城系，该系主要流行于北方。南齐时著名的成实师有定林寺的僧柔（431—494）与谢寺（即东晋时建造的庄严寺）的慧次（434—490）。梁代可谓成实学的全盛期，出现了庄严寺僧旻（467—527）、光宅寺法云（467—529）、开善寺智藏（458—522）三大师。陈后，由于三论学派的兴起，成实学派渐趋式微。

毗昙学派以研习并弘传阿毗昙而得名。所谓阿毗昙（abhidharma，新译阿毗达磨，意译对法），通俗地说，就是通过对佛教概念的归类、解释、分析而发展出来的理论体系。汉地流传的主要是说一切有部的阿毗昙，而六朝时的毗昙学派，则以研习法胜的《阿毗昙心论》与法救的《杂阿毗昙心论》为主。晋太元十六年（391），僧伽提婆应慧远之请，在庐山重译了《阿毗昙心论》，宋元嘉十年（433），慧观请僧伽跋摩在建康长干寺重译了《杂阿毗昙心论》，毗昙学遂在南方盛行。其中成就最大者为建康招提寺的慧集（456—515），他是僧伽跋摩的再传弟子，僧旻、法云等高僧都曾向他请教。在北方，彭城也是毗昙学的重要基地，北齐时有高昌人慧嵩弘法于此，被称为"毗昙孔子"。慧嵩再传有彭城崇圣寺靖嵩（537—614），玄奘西游前，曾求学于靖嵩的弟子。汉地学僧研习毗昙，其目的在于熟悉佛教的概念体系，以之为进入大乘的阶梯，这与研习《成实论》的动机基本是一致的，所以往往是两者并弘，这在北方尤为明显。梁陈之际真谛译出《俱舍论》后，旧治毗昙者多转习《俱舍》，而毗昙学派也逐渐汇入后起之俱舍学派。

三论学派以研习弘传《中论》、《百论》、《十二门论》而得名。此三论是中观学派的基本论书，其中《中论》、《十二门论》为龙树造，《百论》则为龙树弟子提婆造，三论均由鸠摩罗什于后秦弘始年间在长安译出。三论与《成实》既然都是罗什所译，因此罗什门下的成实学者都往往兼弘三论，如僧导及其弟子僧钟（430—489）实际上也都是三论学的名家。齐梁之际，僧朗南下建康城外摄山（今南京栖霞山），弘传三论之学，力斥《成实》、毗昙而另立新说，形成了"摄岭相承"的新三论学派。僧朗本为辽东人，师事法度（437—500），其三论学的传承具体不详。僧朗传僧诠，僧诠住摄山止观寺，专弘中观，其弟子有兴皇寺法朗、长干寺智辩、大禅众寺慧勇（515—583）、栖霞寺慧布（518—587）等，时称"诠公四友"，所谓"四句朗，领语辩，文章勇，得意布"，其中以法朗最为突出。法朗（507—581），俗姓周，徐州沛郡人，曾于梁大通二年（528）后游学京都，遍学禅、律、《成实》、毗昙，后入摄山，于止观寺从僧诠学三论、《大智度论》与《华严》、《大品般若》等。陈永定二年（558），法朗奉敕入京，住兴皇寺，深得太子陈叔宝的器重。法朗在兴皇寺弘法二十多年，于太建十三年（581）去世，年七十五。到法朗的弟子吉藏（549—623），三论学派进一步发展成了三论宗。

南朝时还出现了大量汉地僧人的佛教著述，其中在建康编撰的有代表性的著述有：僧祐编撰的《出三藏记集》、《弘明集》，宝唱编撰的《名僧传》、《比丘尼传》、《经律异相》等。

僧祐（445—518），本姓俞，彭城下邳人，父世移居建业。僧祐幼年时在建初寺出家，受具足戒后，受业于律学名匠法颖（416—482），遂精通律部，曾于南齐永明年间奉敕入吴试选僧尼并开讲《十诵律》。他还长于佛像设计，曾设计监造光宅寺铜佛像、摄山大石像、剡县石佛像等。僧祐于天监十七年（518）在建初寺去世，年七十四。

自佛教东传以来，经籍日众，僧祐广为搜集，并在刘勰等人的协助下，对其予以整理、分部，于定林上寺、建初寺设立了经藏。在此基础上，僧祐又详加校阅，勘订异译，辨别真伪，各从其类，编撰了《出三藏记集》（简称《祐录》）一书，这是中国现存最早的经录。全书共十五卷，分为"撰缘记"、"铨名录"、"总经序"、"述列传"四部分。其中，"铨名录"（卷二至卷五）将从佛教东传以来的佛教典籍予以分类编目，共著录佛典 2162 部、4328 卷（据《历代三宝纪》）。"铨名录"是全书的主体部分，它是以道安的《综理众经目录》（简称《道安录》或《安录》，中国历史上第一部经录，已佚。）为蓝本，在此基础上审订、增补而成。"总经序"（卷六至卷十二）收录各种经序、后记共一百二十篇。"述列传"（卷十三至卷十五）则为僧传部分，收录西来译师与汉地高僧的传记共三十二篇，这也是现存最早的僧传，后为宝唱《名僧传》、慧皎（497—

554)《高僧传》等直接沿用。《出三藏记集》不仅深刻地影响到后世的佛经编目，而且为佛教史研究提供了不可多得的第一手资料。

除《出三藏记集》外，僧祐还编有《弘明集》。此书原为十卷，后扩充为十四卷，是现存最早的佛教护法类文集。全书共收文一百八十四篇，作者一百二十二人，以东晋、南朝者居多。僧祐编撰此书的目的，是为了驳斥世人与异教对佛教的疑虑与诘难，维护佛教，所谓"弘道明教"，所以名为《弘明集》。《弘明集》为研究六朝时期三教的互动与佛教的社会文化效应提供了宝贵的资料，此外，由于此书收录的大多是王臣名士之作，六朝时许多名流的著作，都赖此得以保存。

宝唱，俗姓岑，吴郡人，十八岁从僧祐出家，后住庄严寺。齐建武二年（495）宝唱离京游学，梁天监四年（505）还京，任新安寺主。宝唱曾参与多种佛教著述的编撰，而其独立或主持编撰的则有《名僧传》、《比丘尼传》、《经律异相》等。《名僧传》共三十卷，另有目录一卷，编撰于天监九年至十三年（510—514），是在其师僧祐《出三藏记集》僧传部分的基础上增订而成。此书已佚，现存日僧宗性（1202—？）所摘抄的《名僧传抄》一卷。《比丘尼传》共四卷，收录自东晋至梁代共六十五名比丘尼的传记，这是中国唯一的一部比丘尼传。《经律异相》共五十卷，另有目录五卷，天监十五年（516）宝唱奉敕编撰，此书系抄录经律中的神异故事，分类编排而成，是现存最早的佛教类书。

南朝佛教的繁盛，在很大程度上得益于居士的支持与参与。南朝的佛教居士，大多都是社会名流，如刘宋时的谢灵运、萧齐时的竟陵王萧子良、齐梁之际的沈约，而尤以梁武帝萧衍的影响最大。

梁武帝萧衍（464—549），字叔达，南兰陵（今江苏武进）人。中兴二年（502）代齐称帝，太清三年（549），因侯景之乱，台城失陷，忧愤而卒。梁武帝原本崇信道教，天监三年（504）下诏舍道归佛，自此笃信佛教，被称为"皇帝菩萨"。

梁武帝在位期间，修建了大量的佛寺与佛像。据《南史》载，梁武帝时，仅建康就有佛寺五百余所，其中不少是梁武帝敕建的，著名的有：

智度寺，位于青溪边，天监元年（502）梁武帝为其亡母献后所建。

光宅寺，位于秣陵县同夏里三桥篱门边，原为梁武帝故宅，武帝即位后舍宅为寺，寺于天监六年（507）建成。

开善寺，宝志禅师于天监十三年（514）冬去世，敕葬钟山独龙阜，次年于墓侧立开善寺。北宋后，此寺先后更名太平兴国寺、蒋山寺。明洪武十四年（1381），因营建孝陵，寺移于东麓，并改名灵谷寺。

大爱敬寺，位于钟山西，普通元年（520）梁武帝为其亡父太祖文皇帝所建。

同泰寺，位于宫城北掖门外，普通八年（527）建成。梁武帝为出入方便，又在宫后另开一门，名为"大通"，与寺南门相对，即因之改元为"大通"。梁武帝曾多次在此寺设无遮大会，亲自开讲《涅槃》、《般若》等经，还先后四次舍身，每次都由公卿以钱赎还。

梁武帝对当时的名僧宝亮、僧旻、智藏、法云、法宠（451—524）、僧迁（465—523）、慧超（？—526）、明彻等都非常崇敬，给予他们很高的社会地位与优厚的生活待遇，从而有力地推动了梁代佛教义学的发展，涅槃、成实、三论等学派都先后在梁代流行。梁武帝还支持乃至参与由僧伽婆罗（460—524）、曼陀罗仙主持的佛典翻译，并敕命僧旻、智藏、宝唱等编撰了大量的佛教著述。

不仅如此，梁武帝本人就是一个著名的佛教学者。他严守戒律，精研佛理，曾多次在同泰寺开讲《涅槃》、《般若》等。梁武帝对《涅槃》、《般若》两经特别重视，通过对它们的研究，提出了所谓的"神明成佛说"，认为"神明"或"真神"既是生死轮回的承担者，又是佛性，即成佛的根据。神明本身不生不灭，本来清净，只是由于无明的遮蔽，所以才业报轮回，迁流变化，因此只要修善而复归神明，则自然就能成佛。梁武帝的"神明成佛说"是在范缜"神灭论"的刺激下提出来的，这一理论接续了佛教东传以来影响深远的灵魂不灭的观念并进一步精致化，成为后来《大乘起信论》乃至整个中国化佛教的理论先导。

梁武帝也非常注重戒律，他曾写过四篇《断酒肉文》，规定出家人不仅应当禁酒，而且还要禁断一切肉食，从此素食逐渐成为汉地僧团之定制。此外，梁武帝还敕命宝唱创修忏法，最终形成《慈悲道场忏法》十卷，俗称《梁皇宝忏》，忏法由此得以盛行。天监四年（505）梁武帝在金山寺（今江苏镇江）修设水陆法会，此为水陆法会之始。在梁武帝的影响下，他的儿子昭明太子萧统、简文帝萧纲、元帝萧绎都成为虔信的佛教居士。

佛教作为一个外来宗教，对中国传统的社会习俗和思想观念都产生了较大的冲击，自传入汉地以来就不断有人对此提出非议。南朝时，围绕着夷夏之辨、佛道异同、神灭神不灭等问题，反佛者与奉佛者曾展开过激烈地争论，反佛者中影响最大的是提出"神灭论"的范缜。

范缜，字子真，南乡舞阴（今河南泌阳）人，曾为齐竟陵王萧子良宾客。萧子良深信佛法，而范缜倡言无佛，不信因果，并撰《神灭论》。范缜在《神灭论》中指出，"神即形也，形即神也，是以形存则神存，形谢则神灭也。"形与神乃是质与用的关系，有如刃之于利，"未闻刃没而利存，岂容形亡而神在"。此论一出，朝野哗然，萧琛（范缜外弟）、曹思文、沈约等均著论破之。萧子良更招集众僧与范缜论辩，皆不能胜。梁武帝曾为"竟陵八友"之一，与范缜原本熟识，他在即位后敕臣下答《神灭论》，明言"神灭之论，朕所未详"，其时共有六十四人作答，皆言神不灭。范缜《神灭论》所引起的反响之大，于此可见。

南朝佛教的繁荣，同时也带动了佛教艺术的发达。栖霞山石窟，是南方石窟艺术的代表。栖霞山古名摄山、繖山，位于今江苏南京东北。齐建元年间（479—482），明僧绍来游此山，遂结茅而居，遁迹山林。明僧绍（？—484），字承烈，平原郡鬲县（今山东德州）人，宋齐时的著名隐士，曾撰有《正二教论》以反驳道士顾欢的《夷夏论》。明僧绍隐居摄山时，法度（437—500）也已来到建康，明僧绍与之相交甚契，永明二年（484）明僧绍去世后，其旧宅舍于法度为寺，永明七年（489）法度于此建栖霞精舍，栖霞寺即起于此，它后来成为三论宗的祖庭。明僧绍生前还准备开凿石像，因病故而未果。其次子明仲璋继承父志，首先与法度在西峰石壁开凿了无量寿佛像及观世音、大势至二菩萨像。佛像的设计者乃是僧祐。此后，齐文惠太子萧长懋、豫章王萧嶷、竟陵王萧子良、始安王萧遥光、雍州刺史田奂及宋江夏王霍姬等，各依崖之高下深广，就石壁凿像，以之为百千万亿化身，此处遂称千佛岩。千佛岩现有窟龛294个，造像515尊。民国十四年（1925），寺僧以水泥涂缮千佛岩造像，以致造像面目全非，造成了极大的破坏。此外，栖霞寺还有仁

图下 3-1　南京栖霞寺千佛岩

寿元年（601）隋文帝敕建的舍利塔，上元三年（676）由唐高宗撰、高正臣书的《明征君碑》等遗迹。

第三节　东晋南朝时期的道教

葛洪与《抱朴子》　杨羲、陆修静与道教斋仪的完善　陶弘景与茅山宗

道教是我国自创的一种宗教，大约出现于公元二世纪前后的东汉时期，绵延至今已有 1800 余年的历史。它初创于四川，后来逐渐流行于全国各地。唐代以后，道教还远渡重洋，流传于日本、朝鲜、越南和东南亚一带。

道教与其他传入宗教相比，从一开始就有十分显著的特点：其一，其他宗教大都要解释"人死后如何"的问题，而道教所要求解决的却是"人如何不死"；其二，道教一开始就有十分强烈的干政愿望，这点和佛

教很不相同。佛教在释迦牟尼的时期并不直接要求干预政治，也没有一套"致太平"之术，而只是为了个人的解脱。但道教却不同，它一开始就把"治身"与"治国"结合起来，在《太平经》中就表现为"天、地、人三者的结合而致太平"与"精、气、神三者合一而永生"①。以致在其诞生之初，就引领了黄巾大起义，推翻了东汉皇朝。

六朝是道教的成长期。这一时期涌现了葛洪、杨羲、陆修静、陶弘景等一批著名的道教领袖。他们从理论体系、组织制度、经典编撰等方面对道教进行了改造，使得道教走向成熟化、定型化。实现了道教从追求"天下大吉"的太平盛世到不死成仙的重大历史转折。

葛洪一生著作甚丰，有《抱朴子》内外篇70卷、《金匮药方》100卷、《肘后备（要）急方》4卷、《神仙传》10卷、《隐逸传》10卷，等等。葛洪的这些论著，不仅论述了神仙道教的理论，为道教理论的建设做出了巨大的成绩，而且对我国古代医学、化学等方面的贡献也是卓越的。如《肘后备（要）急方》中关于天花的记载是世界医学史上现存最早的文献；对结核病的认识，也比国外早了1000多年②。

在上述著作中，《抱朴子》是其代表作，也是一部道教史上划时代的著作。《抱朴子》有内、外两篇，内、外篇各是一本书。《道藏》内、外篇俱收，中隔《抱朴子·别旨》一种（为后人抄辑，不是葛洪自著）。后人或将内、外篇合刊，总名《抱朴子》，实是一种误解。其《内篇》论道，《外篇》谈儒。全面的论述葛洪思想，须内、外合参；仅从道教史着眼，则应着重应对讨论《内篇》③。其《内篇》20卷，主要是总结了战国以来神仙家的理论，论述神仙、方药、鬼怪、变化、养生、延年、禳邪、却祸之事，并继承魏伯阳的炼丹理论，魏晋时代炼丹术之大成等道教内容。《外篇》50卷，论述人间得失，世事臧否，阐明他的社会政治观点，是政论性的著作。

在这里，值得重点介绍的就是炼丹术。葛洪十分注重"外丹"的作用，所以他对于"冶炼金银"、"制作丹药"十分重视，因此在《内篇》中有不少关于炼丹药的记载。他还亲自做了很多实验，这在中国古代科技史对推动化学、药物学都有一定的积极意义。

葛洪认为，仙人主要靠药物和种种办法养身延命，使身体内部不生疾病，使来自外部的祸患不能侵犯，从而到达长生不死。在"内修形神，使延命愈疾"的仙道方术中，最重要的是"还丹、金液"之术。《内篇·金丹》中说：还丹和金液"盖仙道之极也。服此而不仙，则古来无仙矣"。④所谓丹，指的是丹砂，它是由硫和汞组成的暗红色矿物质。以火炼之，可以得到白色的水银（即汞），继续烧炼，水银又变成氧化汞。这种物质的外观跟丹砂相近，也是红色的。这样先由红到白，后又由白到红，回到了"丹"。所以，炼丹术士们叫它"还丹"。所谓金液，是设法溶解黄金而成的液体。葛洪认为，"夫金丹之为物，烧之愈久，变化愈妙；黄金入火，百炼不消，埋之毕天不朽。服此二药，炼入身体，故能令人不老不死。此盖假求于外物，以自坚固。"⑤

杨羲（330—386），天师道士，上清派创始人。东晋哀帝兴宁二年（364），杨羲扶乩降笔，称紫虚元君上真司命南岳魏夫人与众仙真降授《上清众经》31 卷，以及诸真传记、修行杂事等，命杨羲用隶书写出，传以护军长史句容许谧（305—376）及其子许翙（341—370）。二许又传写上清经，并修行上清经法得道。

东晋末，道士王灵期至许黄民（许翙之子）处求上清经后，又增删润色，造作上清经法至 50 余篇。江东道士慕上清经法丰博，争相传抄，故在江东地区形成传授修习上清经法的上清派。这一道派在开创之初，与天师道有着密切的关系，如被尊为上清派第一代大师的魏华存（252—334），起初即信奉天师道，为天师道女祭酒。许谧、许翙家族，原本属天师道世家。

天师道的开派人物均为高门士族出身，受到良好的教育，文化修养较高，和统治阶层的上层人物有密切的联系，属于士族知识分子，有的本身即是封建王朝的官吏。但东晋的司马氏政权对江南的士族始终抱有戒心，甚至持歧视态度。这样，他们在政治上亦不得意，于是便以老庄思想为精神寄托，并由此而信仰道教。他们加入道教，一是为了寻找精神寄托，二是利用道教服务于封建统治。因此，对原来民间道教反映下层民众的那些思想和在他们看来是庸俗的教戒感到不满意。当他们加入道教后，必然要按自己的口味和爱好对原有的天师道进行改革。

从他们所创的上清派所奉的主要经典《大洞真经》和《黄庭经》上

来看，这点尤为明显。

两部经典都认为人身的百脉关窍皆有各种各样的神分别镇守，强调修炼之道即在于存思存神，着重个人精、气、神的修炼，通过修炼之道达到炼形。它们所提出的修炼方法，重在调意，着重于精神修养，与庄子的思想相似，且简便易行，适合士大夫的口味，亦比较容易为士大夫所理解和接受，故能在当时的知识分子阶层得到广泛传播。而且，它们完全排除了早期道书中反映农民群众的愿望和要求的思想，获得了统治阶级的赞赏，这也正是上清派能不断发展壮大的原因。

上清派以晋代女道士魏华存（南岳魏夫人）为第一代宗师，杨羲为第二代宗师。杨羲以下依经法传授次序，第三代至第九代上清派宗师是许穆、许翙、马朗、马罕、陆修静、孙游岳、陶弘景。陶弘景齐梁时居茅山传上清经法，开创茅山宗，上清派遂为茅山派所承袭⑥。

陆修静（406—477），字元德，吴兴东迁（今浙江吴兴）人。出身士族，幼习儒书，但性喜道术。长大后舍妻弃子，入山修道，隐居云梦山，后四方云游，搜寻道书，寻访仙踪。宋文帝元嘉三十年（453），他到京城建康（今江苏南京）卖药，文帝派左仆射徐湛之请他入宫讲道。"时王太后雅信黄老，降母后之尊，执门徒之礼"⑦，对陆修静尊重有加。泰始元年（465），明帝即位，在建康城的北郊天印山为陆修静修建了一所崇虚馆，让陆修静在此讲经传道，礼遇甚厚。

陆修静为使道教成为一完备意义上的宗教团体，主要做了三件事：

（1）对道教的经典进行分类，整理、编制成道教史上第一部道经目录，即《三洞经书目录》（已佚）。首创"三洞四辅十二类"的道教典籍分类法，为道教经典的编写创立了体例和原则，对后来整理和保存道教经典起了重要作用。

（2）整顿道教组织，提出道教应建立独立的教会组织形式。这主要体现在他的《陆先生道门科略》一书中。当时南朝的天师道祭酒制度，也像北朝一样混乱不堪。陆修静主张按三张旧法对天师道进行整顿，然收效不大。后来，他针对南朝在孙恩起义失败后民间天师道衰落，士族神仙道教的上层天师道发达的事实，结合天师道亦属于符箓道教的特点，将上层天师道和南方盛传的经箓派道教（三皇派、灵宝派、上清派）

融汇到一起，并区分修行次第，形成了一种按道阶修行的统一的经箓派道教。

（3）制定和完善了道教的戒律和斋醮仪范。经他改造增修后的道教斋仪扩展为包括天师、上清、灵宝各派斋仪在内的"九斋十二法"。可以说道教的基本斋仪大都是由陆修静创制的。这其中，灵宝派获益最深。

灵宝派出现的时间与上清派大致相同，是以传授《洞玄灵宝部经》而得名的。其传授关系，据说是葛玄传于郑隐，郑隐传于葛洪。从东晋末年到刘宋初年，灵宝经书有了很大发展，已达55卷，信奉者日益增多，影响也相当广泛，这是灵宝派的形成期。陆修静的制定的各种斋戒仪轨使得灵宝派作为一个道派更为健全。灵宝经中的《五篇真文》、《元始无量度人上品妙经》是灵宝派的主要经典。此派与上清派一样，代表的是上层统治阶级的利益。他们把儒家的封建伦理思想和修道密切结合起来，强调"言无华绮，口无恶声，齐同慈爱，异骨成亲，国安民丰，欣乐太平"的理想⑧。

茅山是指今江苏省境内的一座道教名山，位于江苏省句容市、金坛市的薛埠镇境内，南北走向，面积50多平方公里，是道教上清派的发源地。相传汉元帝初元五年（前44），陕西咸阳茅氏三兄弟来茅山采药炼丹，救世济民，被称为茅山道教之祖。

陶弘景少年时喜欢道术，从师孙游岳，后因官场失意，脱下官服，跑到句曲山（今江苏茅山）过起了隐居修道的生活。六朝齐永明十年（492），陶弘景在此建起一所房子，起名"华阳馆"，自号"华阳隐居"。此后即在那里长年居住，传杨羲、许谧等上清大洞经典，主上清经说，对上清经法的弘扬做了大量工作。这里因此也被后世道家视为"上清宗坛"。

陶弘景多才多艺，精通天文、历算、医药、金丹、经学、地理、博物、文学艺术，著述八十余种。现保存下来的《真诰》、《登真隐诀》、《真灵位业图》、《养生延命录》、《本草集注》、《华阳陶隐居集》等，都是道教史和科技史上的重要著作。

陶弘景对道教的贡献主要集中在以下几个方面：

第一，他建造了一个整齐有序的神仙世界。在此之前，道教的神仙世界处于一种杂乱无序的状态。陶弘景为了改变这种状况，对上清派信奉的各种神鬼进行了整理，并广泛吸收各教派信奉的神仙，著成《真灵位业图》一书。书中仿照人间的封建等级秩序来构造道教的神仙谱系，上面不仅罗列了包括天神、地祇、人鬼及诸仙真在内的虚幻神灵，还把中国历代许多有名的帝王将相及思想家也一并作为神灵排列进去。元始天尊被陶弘景确立为道教的最高神。

第二，著述了《真诰》一书，对道教的传授历史做了整理。书中涉及大量的道经、历史人物、神话故事、仙官鬼神、具体的修行方法等等。

第三，丰富了道教的修炼理论。陶弘景讲述了"养神"、"炼形"、"少思寡欲"、"饮食有节"、"起居有度"等修炼方法，更强调了服食药物的重要性。这里所说的药物，主要是指经过炉鼎烧炼的丹药。

第四，弘扬《上清经》，开创了茅山宗。在道教宗派上，陶弘景属于以传授《上清经》为主的上清派。他从孙游岳手中得到了一些杨羲等人手写的《上清经》。后来他又到处收集早期的《上清经》，终于成为上清派的重要传人。《真诰》、《登真隐诀》等著作都是宣扬上清派道法的。由于陶弘景隐居了45年的茅山实际上成了上清派的中心，再加上茅山的历代传人，大多是较有学问和名气的道士，所以茅山一直保持着它在道教上清派中的中心地位。可以说，从陶弘景开始，茅山实际上代表了上清派，于是人们便将这以后的上清派径称为茅山宗，并以陶弘景为茅山宗的创始人。

进入唐代后，以传授上清经法为主的茅山宗已成为道教的主流教派。在朝廷的支持下，茅山宗不仅在南方进一步扩展，而且在北方也得到了很大的发展，建立了嵩山、王屋山、天台山、京畿、蜀中等几个大的传道点。可以说，当时许多慕道之人都受到茅山所传上清经法的影响，茅山宗的道誉之高，以至连远在蜀中的著名道教理论家王玄览等人都曾不顾路途的艰险而前往茅山访道求法。

总而言之，从葛洪到陶弘景，东晋南朝道教的改造基本上告一段落。在这一过程中，道士们编造了大量的道教经典。同时，神话老子，宗承道家，建立了比较系统化的道教理论体系；丰富和发展了教戒律文及教礼祭典仪式；建立宗门道馆，并形成了独立的道院经济体制，使道教以完备成熟的宗教集团从民间走向官方正统宗教，从而与儒家、佛教鼎立，成为中国传统文化的重要组成部分⑨。

第四节　隋唐时期江苏的佛教宗派

智顗与天台宗　三论宗　法融开创牛头宗　文益创立法眼宗　鉴真东渡

隋唐统一王朝的建立，结束了自西晋末以来近三百年的南北对峙，中国古代社会步入了它的全盛期，经济发展，国势强盛，学术文化空前繁荣，而中国佛教在经过魏晋南北朝的稳固发展之后，也在隋唐时代达到了它的巅峰，其标志即是中国化佛教宗派的创立。隋唐时代共形成了八大佛教宗派，其中，活跃于今江苏地区的主要有天台宗、三论宗与禅宗等。

天台宗是我国历史上最早创立的佛教宗派，因其以浙江天台山为主要基地而得名，该宗奉《法华经》为所依据的基本经典，故亦称法华宗。天台宗渊源于东魏、北齐之际的慧文禅师及其弟子慧思（515—577），而其实际创始人则是慧思的弟子智顗。

智顗（538—598），俗姓陈，字德安。祖籍颍川，与陈皇室同族，生于荆州华容（今湖北潜江），十八岁出家，二十岁受具足戒。陈天嘉元年（560）智顗入光州（今河南光山）大苏山从慧思学。光大元年（567），应慧思之嘱，智顗与法喜等二十七人南下陈都建康弘法，受到朝野僧俗的推重、钦仰。太建元年（569），开府仪同沈君理请智顗在瓦官寺开讲法华经题，陈宣帝特敕停朝一日，令群臣前往听讲。尚书左仆射徐陵、光禄大夫王固、五兵尚书毛喜、侍中孔奂、仆射周弘正等并预法会。这是智顗第一次开讲法华经题（第二次是隋开皇十三年在当阳玉泉寺讲《法华玄义》），也就是后来所说的"九旬谈妙"，由此初步确立了天台宗教观的基础。此后智顗又在瓦官寺开讲《大智度论》，说次第禅门（后由灌顶整理为《释禅波罗蜜次第法门》十卷），并应毛喜之请，讲了《六妙法门》。太建七年（575），智顗离京，去天台山隐修。至德三年（585），在徐陵的举荐下，陈后主四次下诏，将智顗请回了建康，住于灵曜寺（在钟山西）。陈后主随即又请其赴太极殿，开讲大智度论题、仁王般若经题。智顗不久移住光宅寺，陈后主乃仿效梁武帝，亲临此寺舍身，并听智顗讲《仁王经》。智顗还为沈皇后起法名"海慧"，为皇太子陈深授了菩萨戒。祯明元年（587），智顗于光宅寺开讲《法华经》，由弟子灌顶（561—632）笔录而成《法华文句》。

隋平江南后，智顗漂泊于荆、湘一带，后避居庐山。开皇十一年（591），时任扬州总管的晋王杨广遣使敦请智顗至江都，为其授戒。智顗提出了四项要求，杨广均一一答应，而后智顗才为杨广授菩萨戒，起法名"总持"，杨广则授予智顗"智者"称号。次年智顗即辞归故里，于荆州当阳（今湖北当阳）玉泉山建玉泉寺，开讲《法华玄义》（593）与《摩诃止观》（594），均由灌顶笔录成书，此二书与《法华文句》并称"天台三大部"，是天台宗的基本典籍。开皇十五年（595），因杨广累请，智顗又往扬州，并开始撰写《维摩经疏》。不久，智顗仍返归天台，后于开皇十七年十一月二十四日（598年1月7日）去世，年六十。

天台宗的理论体系可分为"教"、"观"两大部分，"教"即经教、教相，"观"即修观、观心。教观相资，解行并重，这就是天台宗理论体系的纲骨——教观一致论。"教"的主要内容是判教，判教意为教相判释，即对佛陀所说的各种教法予以分别评判，重新估量其不同的意义与地位。在批判总结前代学说的基础上，天台宗建立起著名的"五时八教"的判教体系。"教"是与"观"即天台宗的止观理论紧密结合、互为对应的。智顗继慧文、慧思之后，在南北走向统一的社会政治背景下，进一步把定慧双开、止观并重确立为佛教实践的根本性原则，由此而构筑起天台宗独具特色的"性具"理论，具体则包括"一心三观"、"三谛圆融"、"一念三千"等。

到唐代，天台宗在九祖湛然的努力下得以中兴。湛然（711—782），俗姓戚，晋陵荆溪（今江苏宜兴）人，故世称"荆溪尊者"。开元十五年（727），湛然游历浙东，寻师访道，开元十八年（730），受学于天台宗八祖左溪玄朗（673—754）。天宝七年（748），湛然已三十八岁，才在家乡宜兴君山乡净乐寺出家。他随即又去了会稽开元寺（唐玄宗于开元二十六年敕天下诸郡立龙兴、开元二寺），从相部宗名僧昙一（692—771）学律，后往吴郡，于开元寺开讲止观。玄朗去世（754）后，湛然以"中兴天台"为己任，在东南一带盛弘天台教义，力斥禅、华严、唯识等诸宗之偏颇，天台后学曾谓："荆溪不生，则圆义将永沉矣。"天宝末至大历初，朝廷曾三次征召，湛然均辞疾不就。湛然先住兰陵（今江苏武进），后居天台，德宗建中三年（782）于天台佛陇寺去世，年72。湛然弟子有道邃、行满、元浩（？—817）等三十九人，传教大师最澄（767—822）即受学于道邃、行满，后创立了日本天台宗。华严宗四祖清凉澄观（737—838）也曾在大历十年（775）从湛然学天台止观。此外，从学于湛然者还有翰林学士梁肃、吏部员外郎李华等。

湛然对"天台三大部"都有注解，作出了不少的发挥，特别是他在天台教义中引入了《大乘起信论》的体系，并在此基础上提出了"无情有性"说，认为草木瓦石等无情之物亦有佛性，这些都对天台宗乃至整个中国佛教后来的发展产生了深刻的影响。

三论宗是由三论学派发展而来的。南朝梁陈之际，僧朗、僧诠、法朗形成了"摄岭相承"的三论学派，到法朗的弟子吉藏，三论学派发展为三论宗。

吉藏（549—623），俗姓安，本为安息人，故亦称"胡吉藏"，出生于建康。吉藏年幼时，父亲带他去见真谛，真谛为他起名"吉藏"。吉藏七岁时从法朗出家，十九岁即能当众复述经文，受具足戒后声望更高，深得陈柱阳王陈伯谋的敬重。隋平江南后，吉藏东至会稽（今浙江绍兴）秦望山嘉祥寺弘法，故世称其为"嘉祥大师"。吉藏在嘉祥寺约住了十五年以上，期间曾与智顗、灌顶交往，并从灌顶问学。开皇末年，晋王杨广在扬州设四道场（慧日、法云二佛寺，玉清、金洞二道观），召各地名僧、高道居之，吉藏遂被召入慧日道场。不久，吉藏随杨广入京，住于长安曲池边的日严寺。仁寿二年（602）独孤皇后去世后，杨广召集日严寺高僧五十余人讲道说法，吉藏与智脱（541—607）论辩《维摩经》，终为智脱所屈。大业五年（609），杨广次子齐王杨暕在府第召集六十多名在京名士与吉藏论辩，其中有大兴善寺僧粲（529—613），他曾游历北齐、陈、北周三国讲肆，擅长辩难，自号"三国论师"，开皇十七年（597）被敕命为"二十五众（隋文帝设立的由二十五名高僧组成的传教机构）第一摩诃衍（意为大乘）匠"。吉藏与之对论，往返四十余次，最终获胜。李渊入长安后，曾亲自召见吉藏。武德三年（620），李渊于慈悲寺设十大德以统领僧众事务，吉藏即被举为十大德之一。实际寺与定水寺都请其住止，齐王李元吉又请其住延兴寺。吉藏后于武德六年（623）去世，年七十五。吉藏为人恃才傲物、不拘小节，难免时遭非议，难以服众，然颖悟天成，博学多识，曾讲三论、《法华》、《大品般若》、《大智度论》、《华严》、《维摩》等经论多遍，著述约四十种。其门下弟子有慧远、智拔（573—640）、智凯（吉藏门下有二智凯，一为丹阳人，住会稽嘉祥寺，一为建康人，住长安定水寺）、慧灌（高丽人，创日本三论宗）等。

三论宗远承罗什、僧肇（384—414），弘传的是古印度中观学派的学说，并在此基础上作出了新的阐发。比如，中观学派的核心要义乃是"二谛"与"中道"，三论宗对此的看法是："二谛"属于言教，以此为方便来显示无所得的中道实相，而中道实相即是佛性。三论宗虽在吉藏之后盛极一时，但随着其他宗派的兴起，贞观之后即渐趋衰落。

禅宗是中国化色彩最为鲜明的佛教宗派。禅宗兴起后，建立起"西天二十八祖"、"东土六祖"的传法世系。按照这一世系（即禅宗对自身历史的重构），第二十八代的菩提达磨于南朝梁普通元年（520，此据契嵩《传法正宗记》，另有多说。）泛海到达南海郡（今广东广州），梁武帝遣使将其迎入京城建康。然菩提达磨与梁武帝机缘不契，两人话不投机，于是菩提达磨便暗自渡过了长江（后来又有折芦渡江的传说），在嵩山少林寺面壁默坐达九年之久，被称为"壁观婆罗门"。菩提达磨后传法于慧可，故菩提达磨又为东土初祖，慧可则为二祖。

菩提达磨、慧可与三祖僧璨都修头陀行，随方游化，居无定所。到四祖道信（580—651），禅风为之一变。他于武德初年至蕲州黄梅（今湖北黄梅），在破头山（后改名双峰山，即今黄梅之西山）一住三十余年，聚徒五百人，形成了一个定居山林的禅修团体。道信门下，五祖弘忍（602—675）迁居双峰山东的冯茂山（又名东山），山居二十余年，将道信的禅法进一步发扬光大，世称为"东山法门"。又据禅宗所说，道信门下另有法融，他曾得法于道信，后在润州牛头山（今江苏南京牛首山）开创了牛头宗，所以牛头宗是四祖道信门下旁出的一系。

法融（594—657），俗姓韦，润州延陵（今江苏丹阳）人。他十九岁时入茅山从三论宗名僧炅法师（可能就是法朗的弟子明法师）出家，后游学于东南一带，归住牛头山幽栖寺。幽栖寺附近的佛窟寺中有内外经书七藏，法融于是花了八年时间，在那里阅经并作了摘抄。贞观十七年（643），法融在幽栖寺北岩下另建禅室，专修禅观，数年之内，有百余人前来与之同修。法融在禅修的同时，还于贞观二十一年（647）为同修者讲了《法华经》。永徽三年（652），法融受请出山，在建初寺开讲《大品般若》，另外还讲了《大集经》。显庆元年（656），法融再次被邀往建初寺，次年便在建初寺去世，年六十四。

由法融开创的牛头宗，后来形成了六祖的传法世系，其最大的特点在于鲜明的地方色彩。其历代祖师从法融以下，包括二祖智岩（577—654）、三祖慧方（629—695）、四祖法持（635—702）、五祖智威（646—722）、六祖慧忠（683—769），基本都是润州人，也都在润州牛头山弘法。牛头山上的幽栖寺与佛窟寺，就是牛头宗弘法的主要场所。直到五祖智威另一弟子鹤林玄素（668—752）传法于道钦（714—792）后，才将牛头宗传播到径山（今浙江杭州余杭区）一带。道钦曾被唐代宗赐号"国一"，径山之有道场，即自道钦始。

幽栖寺位于牛头山南峰，宋大明三年（459）于此建幽栖寺，因名南峰为幽栖山。法融即常年在幽栖寺习禅，法融为牛头宗第一祖，所以幽栖寺后被改名为祖堂寺，幽栖山则被改名为祖堂山。佛窟寺于梁天监二年（503）由司空徐度所建（一说刘宋初刘司空所建），因牛头山上有辟支佛窟，遂以为名。大历九年（774），唐代宗于寺左敕修七级砖塔。后此寺又更名为崇教寺、弘觉寺等。此外，城内西北冶城后冈上的延祚寺也是牛头宗的重要基地，法持、智威、慧忠等都曾居于此寺。此寺建于刘宋泰始年间，后更名为正觉寺、铁塔寺等。

牛头宗的地方性不仅体现在其祖师的籍贯与弘法场所等方面，更重要的还在于其传播的禅法。牛头宗的禅法强调"虚空为道本"，认为一切诸法本性空寂，唯有去除一切分别，"无心"、"绝观"方能合道，所以后来宗密称之为"泯绝无寄宗"。这实际上就是般若三论之学的禅学化，继承的是"摄岭相承"的三论学派的传统，因此它与道信、弘忍一系的东山法门还是有明显差异的。

出自东山法门的六祖慧能（638—713）对传统佛教进行了重大改革，他开创的南宗禅成为唐代以后禅宗的主流。此后，南宗禅先后分化为湖南沩仰、河北临济、江西曹洞、广东云门、江苏法眼五宗（到北宋时，临济又开出黄龙、杨岐二派，合称为"五家七宗"）。其中，由文益禅师创立、最终形成于南唐金陵清凉寺的法眼宗，历经文益、德韶、延寿三祖，活跃于唐末、五代、宋初时期。

文益（885—958），俗姓鲁，余杭（今浙江杭州余杭区）人。他于七岁出家，受具足戒后前往明州鄮山（今浙江宁波育王山）育王寺，从南山宗名匠希觉（864—948，赞宁之师）学律。不久，文益南游福州，参长庆慧稜（854—932），既而与同伴云游，因暴雨暂居漳州城西地藏院，受罗汉桂琛（867—928）启发，豁然开悟，遂嗣其法。文益复游方至临川，州牧请其住崇寿院，前来求法者不下千人。南唐先主李昇闻其声名，将他迎至金陵，并赐名"净慧禅师"。文益先住报恩禅院，后移居清凉寺，大扬一家禅风。文益于后周显德五年（958）去世，年七十四，塔于江宁丹阳，私谥曰"大法眼"。法眼宗因此而得名。

作为中国佛教禅宗五家中成立最晚的一派，法眼宗出自南宗禅的青原一系（文益为青原下第八世），因此偏重于从理事的角度来说心地法门，认为一切由心造，一心具足理事，理事圆融不二。但法眼宗说理事也有自己的特点，强调的是"一切现成"，也就是说，理事圆融并非出自佛陀或神通变化，而是本来就是如此，不待安排，触处即是。"一切现成"可称之为法眼宗的宗眼所在。

禅宗灯录中都说，文益"师缘被于金陵"，法眼宗主要是以金陵的报恩禅院与清凉寺为依托而发展起来的。报恩禅院位于斗门桥西街北，建于杨吴武义二年（920），其时名报先寺，南唐时改名为报恩禅院，后又改名为华藏院。清凉寺位于清凉山，杨吴顺义年间（921—926）由徐温所建，其时名兴教寺，南唐昇元初改名为石城清凉大道场。

文益有嗣法弟子六十三人，而以天台德韶（891—972）为首，德韶传永明延寿（904—975），由于他们二人都得到了吴越王钱俶的支持，法眼宗在江浙一带盛极一时。曾有高丽僧三十六人来清凉寺从文益再传弟子延寿禅师学法，法眼宗由此传至国外，而清凉寺则被后世佛教徒视作法眼宗的祖庭。永明延寿之后，法眼宗即渐失其传。

隋唐时代，中外文化交流日益扩大，而佛教无疑是最重要的载体。玄奘求法于西天，鉴真则传法于东瀛，成为中外文化交流史上脍炙人口的佳话。

鉴真（688—763），俗姓淳于，扬州江阳县（今江苏扬州）人。他于十四岁时出家，神龙元年（705），从道岸（654—717）律师受菩萨戒，景龙元年（707），经洛阳至长安，次年在长安实际寺从恒景（634—712）律师受具足戒。道岸、恒景皆师从文纲（636—727），文纲则为南山宗开创者道宣的弟子，故鉴真乃是道宣的三传弟子。鉴真游学两京，学究三藏，而尤精于律部，后即回到淮南教授戒律，声名远播，成为独步江淮的律学大师。

天宝元年（742），已在中国留学十年的日本僧人荣睿、普照等来到扬州大明寺（寺建于刘宋大明年间，故名），礼请鉴真去日本传戒。鉴真当时已五十五岁，他为法事而不惜性命，慨然应允。从天宝二年（743）到天宝七年（748），鉴真先后五次率众东渡，皆因天时、人事等原因而告失败。尤其是天宝七年开始的第五次东渡，鉴真一行在海上遇到大风浪，漂了十四天，最后漂到了振州（今海南三亚），返归途中，荣睿病死于端州（今广东肇庆），普照又在韶州（今广东韶关）与鉴真分手他往，鉴真深感东渡不易、传戒之本愿难遂，不由悲切万分，加之天气炎热，突发眼疾，导致双目失明。到吉州（今江西吉安）时，随同他的弟子祥彦也去世了，这对鉴真又是一个沉重的打击。

天宝十二年（753），鉴真开始了第六次东渡，普照等随行。此时鉴真已六十六岁，且双目失明。这一次终于东渡成功，鉴真一行于日本九州登陆，次年二月入平城京（今日本奈良），被安置于东大寺，受到日本朝野僧俗的隆重欢迎。四月，鉴真在东大寺设坛授戒，圣武天皇、光明皇后及皇太子（即孝谦女皇）先后登坛受菩萨戒，然后鉴真又为沙弥四百四十余人授戒，八十余名大僧则舍旧戒而重新从鉴真受戒，这是日本有正规授戒之始。唐至德二年（757），孝谦女皇赐地给鉴真建寺，唐乾元二年（759），寺院落成，被命名为唐招提寺，后来成为日本律宗的大本山。唐广德元年（763），鉴真于唐招提寺去世，年七十六。

鉴真履险犯难，六次东渡，不仅将律宗传播到日本，而且还带去了当时最先进的盛唐文化，在文学、艺术、建筑、医药等方面都给予日本文化以深刻的影响。由他的弟子在他生前制作的鉴真夹纻坐像，至今仍被供奉在奈良唐招提寺的开山堂，被日本国人视作国宝。1980年，这座鉴真夹纻坐像曾从日本奈良被迎来国内，在扬州与北京展出，供人瞻礼。

第五节　宋元明清江苏佛教的发展

虎丘绍隆与虎丘派　宋元著名禅寺　朱元璋与明初佛教　紫柏真可、藕益智旭　杨文会与金陵刻经处　《碛砂藏》、《南藏》、《嘉兴藏》

唐中期以后，随着其他各宗的衰落，禅宗和净土成为汉传佛教的主流。进入宋元时期，禅宗进一步分化，流行的主要有临济宗和曹洞宗两大派系，有"临天下，曹一角"的说法。其中临济宗又分为黄龙、杨歧两派，流行于江苏的主要是杨歧派圆悟克勤弟子虎丘绍隆所开创的虎丘派。

虎丘绍隆（1077—1136），和州含山人，开始向长芦崇信、湛堂文准、黄龙死心禅师修习，后来参悟圆悟克勤才得悟，入住苏州枫桥寒山寺，传播克勤之道于东南。著有《虎丘绍隆禅师语录》一卷。嗣法的弟子只有天童昙华一人。昙华的法嗣有八人，而以天童咸杰为最著。虎丘一派在天童咸杰以下，又分出松源崇岳、破庵祖先二系。松源、祖先二系在宋元时期出过不少高僧大德，他们大多弘教于江浙一带，主持多所寺庙。其中，籍贯为江苏的有：

虚舟普度禅师，江苏扬州人，俗姓史，年少时便有出家之志。出家于扬州天宁寺，出家后多方参访，四处求学，先后到杭州东堂院承侍祖信禅师、谒见林隐寺铁牛禅师，参访饶州荐福寺觉通禅师，后随觉通禅师到常州华藏寺。在觉通门下，普度禅师多次向觉通求问佛法大意，觉通禅师再三推辞，普度禅师一日半夜到觉通禅师榻下询问佛法，哀求恩师指点，觉通禅师只是静坐。几日之后，觉通口念"一微尘出大经，鸢飞鱼跃更分别。不将眼看将心看，已见重敲火里冰"，普度禅师于是大悟。觉通禅师圆寂后，普度外出弘法，先后住持金陵半山报宁禅寺，镇江金山龙游寺、长沙鹿苑褒忠寺、抚州白云寺、苏州承天寺，宋理宗景定年间（1260—1264）迁往灵隐寺。

虎言净伏禅师，江苏淮安人，家世生卒年不详。在虚舟禅师法会中得悟，出任杭州中天竺寺首座，并到潭州（今湖南长沙）讲法。元世祖至元年间，净伏禅师奉诏赴大都参加《至元法宝勘同总录》的编修、校勘，并为总录作序。后蒙忽必烈召见，借机劝说忽必烈戒杀生。至元三十年（1293）迁往径山，出任兴圣万寿寺第四十四代住持。

石屋清珙（1272—1352）禅师，江苏常熟人，俗姓温。从临安崇福寺出家，师事永惟法师，后参悟高峰原妙"生死事大，乞施大法"。高峰和尚道："我本无法，说甚大小。"石屋禅师多次请益，后者授以"万法归一，一归何处？"参究三年，无所发明。高峰和尚指示他去请益及安宗信禅师，六年后终有醒悟。石屋禅师后登霞雾山，构筑草庵隐修，前后达四十年之久。后往嘉兴当湖福源禅寺，从者众多。朝廷赐香币并赐"佛慈慧照禅师"尊号及法衣，石屋禅师不受，再次回到登霞雾山隐修，从此坚不出山。

高峰原妙（1238—1295）禅师，江苏吴江人，俗姓徐。15岁出家，苦参"生从何来，死从何去"话头，后经雪岩祖钦禅师机锋喝棒，终于了悟。宋度宗咸淳二年（1266），高峰禅师拜别雪岩祖钦禅师，前往浙江临安东天目山，住龙门长寿寺，五年后，终于得到解脱，从此"安邦定国，天下太平；一念无为，十方坐断"。南宋灭亡后，高峰禅师迁往西天目山，搭茅棚静修，成居所为"死关"，以表示不再出山，断绝万缘之意。雪岩禅师闻此，大为赞赏。自此，问道请益的僧人更多，甚至有来自日本、朝鲜等国的僧人。

除了上述松源系和祖先系的禅师外，当时著名的江苏禅师还有以中智及禅师（1311—1378），以中禅师是江苏吴县人，俗姓顾，号愚庵，又号西麓。自幼学习内外典籍，十七岁出家。先学习华严教义，有感于华严教义多涉言辞义理，不足以获得解脱。于是修习禅法，至建业（今江苏南京）大龙翔集庆寺拜谒笑隐禅师，但沉迷于辞章之学，后被同道中人呵责，有所醒悟，开始勤修苦学，后终有所悟，后拜入元叟行端门下。元顺帝至正二年（1342），被江南宣政院推荐至浙江舟山隆教禅寺开堂。后住普慈禅寺和杭州净慈寺。至正十八年（1358），主持径山兴圣万寿禅寺，后来被元朝授予"明辨正宗广慧禅师"尊号。

宋元时期，禅宗由农林禅走向文字禅，由山林转向都市，当时有众多的寺庙都变成禅宗的寺院，著名的有苏州的寒山寺、承天寺，镇江的金山寺、扬州天宁寺等。

寒山寺，是当时著名的寺庙之一，包括虎丘绍隆等高僧大德都在此修持过。寒山寺位于江苏吴县的枫桥镇，又称枫桥寺，开创于南朝梁代天监年间（502—519）。相传唐元和年间，寒山、拾得在此结草庵，其后，希迁创建伽蓝，称为寒山寺。唐代诗人张籍（约767—约830）以一首《枫桥夜泊》"月落乌啼霜满天，江枫渔火对愁眠；姑苏城外寒山寺，夜半钟声到客船"，使得寒山寺闻名天下。另一说法认为寒山寺旧名妙利普明塔院。宋太平兴国年间（976—983），节度使孙承祐建七级浮图。嘉祐年间（1056—1063），改称普明禅院。元末毁于兵火，明洪武年间（1368—1398）重修，其后又经多次修缮。现寺中供有寒山、拾得、丰干之像，并有钟楼、藏经阁等建筑，还有文徵明、唐寅、董其昌、林则徐等人的书法碑刻。

金山寺，位于江苏镇江西北的金山上，创建于东晋时期，原名泽心寺。唐代时，著名高僧法海（人称斐头陀）在所在山上挖土得金，于是改名金山，泽心寺也改为金山寺。北宋真宗大中祥符年间（1008—1016），皇帝梦到游金山寺，于是改名为龙游寺。徽宗政和四年（1114）曾一度改为道观，称"神霄玉清万寿宫"。但不久，重新恢复为佛寺。清康熙二十五年（1686），南巡金山寺，题"江天一览"四字。金山寺自此又改称江天寺。但民间仍称金山寺。

金山寺是中国佛教水陆法会的发源地，水陆法会最早由梁武帝在金山寺所开创。到宋朝元丰七、八年间（1084—1085），佛印禅师（了元）住金山时，有海贾到寺设水陆法会，佛印禅师亲自主持，至为壮观。水陆法会自宋代流行以后，很快地普及于全国，特别成为战争之后朝野常

图下 3-2　镇江金山寺

行的一种超度法会。元朝延祐三年（1316）、至治二年（1322）朝廷先后在金山寺举行盛大的水陆道场。此后，金山寺水陆法会一直传承下来，成为中国佛教水陆法会的中心。此外，金山寺还是著名传说白娘子传奇中"水漫金山"之地。

随着明太祖朱元璋定鼎南京，南京再次成为全国佛教中心之一。明太祖早年做过和尚，对佛教有着特别的感情。从洪武元年（1368）到洪武四年（1371），他召集全国高僧在南京蒋山（即钟山）举行五次大法会，以超度元末动乱以来罹难的众生和战死的亡灵，并为新王朝祝福，可谓盛况空前。参加法会的高僧都是自元代以来名动丛林的高僧大德，有来复见心禅师（1319—1391）、季潭宗泐禅师（1318—1391）、智顺禅师、万金禅师、元静禅师、宝金禅师（1308—1372）、天渊清俊禅师等。朱元璋不仅亲自参与法会，诏对高僧，而且还著有多篇佛教著作，并且下令开始修造《大藏经》。洪武年间修造的大藏经一般称为《洪武南藏》，是明代著名的三大藏经之一，于洪武三十一年（1398）修造完成，但在永乐六年（1408）被大火烧毁，世间流传极少。

朱元璋本人对佛教的影响有着深刻的认识，洪武年间即在南京修复诸多寺庙，他利用佛教主要是想用来教化人心，以维护其统治。为了控制天下僧众，明政权建立后，相关的佛教管理机构即僧录司也随之建立起来，佛教由此而逐渐失去活力。到明中后期，随着社会经济的发展，随着政府控制力下降，民间社会风气的变化，催生出云栖祩宏（1535—1615）、紫柏真可（1543—1603）、憨山德清（1546—1623）、藕益智旭（1599—1655）四位影响巨大的高僧。他们力图挽狂澜于末世，重振丛林风气，多方奔走，著书立说，讲经说法。其中有真可大师和藕益大师是江苏人氏。

紫柏真可，字达观，号紫柏，世称紫柏尊者，俗姓沈，江苏吴江人。十七岁时出门远行，经过苏州虎丘云岩寺时，听闻念佛而出家。二十而受具足戒，后行走各地，参究佛法。万历二十年（1592），他云游房山云居寺，偶然发现隋代静琬法师所藏三颗佛舍利，后被万历皇帝生母李太后请入宫内供养三日，后来利用皇太后的布施与憨山德清修复静琬塔院。

万历二十八年（1600），真可大师被诬陷转入"妖书案"，被逮捕入狱，万历三十一年（1603）圆寂狱中。真可大师是个非常有抱负的禅师，他曾感叹"憨山不归，则我出世一大负；矿税不止，则我救世一大负；传灯未续，则我慧命一大负"。

真可大师学无常师，反对佛教各宗内部互相排斥，希望调和各宗，以维护教团团结。他曾修订《礼佛仪式》，法愿礼拜西方一切众佛，并且要求礼拜汉传佛教自东汉以来的各位高僧大德，没有任何门派之见。他的僧俗弟子很多，从他问道的人士有陆左、冯梦祯、瞿汝稷、王肯堂等。瞿汝稷通内外学，著有《指月录》三十二卷，王肯堂为著名医学大家，著有《成唯识论证义》十卷等。

藕益智旭，是四大高僧中最后一个也是成就最高的一位高僧。俗姓钟，江苏省吴县木渎镇人。少年时读儒家经典，辟佛老，后受云栖祩宏影响，开始对佛教有新的认识，二十三岁听讲《楞严经》，自此决心出家，二十四岁时三次梦见憨山德清，后从德清的弟子雪岭剃度，命名智旭，二十五岁在袾宏塔前受四分戒，二十六岁又在袾宏塔前受菩萨戒，二十七岁起，遍阅律藏，见当时禅宗流弊，决意弘律。三十二岁开始研究天台教理。三十三岁秋始入灵峰（今浙江孝丰东南十五里），造西湖寺。此后不断往各地游历讲学，并多有著述，五十岁时，自金陵（今江苏南京）归灵峰，仍继续著述。顺治十二年（1655）圆寂，寿五十七岁。两年后，门弟子将其遗体火化，起塔于灵峰大殿右。

智旭的学说，是融合性质的，他修习过佛教各宗，并且留意儒家经典，主张融合各家教义，最后归宗净土。他认为，天台宗讲性具过多的强调从理上去认识，没有事上的考虑；华严虽讲事事无碍、理事无碍，这样就由具性发展到具象了。因此他主张性相圆融。站在天台的立场上，用具相的观点来解释《起信论》。智旭不仅主张性相圆融，而且特别重视律宗，希望借助戒律来整治丛林流弊。并且主讲禅教律融合，已归于净土。他的净土思想经过几个阶段的变化，四十九岁著作《弥陀要解》始形成最后的净土思想体系。他偏重“持名念佛”，将“持名”分为“事持”与“理持”，说“事持者，信有西方阿弥陀佛，未达是心作佛，是心是佛，但以决志愿求生故，如子忆母无时暂忘；理持者，信西方阿弥陀佛是我心具心造，即以自心所具所造洪名为系心之境，令不暂忘。”因此，智旭所说的念佛，有广狭二义：狭义唯指持名，广义即含摄一切佛教。他将念佛三位分为三阶段，即：念他佛、念自佛、自他具念。

明清时期的南京，是江南地区的政治文化中心。自明太祖朱元璋开始，南京高僧大德云集，并且重修兴建大量寺庙，形成著名的金陵八大寺，八大寺是指灵谷、天界、报恩、栖霞、鸡鸣、静海、能仁、弘觉。

宋元明清，佛教虽然在中国社会广泛的存在着，并深刻融入到中国思想文化和社会生活的方方面面；但是，由于佛教自身理论创新的缺失并加上后来禅宗净土的流行，佛教越来越缺乏主导地位，随着宋明新儒家的兴起，纯粹的佛教也就越来越边缘化。直到清代晚期，对众多东传日本的佛教经典的再发现，杨文会等在南京创办金陵刻经处，流通佛经，培养人才，佛教在近代中西文化的碰撞下也有了新的进展。

杨文会，号仁山，安徽石棣县人，生于清道光十七年（1837）。自幼读书，但不喜科举。因战乱而迁徙各地，期间泛滥群书，包括音韵、历数、天文、地理以及黄老庄列等学问。同治三年（1864），开始钻研《大乘起信论》，又读《楞严经》。过了两年，到南京工作，与同事魏刚己、赵惠甫、刘开生、张浦斋、曹镜初等人相互切磋探讨佛理，有感于佛学没落、经籍难寻，认为弘扬佛学首先在于佛经的流通。于是设立金陵刻经处，募款刻经，后又和江都人郑学川的江北刻经处分工合作刻经。后来跟随曾纪泽出西欧，结识日本人南条文雄，在南条文雄的帮助下，从日本引进300多种中国已经失传的经典，从而为研究佛家提供了大量的资料。他在刻经的同时，还进行讲学活动，培养科太虚、欧阳竟无近代著名的佛教学者。

杨文会弘扬佛学四十年，以刻经和讲学交互为用。欧阳竟无在《杨仁山居士传》中指出杨文会对于佛教之十大功德，"杨仁山居士讲究竟学，深佛法，于佛法中有十大功德：一者，学问之规模弘扩；二者，创刻书本全藏；三者，搜集古德逸书；四者，为雕塑学画刻佛像；五者，提倡办僧学校；六者，提倡弘法于印度；七者，创居士道场；八者，舍女为尼，孙女外甥女独身不嫁；九者，舍金陵刻经处于十方；十者，舍科学伎艺之能，而全力于佛事，菩萨于五明求，岂不然哉"，是十分精到的。在金陵刻经处成立后，杨文会先后从日本和朝鲜找回《中论疏》、《百论疏》、《唯识述记》、《因明论疏》、《华严三昧章》等约300种国内早已散佚的隋唐佛教著述，加以刻印流布，使得三论宗、慈恩宗、华严宗等佛教宗派教义复明。出于弘扬佛法的考虑，杨文会还为金陵刻经处规定了"三不刻"的条例，即：疑伪者不刻，文义浅俗者不刻，乩坛之书不刻。在此原则的指导下，金陵刻经处所刻经籍特别精审，加之刻版采用了经文与注疏会合的方式，且划分段落，添加句读，并经严格校勘，各方信士皆誉其为"最精善之佛典版本"。

1911年杨文会逝世前，嘱咐刻经处事业由其弟子欧阳竟无、陈樨庵、陈宜甫三人分别负责编校、流通、交际等工作。后来欧阳竟无在刻经处成立研究部，聚众讲习，兼事刻经，从学者有姚柏年、吕澂等人。金陵刻经处一直保存流传下来，从事了大量的佛教刊刻流传工作；后来，又逐步恢复了刻经流通业务，收藏经版最多时达15万余片。

宋元以后江苏佛教的繁荣，除了表现在高僧大德辈出、佛寺众多外，佛教典籍也在这个时期得到全面的整理，出现了几部后来影响深远的佛教文献结藏，有《碛砂藏》、《南藏》、《嘉兴藏》等。

《碛砂藏》是开始刊刻于南宋时期平江府（今江苏吴县陈湖延圣院），最初是在绍定五年（1232）时，宋皇室一族的赵安国，担任都劝缘大檀越，他派遣很多僧俗劝缘者到江浙各地募化，首先刊刻了《大般若经》六百卷和《摩诃般若经》三十卷，后来基本是募到款就刊刻，持续了很长时间直到宋朝灭亡还没有刊刻完成。端平元年（1234）编定并刻出天字至合字548函的目录。宝祐六年（1258）以后，因延圣院火灾和南宋垂亡，刻事曾中断30年。到了元朝，延圣禅院的六世住持惟吉四处奔走，开始筹划继续刊刻，大德三年（1299），元政府设立大藏经局，规定功德主、对经、点样、管局、提调等职务，并开始对南宋以来的经版加以追雕。这时由松江府僧录管主八主持，到至治二年（1322）竣工。全藏编次从天字至烦字共591函，1532部，6362卷。由于经过两个朝代的更迭和兵燹，原刻版片部分毁损，另用其他散刻本补充。因此后来的印本中夹杂元代寺院所刻的补本，甚至还附有翻刻的《普宁藏》数函在内。现存的陕西开元寺和卧龙寺的全藏（略有残缺），是在明洪武二十三、四年（1390—1391）间刷印的。

《南藏》，包括《初刻南藏》和《再刻南藏》。《初刻南藏》是明代洪武年间在南京刻成，但后来失传（直到1934年才在四川崇庆的上古寺重新发现）。大致是在洪武五年（1372）开始集合四方名僧于南京蒋山（即钟山）点校藏经，到洪武二十四年（1391）大体完成，又续将各宗乘的要籍编入；最后有禅籍数种，都是洪武二十七年（1394）以后由净戒重校，所以刻事的结束大概即在洪武末年（1398）。经版收藏于京城南关天禧寺。永乐元年（1403），开放流通。次年，寺僧对禅宗语录等缺版进行了修补。但到永乐六年（1408）僧人本性纵火烧了全寺，经版就随着毁灭无存。《初刻南藏》全部678函，约7000多卷，主要是在《碛砂藏》的基础上进行补充，大体上保留了《碛砂藏》的面目。

《再刻南藏》是永乐时所刻官版藏经。《初刻南藏》被毁后，次年明成祖就准备重刻，召集名僧善启等校勘底本。到永乐十七年（1419）即已全部完成。《再刻南藏》的编排与卷数都有所不同，之前各版藏经都以

《开元录》为依据，先分大小乘，再个别细分经律论，并将宋代陆续入藏各书、译典和著述交互夹杂地附在后面，显得凌乱无序。《再刻南藏》改变了这一编法，先分经律论，再各分大小乘，而将宋元续入各书分别附在三藏之末，这就清楚得多了，不过它紧接着大小乘经就是西土撰集，其中又附带有唐译秘密经轨，还不能说完全合理。而且刻成后也经过不断的追加，最后又经调整定为636函（到石字号为止），6331卷。《再刻南藏》完工后即藏于报恩寺，供应各地的请印。这比后来藏版宫中的北藏印刷便利多了，因而现在各处保存它的印本也较多。

《嘉兴藏》明末清初刻选的私版藏经，又名《径山藏》。发起于明嘉靖末隆庆初，到万历七年基本确定。万历十七年（1589）在山西五台山开雕，一年内共刻500多卷。因该地气候寒冷，二十年迁到浙江余杭县的径山继续刊刻。后又分散在嘉兴、吴江、金坛等地募刻，到清康熙十五年（1676）完工；由嘉兴楞严寺集中经版刷印流通。全藏分正藏、续藏和又续藏三个部分。正藏210函，完全按《永乐北藏》的编次复刻，千字文编次天字至史字，末附《永乐南藏》特有的5种，153卷。续藏95函，收入藏外典籍248种，约3800卷。又续藏47函，续收藏外典籍318种，约1800卷。康熙十六年（1677）以后，抽去续藏5函、又续藏4函，收入内容也略有变动。计正藏210函，续藏90函，又续藏43函，2090部，12600余卷。该藏除了改变历来佛经沿用的摺装式装帧为轻便的线装书册式外，主要是在续藏和又续藏中收集了大量的藏外著述，内容包括疏释、忏仪、语录等。

第六节　江苏在中国伊斯兰教发展中的地位

唐宋扬州的伊斯兰教　元明时南京的伊斯兰教　"金陵学派"与明清之际的伊斯兰教复兴运动

伊斯兰教是世界三大宗教之一，起源于7世纪时的阿拉伯半岛。伊斯兰教传入我国的途径，概括起来有两种方式：一是阿拉伯哈里发遣使来华朝贡，二是穆斯林商人来华经商。史书记载："永徽二年（651）八月乙丑，大食国始遣使朝献。"⑩我国史学界就把这一年作为伊斯兰教传入中国的开端。从此，阿拉伯哈里发不断派遣使者来华朝贡。据白寿彝先生统计：仅唐代，从永徽二年（651）到贞元十四年（798）这148年间，共通使36次。穆斯林商人来华约经商始于唐代，阿拉伯、波斯的商人从陆上丝绸之路和海上两个不同方向络绎不绝地来到经济繁荣、文化发达、举世闻名的中国，分别在长安、洛阳、广州、泉州、扬州等地定居下来。他们自选"蕃长"（又称谢赫），在当地政府的批准下，管理自己的事物。这些穆斯林商人在华娶妻生子，繁衍生息。他们是伊斯兰教的载体，也是现在回族的先民之一。正是这些朝贡的使臣和商人，使伊斯兰教开始在我国传播起来。回回家言："默德那国有吗喊叭德圣人……门徒有大贤四人。唐武德中来朝，遂传教中国。一贤传教广州，二贤传教扬州，三贤、四贤传教泉州。"⑪

　　扬州地处长江中下游，江淮中心，扼大运河入江之口，有着优越的地理条件，水路交通，四通八达，直至海外。入唐以后，特别是唐中叶以后，扬州成为东南沿海地区最大的商业城市，经济空前繁荣。时有"江淮之间，广陵大镇，富甲天下"⑫的美誉，故后世以"扬一益二"之谚来称颂唐代之扬州。意思是说，全国之盛当推扬州为第一，益州（今成都）为第二。

　　唐代之初，就在这里设立扬州大都督府，为全国五大都督府之一，并以皇子、亲王遥领，而以名臣干吏充任大都督府长吏，负实际责任。这表明了唐政府对这个地区的高度重视，这个淮右名都对于善于经商的阿拉伯、波斯商人具有极大的吸引力。他们沿着汉代以来形成的陆上丝绸之路，不避险阻，穿葱岭，越大漠来到长安，转至扬州。另一支沿着海上丝绸之路，即由波斯湾、阿拉伯海经孟加拉湾过马六甲海峡至广州，再经洪州（今江西南昌）到达扬州。这些远涉重洋的穆斯林商人们不仅带来了自己本国的商品，也带来了自己信奉的宗教。

　　伊斯兰教转入扬州的最早历史资料，见于明人何乔远所著《闽书·方域志》。据载：伊斯兰教创始人穆罕默德的门徒有四大贤人。唐武德（618—626）年间，这四大贤人来华传教，一贤传教广州，二贤传教扬州，三贤、四贤传教泉州。现在的广州怀圣寺和泉州的灵山伊斯兰"圣墓"相传分别是一贤、三贤、四贤所留下的传教遗迹。而关于二贤传教扬州的史实，在我国史籍中无明文记载，也未发现其遗迹。但是，从其他史料中可以推测出，在唐代，伊斯兰教已经传入了扬州。据《旧唐书·邓景山传》记载："居职四年，会刘展作乱，引平庐副大使田神功兵马讨贼。神功至扬州，大掠居人资产，鞭笞发掘略尽。商胡大食、波斯等商旅死者数千人。"《旧唐书·田神功传》中也有类似记载："田神功，冀州人也……寻为邓景山所引。至扬州，大掠百姓商人资产，郡内比屋发掘略遍，商胡波斯被杀者数千人。"

鉴于田神功部在扬州的暴行发生在唐上元元年（760），距安史之乱结束之年（763）还有三年，离伊斯兰教在波斯本土广泛传播还有百年，所以在扬州被杀的这些大食、波斯人不大可能都改奉了伊斯兰教，应该只有一部分是穆斯林。究竟是多少，已经无法考证。但数百人至千人，估计还是有可能的⑬。有这么大的一个数量，又有同类人的坟墓被田神功部发掘鞭笞，至少说明这个群体在扬州居住已经有了一定的年份。以此推论，伊斯兰教在唐中叶前，当已传入扬州。此外，《全唐文》中关于唐文宗大和八年（834），给岭南、福建及扬州蕃客的上谕⑭和《太平广记》中几则发生在扬州的关于胡人与宝珠的故事记载⑮也为上述说法提供了一些佐证。

然而，可惜的是，唐时繁华的扬州屡遭兵燹，到了五代，已成为了一片废墟，大量的伊斯兰教文化遗迹或遭浩劫，或尽掩于荒草之下。

宋代，扬州交通枢纽的地位被新兴的明州（今浙江宁波）、华亭、杭州所取代，阿拉伯和波斯的商人在此的活动也失去了往日的喧哗，但伊斯兰教似乎并没有忘记这个曾热情接纳他的城市。宋咸淳年间（1265—1275），一个叫普哈丁的传教者又踏上了这块土地。根据今扬州普哈丁墓园刻于清光绪三十四年（1908）的《先贤历史纪略》碑记载："普哈丁者，天方之贤士，负有德望者也。相传为穆罕默德圣人16世裔孙，宋咸淳年间来游扬州。其时维扬城东有龙王庙老僧华仙，素擅法术，颇有名誉，见先生欲一斗其伎俩，卒不能胜，乃折服而退。未几，先贤亦归西域。越三年，复东游之津沽，遂移舟南下，一夜即达广陵。柳岸舟子呼客起，不应。视之则已归顺矣。时德祐元年七月二十三日。事为郡守公所闻知为异人，乃建墓于兹土。"

普哈丁归真后，就葬在新城东关河东高岗上。因旁有礼拜场所，当地人称"回回堂"。同时代略晚于普哈丁来扬州传教的古都白丁、撒敢达逝世后也葬在普哈丁墓的周围，其墓园至今尚存。

图下 3-3 扬州普哈丁墓

元代是中国伊斯兰教大发展时期。自 1219 年起，成吉思汗和他的子孙们先远征中亚、欧洲，后又挥师中国，建立了一个横跨欧、亚两大洲的庞大帝国。在忽必烈征服统一中国的过程中，许多来自中亚的穆斯林组成了"探马赤军"参加了这场战争。元朝建立后，这些人的后裔在元政府中享有很高的地位。扬州作为元代东南的重镇，除有许多"回回"官员在此任职之外，还有更多的穆斯林商人和工匠来此生活、定居。也正是在这一时期，伊斯兰教沿着运河传向了离扬州不远的另一座更大的城市——南京。

元代，一些穆斯林随着蒙古军西征南下，集庆（今江苏南京）穆斯林人数增长。至元二十七年（1290），"建康（今江苏南京）路在城录事司"记录色目人户共 149 户，计 2919 人，其中色目人穆斯林高级官员计有 84 人。今南京建康路三山街一带当时为"江南诸道行御史台"所在地，色目人高级穆斯林官员多集中于此。元末，南京的穆斯林人口还不足 3000 人[16]。公元 1368 年，朱元璋在南京称帝，建立了大明皇朝。出于统治的需要，朱元璋在处置故元蒙古色目官吏、将校士卒方面，采取了"善加抚恤，密切防闲"恩威并施的政策，先集中京师，后分遣各地：

洪武五年（1372）李文忠获元官属子孙及军士家属一千八百四十余人送至京师，其中有才能者，擢为吏，余则隶羽林（卫）。[17]

洪武廿年八月丁丑，征虏大将军冯胜等收故元降将纳哈出所部将校官属三千三百余人……送至京师。[18]

此外，跟随朱元璋起兵的淮西农民军中亦有不少回回。他们大多是元代江淮地区的军屯户，在元政府的残酷剥削下，也纷纷揭竿而起，加入了元末的起义大军。再加上原先就定居在南京的蕃商和明初政府征召而来的西域学者和滞留京师的西域贡使、商人，使得明初南京城里的回回人数达到了接近 10 万人的空前规模[19]。

明建文四年（1402），燕王朱棣"靖难之役"也带来了不少穆斯林士兵。朱棣选调故元旧部的强悍骑兵为亲兵从战南征。永乐元年（1403），约 3000 名故元将士随着朱棣进入南京，郑和也于此时一同来到南京，这使得南京城里信仰伊斯兰教的人数再次增加[20]。

在今天南京的三山街上有一座 600 多年历史的清真寺——净觉寺。根据该寺内复制的一块永乐三年（1405）碑石记载："洪武廿五年三月十四日咸阳王赛典赤七世孙赛哈智赴内务府宣谕：……分作两处盖造礼拜寺二座：南京应天府三山街铜作坊一座，陕西承宣布政司西安府长安县子午巷一座。"我们可以得知，净觉寺于明初由朱元璋敕建，是当时南京城里最大的一座清真寺。明天启、崇祯年间（约 1621—1644），伊斯兰教学者胡太师的四传弟子陕西临潼人张少山、马真吾等人皆应聘来南京，担任净觉寺、旱西门、卢妃巷诸教坊的开学阿訇，开办经堂教育。其中，净觉寺为最大的经堂教育场所。他们延续了伊斯兰教在南方的生命力，使得伊斯兰教在南方的生存空间得到了进一步加强和发展，同时也为日后"金陵学派"的诞生和 17 世纪南京伊斯兰教的文化复兴运动开创了学术先河。

明末清初，南京的回回伊斯兰教学者及广大知识分子，在研读经书，与域外同道学者交往，以及因佛经的流传和基督教《圣经直解》的出版启发、刺激下，特别是在清初南方出现的短暂"文治"氛围影响下，他们自觉地、勇敢地担当起复兴民族文化的历史任务，掀起了一场以汉译著述为先导，旨在建立适应中国情况的伊斯兰文化体系理论的活动[21]。这场涉及哲学、教义、社会学、史学和文学等伊斯兰文化圈各领域的学术活动，将从 17 世纪开始的南京伊斯兰文化复兴运动推向了高潮，也标志着"金陵学派"的正式形成。

在这场复兴运动中涌现出一大批如王岱舆、张中、马忠信、伍遵契、刘智等优秀的回回学者。他们中的代表人物首推揭橥这场运动的领袖人物——王岱舆和金陵学派集大成者——刘智。

王岱舆（约1585—1657），名涯，以字行，自署真回老人。先祖原系西域人，洪武中作为贡使来华觐见明太祖，因悉天文历算，被钦留在京，任回回钦天监事，落籍江宁。王岱舆出身于"天文生"世家，自幼耳濡目染，养成了观察夜空星象、宇宙天体的兴趣爱好。青年时代又曾师从南京著名经师马君实，系统地接受了伊斯兰经学教育，有深厚的阿拉伯文、波斯文的功底。30岁以后，又系统地研读儒家学说和庄、老的哲理以及佛学，很快成为精通"四教"的回儒（伊斯兰学者）。在历经约二三十年的教学和潜心钻研后，约在明崇祯十五年（1642）创作了三部论述伊斯兰教义和哲学的著作——《正教真铨》、《清真大学》、《希真正答》，并因这三部"汉克塔布"问世而蜚声国内。明亡后，曾应聘于北京马思远学馆讲学。约在清顺治十四五年间病殁，葬于北京三里河清真寺西侧，享年70多岁②。

在哲学上，王岱舆提出了"真一、数一、体一"的宇宙本体认识论，巧妙地继承了中国传统哲学"一"和"一生万物"的观念，为"宇宙万物都是真主安拉的造化"这一伊斯兰教认主学的核心概念，寻找到中国哲学的根据。以儒诠经，同时又坚持了伊斯兰教真宰论的主体思想。

王岱舆为给自己"以儒诠经"立论，又提出了"二元合一忠诚"的学说。伊斯兰教强调只忠于真主的"一元忠诚"论，而王岱舆确认为人生有三大正事：忠于主、忠于君、忠于亲，忠主和忠君、孝亲三者不悖而同一。这样王岱舆就将穆斯林的信仰和儒家的仁、义、礼、智、信挂上了钩，把它纳入社会学行为规范的论述中去，从而使得伊斯兰具有了中国本土化的特色。

刘智（1660—1730），字介廉，上元县人。他的思想不仅是中国回族的智慧，也是17世纪中国人抽象思维和哲理的最高代表。其父刘三杰，字汉英，是清初南京著名的经师，曾著有《清真教说》等。刘智自幼聪颖好学，少年时即研读儒家经集杂学，后从师经师李永寿、袁汝琦等人。通晓阿拉伯语、波斯语、拉丁语、钻研伊斯兰经籍及西洋书137种，人文学科和自然学科各领域都曾涉猎，一生酷爱搜书、藏书，并两次负笈远游国内十省，访师求经，览天下名胜，阅诸家之藏书。晚年隐居南京清凉山扫叶楼，以十年辛苦不寻常的意志，从事浩繁的著书立说。雍正八年（1730）在贫困交加中殁于南京，墓葬聚宝门外雨花台东南麓（今南京中华门外花木大队南北中村，被列为省级文物保护单位）。

刘智一生著述繁多，传世主要之著作并有印本流行的有：《纂译天方性理》（简称《天方性理》）、《天方典礼择要解》（简称《天方典礼》）、《天方至圣实录》、《真境昭微》、《五功释义》、《真功发微》、《天方礼经》、《礼书五功义》、《天方字母解义》、《天方三字经注解》、《续天方三字经》、《天方三字幼义》等17部。其中《天方典礼择要解》被收入乾隆四十七年（1782）《四库全书》存目。《天方至圣实录》于1887年被俄国东正教驻北京大主教巴拉迪斯译成俄文，1921年又被英国基督教驻上海教士梅益译成英文，除此之外还有法、日文版本。西方主要国家大学图书馆均藏有其著作[20]。

刘智在前辈王岱舆首创的"三一学说"的基础上，进一步从理论上阐发，使之更臻完善。他强调宇宙巨细都是真主的造化之物，"万宗归一"。安拉是造化万物缔造世界的真宰。对大小世界，即宇宙物质世界和心理精神世界的产生和发展，刘智作了精辟的唯心主义解释，但却承认心理活动（知觉）是确以"体窍"为基础，依赖于人的大脑的发展。因而，也包含一定的唯物主义倾向。他独到的思辨推理、判断的逻辑，使单纯的顶礼膜拜的宗教仪式提高到缜密的理性认识，将宗教的神学纳入哲学的框架，形成中国风格的伊斯兰教认主学（神学），对伊斯兰教中国本土化，在理论上作出了巨大的贡献。其目的宗旨依然如前辈王岱舆一样，打破儒家思想垄断中国思想界的局面。

发生在17世纪明清之际的南京伊斯兰教复兴运动，从客观上讲，它使伊斯兰教在中国得以生存和发展；从主观上讲，它也维护了中国封建社会秩序。

第七节　天主教在江苏的传播

利玛窦的传教活动　南京教案

天主教与东正教、新教并列为基督宗教的三大教派，公元 2 世纪基督宗教在罗马帝国境内巴勒斯坦地区形成。在天主教传入中国之前，有聂斯托利派传入中国。聂斯托利派，是公元 428 年从基督教分裂出来的一个派别，又称波斯教、弥施呵教，中国称其为大秦景教（简称景教）。唐贞观九年（635），景教由叙利亚人阿罗本传入中国。唐代和元代两度传入江苏，并分别在扬州、镇江建景教寺。元亡，江苏景教绝迹。

江苏天主教是由意大利耶稣会传教士利玛窦（Matteo Ricci，1552—1610）传入的。明万历二十七年（1599），利玛窦在南京正阳门（今光华门）里购得一处官邸，为教士住院，并在院内设一小教堂，供教士用于宗教生活。万历三十一年（1603），又在南京洪武岗（今中山门外四方城）建教堂。万历四十一年（1613），意大利传教士艾儒略到淮安传教，复又至常熟传教，建教堂一所。万历四十四年（1616），发生南京教案，神宗朱翊钧诏谕西方传教士回归本国，在南京的传教士被驱逐出境，江苏天主教的教务一度中断。天启三年（1623），熹宗朱由校谕令澳门传教士到京造西洋炮术，江苏天主教随之稍有恢复。天启四年（1624），意大利籍神甫王丰肃到镇江传教，镇江堂成为天主教老堂口之一。

清顺治年间（1644—1661），扬州、无锡、苏州始建教堂。康熙二十四年（1685），罗文藻正式在南京就任主教之职，成为天主教史上第一位中国籍主教。乾隆年间，发生苏州、江西、福建教案，江苏天主教传教活动进入低谷。道光二十年（1840）鸦片战争后，外国传教士依据不平等条约，深入江苏各地传教，并日趋活跃。同治九年（1870），南京石鼓路天主堂建成。光绪年间，扬州堂区有会口 6 处，教徒 200 余人。光绪二十六年（1900），扬州自成总铎区，下辖会口 19 处，教徒增至 900 余人。清末，江苏各地（包括上海）天主教有教徒 10 万人，主要分布在上海、苏州、扬州、徐州、南通一带。

此后，江苏天主教相继发展到东台、盐城、大丰、句容、溧水等地，并基本上为外国传教士所控制，同时还建立了一批教堂和教会学校、医院。

利玛窦，意大利的耶稣会传教士、学者。其原名中文直译为玛提欧·利奇，利玛窦是他的中文名字，号西泰，又号清泰、西江。明朝万历年间来到中国居住，他是天主教在中国传教的开拓者之一，也是第一位阅读中国文学并对中国典籍进行钻研的西方学者，颇受当时中国士大夫的敬重，被尊称为"泰西儒士"。他除传播天主教教义外，还广交中国官员和社会名流，传播西方天文、数学、地理等科学技术知识。他的著述不仅对中西交流作出了重要贡献，对日本和朝鲜半岛上的国家认识西方文明也产生了重要影响。

1552年利玛窦出生于意大利马尔凯州（Marche）的马切拉塔（Macerata），家里经营利氏药房，是当地的名门。1571年加入耶稣会，次年进入耶稣会主办的罗马学院学习哲学和神学，并师从数学家克拉乌迪奥·阿卡维巴学习天算。在这段时期，他不仅学会了拉丁文和希腊语，而且也学会使用葡萄牙语和西班牙语。

1577年利玛窦获准赴远东传教。先在印度和交趾传教四年，其间学习了人文学科和神学，开始认识到应该允许当地人也学习哲学、教理和神学等欧洲文化，开始把"感化异教徒使他们皈依我们神圣信仰"作为自己的使命，这种见解在利玛窦的一生中始终如一，也是他进入中国后所持的态度。

万历十年（1582），利玛窦应耶稣会东方总巡察使范礼安的召唤前往中国，八月到达澳门并开始学习汉语，两年后获准与罗明坚神父入居广东肇庆。他们对中国官员自称来自"天竺"，致使中国人以为他们是佛教徒。当时利玛窦解释来中国的原因是"因为仰慕中国，希望可以留下，至死在这里侍奉天主"。他不敢直接回答传教的目的，否则他可能会被驱逐。在肇庆的那些日子里，他结识了许多中国上流社会人士，特别是与士人瞿太素成为了好朋友，后者还帮助利玛窦翻译了欧几里得《几何原本》的第一卷。为了传教，他们从西方带来了许多用品，比如圣母像、地图、星盘和三棱镜等；这些西方的新事物吸引了众多好奇的中国人。特别是他带来的地图，令中国人眼界大开。

万历十七年（1589）夏天，利玛窦移居韶州。几年后，和他一起来的其他同事先后去世或回到了欧洲，只剩下利玛窦独自一人在中国从事传教事业。为了方便与中国官员交往，在征得范礼安的同意后，利玛窦开始蓄发留须，并穿起了当时儒士的服装。万历二十三年（1595）利玛窦借口为一位北上任职官员之子治病，而获得了去南京的机会，这是利玛窦第一次到南京。次年，利玛窦被范礼安任命为耶稣会中国教区的负责人，全权负责在中国的传教活动。并准备到北京去觐见中国的皇帝，以达到在中国传教的有力保障。利玛窦设法联系到了北上任南京礼部尚书的王忠铭，王忠铭表示愿意带他同去北京。

1598年9月7日，利玛窦与郭居静、游文辉一行同王忠铭一起抵达北京。但当时正值日本侵犯朝鲜，利玛窦作为外国人无法在北京久留，而且又遇到了财政上的困难，仅住一个多月便只好南返。次年1月，利玛窦来到苏州，想会见先前在肇庆受洗的瞿太素，两人后来在丹阳的一所古庙里见了面，开始商议在江苏建造教堂一事。经过商议，他们认为在苏州建造教堂较南京为好，因为住在南京更容易招人疑忌，而苏州有很多太素的朋友，比较方便。但为了谨慎起见，他们还是决定要前往南京面见礼部尚书王忠铭，请准建堂。当时，正值中国的传统新年，瞿太素便陪同利玛窦先前往镇江过节，并结交了许多当地官绅。

1599年2月6日，利玛窦在瞿太素的陪同下再次来到南京。在这里，利玛窦通过瞿太素的帮助结交了不少名士，如南京户部尚书张孟男、礼部侍郎叶向高、刑部侍郎王明远、国子监祭酒郭明龙、思想家李贽、徐光启等。当然这主要还是出于人们对他所掌握的自然科学知识的倾慕。值得一提的是，在南京居住期间，利玛窦还与一位三淮和尚（即大报恩寺僧雪浪）进行了一场辩论，在这次辩论中，利玛窦凭借其科学性的思辨明显占了上风。

四年之后的1603年，利玛窦终于成功地在南京正阳门（今光华门）内洪武岗西崇礼街（今尚书巷）建成了内地第四座天主教堂。而他在城西罗寺转湾的住址后来也成为著名的天主教堂——石鼓路天主教堂。这些活动使南京成为中国天主教史上最重要的传教中心之一，并以此为中心，向江南其他地区发展。

图下 3-4 南京石鼓路天主堂

南京是晚明耶稣会士传教的重地。明万历四十四年（1616）七月，南京发生一起逮捕耶稣会传教士及天主教信徒数十人的事件，史称"南京教案"。它是东西方不同的文化价值观、晚明党派斗争等因素综合作用的结果，成为晚明天主教传华后发生的第一起影响较大的反天主教事件。

利玛窦于 1599 年正式在南京开教设堂，吸收的第一个教徒是出身书香门第、世代官宦的 70 岁秦姓老人，受洗入教时，洗名叫保禄，后全家信了教。秦家住在南京城外，在家中设了一个小堂，内有神父住房，这是南京天主教的第一个"会口"，即活动点。

1603 年，位于洪武岗的南京第一个天主教堂建成之后，利玛窦便离宁北上，南京的教务工作交由意大利籍郭居静和葡萄牙籍罗如望两位传教士负责。明代杰出的科学家、《农政全书》的作者，后来官居礼部尚书兼东阁大学士的徐光启就是经郭、罗之手在南京受洗入教的。1607 年，郭、罗二人相继赴上海、杭州两地开教，将南京的教务又转托给意大利籍传教士王丰肃。

自王丰肃主持教务后，南京的天主教徒日益增多，达到 200 余人，原来的小教堂早已容纳不下。1610 年，王丰肃在紧靠教士住院的地方，利用罗如望经手增购的一所房屋大兴土木，拆建成一所宏伟的西式大教堂，叫做"圣母无原罪始胎堂"，又在城外孝陵卫修建花园住宅一所。由于教堂和花园的位置位于四方城（大明神功圣德碑碑亭）和孝陵卫之前，而且整个建筑高耸，引起了世人的瞩目和疑忌。民众认为这是外国传教士对朝廷的蔑视，因而群情激奋。当时在士大夫中也有一部分人担心天主教有如白莲教那样，会酿成农民起义。于是在新教堂刚刚落成的 1615 年，就招致了当时在礼部任职的郎中徐如珂、侍郎沈㴶、给事中晏文辉等官员的强烈反对，并引发了中国天主教传教史上有名的 1616 年丙辰"南京教案"。

1616 年 5 月，南京礼部侍郎沈㴶《参远夷疏》，攻击西方传教士滥入都门，暗伤王化，要求严夷夏之防，邪正之禁。沈㴶上疏后，南京诸大臣如晏文辉等皆起而附和。而在京的一些官员如徐光启等则挺身而出，竭力为之辩护。1616 年 7 月 21 日，沈㴶等突然发难，在未奉朝廷明令的情况下，由巡视东城御史孙光裕照会兵部司马拘留西方传教士王丰肃、曾德昭及当地教徒 14 人。事件发生后，在京传教士为之哗然，纷纷具疏陈辩，但沈㴶等官员在朝势力强大，结果可想而知。传教士庞迪峨、熊三拔等遣教徒张寀携疏揭至南京，正要刊刻分发时，又被沈㴶等加以逮捕，此次共收捕教徒 8 人。这次逮捕行动发生之后，沈㴶上《三参远夷疏》，再三申诉西方传教士图谋不轨，南北台省诸臣亦先后上疏参劾。万历四十四年（1616），明神宗颁布禁教圣谕：远夷王丰肃等立教惑众，蓄谋叵测，尔部移咨南京礼部，行文各该衙门，速差员役，递送广东巡按，静令西归，以静地方[24]。

禁教圣谕发出后，南京的沈㴶立即将王丰肃、曾德昭、谢务禄、钟鸣礼、张寀等 24 名教徒相继收捕入狱。数月后，经广东押往澳门，递送出国。其余散处各地的西方传教士在圣谕发出后，纷纷在民间潜匿，多未遇难。后来，王丰肃改名高一志，潜入山西传教，曾德昭亦改名换姓，入浙江、江苏布教。此案中被捕的中国教徒依其与教中关系分别处治。坐落在洪武岗新建成的圣母大堂和孝陵卫的花园住宅，全部拆毁后夷为平地，所有财产被全部充公，天主教在南京的传教活动就此暂告中断。

轰动中外的"南京教案"，以天主教在华势力遭受到第一次沉重打击，画上了一个句号。

【注释】

① 汤一介：《早期道教史》，昆仑出版社 2006 年，第 88 页。

② 卿希泰、唐大潮：《道教史》，中国社会科学出版社 1994 年，第 58 页。

③ 谢路军：《中国道教源流》，九州出版社 2004 年，第 69 页。

④ [晋]葛洪：《抱朴子内篇·金丹》，《正统道藏》第 46 册，第 37712 页。

⑤ [晋]葛洪：《抱朴子内篇·金丹》，《正统道藏》第 46 册，第 37713 页。

⑥ 卿希泰、唐大潮：《道教史》，中国社会科学出版社 1994 年，第 63 页。

⑦ [宋]李昉：《太平御览》卷 679 引《三洞珠囊》。

⑧ 卿希泰、唐大潮：《道教史》，中国社会科学出版社 1994 年，第 64 页。

⑨ 谢路军：《中国道教源流》，九州出版社 2004 年，第 79 页。

⑩ [后晋]刘昫等：《旧唐书》卷 4，中华书局 1974 年，第 69 页。

⑪ 何乔远：《闽书》卷 7《方域·灵山》，福建人民出版社 1994 年，第 165—166 页。

⑫ [后晋]刘昫等：《旧唐书》卷 182，中华书局 1974 年，第 4716 页。

⑬ 杨永昌：《漫谈清真寺》，宁夏人民出版社 1981 年。

⑭ 文宗太和八年（834）上谕："深虑远人未安，率税犹重。思有怜恤，以示绥怀。其岭南、福建及扬州蕃客，宜委节度观察使，常加存问。除舶脚、收市、进奉外，任其来往通流，自为交易，不得重加率税。"（董诰：《全唐文》卷 75）

⑮ [宋]李昉：《太平广记》卷 402《守船者》引《原化记》载：元和初，某盐船的守船者获得宝珠，至扬州胡店卖之。再如卷 220《句容佐史》引《广异记》载：句容县佐史因食麂吐出一物，状如麻鞋底，当地医人术士无人能识，于是派人到扬州出售。有胡人认出是销鱼精，并出高价买下来。卷 33 韦弇引《神仙感遇传》载：开元中，韦弇举进士下第。游蜀，遇到神仙，得到碧瑶杯、红蕤枕、紫玉函三件宝物。东游广陵（扬州），胡商诣弇，……以数十万金易而求之。卷 65 赵旭引《通幽记》载：天水赵旭，少孤好学，……家于广陵。遭遇神仙，得到宝物，旭奴盗琉璃珠鬻于市，适值胡人，捧而礼之，酬价百万。卷 421 任顼引《宣室志》载：唐建中初，有乐安任顼者，好读书……（后得到一珠）。顼后到广陵市。有胡人见之曰："此真骊龙之宝也，而世人莫可得。"以数千万为价而市之。

⑯ 南京地方志编纂委员会编：《南京民族宗教志》，南京出版社 2009 年，第 312 页。

⑰ [清]谷应泰：《明史纪事本末》卷 10，中华书局 1977 年，第 135 页。

⑱《明太祖实录》卷184，台湾中央研究院历史语言研究所1962年，第2772页。

⑲ 南京地方志编纂委员会编：《南京民族宗教志》，南京出版社2009年，第313页。

⑳ 南京地方志编纂委员会编：《南京民族宗教志》，南京出版社2009年，第313页。

㉑ 伍贻业：《南京回族伊斯兰教史稿》，南京市伊斯兰教协会编印1999年，第128页。

㉒ 伍贻业：《南京回族伊斯兰教史稿》，南京市伊斯兰教协会编印1999年，第129页。

㉓ 伍贻业：《南京回族伊斯兰教史稿》，南京市伊斯兰教协会编印1999年，第133页。

㉔ 夏瑰琦：《圣朝破邪集》，香港宜道出版社1996年，第96页。

第四章

书画艺术承先启后　领异标新

　　自有专门记载以来，江苏的画人书家便在中国书画史中扮演着重要的角色。诸多绘画史论家都着意于江苏在书画史上的独特性，努力在各种各样的著述中予以强调和展现：唐以前的名家圣手中，江苏籍的几近半数，其中不乏顾恺之、陆探微、张僧繇等开宗立派的人物。被称为"二王"的王羲之、王献之父子的书法，更是演绎了中国书法艺术的绝佳妙境。宋、元是中国书画艺术的辉煌时期。书法"宋四家"之一的米芾，不仅书法冠绝当世，与其子米友仁开"米氏云山"一派，是对中国山水画的一大贡献；取代"院体画"成为主流的是元代兴起的"文人画"。以"元四家"（其中黄公望、倪云林两人为江苏籍画家）为代表的文人山水画，开辟了中国绘画的新天地。进入明、清，江苏已然成为中国绘画的重镇，画派林立，名家辈出。明代"吴门派"、"清六家"、"华亭派"、"松江派"、"娄东派"、"虞山派"、"金陵八家"、"清四僧"之"二石"、"扬州八怪"、"京江画派"……几乎等同一部中国明清绘画史，也书写了中国画的又一次辉煌。

第一节　名贤辈出的六朝隋唐绘画

"六朝三大家"：顾恺之、陆探微、张僧繇　绘画理论的形成

三国鼎立之际，孙吴政权（229—279）在江南地区苦心经营数十载，今江苏的政治经济得到了极大的发展，尤以苏南一带为最，建业城（今江苏南京）成为这一区域的政治和经济中心。嗣后虽有司马氏一统天下，但内乱外困，战乱频仍，永嘉之乱后，司马氏政权被迫东迁江左，在南京建立东晋。社会动荡，经济凋敝，随着皇室南迁，北方大族及百工之间纷纷南迁。与乱世相映照的是，此时以建业为中心的江苏画坛名手辈出、剧迹煌煌，绘事的发展足以在中国绘画史上留香弥远。

据《历代名画记》记载："自古论画者，以顾生之迹天然绝伦，评者不敢一二。"①这里所说的顾生即晋陵（今江苏常州）顾恺之（约348—409），字长康，是中国古代绘画史上标志性的人物。他富于才艺，尤工丹青，有"画、才、痴"三绝之誉。刘义庆《世说新语》中记载道："谢安谓长康曰：'卿画自生人以来未有也。'"据文献所载，顾恺之当年较为重要的绘画创作几乎都发生在今天的南京地区，其中最为重要的是在瓦官寺画维摩诘像，这在当地引起了不小的轰动，可以被视为南京作为江苏境内最重要画坛中心的肇始。时至今日，顾恺之原作已无缘得见，因其盛名，后人俱以其名下之作为描摹之根本，北宋以降此种风气最盛。现存大英博物馆（British Museum）的那卷著名的《女史箴图》，尽管对于它的创作年代学界仍存聚讼，但基本已被确定为后人摹本。其他的像分藏于北京故宫博物院、辽宁省博物馆和美国弗利尔美术馆（Freer Gallery）等处的诸本《洛神赋图》和北京故宫博物院等处所藏诸本《列女仁智图》亦是如此。尽管这样，我们依旧可以从这些摹本中想象顾恺之高超的画技。有趣的是，现存各种名目的顾恺之作品，大多为人物画，可见后人均认同顾氏是一个重要的人物画家。他不仅将线描技法引入人物画，并深化发展出适应各种表现需求的描法，开创了被后世称作"密体"的人物画技法。更为重要的是，他创造性地提出了"传神"理论，主张以刻画人物内心活动为绘画第一要义，这标志着画家对于生活的认

识和艺术的表现上进入了一个具有历史意义的新高度。顾恺之的画作、画技和绘画理论对于后世影响深远而广泛。东晋以后，江南地区宋、齐、梁、陈四朝政权频繁更迭，但社会总体稳定繁荣，这给当地绘画的发展创造了优越的条件。南朝的绘画成就，可以从南京和丹阳等地出土的大量《七贤图》模印砖画中窥知一二，其中尤以南京西善桥宫山墓出土的《竹林七贤与荣启期》砖模画（收藏于南京博物院）最为著名。这些精美的线描作品线条流畅，人物形态生动，表情举止刻画精到，使人想见江左风流。

身居金陵的诸多南朝君主大多雅好文艺，重书画，喜收藏，并招募了一批画家侍奉左右。比如齐高帝萧道成（427—482）、梁武帝萧衍（464—549）和梁元帝萧绎（508—554）都喜欢在听政之余，朝夕把玩自己的书画收藏，而元帝自身也是画史留名的丹青名手。梁武帝在位期间，发现并重用了吴地（今江苏苏州）画家张僧繇（生卒不详），任以直秘阁知画事一职，张得以绘事供奉内廷。他的作品多宗教题材，有着高超的写实技巧。他善用简洁的线条概括表现对象，形成了区别于顾恺之人物绘画风格的"疏体"一路，并成为当时的一种流行绘画样式。惜其画作亦无传世。在张僧繇出场之前的吴地，另有一位名叫陆探微（生卒不详）的画家，同样名动画史。他活跃于宋文帝至明帝间（424—471），作画气韵连贯，号称"一笔画"。他的画风承顾恺之"密体"之风，又有所超越，被谢赫评价为"穷理尽性，事绝言象，包前孕后，古今独立"。陆探微代表了吴地绘画的传统作风，而张僧繇与之迥然不同，这体现出南朝时期的人物画，已见风格化与样式化趋势。

后来的张彦远在《历代名画记》中曾经专门论述顾、陆、张三家用笔，将他们一并尊为我国绘画史上的巨擘。而从江南的地域上来看，他们都活跃于今天的南京与苏州之间，特别是顾、张二人，更是供奉内廷，在政权中心从事艺术活动，由此也产生了一个有趣而重要的现象——苏州画坛与南京画坛从此开始产生了互动。

六朝是中国绘画理论的肇始时期。随着绘画艺术的日趋成熟，画家队伍的逐渐形成，使绘画有可能具备独立的审美价值，评论鉴赏之风日渐兴起。出于社会审美的需求，绘画理论和对绘画史的研究开始从相关学科中分离出来，独立成科。

公元581年，隋立国，然国祚甚短，至公元618年即被李唐取而代之，中国历史进入了又一个辉煌的时代。隋大业元年（605），隋炀帝下令开通济渠、邗沟，将新营建起来的都城洛阳与扬子江畔的扬州用运河联系起来。运河的开凿从一开始就有着复杂的目的：漕运、军运甚至是游赏，而实际上，这条大动脉的作用远不止于此，它所迸发出的"血液"逐渐渗透至江淮平原的许多角落，渗透到两岸社会的方方面面。尽管扬州是当时发达的东南重镇，但是隋唐时代的政治中心依然远离江苏。我们今天很难找到这一时期江苏画家的资料，这自与当时主流绘画史的写作都在北方完成有关，身处东南一隅的江苏画家们处在历史的边缘，很少被记录下来。但值得一提的是，这些主流绘画史的作者中，有一个吴人的身影——朱景玄（约806—846），他所作的《唐朝名画录》至今仍是我们了解有唐一代，特别是中晚唐时期画家的重要史料，是我国历史上第一部断代史体例的绘画史著作。朱景玄在长安担任翰林学士一职，深感前代画史著作的缺陷，于是开始了漫长的著史过程。他秉持"不见者不录"的标准，将著录画家分为"神、妙、能、逸"四品。这种按品格分层次进行鉴赏的方式，早在南齐时代谢赫（约459—532）的《古画品录》和随后陈朝姚最（生卒不详）的《续画品》中就已经出现了雏形。朱景玄以一个南方传统的思维在北方撰写国家绘画通史，对以后的中国绘画史影响颇深。

谢赫《古画品录》是中国现存最早的评论画家及其作品并为之定级的专著，首次对三国至南齐间的二十七位画家进行品评定级，指出其优劣。尤为重要的是，在这一著作中，谢赫提出了中国绘画的品评标准——"六法论"（气韵生动是也；骨法用笔是也；应物象形是也；随类赋彩是也；经营位置是也；传移模写是也），这是对以往绘画实践的全面总结，对于中国绘画的审美取向具有标志性的意义。谢赫提出的"六法"论后经唐代张彦远的阐发，对历代绘画创作产生了更为深远的影响。

姚最，字士会，吴兴人，南朝人。博通经史，尤好著述。著有《梁后略》与《名书录》。他在《续画品》自序谓："今之所载，并谢赫所遗。"即谢赫《古画品录》的赓续之作。姚最在书中陈述了对绘画创作的主张：

"虽质沿古意，而文变今情"②。即主张绘画既要继承传统，又要与时更新。正文为评述谢赫《古画品录》成书后的二十位画家，包括三位外国画家。品评的标准仍依"六法"，但不分品第，以湘东王置于首位，其对各家画艺的褒贬则体现在行文中。《续画品》的写作不仅开创了至唐不衰的续写《古画品录》先例，而且在评述湘东殿下"学穷性表，心师造化"与萧贲画艺时提出的"学不为人，自娱而已"之说，也对后世绘画及理论产生了重大影响。

谢赫与姚最的著作并非南朝最早的绘画理论著作。事实上，从顾恺之开始，活跃于江苏的不少画家都有著书立说的习惯。顾恺之的"传神"理论就是在他的《魏晋胜流画赞》一文中提出来的。他还有《画评》、《画云台山记》等理论著作传世，其中《画评》点评了魏晋以来绘画作品之优劣，是中国绘画史上最早的"画评"，开创了这一领域的先河。在他之后，又有南朝宋的宗炳（375—443）与王微（415—453）两位理论家，分别有《画山水序》和《叙画》。

宗炳，字少文，南阳涅阳（今河南镇平）人，居江宁。他善琴棋书画，精于玄理。屡被征召，均辞不就，隐居自得。一生好游，游辄忘归。凡所游之山水，皆图于壁，当以"卧游"，所谓"抚琴动操，欲令众山皆响"。所著《画山水序》，对中国绘画中的空间意识之特点及透视法则进行了阐述，发前人所未发。《画山水序》与王微的《叙画》把山水自然美上升到艺术美的境地。

从哲理的角度把自然美的欣赏与山水画的创作联系起来认识，从真与美的统一上认识山水画的功能，在既真实又兼顾绘画艺术表现特点上，揭示山水画再现自然的重要法则，因而具有较强的理论性与系统性，对后代山水画创作与理论产生了久远的影响。

这两位理论家同时又是杰出的山水画家，他们的著述都与山水画有关，这与我们之前所列举的画家大多为人物画家的当时历史主流相辅相成。正由于早期中国绘画的成就几乎都体现在人物画中，宗、王二人的山水画论才显得弥足珍贵。宗炳所提出的"含道映物"、"澄怀味像"的美学思想，成为后世绘画美学中讨论最为广泛的命题。

活跃于盛唐至中唐的吴郡（今江苏苏州）人张璪（一作张藻，字文通，生卒不详）是继宗炳、王微之后出现的又一位重要的山水画家和理论家，撰有《绘境》一书今已不传。据记载，张璪在绘画创作上重视灵感和想象，得于心而应于手，挥毫泼墨，不重视刻意的雕琢，他与王维（701—761）一起被后世奉为中国水墨山水画的宗师。朱景玄还说他的山水画"高低秀丽、咫尺重深，石尖欲落，泉喷如吼"③，盖以为"其近也，若逼人而寒，其远也，若极天之尽"，画面形象与远近关系处理的都极为高妙。

张璪在绘画理论上的贡献也很大，他所提出的"外师造化，中得心源"之说，更是简练而深刻地概括出了绘画创作中主客体的关系，对于宗、王二人的山水画理论有着重要的发展，成了中国画学之不朽名言。可以说，宗炳、王微、张璪的山水画理论为即将到来的五代两宋山水画的大发展时代奠定了理论的基础。

第二节　南唐至宋元的宫廷画与文人画

南唐绘画的重要成就与"南唐画院"　宋代不同绘画风格的互动与江南画风　元代遗民画家和文人画　"元四家"之黄公望、倪瓒

唐之末叶，藩镇割据，中枢无力。公元907年，朱温（852—912）篡唐建立后梁（907—923），中国历史进入五代十国时期。此时的中国绘画，随着由于受到战乱影响而迁徙的人群，出现了由中央政权向偏远地区迁移的趋势。这一迁移主要朝着两个方向，一个是西南方，也就是今天的四川盆地，另一个方向则是今天江苏境内的长江中下游地区，中国绘画开始在这两个区域独立发展起来。

公元937年，南唐王朝（937—975）定都金陵。南唐虽然国祚短促，且饱受外侮，但是相继的三位君主都有很高的文化修养和艺术品位，尤其是后主李煜（937—978），他本身就是一位杰出的文人画家。在君主的鼓励下，南唐境内文风鼎盛，艺术得到了极大的发展。南唐绘画所取得的成就，再一次确立了南京作为地域画坛中心的地位，这也是自南朝以来江苏本地绘画加速发展的关键。

　　台湾艺术史学者陈葆真曾经将南唐绘画的特色分析为三个层面：第一是继承唐代的中原传统绘画样式，第二是建立江南的新画风，第三是实践诗、书、画相结合的新的美学价值④。这三点分别在人物画、山水画和花鸟画方面得到了不同的展现。值得指出的是，南唐的绘画得承唐代绘画的衣钵，题材得到扩展，而不像南朝的那些画家们大多只擅人物画，南唐在各个画科中都出现了重要的画家，当然这些画家大多生长、活跃于今天的江苏南部。

　　出生在今江苏句容的人物画家周文矩（937—975）曾经是南唐的宫廷画师，画史记载他工画道释、人物及仕女。周文矩的画风胎息于唐代人物画家周昉，但他更注重刻画人物的仪态神情，尤其是他所描绘的仕女入木三分，这从传《宫中图卷》中便可窥见一斑。这件线描作品中共刻画了八十余个形态各异的宫廷仕女，她们或扑蝶、或戏婴、或弄犬、或按乐、或簪花、或理妆，神情恬静又略带几分慵懒之态，十分传神。他名下的人物画作品还有藏在美国纽约大都会艺术馆（Metropolitan Art Museum）的《琉璃堂人物图》，及北京故宫博物院所藏的《重屏会棋图》，后者描绘的是南唐中主李璟（916—961，943—961 在位）与诸兄对弈的和睦场景，画中人物衣纹细劲曲折、略带顿挫、圆润流畅，即是画史所谓的"颤笔法"。这种描法据说是周文矩受李后主书法影响而创，这体现了画家在继承唐代画风、技法的同时又别有新裁，也从侧面反映出南唐绘画承上启下的时代特点。

　　客居南京的另一宫廷画师顾闳中，以《韩熙载夜宴图卷》闻名画史。尽管这件画作已经被学界否定是他的真迹，但是从这件精美的人物画作品中，我们依然能够感受到南唐精丽画风的余韵。《韩熙载夜宴图》的性质特殊，据说是画家受到皇帝的指派，前去打探韩熙载府宴的情况之后画就的。画家通过精心的描绘，较好地刻画了主人公韩熙载不羁的放荡生活和忧国的苦闷心情。画中人物众多，但是每一个人物都表现自然、生动传神，勾勒的线描准确流畅，色彩明丽和谐，有着出众的艺术效果。

　　南唐另外一位杰出的人物画家是金陵人王齐翰（生卒不详），他的画风"不吴不曹，自成一家"。现藏于南京大学、由宋徽宗题名的《勘书图》是他目前惟一的传世作品，是作描绘了一位文士于三叠屏前挑耳之景。

画面平淡无奇，但画中人物心境恬淡、神态安逸之姿跃然纸上。更值得关注的，是这件作品中三叠屏上的山水构图，尽管原作已漫漶不清，但依稀可辨山水景象，这是佐助我们探究彼时山水构图的重要证据。

《勘书图》上的山水残迹，吸引我们进一步了解南唐时期山水画所取得的成就。东晋南朝时代，山水画已在江南一带萌芽，历经隋唐，得到迅速的发展。当时的山水画主要绘于寺观墓室的墙壁之上，抑或如《勘书图》中所描绘的那样，绘于屏风之上。至南唐，山水画开始进入卷轴时代。正如在人物画领域出现了周、顾、王三家一般，南唐的山水画领域也出现了"百代标程"的两位人物。俞剑华先生有云："江南人物俊秀，风景幽美，罗丘壑于胸中，生烟云于笔底。"这里称赞的就是南唐的董源与僧巨然，并称"董巨"，为"江南山水"之鼻祖。

活跃于南唐初中期（937—961）的钟陵（今江西进贤）画家董源（？—约962）是我国山水画史上极为重要的人物，他也是供职于南京内廷的画师，官至北苑副使，史称"董北苑"。尽管他所擅长的画科较多，但最受后人推崇的是，他创造性地以水墨淡彩描绘江南特色的山川景貌。他的作品"多写江南真山，不为奇峭之笔"，笔下的景物能够使观者有"寓目于其处"的身临其境般的感受。他的画法全然不同于唐代王维、张璪的简单的泼墨渲染，而是将勾勒皴擦有机结合起来，相得益彰地表现自然景象。他根据具体的景物使用不同的皴法，结合江南山川的特点创造了披麻皴、点子皴等。这种技法上的创新使得他的作品"用笔甚草草，近视几不类物象，远观则景物粲然"。在宋人的眼中，他的作品甚至能够体现出季节、气候和阳光空气的质感，显然，这种境界是唐代的山水画所未曾有的。现存董源名下的作品并不鲜见，以《潇湘图》、《夏景山口待渡图》、《龙宿郊民图》等最负盛名。不过这些作品的笔法迥异，有可能代表了南唐山水画的不同样式。

僧人巨然（生卒不详），钟陵（今江西进贤）人，一说江宁（今江苏南京）人。早年在江宁开元寺出家，是董源山水画风的重要继承人。由于方外高士之身份，巨然山水比董源显得更加野逸。而宋人认为其画作更具诗意，故尊崇有加。现藏台北故宫博物院的《层峦丛树图》，描绘了郁郁的山林，透出一派萧索的景象。南唐灭亡后，巨然随李煜来到开封，但他所带去的江南画风并不为时人所重。直至北宋后期，文人画理论体系初见端倪，董、巨才开始为人重视，并得到"平淡天真"的高度评价。董、巨对于山水画发生影响的时代颇晚，但极为深远，元、明以后许多重要山水画家都从他们的作品中获得启发和感染。

除了董源、巨然这两位具有典范意义的山水画家外，南唐较为杰出的山水画家还有卫贤和赵幹。来自北方的卫贤（生卒不详）入侍内廷，所作山水明显带有当时流行于北方的样式。传世《高士图》庄重典雅，主体为堂堂高山所据，景致呈三重：前景，古树刻画精细，中景山道透迤，缓缓向画面左上上升，远景铺陈屹立群峰，夹杂有若隐若现的坡岸密林。此图不仅层次分明，且构图丰富，几乎使人忽略了这是一张描绘"举案齐眉"历史故事的作品。从这件作品中，我们看到南唐与北方画坛互动的痕迹，这证明尽管政权隔离，但江南画坛与北方画坛之间仍然存在着一定的联系。

相较于卫贤的《高士图》而言，本籍江宁的赵幹（活跃于961—975）所绘《江行初雪图》则更富江南风情，传递出一种萧疏、寂寥的美学意象，体现了南唐绘画美学的新价值。该作本幅右侧有一行传为李后主的行楷题书："江行初雪画院学生赵幹状。"短短的十一个字传达出了丰富的历史信息。其中最重要的一点便是，南唐时代已经出现了正式的官方画院机构。画院的出现，标志着国家对于绘画事业的重视，也标志着画家地位的提高。画家们有了专门的供职场所，传习绘画也有了固定的机构，而创作《江行初雪图》时的赵幹，正是问学其中的一个年轻学生。

尽管当前对于南唐画院的研究尚有待深入，但对于画院的存在已经无人质疑。中国历史上最早的画院机构诞生在金陵地区，这不能不说是江苏绘画史上极为重要的一笔。

有了画院，画家便有了院内院外、在朝在野之分。但画院之外的画家们并不比院内的画家们成就低，身为处士的江宁人徐熙（活跃于南唐后主时期，961—975）、徐崇嗣（活跃于10世纪中后期）祖孙便是显例。徐熙的花鸟画风格自由潇洒，主要描绘水鸟渊鱼、凫雁鹭鸶一类的江南花鸟。技法以"落墨"为主，再"杂彩傅之"。谢稚柳先生曾经对此作出解释："所说'落墨'，一切以墨来奠定，只在某一部分约略用一点颜色，即墨要比颜色多得多，而且也不相互掩盖，所以把这一特点提出，名之曰'落墨'。"可贵的是，徐熙似乎并不仅仅掌握这一种画风，他还有另一种颇具装饰性的所谓"铺殿花"或"装堂花"的画风，郭若虚也曾对此有过记载。我们可以从现藏上海博物馆的《雪竹图》和台北故宫博物院的《花鸟》中分别遥想徐熙的这两种迥异的风格。

徐崇嗣继承祖父的衣钵，且发展出了一套被称为"没骨"的绘画技法，影响深远。郭若虚曾言："徐崇嗣画《没骨图》，以其无笔墨骨气而名之。"同时郭若虚还指出徐崇嗣这种技法的创新性，认为"前世所画，皆以笔墨为上"，"后来所画，未必皆废笔墨"。尽管陈葆真认为"没骨法"并非徐崇嗣所首创，早在唐代的敦煌山水壁画中就可以见到，但她还是肯定了徐崇嗣大胆地将这种技法引入花鸟画的贡献，认为这种新风格"日后与写实精工的黄筌画派相颃颉，成为画院之外、文人画家择以抒情写意的画法"⑤。

南唐时期，人物、山水、花鸟诸画科都得到了重要发展，这为此后中国绘画在宋代的登峰造极奠定了坚实的基础。而南唐画院也成为宋代画院的样板，从政治权力层面确保绘画艺术能够触及的全新高度。由这些画家们所创建的诗、书、画一体的新美学价值，也跨越了时空的界限，深刻地影响了中国后世的绘画。

北宋（960—1127）立国以后，对南唐政权采取高压态势。尽管南唐委曲求全，但仍于公元975年为北宋所灭，才情满怀的李后主及大量的南唐阁臣从南京被掳至汴梁（今河南开封），伴随他们一起北上的，还有南唐辉煌的绘画艺术。在开封，南唐的绘画势力与先入为主的西蜀绘画势力并驾齐驱，并相互角力。

北宋初年，四川画家得到较多的重视，来自江南的画家往往受到他们的制约。《图画见闻志》和后来的《宣和画谱》都曾记载黄居寀受到宋太宗重用的故实，就连徐崇嗣的花卉作品也要经过他的评鉴才能得到认可。而来到开封的巨然也在很长一段时间里得不到世人的关注。这些都反映出南唐绘画在刚进入北宋画坛时所处的不利境遇。直至北宋仁宗庆历年间（1041—1048），江南画家在文化中心的地位才得以改观，而到了北宋末年，由于皇室的喜好和士大夫的大力倡导，江南画家终于超越蜀地画家而成为当日绘画的主流。

江南画风在国家画史中的地位优势，可以从北宋后期皇室和士大夫阶层对于江南绘画收藏的喜好中体现出来。据统计，宋徽宗执政时期，内府藏有 201 件江南画家的作品，而四川画家的只有 19 件。而在沈括（1031—1095）、米芾（1051—1107）等人的积极鼓吹下，以董源、巨然为代表的"江南画"也开始为士大夫们所重视。其中，又以米芾对此最为"情有独钟"。缘何米芾会对沉寂百余年的江南绘画推崇备至？这与他在江苏镇江一带的长期生活的经历有着很大的联系。米芾长期客居润州（今江苏镇江），在那里他饱览江南山川景象，运用淋漓的水墨表现江南烟雨迷蒙的山川美景，自创"墨戏"。他的作品我们已经无法看到，但从其子米友仁（1072—1151）的《潇湘奇观图》等传世作品中，我们可以想见他笔下的云山意象。米芾对于董源极为尊崇和喜爱，他的绘画从构图到皴法都受到董源的影响，可以说是继承董源山水画风承前启后的重要人物。米芾、米友仁父子所建立起来的这种画风被称为"米家山水"，为当时渐渐兴起的文人绘画开辟了一种新的样式。

除了米芾在绘画评论上的推毂外，北宋后期（特别是庆历朝以后）江苏进京入仕的士大夫数量迅速增加，逐渐形成一股新兴的政治力量。在与京洛政治势力的角力中，他们对于江南画风的偏爱也在客观上提升了"江南画"的地位。于是在国家绘画史的叙述中，北宋末年，四川画家们所擅长的工笔花鸟画、道释画、鬼神画等日渐式微，而江南趣味的墨竹、写意花鸟、山水画等逐渐流行起来。

北宋末年的这种对于江南绘画的好尚，在后来偏安江南临安（今浙江杭州）的南宋（1127—1279）时代得到了更大的发展。与北宋绘画相较，此一时期的绘画在题材、技法等方面都发生了显著的变化，出现了包含南渡画家和临安本地画家在内的"南宋四家"——李唐、刘松年、马远、夏珪。这一时期，江苏在地域上被划分为两大部分，大致以今天的淮安地区为界限，南为南宋统治区，北则是金人统治的领地。由于战争的原因，处于宋金对峙前沿的江苏在绘画上出现了两个较为明显的特征：一是环太湖以南地区与首都临安展开美术上的交流互动，二是在边境的榷场出现了南北书画的交易。

米友仁，字元晖，后世称其父米芾为"大米"，称其为"小米"。他是南宋时期江苏南部画家进入临安皇室里职位较高、影响较大的一位。他的绘画继承家学，十九岁时就已经受到宋徽宗的赏识。南渡以后，他为宋高宗赵构（1107—1187）所优待，专司内府书画收藏的鉴定工作和绘画创作，现今可见的不少传世名迹上都能看到他的跋文。他所创作的绘画，被当时的皇室所垄断，民间和一般官僚因为喜爱他的作品却无法得到，甚至引起不满。米友仁不仅在绘画风格与形式上为南宋画家提供了一种示范，其审美趣味和鉴定理论对其时也产生了重要的影响。

南宋皇室从建立初始就重视搜求北方回流的北宋名迹，这也是高宗倚重米友仁鉴定书画的重要原因之一。在南宋时代，北方书画回流的一条十分重要的途径就是通过榷场的交易。尽管学术界目前对于宋金边境榷场书画交易的研究尚待展开，但是位于江苏境内的诸多榷场由于距离临安较近，而且交易人又有着较好的审美素养，从这里回流南宋的书画往往因为品质较高而受到皇室和权贵的重视，在元初周密（1232—1308）的记载中，就提到权倾一时的大收藏家贾似道的部分藏品，便来自今天江苏境内的榷场。不难推测，除了服务于收藏，榷场书画交易对于南宋人了解故国和同时代北方地区的绘画，也应该产生了较大的作用。

公元 1271 年，铁木真之孙忽必烈（1215—1294）定国号元。1276 年，元军铁骑踏破临安城的城墙，南宋灭亡。自此，元朝真正结束了自唐朝以来长久的多政权并立局面，中国的统一疆域达到了空前的规模，多民族、多文化的交融获得了新的历史契机。

蒙元政权自灭亡南宋开始，就遭到众多汉族文人士夫或积极或消极的反抗，加之其统治初期，对于这些由宋入元的汉族知识分子采取了粗暴的高压措施，引起"遗民"们的不满。这些"遗民"大多文化艺术素养极高，他们通过绘画的方式来表达对故国的怀念，以及对亡国的切肤之痛，形成了这一时期绘画史上特殊的"遗民画"。

长期饱经战乱之苦的江苏画家群体中，就涌现出了这样一些具有代表性的遗民画家。龚开（1221—？），字圣予，号翠岩，淮阴人。他曾在南宋景定年间入仕为官，是较为典型的汉族士大夫画家。元军南下攻宋之际，他曾经往来于闽浙一带参与抗元。元朝定鼎，他怀着亡国之痛归隐苏州，以南宋遗老自居，鬻画度日。值得关注的是，龚开与吴兴赵孟頫相友善，赵氏仕元，天下士人多不齿，而龚开并未多加指责，在目前存世的赵孟頫画作上依然能看到龚开的题诗。画史记载龚开擅绘瘦马、钟馗等题材，且有在作品上题诗明志的习惯。其存世的作品有《宋江三十六人赞》、《骏骨图》和《中山出游图》。《骏骨图》描绘的是一匹踽踽而行的瘦马，眼神中透露出疲惫的神情。画上自题诗云："一从云雾降天关，空尽先朝十二闲。今日有谁怜骏骨，夕阳沙岸影如山。"这样的题诗分明是画家借马自况，隐喻自己晚年的境遇，抒发悲凉的心境。《中山出游图》则是钟馗题材，龚开宣称，画鬼绝非笔墨游戏，而是另有所指。

同属遗民画家的还有祖籍福建的郑思肖（1239—1316），字忆翁，他曾应试博学鸿词科，不幸的是，尚未就官就遭遇国变。于是对宋朝忠心耿耿的郑思肖开始隐居苏州。他坚决不与北人往来，凡坐必南向，号"所南翁"。他对江南士大夫以及此后的丹青作手都有非同一般的影响。他擅长画墨兰，现藏日本的《墨兰图》是他唯一的一件传世作品。画家用极为简淡的笔墨画出一株一茎数叶的幽兰，但却没有画出兰花的根蒂和泥土。据载，郑思肖之所以画兰多不画根，是因为"土为番人夺去，忍着耶"？他用这样独特的方式，来表达自己对故国的怀念和元朝统治者的不满。在这件《墨兰图》中，我们依然能见到这位气格高洁的文人画家所留下的诗篇："向来俯首问羲皇，汝是何人到此乡。未有画前开鼻孔，满天浮动古馨香。"此作款识特殊，为墨印"丙午正月十五日作此壹卷"，而不书"大德十年"的元朝年号，这些细节也透露出郑思肖与元朝政府不相合作的决绝姿态。

江苏的这两位遗民画家，除了在对待元朝的气节立场上相似外，他们的作品所反映出来的自画自题的共同点也是值得我们关注的。他们通过画作上的自题诗，向观者传达他们绘画创作时的心境，表达自己的真实感受，这种方式完全不同于宋代中前期大多数画家喜爱将名款隐藏在画间，甚至根本不署名的习惯。这也是北宋以来的文人画理论发展到这一时期的必然结果。

北宋文人画理论的源头，可以追溯到南唐，彼时已经出现诗、书、画相结合的取向。北宋中后期，伴随着苏轼（1037—1101）、文同（1018—1079）、米芾等一批文人画家的出现，"士夫画"概念首次被提出来。这种绘画流派最初以画手的职业来作简单的区分，后来，其内容逐渐丰富，绝大多数绘画题材以水墨山水或者梅兰竹菊"四君子"为主，绘画的目的多为表达文人个体的情感，绘画的效果多追求"神似"而非"形似"等等。至龚开、郑思肖所生活的宋元之际，"士夫画"的理论已经非常成熟，并且在文人群体中产生了广泛的影响。元代的文人画家大多与龚、郑二人一样，反对为迎合俗世趣味而一味工细刻画，他们主张在绘画中表现文人的趣味与情怀，"无求于世"乃是重要的悬鹄。恰恰是在这样一种创作心理的驱使下，元代成为中国绘画史上文人画成就最高的历史时期。

作为"元四家"之一的江苏常熟人黄公望（1269—1354，字子久，号大痴、一峰道人），是元代杰出的山水画家，也是文人画史上关键的人物。公望原姓陆，后来过继给浙江永嘉黄氏，24岁入仕，在浙西一带担任书吏一类的小官，后来随官署迁往杭州供职。此时，元初画坛的重要人物赵孟頫（1254—1322）正好也在杭州一带活动，黄公望得以拜入赵氏门墙，成为"松雪斋中小学生"。黄公望的《水村图》，在纸上用淡墨皴擦，线条曲直交错，笔法、构图皆取自董源，颇具闲情逸致。这件作品对元代山水画具有典范的意义，后来一些重要的山水画作品都能在这件作品中寻得踪影。尽管我们不知道黄公望是否有幸得见这幅精彩的水墨山水，但就他本人作品来看，也直追董、巨风骨，尤其是晚岁的作品中，对于董源所创的披麻皴等笔法几乎运用到了炉火纯青的地步。除却水墨山水，黄公望还创造了浅绛山水。所谓"浅绛"，是以墨色为主，辅以花青、赭石等淡设色，成功地表现了江南秋山之景。黄公望之所以能够准确把握秋山的造型与色彩，源自他中年以后云游江南各地胜景的经历。他入仕二十余年后，不仅升迁无望，还因官场风波陷入牢狱之灾。出狱后，心灰意冷的黄公望加入了元代兴盛起来的全真教，置身方外，开始了往来杭州、富春之间的野逸生活，这使得他有机会真正意义上师法自然，并形成了日后平淡天真的山水绘画风格。传世名迹《富春山居图》是画家晚年饱览江南山川后，应方外友人（无用师）强索而绘制的巨作。据记载，这件作品耗费了画家三、四年的时间与精力，当黄公望完成这件作品时，已是八十二岁高龄了。尽管如此，这件作品看起来依然气韵连贯，似一气呵成。画中展现出画家全面的绘画技巧，主要使用了披麻皴，但是依据不同的山势又穷极变化，皴擦丰富，不见晕染。这种处理方式很可能与当时绘画媒介正由绢向纸发生过渡有关，黄公望将董、巨所创的绢本晕染的湿画法革新为适应纸本特点的新画法，尽管这种画法在《水村图》中已经有所体现，但作为成熟的画法，还是经黄公望之手才得以实现的。黄公望的杰出成就可能远远不限于绘画作品，他还留下了一部语录体的画论著作《写山水诀》，我们据此得以了解他和他所处那个时代的山水画情势。除此以外，黄公望更为重要的成就在于，他将文人画的理念与董、巨的山水画样式成功地糅合在一起，并垂范后世，这一点也使得他成为元季最具影响力的画家。

无锡人倪瓒（1301—1374），字元镇，号云林，是元代江苏画坛成长起来的又一位重要的山水画家，与黄公望同被列为"元四家"。倪瓒和北宋的米芾一样，有严重洁癖，性格相当怪异，所以人们又称之为"倪迂"。他的长兄是全真教的道官，善于持家，家庭条件相当优越，故而三十岁之前的倪瓒不问世事，一心读书作画。长兄去世后，倪瓒挥金如土，在家里建起了"云林堂"、"清閟阁"等庋藏法书名迹、奇珍异宝。同时，他还成为与松江（今上海）曹知白（1272—1355）、昆山顾瑛（1310—1369）相齐名的江南三大艺术赞助人之一。至正十五年（1355），倪瓒终于耗尽家财，过起了以船为家、漂泊湖上的浪迹生活。后世有人将他的这段经历与抗元斗争联系起来，其实这只是对于高士风骨的想象，殊非史实。在泛舟三泖五湖的日子里，倪瓒创作了许多应酬性的作品，这些作品的构图和内容都较为雷同，显示出倪瓒此时的绘画已经形成了所谓的"一江两岸"的经典模式和折带皴的表现形式。在他早年所作也是现存倪瓒唯一的一件青绿画作品《水竹居图》中，我们可以看到倪瓒当时的绘画面貌。这件作品中前后景之间的距离尚未拉开，远山的皴法也源自董源的披麻皴，画面整体感觉较为充实，看不出太多的独到之处。但是随着时间的推移和画风的转变，倪瓒作品中前景与远景的距离越来越大，形成"三段式"的构图，画面描绘的内容也越来越少，留白越来越多，笔迹也越来越干枯。这种画法贴切地表现出倪瓒所处的太湖北岸的真实风景：湖面宽阔、坡石峭利，汀渚和缓，应当是受到他真实生活经验的影响。倪瓒的画简约而率真，直指其内心淡泊纯净的境界。后世众多画家追随他的笔踪，却鲜有形神兼备者。

倪瓒自谓其作"聊以写胸中逸气耳"，这一论点成为文人画理论的另一个的重要标志。一同作为标志的，还有他曾经说过的那句"仆之所谓画者，不过逸笔草草，不求形似，聊以自娱耳"。"自娱"一词，自是契合于文人画家创作的非功利性，而"不求形似"的主张，更是当时文人画家所共同追求的审美趣味。在《写山水诀》中，黄公望曾说画窠石要"逸墨撇脱，有士人家风"。汤垕（生卒不详）在他著名的《画鉴》中，更是直言不讳："形似者，俗子之见也。"在苏轼提出"论画以形似，见与儿童邻"的主张之后，元代以倪瓒为代表的文人画家们用实际行动践行了文人绘画的理念，并将其发挥到了极致。

倪瓒泛舟太湖的经历，尽管充满了艰辛和落魄，但是从现存的作品和题画诗中可以看出画家淡然的心态和牢固的志趣。以舟为家的倪瓒，顺着太湖水系，造访各地贤达挚友，传世作品上的一段段写有受画人名款的作品记录下了他周游江南水乡的踪迹。现藏台北故宫博物院的一件署名为倪瓒的浅绛山水作品《雨后空林图》上就留有他和句曲外史张雨（1283—1350）相互唱和的诗文。张雨是生活在太湖南岸的钱塘人，是元

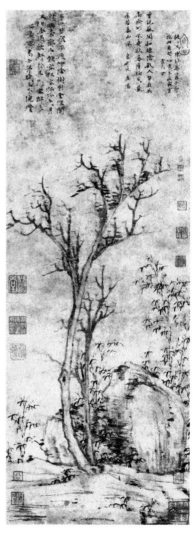

图下 4-1　（元）倪瓒《苔痕树影图轴》
（无锡博物院藏）

代著名的书法家，他与倪瓒之间有着深厚的交谊，倪瓒经常来到钱塘与张雨交游酬酢。而早于倪瓒的黄公望，与杭州的关系更为紧密，他不仅生长于斯，更在这里得到赵孟頫的亲炙。从黄公望和倪瓒二人的经历可以看出，元代太湖南北岸画坛已经有着紧密的联系了。

太湖南北岸画坛的联系似乎有着更早的渊源。尽管这一区域早自三国孙吴时代起便经常同属一个政权之下，但是该地区历朝的绘画往往都集中发展于南京、苏州或者杭州这三个重要城市，仍是"点"的发展。而到了宋末元初，由于战乱的原因，以龚开、郑思肖为代表的大量画家散落在环绕太湖一带的二线城镇中，这促成了后来环太湖画坛的形成。在元代，太湖沿岸的画家们往还唱酬，有的南下，有的北上，在太湖上来来往往船只的穿梭交织下，一张中国绘画史上史无前例的区域绘画网络初见端倪。

在这张网络的形成过程中，位于太湖北岸的今苏南地区显然扮演着较为重要的角色，尤其是在倪瓒出现的元代中后期，太湖北岸的平江一带（今苏州地区）更是成为了这张绘画网络的重心。

出生在太湖南岸吴兴（今属浙江）的王蒙（？—1385），字叔明，号黄鹤山樵，在年轻时就曾经循太湖北上，供职于元末苏州的张士诚（1321—1367）割据政权。王蒙是赵孟頫的外孙，又曾得到黄公望的指授，和倪瓒也有着密切的交往，他在绘画上不仅传承家学，还多有问道或是切磋的收获。相比于黄公望和倪瓒来说，这样的经历使得王蒙具备更为全面的绘画技能。他擅长表现深山老林、飞瀑流泉，以繁取胜，笔法穷极变化，密而不乱，与倪瓒的画形成鲜明的对比。

王蒙到达苏州时，苏州正处于张士诚的统治之下。元末农民起义四起，出身盐贩的东台人张士诚也参与其中。至正十六年（1356）他在平江自立为王，后又投降元朝，在苏州一带进行了长达十年的割据统治。在元末起义军中，张士诚是最富裕的，而他所盘踞的苏松地区更是富庶，以至于他后来成为了明太祖朱元璋（1328—1398）觊觎的对象。一般认为，张士诚对于绘画艺术的喜爱也促进了这一地区艺术的发展。张士诚曾经求访过倪瓒和他的绘画，从现藏上海博物馆的《百尺梧桐轩图》中，我们也能看到张士诚家族与当时一批活跃于苏州的江南文人之间密切的关系。在张士诚的优待宽容下，大批江南文士云集苏州，苏州画坛一跃成为太湖沿岸最有分量的艺术中心。正是在这种强盛文风的召唤下，年轻的王蒙才踌躇满志地来到了这里。苏州画坛在张士诚时代达到了空前的繁荣，这对日后明代吴门绘画的兴起无疑有着潜在的影响。

第三节　全盛期的明代江苏绘画

南京成为全国绘画的中心　吴门画派和"吴门四家"　华亭派与董其昌

公元 1368 年，朱元璋在应天府（今江苏南京）建立了明王朝。而明成祖朱棣（1360—1424）迁都北京后，南京成为陪都。南京地区的绘画艺术早已在建国之初就伴随着政治局势的稳定而逐渐兴盛起来，并且在有明一代始终占有全国绘画重镇的地位。

推进明初南京地区绘画发展的主要力量是职业画家。这些职业画家大多祖籍浙、闽，他们在风格上主要继承了南宋院体画风，粗犷豪放，与元代文人画讲究士气大不相同。这种审美取向为明初几代帝王所喜好，在南北两京的宫廷中得到了持续的赞助和发展。虽然明代宫廷不设专门的画院机构，但是后世一般将这一时期的明代绘画总称为"院体"。

朱元璋登基伊始就开始招募画家，命令他们"绘古孝行及身所历艰难"之事，通过绘画来教化子民。同时他还号令这些画家描摹帝后容像和功臣像，以及仙佛神像等。从中我们不难看出这位新君的审美趣味和艺术取向，也可以想见历经战乱的南京画坛是在一个不太高的艺术水准上起步的。可惜的是，我们今天除了知道他们大概来自南京周边的浙、闽一带之外，对于朱元璋时代的宫廷画家几乎一无所知。在明初活跃于南京的画家中，画名最盛的是戴进（1388—1462）和吴伟（1459—1508）。戴进，字文进，号静庵，又号玉泉山人，吴伟，字次翁，号小仙。前者是浙江钱塘（今浙江杭州）人，后者则是江夏（今湖北武昌）人。

戴进的绘画主要继承了南宋马、夏的风格，同时吸收了董源、巨然、范宽以及元人的技法，糅铸一家，被后世尊为"浙派"绘画的创始人。尽管他一心想进入宫廷，却遭到妒忌和诽谤，最终流落还乡，活动于南京、杭州一带。有意思的是，虽然在北京遭遇失败，但戴进的绘画在南京地区及周边地域却备受推崇。南京附近地区的画家与文士，有不少与他过从甚密，比如昆山夏昶（1388—1470）就与戴进保持着深厚的友谊，而苏州沈周（1427—1509）也曾经临摹过他的作品。戴进是明代绘画史乃至中国绘画史上较为传奇也最有趣的个案。首先，从地域上说，戴进的绘画生涯与元代形成规模的环太湖绘画网络有着密切的联系，他晚年的交游主要是在这一区域内发生的。其次，从风格上说，戴进所继承发展的马、夏风格，在经历了元代九十年的沉寂后，终于得到了新发展。明代以降，画家们往往不再创造新的绘画典范，而是对既有的绘画资源加以组合利用，以形成自己的独特风格。最后，从身份上说，我们已经不能将戴进简单地界定为是职业画家或是文人画家——他既以绘画谋生，又与当时的文人阶层通过绘画保持着密切的联系。现存戴进的画作面目众多，涵盖了山水、花鸟、道释等诸多题材。他的绘画风格严谨，笔墨张弛有度，给人隽秀之感。

相比于戴进来说，吴伟的人生也许要顺利许多。这位来自江夏的神童，很早就在南京驰名，受到了成国公朱仪（1427—1496）的资助。他在成化（1465—1487）、弘治（1488—1505）年间曾两次应召入京，待诏仁智殿，按例授锦衣镇抚、锦衣百户等职。民间关于他的传说非常多，比如他曾经醉中蓬头垢面地出现在成化皇帝面前，打翻墨汁并信手涂抹绘成《松风图》，而皇帝却称赞这幅画是"真仙人笔"。吴伟一生生性狂放，桀骜不驯，他看不惯官场的虚伪和腐败，最终拜别朝廷回到南京，过着无拘无束的生活。然而，皇室对于他的兴趣依旧不减。在他五十岁那年，正德皇帝再次召他入宫，结果他饮酒过量，尚未赴京就去世了。

吴伟擅长画人物山水。他模糊了传统人物画与山水画之间的界限，这使得他的作品看起来既非纯粹的仅含点景人物的山水画，又非传统的带有简略背景的人物画。他将人物的心理活动刻画出来，并与山水环境贴切结合，形成独到的画风。正如画史所描述的那样，吴伟的绘画大多尺幅巨大，笔法狂放简练，水墨淋漓，与戴进形成了鲜明的对比。在吴伟传世的名迹中，有一件藏于北京故宫博物院的《歌舞图》值得注意。尽管这件绘画并非吴伟的经典作品，但是画幅上方出自唐寅（1470—

1524）、祝允明（1460—1527）等吴门（今江苏苏州）画家之手的大段跋文恰好显示出此时南京、苏州地区画坛之间千丝万缕的联系。事实上，身居南京的吴伟与同时代的苏州画坛之间确实有着交往。

从戴进和吴伟的艺术生平来看，尽管他们都被归为"浙派"画家，但是他们的师承渊源以及艺术实践都是不同的，故此不能将"浙派"简单理解为一个绘画风格的概念。"浙派"绘画主导了南京画坛相当长的时期，在戴进、吴伟之后，还有南京本籍的蒋嵩（生卒不详，字三松）、来自祥符（今河南开封）的张路（1461—1538，字天弛，号平山）等，他们传承了戴、吴的画风，是后来南京画坛的主要力量。

1499年，年轻的才子唐寅离开苏州老家来到南京，参加三年一度的乡试。考试结束发榜后，唐寅高中榜首，获得了前往京师参加会试的机会。这一年的经历对于他来说非比寻常，唐寅为此专门刻有一方"南京解元"的印章。这里我们所关心的并不是唐寅出众的学识，而是他从苏州来到南京的经历。朱元璋定鼎南京后，对于割据苏州的张士诚政权觊觎良久，最终在1367年前后攻破了平江城。为了报复张士诚，朱元璋在建国伊始对苏松地区采取了严厉制裁，迁走大量地方富贾，清洗张氏政权麾下的文人，极大地挫折了该地区的生产力，阻滞了该地区繁荣发展的文化艺术，苏州画坛也从此陷入了低谷。随着明朝政治中心的北迁，苏州终于远离了朝廷，而继任的统治者也开始逐步放松对于苏州的钳制，这一地区重新获得了生机。然而在这段时间内，南京依然是具有很强影响力的区域中心，这里不仅有留守政府，还有藩王、功臣、阁僚以及富商等显赫的人物活跃其间，他们对于南京地区的绘画发展起到了重要的作用。而当时江南一带的士子若要考取功名，都需要到南京参加乡试，唐寅就是其中的一位。除了科举考试外，也有大量的文人士大夫游走于南京与江南各地之间，在不经意间成为南京与江南各地千丝万缕联系之间的一条。

从吴伟《歌舞图》上的题跋到唐寅的科举经历，南京画坛与苏州画坛之间由于画家们频繁的应试以及由此引起的交游而相互联系起来。而这种联系从明初便已存在，即便在朱元璋制裁苏州之时也未曾绝缘。洪武十一年（1378），无锡人王绂（1362—1416），字孟端，号友石生，又号九龙山人，以博士弟子员被征至南京，尽管这时他只有 17 岁，且很快就受到胡惟庸案的牵连而入狱，但是从这位画家的这场经历来看，南京与苏州之间在绘画上的交流即便是在政治上最困难的时期还是留有通道的。王绂在永乐初年重新获得启用，供职于北京宫中的文渊阁，拜中书舍人，后来回到家乡，隐居九龙山中。他擅长画竹石山水这类文人画题材，师法王蒙风格，同时也掺有倪瓒、吴镇两家之风。在北京，王绂创作了赫赫有名的《燕京八景图》，从这件作品中可以看出他与王蒙绘画的风格渊源及其严谨的绘画作风。由于他有着很高的绘画造诣，当时就被誉为"国朝第一手"。从王绂后来的经历中，我们可以窥见，永乐皇帝即位之后开始对于整个苏松地区采取逐渐包容宽松的政策，这一地区的绘画艺术开始复苏。

苏松地区逐渐复苏的绘画艺术，主要是以王绂为代表的文人画艺术。明初的文人画艺术由于皇帝朱元璋对于文人的严厉打压以及胡惟庸案等政治事件的发生而沉寂下去，此时的文人画家们面对新朝，纷纷做出了自己的抉择。比王绂年长三十岁的昆山人王履（1332—？，字安道，号畸叟）选择了远离朝廷、浪迹天涯的生活。这位以医术谋生的文人擅长诗文字画，他在洪武十六年（1383）游览华山，登临绝顶，创作了《华山图》，共计四十幅。这些作品如今分藏在北京故宫博物院和上海博物馆，大都是沿袭南宋马夏的山水风格。王履的成就除了他的文人画，更大的贡献便是他的画论，那句"吾师心，心师目，目师华山"充满了哲理的色彩。

不同于处士王履的选择，苏松地区更多的年轻文人选择了与王绂相似的道路——他们积极参加科举，谋求实现自己的理想与抱负。前面提到过的戴进的好友夏昶就是其中较有名望的一个。他出生在昆山，永乐十三年（1415）中进士，后官至太常寺卿。夏昶擅长写竹，师法王绂并加以改造，受到时人的竞相追捧，当时有所谓"夏卿一个竹，西凉十锭金"之说，可见画家在当时多么炙手可热。在明初，江南一带脱离南京地区主流绘画审美趣味的苏松地区文人绘画正在暗流涌动。

杜琼（1396—1474），字用嘉，号东原耕者、鹿冠道人。杜琼的出现，标志着苏州画坛潜藏已久的文人绘画将要重新焕发新的活力。他擅长诗文绘画，是当时苏州城内继承元代文人画风最为出名的一位。不仅如此，他还培养出了沈周这位杰出的吴门画家。与杜琼相似的还有长洲（今江苏苏州）人刘珏（1410—1472，廷美，号完庵）。刘珏在宣德年间曾经入仕，但是职务很低，后来辞官归隐，在故乡影响了包括沈周在内的一批年轻的吴门画家。杜琼与刘珏基本都师承元人笔法，或擅浅绛设色，或擅干笔皴擦，同时又远追董、巨，这种技法模式影响了其后众多的吴门画家，故而画史将他二人称为"吴门先驱"。

吴门画派的宗师是沈周（1427—1509），字启南，号石田，晚号白石翁，苏州府长洲县相城里（今属苏州市相城区）人。据说他的曾祖在元末依靠垦田致富，并且与王蒙有交谊。鉴于明初严酷的政治压力，他的家族形成了不愿出仕的传统。沈周的祖父沈澄（1376—1463）、伯父沈贞（约1354）以及他的父亲沈恒（生卒不详）都雅好诗文绘画，交游广泛，过着安逸的生活。1471年，沈周在自己的族田修建宅院，取名"有竹居"，又取《左传》"得志于齐，犹获石田也，无所用之"之"石田"二字为字，以寓"无用"之意。官府屡次征辟他参与幕僚，但都因他提出的各种理由而遭拒。在这个优越的文人家庭中，沈周从小就开始受到书画的熏陶。他在得到了杜琼、刘珏的亲授后，开始师法王蒙画风，被后世称为"细沈"，以区别于其中晚年所出现的"粗沈"风格。"细沈"风格的代表作，是现藏于台北故宫博物院的《庐山高图》。这件巨作，是沈周为其师陈宽（生卒不详）的寿辰所作。他很讨巧地用庐山来象征自己的这位祖籍江西的先生的崇高人格，其实也体现了画家自己的思想境界。在这件作品中，沈周精湛地运用了王蒙的笔法，凭借高度的想象与技巧，集中表现了一座雄伟瑰丽的名山，而题画诗中"公乎浩荡在物表，黄鹄高举凌天风"两句，更表现出作者所追求的至高理想境界，将文人绘画的特质展现得淋漓尽致。

在沈周众多的作品中，描绘江南地区佳景胜迹的卷轴册页占有较大比重。例如，他曾经为他的老师杜琼画过《东原图卷》，为他的朋友吴宽画过《东庄图》，还为他的亲家徐有贞画过《桂花书屋图》以及《岸坡图卷》、《雨意图》、《夜坐图》等等，这些作品大都具有纯真质朴、情感细腻的特征。除此以外，沈周还留有大量的花鸟果蔬杂画传世，这些作品

图下 4-2 （明）沈周《岸坡图卷》（苏州博物馆藏）

不仅体现了画家全面的绘画技能，也传达出画家朴素的情感。

　　沈周直至八十岁时才去世。围绕着他，一个吴门文人画家的圈子已经初见端倪，而促成这个圈子真正建立起来的核心人物，是文徵明（1470—1559），初名壁，字徵明，后以字行，更字徵仲，号衡山居士。与沈周相似，文徵明也有着良好的家庭背景。他出身官宦之家，受到良好的教育，他学文于吴宽，学书于李应祯，学画于沈周，老师皆一时之选。尽管才华横溢，文徵明却屡试不中，后来他不再追求功名，而专心致力于书画艺术。中年时曾被举荐入京，任翰林待诏，但三年后即辞官回乡。他的寿享比沈周长，名望也比沈周大，晚年德尊行成，求画者"接踵于道"，"户履常满"。他的作品供不应求，同时代就有不少人依靠复制或伪造他的作品自润，可见其画作在当时就已经受到极大的推崇。

　　尽管文徵明师法沈周，但他的绘画是远追元代文人画家的，尤其是赵孟頫。从画法上看，他的小青绿山水和水墨古木竹石一类的作品明显是脱化于赵孟頫。而他画中那种简淡的情调、层叠不乱的布局、山顶平台和浓密的苔点、棱角分明的礬头，都显示出他与黄公望、王蒙、倪瓒绘画之间的联系。文徵明的绘画与沈周一样有粗细两种面貌，又以工细作品为多，其中又有设色与否的区别。立轴《江南春》是他晚年细笔画的代表。这件作品前景画几棵清瘦的古木刚吐新芽，中景的沙洲则已经是桃红柳绿，淡淡的远山，宁静的湖面，表现出江南水乡春色的明媚，整体上构图平稳，造型疏朗，设色用笔柔和，是文徵明画品中最具代表性的风格面貌。

　　与沈周一样，文徵明也喜爱描绘江南的名园胜迹。他与众多江南文士交游的经历，是他这类作品的重要素材之一。如《真赏斋图》所描绘的就是文徵明的好友，居住在无锡的大收藏家华夏（生卒不详）的书斋。

这件作品描绘了庭院中玲珑剔透的湖石，参天的松柏，画中主人正与朋友一起在斋中鉴赏书画古物，卷末远处画茂密竹林，湖水小桥，环境十分宜人。这件作品除了在艺术上的成就外，它所描绘的当时江南地区书画收藏家的生活写照也是值得我们注意的。当时江南重要的书画收藏家，与吴门地区的画家们关系融洽，为这些画家们提供了学习古代书画的条件，便利了该地区绘画艺术的传习和发展。事实上，吴门画家们自己也喜爱鉴藏书画。这种传统似乎有着较早的渊源，比如北宋的米芾就对于书画鉴藏乐此不疲，但是明代中后期江南地带兴起的强大的收藏书画的热潮中，吴门画家实在是扮演着不可忽略的重要角色。这种现象反映出吴门画家绝不是简单的画手，他们有自己的绘画审美趣味和爱好，研究他们的收藏观与艺术创作之间的互动关系，应该是一个较有意思的课题。在华夏的时代后不久，江南书画的鉴藏中心发生了南移，太湖南岸的嘉兴一带逐渐涌现出了大量的重要收藏家。尽管如此，太湖北岸的吴门画家们依旧孜孜不倦地奔波于太湖流域各地，寻访重要藏家，求观名迹真容。仇英（1502—1552）就是其中最为勤奋、收获最大的吴门画家之一。他曾经在嘉兴大藏家项元汴（1525—1590）家居住下来，潜心临习古代名作，保留下了众多历代名迹的摹本，贡献很大。现藏北京故宫博物院的《临萧照中兴瑞应图》据说就是他此一时期绘制的作品。

仇英出身贫寒，史籍记载他"其出甚微，尝执事丹青"，传说他还曾经做过漆工。他有很强的书画临摹技能，受到市场和时人的赏识。人们往往以"夺真"、"乱真"一类的评语来评价他的描摹古画的能力。虽然这些技能可能并不受到文人画家们的重视，但是仇英却与文徵明及其弟子之间有着融洽的关系，并且也受到了熏陶和器重，这使得他的画风中有着雅致的文人气息。在简短的一生中，他创作了数量惊人的绘画作品，而他的大多数作品是需要经年累月的繁复长卷，绝非率尔操觚可办。不过，今天我们再度展卷时，却发现这些作品好像都是在精神专注的情况下一气呵成的。《剑阁图》是这类作品的典型代表。在这件尺幅巨大的作品上，画家用青绿描绘山石，用重彩描绘人物，画面中山峦高耸，栈道萦回，白雪皑皑，淋漓尽致的表现了"蜀道难，难于上青天"的艰险情景。除了山水画外，仇英还非常善于人物画，尤其是仕女画的创作。此时的吴门绘画，由于文人画风的兴盛，并非文人画家所热衷的人物画逐渐式微，情况相同的还有青绿绘画技法，而仇英在这两方面都是重要的高手。因此，从传承画科、画技的角度来说，仇英也有着重要的意义。

不过，仇英传世的大量作品中也有不少并非出自他的亲笔。明代中后期的苏州，流行着强大的书画作伪业，史称"苏州片"。这些书画作伪者最为热衷的就是伪造仇英的绘画作品，同时他们也伪造其他吴门画家的书画。随着时间的积累，逐渐成为中晚明时代苏州画坛的一种独特而重要的文化现象，是横亘在文人画家与书画市场之间的关键纽带。

还有前面提到过的年轻苏州才子唐寅，命运更为多舛。尽管在乡试中高中解元，但次年赴京参加会试却受到科场舞弊案的牵连。返回苏州后，从此无意仕进，重又回复纵情饮酒颓废的生活。1514 年，宁王朱宸濠潜欲谋反，他应宁王邀请前往任职，但不久发觉自己身陷叛逆的险境，便装疯卖傻设计离开宁王府。他晚年在苏州依靠卖画为生，过得十分潦倒。唐寅学画曾得沈周指导，但对他影响最大的还是苏州地区的前辈职业画家周臣（？ — 1535）。周臣精通山水、人物，功力深厚，主要继承南宋李唐、刘松年的笔墨造型方法；他同时也是仇英的老师，对于吴门绘画有着重要的贡献。唐寅（1470—1523）是众多吴门画家中个性最为强烈的一位。他不仅具有精确的造型能力，还特别注重将主观情感融入绘画之中。不幸的遭遇使得唐寅在面对现实时时常流露出傲岸不平之气，他甚至还在佛学中苦苦挣扎，寻求心

图下 4-3 （明）唐寅《洞箫仕女图轴》（南京博物院藏）

灵的解脱，这些情感在他众多的传世作品中或多或少地得到了宣泄。和周臣一样，唐寅不仅擅长山水，还擅长清新的写意花鸟和姿态优美的仕女。他绘画之独特的风格在于他营造山石时，常将造型元素倾斜扭曲，从而加强整个结构的生动性，构图比沈周和周臣更具动感。他的画题材独特、笔法明快、笔锋敏锐、构图活泼、气势雄伟，这是为大多数吴门画家所不及的。虽说就风格而言，唐寅和仇英并不属于吴门画派，但他们与沈周、文徵明共同被画史尊为"吴门四家"，受到后世画人的敬仰。

　　透过宗族、师友、乡邦这三个层次的网络，吴门绘画形成了一个有核心人物、有骨干画家、有一致审美追求的绘画群体，在当时的地域竞争中，浮升为全国层面的重要流派，辐射出强大的影响力。不过，也正是由于这种类似近亲繁殖式的传授模式，使得吴门绘画逐渐走向式微。在文徵明谢世之后，吴门地区没有再涌现出富有天才的画家。吴门绘画所创造的至高成就，自此以后再也无人能够企及了。由此也难怪万历时的范允临在目睹吴门绘画末流时，写下了这样尖刻的话语："今吴人目不识一字，不见一古人真迹，而辄师心自创。惟涂抹一山一水，一草一木，即悬之市中，以易斗米，画那得佳耶！间有取法名公者，惟知有一衡山，少少仿佛，摹拟仅得其形似皮肤，而曾不得其神理。曰：'吾学衡山耳。'"其时的吴派绘画，株守门户，从技法到布景，专摹文、沈两家，取法单一，自然流弊丛生。在这种情势下，以松江人董其昌为代表的华亭派脱颖而出，在与吴门派的角力中占尽优势。

　　华亭是当时松江府（别称"云间"，今属上海）治所在地，晚明属南直隶（今江苏南京）所辖。从文化的渊源上来说，松江华亭亦在吴文化的范围之内。一般认为华亭派的创始者为顾正谊（？—1597后，字仲方，号亭林，松江人）。据《画史会要》记载："（顾正谊）官中书舍人，山水宗王叔明，画山多作方顶，层峦叠嶂，少著林树，自然深秀，是为华亭之派。"陈继儒（1558—1639）、莫是龙（？—1578）等都属于这一流派。由于这些画家大多生活在苏州以东的松江一带，故而华亭派亦名"松江派"。同时，在华亭地区尚有赵左的"苏松派"，沈士充的"云间派"，他们的美学思想和绘画作风都较为接近。唐志契（1579—1651）在《绘事微言》中曾说："苏州画论理，松江画论笔。"可见明代山水画至华亭派，更着重于文人画用笔、用墨的表现。

董其昌（1555—1636），字玄宰，号思白、思翁，别号香光居士，谥文敏。万历十七年（1589）进士，官至南京礼部尚书。当时的书画之名至隆，据《明史·文苑传》载："其昌后出，超越诸家，始以宋米芾为宗。后自成一家，名闻外国。其画集宋、元诸家之长，行以己意，潇洒生动，非人力所及也。四方金石之刻，得其制作手书，以为二绝。造请无虚日，尺素短札，流布人间，争购宝之。精于品题，收藏家得片语只字以为重。……人儗之米芾、赵孟頫云。"可见官修史书对于他的评价是非常高的。董其昌的绘画，取董源、巨然、米芾及倪、黄之长，晚年亦取法李唐。所画山水，烟云流动，秀逸潇洒，颇具"平淡"、"痛快"之趣。他自己曾说："余……大都画与文太史（文徵明）较，各有短长。文之精工具体，吾所不如，至于古雅秀润，更进一筹矣。"这正好是董其昌的"华亭派"与文徵明的"吴派"之间异同之处的精确注解。

董其昌同时还是一位杰出的书画理论家，如从画家艺术修养的角度，他提出"读万卷书，行万里路"的主张，这与唐代张璪提出的"外师造化，中得心源"一样，成为中国绘画理论史上的至理名言。而董其昌与陈继儒、莫是龙同创的中国山水画南北宗之说，更具有重大影响。所谓南北宗，本质上是将绘画分成文人之画与职业画家之画两大类，褒扬前者，力贬后者。这一论断在明末开始的很长一段时间内始终统治着中国画坛，形成了流行的观念。

董其昌同时也乐于鉴赏绘画，他一生最大的乐趣之一就是在行舟中欣赏书画。在传世的董源《潇湘图》卷上，留有他先后题写的三段跋文。这些跋文表达出董其昌对于这件作品的喜爱，而其落款的"舟次"一类的字眼，也体现出了董其昌这种行舟赏画的习惯。事实上，早在元代，伴随着那些载着文人墨客的船儿开始频繁穿梭于太湖南北之间起，船便成为了文人画家创作书画、欣赏书画、甚至收藏书画的重要场所。这种现象，是江南画坛所独有的。它所依赖的重要条件是江南地区密布的河网，以及便利的水运。到了明代的时候，随着政治中心的北迁，太湖流域的画家们开始不再局限自己的航线，他们开始沿着历史悠久的大运河北上，进入长江。或者像董其昌一样逆流而上进入潇湘所在的湖南，或者如文徵明入仕时那样横穿长江，经过苏北平原，一直来到北方的京师。明代发达的商业，是这种依靠水系开展的书画交流网络得以深化发展的重要保证。而明代的京杭大运河也串起了江苏南北，乃至中国南北方的文化空间，使得更大范围的文化交流得以展开。

第四节　异彩纷呈的清代绘画

"清初四王"　"四僧"　"金陵八家"　"扬州八怪"　京江画派

清王朝在 1644 年定都北京之后，对于京杭大运河南端的长江中下游一直保持着矛盾的心态。这种统治心态从一开始对于扬州、江阴等地的血洗屠城一类的残酷手段，逐渐缓和为拉拢和尊重以知识分子为代表的江南地方势力。尤其是从康熙朝（1662—1722）开始到乾隆皇帝（1711—1799）统治的百余年间，位居北方的统治者们对于两江地区风土人情的兴趣日益浓厚，祖孙两代帝王先后十余次下江南。在游访江南的过程中，亲近文人是统治者必须进行的工作，除了以诗文润色王业之外，书画也是拉拢君臣感情的最佳途径。

南巡这一政治事件对于江苏画家的影响，我们可以从画史上著名的"清初四王"之间的异同略见一斑。所谓"四王"，是清初重要画家王时敏、王鉴、王翚、王原祁，他们都是今天苏州常熟、太仓一带人，对于有清一代的山水画发展起到了至关重要的作用。

太仓人王时敏（1592—1680），字逊之，号烟客。资性颖异，淹雅博学，有绘画天赋，年少时即向董其昌、陈继儒探究画理，多获启发。他的祖父王锡爵曾为明万历朝内阁首辅，故家中收藏甚富，这为他临摹古画、揣摩画理提供了极大的便利。据张庚《国朝画征录》所载，王时敏"每得一秘轴，闭阁沉思，瞪目不语。遇有赏会，则绕床叫，拊掌跳跃，不自知其酣狂也"。王时敏最倾心于黄公望的山水画，刻意追摹，晚年更是奉若球璧。多年的浸淫，使得王时敏的画技也达到了精熟的程度，凡布置设施，勾勒斫拂，水晕墨章，益臻神化，当时推为第一。他的传世作品甚多，如《雅宜山斋图》、《云壑烟滩图》、《夏山飞瀑图》、《溪山楼观图》等。

　　同为太仓人的王鉴（1598—1677），字圆照，号湘碧，明代著名学者王世贞之孙。明崇祯二年（1629）王鉴中举，八年（1635）以荫袭廉州太守，两年后罢官，故世人称"王廉州"。因与王时敏年龄相仿，二人常互相砥砺，切磋画艺。王鉴家藏名迹亦夥，故而他的作品也多为摹古之作，尤其是对于"元四家"中的黄公望，极力规模。其绘画观点与画风与王时敏颇为接近，所不同的是，王鉴笔锋更为坚实，苍笔破墨，风韵沉厚。对于青绿设色，也有其独得之妙。王鉴传世作品有《长松仙馆图》、《仿子久烟浮远岫图》、《云壑松阴图》，以及设色妍丽的《仿三赵山水图》等。

　　常熟人王翚（1632—1717），字石谷，号耕烟散人，又称乌目山人。出生于四代书画之家，自幼爱好绘画，十六岁拜本县山水画家张珂为师，三四年后才华毕现，仿古能乱真。在他二十岁时，王鉴意外发现他所画山水扇面，大为惊异，旋即收为弟子，后又引荐给王时敏。王时敏带他游览大江南北，饱览自然，博观各地所藏宋元名迹。通过大量临摹，他掌握了各家技法，并融为一体，成为享誉全国的一代"画圣"。因常熟境内有虞山，王翚亦被称为"虞山画派"的创始人。

　　王翚六十岁时，朝廷在全国征求高手绘制《南巡图》，在御史宋骏业和户部左侍郎王原祁等人的保荐下，王翚获得主持创作巨幅《南巡图》的机会，他以长卷的形式细致描绘了社会各阶层人物和江南地区的社会面貌，深得康熙帝的赏识，特御赐"山水清晖"四个大字，从此王翚即以"清晖老人"为号。可以说，王翚的经历是当时江南画坛受到皇帝南巡影响继而北上的一个缩影。他的传世作品很多，如《千岩万壑图》、《溪山红树图》、《断崖云气图》、《石泉试茗图》、《夏木垂阴图》，以及《唐人诗意图》等。

　　王原祁（1642—1715），字茂京，号麓台，是王时敏之孙，"娄东画派"的领袖人物。王原祁从小聪明好学，十岁时画小幅山水，祖父见之大为惊奇："此子业，必出我之右。"王鉴见到他二十岁的画作，也曾向王时敏感叹："吾两人当让一头地。"康熙八年（1669）王原祁考中举人，次年中进士，官至户部左侍郎。五十九岁时奉命负责鉴定内府收藏的名人书画，六十四岁时又奉命与孙岳颁、宋骏业、吴璟、王铨等负责编辑《佩文斋书画谱》一百卷，任总编，这部巨著成为我国第一部比较完整的书画艺术汇编。

王原祁的艺术成就主要体现在山水画方面。在他少年时期，王时敏曾亲手仿制李成等宋元名迹，装制成册，以为课稿；又将家中收藏的董源、李成、范宽、黄公望、王蒙、沈周等名迹供他观摹、探究。王原祁不但受到王时敏和王鉴的精心调教，也曾与比他大十岁的王翚朝夕相处数年。这些机缘，加之学力，他的山水显得沉雄澹荡，笔端如金刚杵，于大痴浅绛一路，尤为独绝。人称"熟不甜，生不涩；淡而厚，实而清"，一种书卷之气，溢于画表。著名画家、美术理论家潘天寿先生认为："当时虞山王翚（石谷）以清丽倾中外，麓台以高旷之品突过之。"以"元四家"尤其是黄公望为宗的文人山水画，在有清一代自王时敏、王鉴大力倡导，

图下 4-4　（清）王原祁《仿赵大年江乡春晓图轴》（苏州博物馆藏）

至王原祁乃大成，其弟子遍布大江南北，成为赫赫有名的娄东一派，与王翚的虞山派，各领半壁江山。

方薰（1736—1799）在《山静居画论》中说："海内绘事家，不为石谷牢笼，即为麓台械纽。"可见一时影响之大。"四王"的成长经历差别不大，他们的绘画艺术较为接近，审美趣味也较为契合，在他们的努力下，运河南端的绘画风格强有力地占领了北京画坛，成为全国好尚的绘

图下 4-5 （清）恽寿平《锦石秋花图轴》
（南京博物院藏）

画风格，对于皇家的审美趣味及有清一代的山水画艺术有极大的影响。与"四王"共同影响清代画坛的还有来自武进的恽格（1633—1690）与常熟的吴历（1632—1718），他们与"四王"一同被尊为"清初六家"。

恽格，字寿平，又字正叔，号南田，又号白云外史。恽寿平最初学习的是水山，深得王蒙、倪云林气韵。后与王石谷交友，见其山水画，谦让地说："是道让兄独步矣，格妄耻为天下第二手。"于是专写花鸟，传承了自徐崇嗣以来常州地区所流传的花鸟画传统，他擅用"没骨法"，一洗时习，被清代画坛推为正宗。恽氏画花精于晕染，一瓣之中，色有深浅。整个花头，有浓有淡，层次分明。画枝叶，披离有致，叶面叶背，翻转自如。虽工致，但秀而不媚，雅韵流溢，为大江南北所推重，是清初最具影响的花卉画大家。恽寿平同时还是杰出的美术理论家，著有《南田画跋》五卷。其画论见解颇为精辟，诸如"不为先匠所拘，而游法度之外矣"、"作画须优入古人法度中，纵横恣肆，方能脱落时径，洗发新趣也"。皆独有见地。

与恽寿平同时代的王武和康雍时期的蒋廷锡、邹一桂、禹之鼎，也是非常有名的花卉画家。王武，字勤中，号忘庵，苏州人，善于鉴赏。他的花鸟画师法黄筌，色彩明丽，构图宏观而稳重，与恽寿平齐名。蒋廷锡，字杨孙，号南沙，江苏常熟人，官至大学士。他中年以前的作品受到恽寿平的很大影响，后来又吸取了陈淳、徐渭的画风，逐渐放逸。他的作品中，既有工笔重彩，又有水墨写意，其中尤以后者为最佳。由于蒋廷锡位高权重，在世之时就有大量伪作流于市井，所以今天我们能够看到的他的真迹并不多。而他在清宫中的活动和创作，也是今天美术史学界所热议的话题之一。邹一桂，字原褒，号南沙，晚号二知老人，江苏无锡人。他擅长花卉的描摹，有的以重粉点瓣，有的以淡色晕染，风格简净而秀丽，设色淡雅而明快，所绘花朵生动自然，堪称恽寿平之后所仅见的名手。同时，他还创作有《小山画谱》，专门谈论花鸟画法，从艺术和理论的角度来传授自己的绘画心得。禹之鼎，字尚吉，又作尚基、尚稽，号慎斋。江苏兴化人，后寄籍江都，署"广陵"。禹之鼎擅山水人物，尤以肖像名誉当世。画室称其"初师蓝瑛"，后因为吴伟业写照，得识徐乾学、姜宸英等人，始立名。后因出使琉球名声亦重，与诸书画名家交游，而名扬海内。其作品独步肖像画坛。传世多为历史纪实性作品以及宦迹雅集之属。画法细腻，生动传神。然皆因粗俗而为文人所诟病。虽负盛名而宗学者极少。其传世作品有《纳兰性德像》、《燕居课儿图》等等。

吴历，字渔山，号墨井道人，与王翚同为常熟人。他学画先师王鉴，后经王鉴介绍又师王时敏。在王时敏那里，他得观许多宋代名迹，眼界大开，心摹手追，尤其钟情于元人王蒙、吴镇的艺术，在创作中又能融会贯通，在一首题画诗中，他写道："不将粉本为规矩，造化随他笔底来。"其作品既清润秀逸，又深沉醇郁。虽取北派刚健雄伟之气，却不过分刻露。既取江南文人雅逸之风，但决不轻率为之。更为难得的是，吴历还敢于大胆吸收西画某些技法，如墨彩渲染、烟云烘托，注意阴阳、明暗和黑白对比，在构图上有时用西洋的"焦点透视"。虽然如此，他认为："我之画不取形似，不落窠臼，谓之神逸。彼全以阴阳向背，形似窠臼上用工夫。即款识，我之题上，彼识识下，用笔亦不相同。往往如是，未能殚述。"表明他立足中国画固有特点，合理吸收外来艺术之长处，这给后世的画家们较多启迪。

至此，清代的江苏绘画发展出了新的三大派系：娄东派、虞山派和常州派。以"四王"为核心的清代正统绘画虽以摹古为能事，但能取前人之长，将笔墨的融合推到极致。而"四王"以后的画家，既无创新，也不能吸取前人之长，因而流弊日盛，遭到越来越多的诟病。

在清初的南京画坛，同时还活跃着一批"遗民"画家，他们游离于正统画风之外，走出自己的绘画之路。由于清朝统治者颠覆了明王朝，大量怀着亡国之恨的文人士夫从各地云集到明朝故都南京，寻求心灵上的慰藉。在这些文人中，出现了被画史称为"四僧"和"金陵八家"的遗民画家群体。

"四僧"指的是髡残（1612—1673）、八大山人（1626—1705）、弘仁（1610—1664）和石涛（1642—1707）。他们中的髡残和石涛都曾经在江苏画坛活跃一时，成为画史留名的杰出画家。髡残，俗姓刘，字介丘，号石溪，又号白秃、石道人、残道者等，湖南武陵（今湖南常德）人。年轻时弃举子业，曾参加抗清斗争，失败后隐居。他于40岁削发为僧，先后住南京大报恩寺、栖霞寺、天龙古院等。晚年在幽居寺，直至终老。髡残的画风颇接近元人王蒙，又力追北宋巨然之法。所画山水专以干笔皴擦，墨气沉着。黄宾虹（1865—1955）受髡残影响极深，他在《古画微》中引述《国朝画征录》对髡残有这样的评价："奥境奇辟，缅邈幽深，引人入胜。笔墨高古，设色清湛，诚元人胜概也。"髡残所作《苍山结茅图》、《秋山红树图》、《苍翠凌天图》、《层岩叠壑图》以及《茂林秋树图卷》等，取元人王蒙、吴镇遗意，平中见奇。此外，晚年所作《溪山幽居图》，用笔精练，写溪山苍翠，数间瓦屋，极清幽之致。

另一与髡残并称"二溪"、客居南京的遗民画家程正揆（1604—1676），字端伯，号鞠陵，又号青溪道人，湖北孝感（今湖北孝感）人。出生官宦之家，幼受家庭影响，奋发读书，欲走仕途。二十岁举于乡，二十七岁京试中进士，擢翰林院庶吉士，后授翰林院编修。为避农民起义军迁居南京，安家秦淮河青溪之上，故号青溪道人。福王建立南明朝廷时曾任翰林院侍读。南明灭亡，程降清，授光禄寺寺丞少卿，后升工部右侍郎。顺治皇帝知其善画，曾两次召至瀛台作画，并获赞赏。但正揆毕竟身系明朝，觉降清有丧气节，于五十四岁时挂官回到南京。此后常往返于南京、湖北之间，或游黄庐、涉足山川，或访贤问友，吟诗作画。尤与石溪（髡残）友甚，常共榻连宿，论老庄、鉴古画，研画理，畅言不倦，又曾合作山水。时人将他与髡残合称"二豁"。正揆离开仕途后二十年间精研绘事，在画理上有独到的见解，主张"画贵减，不贵繁"。提出"无一法，非无法"，"坚持以我为主"的主观精神。其山水自出机轴，多用秃笔，枯劲简老，设色秾湛。曾作溪山卧游图五百卷，周亮工云"曾见三百幅，或丈许，或数尺，繁简浓淡，各枉其致。"传世作品有《山水图》、《江山卧游图》（以上故宫博物院藏）、《谈色山水图》（上海博物馆藏）、《千岩竞秀图》（浙江博物馆藏）等。

　　"金陵八家"也是清初一个重要的画家团体，包括龚贤（1619—1689）、樊圻（1616—约1694）、吴宏、高岑、邹喆、叶欣、胡慥、谢荪等八人。他们以书画会友，以翰墨结缘，尽管不能成为一个画派，但其影响和地位仍然极为重要。龚贤，又名岂贤，字半千，又字野遗，号半亩，又号柴丈人，是金陵八家之首。本昆山人，幼年迁南京，后前往海滨，至中岁定居南京清凉山，筑半亩园。曾自写小照作扫叶僧，因名所居为扫叶楼。龚贤生于明代危亡之际。青年时期胸怀爱国之心，与南京"复社"文人一起，向奸宦魏忠贤党羽展开斗争，结交了许多复社成员，如顾与治、方文、杜濬、吴嘉纪、屈大均等。入清后，他们胸怀故国，常于诗文中寄托哀思。其友剩上人，因遭清廷文字狱迫害致死，龚贤写诗怀念，其中有"只因五个字，断送百年生"，表示愤慨。

　　龚贤擅长山水画，主要师法董源、巨然，画风沉雄、深厚，善用积墨，非常浓密。他画的山石，不露锋芒，而以披麻、豆瓣等皴法，用宋人"积墨法"，皴擦渲

图下 4-6 （清）龚贤《夏山过雨图轴》（南京博物院藏）

染，巧妙地处理明暗、虚实关系，表现出阴、晴、雨、雪的景境。同时代的南京画家程正揆说他"半千用笔如龙驭凤，似云行空，隐现变幻，渺乎奇不可穷，盖以韵胜，不以力雄者也"。其传世代表作有《千岩万壑图卷》、《岳阳楼图轴》、《夏山过雨图轴》（以上南京博物院藏）、《木叶丹黄图轴》（上海博物馆藏）等。另外，他还著有《柴丈画说》、《画诀》、《半千深徒画稿》等，对于后世画人影响很大。

此外，南京还有许多颇有成就的画家，如以青绿山水和工笔人物见长的陈卓，画山水人物不拘成法的张风，专以画竹的朱昇等。

与髡残并称为"四僧"之一的石涛是另一位重要的画史人物。石涛（1642—1707），俗姓朱，名若极，释号原济，字石涛，又号苦瓜和尚，别号有数十之多。石涛原系明靖江王朱赞仪十世孙朱亨嘉之子，出生后不久明朝灭亡，为逃避清朝统治阶级的迫害，他出家做了和尚。年轻的石涛过着颠簸流浪的生活。他与其兄（喝涛）到过湖南、湖北、安徽、江西、浙江、江苏、北京等地。最后定居扬州，并终老于此。

石涛先后云游近半个中国，饱览名山大川，以把握自然的神韵和律动。以"搜尽奇峰打草稿"的执著，使得他最终成为一代大师。石涛的成就以山水画为最。他在初期以黄公望、沈周、董其昌诸家为师。后从苏东坡"丑"字法有悟，遂弃董而学苏。在明清一片摹古空气下，他独出机杼，大胆创新，以宕荡多姿、神采飞扬的笔墨技巧，开一代"气韵"取胜之风。石涛超凡的艺术成就，竟使正统派绘画的代表人物王原祁自叹不如："海内丹青家不能尽识，而大江以南，当推石涛为第一，予与石谷皆有所未逮。"

石涛不仅是杰出的画家，还是杰出的理论家，其《画语录》是一部画论杰作。他在书中对当时画坛的保守思想进行了有力的抨击。他也重视向传统学习，但他认为其目的在于"借古以开今"，并由此提出了"笔墨当随时代"的口号。他在绘画上还提出"不似之似"的观点："名山许游未许画，画必似之山必怪。变化神奇懵懂间，不似似之当下拜。"这一观点得到近代齐白石、黄宾虹两位大师的赞同，认为不似之画为"欺世"，太似之画为"媚世"，画在"似与不似之间"才可贵。他的绘画思想对后世影响甚大。

石涛是"四僧"中绘画成就较高的一位，同时代的扬州画家郑燮对于此有着极中肯的评价："石涛画法千变万化，离奇苍古，而又能细秀妥帖，比之八大山人殆有过之无不及。"郑燮对于石涛绘画的这份了解，是因为石涛的晚年定居在扬州，并对于这里的绘画有着相当大的影响。

清代中叶的扬州由于地处长江、运河交会之处，成为水陆交通枢纽，是盐商巨子麇集之处，又是天下文人云集之地。俞剑华先生在《"扬州八怪"的承先启后》一文中说："扬州八怪已成了历史名词，并已成了大家公认的通行的名词，虽然八怪的人名，并不十分一定，人数并不一定限于八个，但是它的含义比较明确，时代比较固定，画风比较一致，作为一个画派来讲，是比较适当的。"可见，所谓"扬州画派"，实际就是"扬州八怪"以及与之风格相近的一批画家。"扬州八怪"的主要人物，有的为本地人，有的只是寓居扬州，以卖画为生。至于他们究竟是哪些人，说法不一。时隔一百多年后，李玉棻《瓯钵罗室书画过目考》首次提出这八人为：金农（1687—1761）、黄慎（1687—1766）、汪士慎（1686—1759）、郑燮（1693—1765）、李鱓（1684—1762）、李方膺（1695—1755）、高翔（1688—1752）、罗聘（1733—1799）。此后若干著述言人人殊，如有将高凤翰、闵贞、边寿民、华嵒、李勉、杨洁、陈撰等人列入"八怪"的，人数不只八人。他们基本都是花鸟画家，也有兼擅山水和人物的，是一群具有革新思想的画家，其中最著名的是金农、郑燮和李鱓。

图下 4-7　（清）黄慎《渔翁图》（镇江博物馆藏）

金农，字寿门，号冬心，又号稽留山民、昔耶居士、龙梭仙客、曲江外史、百二砚田富翁、心出家庵粥饭僧、三朝老民、苏伐罗吉苏伐罗等，浙江仁和（今浙江杭州）人，长期流寓扬州。他博学多才，擅长诗词，精于古书画鉴定。雍正十三年（1735）曾被举荐参加博学鸿词科，于次年入都，但未试，一生布衣，周游四方，经山西、河北、山东、河南，又历陕西、湖北、湖南、广东，足迹踏遍大半个中国。中年定居扬州，以卖画为生，曾住扬州僧院三祝庵、西方寺等处。晚年在扬州，因生活窘迫穷苦而死。

金农是一位多才多艺的画家。人物、山水、花竹、草虫、马、佛像，无不擅长。人物景致不求形似，古朴稚拙，构图布局，别出心裁，意趣无穷，令人玩味不已。他精研隶书，自言"书工八分，小变汉人法。后又师国山及天发神谶两碑。"《桐阴论画》评其书："汉隶苍古奇逸，魄力沉雄。"金农在书法上又独创了一种漆书，可见他的创新精神之盛。据载，金农五十岁才开始专事于画，但由于具备较高的文学素养，并饱览历代绘画名迹，加之深厚的书法功底，使他在绘画上起点很高。自言"同能不如独诣"的艺术主张，以独特风貌名扬艺林。

郑燮少时家贫，四岁丧母，由乳母费氏抚育。乾隆七年（1742），四十九岁的

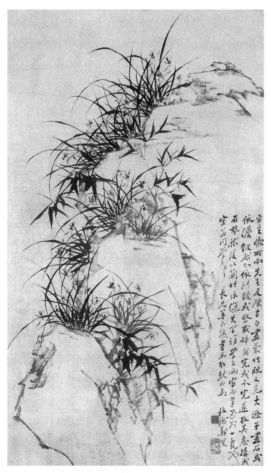

图下 4-8　（清）郑燮《兰竹石图轴》（扬州博物馆藏）

郑板桥任山东范县知县，后调知潍县。后因主动"赈灾"，触怒上司，罢归。乾隆十九年（1754）回到扬州，以卖画为生。郑板桥的绘画主题主要是兰、竹、石，他重视传统，但更以"造物为师"。他细心观察竹子，在自家四周种竹。所以他画的竹子才比前人更为真切。板桥以秀劲、洒脱的画风称著于世，又常在画中杂拟行草笔意，颇具中国文人画的特色。

郑板桥在艺术上也有独到的见解，他明确提出："掀天揭地之文、震电惊雷之字，呵神骂鬼之谈，无古无今之画，原不在寻常眼孔中也。未画以前不立一格，既画以后不留一格。"表现了"立异标新"的创造精神。

清代中叶，出现在扬州画坛的"扬州八怪"勇于创新，大胆抒发情感，个性特出，给人以耳目一新之感。也为后来崛起的"海上画派"提供了很好的借鉴。

其实，清代中期，在与扬州隔江相望的镇江地区还活跃着一群被称为"京江画派"的画家，他们又被称为"丹徒派"。这派的代表人物主要有张崟（1761—1829）、顾鹤庆（1766—?）、潘恭寿（1741—1794）、潘思牧、周镐等人。这一画派可以说是清代江苏画坛最后一个名望较大的画家群体。

伴随着社会经济的发展，清代的江苏画坛呈现出异彩纷呈、百家齐鸣的局面，也是历史上未曾有过的。此一时期的江苏画坛，无论何种派别，都为后来的绘画提供了可资参考的借鉴和追溯的源头，从这个意义上说，有清一代的江苏绘画可谓是继往开来的——在传统与现代的变革之间扮演了纽带的重要角色。

第五节　独领风骚的六朝书法

东吴至西晋书家　王羲之及东晋南朝书法

六朝时期，书法艺术的创作与发展进入了空前的大发展阶段。虽然三国时期政权分立，戎马倥偬，但书法艺术的繁荣与创新却开启于这个时代，书法人才也在此时大量涌现：魏国有锺繇、胡昭、韦诞等名手创立新风，独领风骚；吴国则有皇象、张昭等辈，恪遵古法，谨守不失；

相较之下，蜀国显得有些孱弱，有诸葛亮、诸葛瞻等数辈。

吴国偏守江南，文化艺术上虽不及地处腹心的魏国强盛，但自有其浓厚的地域特色。就以学术风气而言，吴国的学风比较保守，依循着东汉经学传统，与流行于中原洛阳，代表时代新风的玄学相背驰。同样，在书法上，吴国书家依旧恪守着质朴的传统风格，以篆、隶、章草等"古体"见长，而流行于洛阳，代表时代新风的行书，在吴国并未得到推广，然而却也因此呈现出独特鲜明的地域特征。

东晋葛洪（283—363）在《抱朴子·外篇》卷二六《讥惑篇》中曾列举了一些吴国书家，他说："吴之善书则有皇象、刘纂、岑伯然、朱季平，皆一代之绝手。"其中皇象最为著名。皇象，字休明，广陵江都（今江苏扬州）人，官至青州刺史。虽僻处东南一隅，但他的书法并不比中原的书家逊色，时论谓其"中国（中原）善书者不能及也"。葛洪还说："善史书之绝时者，则谓之书圣，故皇象、胡昭于今有书圣之名焉。"⑥胡昭是与锺繇齐名的魏国大书家，皇象能与之并列"书圣"，可见他的书名之盛。皇象兼善众体，但最受后人称赏的是他的章草，刘宋羊欣《采古来能书人名》说："吴人皇象作草，世称沉着痛快。"只可惜他的真迹今已不传，今所见的"松江本"《急就篇》，据说是依据他的原作所刻，但辗转摹刻，恐于原迹有所悬隔，仅得其仿佛而已。

唐窦臮在《述书赋》中评价皇象的书法风格道："吴则广陵休明，质朴古情。""质朴古情"，就是指他的书法雕饰不多，具有古风，正与以锺繇和胡昭为代表的中原书家，那种妍媚的时新书风形成了鲜明的对比。窦臮还列举了吴国的另一位书家山阴人贺邵，说他与皇象"同时共体"，看来贺邵的书法也属于"质朴古情"一路。皇象是这种书风的代表，而成为吴国第一书家，是当之无愧的。

皇象以外，帮助孙策平定江东的彭城（今江苏徐州）人张昭（156—236）和广陵人张纮（170—229），还有吴郡（今江苏苏州）人张弘等，都是吴国著名的书法家，各有擅长。另外，东吴名将丹杨朱然（173—249），少年时与孙权"同学书，结恩爱"，对书法应有所领悟，1984年在安徽马鞍山其墓中出土的十四枚用带有隶书意味书写的楷书名刺，有可能就出自其本人之手。

　　吴国留存下来的碑刻甚为稀少，今能见到的仅有三块。除了在湖南耒阳的隶书碑刻《谷朗碑》，另两块都在江苏：一是原置于江宁天禧寺，刻于天玺元年（276）的《天发神谶碑》。此碑为篆书，然用笔与结体粗重方严，若斩钉截铁，与通常见到的圆转流利的篆书，大异其趣，形态显得十分诡异。宋人黄伯思评价为"若篆若隶，字势雄伟"，并传说是皇象所书。当然这一说法，多数学者都认为并不可靠。另一块碑刻是今存于宜兴的《国山碑》，也刻于天玺元年。与《天发神谶碑》不同的是，此碑虽也是篆书，结体也方严宽博，但用笔却圆转厚实，因后有"中书东观令史立信中郎将臣苏建所书"的题记，故后人据此断为苏建的手笔。吴国的这两块碑刻，宋代以来一直被视为古代篆书书法的代表作，是书法史上不得不提到的作品。

　　西晋时期最著名的书家是河东（今山西）卫瓘（220—291）和敦煌索靖（239—303），他们都是北方人。西晋要到 280 年才灭吴，这样吴国的政权与西晋政权对峙了有 15 年的时间，原有的地域文化特色依旧保持了一段时间，书法的风格依然是"质朴古情"，尚未受到中原新书风的影响。此时的南方书家，在后世最有影响的要数陆机。

　　陆机（261—303），字士衡，吴郡吴（今江苏苏州）人。曾任平原内史，世称"陆平原"，与其弟陆云合称"二陆"，是西晋著名的文学家。据南齐王僧虔《论书》称："陆机书，吴士书也，无以较其多少。""吴士书"就是吴地士人的书法，风格应该类于"质朴古情"，因此无法和中原书家的书法进行高下比较，这也显示出陆机的书法具有地域特征和独特性。

　　《平复帖》被认为是今存的一件珍贵的名家法书墨迹，历来被指认为陆机的真迹。此帖九行，写于麻纸之上，墨色微绿，估计是用松烟墨书写。风格上，点画简率，似用秃笔写成；横向笔画短促，有俯仰之势；纵向笔画长，呈向左背右的弧形；字形偏长，上窄下宽，左高右低作欹斜状，但斜而能稳，颇有奇趣。这与 20 世纪发现的大量汉晋简牍、残纸上由当时的下层官吏书写的草书多有契合。然而，当今也有学者在进行细致的研究，认为此帖的内容与陆机生平事迹多有不符，通过考证，应是西晋怀、愍帝末叶至东晋元帝中兴时期内，某位吴地人士所作。即便如此，它在书法艺术上的成就，还是值得肯定的⑦。

总体上看，西晋时期江苏地域的书法家，在数量和质量上尚不能与中原地区相比，书法史的记载中，也仅有吴郡张翰、朱诞等人。这种情况要到东晋后期才得以扭转。

公元 317 年，司马睿在江南即晋王位，次年即皇帝位，建都于建康（今江苏南京），东晋从此开始。至此，北方政治经济文化中心南移至南方。同样，书法的中心亦由洛阳转移到了以建康为中心的南方，势必对南方的书法发展造成很大的影响，由此，江苏的书法艺术翻开了崭新的一页。东晋最著名的，也是书法史上最著名的书家，无疑是王羲之、王献之父子。

王羲之（303—361），字逸少，祖籍山东琅玡临沂。十一岁时，随叔父王廙南渡，抵达建康。王羲之善辩论，以骨鲠称，书法卓尔不群，得到操持东晋权柄的从伯父王敦、王导的器重。然而，就在公元 322 年，王敦以"清君侧"的名义从武昌起兵攻建康，史称"王敦之乱"，在政治上，王氏家族由此遭到沉重地打击，也因此给青年时代的王羲之，造成了极大的心理恐惧。为了躲避政治斗争，他"不乐在京师"，一直寻求外放。351 年，机会终于到来，他被任命为右军将军、会稽内史。

王羲之在政治上颇有见解，也很务实，有其伯父王导的遗风，但历史赋予他的成就与后人所关注的，却是书法。论者称其笔势"飘若浮云，矫若惊鸿"，唐太宗在为其撰写的传论中评价他的书法是"尽善尽美"⑧。王羲之的书法，少由卫夫人启蒙，后改学其叔父王廙。二十岁后，溯流而上，正书宗师锺繇，草书效法张芝，四十多岁时书名已誉满天下，片楮寸缣为人所宝。

中国书法史上不乏被称为"书圣"者，如前面提到的皇象就是。然而，真正堪当此誉，而又毫无异议的，唯有王羲之。汉魏以来盛行于士大夫间的草书、行书、正书，经过他的总结与改造，都幡然一变，无论结构姿态，还是笔法体势，都呈现出前所未有的妍媚和新奇，在前人的基础上，创造出了"新体"。使得时人由师法锺繇、张芝，转而趋从羲之，成为东晋时期新的书法潮流⑨。

王羲之的真迹未能传世，所见都是唐宋时人的钩摹本和临本，还有就是历代翻刻于木石上的帖本。其中最著名的莫过于书写于公元353年春天的，被誉为"天下行书第一"的《兰亭序》。《兰亭序》不仅是书法家们必学的范本，和东晋以来的书法史相始终。它对中国文学、建筑、绘画、雕塑、文人生活方式都有着广泛的影响。对邻国日本和韩国的书坛，也影响深远。

王羲之有七儿一女。在书法上，他最小的儿子王献之（344—386，字子敬）成就最高，与父并称"二王"。唐孙过庭在《书谱》开篇即称"汉魏有锺（繇）、张（芝）之绝，晋末称二王之妙"，可见其在书法史上名位之高。

与其父不同的是，王献之一生仕途较为顺畅，除在吴兴任职的短短数年外，其余都在京师建康为官，与王羲之"不乐在京师"形成了对比。但是，王献之在为官期间并无政声可称，成就仅体现在书法上。他7岁从父学书，少年时即能"取帚沾泥汁书方丈一字"于墙壁上，围观者达数百人，就连王羲之也"见而叹美"。在东晋后期至南朝齐梁的一段时间内，王献之的书法，势头一度盖过了乃父，以至"比世皆高尚子敬"，"海内非惟不复知有元常（锺繇），于逸少亦然"[⑩]。

在王献之以前的草书，尤其是章草的书写，都是字字独立，不相连属，而王献之却突破陈规，发展了张芝的"一笔书"，"极草纵之致"，将草书的艺术性推向了极致，我们从传世至今的《鸭头丸帖》中，可以领略到这一点。另有《洛神赋》刻帖，仅存十三行，是王献之的小楷书代表作，也是书法史中不得不提到的作品。

在东晋以前，中国无论是政治的、经济的，还是文化的中心，不是长安就是洛阳。东晋时期，政治格局发生了巨大的变化，形成了南北对峙的政治格局，政治和文化中心转移到了江南建康，此后历宋、齐、梁、陈未有改变。一般而言，政治的中心在哪里，经济文化的中心就在哪里，这在宋代以前尤为明显。那么，东晋结束迎来了南朝，其书法艺术的中心依旧在建康。从文献记载中可以发现这样一个现象：直至东晋时期，属于江苏籍的书法家，在人数上还甚稀少，到南朝刘宋至陈代，开始逐渐增多。如吴郡（今江苏苏州）有张裕、张永、张畅、张融、顾宝先、陆杲、朱异、范怀约、陆倕、顾野王、孙琼、陆缮；丹阳有薄绍

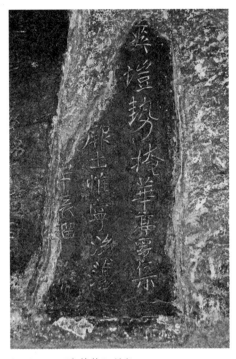

图下 4-9 《瘗鹤铭》局部

之、刘系宗、纪少瑜；彭城和沛县（今江苏徐州）有朱龄石、朱超石、刘绘、到沆、刘慧斐。这些书法家大多聚集在建康，构成了一幅南朝书法史的绚烂画面。

道教形成于东汉中后期，到六朝时期得到了很大的发展，而且有向上层化发展的趋势。许多世家大族中人都是书法家，并且是虔诚的道教徒。道教与书法有着十分紧密的关系，陈寅恪先生曾经指出："东西晋南北朝天师道为家世相传之宗教，其书法亦往为家世相传之艺术。如北魏之崔、卢、东晋之王、郗，是其最著之例。"⑪道士中善书者颇众，如句容茅山道人杨羲工书画，陶弘景评其书法可与"二王"相埒。其他如许谧、许翙、许静泰、何道敬、陶弘景、陶真宝、孙韬、薛玉、王元规、张绎等，都是道士书法家⑫。其中，梁代的陶弘景最值得一提。

陶弘景，《南史》称其"幼有异操，年四五岁，恒以荻为笔，书灰中学字。……读书万余卷，一事不知，以为深耻。善琴棋，工草隶"⑬。

陶弘景的书法虽不足比拟"二王"，然亦堪独步当时。当时的尚书令袁昂谓："陶隐居书如吴兴小儿，形容虽未成长，而骨体甚骏快。"庾肩吾评云："隐居仙才，翰彩拔于山谷。"均极称赏。今存其与梁武帝的《论书启》，于书法的鉴赏、品评，有非常独到的见解，是书法理论史上的重要文献。

陶弘景的真迹现已无传，嵌在镇江焦山崖壁上的《瘗鹤铭》据传为其所书，但争论至今依然是千古之谜。

第六节 彪炳史册的唐宋书家

唐代书法 米芾和宋代书法

隋朝国祚甚短，仅有三十余年的时间。因此，这个时期的书法家很难界定，不是发迹北周、陈代，便是成名于初唐，最著名的是智永和丁道护。到了唐代贞观年间，社会安定，经济繁荣，制度也渐具规模，自唐太宗历高宗、睿宗、武后、玄宗诸帝王，对书法都十分热爱，并大力提倡，还在制度上加以保障。唐代的书法，涌现出了虞世南、欧阳询、褚遂良、陆柬之、张旭、李邕、颜真卿、柳公权等一大批名家，而这其中的许多人都出自江苏。

陆柬之（585—638），吴郡人。高宗朝官至朝散大夫、太子司议郎，还兼崇文侍书学士，也即太子的书法老师。陆柬之是虞世南（558—638）的外甥，书法初学其舅，后学二王，玄宗时期的张怀瓘将他与虞世南、欧阳询、褚遂良并称。代宗时期的颜真卿则谓："（行草书）追乎伯英（东汉张芝），尤擅其美，羲、献兹降，虞、陆相承。"⑭今有存世的《陆机文赋》，相传为其手迹。

陆柬之的子孙克绍箕裘，有许多书法家。如其子陆彦远传父书法，时称"小陆"，后面将提到的张旭是其外甥，书法即由其所传；陆景融，柬之从孙，以博学工书擅名一时。还有陆曾，彦远从孙、陆岘，景融从孙，在唐代都是颇有名声的书家。

陆氏的书法得自虞世南，后陆彦远又传给其外甥张旭（约675—759）。说到张旭，凡是对书法稍有了解的人都不会陌生。他与湖南零陵僧人怀素（737—？）都以擅长狂草著名，人称"颠张醉素"。

张旭也是吴郡人，母为陆柬之侄女，即虞世南外孙女，张旭无疑是出生于书法世家。张旭是词科出身，开元间与会稽贺知章、润州包融、扬州张若虚以诗文名天下，时称"吴中四士"。四人除张旭外，贺知章和包融也甚有书名。

张旭的书名起于天宝年间，后世多称其草书，"颠张醉素"，实仅就其草书而言，其实他的楷书的成就也相当之高。今有《古诗四帖》和《肚痛帖》，后世多指认为是其草书作品，但颇有争议。可信者有《郎官石记序》和 1992 年发现于洛阳的《严仁墓志》，但都是楷书作品。

唐代籍贯属于江苏的书法家，非常有名的还有孙过庭和李邕。

孙过庭（646—690），名虔礼，过庭其字，吴郡富阳人。富阳今属浙江，在唐时则属吴郡，因而苏州至今仍把他作为历史文化名人来纪念。过庭出身寒微，且命运多舛，年近四十始仕，历官右卫胄曹参军、率府录事参军，复遭谗慝，以致述作未遂。武则天垂拱三年（687），四十四岁的过庭暴卒于洛阳。他的墓志铭和祭文由著名诗人陈子昂撰写，其中有"元常（锺繇）既殁，墨妙不传，君之遗翰，旷代同仙"之语，给予了很高的评价。

孙过庭自言其在"志学之年，留心翰墨，味钟、张之馀烈，挹羲、献之前规，极虑专精，时逾二纪"。二纪就是二十四年，许多评论者都一致认为他的书法，尤其在草书上直接二王父子，下过很大的功夫，臻于乱真的程度。孙过庭最有名的书法作品，也是唯一流传下来的作品是《书谱》。《书谱》的光辉，不仅照耀在书法理论史上，作为一件杰出的草书书法作品，在书法艺术上同样也绽放出了璀璨的光芒。启功先生对之作有这样一段评论，他说："唐孙过庭《书谱》，议论精辟，文章宏美，在古代艺术理论中，可称杰构。其所论，于其他艺术，亦多有相通之理，不当专以书法论视之。原稿草书，笔法流动，二王以后，自成大宗。"

李邕（675—747），字泰和，广陵江都（今江苏扬州）人。其父即是为《文选》作注的大学者李善。李邕幼承门业，精熟《文选》，被时人标置为"天下文章第一"。他不仅文名盛隆，独步有唐四十年，而且以擅长行书而声高一代。由于曾任北海太守，故人称"李北海"。李邕乃唐代大手笔，惟生前不以书名世。约至五代，论者才将其与虞世南、欧阳询等并称，始为论书家所重，益见推崇。

古人书写碑版多用正体。所谓正体，并非仅指楷书，而是指端正规范的书体。每一个时代都有相应的正体，如先秦青铜器和石刻上的金文与石鼓文、秦代的小篆、汉代的隶书、三国锺繇的铭石书。唐代无疑是以楷书为正体，所以能够见到的唐碑以楷书为绝大多数。唐太宗和武则天都是帝王，一个用行书书写过《晋祠铭》和《温泉铭》、一个用草书书写有《升仙太子碑》。如果说他们只是特例，那么还有一个一生只用行书书写碑版的例子，便是李邕。李邕平生书碑很多，但没有墨迹传世。最有名的碑刻有三块：一是现存于湖南岳麓书院的《麓山寺碑》，二是原石于明代已损的《云麾将军李秀碑》，三是《云麾将军李思训碑》。

公元960年，宋太祖赵匡胤发动"陈桥兵变"，建立了宋朝。在经历了五十多年的战乱之后，宋王朝面临着政治、经济和文化的重建等诸多问题。书法重建是文化重建中一个十分突出的问题，宋高宗赵构在《翰墨志》中就曾揭示了这一点："本朝承五季（五代）之后，无复字画（书法）可称。"又认为"书学之弊，无如本朝"。唐代书法之所以兴盛发达，原因之一在于有"以书取士"制度的保障，而宋代却没有。后来通过欧阳修、蔡襄等人的呼吁和推动，宋代书法才开始有所转机。再后，通过苏轼、黄庭坚、米芾等人在实践上的努力，才使宋代的书法得以复兴。

北宋初期的广陵人徐铉值得一提。徐铉（917—992），字鼎臣，在南唐时官至吏部尚书。后随后主降宋，历给事中、散骑常侍。徐铉最受人称道的，也是最能够体现其成就的是文字学，曾整理过许慎的《说文解字》。文字学研究主要的对象是篆书类的古文字，徐铉在书法方面的展示，自然也就集中在篆书方面。徐铉擅长小篆，书写这种字体的鼻祖当推秦代的丞相李斯，到了唐代李阳冰手里，又得到振兴，史称"二李"，徐铉是继他们之后的又一人。他的小篆作品，留存至今靠得住的一件，是今存西安碑林的《重摹秦峄山碑》。该作是他对李斯在峄山上石刻原作的摹写，在书法史上也十分有名。

总的说来，徐铉在书法上的表现并不十分突出，对后世的书法创作影响不大。徐铉在后世被称作"大徐"，因为他还有一弟徐锴（920—974），人称"小徐"。徐锴也是文字学家，但他未到宋朝就已去世，他所著的《说文解字系传》在文字学史上是一部很有影响的著作，虽然他也擅长小篆，但影响还不如乃兄。

说到宋代江苏地域上最有影响的书家，莫过于米芾。米芾（1051—1108），初名黻，字元章，号襄阳漫士、海岳外史等，湖北襄阳人。中年时定居润州（今江苏镇江），故又称吴人，卒后葬于润州，算得上是"半个江苏人"。米芾二十一岁时，以父荫补浛光尉，历长沙掾、杭州观察推官、润州州学教授。元祐七年（1092）任雍丘令。绍圣四年（1092）为涟水军使，后迁太常博士，转权知无为军。崇宁五年（1106）为书画二学博士，迁礼部员外郎，故人称"米南宫"。

米芾工书善画，行为怪异，故又有"米颠"这一绰号。他的癫狂有一半是对世俗的抗争，还有一半是为了哗众取宠，他深知不如此则不能引起世人的注目。但有论者认为：宋代若无米襄阳，其在整个书法史的光华定会大大地逊色⑮。可见其书法之受人重视。当然，人们对他书法的认识也是经历了一个过程的。

四十七岁时，米芾出任涟水（今江苏涟水）军使，三年后离任。今天留下的米芾手迹，书于这段时间内的最多。在五十六岁那年，他又任书画二学博士，似乎这才是他的当行本色。米芾的书法影响要到南宋才真正开始，在北宋他还不能与苏轼相敌。南宋高宗十分看重米书，"后作米字天下翕然学米"。高宗的内侄吴琚，对米书可谓顶礼膜拜，专学米字，以致乱真。南宋时期如陆游、张孝祥、范成大、张即之、赵孟坚等，都是米芾书法的追随者。还有一些无名氏的学米作品，达到了很高的艺术水准。自此以后，由历代学习米芾书法而成名成家者数不胜数，这恐怕是他自己也没预料到的。

今存米芾的书法作品很多，最著名的有《蜀素帖》、《苕溪诗》、《虹县诗》等。

米芾有二子亦传其学。长子米友仁（1072—1151），字元晖，小字虎头，善书画，世号"小米"，书法基本效其父。虽不及其父飘逸潇洒，但沉厚温和，不失风范。其代表作《吴郡重修大成殿记》，今仍完好保存在苏州碑刻博物馆。三子米友知（1084—1103），据米芾自称，许多碑版都由其代书，大字更是无法辨别。

第七节　明代书坛与篆刻艺术

明代书坛的中流砥柱：吴门书派及其历史成因　吴门书派的先导者"吴中四名家"　吴门派式微与华亭派鹊起　篆刻艺术的蓬勃发展

明代书法史上影响深远的吴门书派启于宋克，兴于祝允明，盛于文徵明，其所处时代即由元末明初，至嘉靖间十多个朝代，历时约二百年，而从渐兴至鼎盛时期不过一百年左右。

元末社会动乱，对大部分文人来说，仕途断绝，因而不免有才不为世用之抑郁心情。吴中文人多有见日过日的末世情怀，唯有放浪形骸，寄情享乐之中，以获得一定程度的精神解脱。

吴中文人亦多与道释交结，思想上亦颇受其影响，因此，无论从思想行为，以致服饰道号，都可以发现不少亦佛亦道的文人。吴中文人兼容佛老思想，遂使他们的意识形态更趋自由，佛教禅宗顿悟的精神，道家超然物外的思想，都使他们性情得到解放。从而形成吴中文人标榜自我的追求，崇尚个性的发挥，整个地区的文艺，无论诗文或书画艺术，都呈现缤纷的色彩[16]。

当然，文士之间的相互交流活动，也是吴中文艺兴盛的重要原因。元末吴中地区有一些大小不同的文士群体。这些文人群体并不是互相独立的，而是相互交错与重叠的。总之，文人之间的交流，有着千丝万缕的关系，他们或雅集相聚，杯酒酬唱，或出游互访，题诗跋画，或鸿雁传书，往来赠答，彼此进行诗文交流，也促进了书法艺术的切磋和相互影响，结合了当时种种环境因素，渐渐形成了富有地域文化色彩的书风[17]。

在元末至正年间，苏州地区一度成为文艺璀璨之地。不过好景不长，它如流星一闪，昙花一现。宋克的老师饶介因被张士诚重用，虽在苏州时间不长，曾一度成为苏州文人圈中的核心人物。但他随着张士诚政权破灭亦去世。因此，明初书坛宋克就成为最瞩目的人物。由于朱元璋建立明王朝后，施行苛严的政治、经济和文化政策，吴中地区文艺活动逐渐凋零，文人创作兴味自然亦受到打击。吴中书家如吕诚、申屠衡、殷奎或谪徙或系狱，加上文字狱和明初的几桩大案，不少文士受到株连，高启、徐贲、张羽、陈汝言、卢熊、王彝、袁华、杨基、张宣、王蒙、王行等更丢掉了性命。

元末明初吴门书坛灿烂一时，由于朝代的更迭所带来的突然变故，为时虽然短暂，但为明代中期兴起的吴门书派起到了启迪作用。永乐年间郑和七次出洋，多从苏州太仓的刘家港起锚出航，使苏州城为对外贸易的窗口，故为苏州经济的发展也带来了机遇。特别是宣德五年（1431）

选用贤才周忱和况钟相继为江南巡抚和知府，成为苏州复兴的关键一举。在周、况在任十余年间，苏州地区经济逐渐恢复，城市日趋繁华。

永乐之后，统治阶级内部矛盾加剧，特别是在英宗时期，或许因为在"夺门之变"这一宫廷政变的斗争中，有苏州籍的高官徐有贞参与迎英宗复辟有功，朝廷对苏州文人的钳制也逐渐放松。因此，文人们的雅集活动又逐渐恢复，诗文书画创作的氛围也不再像明初那样压抑，文士之间的交流也变得自由起来。归里后的徐有贞一度成为吴门文士雅集的核心人物。吴门书家追求自由、不甘时尚的创作心态有了施展的空间，徐有贞率先撇开了书坛鄙弃宋人的成见，其后有沈周、李应祯、吴宽、王鏊等相继出现，强化了对宋人书法的再认识，以为上下古今皆可为法。不过，成化、弘治间书家取法虽无局限，但在实践上尚囿于苏、黄等人。至于遍师古人，陶铸今我，借古而出新，则要到弘治以后的祝允明和文徵明了。

从祝允明、文徵明等经历的成化、弘治、正德、嘉靖四朝的政治，可以看出明代国势由升平渐至中衰的局面。祝允明、文徵明年轻时也曾参加科举，希望入仕为官，有所作为。但二人在入仕的短短几年里，对朝廷的政治，由充满希望到日渐失望，终于先后都告病归乡，隐居故里，潜心文艺创作。

文徵明和祝允明、唐寅、陈淳、王宠等苏州名士，失意于科举功名，遂悠游于文艺，寄情于书画。江南的文人艺术家特别多，和明代不合理的取才制度，有很大的关系。

明代苏州一带政治由明初的苛严高压到中前期的逐渐放宽并转而为相对自由，这是得天时之利；苏州一带吴地文化的深厚积淀以及明代中前期开始的经济复苏直到明代中期的区域经济十分繁荣，这是得地域之利；加上明代中期苏州人才济济，科场遗珠尤多，纷纷投入文艺创作且交往密切，此又是得人和之利。因此，在明代中期，在苏州出现了吴门书派、吴门画派和吴门印派，书、画、印三者又互相呼应，其中，吴门书派以祝允明、文徵明时代为鼎盛时期。

据文献记载，明代前期的吴门书家中师法宋克的有张汝昌、沈讷、马绍荣等，但书名均不甚显，故宋克对吴门书派的开启作用是间接的。

当松江书派名震一时之后，吴门出现了几位重要书家：徐有贞、沈周、李应祯、王鏊、吴宽等。其中徐有贞为祝枝山外公，他与王鏊、吴宽皆为当朝权贵，李应祯则以善书而做过中书舍人，系祝枝山岳丈、文徵明的书法老师，沈周既与祝枝山沾亲带故，又是文徵明的绘画老师。这些前辈成为吴门书派的先导者，传至祝、文，方使吴门书派的影响超过了松江书派，形成"天下法书归吾吴"（王世贞语）的局面。

徐有贞（1407—1472），初名珵，后改名为有贞，字元玉，号天全。苏州吴县人。宣德八年（1433）举进士，正统中为侍讲。"土木之变"后，代宗即位，徐有贞曾一度闲居，郁郁寡欢。景泰八年（1457）与石亨共同为首发动夺门之变，因迎英宗复辟有功，官进兵部尚书，兼华盖殿大学士，封武功伯，因称徐武功。后因诬杀于谦、王文，为民所恨。不久因遭同党曹吉祥、石亨所忌，被诬下狱并贬谪云南金齿。曹吉祥谋叛事败后，徐有贞得英宗诏归故里，从此经常与故友耆老徜徉湖山间，饮酒赋诗相娱乐。他才华绝世，天文、地理、释老方技之说，无所不通，且能诗文，善书，尤精行草。朱谋垔《续书史会要》称其："书法古雅雄健，名重当时。"

徐有贞一生学书大致经历三个阶段：早年学欧、褚，中岁学王，这是元代赵孟頫提倡恢复晋唐传统以来在明代前期仍沿袭的一种学书之路，似无甚特殊之处。但难得的是他在晚年学习怀素的同时，又取法宋代米芾，不仅像宋克那样由晋唐继续上溯，而且也不排斥向宋人书法学习，可以视为他对传统路径的突破。这对吴门书派的两位领袖人物祝允明与文徵明有一定的影响。

沈周自少敏慧，才学出众。对于绘画，沈周并非刻意为之，却能名播海内，并成为吴门画派的奠基者和开启者。沈周的书法大致经历三个阶段：早期书画均受其伯父沈贞的影响；四十岁前后转向宋人黄、米、苏学习；五十四岁之后，他基本稳定在黄山谷一体，形成略参己意的面目。沈周的书法从初学流行的沈度时尚体转向师法宋代极有个性的文人书法，这种求索对祝、文书法的审美取向起到明显的示范作用。然而，对祝、文二位吴门书派的领袖人物影响最为直接的，应是以书法名世的李应祯。

李应祯（1431—1493），名甡，一名维熊，字应桢；以字行，晚更字贞伯，因敬仰范仲淹，自号范庵。其先祖从宋朝建炎年间南渡时迁至吴中，遂占籍长洲。李应祯书法兼善篆、隶、楷、行、草诸体，能自成一家，但耻以书名。他从书法技巧到书学思想对文徵明均详加传授，此外，祝允明乃李应祯之婿，因而也受其直接的影响。

李应祯反对"随人脚踵"而成"他人书"的所谓"奴书"之论，在当时台阁体仍然流行的时代，有着一定的积极意义，他集中反映了吴门文人书家不满当时书风的思潮。因此，在祝、文引领吴门书派进入全盛期时，吴门书派的几员主将如唐寅、陈淳、王宠等都能与祝、文拉开距离，保持各自独特的书法风貌，这里不能不考虑到李应祯书学思想在吴门书家中的影响力所在。

由于得天时、地利、人和，明代中叶在苏州崛起了规模空前的"吴门书派"，祝允明、文徵明则先后成为吴门书派的领袖人物。当然，他们的书艺成就、处世思想、审美观念得到了同行以及大批追随者们的认同与追捧，并产生广泛而深远的影响。

祝允明（1460—1526），字希哲，一作晞哲，又作晞喆，因为他多生一指，故又号支指生、枝山等。明英宗天顺四年（1460），祝允明出生于苏州府长洲县（今属江苏苏州）的一个官宦世家，祖父祝颢是明正统己未（1439）进士，官至山西布政司右参政。祝颢精于吏学，为治文而知体，六十岁后辞职回到故乡苏州，吴中士林宿学从游者数十人。而祝允明的外祖父徐有贞，更是一位能诗善书、博学多才的硕儒。

由于先天的禀赋和后天受到祖父与外祖父的教诲，祝允明五岁能作径尺大字，而且读书一目数行，九岁已能作诗，有奇语。青年时期的祝允明便以诗文书法闻名吴中；当时因善书而任中书舍人的吴门书家李应祯将长女许配给他。有这样一个岳父，对于祝允明书法的提高也是一个很重要的因素。祝允明的好朋友文徵明曾经指出："吾乡前辈书家称武功伯徐公，次为太仆少卿李公。李楷法师欧、颜，而徐公草书出于颠、素。枝山先生，武功外孙，太仆之婿也。早岁楷法精谨，实师妇翁，而草法奔放，出于外大父。盖兼二父之美，而自成一家者也。"⑱这段话概括地说出了祝枝山书法的两个主要方面：楷法精谨和草法奔放。

王世贞在《艺苑卮言》中把祝允明所师承的脉络讲得更详细，他说："京兆少师楷法，自元常（钟繇）、二王（王羲之、王献之）、秘监（虞世南）、率更（欧阳询）、河南（褚遂良）、吴兴（赵孟頫）；行草则大令（王献之）、永师（释智永）、河南、狂素（释怀素）、颠旭（张旭）、北海（李邕）、眉山（苏轼）、豫章（黄庭坚）、襄阳（米芾），靡不临写工绝"。可知祝允明的书法师承极其广博，他的书法风格也是极其多样。据其较可靠的作品与文献著录，大体进行归纳如下：

小楷主要师法三国时期的钟繇和东晋王羲之（主要是《黄庭经》）。

楷书主要师法欧阳询、颜真卿以及虞世南、褚遂良等，有唐人风。

赵体行楷是祝允明最优秀的书体之一。此外他还熟谙苏、黄的行楷。另外，还有像行楷《梦草记》者，笔法坚挺，严谨工整，字形稍长，近于欧体，又融合了其他字体，别成一面。

行书是祝允明最得心应手的书体，在很大程度上体现了他个人的风格特点，但随他兴之所至，也常融入钟繇或赵孟頫的书体风格。另外，他拟宋代苏、黄、米的行书都深得其神。

他的行草，这一体现个人特点的书体比前一种更为自由，更充分地体现出他向草书发展的倾向。

祝允明不常作章草，但往往在一件书作的最后用章草题款。他的章草体也是师法数家而融为一体的。

今草也是祝允明具有个人独特风格的书体，在点画和形体上变化多端。启功先生认为"其各体中，应推草书为最"[19]。在草书领域里，祝允明在狂草上作了最多的尝试和发展。

由于他的书艺范围极其广泛，他所擅长的每一种书体中又都包含着多样的风格，故很难十分详尽而精确的分类。他的草书，尤其是狂草，更是变幻莫测，不可端倪。

作为一个艺术流派，必须有共同的艺术主张、领袖人物，以及追随者这几个基本条件。"吴门书派"是在吴地书法艺术的发展过程中自然形成的。祝允明不仅在狂草，还包括其楷行，均取得卓绝的成就，加上其符合吴门文士审美趣味的艺术主张，被公认为吴门书坛的领袖人物。文徵明与祝氏的艺术主张相同，书艺成就亦超越时人，成为继祝氏之后被吴门书家们所拥戴者，当时这种情形在文徵明的《跋祝希哲草书赤壁赋》中得到了反映，他说：

> ……今世观希哲书，往往赏其草圣之妙；而余尤爱其行楷精绝。盖楷法既工，则藁草自然合作。若不工楷法，而徒以草圣名世，所谓无本之学也。余往与希哲论书颇合，每相推让，而余实不及其万一也。自希哲亡，吴人乃以余为能书，过矣。昔赵文敏题鲜于太常临《鹅群帖》，所谓"无佛处称尊"者，盖谦言也。若余则何敢望吾希哲哉！⑳

由此可见，祝、文两人的书艺均受到吴人的追捧，且两人的书艺主张颇合，文徵明是祝枝山去世后吴门书家拥戴的书坛盟主。

文徵明童年貌似鲁钝，生而外椎，七岁方能立，八、九岁语言尚讲不清，遭旁人轻视。唯其父对他抱着深切的期望，从而开启了文徵明外钝内秀的灵心慧性。文徵明十三岁至十五岁，随侍父亲于博平任上。十六岁那年，其父补南京太仆寺丞，又谒告还吴。徵明随父返吴后，与唐寅、都穆订交，并从都穆学诗。十九岁，为诸生，与蔡羽、吴爟等订交。又与祝允明、都穆、唐寅等倡为古文辞。

文徵明十九岁参加乡试时，宗师批其字不佳，置三等。从而促使文徵明开始发愤精研书法，刻意临学。这一发愤，成为他今后笃实勤奋、广师博习晋唐宋元法帖名迹的起跑线。这一年又开始正式拜沈周为师学画。文徵明一生与沈周情谊最笃。除了其诗、书、画对徵明影响深远外，处世与为人的高尚品德也成为徵明一生的典范。文徵明二十二岁从父执南京太仆寺卿李应祯学书，二十六岁那年，吴宽丁母忧返乡，徵明得拜吴宽为师，从学古文。缘于父亲的引荐，使文徵明有幸得以向当时这些文艺翘楚学习，使其学问、技艺、人品、处世都有典范可循，对其一生的影响是巨大的。王世贞在《文先生传》中曾这样评价："吴中文于诗述徐祯卿，书述祝允明，画则唐伯虎。彼自以专技精诣哉，则皆文先生友也。……文先生盖兼也。"㉑

从十九岁发愤学书至五十四岁被荐入京的三十余年间，文徵明在书法方面经过了漫长而扎实的师古博习的准备期。如果说文徵明汲古的范围比祝允明更为广博的话，最明显处就是他除今体（楷、行、草）外还兼习篆隶古体。

嘉靖丙戌（1526）年底，祝允明于病故。文徵明自然成为唯一能继祝氏之后的领袖人物。此外，书坛的沈周、唐寅，文坛的吴宽、王鏊，诗坛的都穆、徐祯卿等均已先后离开人世。因此，徵明居京不久即返回吴中时，事实上已成为了吴门书画文艺圈中的盟主。《明史·文苑传》中有这样的记述：

> 吴中自吴宽、王鏊以文章领袖馆阁，时名士沈周、祝允明辈与并驰骋，文风极盛，徵明及蔡羽、黄省曾、袁袠、皇甫冲兄弟稍后出，而徵明主风雅数十年，与之游者王宠、陆师道、陈道复、王穀祥、彭年、周天球、钱穀之属，亦皆以词翰名于世。㉒

文徵明的博学，对于书法家来说，实是难得的"书外功"，一般书家难以望其项背。王世贞在《文先生传》中云：

> （先生）书法无所不规，仿欧阳率更、眉山、豫章、海岳，抵掌睥睨。而小楷尤精绝，在山阳父子间。八分入钟太傅室，韩、李而下所不论也。㉓

近代书家沈尹默在评价文徵明时也说："书虽小道，前贤为之，亦必博学多师，盖能尽窥众家之妙，始有成于一己之功。明代书家用力最勤，下笔不苟者，断当推此老（文徵明）也。昔何元朗论书，谓'自衡山出，……乃知自赵集贤后，集书家之大成者，衡山也。余人皆不逮远甚。'此语甚的。"㉔

文徵明书艺对后世影响主要表现在以下几个方面：

其一，众多文氏后裔与门生，汇成蔚为大观的吴门书派，致使文家笔法风靡江南，大有笼罩一代之盛。文氏后裔中有善文艺者及其门生各达五十余人。其从事书画艺术的后裔则跨越明清两代，门生中则有三十余人兼善书法㉕。

其二，对董其昌的影响。董其昌的聪明之处在于不师文徵明之迹，而师文徵明之心，师文徵明之径——力追古人而上溯晋唐宋人，下比文、赵以期超越。

董其昌在学书之初即以文徵明为参照与竞争的对象。他在《画禅室随笔·评书法》中说：

吾学书在十七岁时。先是吾家仲子伯长名传绪，与余同试于郡，郡守江西袁洪溪以余书拙置第二，自是始发愤临池矣。初师颜平原《多宝塔》，又改学虞永兴，以为唐书不如晋魏，遂仿《黄庭经》及锺元常《宣示表》、《力命表》、《还示帖》、《丙舍帖》，凡三年，自谓逼古，不复以文征仲，祝希哲置之眼角……⑳

其三，文氏书艺，远播日本。

其四，时隐时显，影响绵远。

至今距文徵明去世四百四十余年，国内外研究文氏的论著不断出现，文徵明几乎成为一门显学。

王宠（1494—1533），初字履仁，后改字履吉，号雅宜，雅宜山人，苏州吴县人。"天下法书归吾吴，而京兆祝允明为最，文待诏徵明，王贡士宠次之。……文以法胜，王以韵胜，不可优劣等也。"这是吴门文坛领袖王世贞在《艺苑卮言》中对吴门书派中三位最杰出人物的评价。明后期的吴门隐士赵宧光在他的《寒山帚谈》中也在谈及吴门书法一时盛况中提到王宠，他说："国朝独钟于吾吴，又同起于武、世二庙（即正德、嘉靖二朝），如祝、文、王、陈四君子者，先后不过一甲子，尽一时之盛。"㉗大概是出于上述的评述，故书史中有仅提祝、文、王三家或称"吴门四家"（祝、文、王、陈）㉘的不同提法。

王宠一直与文徵明等一批吴中才子保持着极为密切的联系，他们经常在一起雅集，唱和诗歌，交流书画。王宠不仅与蔡羽、文徵明、祝枝山、唐寅、陈淳等吴中名流交谊甚深，而且深受尚好风雅的苏州知府胡缵宗的赏识。嘉靖十二年（1533）王宠转往虞山白雀寺养病。不久，返回石湖，于四月三十日病逝，年仅四十，文徵明亲自为他撰写了墓志铭。

王宠出生于"吴门书派"正在崛起的时代，活动于"吴门书派"全盛时期，又有机会与"吴门书派"的领军人物祝枝山、文徵明等直接交往，并与一批吴门文士过从甚密。加上他自身天资聪慧，气质高朗明洁，读书又勤奋，对书法极为偏好，因此他的一生虽然短暂，却在书法艺术上成就了令名。王宠的成就主要在小楷、行书与行草等书体。从师承的角度来讲，王宠早年的作品受蔡羽影响较大，后来得祝允明、文徵明的熏陶，故确立了崇尚晋韵的审美取向，并朝此方向努力而坚定不

移，明后期书家詹景凤认为：“明兴，弘正而下法书莫盛于吴，然求其能入晋人格辙，则王履吉一人已矣。”㉙

王宠接受文徵明的影响更多的是人格与艺术气质，使其书法陶冶出超逸的格调，独立高标。何良俊在《四友斋丛说》中曾指出：“衡山之后，书法当以王雅宜为第一。盖其书本于大令，兼之人品高旷，故神韵超逸，迥出诸人之上。”㉚王宠能在蔡、文、祝、唐、陈等艺坛高手的夹缝中求生，在结字、用笔等方面都与他们拉开距离，稍出己意，透露出一种矫矫不群之气，因而得到了时人与后人的追捧。王世贞称：“（王宠）晚年稍稍出己意，以拙取巧，婉丽遒逸，为时所趣，几夺京兆（祝允明）价。”㉛

王宠英年早逝，限制了他书艺得以充分发展，因此他是不幸的。然而，他能在短暂的一生中，在吴门书派人才辈出的环境里，能够形成迥异于时人的艺术风格，成为吴门书派中仅次于祝允明、文徵明这两位领军人物，同时也成为明代书史中不可忽略的一员，王宠又可算是幸运的。

陈淳（1484—1544），字道复，后以字行，更字复甫，号白阳，白阳山人。成化二十年（1484）生，苏州府长洲县大姚村人。据《白阳先生墓志铭》记载，陈淳“既为父祖所钟爱，时太史衡山文公有重望，遣从之游，涵揉磨琢，器业日进，凡经学、古文、词章、书法、篆籀、画、诗咸臻其妙，称入室弟子”㉜。由此可知，文徵明与陈淳之间，既是世交，又是师生关系。另据陈淳自述称：“枝山先生，余少时常侍笔研，有师道焉。”㉝可见其亦自视为祝氏门生之列。从个人性格来看，陈淳与文徵明、祝允明之间相比较，陈氏更倾向于祝氏的豪放，而与一向谨严的文徵明反而有点距离。

陈淳从文徵明游后，在文氏的关照下，进入了文氏的活动圈子。这个圈子中，有文氏的师辈如沈周、王鏊等，同辈如祝允明、蔡羽、徐霖、都穆等以及文氏的子侄文彭、文嘉、文伯仁与学生辈如王宠、周天球、王毂祥、王稚登、居节、黄姬水等。由于性格的不同以及思想与审美倾向的差异，陈淳虽然作为文徵明的弟子，却在书画创作的风格取向方面另有自己的追求，文徵明对此终究还是抱赞赏态度的，他们的交游圈中人也认为是“青出于蓝”的。文徵明在一篇题跋中说：“道复游余门，遂擅出蓝之誉。观其所作四时杂花，种种皆有生意。所谓略约点染，而意态自足，诚可爱也。"③④

陈淳在书法艺术领域所取得的成就大致表现在两个方面：第一，继承乃师文徵明的全面修养，篆、隶、楷、行、草兼擅；第二，兼祝、文之所长，草、篆两体有所突破。

陈淳因精于篆法，而由巡抚都御史陈公开馆礼聘之，请他以篆体书写《五经》、《周礼》等经学名篇，并加以镌刻镂板，置于学府。此举使他名声大震。陈淳能以篆体书写《五经》、《周礼》等名篇，足见其于篆籀的造诣之深。从某种意义上来说，陈淳仅就这一项，已足可享"出蓝之蓝"了。尽管他的篆书并不像其行、草书那样著名，流传作品也极少，但却是在风格创作中有所突破的一种。著名美术、书法史论家傅申早在20世纪70年代所著《海外书迹研究》一书对于"篆书"的专题研究中已注意到这个问题③⑤。

当然，最能反映陈淳书法成就，而且流传作品较多的应推他的草书。一方面由他的个性所决定的审美取向；另一方面，祝允明对其草书创作的影响也是不能低估的。可以说，陈淳的草书，尤其是狂草，其直接影响来自祝氏。当然这种直接的影响并非在于形质，而在于气韵。

归纳起来，陈淳草书的风格特征有如下几个方面：

1. 有从容洒落又纵横奔逸的气度。它不是单一的放纵，而是有很强劲的节律，雄壮而不粗野，并带有名士的洒脱和隐士的飘逸。

2. 其挥洒是自由而随意的，纵情而释怀的。处处流露出高超的随机应变的能力，淋漓的元气溢于纸上，时出意外之趣。

3. 笔力强健，惊魂摄魄。其大幅度的纵横开阖，擒纵跌宕，于规矩之外求胜趣，为常人所不敢为。

4. 创作时进入的情绪激越、奔放的状态，与其大写意花卉的创作状态有某些相通之处。

平心而论，陈淳的大草从取法的范围与技法含量来看，是不及祝枝山的。但从奔逸的气势和恣意的宣泄来看，却比枝山或有过之，甚至也可以认为有所突破。陈淳的楷书，自文徵明而上溯晋唐，类于文氏而工整稍逊。陈淳的行书亦然。尽管在陈淳的行书中，所带有的文氏笔意成分最多，但最明显的差异也是其笔法不如文氏精到，显得粗率。

综上所述，陈淳在书艺领域所取得的成就也是颇为杰出的，故能与祝允明、文徵明、王宠一起列为"吴中四名家"。他的大草与楷书如同他的写意花卉一并影响了徐渭。他的略带草意的篆书则开拓了明末草篆的先河，并波及清初。因此，他虽未能主盟吴门书画艺坛，但仍不失为吴门书派中的最重要的成员之一。

文彭（1497—1573），字寿承，号三桥，别号渔阳子，文徵明长子。以诸生而久次贡生，后授秀水训导，擢国子监博士，故世称文国博。能承家学，诗书画俱长，并精于篆刻，有"流派篆刻鼻祖"之美誉。精通篆法，故许榖称他"尤精篆隶"。文彭传世的篆书作品虽然极少，但仍能反映在篆书创作方面的审美取向。与陈淳的篆书作品相比，趣味较为一致，即略带草意。因而清王文治在《快雨堂题跋》中称（文彭）"精熟不如父，而萧散之气远过之"，这不仅仅反映在他的行草书上，也反映在他的篆书创作中。

文彭的真、行、草书，亦楚楚可观，他有些作品"咄咄副其父"（王世贞语），但有些作品则能"体体有法，并自成家，不蹈父迹"。因为他学父而能逼真，故有时亦为其父代笔。但就总体倾向而言，文彭更重情趣，而功力不及乃父。如果说文彭的楷、行还是较多地带有其父的影子的话，其草书则更多的是自家面目。尽管与其父五十岁左右所作草书风格亦有相近之处，但其父晚年已不作草书，而文彭则于草书留意较多，尤其晚年，全学孙过庭。或许与他参与其父钩摹孙过庭《书谱》刻入《停云馆帖》这一工程而对孙氏草书产生浓厚的兴趣有关。

周天球（1514—1595），字公瑕，号幼海、六止居士等。江苏太仓人，随父徙居苏州，遂为苏州人。诸生。15岁时从文徵明游，学诗文书画，据《谷城山房集》记载，文徵明"极许可之，曰：他日得吾笔者，周生也"。工诗，惜未结集付梓。

冯时可在《冯元成集》中曾说："公瑕善大小篆、古隶、行、楷，皆模范文太史，晚能自得蹊径，一时丰碑大碣，无不出其手。"他是文徵明的重要传人之一。传世作品如《杜少陵四首册》（台北故宫博物院藏）、《苏轼前赤壁赋卷》（上海博物馆藏），皆六十岁以后所作，为其成熟期代表作品。用笔、结字均酷似文徵明行草，通篇结构严谨，无懈怠之笔。然波澜不惊，用力平均，正如邢侗所评："天球秃颖取者，堂堂正正，所乏佳趣。"㊱周天球亦擅长楷书，王世贞认为其楷法有两种，"一种小变《宣示》而肉微胜，一种出入吴兴而加妩媚"㊲。在书法创作中，他自己的追求似乎与观者的看法存在着明显的差异，如其好友孙鑛云："公瑕作率更体甚遒整，作吴兴体最沓拖压人，而每好作吴兴，不甚作率更，不可解也"，"微参以率更意，笔肥而骨劲，足称合作"㊳。

吴门书派在中国书法史上有着特殊的地位，其传承有序、书家众多、影响深广，其他书法流派难以与之比肩。但任何流派都会经历兴起、鼎盛、衰败的发展过程，只是时间长短不同而已。吴门书派持续百年之久，已属不易，然而，由于文徵明的子孙、弟子及再传弟子在传承中渐渐陈陈相因，最终在明末走向衰落。代之而起的是以董其昌为核心的松江书派，即"华亭派"。华亭当时属南直隶（南京）所辖，是松江府治所在地。这里工商业发达，书法方面在明初时就有"二沈"（沈度、沈粲）闻名于当时，故陆深（1477—1544）说："国初书法，吾松甲天下。"后来，王世贞将国初华亭籍书家陈璧和"二沈"推衍而成"云间派"。

当吴门书派方兴未艾、势甲天下之时，周边地区的书法多"为吴中文、祝二家所掩"㊴。至晚明吴门派式微，这些其他地域的书法流派乘势而起，"华亭派"便是其中突出的代表。万历年间，华亭董其昌书法渐渐享誉朝野，董氏意欲营构书法流派，于是将他自己家乡的书法历史直追到西晋的陆机，并标榜陆深、陈璧和"二沈"为正宗，尤推其师莫如忠及其子莫是龙，为自己的崛起并成为"华亭派"盟主作铺垫。

董其昌的书法在以二沈为代表的文人流派传统中扎根，用笔精熟，章法疏朗，强调"读万卷书，行万里路"的"渐修"思想，追求淡远真率的审美境界，一时追随者众（至清康熙帝推崇董其昌书法，天下尽宗董）。其时与董其昌书画流派见解如出一辙的还有陈继儒，他也是松江华亭人。他大力推崇家乡书家，于书法主攻苏轼、米芾，大抵以意为之，在创作态度上亦类似董氏之"率意"，但未臻化境，其文名大于书名。另有绘画"苏松派"和"云间派"的主盟者赵左、沈士充等亦擅书法，与董其昌、陈继儒并称于世。

篆刻艺术是由古代实用印章的制作与镌刻发展而成的。实用印章昉自商周，多为印工制作，至秦汉而鼎盛；而篆刻艺术肇于宋、元，多为文人创造。有明一代，篆刻艺术异军突起，蓬勃发展，形成三大主要特点：一是文人篆刻艺术流派兴起；二是篆刻创作队伍壮大，地域性强；三是集拓印谱悄然成风，印学理论奇葩绽放。这三大特点相互作用，且以江苏为典型，尤其是在苏州、南京两地表现突出。

明代早中期，文人用印已较为普遍，而且具有较高的艺术水平，当时文人信札、书画作品上的印鉴都能证实这一点。其中，文徵明、唐寅、祝允明、徐霖，或更早一些的如徐有贞、沈周、吴宽等江南文人或书画家对用印颇有讲究，有的还直接研习印法。嘉靖、隆庆年间，苏州文彭受前辈倡导印章艺术的影响，登高一呼，率先开创了我国印学史上第一个篆刻流派，成为鼻祖，在印坛奠定了特殊的地位。故清初周亮工《印人传》云："但论印之一道，自国博（文彭）开之，后人奉为金科玉律，云仍遍天下。"[40]明清印人多以宗文彭相标榜，后世研究者亦多推为鼻祖。

文彭开创的"三桥派"（后人亦称"吴门派"），对当时及后世影响极大，而且明代的"雪渔派"、"泗水派"、"娄东派"等其他篆刻流派的创始人何震、苏宣、汪关，以及"别立营垒"的朱简等，或直接受教于文彭，或久居吴门，与文彭皆有千丝万缕的渊源关系。与文彭同时代的印人还有王宠、陈淳、王毂祥、许初、彭年、王梧林、周天球等。文彭大力提倡使用石质印材，四方影从，石材遂"艳传四方"，为文人篆刻的兴盛奠定了物质基础；其次，他崇尚宋、元，究心六书，推进了文人自篆自刻的创作过程；再次，他和他的追随者形成了第一个篆刻艺术流派。这些都是他在篆刻史上的卓著贡献。因此，晚明篆刻家及印论家朱简说："自三桥而下，无不人人斯、籀，字字秦、汉，猗欤盛哉！"[41]后世研究印史者称这一现

图下 4-10 （明）文彭《七十二峰深处》

象为"文彭时代"。

明代中晚期，篆刻艺术有很大的发展，印人创作队伍不断壮大。周亮工《印人传》、冯承辉《历朝印识》、汪启淑《续印人传》、叶铭《广印人传》等资料对明代印人的统计反映了这一盛况。其中江苏印人所占比例为最大，地域篆刻特征也最为明显。以《历朝印识》收录的明代印人及其所在地区为例：徽州38人，苏州18人，杭州17人，福建14人，南京11人，梁溪（今江苏无锡）7人，扬州5人，上海4人。3人以下的地区还有昆山、太仓、元和、徐州、如皋、常熟、山阳（今江苏淮安）等。值得注意的是，当时徽州、福建等地的多数印人常往来于苏州、南京等地，可见江苏是当时篆刻家最为集中和活跃的区域。

万历年间，江苏印人辈出，在篆刻艺术方面亦多有拓展，其中赵宧光便是代表人物之一，另有归昌世、汪关、何通、梁千秋、梁大年等。赵宧光（1559—1625），字凡夫，一字水臣，号寒山长。太仓人，中年后卜居苏州西部之寒山，擅篆刻，精研字学，著《说文长笺》、《六书长笺》等，在其《寒山帚谈》中言及篆刻字法、章法、刀法及格调。吴县章宗闵集其篆刻为《赵凡夫先生印谱》。又创草篆，徽籍印人朱简从其游，自赵氏草篆中悟出篆刻刀法新意。

集拓印谱在明代尤其在晚明成为风尚，为文人雅士所钟爱。印谱是古今玺印、篆刻作品的汇辑，也是学习篆刻艺术不可或缺的范本，对篆刻的繁荣起到推波助澜的作用。印谱之辑，始于宋而风行于明晚季。宋、元印谱极少，且多以古文字和印史为着眼点，而明中叶苏州沈津（字润卿）于正德六年（1511）辑有《印章图谱》，编入其《欣赏编》丛书中，将印章作为艺术品赏玩，可见印章在当时已具审美功能。60余年后，上海顾从德将家藏及好友所藏古印原钤成谱20部，名曰《顾氏集古印谱》，曾风行一时。之后，印谱有伪托、翻刻等泛滥现象，但南京甘旸的《集古印正》、无锡程远的《古今印则》、太仓何通的《印史》，以及南通邵潜的《皇明印史》等等，则涤心刮目，推助集拓印谱之风日盛。尤其甘旸、程远所集两谱于卷末又附《印章集说》、《印旨》各一篇，将印论研究渗透在印谱之中，关注篆刻创作，更具特色。程远（活动于万历年间）字彦明，梁溪（今江苏无锡）人，兼擅篆书篆刻，董其昌称："予友程彦明为汉篆，书与刻兼擅其美，识者方之文寿承、何长卿"⑫，曾客嘉兴项氏宛委堂，摹刻其遗藏古印成 3 册，并世名家之作 1 册，立意审慎，非草率奏刀，力求矫正其时易名伪托翻刻古印成谱之颓风。

另外，明末太仓张灏的《承清馆印谱》、《学山堂印谱》，开汇辑当时诸家印人之作先河，其规模在明代亦无出其右者。

篆刻艺术的蓬勃发展，推动了印学理论研究的深入。明代的印论研究仍以江苏为重点，且以吴门为中心。主要代表作有徐官的《古今印史》、沈野的《印谈》、甘旸的《印章集说》和周应愿的《印说》等，所论涉及篆法、章法、刀法以及创作心态等方方面面，其中《印说》还被当代学者指为"明代印论的标帜"。

综观江苏明代篆刻艺术的发展可知，当时地域经济文化背景是这一艺术滋生的土壤。明代中后期，以苏州为中心的江南商品经济发展迅速，生产关系随之发生一系列变化，文化之雅俗相互渗透与融合，人们的思想观念也较此前有较大的改变，地方文人雅士乐意参与篆刻艺事，外地印人亦可挟印技之长而游食于苏州、南京等地；并且，吴门书画在全国独领风骚，书画家用印渐次高要求。如此，江苏明代篆刻走在前列！

第八节　帖碑交替的清代书法

帖派书法　郑簠与碑派书风　翁同龢

清代书法的发展过程，呈现出帖碑交替、此消彼长的态势。大体上，雍正以前是明代帖派书法的延续，到乾、嘉时达到最高水平；同时，清代前期访碑活动肇兴，篆隶书体颇具成就，其后，碑派书法盛极一时；至清末，碑帖又见融汇之势。

清初宋曹（1620—1701），字邠臣，号射陵，盐城人。国变后以遗民自居，惟以诗文书法自娱，尤喜创作草书。所交游者也多为遗民，如万寿祺、归庄、冒襄等人，他们的书法都是帖派的延续。宋曹著《书法约言》，多经验之谈。另有汪士鋐（1658—1723），字文升，号退谷、松南居士等，长洲（今江苏苏州）人，亦是帖派书家之一。汪氏为康熙三十六年（1697）进士，官至左中允，后因母丧辞官归居江南，吟诗习书，潜心著述。其书法点画端严，字形匀称，以"瘦"为胜，与时人姜宸英并称"姜汪"。

清代前期的书法重心在江浙一带，这里秀美富饶，生活闲适，文人士大夫审美向往飘逸典雅的境界，是帖派书法滋生和发展的优良土壤。清代中期，娄县（今属上海）张照、丹徒王文治等，都是帖派书法的中坚。张照（1691—1745），字得天，号泾南、南华山人等。早年学书以董其昌为门径，后学颜、米，得厚重和跳宕之意，脱化而出，以点画的活泼爽利和气势的浑厚雄强为主要特征。王文治（1730—1802），字禹卿，号梦楼，乾隆二十五年（1760）探花，书法与笪重光、董其昌有传承关系，点画婉柔，结字匀净。中年以后潜心佛典，深究禅理，书法受南宋张即之影响，有爽利之势，创作时喜用淡墨，人称"淡墨探花"，与"浓墨宰相"刘墉相提并论；又与翁方纲、刘墉、梁同书并称"翁刘梁王"。

清代碑派书风的兴起，以篆隶书体的复兴为先导，这与清初顾炎武、黄宗羲、阎若璩、朱彝尊等学者的访碑风气有关。同时期郑簠等书家都曾在搜访、研究和临习汉碑等方面下了很多功夫，并在篆隶书法创作上取得了前所未有的突破。郑簠（1622—1693），字汝器，号谷口，上元（今属江苏南京）人，以行医为业，终身未仕。他搜集寻访汉碑古刻，可谓不遗余力，曾裹粮北上山东、河北一带"溯流穷源"，故其隶书创作比清初其他人所作高出一筹，风格上总体从容大方，活泼纵逸，高古浑穆，一扫唐宋以降隶书用笔平直古板、结体匀整呆滞的习气，以致在南京、扬州及安徽一带掀起一股重视和学习金石牌版的热潮，为乾、嘉以后碑派书法在艺术风格上的追求提供了很好的参照。另外，比郑簠稍长的著名画家、太仓王时敏也精于隶书，点画沉厚、字形严整，在当时也有一定的影响。

在清代前期的篆书领域，康熙年间的王澍最具有代表性。王澍（1668—1743），字若霖、若林，号虚舟、竹云，金坛人，徙居无锡，号二泉寓客。康熙五十一年（1712）进士，官至吏部员外郎，人称"王吏部"。告归后精研金石碑刻，所著《竹云题跋》、《虚舟题跋》以及《论书剩语》等，极力提倡学书应从篆隶入手，以通篆、隶为"入门第一正步"。王澍的篆书取法唐代李阳冰，笔法圆转瘦硬，结字端庄匀称，法度森严，风骨清秀，有人称其为"玉箸篆"。王澍亦因擅长篆书而被康熙帝任命为"五经篆文馆总裁官"，这对元明以来篆书古法不继、日渐衰微而言，无疑是一帖强心剂。此后，嘉定钱坫（1744—1806）、阳湖（今属江苏常州）洪亮吉（1746—1809）和孙星衍（1753—1818）以及武进张惠言（1761—1802）等，都受王澍影响，皆以擅"玉箸篆"见称于世。乾、嘉时期，金石考据学迅速发展，《说文解字》等小学研究成为显学，这对篆隶书法的发展和碑派书风的形成有决定性的意义，以上几位篆书家都是当时的著名学者。道光、同治年间的杨沂孙（1813—1881），常熟人，其篆书也深受朴学影响，讲究字字有来历，而且又从碑派大家邓石如处汲取艺术营养，以遒丽劲折，纵横捭阖为目标⑬，对《石鼓文》书法狠下功夫，广取博收，探索并形成了"杨氏"篆书风格。晚清吴县吴大澂（1835—1902）取"杨书"精华，以小篆笔法书写金文，表现出整饬光洁的审美趣味，反映了严谨与冷静的学者风范。

自康熙中期开始至乾隆年间，扬州以盐业与漕运为重镇，逐渐发展成为东南一带的繁华大都会。这里水陆交通便利，手工业发达，商品流通活跃，经济繁荣，全国各地文人墨客纷至沓来，从而形成文化艺术最为活跃的地区，出现了"扬州八怪"等书画家代表人物。他们大多为江苏籍，或为外籍而久居扬州者。这些代表人物往往书画兼擅，有些还是篆刻高手。"八怪"书法以鲜明的个性和独特的风格扬名于世，如金农的隶书，初学郑簠，后师法《天发神谶碑》等，进一步强化个性特点，用笔侧

图下 4-11 （清）金农《论茶隶书轴》（扬州博物馆藏）

锋，横画宽厚，竖笔瘦削，字形修长且上部紧密，又常常拉长撇画，别开生面，号称"漆书"。又如郑燮书法出规入矩，不落窠臼，熔篆、隶、楷、行各体于一炉，技巧熟练，面目奇异，号称"六分半书"。还有上元杨法篆隶杂糅，奇诡怪异，变幻灵动，极有特点。应该说，"八怪"书法独特的艺术风格是当时扬州地区特殊社会条件的产物。一方面，书家卖艺于扬州，其创作取向不能不迎合商人们的欣赏口味；另一方面，书家自身社会政治地位低下，久之则于胸中积郁块垒，而在笔墨之中常以奇崛、生拙与破坏等手法表现出来。

晚清书坛，常熟翁同龢（1830—1904）很值得一提。翁氏字叔平，号松禅、瓶庐居士。咸丰六年（1856）状元，官至刑部、工部、户部尚书，军机大臣兼总理各国事务衙门大臣，是同治、光绪两朝帝师。其书法碑、帖兼收，尤从颜体中获取营养而化出，端庄而不呆板，凝重而无滞碍，表现出雍容大度、跌宕老苍、纵意所适、自然脱俗的意趣。

【注释】

① [唐] 张彦远：《历代名画记》，人民美术出版社 1963 年，第 19 页。

② [后周] 姚最：《续画品》，《文渊阁四库全书》第 812 册，台湾商务印书馆 1986 年，第 13 页。

③ [唐] 朱景玄：《唐朝名画录》，《文渊阁四库全书》第 812 册，台湾商务印书馆 1986 年，第 366 页。

④ 陈葆真：《李后主和他的时代》，北京大学出版社 2009 年，第 240 页。

⑤ 陈葆真：《李后主和他的时代》，北京大学出版社 2009 年，第 240 页。

⑥ [晋] 陈寿：《三国志》卷 63 注引《吴录》，中华书局 1982 年，第 1425 页。

⑦ 曹宝麟：《陆机〈平复帖〉商榷》，《抱瓮集》，文物出版社 2006 年，第 68 页。

⑧ [唐] 房玄龄等：《晋书》卷 80《王羲之传》，中华书局 1974 年，第 2093 页。

⑨ 刘涛：《中国书法史·魏晋南北朝卷》，江苏教育出版社 2002 年，第 206—207 页。

⑩ [南朝] 陶弘景：《陶隐居又启》，《法书要录》卷 2，上海书画出版社 1986 年，第 42 页。

⑪ 陈寅恪：《天师道与滨海地域之关系》，《陈寅恪集·金明馆丛稿初编》，三联书店2001年，第39页。

⑫ 参见华人德《论六朝写经体兼及"兰亭论辩"》，《华人德书学文集》，荣宝斋出版社2008年，第43—62页。

⑬ [唐]李延寿：《南史》卷76《隐逸·陶弘景》，中华书局1975年，第1897页。

⑭ [唐]颜真卿：《怀素上人草书歌序》，《全唐文》卷337，中华书局1983年。

⑮ 曹宝麟：《米芾评传》，《抱瓮集》，文物出版社2006年，第415页。

⑯ 唐锦腾：《元末明初吴中书法概论》，载浙江省博物馆编：《中国书法史学国际学术研讨会论文集》，西泠印社2000年，第243、244页。

⑰ 同上，第246页。

⑱ [明]文徵明：《跋祝草书月赋卷》，载汪砢玉《珊瑚网法书题跋》卷16，成都古籍出版社复制1985年，第367页。

⑲ 启功：《启功丛稿》，中华书局1981年出版，第362页。

⑳ [明]文徵明：《文徵明集》卷23，上海古籍出版社1987年，第1341页。

㉑ [明]文徵明：《文徵明集·附录》，上海古籍出版社1987年，第1628页。

㉒ [明]文徵明：《文徵明集》，上海古籍出版社1987年，第1617页。

㉓ [明]文徵明：《文徵明集·附录》，上海古籍出版社1987年，第1627页。

㉔ 沈尹默：《论书丛稿》，三联书店香港分店、岭南美术出版社1982年，第192页。

㉕ 周道振、张月尊：《文徵明年谱》附《后裔表》与《及门表》，百家出版社1998年，第726—743页。

㉖ 见《历代书法论文选》，上海书画出版社1979年，第544页。

㉗ [明]赵宧光《寒山帚谈》卷下，引自王伯敏、任道斌、胡小伟：《书学集成·元明》，河北美术出版社2002年，第524页。

㉘ 祝嘉《书学史》第330页有云："弘治以后，祝允明、文徵明、王宠出……号称中兴。"（上海书店出版1990年）黄惇《中国书法史·元明卷》中单列"吴门四家"为一章。

㉙ [明]詹景凤：《跋王宠草书千字文》。

㉚ 见[明]何良俊《四友斋丛说》卷27，中华书局1959年，第252页。

㉛ [明]王世贞：《吴中往哲像赞》，《弇州山人续稿》卷150。

㉜ [明]张寰：《白阳先生墓志铭》，载（明）陈淳：《陈白阳集·附录》，台湾学生

书局 1973 年，第 349—350 页。

㉝ [明]陈淳：《祝枝山行楷〈海外西经〉卷跋》，载葛鸿桢编《中国书法全集·祝允明》，荣宝斋出版社 1993 年，第 341 页。

㉞ [明]文徵明：跋陈淳甲辰春日所作《观物之生花卉卷》（无锡博物馆藏）。萧平著《陈淳》所附彩图。

㉟ 原著名 *Traces of the Brush*，美国耶鲁大学出版社 1977 年第一版，1980 年再版。中译本名此，葛鸿桢、贺哈定校，北京紫禁城出版社 1987 年出版。译者在 1982 年翻译此书时亦已引起注意。

㊱ [明]邢侗：《古今名人书法评》，《来禽馆集》卷 21，《四库全书存目丛书》集部第 161 册。

㊲ [明]王世贞：《艺苑卮言·附录三》，《弇州山人四部稿》卷 154。

㊳ [明]孙鑛：《书画题跋》卷 1《墨迹·三吴楷法》，《文渊阁四库全书》第 816 册，台湾商务印书馆 1989 年，第 34 页。

㊴ [明]董其昌：《画禅室随笔·评书法》，载《历代书法论文选》，上海书画出版社 1979 年，第 548 页。

㊵ [清]周亮工：《印人传·书文国博印章后》，载《篆学丛书》（上），中国书店影印 1983 年 3 月，第 5 页。

㊶ [明]朱简：《印经》，载韩天衡：《历代印学论文选》，西泠印社 1999 年，第 140 页。

㊷ [明]董其昌：《古今印则跋》，载韩天衡：《历代印学论文选》，西泠印社 1999 年，第 441 页。

㊸ [清]包世臣：《艺舟双辑·完白山人传》，载祝嘉：《艺舟双辑广艺舟双辑疏证》，巴蜀书社 1989 年，第 133 页。

第五章

婉转清丽的音乐、曲艺与戏曲

　　江苏的民歌、民乐、曲艺与戏曲历史悠久，丰富多彩，它们相互融通，相辅相成，千姿百态，代表着江苏人民的智慧和情怀。历史上江苏南北地跨吴楚，楚文化对江苏影响固然很大，但总体上看，吴文化呈现出强势。江南吴地山清水秀，美丽富饶，吴地人民温文儒雅、淡泊超拔。这一方水土滋养了吴歌、古琴、昆曲等举世闻名的优秀表演艺术，它们在中华民族悠久的文明史上闪耀着夺目的光辉，历久弥新。

第一节　吴　歌

　　吴歌始于三国时期　古吴歌代表作"子夜歌"　影响广泛的《月儿弯弯照九州》《孟姜女》《茉莉花》　吴歌形式的发展

　　吴歌是江苏及上海、浙江吴方言地区流传的民间歌曲。楚辞《招魂》："吴歈（yu），蔡讴，奏大吕些。"① "歈"者，歌也，"吴歈"即是"吴歌"，吴歌最早在战国时期已经见诸文字。

　　三国时期，吴歌是当时全国性民间音乐"清商乐"的组成部分。《魏书·乐志》载："江左所传中原旧曲，……及江南吴歌，荆、楚西声，总称清商。"② 《魏书·乐志》在解释"清商乐"时明确提到了"吴歌"这个概念。吴歌之源，最迟在三国时期，距今1700多年。

《晋书·乐志》载："吴歌杂曲并出江南。东晋以来，稍有增广……其始皆徒歌，既而被之管弦。盖自永嘉渡江之后，下及梁、陈，咸都建业，吴声歌曲起于此也。"③

西晋永嘉南渡以后，北方政治、经济、文化中心南移至江南建业（今江苏南京），以建业为中心的江南所流传的民歌"吴歌杂曲"与北方传来的"相和歌"、"清商乐"相融合、发展，起先是无伴奏歌唱，后被上层社会采集，配置管弦乐器伴奏，形成了"吴声歌曲"即吴歌的体系。

魏晋时期的吴歌在以南京为中心的吴方言地区广为流传，后因晋"永嘉丧乱"、唐"安史之乱"以及宋"靖康之难"期间的三次北方人口大批南迁，南京及周边地区的语言渐渐向北方语系靠拢，吴方言的中心被逼向东南漂移，后世的吴歌便大多保存在以苏州吴县为中心的吴方言地区。

古老吴歌采用五言四句体，以描写男女私情为主，代表作是"子夜歌"，据传为晋代一位名"子夜"的女子所作：

其一

青荷盖渌水，芙蓉葩红鲜。
郎见欲采我，我心欲怀莲。④

其二

夜长不得眠，明月何灼灼？
想闻散唤声，虚应空中诺。⑤

"子夜歌"歌词常用谐音，"芙蓉"谐音"夫容"，"莲"谐音"怜"。其二则描写了痴情女子月夜相思入神，幻觉情人呼唤，不禁空自答应的传神情境。"子夜歌"秉承《诗经》遗风，质朴真情。

宋郭茂倩编《乐府诗集》凡一百卷，收集了大量吴歌。现存歌词的有《子夜》、《前溪》、《阿子》、《欢闻》、《团扇》、《玉树后庭花》等20余首，可惜无曲谱记录。

《月子弯弯照九州》是一首影响较大、流传甚广的吴歌。最早见诸文字是南宋诗人杨万里（1127—1206）在《诚斋诗集·竹枝歌》序里所写："晚发丹阳馆下，五更至丹阳县，舟人及纤夫终夕有声，盖讴吟啸谑，以相其劳者。其辞亦略可辨，有云：张歌歌，李歌歌，大家着力齐一拖。又云：一休休，二休休，月子弯弯照几州。其声凄婉，一唱众和。"⑥杨万里依据吴歌改编的《竹枝歌》云：

> 月子弯弯照几州，几家欢乐几家愁。
>
> 愁杀人来关月事，得休休处且休休。

明昆山文人叶盛（1420—1474）《水东日记》载："吴人耕作或舟行之劳，多作讴歌以自遣，名唱山歌，中亦多为警劝者。漫记一二。"叶盛记录的《月子弯弯照几州》是：

> 月子弯弯照几州，几家欢乐几家愁？
>
> 几家夫妇同罗帏，多少飘零在外头？

明末长洲（今江苏苏州）文人冯梦龙（1574—1646）编著的《警世通言》第十二卷《范秋儿双镜重圆》开篇写道："帘卷水西楼，一曲新腔唱打油；宿雨眠云年少梦，休讴，且尽生前酒一瓯。明日又登舟，却指今宵是旧游；同是他乡沦落客，休愁！月子弯弯照几州？这首词末句，乃借用吴歌成语。吴歌云：月子弯弯照几州，几家欢乐几家愁；几家夫妇同罗帐，几家飘散在他州。"后文解释道："此歌出自南宋建炎年间，述民间离乱之苦。"⑦

冯梦龙辑录的吴歌集《挂枝儿》、《山歌》共搜集歌词 800 余首，是明末长洲地区吴歌的集成。其中冯梦龙在《山歌》中把"月子弯弯照几州"首次记作"照九州"，此后民间流传的"月子弯弯照九州"，最迟大体始于明末。在明清文人的著录里，这首吴歌多有出现，各版本有所差异，往往一二句不变，后句略有变化。而"月子弯弯照几州"主题的吴歌则早在南宋时即已经存在无疑。

谱例一

> 月儿弯弯（末）照九（子个）州，几家欢乐几家（子个）愁，
> 几家骨肉（末）团圆（子个）叙（　），几家飘零在他（子个）州。
> （啊呜啊，啊呜啊，啊呜。）⑧

（唐紫云唱　易人记）

《月子弯弯照九州》历经数百年，在江南民间口口相传历久不衰。后来，使用吴歌《梳妆台》曲调的江苏民歌《月儿弯弯照九州》更是随着

电影《一江春水向东流》在全国的放映而风靡一时，一直流传至今。

《孟姜女春调》也是一首影响大流传广的吴歌。"春调"是江南吴地在初春季节广泛流行的民间歌曲。清代江阴文人金武祥于光绪二十四年（1898）所著《陶庐杂忆续咏》载："入春常有两人沿门唱歌，随时编曲，皆新春吉语，名曰'唱春'，唱时轻锣小鼓击之以板。板绘五彩龙凤，中书四字曰'龙凤官春'，俗传明时正德御赐云。"据金武祥所记，艺人唱春活动最迟始于明正德（1506—1521）年间。

孟姜女传说自古流播全国，明代落脚江南吴地，有其深刻原因。有明以来统治者不断增筑北方长城，民间徭役赋税十分繁重，苏州一府竟负担全国赋税的十分之一，比全国平均水平高出八倍之多，吴地农民不堪重负纷纷逃亡，在这样的社会背景下，孟姜女的故事不胫而走。故事梗概是：苏州万员外有子喜良，奸臣进奏说征召万喜良修筑长城，一夫顶万夫。喜良逃往松江府华亭县巧遇富户孟隆德之女孟姜，二人相爱，成婚时，喜良被抓送去修筑长城。孟姜千里迢迢为喜良送寒衣，路经苏州浒墅关，关官命孟姜唱《十二月花名》方予放行，至长城喜良已死，孟姜悲愤欲绝。秦始皇见孟姜貌美欲召为妃，孟姜提出三个条件：一造长桥，二修万喜良坟，三秦始皇披孝祭坟。秦始皇祭坟毕，孟姜投水自尽。江南吴地民间传说塑造了孟姜女可歌可泣的执著贞烈形象，民间艺人依据常州《四仙调》曲调编创了《孟姜女十二月花名》（即《孟姜女春调》）广为传唱。

谱例二

1. 正月梅花是新春，家家户户点红灯，别家丈夫团圆聚，我家丈夫去造长城。

2. 二月杏花暖洋洋，双双燕子到南方，燕窠修得端端正，对对双双歇画梁。

3. 三月桃花是清明，桃红柳绿正当景，家家坟上飘白纸，孟姜女坟上冷清清。

4. 四月蔷薇养蚕忙，姑嫂双双去采桑，桑篮挂在桑树上，揩揩眼泪勒把桑。

5. 五月石榴是黄梅，黄梅发水落下来，家家田中黄秧莳，孟姜女田中草成堆。

6. 六月荷花热难当，蚊虫飞来叮胸膛，宁可叮奴千口血，莫叮奴夫万喜良。

7. 七月凤仙七秋凉，家家窗前裁衣裳，青红蓝绿都做到，孟姜女家中是空箱。

8. 八月木樨雁门开，孤雁足下带书来，闲人只说闲人话，那有人送寒衣来。

9. 九月菊花是重阳，重阳美酒菊花香，满满筛来奴不喝，无夫饮酒不成双。

10. 十月芙蓉稻上场，牵砻磨稻纳官粮，家家都有砻来牵，孟姜女家中是空仓。

11. 十一月冰冻雪花飞，孟姜女千里送寒衣，前面乌鸦来领路，喜良长城冷凄凄。

12. 十二月腊梅过年忙，杀猪宰羊闹洋洋，家家都有猪羊杀，孟姜女家里空堂堂。⑨

清光绪十六年（1890）湖州张聚贤刻本《孟姜女寻夫》首刊《孟姜女过关十二月花名》即风传各地。清末民初江、浙、沪地区流传《四季花名》、《孟姜女十二月花名》木刻、石印小唱本无数，《孟姜女万里寻夫》唱本刊行更达千万册，吴歌《孟姜女春调》遂流播全国大部省份。

吴歌中在现当代影响大流传广的要数《茉莉花》为最。《茉莉花》有文字可考源于民间流传的《鲜花调》，又名《双叠翠》、《双叠词》。清道光元年（1821）贮香主人编辑的《小慧集》卷12辑录了署名"箫卿主人"用工尺谱记录的《鲜花调》：

好一朵鲜花，好一朵鲜花，飘来飘去落在我的家。

我本待不出门，就把那鲜花儿采。

好一朵茉莉花，好一朵茉莉花，满园花卉怎及得他。

我本待采一朵戴，又怕管花的人骂。

《鲜花调》在民间的流传，当在清嘉庆年间或更早。歌词第一段泛指"鲜花"，第二段则专指"茉莉花"，所以民间又将《鲜花调》冠名《茉莉花》。《茉莉花》歌谱的记录或许外国人更早，1804年（清嘉庆九年）

英国地理学家旅行家约翰·巴罗著《中国旅行记》中忠实记载了《茉莉花》歌谱，后被西方音乐学者广泛引用，并被认定为中国的"特性歌曲"。著名意大利作曲家普契尼（1858—1924）在创作歌剧《图兰多特》时，遂把《茉莉花》的旋律首先用在第一幕的合唱当中，随后作为音乐主题在剧中多次出现，朴素优美的中国旋律流传更为广阔。

流行全国的《茉莉花》，在各地有着不同的版本，各自带有本地域的文化特质。流行江苏的《茉莉花》，是200多年来劳动人民（含民间艺人）集体创作的优秀成果之一。它具有柔婉清丽、平易近人、简明朴实、生动灵活和粘、糯、嗲的吴歌特色。

谱例三

1. 好一朵茉莉花，好一朵茉莉花，满园花开香也香不过它，我有心采一朵戴，又怕看花的人儿骂。我有心采一朵戴，又怕来年不发芽。

2. 好一朵茉莉花，好一朵茉莉花，茉莉花开雪也白不过它，我有心采一朵戴，又怕旁人笑话。

3. 好一朵茉莉花，好一朵茉莉花，满园花开比也比不过它，我有心采一朵戴，又怕来年不发芽。[10]

（佚名唱，何仿整理词、记谱）

唐宋以后，吴歌突破五言四句体发展为七言四句体。由于须适合唱诵的原因，及至明代又在七言四句中增加了"白口"、"衬字"、"垛句"等，形成长短句词格。有的因为内容的需要，甚至在四句的基础上再增一句、两句成为五句体、六句体，如《月上》、《灯笼》：

《月上》：约郎呀约呀在月上时，那料月上子山头弗（不）见渠。

伊弗知奴处山低月上得早，伊弗知郎处山高月上得迟。

《灯笼》：一对灯笼街上行，一个昏来一个明。

情哥莫学灯笼千个眼，只学蜡烛一条心，二人相交要长情。

冯梦龙《山歌》辑录的"私情长歌"多为歌中夹白，"杂咏长歌"则有的长达100多句。此后吴歌的发展更是不拘一格、丰富多彩，除了体裁的多样，题材上也逐步拓展到社会生活的多层面。江南水乡的稻作、蚕桑、舟楫文化孕育了古老的吴歌，柔糯的吴侬软语作为吴歌的文学载体赋予她以清丽委婉的地域文化特色。在音乐上，吴歌采用五声调式，结构规整，旋法以曲折的级进为主，节奏均匀平稳，旋律流畅优美，音域适中，抒咏性极强。

明清时期吴歌的繁盛景象是长篇吴歌诞生的前期铺垫。这种长篇吴歌的出现，打破了长期以来认为汉族长歌仅有《木兰辞》和《孔雀东南飞》的定见，受到国内外学术界的高度关注。20世纪80年代，在民间发掘的基础上，由"吴歌学会"编，上海文艺出版社出版的《江南十大民间叙事诗》，每部叙述一个完整的故事，均长达一两千行，被称作是"吴歌中的奇花"。

绚丽多姿的吴声歌曲记录了各时代江苏人民的精神生活，同时更以其音乐精髓对江南吴地甚至更广阔的地域的器乐、曲艺以及戏曲产生了深刻的影响。

第二节　古琴艺术

汉代琴家师中　蔡邕的《蔡氏五弄》　宋朱长文首著《琴史》　大型琴曲《广陵散》　虞山派　广陵派　金陵琴社

古琴艺术源远流长，江苏最早的琴家是西汉东海下邳（今江苏宿迁）人师中。汉武帝（前140—前87年）时，师中被荐入宫任职琴待诏，常为汉武帝刘彻奏唱琴歌，师中还擅谱曲，并在宫中传授琴艺。其所著《雅琴师氏八篇》收录在《汉书·艺文志》里，是我国最早的琴书。

东汉文人琴家蔡邕（132—192），字伯喈，为避祸"亡命江海，远及吴会"，在江苏生活12年，从事教学、演奏、创作、著述。蔡邕在秦淮河上游青溪游历获得灵感，创作了《游春》、《渌水》、《幽居》、《坐愁》、《秋思》五首作品，即琴史上著名的《蔡氏五弄》，它是有记载的第一次文人的音乐创作。蔡邕在其专著《琴赋》中介绍了当时琴的演奏手法和流行的曲目，在另一专著《琴操》中辑录并介绍了50首汉以前的作品，为后世研究琴史和古代琴曲提供了珍贵史料。

图下 5-1 南京市上坊孙吴大墓出土的青瓷抚琴俑（南京市博物馆藏）

北宋苏州文人朱长文（1038—1098），字伯原，号乐圃。任宋太学博士、枢密院编修等文职。所著《琴史》于1084年成书，1233年刊印。《琴史》是目前可见中国第一部琴史专著。该书共六卷，一至五卷辑录了上起唐虞下迄宋156位琴人琴事。第六卷分十一个专题论述琴学。具有开拓意义的《琴史》对后世古琴艺术影响深远。

《广陵散》，又名《止息》，"最初是东汉末年产生于广陵地方（今江苏扬州一带）的一首琴曲"①。该曲谱最早见于明太祖朱元璋第十七子朱权（1378—1448）辑撰、洪熙元年（1425）刊行的《神奇秘谱》中。《广陵散》的题材内容，通常认为是取自古代"聂政刺韩王"的故事。乐曲描述了聂政复仇的心路历程和不畏强暴的反抗精神，主体情绪激昂愤慨。史载魏晋名士嵇康钟爱并善弹此曲。嵇康因反抗司马氏夺政而遭迫害，临刑前弹奏《广陵散》以寄托心志，而后慷慨赴死，演绎了一出悲壮豪迈的故事，广陵遂成了历代文人墨客追寻嵇康千古琴音的胜地。

《广陵散》是一首少见的大型琴曲，当代江苏省苏州籍著名琴家管平湖（1895—1967）根据《神奇秘谱》所载打谱的《广陵散》共45段，分"开指"、"小序"、"大序"、"正声"、"乱声"、"后序"六个部分，其中"正声"是全曲的核心。

古琴艺术在江苏自古就有着卓越的文献成就，这在没有音响资料的古代尤显珍贵。经长期发展酝酿，到了明清时期江苏境内更是琴坛勃兴、琴家辈出，形成了具有本地域文化特质的流派，领导古琴潮流，显示出强劲的琴人群体实力，堪称中国琴坛主力。

明末江苏常熟一带流行的琴派，亦名熟派，因当地有虞山而得名虞山派。又因有河流名琴川，又名琴川派。

图下 5-2　明大还阁款"沧海龙吟"古琴（南通博物苑藏）

　　虞山派创始人严澂（1547—1625），字道澈，号天池，江苏常熟人。做过三年知府，在京师曾随琴家沈音等人习琴，失意退隐后，随徐门弟子陈星源学琴，陈星源是南宋浙派徐门徐梦吉（号晓山中人）再传弟子陈爱桐的儿子，这样的承袭关系，可以说虞山派是浙派在吴地的余脉。严澂编撰的《松弦馆琴谱》收曲目 28 首，是虞山派的代表琴谱，被琴界奉为正宗。其琴论《琴川谱汇序》指出："盖声音之道微妙圆通，本于文而不尽于文，声固精于文也。"严澂反对当时在琴曲中滥填文词的风气，主张发挥琴曲自身的音乐表现力。他倡导"清、微、淡、远"的琴风，主张"取其古淡清雅之音，去其纤靡繁促之响"，使当时琴界杂沓随意的现象渐归一统。自古吴声清婉，虞山派对"清静、微妙、怡淡、玄远"艺术境界的追求，体现出吴地文人一贯的精神风貌。

　　虞山派另一代表人物是徐上瀛（约 1582—1662），名諲，号青山，江苏太仓人，师从陈爱桐的门生张渭川和严澂。徐上瀛拥护严澂的艺术主张，赞成"清、微、淡、远"，但也不忽视"亮、丽、采、速"，认为"调之有徐必有疾"，兼容节奏快的琴曲。他所编撰的《青山琴谱》凡 31 曲，后由弟子更名《大还阁琴谱》出版，其曲目大体和严澂《松弦馆琴谱》相同，但增收了节奏急促的《潇湘水云》、《雉朝飞》、《乌夜啼》和陈星源的《和阳春》及沈音的《离骚》等曲。弥补了严澂排斥快曲的缺陷，使虞山派琴曲"徐疾咸备，今古并宜"。在《大还阁琴谱》中还收入了徐上瀛的琴论《谿山琴况》。根据古琴的演奏特点，徐上瀛从美学角度归纳总结琴况为 24 则，兼备轻重、徐疾、动静、迟速。注重演奏技巧、音乐表现和古琴等方面的整体性和谐。在理念上，崇尚静穆古雅、孤高寡合的境界。该论著被认为是古琴艺术发展史上的重要理论著作。徐上瀛的成就，使其成为明末独步琴坛的著名琴家，也使虞山琴派的琴艺更臻完美，在中国琴史上熠熠生辉。

虞山派后期代表人物蒋文勋（约1804—1860），号梦安，又号胥江，江苏吴县人。曾师从韩古香和戴雪香两位老师，故其所编撰的琴集名之为《二香琴谱》。该琴谱凡十卷，收30曲。蒋文勋对演奏中的快慢对比的关系，实音虚音的关系，对琴派的见解，对琴歌填词的看法等都做了悉心研究探讨，并取得一定成就，因之成为晚清著名琴家。

除《松弦馆琴谱》（1614）、《大还阁琴谱》（1673）外，虞山派先后出版的主要琴谱有：陈雽编撰《松风阁琴谱》（1677）；云志高编撰《蓼怀堂琴谱》（1686）；汪天荣编撰《德音堂琴谱》（1691）；鲁鼐编撰《琴谱析微》（1692）；程允基编撰《诚一堂琴谱》（1705）；苏璟编撰《春草堂琴谱》（1744）；周显祖编撰《琴谱谐声》（1820）；蒋文勋编撰《二香琴谱》（1833）。从《松弦馆琴谱》到《二香琴谱》绵延200余年，虞山派以此十部琴谱享誉琴坛，足见其代有传人的雄厚实力。

虞山派的代表曲目是《洞天春晓》、《潇湘水云》、《乌夜啼》、《雉朝飞》、《阳春》、《汉宫秋》等。

地处长江、大运河交汇的江苏扬州，古称广陵。扬州交通便利，历来经济文化都很繁荣，清初起古琴在扬州得到蓬勃发展，扬州的琴人群体历史上被称作广陵派。

广陵派创始人徐常遇（生卒年无考），字二勋，号五老山人，江苏扬州人。初时徐常遇学习的是虞山派琴艺，后加以发展，崇尚"淳古淡泊"，开创了广陵派，可以说广陵派是虞山派演变而来。徐常遇根据弹琴实践编撰了《琴谱指法》一书，后重刻于澄鉴堂，即现存《澄鉴堂琴谱》（1686），其编内指法2卷，收37曲。

徐常遇的长子徐祜（字周臣）、三子徐祎（字晋臣）曾在北京报国寺弹琴献艺，令听众为之惊叹，被誉为"江南二徐"。徐祎在琴艺上成就最大，清李斗《扬州画舫录》中说"扬州琴学以徐祎为最"。

在徐常遇之后，广陵派的代表人物徐祺（生卒年无考），字大生，号古琅老人。他曾游学各地，遍搜诸派琴谱加工整理，用30余年时间编撰成《五知斋琴谱》（1722）8卷，收33曲，每曲都写有题解和后记。徐祺所辑大部是虞山派传统琴曲，但经他改编有了新的发展。《五知斋琴谱》是琴界最流行的琴谱之一。

广陵派另一代表人物是吴灴（生卒年无考），字仕伯，编撰有《自远堂琴谱》（1802）11 卷，收 93 曲。《自远堂琴谱》是广陵派的重要代表琴谱之一。

至晚清，广陵派传人秦维瀚（1816—约 1868），字延青，号蕉庵。其晚年编撰的《蕉庵琴谱》（1868 成书，1877 刊印）4 卷，收 32 曲。后又有其传人僧空尘编撰的《枯木禅琴谱》（1893）8 卷，收 32 曲。清末广陵派则以曾首创"广陵琴社"以培养琴人的孙绍陶为代表人物。孙绍陶（1879—1949），江苏扬州人，出生操缦世家，其父孙檀生也是广陵派著名琴家。

广陵派以其跌宕多姿，绮丽细腻，刚柔相济，音韵并茂的特色立足琴坛，绵延流传 300 多年不衰。广陵派的代表曲目有《樵歌》、《龙翔操》、《梅花三弄》、《平沙落雁》、《墨子悲丝》等。

清末，琴师黄勉之在北京以"金陵琴社"为名，招收入门弟子传授琴艺。黄勉之（1853—1919），江苏江宁人，师从广陵派传人枯木禅师，自认是"广陵正宗"。清代北京是达官贵人云集、文人荟萃之地，黄勉之传授的弟子上达军机大臣张之洞，下至以贩卖棉线为生的贾阔峰，还有皇亲国戚爱新觉罗·溥侗、叶诗梦等，一时名噪京师。其弟子中成就最大的是杨宗稷，著有《琴学丛书》43 卷。

江苏的古琴艺术还应提及两位重要琴家，一是蒋克谦，二是庄臻凤。

蒋克谦（生卒年无考），江苏徐州人。集曾祖父、祖父、父亲四代人之努力成果，于 1590 年编撰完成了《琴书大全》，共 22 卷，辑录历代琴曲解说和歌词 211 首，曲目 996 首，历代琴家 203 人，关于琴事的记载 221 篇，诗 469 首。这是一部卷帙浩繁，信息量巨大的琴学百科全书。

庄臻凤（1624—1667），字蝶庵，江苏扬州人。集一生作品在《琴学心声》中，共 14 曲。其中《梧叶舞秋风》、《春山听杜鹃》甚得好评，流传较广。他的传人蒋兴俦东渡日本带去一批琴谱，包括《琴学心声》，对日本琴学产生了很大的影响。

古琴艺术是文人的音乐艺术，江苏琴人开创的古琴艺术美学意境，代表着中国文人音乐的主流审美情趣，为中国的古琴事业做出了巨大贡献。

第三节　其他有突出成就的民族音乐

琵琶　江南丝竹　苏州玄妙观道教音乐

明清时期是中国琵琶艺术发展的高峰期，江苏出现了一位以弹奏大型套曲《楚汉》闻名于世的琵琶演奏家汤应曾。

汤应曾（1585—1652），江苏邳县人。一生弹奏过古曲《胡笳十八拍》、《洞庭秋思》等百余首琵琶曲，尤以《楚汉》最见功力，最具影响。明末清初文人王猷定《四照堂集》中的"汤琵琶传"，记载了汤应曾演奏琵琶大曲《楚汉》的生动情景说，汤琵琶"尤得意于《楚汉》一曲：当其两军决斗时，声动天地，瓦屋若飞坠。徐而察之，有金声、鼓声、剑弩声、人马辟易声。俄而无声，久之，有怒而难明者为楚歌声，凄而壮者为项王悲歌慷慨之声、别姬声。陷大泽，有追骑声。至乌江有项王自刎声，余骑蹂践争项王声。使闻者始而奋，继而恐，终而涕泣之无从也，其感人如此！"从王猷定的描述看，《楚汉》一曲显然表现的是楚汉之争，刘邦项羽垓下决战的宏大场景和霸王别姬的悲壮故事，传统认为该曲是当代流传的琵琶独奏曲《十面埋伏》的前身，《十面埋伏》和《楚汉》在音乐形象及结构上基本相符。

经历代民间艺人加工创作，《十面埋伏》几乎汇集了所有琵琶武曲的演奏技法，形成一部完整成熟的琵琶独奏大曲，就该曲而言，尊汤应曾为鼻祖当不为过。

清嘉庆二十四年（1819），华秋苹编撰《南北二派秘本琵琶真传》（又称《华秋苹琵琶谱》、《停云谱》）刊行，它是中国第一部正式出版的琵琶谱集。

华秋苹（1784—1859），又名文彬，字伯雅，江苏无锡人，琵琶演奏家。当时琵琶北派有直隶（今河北）王锡君，被誉为"燕京正声"；南派有浙江陈牧夫，被誉为"武林遗韵"。华秋苹北学王锡君，南得陈牧夫真传，集南北两派之长"合同而化之"创立了"无锡派"，把清代的琵琶艺术推向了一个新高度。他与其弟映山、子同等广收南北琵琶曲，参照古琴减字法，把琵琶的定弦、把位、指法等规范化，用工尺谱记写并点板。《华秋苹琵琶谱》共三卷。

华氏琵琶谱的刊行，使琵琶演奏技艺从口传心授提升为以字谱记录保存，对后世中国琵琶艺术的发展产生了积极深远的影响。

清末民初，江苏又相继涌现出一批杰出的琵琶家如吴畹卿、沈肇州、刘天华、徐立孙、杨荫浏等等，在众多琵琶家当中，汤应曾、华秋苹应是中国琵琶艺术史上两座无可争议的高峰。

江南丝竹源于古丝竹乐。丝竹，指用丝、竹材料制作的乐器。古代丝竹乐指的是用丝竹乐器（加小型打击乐器）演奏的江南民间器乐曲。《晋书·乐志》载："相和，汉旧歌也，丝竹更相和，执节者歌。"汉代已经有丝竹乐器为歌唱伴奏的音乐形式，以后丝竹乐又发展成在歌唱之前的单独演奏。

宋元时期，城市经济发展促进了市井文化的兴旺，大城市的"瓦舍勾栏"中常有音乐歌舞、百戏杂剧表演，丝竹乐被广泛用于伴奏，在酒楼茶肆也有丝竹乐小型搭配的独立演奏活动。

及至明清时期，随着戏曲、曲艺、歌舞的繁盛，丝竹乐除担任伴奏外，独立演奏的丝竹乐获得了普遍的流传和发展，民间的迎神赛会、婚丧嫁娶都有丝竹乐队参与仪式。

清末民初，环太湖江浙沪地区民间丝竹乐蓬勃发展，一批有志于中国民族民间音乐的有识之士，相继组织成立了丝竹乐社，搜集整理曲谱，演习丝竹器乐合奏；或文人雅集自娱，或参与社会活动，把江浙沪地区的丝竹乐推向一个新的发展阶段。由于共同的地域文化滋养，形成了有别于其他地区丝竹乐的共同的代表性曲目、乐队组合形式和音乐风格，并由此发展为今天的江南丝竹（在未正式定名前，曾称作"苏南丝竹"、"吴越丝竹"、"十二细"、"细八派"等）。

江南丝竹"从一般的传统丝竹乐经精心挑选和加工发展而成为具有浓厚江南色彩的地方乐种"[12]，在江苏主要流行于苏南。其乐队有"丝竹班"和"请客串"两种，前者为职业经营性组织，后者为业余自娱性组织。江苏较早的知名丝竹班社有：光绪十六年（1890）左右江苏太仓创建的"盛和丝竹社"，1911年江阴县南沙乡柏林村（今属江苏张家港）创建的"柏林庵音乐社"等。1911年以后记载较多，有太仓"茜泾丝竹社"、"新方丝竹社"、"合艺国乐社"、"新丰清客班"等；昆山"周泾丝竹班"、"咏霓堂"等；吴县"顾家班"、"范家班"等；常熟"东山雅集"、"永和堂"等；吴江"金钟民乐队"、"同里丝竹社"等等。

在大中城市，则有苏州"吴平国乐团"、无锡"华光国乐社"、泰州"太州同乐社"、南京"南京乐社"等。城市的丝竹社，多是由知识界和市民音乐爱好者组成的业余性质，演奏水平较高，还做了许多文献搜集整理工作。这些社团的中坚人物如"吴平国乐团"的项祖英、项祖华，"南京乐社"的甘涛、夏一峰等都是国内著名的民族音乐家。

江南丝竹乐队编制最少两个人（二胡、竹笛），一般三至五人，也可七至八人，有时为了某种需要，也可将丝竹乐器加倍成双，乐手增至十几二十人。丝竹乐中弓弦乐器用二胡、四胡等，弹拨乐器用小三弦、琵琶、扬琴等，管乐器用笛、箫、笙等，打击乐器用鼓、板、木鱼、铃等。演奏时还有坐乐、行乐之分。

江南丝竹的乐曲多数来自民间器乐曲牌，如《欢乐歌》、《云庆》、《行街》、《四合如意》、《三六》、《慢三六》、《中花六板》、《慢六板》合称"八大名曲"。另外流行的还有《春江花月夜》、《紫竹调》、《老六板》、《快六板》、《霓裳曲》、《鹧鸪飞》等。乐曲结构多用变奏、循环、连套形式。

江南丝竹在演奏中，常常使用中国民族民间的即兴演奏传统手法，各乐器声部默契配合，对比烘托，在"母调"的框架内，因时、因地、因人不同，演奏者即兴发挥各自乐器的特点，结合个人的技术特长、艺术旨趣，创造出个性化的声部，同时又与乐队整体相呼应融汇，赋予乐曲多姿的变化和独特的韵味。江南丝竹的音乐风格可概括为"花、细、轻、小、活"五字，即华彩、细腻、轻快、小型、活泼，故江南丝竹擅长表现轻快愉悦的情趣，符合江南吴地人民的个性气质。

苏州玄妙观初建于晋武帝咸宁二年（276），元元贞元年（1295）定名"玄妙观"，明洪武四年（1371）被定为"正一丛林"。

苏州玄妙观道教属"正一派"，正一派道教法事活动以"斋醮"为主，法事过程中，声乐演唱和器乐演奏是法事活动的主体。

图下 5-3　苏州玄妙观

　　演唱部分为道教经韵。唱词词格多为四言、五言、七言的上下句式，也有四句式和多段体。演唱方式有："咏"，即用管弦乐器和打击乐器伴奏，音乐旋律性较强。"吟"，即无伴奏的清唱式，在唱词的句读间加入一二件法器单击，段落间则加入更多法器伴奏。玄妙观道教经韵演唱使用的是吴地方言，文雅细腻，往往体现出昆曲"水磨腔"的韵致。曲目有《天师颂》、《香赞》、《洒净》、《唱道》等。

　　演奏部分是典型的"苏南十番吹打"。它是以丝竹乐和吹打乐组合的伴奏，或是以丝竹乐和吹打乐组合的独立的器乐合奏。其中精彩的是笛曲与鼓段，以及由笛曲、鼓段连缀的套曲，鼓段独奏尤为出神入化。器乐演奏运用在法事开始时的"序奏"，结束时的"收尾"，过程中的具有舞蹈性质的队列变化、禹步等的伴奏，以及经韵演唱的伴奏等。演奏的曲牌有【桂枝香】【降圣偈】【清江引】【雁儿落】等。鼓段有【小立春风】慢、中、快连缀套曲等。

　　苏州临近历史上的南唐都城金陵（今江苏南京）和南宋都城临安（今浙江杭州），玄妙观道教音乐深受两都宫廷音乐的影响，又浸淫在江南吴地的吴歌、江南丝竹、昆曲、苏州评弹等吴文化的营养中，经长期发展演变，苏州玄妙观道教音乐呈现出庄重典雅的气质，具有浓郁的吴地色彩。

第四节 方言曲艺

苏州弹词 扬州清曲 海州五大官调

苏州弹词又称"小书"，苏州方言说唱，弹弦乐器伴奏，散、韵文体结合，叙事为主，代言为辅的曲种，盛行于苏、浙、沪等吴语地区。

弹词经过长期衍变发展，明代末叶在民间流行已经日益广泛。及至清初，在苏州盛行，出现了苏州弹词名家王周士。王周士曾在乾隆南巡时御前弹唱，受赐七品冠带，入北京"内廷供奉"。相传乾隆四十一年（1776）王周士创立了包括苏州评话在内的评弹艺术"光裕公所"。

嘉庆年间（1796—1820），苏州弹词迅速发展，出现苏州弹词"前四名家"，即陈遇乾、毛倡佩、俞秀山、陆瑞廷（一说陈士奇、姚豫章、俞秀山、陆瑞廷，还有毛、姚、俞、陆说）。其中，陈遇乾编演的《义妖传》，其说唱音色宽厚、咬字吐音遒劲、尖团平仄分明、长于抒情，形成角色唱调"陈调"。俞秀山则汲取江南民间音乐，以其宽广的音域，形成了高亢与低沉、委婉与平直、刚劲与柔和兼具，旋律优美的"俞调"。"陈调"和"俞调"确立了苏州弹词的基本曲调。"前四名家"丰富了书目，创造了流派唱腔，奠定了苏州弹词的基本演出形式。

同治、光绪年间（1862—1908）苏州评弹出现了"后四家"，其中三家是弹词艺人，即说唱《珍珠塔》的马如飞、说唱《玉蜻龙》的赵湘舟、说唱《倭袍传》的王石泉。他们也各有所长，自成一派。这时期，苏州弹词由一人的"单档"演出发展成两人合作的"双档"演出。

清末民初，苏州弹词进入上海，有了更为广阔的发展空间，又随着广播媒体的崛起而进入鼎盛时期。在不断创新弹词剧目的同时，流派唱腔亦逐步成熟丰富，在说唱中出现了魏钰卿的"魏调"（《珍珠塔》）、杨仁麟的"小杨调"（《白蛇传》）、夏荷生的"夏调"（《三笑》）、周玉泉的"周调"（《玉蜻蜓》）。还有以软糯圆润著称的"糯米腔"、徐云志"徐调"，吸收江南丝竹哀怨旋律以表现凄切情感的祁莲芳"祁调"。此外，苏州弹词还吸收【山歌调】【费伽调】【银纽丝】等牌子曲来丰富唱腔。

表演形式上，原先只有男艺人单独演出的苏州弹词，后来逐渐有女艺人加盟，增添了演出的色彩，男女双档演出成为主要演出形式。苏州弹词的书目有长篇、中篇和短篇三种，以长篇为主要演出形式。其表演讲究说、唱、弹、噱、演等艺术手段。书词中散文部分以"说"的形式表现，第三人称的"说"称之为"表"，第一人称的说称之为"白"。书词中韵文部分以"唱"的形式表现。"弹"即是伴奏，"单档"以三弦自弹自唱，"双档"演员分上下手，各以三弦、琵琶自弹自唱，也交互伴奏。说表中穿插喜剧性调侃手法，称之为"噱"。模仿故事中人物说话、表情，称之为"演"或"学"、"做"。

扬州清曲又名"维扬清曲"、"广陵清曲"，俗称"唱小曲"、"小曲"。传统扬州清曲不化妆、无表演、无说白，只以扬州方言歌唱和器乐演奏刻画人物形象和表达思想感情，代言体，多人坐唱，每个演员都兼奏乐器。流行于扬州、镇江、苏州、南京、上海等地。

元代的"小唱"，在散曲的基础上，吸收江淮地区流行的俗曲、民歌小调，结合扬州本地方言，在明代中叶形成了"扬州清曲"。清康、雍、乾年间（1662—1795）是其全盛时期，当时清曲家有黎殿臣、陈景贤、刘天禄、刘禄观、牟七、金姑、潘五道士、郑玉本、朱三等等。清曲的曲调和唱本也流传到了北方的一些城市和南方广东、云南等地。晚清，社会动荡、经济萧条、民生凋敝，扬州清曲在艰难中被一些民间清曲艺术家保存下来。这期间有清曲艺术家施元铭、魏绍章、黎子云、钟培贤、裴福康、王万青、尤庆乐等。

职业清曲艺人常在茶馆酒楼、内河客船等处卖艺。自娱性清唱活动，多是知识阶层和店员、手工业者等市民爱好者，他们在唱本、音乐曲调搜集整理改革创作方面作出了很多贡献。但正式作为"扬州清曲"挂牌演出则是上个世纪30年代以后的事。

扬州清曲表演靠的是唱奏，因此首先特别考究运气行腔、吐字发音。其发声用假嗓的称"窄口"，用本嗓的称"阔口"，窄口主要用于故事情节中旦角的唱段。其常用伴奏乐器有琵琶、三弦、月琴、四胡、二胡、扬琴、檀板以及碟子、酒杯等，有时也加用箫。

扬州清曲的曲牌有【软平】【鹂调】【南调】【波扬】【春调】【鲜花调】【梳妆台】【银纽丝】【耍孩儿】等116支，它们多取自扬州本地民歌小调、昆曲、徽剧、滩簧、道情等等。有文字记录的扬州清曲唱本近500种，其中单曲（用一支曲牌唱奏，又名"单片子"）曲目有《十杯酒》、《做人难》、《风花雪月》、《四季相思》等，多为写景、咏物、抒发相思之情之类；套曲（用两支以上曲牌联缀唱奏）曲目有《三国》、《水浒》、《西厢记》、《红楼梦》、《白蛇传》、《珍珠塔》等，多取材于民间传说、历史故事等。扬州清曲的曲调多数被扬剧吸收成为扬剧的主要唱腔，对扬剧的发展产生过积极影响。

海州五大宫调是用曲牌体演唱的一种说唱艺术形式，以【软平】【叠落】【鹂调】【南调】【波扬】五支曲牌为基本腔调，素装坐唱，无表演，少说白。盛传于海州（今江苏连云港）一带。它是江苏明清俗曲的重要一脉，古"诸宫调"宝贵遗存。

海州位于苏、鲁两省接壤处，是江淮方言和北方方言的交汇地带，从自然和人文环境看，它都是南北方的过渡区域。这里民歌体裁丰富、内容广泛，保留了大量明清以来的南北杂曲曲牌。海州五大宫调起源于明代两淮一带流传的"时尚小令"，在结合当地江淮方言的基础上广泛吸收海州地区的小曲杂调而逐渐形成。

明清时期，两淮盐业兴旺，海州成为苏北重要的水陆码头和淮盐集散地。舟船水运是淮盐集散的主要运输方式，盐商富贾们在押运盐船过程中，往往在船上蓄有歌伎以唱曲娱乐，排解漫漫旅途的枯燥寂寞。久而久之，盐商富贾们便参与其中、自娱自乐，一些精通词曲音律的文人墨客也对五大宫调加以关注，推动了五大宫调的发展。经过文人加工的海州五大宫调，语言趋于高雅，曲调更加委婉，唱腔更加多变。

海州五大宫调体系里，宫调系统为单支曲牌，其节奏缓慢变化少，行腔字少腔多，唱词典雅华丽，曲调委婉细腻，适宜抒情；由两个以上曲牌组成的曲牌连缀体为套曲系统，适宜演唱各种人物故事。海州五大宫调融汇了扬州清曲甚至昆曲的某些曲调，五声音阶是其音乐主体，音乐风格上兼容南北特征，但总体上倾向江南，形成南北兼容又独具一格的风貌。

海州五大宫调演唱时少则两三人，多则十几人，通常是一人演唱，众人伴奏，需烘托气氛时，众人也和唱一两句唱词。其使用的伴奏乐器有二胡、琵琶、月琴、三弦、箫、檀板、碟琴等。

海州五大宫调演唱的曲目有《天台有路人难到》【软平】、《银台报喜玉烛生花》【叠落】、《青山隐隐》【鹂调】、《从南飞来一群雁》【南调】、《一轮明月当空照》【波扬】以及《望江楼》【码头调】、《二十四秋》【满江红】、《俏人儿我的心肝》【集曲十八魁】等。

海州五大宫调是以自娱自乐的“曲堂”方式代代相传的，后来也出现了职业的艺人和曲堂。海州五大宫调也是盐文化的重要组成部分，有待进一步挖掘研究。

第五节　昆曲艺术

昆曲的发展兴衰及其艺术特色　清宫大戏　昆曲清唱活动　昆曲作家及其名作　昆曲重要戏班　昆曲对京剧的贡献

昆曲是以江苏昆山腔为主要声腔的剧种，也称为“昆腔”、“昆剧”、“雅部”，又有“吴歌”、“吴音”、“吴歈”之称。

宋元时期的南戏（又称南曲）在元代后期流传到江苏昆山一带，融汇了当地方言和民间音乐，发展成南戏清唱腔调。

元末至正年间（1341—1368），经“善发南曲之奥”的昆山戏曲家顾坚的改进和传唱，推动了它的发展。明代初年已经有“昆山腔”之称。

明代中叶，江南是中国资本主义萌芽的中心地带，在城市化进程中，市民阶层逐步发展壮大，文化需求不断提升。为适应社会文化发展进步的趋势，明嘉靖十至二十年间（1531—1541）寓居江苏太仓的戏曲音乐家魏良辅（约1502—1583）在昆山腔的基础上，吸取弋阳腔、海盐腔音乐之长和北曲的唱法，继承了宋元戏曲的优秀成果，在民间艺术家过云适、张梅谷、谢林泉、张野塘等人的协助下，改创成新的昆腔。其伴奏乐器兼用笛、管（箫）、笙、琵琶、鼓板、锣等。改革后的昆腔有一系列唱曲理论，唱腔委婉细腻、圆润舒缓，长于抒情，被称作"水磨调"。

之后，昆山戏曲家梁辰鱼（约 1519—1591）得魏良辅传授，和民间音乐家郑思笠、唐小虞等对昆腔做了进一步研究改进。明隆庆（1567—1572）末，梁辰鱼编创了第一部昆腔传奇《浣纱记》，上演后，进一步扩大了昆腔的影响，喜爱和研习昆腔者益多。

昆腔崛起，首先在以苏州为中心的三吴地区流传。明万历年间（1573—1620），昆山腔从吴中扩展到江浙各地，和余姚腔、海盐腔、弋阳腔并称明代四大声腔。万历末，已经形成"四方歌曲必宗吴门"的局面，一跃而居诸腔之首。

传入北京后，昆腔又取代了盛行于时的弋阳腔，明万历年间进入宫廷，成为玉熙宫大戏之一，发展为全国性的剧种，称霸剧坛，称为"官腔"。之后，各地相继出现了昆曲的支派如北昆、浙昆、徽昆、赣昆、湘昆、川昆等。新昆腔成为集南北曲大成的"时曲"。

经过明万历年间的大发展，在明天启、崇祯年间（1621—1644），昆曲活动形成了以南京为中心的格局。明末的清军袭扰、农民起义，使北方富室文士、纨绔子弟纷纷南逃，避居明代"留都"南京。他们富裕奢靡，选妓征歌，挥金如土，一时南京畸形繁华。这时南京职业昆班有数十部，秦淮曲院歌伎也随之增多，如"秦淮八艳"中的李香君、董小宛、寇白门、陈圆圆、卞赛、顾眉生都是昆曲高手。当时著名曲家苏昆生也活动在南京的曲院诸伎、公卿豪绅间。

明隆庆万历之交至清嘉庆初年（约 1570—1800）的 230 年，是昆曲兴盛时期。昆曲剧作家层出不穷，新剧作不断涌现，其剧本文学性强，文辞典雅，塑造刻画人物精致细腻，尤擅感情抒发。它的音乐属于"曲牌体"，其所用曲牌有 1000 种以上。其中有古代歌舞音乐、唐宋大曲、宋代唱赚、诸宫调、民间歌曲等。表现剧情或塑造人物复杂多变的感情世界时，也常用曲牌联缀（即两个或两个以上曲牌联缀在一起，简称联曲体）形式。节奏上除传统的一板三眼、一板一眼、叠板、散板外，又出现了"赠板"，即曲调放慢一倍，使唱腔百般缠绵，婉丽妩媚，一唱三叹。

其时南京、苏州、扬州昆曲班社林立，新剧接踵上演，舞台表演艺术也日渐成熟。昆曲行当分工极为细致，在生、旦、净、末、丑五大行当之下，又细分二十小行，称作"二十个家门"。在演唱技巧上昆曲讲究声音的控制和咬字头、腹、尾的把握，各行角色都有自己的性格唱法。昆曲念白抑扬顿挫、徐疾有度，特别是丑角，说吴语为主的江南方言，贴近生活，起到烘托人物形象的良好作用。昆曲的伴奏乐队文武场形成了以笛、鼓板为主，辅之笙、箫、三弦、琵琶、月琴、锣、钹、木鱼等多种乐器的规模较完整的建制。其乐队不仅伴奏唱腔，还担任独立演奏过场音乐的任务，这些过场音乐大多取自演唱的曲牌。武场锣鼓有程式性的锣鼓经、锣鼓曲牌和各种锣鼓点。昆曲是载歌载舞的表演形式，其舞蹈身段，一种是说白时的身段姿态和手势演绎出的写意舞蹈，另一种是配合唱词感情的抒情舞蹈，各行角色也都有各自独立的舞蹈技巧和程式。在表演中，服装道具的使用也有不同的基本功。此外，戏曲脸谱也逐步规范完善。可以说，昆曲的表演艺术严谨到几无随意之处。

这期间上演的剧目有：《浣纱记》、《狮吼记》、《红拂记》、《玉簪记》、《义侠记》、《坠钗记》、《青衫记》、《鸣凤记》、《水浒记》、《西厢记》、《牡丹亭》、《琵琶记》、《荆钗记》、《拜月亭》、《燕子笺》、《双雄记》、《西楼记》、《清忠谱》、《长生殿》、《桃花扇》等等。乾隆四十五年（1780），巡盐御史伊龄阿奉旨在扬州设"词曲局"，修改校阅曲剧1104种，其中有部分是花部（除雅部昆腔以外的诸腔调），可见当时昆曲剧目的繁盛。

昆曲发展初期，大多演出全本传奇，一部剧多达四五十出，分两次或更多次才能演完。明末清初，艺人们通过实践，摸索出删繁就简、紧缩凝练的方法，节选剧目中精彩的一出或数出，经过深加工，精雕细琢，使之成为可以独立演出的短剧，深受观众欢迎，一度尚能与渐次兴起的花部戏曲相抗衡，争夺观众，这就是"折子戏"。折子戏突破昆剧倚重生、旦的传统，出现了以生、旦、净、丑等本行为主的应工戏，并形成各行角色完整的演技体系。清乾隆时期，昆剧在行当和表演程式各方面已基本定型。著名折子戏有《琴挑》、《断桥》、《小宴》、《游园》、《惊梦》、《拷红》、《寄子》等等。乾隆三十九年（1774）成书的《缀白裘》收流行的昆曲折子戏有430个之多。

经过长期的演出实践，昆曲形成了一套完整成熟、精细独特的综合艺术体系，其艺术成就史无前例。

入清以来，清廷屡兴文字狱，迫害作家，组织御用文人删改剧本。许多剧目受到禁毁，剧作家受到打击，导致新剧回避现实，片面追求脱俗。清乾嘉年间昆曲剧目创作呈现颓势，上演的剧目往往暴露出冗长软散、曲词过于典丽古奥、曲调过于柔慢拖沓的缺点，使观者产生审美疲劳，渐而脱离广大民众，有些剧作甚至仅仅是文人的案头把玩的作品，不能作舞台搬演。此时花部诸腔（即京腔、秦腔、弋阳腔、梆子腔、二黄调等）以新鲜通俗见长，迅猛发展，观众审美趣味随之改变，转而热衷多急管繁弦的花部京腔等戏曲，昆曲渐失优势地位，这便是戏曲史上的"花雅争胜"。

昆曲在明万历年间进入宫廷后，一直雄踞主流剧种地位。南明弘光朝宫廷演出昆曲最盛，几乎无日无之，弘光帝痴迷观戏而不视朝政，导致南明覆亡。清初承袭明宫廷里设置"教坊司"管理宫廷演剧的规制，在清宫里设置了"内廷乐部"，归四十八处都领侍太监管理，康熙朝时改名"南府"，雍正七年（1729）更名"和声署"，道光年间复更名"升平署"。清宫廷演剧被称作内廷"承应戏"，承应节令、庆典礼仪为皇帝搬演即所谓的清宫大戏。此类昆曲剧本多为御用文人编写，多达上千出。乾隆年间南府拥有演职员达一千四五百人之多。为粉饰太平，清宫在承应戏的搬演上花费巨大，各地也纷纷效仿。昆曲得清廷大力倡导，在全国流播派生出浙昆、徽昆、赣昆、湘昆、川昆和北昆，出现蓬勃兴旺的局面。但清宫干预下的昆曲艺术的勃兴，终不能持久，它必然遵循艺术的自身规律而兴而衰，至乾嘉年间，昆曲即在"花雅争胜"中节节衰退下来。

清咸丰、同治年间（1851—1864）太平天国战火席卷半个中国，起义军定都南京后，昆曲发源和主要流播之地苏南，战事尤为激烈，导致昆曲活动更加衰微，以后兴起的京剧便取代了昆曲在中国剧坛的霸主地位。

当明代昆腔兴盛时，就有一些爱好昆腔的士大夫纷纷蓄养家班搬演传奇，有时自己也亲自串演，但更多的是清唱昆曲以自娱。民间的昆曲清唱活动也十分流行，特别是苏州，中秋夜在虎丘每有大型清唱聚会，参加人数众多，场面热烈。昆曲清唱的普及，推动了唱腔的演进和演唱流派的丰富。清乾隆时苏州曲家叶堂整理校订的《纳书楹曲谱》盛行，其所创叶派唱法成为后世清唱昆曲的圭臬。

晚清昆曲调敝，但清曲家结社习曲之风仍在江苏、北京、上海等地流行。江苏的南京、苏州、扬州、镇江、常州、常熟等地均有曲社活动。曲社以清唱为主，具备条件时，曲家们也粉墨登场作一番"彩串"。光绪三十四年（1908）有曲家刊刻《六也曲谱》行世。他们一方面自娱，一方面为保存昆剧国粹，延续着昆曲的余脉。

昆曲是中国最古老的戏曲之一，具有 600 余年历史，它辉煌的综合艺术成就，以及在历史上曾经拥有的无可比拟的地位，铸成它杰出的文化代表性。

魏良辅（约 1502—1583），字尚泉，江西豫章（今江西南昌）人。长期寓居江苏太仓，明代杰出的戏曲音乐革新家。

在太仓，魏良辅结识了戍守驻军户侯过云适，过是一位善南曲的老曲家，魏良辅常前往请教。之后又结识了戍卒张野塘，张是河北人，善北曲，魏良辅常与张野塘切磋南北曲，成为魏良辅改革昆山腔的得力助手。魏良辅还与昆山笛师谢林泉、苏州洞箫名手张梅谷研讨曲律，广结师友，形成一个革新昆腔的曲家群体。经过多年共同努力，新创昆腔"水磨调"终于问世。

魏良辅还是一位歌唱家，著有《南词引证》，论述了戏曲演唱方法。认为演唱要义在"字清"、"腔纯"、"板正"；唱曲"须要唱出各样曲名理趣"，如"南曲不可杂北腔，北曲不可杂南字"、"唱北曲宗中州调者佳"；对唱腔的把握须"生曲贵虚心玩味，如长腔要圆活流动，不可太长。短腔要简径找绝，不可太短。至如过腔接字，乃关锁之地，有迟速不同"等等。

魏良辅被尊为"立昆之宗"，对昆曲艺术有开山之功。

梁辰鱼（约 1519—1591），字伯龙，号少白，别号仇池外史，江苏昆山人，明代杰出的剧作家、音律家。得魏良辅传授后，梁辰鱼和同好继续改革、推广昆腔水磨调，其编创的《浣纱记》原名《吴越春秋》，描写越王勾践"卧薪尝胆"和西施入吴离间吴国君臣、越国反败为胜的故事。在这部传奇中，寄托着梁辰鱼对晚明王朝的不满、忧虑和自己的政治抱负。《浣纱记》第一次成功地把"水磨调"用于舞台剧，首开昆腔传奇借男女爱情抒发兴亡之感的先河，对后世洪昇《长生殿》、孔尚任《桃花扇》有一定影响。其中《回营》、《转马》、《寄子》、《采莲》等是昆曲舞台的著名折子戏。后来戏曲舞台上的西施戏也多源于《浣纱记》。

梁辰鱼还著有杂剧《红线女》、《红绡》合称《双红记》（散佚），散曲集《江东白苎》、《二十一史弹词》等。

梁辰鱼在昆曲发展史上是一位里程碑式的人物。

陈铎（1488？—1521？），字大声，号秋碧，江苏邳县人，世袭济州卫指挥，定居南京。戏曲家、文学家。在金陵教坊中有"乐王"之称。著有散曲集《秋碧乐府》、《梨云寄傲》、《公余漫兴》、《月香小稿》、《月香亭诗集》、《滑稽余韵》等。著有杂剧《花月妓双偷纳锦郎》、《太平乐事》两种，著有传奇《郑耆老义配好姻缘》。明天启三年（1623），皖人汪廷讷汇辑陈铎散曲编定《坐隐先生精订陈大声乐府全集》刊刻行世。

沈璟（1553—1610），字伯英，晚字聃和，号宁庵，别号词隐生，江苏吴江人。明万历二年（1574）进士。因受弹劾，告病退出官场，家居20余年，潜心研究戏曲格律，编写传奇剧本，与当时曲家叶宪祖、卜世臣、吕天成、王骥德、冯梦龙、范文若、袁于令、沈自晋等切磋曲学、考定音律，形成以沈璟为领袖的曲学"吴江派"。沈璟主张曲学格律重于一切，戏曲语言崇尚本色，对革除当时传奇创作脱离舞台实际的弊端，有积极意义。

沈璟著有《属玉堂传奇》17种，传世的有《红蕖记》、《埋剑记》、《双鱼记》、《义侠记》等7种，其余残存或散佚。改编《牡丹亭》为《同梦记》、《紫钗记》为《新钗记》。沈璟的剧作思想倾向保守，但艺术形式上有志革新。

沈璟还著有散曲集《情痴瘭语》、《词隐新词》各1卷，《曲海青冰》2卷，在《吴骚合集》、《彩笔情辞》等曲选及《南词新谱》、《曲品》杨志鸿抄本附录中可辑得散曲17首、套数43篇。编有曲选《南词韵选》19卷，曲学论著《遵制正吴编》、《论词六则》、《唱曲当知》、《古今词谱》、《评点时斋乐府指迷》。

沈璟还编订《南九宫十三调曲谱》21 卷，此谱以蒋孝《南九宫谱》为基础，勘分谬讹，考订句式、板拍、四声韵脚，增补新调，使其成为作者和唱家可遵循的规范，为昆曲艺术做出了独特的贡献。

李玉（1591？—1671？），字玄玉，一作元玉，号苏门啸侣，别号一笠庵主人，江苏吴县人。明末清初创作最多、影响较大的戏曲家。

明崇祯年间李玉考中副榜举人，甲申（1644）之变后，绝意官场，致力于传奇创作。著有传奇 30 余种，多写于明亡以后。其前期传世作品《一笠庵四种曲》，包括《一捧雪》、《人兽关》、《永团圆》、《占花魁》被时人戏称"一人永占"，另存《清忠谱》、《千忠戮》、《麒麟阁》、《昊天塔》等 14 种，残存《连城璧》、《埋轮亭》、《洛阳桥》3 种。代表作《清忠谱》，描写明天启年间东林党人和市民反对魏忠贤阉党的斗争，是传奇时事剧的重要作品。该剧在剧情结构、角色配置、曲白设计上都有所创新。

李玉作品题材广泛，他注重取材于现实和近代社会生活，也从杂剧、话本、讲史、笔记小说、民间传说中取材，为传奇创作扩大了生活面，表现了新的主题和思想。他的作品中塑造了许多市民阶层的人物形象，是传奇作品中前所未有的。李玉精通音律，编定十八卷《北词广正谱》，是北曲最完备的著作。另有二卷《一笠庵批评玉簪记》藏日本宫内省图书馆。

李玉和当时苏州地区的传奇作家朱佐朝、丘园、毕魏、叶时章、张大复、过梦起等都是比较接近下层民众的知识分子，他们有着共同的思想倾向和艺术追求，被后世学者称作"苏州派"传奇作家。

尤侗（1618—1704），字展成，又字同人，号悔庵，别号艮斋、西堂老人，长洲（今江苏苏州）人。清顺治六年（1649）选授永平府推官，顺治十三年（1656）因故罢官归里。康熙十八年（1679）授翰林院检讨，入史馆修《明史》。康熙帝两次南巡，尤侗献颂诗，得赐御书，晋升侍讲。尤侗工词曲诗文，著有《西堂全集》、《西堂余集》等；传奇《钧天乐》；杂剧《读离骚》、《吊琵琶》、《桃花源》等合称《西堂乐府》（又名《西堂曲腋》）。尤侗蓄有家班，自教歌童，凡自己剧作都交家班搬演。尤侗作品简练质朴、慷慨激昂。代表作《钧天乐》描写科举考场弊端，抒发自己牢骚。其杂剧多取历史题材，借古喻今是其特色。

冯梦龙既是明代文学家、俗文学出版家，同时也是戏曲家。明代万历、崇祯年间，随着戏曲的繁荣，出现了许多从事修改、加工剧本的剧作家，他们对原剧本作格律、唱腔等方面加工润饰，使之更适合搬演、观赏的需要，变文学剧本为舞台演出本。冯梦龙是其中成就最突出的一位。经他删改整理的传奇剧本有《新灌园》、《女丈夫》、《酒家佣》、《杀狗记》、《邯郸记》等数种，合称《墨憨斋定本传奇》。另外还著有传奇《双雄记》、《万事足》两种。

冯梦龙除编撰著名的《喻世明言》、《醒世恒言》、《警世通言》外，另著有散曲集《太霞新奏》，笔记《古今谈概》、《笑府》，辑撰民歌集《挂枝儿》、《山歌》等等。

此外，值得一提的是《桃花扇》传奇的作者孔尚任和清初著名剧作家、杰出戏曲理论家李渔。

孔尚任（1648—1718）虽为山东曲阜人氏，然他于康熙帝南巡后的1686年奉差往扬州参加疏浚黄河入海口工程，历时三年余，在此结识了一批明末遗老，凭吊了史可法衣冠冢和南京的明故宫、明孝陵等。正是得益于扬州任上采集到的南明覆亡的大量第一手资料，以及对当时社会生活的亲历亲闻和深刻感悟，为其最终完成反映南明弘光王朝政治腐败而导致覆亡的历史剧《桃花扇》，提供了丰富的思想和素材支持。这部始创于孔氏未出仕之时，历时十余年惨淡经营、三易其稿而成的《桃花扇》传奇，以明末复社文人侯方域与秦淮名伎李香君的爱情故事为主线，痛斥阉党权奸，歌颂了李香君、柳敬亭、苏昆生等下层人物；作品借男女主人公离合之情所抒发的兴亡之感，给人以极大的思想震撼，产生了巨大的社会反响。《桃花扇》传奇在海外有英、法、德、日文译本流传。

李渔（1611—1680），原名仙侣，字笠鸿，号笠翁、湖上笠翁，又号笠道人、随庵主人、新亭樵客，祖籍浙江兰溪，生于江苏如皋。10岁左右回原籍兰溪生活，成年后科场屡试不第。入清后，无心应试，40岁前后迁居杭州"挟策走吴越间，卖赋以糊口"。约顺治十四年（1657），举家迁居金陵（今江苏南京），在金陵开设了芥子园书肆，刻书卖文维持生计，结识了许多社会名流，常带领自己的姬妾戏班游走各地达官贵人府邸"打秋风"，搬演自编自导的昆曲传奇。康熙十六年（1677）67 岁时迁回杭州，3 年后去世。李渔的戏剧活动，主要是在寓居金陵的 20 年间。李渔生平著有传奇《奈何天》、《比目鱼》、《蜃中楼》、《怜香伴》、《风筝误》、《慎鸾交》、《凰求凤》、《巧团圆》、《玉搔头》、《意中缘》等 10 种，合称《笠翁十种曲》，小说《无声戏》《十二楼》等，还有文集六卷、诗集三卷词一卷。此外还编辑刻印有著名的《芥子园画谱初级》等。李渔的传奇作品多写才子佳人、婚姻喜剧闹剧，趣味较庸俗、格调不高，但《风筝误》、《比目鱼》、《蜃中楼》较具意义。李渔杰出成就主要是其所著《闲情偶寄》中的戏曲理论研究。《闲情偶寄》中，李渔在吸取前人戏曲理论成果的同时，根据自己传奇剧本创作和演剧导演的经验，对中国戏剧特别是昆曲的艺术规律做了较为全面的总结，揭示了戏曲赖以生存发展的舞台性、通俗性、趣味性的重要特性，从结构、词采、音律、宾白、科诨、格局等方面广泛论述了戏曲创作问题。从导演角度阐述了选剧、变调、授曲、教白、脱套等方面对戏曲排演、表演、音乐等"登场之道"进行了开创性的探讨，形成了自成体系的一家之言。李渔的著述在德川时代（1603—1876）的日本剧坛也有着广泛的影响。

自明代嘉靖年间至清初，士大夫蓄养家庭戏班成风，如江苏文人祝允明、文徵明、何良俊、申时行、王锡爵、沈璟和客居金陵的戏剧家李渔等的家班都享有盛名。家班多用以交际应酬、节庆宴饮。昆曲士大夫家班资财丰厚，班主即家主，他们多是文人雅士，可以自编自导，又善网罗人才，因此这些家班名角云集、新秀辈出、新剧不断，直接推动了昆曲艺术的发展。另有商人出资组班和伶人自行组班的职业昆班也具相当实力，他们在扩大昆曲传播上起过重要作用。

申时行家班，明万历年间（1573—1620）宰相申时行家庭戏班。约创于万历十九年（1591），当时吴中梨园群芳争艳，唯申府家班首屈一指，擅演《鲛绡记》，有"申鲛绡"之称。万历四十二年（1614）申时行亡故，其子孙相继为官，家班一直兴旺，至清康熙初年申府家班仍在活动。

王锡爵家班，明万历大学士王锡爵家庭戏班。王锡爵曾任礼部尚书兼文渊阁大学士、首辅、吏部尚书兼建极阁大学士等职，万历二十二年（1594）归乡太仓（今江苏太仓），遂组家班。搬演过汤显祖的《还魂记》等，以及王锡爵五子王抃所著的传奇、杂剧《真傀儡》、《玉阶怨》、《戴花刘》、《舜华庄》、《筹边楼》、《浩气吟》、《鹫峰缘》等。

赐金班，清宝应（今江苏宝应）乔莱家班。乔莱，康熙进士，官拜内阁中书。精词曲，喜作剧。康熙二十六年（1687）罢官归里，组戏班，亲自教习。康熙帝南巡，乔莱自编自导《耆英会》御前献演，获康熙帝赐银项圈，乔莱将家班更名"赐金班"。

曹寅家班，清康熙二十九年（1690）曹寅任苏州织造，组有一副家班，改任江宁织造后，以苏州家班为主，又吸纳金陵秦淮旧院伶人在南京组成家班。曾搬演尤侗《李白登科记》、《读离骚》、《黑白卫》，洪昇《长生殿》等。家班教习朱音仙，系阮大铖家班旧人，昆旦全才，又精北曲，擅演阮大铖《石巢四种曲》和《桃花笑》，尤精于汤显祖"临川四梦"诸剧。曹寅还撰有杂剧《续琵琶》、传奇《表忠记》等。

士大夫著名家班还有明代万历年间的常熟（今江苏常熟）"钱岱家班"、天启年间的如皋（今江苏如皋）"冒氏家班"、崇祯年间的南京"阮大铖家班"等。清代康熙年间的泰州（今江苏泰州）"俞锦泉女昆班"、京口（今江苏镇江）"张适家班"，康熙、乾隆年间的苏州织造府官办昆班"织造部堂海府内班"，乾隆年间的丹徒（今江苏丹徒）"王文治家班"等等。

商人出资组班的职业昆班，如清乾隆年间扬州昆曲"七大内班"的"老徐班"、"老张班"、"大洪班"、"德音班"等等。伶人自行组班的职业昆班，如清乾隆年间苏州"集秀班"、清道光年间姑苏昆曲"四大老班"的"大雅班"、"大章班"、"全福班"、"鸿福班"等等。

另有南京的沈周、兴化、华林、庆丰、庆余班等，苏州寒香、凝碧、妙观、雅存班等，在北京还有聚和、三也、可娱三大名班等等。

昆曲对京剧的形成、发展和成熟作出了不可替代的、极为重要的贡献。

从京剧演员"昆底子"看，光绪年间吴焘《梨园旧话》说京剧勃兴时，京剧界"大老板"程长庚（1811—1880）"程伶昆剧最多，故其字眼清楚，极抑扬吞吐之妙"⑬。又"同光名伶十三绝"中除程长庚外，杨鸣玉以"昆丑"名、朱莲芬以"昆旦"名，其余人多是"昆乱兼长"，其中谭鑫培、梅巧玲、徐小香等更是保留相当多的常演昆曲剧目。赞扬一位京剧演员常以"文武昆乱不挡"誉之，"昆底子"总居首位。

从京剧科班开蒙戏看，生、旦、净、丑均优先设置昆曲剧目，如《对刀步战》、《别母乱箭》、《梳妆掷戟》、《起布》、《夜课》、《认子》等。

从京剧剧本看，"以昆改京"的"移植"在京剧中占相当大比重，如《一捧雪》、《连环记》、《金锁记》等。"京昆杂用"的为数也不少，如《雷峰塔》、《镇潭州》、《金兰会》等。

"以昆改京"和"京昆杂用"的京剧，其全剧结构、行当、表演等基本和昆曲相似，只是唱腔改用"皮黄"。

从京剧的音乐看，昆曲中许多有曲词的曲牌，在京剧中已发展成纯器乐的牌子曲或锣鼓点，如【六幺令】、【香柳娘】、【风入松】、【粉孩儿】、【八声甘州】、【扑灯蛾】、【水底鱼】、【出队子】等等。

第六节　江苏戏曲有代表性的其他剧种

锡剧　扬剧　淮剧

清嘉靖年间，吴语滩簧盛行，常州、无锡地区乡村流行的"滩簧调"吸收苏南"采茶灯"的舞蹈，发展成"滩簧小戏"。滩簧小戏设一丑一旦或一生一旦，旦角由男子扮演，化妆简单，一把二胡伴奏。滩簧小戏先是坐唱，后演变为有简单动作的表演唱，称作"对子戏"。由于剧情的渐渐丰富，对子戏发展为"双对子戏"、"散对子戏"、"本头对子戏"。道光年间出现了职业性滩簧艺人，并有女艺人加盟，角色又增老生、老旦、滑稽等，对子戏发展为男女多角色"同场戏"。后来，常、锡艺人的滩簧小戏进入上海，先在茶馆酒楼串演，后组班进剧场演出，改称"无锡滩簧"、"常州滩簧"、"苏锡新戏"，又有艺人组班在汉口演出，称"苏锡文戏"。之后，常、锡艺人合班更名"常锡文戏"。

进入城市以后的常锡文戏不断向姊妹剧种学习借鉴，剧目大大丰富，角色行当更充实、细分，音乐曲调吸入申滩（沪剧）【三角板】、苏滩【迷魂调】、杭州武林班【大陆板】、徽班【高拨子】、京剧【摇板】等等，进入"大同场戏"阶段。改称"常锡剧"，于20世纪50年代初定名为"锡剧"。

锡剧流行在沪宁沿线，杭、嘉、湖及皖南地区，具有江南水乡风格，长于抒情。它的常演剧目有《双推磨》、《庵堂相会》、《庵堂认母》、《珍珠塔》、《孟丽君》、《双凤珠》等。

清康熙年间，扬州、镇江地区花鼓已很流行，它受到邻省安徽流传过来的凤阳花鼓的影响。民间花鼓载歌载舞，最早两个角色，一个"小面"（丑），一个"包头"（旦），俗称"打对子"、"踩双"，后发展为"三包四面"（三旦四丑），群歌群舞，并插科打诨。又向花部诸腔剧种学习，形成花鼓戏。花鼓戏发展到唱堂会时，剧目不敷演出，便大量吸收"维扬清曲"的曲牌和曲目，使花鼓戏面目一新，因用丝竹伴奏，唱腔细腻委婉，故被称作"小开口"。后因艺人公演时挂牌"扬州新剧"，又称"扬州花鼓戏"。之后借鉴京剧的剧目、表演、化妆、行头等，舞台艺术迅速提高，遂更名"洪扬戏"，后定名"维扬文戏"；民国年间，"维扬文戏"的活动由扬州、镇江、上海、杭州扩至南京、芜湖、安庆、蚌埠等地。

与此同时，出自扬州的"大开口"艺人活跃在上海，"大开口"即香火戏，属古"傩腔"（驱鬼逐疫的仪式歌舞唱腔）在江淮的亚流。因其演出只用锣鼓伴奏，唱腔粗犷高亢，故俗称"大开口"，表演上也学习京剧。后来，扬州香火戏为区别于"维扬文戏"而更名"维扬大班"。由于同是使用扬州方言，"大、小开口"逐渐合流，称"维扬戏"或"扬州戏"，最后经人民政府定名为"扬剧"。

扬剧流行在江苏、上海及安徽的部分地区。扬剧唱腔曲调常用的有【探亲调】【补缸调】【梳妆台】【满江红】【剪剪花】【大陆板】【银纽丝】等。扬剧虽有生、旦、净、丑，但唱腔只分男、女，用"本嗓"（真声）演唱，保持花鼓戏朴素、活泼的特色，生活气息浓。较有影响的剧目有《百岁挂帅》、《恩仇记》、《碧血扬州》、《鸿雁传书》等。

清同治元年（1862）前后，苏北"香火戏"（又名"三可子"、"三伙子"）形成。香火戏置席作台，名曰"地塌戏"；门板作台，名曰"板门戏"；其道具是门闩代剑，柳枝代鞭；行头极简；角色穿走接唱简单戏文。后吸收苏北流行的民间小唱"门弹词"（又称"门叹词"、"门谈词"）的曲调演唱【香火调】（又称【下河调】），形成东路（盐城、阜宁等下河地区）香火戏。西路（淮安、宝应等上河地区）香火戏由田歌、号子演变而来，演唱【淮调】（又称【淮蹦子】），音调高亢粗犷。东西路香火戏合流后，刚柔相济，场面无管弦乐器，以锣鼓、响板伴奏，以【老淮调】、【靠把调】为主，唱腔基本是曲牌连缀结构。香火戏常与徽剧同台或合班演出，称"徽夹可"，使其吸收了徽剧的艺术成就，行当扩大到老生、小生、旦、副、末、大花脸、二花脸、三花脸等，表演程式、化妆、戏装等都得到提高并引进大量徽剧剧目。之后，香火戏又与京剧同台，称"皮（皮簧）夹可"，受到京剧艺术的影响而逐步完善自身。

　　香火戏以江淮方言演唱，其后南下进入南京、苏、锡、常、杭、嘉、湖等城市后，被观众称之为"江淮戏"。之后引入四胡伴奏，形成了《拉调》《淮调》《自由调》三大主调声腔，在苏北部分地区还一度被更名为"淮戏"，于上世纪50年代正式定名"淮剧"。

　　淮剧流行在江苏、上海及安徽的部分地区。淮剧唱腔尚有《南昌调》《淮悲调》《春调》《十字调》《磨坊调》《补缸调》《跳槽调》《八段锦》等等。淮剧的基本剧目有"九莲十三英七十二记"之说，常演传统剧目有《南访》、《大过关》、《兵困禅林》、《五台出家》、《蔡金莲告状》、《赞貂蝉》等。

【注释】

① 《中国音乐词典》"吴歈"词条，人民音乐出版社1985版，第410页。
② 《魏书》卷109《乐志》，中华书局1974年，第2843页。
③ 《晋书》卷23《乐志下》，中华书局1974年，第716页。
④ [宋]郭茂倩：《乐府诗集》卷44《子夜四时歌》夏歌20首，《景印文渊阁四库全书》集部286，台湾商务印书馆1985年，第1347—395页。
⑤ [宋]郭茂倩：《乐府诗集》卷44《子夜歌》42首，《景印文渊阁四库全书》集部

286，台湾商务印书馆 1985 年，第 1347—394 页。

⑥ [宋] 杨万里：《杨诚斋诗全集》卷 11《竹枝歌》，香云草庐藏板，嘉庆五年重校宋本开雕。

⑦ [明] 冯梦龙《警世通言》第 12 卷《范秋儿双镜重圆》，江苏古籍出版社 2005 年，第 94 页。

⑧《中国民间歌曲集成·江苏卷（下）》，中国 ISBN 中心出版 1998 年，第 702 页。

⑨ 易人：《〈孟姜女春调〉的流传及其影响》，《南艺学报》1980 年第 2 期。

⑩《中国民间歌曲集成·江苏卷（下）》，中国 ISBN 中心出版 1998 年，第 726 页。

⑪ 孙继南、周柱铨主编：《中国音乐通史简编》，山东教育出版社 2000 年，第 64 页。原文为"广陵地方（今江苏徐州一带）"，"徐州"疑为"扬州"之误。

⑫ 乔建中主编：《江南丝竹音乐大成》，江苏文艺出版社 2003 年，第 21 页。

⑬ 转引自胡忌、刘致中：《昆剧发展史》，中国戏剧出版社 1989 年，第 584 页。

第六章

精致典雅的建筑、园林与工艺

　　江苏境内建筑远溯至新石器时代的巢居，逐渐发展为木构架建筑中的穿斗结构。江苏境内有春秋王都、六朝古都和历史文化名城，古墓、古塔、古园林，"苏派"建筑流派享誉海内外。历史上江苏名园迭出，以私家园林为大宗，元明清时期发展到巅峰，有"江南园林甲天下，苏州园林甲江南"之谚。

　　溯源于新石器时代的陶器和玉饰的江苏工艺，历史久、技艺精、制作巧、品种多，随着明清时期著名消费城市的出现越加发达，诸多手工艺品如云锦、苏绣、紫砂、苏扬玉雕、扬州漆器、苏式家具、虎斤捏像和惠山泥人等在全国独占鳌头。

第一节　建　筑

建筑类型　独树一帜的"苏派"建筑

　　江苏省地处美丽富饶的长江中下游，南方的巢居形成的干阑建筑促进了穿斗结构的诞生和发展。至少在宋代以前就已经形成了以斗拱的"材、栔"尺度作为"模数"，分等级大小来决定建筑物全部构件尺度的制度。

城市及风景园林、民居房舍以及山村水镇等等，选址讲究地形、风向、水文、地质等科学性，按照山川形势、地理环境和自然的条件等灵活布局。建筑色彩除了坛庙、寺观使用黄（红）墙黄瓦（或其他颜色的瓦）外，江苏民居和园林，以粉墙黛瓦为主，清新秀丽。

江苏境内建筑类型齐全，有中国现存最古的春秋王都苏州、六朝古都南京、历史文化名城扬州、徐州、常熟等，有著名的明孝陵、孔庙、虎丘塔、北寺塔等。最有代表性的是江苏的园林建筑。

单体建筑类型众多，诸如厅堂、轩馆、斋台、榭舫、廊桥、亭台、佛塔，"堂以宴、亭以憩，阁以眺、廊以吟"，各具功能。每种类型中又有多种结构、形式和造型。如厅堂的位置和使用功能的不同，分为门厅、轿厅、大厅、女厅、花厅、荷花厅等；按照梁架结构形式，又可分为扁作厅、圆堂、鸳鸯厅、花篮厅、船厅及卷篷、满轩、贡式等。按照廊建造的位置有沿墙走廊、空廊、回廊、楼廊、爬山楼、水廊等。形制因地制宜、不拘法式。

屋顶形式也灵活多样、庑殿式屋顶、歇山、硬山、攒尖等；屋脊有龙门脊、垂带脊、饯脊、干宕脊、黄瓜环脊、哺鸡脊、纹头脊、雌毛脊等。厅堂内的天花根据室内不同部位，用椽子做成高低、形式不同的轩，有茶壶挡轩、弓形轩、一支香轩、船篷轩、菱角轩、鹤胫轩等，使室内空间显得主次分明、形式丰富。并能隔热防寒、隔尘。

建筑由于追求与自然的融合及便于赏景，厅堂轩、馆等前后为长窗、半窗，两侧山墙都开窗，还创造了四面厅的形式，巧妙运用空窗、门洞、漏窗墙等建筑小品，务求内外通透。仅洞门形式的多样性就让人惊叹："有圆、横长、直长、圭形、长六角、正八角、长八角、定胜、海棠、桃、葫芦、秋叶、汉瓶等多种，而每种又有不少变化。如长方形洞门的上缘，除作水平线外，又有中部凸起，或以三、五弧线连接而成。洞门上角，简单的仅作海棠纹，复杂的常加角花，形似雀替；或作回纹、云纹，构图多样。"①窗棂随时变化，图式有书条、竹节、橄榄景、绦环、海棠芝花、席锦、万穿海棠、夔穿海棠、定胜、九子、球纹、套钱、波纹、破月、软脚万字、鱼鳞、软景海棠、秋叶等。

建筑屋顶采用提栈的做法，屋面呈向上反曲优美的曲线。加之屋角起翘较高，更显得舒展飘逸。

建筑色彩以大片白粉墙壁为基调，黑灰色的小青瓦屋顶与灰色水磨砖门框窗框，栗色或纯度低的复色，沉着稳定，显得朴素淡雅。

伊东忠太也说："中国建筑之美，为群屋之联络美，非一屋之形状美也，主屋、从屋、门廊、楼阁、亭榭等，大小高低各异，而形式亦不同，但于变化之中，有一脉之统一，构成浑然雄大之规模。"②江苏建筑轻巧、玲珑、纤细、通透、朴素淡雅，表现出秀丽、雅致的风格。

江苏的主要建筑流派"苏派"，源自苏州香山地区，"不出良将，必出良匠"、"江南木工巧匠，皆出于香山"，俗称"苏州香山帮"。"香山帮"工匠擅长复杂精细的中国传统建筑技术，长期的经验积累形成了工细、精巧，独具特色的南方建筑风格，也使得"苏派建筑"在中国古建史上独树一帜。

香山帮具有独特的地理的优势，位于作为"吴中第一峰"穹隆山的余脉，有着太湖水的滋润，气候温暖适宜，林木丰茂，不乏优秀的"栋梁之材"；人文的滋养——吴文化的孕育，文人活动的繁盛，带动了"吴人尚饰"的风尚，文人与匠人关系的密切，推动匠人的审美向雅的方向发展；作为"鱼米之乡"，老百姓生活殷实，明代中后叶，民居建筑的繁荣为建筑装饰提供了物质载体；工具的完备，苏州的金属冶炼、熔铸及加工制作历史悠久，所用斧头、锯子、刨子、凿子等工具品种齐全，质地精良，正可谓："要想活儿做得好，吃饭家什不能少。"

香山帮历史悠久、工种齐全、技艺精湛、能工巧匠辈出、影响巨大。它滥觞于春秋战国时期，形成于汉晋，发展于唐宋，兴盛于明清，复兴于20世纪后叶的改革开放之后。

香山帮工种齐全，是由大木作木匠领衔，集木匠、泥水匠（砖瓦匠）、堆灰匠、漆匠、雕塑匠（木雕、砖雕、石雕）、叠山匠等古典建筑中全部工种于一体的建筑工匠群体。

木作、堆灰和雕塑为建筑装饰的重要技艺，香山帮的匠人更是将这一技艺发挥到了炉火纯青的地步。木作有大木作和小木作之分，大木作的匠人具备领衔的地位，有一定的绘图功底，统领工程的全局，被称为

"把作师傅"，相当于现在的建筑总设计师。

古代匠师对称之为大木作的框架构件或承重的结构用木，涂上油漆或彩绘加以保护，但彩绘怕湿，容易变色脱落，所以，清代以来苏式彩绘式微，普遍采用雕刻，形成"南雕北画"的地域特色。苏州园林建筑物上的木雕构件主要有：山雾云、抱梁云、梁垫、棹木、梁两侧雕刻封拱板、垫拱板、鞋麻板、水浪机、花机以及偷步柱花篮厅的花篮头、插件等雕花件。

木雕设计通常由花作师傅和大木师傅筹划，决定布局和比例，根据师徒或父子相承的"花样"作为雕刻的"粉本"，有一定绘图功底的"把作师傅"会迎合房主的喜好及当地的风俗来进行设计，使之更生动传神、深入人心。再通过放样、分层打坯、细部雕刻、修磨打光、揩油上漆等多道工序，方告完成。为了体现木材本色和纹理之美，也可只上一层透明的桐油，既起到防腐蚀的作用又显得朴实无华。

香山帮雕刻的各类图式都有便于记忆的口诀，各种口诀是匠人们技艺传承的生动依据，也是他们长期经验的总结。如景物诀："春景花茂、秋景月皎，冬景桥少，夏景亭多。""冬树不点叶，夏树不露梢，春树叶点点，秋树叶稀稀。""远要疏平近要密，无叶枝硬有叶柔，松皮如鳞柏如麻，花木参差如鹿角。"人物诀："贵妇样：目正神怡，气静眉舒，行止徐缓，坐如山立。""丫鬟样：眉高眼媚，笑容可掬，咬指弄巾，掠鬓整衣。""娃娃样：胖臂短腿，大脑壳，小鼻大腿没有脖，鼻子眉眼一块凑，千万别把骨头露。""美人样：鼻如胆，瓜子脸，樱桃小口，蚂蚱眼，要笑千万莫开口。"鸟兽诀："抬头羊、低头猪、怯人鼠、威风虎"、"十斤狮子九斤头，一条尾巴拖后头"、"十鹿九回头"等。

雕刻题材寓意吉祥，表现了人们热爱生活、憧憬未来的美好愿望。如狮子林真趣亭屋架梁柱刻"凤穿牡丹"图案，寓"富贵双全"意，三面吴王靠刻狮子头及山字花卉，狮子为神圣建筑的守护者，卍字寓万德吉祥之意。亭内六扇长窗上下各刻有六幅吉祥图案，出自苏州桃花坞木刻名家之手，上面六幅为："和睦延年、富贵双全、节节高升、喜上眉梢、锦上添花、鸳鸯嬉水"，下面六幅为："三羊开泰、马上封侯、威震山河、太师少师、欢天喜地、万象更新"。网师园"梯云室"落地罩上雕刻有双面鹊梅图，形象逼真，制作精美。喜鹊是报春的吉祥鸟，喜鹊叫，喜事到，喻"喜事"；梅开百花之先，是报春之花，梅花与喜事连在一起，表示"喜上眉（梅）梢"。拙政园"留听阁"有清初用银杏木立体雕刻的松竹梅飞罩，下部雕出弯曲的虬干构成基本框架，在中间与两角以松雀梅作点缀。松皮斑驳，竹枝挺拔，梅花拈撰，山石镂空圆滑，鸟雀栩栩如生，令人叹赏，体现了"喜鹊登梅，松竹长青"的主题。

雕刻图案优美，布局均衡，技法圆熟，牵连牢固，并吸收了西洋表现手法，注重写实，注意人体比例；花卉、动物、人物进一步从装饰纹样中独立出来，再进行适当地抽象和图案化，显得生动活泼。

雕刻的画面布局均衡，凡大面积的人物故事雕刻，往往在空处点缀小型物件，以牵其势但又不牵强附会。如在博古架上设置古瓶器皿，内插梅花、如意、拂尘或竹子、宝剑等，旁置水仙盆景蔬果。轻重相当，左右大致均匀。刻工的雕刻口诀非常符合画学透视理论，如"山要高用云托，石要峭飞泉流，路要窄车马塞，楼要远树木掩"等。牵连牢固，如镂空飞罩、花牙子、雀替等凭借花纹本身的牵络连接而成整体。[③]如狮子林牡丹飞罩，用两根牡丹花叶连接，美观优雅，与主题浑然一体。

苏州园林木雕往往与文学直接融为一体。雕刻图案所使用的艺术手法和文学艺术并无二致，如比喻、象征、谐音等，如乐器磬加上双鲤鱼，象征吉庆双利（余）（鲤鱼）；以《三国演义》关羽故事，暗喻忠义，《西厢记》戏文象征真情以及宣扬褒善贬恶等情感。取材于文学名著、传统戏文故事的图案，经匠师们的提炼、加工刻画，并以连环画的形式展现，使人浸润在文学和戏文的艺术氛围之中，产生文学戏曲艺术的联想，补充或扩充了建筑物的艺术意境，渲染了一种文学艺术氛围。有些木雕图案还直接取材于山水田园诗的诗意图，用四字点题，将诗意化为图案，诗中有画、画中有诗，更是美妙无比。

"挂落"、"飞罩"，都是采用透空雕的手法，大多以花卉为题材，有的将挂落雕刻成一枝长而弯曲的花枝，就像大自然中花枝上花朵开放时的情景一样，有的含苞待放，有的蓓蕾初绽，造型各异。有的还在挂落或飞罩上雕有喜鹊闹梅，这些喜鹊或双翅展开跃跃欲飞，或停歇在树枝上叽叽喳喳，生动的造型给木雕挂落、飞罩带来了动感。

园林建筑装板和门装板上的浮雕题材内容丰富，最大的特点就是以园林景观为题材，大多以楼台亭榭、飞禽走兽、奇花异草、家具陈设、人物故事为主，这些浅浮雕可与北方皇家园林建筑上的彩画媲美。浅浮雕虽然雕刻深度较浅，但通过匠师们的精心艺术处理，使画面效果的层次显得更加丰富。

《营造法原》说："南方房屋属于水作之装饰部分，其精美者，多以清水砖为之。"苏州陆慕镇、太平、大同、常熟、北桥及昆山锦溪镇（陈慕）是著名的优质青砖烧制地，其中陆慕地区的砖泥料上乘，工艺精湛，被称为"金砖"，明故宫"金砖"即产于陆慕御窑。

在砖的基础上再进行切割、刨平、打磨，由此生成的砖料即为"砖细"。砖雕是用凿子和刨子在质地细腻的磨细清水砖细复面上，采用平面雕、浮雕（包括浅浮雕、深浮雕和浑面浮雕）、透空雕和立体形多层次雕等技法，雕凿出各种图案，中部列横贯式砖雕兽额，以阳文刻出四字一组之题词。这门精湛的独特艺术俗称"硬花活"。

砖雕技艺分为窑前雕和窑后雕，窑前雕多用于模压或是雕刻层次不是很丰富的部件，而门楼等对砖雕技艺要求较高，人物、故事情节层次丰富的装饰部位多采用窑后雕，体现了匠人娴熟的精雕细琢的技巧工艺。砖雕技法可分为线雕、平雕、浅浮雕、深浮雕、镂雕、圆雕等。

砖雕工艺在清代有"黑活"之称，即不受等级制度的拘囿，且比木雕更牢固耐水，因此运用广泛。苏州园林的地穴、月洞、门景、垛头、包檐墙、细照墙、墙门、门楼等处均有雕砖装饰。尤以砖雕门楼最为精工，是装修中"南方之秀"的代表作之一。仅苏州古城区尚存 295 座砖雕门楼，如大石头巷吴宅的"四时读书乐"门楼和东花桥巷汪宅的"五福"门楼，均为其中佼佼者。如果包括吴县各乡镇，数量多达 800 余座。

苏派石雕绝技也是名震华夏。如左右开弓绝技，匠师左右手分别握锤，右手雕凿雄狮，左手雕凿雌狮，达到雌雄狮一模一样的艺术效果，一时传为佳话。石拱桥建筑绝技，金山石匠不用任何支架，拱形石材拼接严合，所筑桥梁美观又坚固。如横塘彩云桥、宝带桥修建等。尤其是摩崖石刻在凿刻时以钢凿代笔，接刀处不留斧凿痕，刻凿深浅恰到好处，酷似书法运笔轻重，游丝枯笔均需反映原作风貌。而图像碑刻的绝技则在于必须精通画理，运刀如运笔，圆角转折处不露接刀痕迹。另有劈石绝技、"冰梅纹"石墙砌筑绝技、"断柱接柱"绝技等。

堆塑是苏州吴县香山古建筑传统工艺，苏州云岩寺塔（虎丘塔）发现的北宋初年彩绘堆塑图像，是我国迄今所知最早的堆塑图像遗存，有立轴画形式的堆塑图像、太湖石图、全株式牡丹图、如意形云头纹和花叶堆塑装饰图案等。

古建堆塑是以静态的造型表现运动的独特装饰艺术，是"凝固的舞蹈"、"凝固的诗句"。它是以雕、刻、塑以及堆、焊等手段制作的三维空间形象艺术。制作材料主要是灰浆、纸筋，大型的则采用木质骨架；技法和形式分圆雕、浮雕、透雕（镂空雕）和立体雕塑等类，色彩用黑白二色，简洁素雅。

香山帮匠人的泥塑技艺一般用于建筑屋面、墙面，如屋脊、竖带、戗角、花窗等处。有时和砖雕配合使用。

题材有三星高照、如意传代、仙道人物故事、松鹤、狮子滚绣球、松鼠、如意、梅花、万年青、寿桃等，采用象征、谐音等艺术手段，寓颂祝吉祥之意。

泥塑工艺的基本流程，据张喜平《苏州传统建筑中的香山帮泥塑》所论是：（1）扎骨架：用钢筋、铁丝或木材，按图样扭成人物或飞禽走兽造型的骨架。主骨架需与屋脊或墙面结合牢固。（2）刮草坯：用水泥纸筋堆塑出人物的初步造型，打草用的水泥纸筋中的纸脚可粗一些，每堆一层须绕一层麻丝或铁丝，以免豁裂、脱壳，影响作品的寿命。（3）细塑：用铁皮条形溜子按图精心细塑，水泥纸筋中的纸脚可细一些，水泥纸筋一定要捣到本身具有粘性和可塑性才可使用。（4）压光：压实是关键，用黄杨木或牛骨制成的条形，头如大拇指的溜子把人物或动物表面压实抹光。

香山帮薪火相传，能工巧匠辈出。蒯祥（1397—1481）为香山帮祖师，出身木匠世家。长期的经验积累，练就了精湛的技艺，蒯祥既精通尺度计算，又擅长榫卯技巧。据康熙《苏州府志》载："永乐间，召建大内，凡殿阁楼榭，以至回廊曲宇，（蒯）祥随手图之，无不称上意。"他能"目量意营，准确无误；指挥操作，悉中规制"；又"能以两手画双龙，合之如一"，"每宫中有修缮……祥略用尺准度，若不经意：既造成，以置原所，不差毫厘。指挥群工，有违其教者，辄不称旨"（乾隆《吴县志》）。建筑技艺可谓炉火纯青，并改良了许多精巧实用的建筑构件，如"金刚腿"、"牌科"、"琵琶吊"、"棋盘格"等。皇帝常以"蒯鲁班"呼之。明代宗景泰七年（1456）丙子秋七月，蒯祥从太仆寺少卿升为工部侍郎，但仍督工匠，时人称为"匠官"。

香山帮匠人富有创新精神。清代香山匠人徐正明试制成了一辆人力"飞车"，其形像"栲栳椅子式，下有机关，齿牙错合，人坐椅中，以两足击上下之，机转风旋，疾驶而去；离地尺余，飞渡港汉不由桥"，飞行时能离地面一尺多，能越过水面，还希望"高过楼屋，能越太湖面四五十里，往来（西山）缥缈、（东山）莫厘峰"，终因耗尽财力，其妻迁怒于"飞车"，而"斧之付炊"，"其制遂绝焉，莫考"，遗憾万分。

木雕高手香山冯家巷的冯某，曾为某大刹造佛龛，四柱上雕刻的盘龙，"奴（奴手）云握爪，弩目窥人"。最奇的是，龙的两须能无风而飘动，以致人们都怀疑不是木头雕成的，亲自审视后才叹服："其巧之出人意表，类多如此"。

出于无名氏香山巧匠之手的环秀山庄的海棠亭，状如海棠，四面窗栏亦海棠形势建造，勾心斗角，雕镂精细，东西两门都能自动开合。人要登亭，距离亭子一步，门即豁然洞开，进入后门即砰然关闭，不烦人用手；人出来也是如此。就像今天流行的电子自动门，其技艺真高妙绝伦。人们都感到十分惊奇，"四顾谛审，莫知其机关何在"。今因年久而机关损坏，遍征工匠仿修，都无从下手，不知坏在哪里。据说，这机关埋在假山中，但不敢拆开假山，恐怕不能还复旧观。

雕花大楼（春在楼）的雕刻艺术，代表了江南地区满堂雕的水平。春在楼以木雕为主，梁桁、柱檐都雕有花卉、翎毛。月梁取双头凤形，大方典雅。梁头上浮雕出"刘、关、张桃园结义"、"甘露寺刘备招亲"、"诸葛亮舌战群儒"、"草船借箭"等三国故事，多以连环画的形式展现；门窗格扇浮雕出"彩衣娱亲"、"刻木思亲"、"哭竹生笋"、"大舜耕田"、"王祥卧冰"、"杨香打虎"、"郭巨埋儿"等二十四孝故事以及《西厢记》片断等，图案古拙典雅、雕刻细致精巧，十分生动。整个木刻艺术达

1587 个画面，木刻大小花篮 102 只、凤凰 172 只，皆出自香山帮木刻名匠陈桂芳、陈庆梁父子、史洪祥、史云芳父子、朱永祥之手。

香山帮能工巧匠不仅有丰富的建筑经验，而且还善于总结，将其上升为理论，使香山帮技艺薪火不断。堪与明代蒯祥比肩的一代宗师、被誉为"江南耆匠"姚承祖（1866—1939），字汉亭，别字补云，香山墅里村人，家族世袭营造建筑业，祖父姚灿庭不仅建筑技艺高超，而且善于总结经验，曾著有《梓业遗书》。姚承祖 11 岁便随叔父姚开盛到苏州城时的开盛营造厂学木匠，不到 20 岁即在同行中崭露头角，后被推为苏州鲁班协会会长。他终年营建成于乡郡，许多住宅、寺庙、庭园等，皆经他本人擘划修建，一生设计建造的厅堂馆所、亭台楼阁、寺院庙宇不下百幢。如苏州光福香雪海梅花丛中的梅花亭，形如梅花，亭内所有装饰也尽是梅花，亭顶是无数朵小梅花烘托着一朵大梅花，就连石柱、石栏、屋瓦也全作梅花瓣形。亭高两丈有余，上下错采，乌革翼飞，玲珑典雅，完全是一朵名副其实的大梅花，与四周的梅花融为一体，坐在亭中赏梅花，给人诗的享受，美的陶冶。苏州怡园的藕香榭，内部是鸳鸯厅，外面平台临池，低头可观看荷花的娇艳芳姿，抬眼可眺葱茏山林，一幅巧夺天工的山水画卷展现眼前……现存的还有木渎灵岩山寺大雄宝殿、木渎严家花园等，都堪称是"香山帮"杰作。

姚承祖是现代香山匠人中最早重视工匠教育的匠师，也是"香山帮"中第一个走上高校讲台讲授建筑学的专家型能工巧匠。1912 年，他积极倡导成立苏州鲁班协会，将工匠组织起来，互相研究切磋技艺，以提高工匠本领与整体素质，并担任协会会长。晚年在苏州工专建筑工程系任教其间，根据家藏秘笈和图册中的建筑做法及本人一生的实践经验，写成了阐述苏州地区传统建筑的讲稿，名之为《营造法原》。全书按各部位做法，系统地阐述了江南传统建筑的型制、构造、配料、工限等内容，兼及江南园林建筑的布局和构造，材料十分丰富。书中还附有照片一百七十二帧，版图五十一幅。充分体现了作者对中国古典艺术精神的理解和把握，被著名建筑学家刘敦桢誉为"南方中国建筑之唯一宝典"，具有科学和艺术的双重价值。

香山帮不仅影响了整个江苏城市的建筑格调，带动民间建筑的设计、构思、布局、审美以及施工技术，而且是中国古建史上唯一从民间走向宫廷、走向全国、走向世界的建筑流派。

第二节 园 林

苏州园林 扬州园林 南京及江苏其他著名园林 江苏构园名家及构园理论

现代的园林概念已经泛化。古代所称园林，是对一定的地段范围的选择和对该地段环境的改造，必须是通过整体的艺术构思规划并通过艺术的手段和工程技术完成的，因而创造出来的自然环境具有审美意义。园林的艺术手段，涉及艺术创作的一系列范畴，包括园林创作的艺术理论，诸如相地、立意、选材、构思、造型、形象和意境创造等，是承载各地区、各民族物质的和非物质的文化的综合艺术，是"替精神创造的一种环境，一种第二自然"④，成为"人类进入高级文明的象征"⑤。

江苏省内数以千计的长江支流和纵横湖荡，河网密集，随时都可以得泉引水；高山、丘陵、盆地、平原等丰富的地形地貌，群峰挺秀，风景旖旎，为造园的天然蓝本。中国五大淡水湖之一的太湖的洞庭东西两山所产太湖石，姿态秀润，尧峰黄石，嶙峋入画，皆为叠山美石。金山石为天然的优质石材。

江苏省属氛围大多为典型的亚热带季风气候，年平均降水量为1100毫米。四季分明，沃野平畴，泽地沮洳，暖温带、亚热带的，植物种类极为丰富，青林翠竹，四时具备，得天独厚。长江的源头昆仑山滋育出的昆仑神话和沿海的蓬莱仙话，成为"梦幻艺术"的园林又一蓝本。

江苏自先秦六朝皇家苑囿衰败以后，汉魏六朝崛起的私家园林始终成为大宗，宋后逐渐形成细腻、精致的地方文化特色。元明清时期发展到巅峰，形成苏州园林、扬州园林同中有异的私家园林流派。

苏州四季分明，气候温和湿润，田土膏腴，户口富稠，得天独厚。春秋吴王就凿池为苑，开舟游式苑囿之渐，但越王句践一把火烧掉了姑苏台，只剩下旧苑荒台供后人凭吊，苏州的"王气"似乎也随着姑苏台一起化为了历史，苏州渐渐远离了政治中心。晋永嘉以后，衣冠避难，多萃江左，文艺儒术，彬彬为盛，苏州又渐渐成为温雅富贵的人间天堂。诞生于东晋的苏州私家园林，在"大吴胜壤"的滋育下，一脉流传，至明代先后有271处，清代共有130处，据1986年复查统计，苏州尚有大小园林和庭院227处。苏州园林以清雅、高逸的文化格调，成为中国古典园林的正宗代表，成为明清时期皇家园林及王侯贵戚园林效法的艺术范本。1997年、2000年，苏州拙政园、留园、网师园、环秀山庄、沧浪亭、狮子林、艺圃、耦园和退思园等九个园林被列入了《世界遗产名录》，成为全人类的宝贵财富，真正成为苏州园林甲天下！

苏州园林具有文人化、写意化、多样化、生态化的艺术特色。苏州园林是士大夫园林的典型代表，从立意、构图到景点的营构都与诗画紧密结合，称为"地上文章"，是"虽有人作，宛自天开"的立体画，凝固的诗。

图下 6-1　苏州环秀山庄

苏州园林皆为钱穆所说的"士之一流"所建，士人大多能诗善画，计成在《园冶·兴造论》中说："世人兴造专主鸠匠，独不闻三分匠七分主人之谚乎！非主人也，能主之人也。……第园筑之主，犹须什九，而匠用什一。"中国古代没有专职的建筑师，园林构筑，规划设计的"能主之人"占十分之九。

今存的苏州文人园分别建于宋、元、明、清各个历史时期，其"主人"约为下述三类人：贬谪、隐退的官吏，为数最多；无心爵禄的吴中名士；崇尚风雅、修养有素的文人官僚和富商。大多胸有丘壑，出手不凡，应了明陈继儒《青莲山房》的一句话："主人无俗态，筑圃见文心。"他们能将意中创构和胸中文墨，融贯于园林的布局与造景中，达到了自然美、建筑美、绘画美和文学艺术的有机统一，成为融文学、哲学、美学、建筑、雕刻、山水、花木、绘画、书法等艺术于一炉的综合艺术宫殿。联合国教科文组织专家哈利姆博士赞叹苏州园林"美好的、诗一般的境界"，陈从周品苏州诸园：网师园清绝风雅，神韵独高，有悠悠不尽之美，若晏小山词，清新不落套；留园秀色夺人，建筑富丽精工，炫人眼目，犹吴梦窗词，像七宝楼台；拙政园中部，清空骚雅，空灵处如闲云野鹤，去来无踪，如姜白石词风；沧浪亭清丽平淡无金粉气，蕴涵哲理，耐人涵咏，则具宋诗神韵；怡园仿佛清词，集萃式的传统词派的模拟。

文人化的另一重要标志是苏州园林都有深邃的立意。苏州园林"主人"大多尝到过仕途凶险的苦味，经历过痛苦的心路历程。吴地文人大多为诗书画全才型的人物，对生活和艺术有着独特的追求，善于将内心构建的超世出尘的精神绿洲精心外化为"适志"、"自得"的生活空间。于是，这一方方小园，回荡着整个封建时代士大夫的进退和荣辱、苦闷和追求、无奈和理想，成为一篇篇陶渊明的《归去来兮辞》。

苏舜钦在北宋激烈的党争中无罪遭贬，遂将满腔政治愤懑写入了"沧浪亭"三字题咏中，要"潇洒太湖岸"，扁舟急桨，"撇浪载鲈还"，做一名渔夫，"迹与豺狼远，心随鱼鸟闲"。自此以后，隐逸文化精神始终成为苏州园林的主旋律。这种隐逸文化心态，自明至清，稳定地成为地域性的文化精神。

拙政园主王献臣为弘治进士，迁为御史，因弹劾失职武官，被东厂

（明特务机构）所诬而被降职、贬谪，正德四年（1509）回乡。文徵明《王氏拙政园记》引王献臣自比西晋潘岳："昔潘岳氏仕宦不达，故筑室种树，灌园鬻蔬，曰：'此亦拙者之为政也'；余自筮仕抵今，余四十年，同时之人，或起家八坐，登三事，而吾仅以一郡倅，老退林下，其为政殆有拙于岳者，园所以识也。"以"拙政"与"巧宦"对举。

明末文徵明曾孙文震孟为天启状元，明史载"震孟刚方贞介，有古大臣风"，官至副宰相。一生三次进京为官，三次被劾落职。筑药圃（即艺圃）时还没有及第，后来也未尝拓地一弓，建屋一椽。文震孟酷爱《楚辞》，"药"，楚辞中指香草"白芷"，清幽高洁，寓避世脱俗之意，以《楚辞》香草名园，以示洁身自好。

留园，明时为徐泰时之东园，至清乾隆末园主刘恕因园中"岩洞奥而旷，池沼绕而曲，竹色清寒，波光澄碧，擅一囿之胜，因名之曰寒碧庄"（钱大昕《寒碧庄宴集序》）。其以园景秀色为主题，富有山林气。清末盛康始名之为留园，寓意为长留风月待君来，与"寒碧庄"乃至东园之"宏丽轩举，前楼后厅，皆可醉客"之意相属，极足寻味。

清代文人基本沿袭着苏州园林的隐逸文脉，继续高吟田园诗，重谱《渔歌子》。他们一蓑烟雨任平生，愿意当渔父，如网师园，网师就是渔翁，在中国文化中的"渔翁"，早就是隐栖江湖的高士的标志了。

晚清的耦园，夫妇愿意在城市一弯"耦耕"于桃花源，园中以"耦"（偶）为特色：东西两园、东池西井、东黄石假山、西太湖石假山等抒情写意式布局及"枕波双隐"、"双照楼"等题名，处处流露夫妇双双归隐桃花源、情深意笃的情趣，犹如写在地上的爱情诗。

苏州同里的退思园，寓"退思补过"之意。还有表达乐天知命，审容膝而易安。"卷石与勺水，聊复供流连"（曲园），壶园、残粒园、一枝园、半枝园、緅园、半园等都表示了知足的心迹。怡亲、娱老的，如怡老园等，有抒发方外之情的，如壶园、弇州园等，但无论是直抒胸臆的、还是委婉陈情的，都无一例外地吐出了文人们胸中"远俗"的隐逸之情。优游徜徉园中，你会感受到古代文人搏动的心跳，聆听到他们的感慨隐忧。

苏州园林被世界遗产委员会评价为"咫尺之内再造乾坤"的典范。

图下 6-2　苏州留园

园林规模日趋小巧，士人满足于在"壶中天地"、"芥子纳须弥"，精神内涵越来越丰富。半亩方园成了"孔颜乐处"，士大夫构筑起宇宙间最美好、最精雅的境界，虽丈室容膝，却可在六合神游。士大夫们便可以"文酒聚三楹，晤对间，今今古古；烟霞藏十笏，卧游边，山山水水"了。

　　苏州园林有城市山林、山地园、山麓园、湖滨园等，营构有法无式，因地制宜，建筑造型布局都根据不同立意而灵活多样。拙政园中部以池为中心，建筑皆面池而筑，池中设三岛，旷奥得宜；留园则以"全"为特色，中部山水清旷、东部庭园深深、北部田园风光、西部山林景色，以七百米曲廊围合；曲园以"曲"为特点，曲廊、曲池；半园以"半"为特点，半廊、半亭、二层半楼；鹤园则以"鹤"为特点，携鹤草堂、鹤巢、鹤颈池等。苏州诸园，各领风骚，不自相袭。大自然中没有两片树叶是一样的，苏州园林追求自然，处处求异思变，仅园林花窗足有上千式样，造型精美、内涵风雅吉祥，有天地风云、瑞兽文禽、灵花仙卉、文字和吉祥组合等图案，一园之中，不得雷同，仅沧浪亭就有108式。

苏州古典园林多宅园，不下厅堂，尽享山水之乐，遵循的是生态化的设计理念，追求"外适内和"的双重享受。风水佳穴的选址、院落式的布局、自然化的山水园，生活艺术化，艺术生活化，生态养生与艺术养生结合，成为人类环境创作的杰出建筑和诗意栖居的文明实体，体现了东方民族最高的生存智慧。

扬州为"天下四方之冲"⑥，是南北的交通枢纽，明清时期扬州为两淮区域盐的集散地，也是淮盐务衙门驻节之地，富商巨贾云集。尤其是清帝南巡，为争取得到皇帝"御赏"而大造园林，盐商巨贾纷纷请南北工匠在名胜之地建宅园。《扬州画舫录》有"杭州以湖山胜，苏州以市肆胜，扬州以园林胜，三者鼎峙，不分轩轾"之句，但扬州园林的命运起伏与国家漕运紧密相连，故发展轨迹起伏较大。至清汪懋麟重修平山堂时，扬州园林已经"罕有存者矣"，难续昔日辉煌。

扬州园林虽然同属于江南园林范畴，但由于人文地理的不同，具有鲜明的独特风格：

扬州园林主人多富商，以徽商居多，其他有江西、两湖和粤商，有的还捐得空头官衔。园林是皖南或江西、两湖富商的审美趣味和建筑风格。

扬州园林既具北方甚至是皇家园林的宏敞雄丽的特色，又有大量江南园林纤巧雅致的建筑小品，更鉴于商人的履迹欧亚，性好猎奇炫富，故较早吸纳西洋建筑文化元素点缀园林，所以，扬州园林自成北雄南秀、兼融洋味的风格。

扬州园林选址如皇家园林一样，选择了蜀冈——瘦西湖自然风貌加以改造利用而建园林，城北瘦西湖两岸直通至"一起一伏，皆成冈陵"。蜀冈平山堂，其间楼台逶迤，屋宇高筑，鳞次栉比，"两岸花柳全依水，一路楼台直到山"。沈复《浮生六记》载："平山堂离城约三四里，行其途中八九里，虽全是人工，而奇思幻想，点缀天然，即阆苑瑶池，琼楼玉宇，谅不过此。其妙处在十余家之园亭合而为一，联络至山，气势俱

图下 6-3　扬州平山堂

贯。"城内东关街，有小玲珑山馆、寿芝园、百尺梧桐阁、逸圃等；新城花园巷一带，如寄啸山庄、片石山房、小盘谷、棣园、秋声馆等；清汪懋麟《重修平山堂记》曰："宫观楼阁，池亭台榭之名，盛称于郡者，莫可数计"，煊煊煌煌，招摇张目，邀功请赏、争奇斗富，色彩之绚丽、视野之开阔、与僻处小巷深处、杂厕于民居之间的苏州园林大异其趣。明代那种"市隐"式士大夫园居生活，已逐渐为富贾豪商以生活享乐为主的园居生活所替代。⑦

有若干模拟皇家园林的手法，徽商园林间有模拟皖南山水者，金碧辉煌、高大壮丽的特色。如建筑物尺度高敞宏阔。如个园的"壶天自春"为抱山楼，是沿着园北墙的一幢七开间的楼廊，西依夏山，东连秋山，体量庞大，气势恢弘，是园主进行商业活动的主要场所。何园蝴蝶厅两层七楹楼，面积达 160 平方米，高大庄重，建筑构架上配以四围通透开放、装饰华丽的玻璃墙面。

瘦西湖上的五亭桥为扬州两淮盐运使高恒，为了迎接乾隆皇帝二次南巡，以邀圣赏，特雇请巧匠设计而建。28 根大红圆柱支撑着五个亭子，亭亭相通，大亭端坐中央，小亭对称相围。亭顶黄瓦青脊，金碧交辉；飞檐下雕梁画栋，彩绘典丽；周围石栏的柱端皆作狮形，雕凿精巧。桥基为大青石砌成，桥身为拱券形，桥身下有 15 个券洞，大洞有 3 个，可供画舫通行。每当皓月当空之际，各洞衔月，银色荡漾，众月争辉，倒挂湖中，可与杭州西湖的"三潭印月"媲美。它采用了江南园林中极其罕见的黄顶。

扬州园林北派做法主要体现在墙面和旱园水作手法的运用上。

营构于崇祯七年（1634）的影园，"围墙甃以乱石，石取色斑似虎皮者，俗呼'虎皮墙'"，为北派的做法，一反江南园林的粉墙。

旱园水作是北方色彩。北方地下水位低，水源缺，故私家宅园多采用旱园水作之法，即挖一水塘，点缀些山石，沾点水气。多水的扬州，却也喜旱园水作，盖激发遐思，以增若干浪漫写意趣味。如寄啸山庄即是如此。构园者在进园处贴壁山下凿一汪曲水，驳岸参差，蜿蜒至读书楼，使人行其下，疑入山林。也有滴水全无，却见水意，一如日本枯山水，超感觉的大写意。陈从周在《说园》中这样说："园中无水，而利用假山之起伏，平地之低降，两者对比，无水而有池意，故云水作。"

个园秋山中峰南壁通过叠石的垂直空透，在阳光下产生条状阴影，蓄意形成山瀑飞泻的感觉，并在前面设有凌空飞梁及天桥供观赏瀑布之用。两者形成"之"字形，前后错落，人步其上，上有瀑布，下有深潭，观赏效果"险"而可见。"二分明月楼"、卷石洞天中群玉山房西侧的小院等亦为"旱园水意"的佳例。

寄啸山庄的船厅建在平地，只在厅前地面用瓦片和鹅卵石铺设成鳞片状波纹图案，又用"月作主人梅作客，花为四壁船为家"对联强化和深化水船意境。

清末光绪年间的寄啸山庄园主何芷曾游历法国，园内筑有法式砖木结构的玉绣楼，筑有壁炉、地窖、拉门、百叶窗、圆弧形的门窗、穹顶等，楼外立面的装饰、印着"益寿延年"四个字的法国进口铸铁栏杆、百叶窗似的窗户和房门，却处处洋溢着法式风情。通过由岔路口交汇而成的千余米复道回廊，有机地把中西合璧的建筑和扬州园林揉合在一起，相互映衬，互不干扰。

寄啸山庄的意大利杨树、广玉兰也都洋溢着异域风情。

扬州园林市井气与书卷气并存，扬州盐商们并没有中断对中国传统"士"的文人精神、审美情趣的追求。富商主人们，爱标榜风雅，追求生活的诗情画意。

寄啸山庄，取陶渊明《归去来兮辞》中"倚南窗以寄傲，登东皋以舒啸"之意。

图下 6-4　扬州个园

个园，清初名小玲珑山馆，效法吴门玲珑馆，玲珑石即太湖石。主人是清代侨居扬州的安徽盐商马曰琯兄弟，是举世闻名的儒商。好古博雅，考校文艺，评骘史传，旁及金石、书画、鼎彝、古玉、玩器诸物，兄弟俱能诗。"独以古书、朋友、山水为癖"。园林建筑，素有"街南书屋十二景"之称。这"十二景"，即：小玲珑山馆、看山楼、红药阶、透风透月两明轩、石屋、清响阁、藤花庵、丛书楼、觅句廊、浇药井、七峰草堂、梅寮诸胜，马氏兄弟分别有诗咏之。

个园建于 1818 年，主人为两淮商总、画家黄至筠。他也有"大雅之癖"，除了丛书楼、觅句廊、看山楼、红药阶、透风透月两明轩等建筑因袭马氏旧名外，还独爱竹，不仅自己名号用竹，而且以竹立意名园为"个"，个者，字状如竹叶，园内觅句廊有袁枚诗联"月映竹成千个字，霜高梅孕一身花"。竹寓君子高节，而"个"为独竹，独立不依，挺直不弯，既寓君子高节又含孤芳自赏之意。

扬州园林集中了徽派匠师、香山帮匠师和北方匠师的智慧，有许多出类拔萃的佳构。

扬州园林将布局中的"密不插针，空可走马"的艺术美发挥的淋漓尽致。寄啸山庄可分东、中、西三部分，占地十余亩，建筑密度大，占到全部面积的 50%，但因建筑群皆建于山麓陂泽，园内峰峦嶙峋，幽洞峭壁，收放有度，处处体现了以小见大的手法，崇楼高堂，复道修廊，池沼假山，浑然一体，布局精妙，丝毫没有拥挤的感觉。

扬州园林往往能化俗为雅，绝处逢生，变劣势为优势。

如个园七开间的抱山楼，体量横跨整个园林，却将首尾隐于夏山秋山之中。整体造型看似简单平淡，却将其他亭台衬得小巧可人。自身全貌，却很少进入游人视线。

扬州地处冲积平原，缺少石材，却能以"镇船石"的方式，将全国各地名贵假山石材载回，如大理石、太湖石、高资石、斧劈石、灵璧石、宣石等，使叠石的石材种类繁多。个园利用不同的石头的色彩和季节特色，构筑了四季假山：

春山以丛植的翠竹间白果石笋，粗犷的冰裂铺地，点出冬去春来，雨后春笋、万物复苏之寓意；夏山以玲珑剔透的太湖石叠成，云头状峻石表示夏云多奇峰，山顶有柏如盖，山下水声淙淙，山腰蟠根垂萝，造成浓荫幽深的清凉世界，符合郭熙所谓的"夏山苍翠而如滴"的特色；秋山以黄石叠成，拔地而起，峻峭凌云，山道盘旋崎岖，为全园的制高点，面迎夕照，配以红枫，一片象征成熟和丰收的秋色；冬山以宣石叠于南墙之北，宣石其色洁白……愈旧愈白，俨如雪山也。南墙开了四排24个音洞，隔墙狭巷高墙，阵风掠过洞口，呼呼作响，真有"北风呼啸雪光寒"之感。加上用白矾石冰裂纹铺地，植以腊梅、南天竺烘托、陪衬，尽得岁寒冷趣，真个是"惨淡而如睡"也。

扬州虽缺少大型景石，却以叠石胜。"片石山房"整个山体均为小石块叠砌而成，故称。石块拼镶技法极为精妙，拼接之处有自然之势而无斧凿之痕，其气势、形状、虚实处理等，颇存石涛"峰与皴合，皴自峰生"的画理。今片石山房与寄啸山庄毗邻，中部以太湖石紧贴墙壁堆叠的假山，山顶高低错落；西为主峰，迎风耸翠，奇峭险岭，俯临水面。山腰有石磴道，沿石壁可登峰顶，峰下筑正方形的石室两间。假山沿东蜿蜒，中峰下筑有石洞，极为幽深，仿佛天然形成，造型奇特，布局手法大致继承了明代叠山之法，不过重点更加突出，主峰与山洞更加明显，主次分明，片石峥嵘，运用了"水随山转，山因水活"的画理。相传片石山房的假山石出自清代大画家石涛和尚之手，现在遗存的可算是石涛叠石的"人间孤本了"。

六朝古都南京地处江南，依山临江，形成了众多的湖泊，如玄武湖、莫愁湖，风景秀丽。历史上华林园、玄武湖、芳乐苑等皇家园林，随园、瞻园、煦园等私家园林，以及寺庙道观园林前映后辉。梁武帝时，建康一地佛寺就多达五百余所。

南朝帝王们受玄风的浸淫，雅尚隐逸，尤其服膺于士人自然山水园的高逸格调，帝王们在心灵深处欣赏士人风范，刻意仿效。甚至专请著名的士大夫文人来设计、监造皇家园林。据《宋书·张永传》记载，宋元嘉二十三年（446），为皇家督造华林园、玄武湖的就是能文善书且晓音律的著名士人张永。南齐东昏侯建造了芳乐苑，叠石堆山，掘池建阁。为了美化园林，他还用五彩颜色涂抹山石。南朝的皇家园林虽没有脱尽汉代宫苑"一池三岛"式的人间活神仙境域的构造，但发展了古代园囿中对山水的处理手法，布局以山水为骨干，构山重岩覆岭，深溪洞壑，山路崎岖，涧道盘曲，合乎真山的自然体势。并且都有林木掩映，楼观高下随势，力求达到妙极自然的意境。

明朱元璋建都南京，南京出现了王府花园。今残存的瞻园和煦园，都是建于明代的王府府邸花园，而且历史上大部分时间是衙署园林。

瞻园是南京现存历史最久的一座园林，始建于明朝嘉靖年间，是明代开国功臣中山王徐达的府邸的西花园部分。乾隆皇帝下江南时，曾两次驻跸斯园，乾隆取苏东坡"瞻望玉堂，如在天上"题名"瞻园"。清代此为布政使衙署，太平天国定都南京后，先后做过东王杨秀清王府、夏官副宰相赖汉英衙署和幼西王萧友和的府邸。

图下 6-5　南京瞻园

瞻园是以山为主、以水为辅的山水园。主景与骨干为传统的"一池三岛"仙境布局，一水带三山，三山由南北西三座各具风姿的假山组成，南假山巍峨雄浑，北假山陡壁雄峙，西假山蜿蜒如龙，呈纵向带状散点布置，是因地制宜的创构。瞻园石矶堪称我国江南一带古典园林所存石矶之上品。瞻园的建筑以静妙堂为主体，并有一览阁、花篮厅、致爽轩、迎翠轩及曲折环绕的回廊，这些建筑和回廊把整个瞻园分隔为南北两个大小不同的空间，各有水池假山及曲廊亭轩，共5个小庭院和一个主园。

瞻园原有"石坡、梅花坞、平台、抱石轩、老树斋、北楼、翼然亭、钓台、板桥、梯生亭、竹深处"等著名的十八胜景，享有"金陵第一园"之誉，并与上海豫园、无锡寄畅园和苏州拙政园、留园并称为"江南五大名园"。1960年，我国著名古建专家刘敦桢设计监造并主持瞻园的恢复整建工作，推陈出新，不仅保留了原有格局和明清两代以山石取胜的特色，还创造性地继承和发展我国优秀的造园艺术，堆叠了南部假山，展现出一幅青松伴崖石的美妙画卷，使这一江南名园重现魅力。

煦园，原为明太祖朱元璋为招抚的劲敌陈友谅之子陈理建造的汉王府旧址，后为明成祖次子汉王朱高煦"新汉王府"西园，并以朱高煦之"煦"字为园名。清于此设两江总督衙门，东侧为江宁织造署。康熙二十三年至四十六年（1684—1707），六次南巡，其中五次住江宁织造署。太平天国时，煦园成为天王府御花园。1912年1月1日，孙中山于煦园暖阁宣誓就任临时大总统。

煦园仅20多亩，主要景物有太平湖、不系舟、漪澜阁、忘飞阁、花厅、桐音馆、夕佳楼、印心石屋等。煦园以水面为主，清水碧潭相映，亭台楼阁水中玉立，假山奇石散落，花木修竹参差。青条石砌成的石舫，与岸相连，形在似与不似之间，乾隆皇帝亲书"不系舟"三字匾额。不系舟，源自《庄子·列御寇》中所说的逍遥不系之舟，飘若野鸥，泛同江苇。"泛若不系之舟"，漂泊不定、来去自由、不受羁绊，这是一种生命境界，具有哲学意味的超功利的美的人生境界。但衙署园林中石舫名此，却意不在此。《孔子家语》曰："舟非水不行，水入则舟没；君非民不治，民犯上则君危。"水、舟是用来象征君民关系的，有"水能载舟，亦能覆舟"的儆戒之意。

无锡的寄畅园、泰州的乔园、如皋的水绘园等也各擅其胜。

无锡惠山东麓的"凤谷行窝"，是明正德年间兵部尚书秦金私园，万历时湖广巡抚秦耀改建园居，取王羲之"取欢仁智乐，寄畅山水阴"诗意，改名寄畅园。寄畅园近以惠山为背景，远以东南方锡山龙光塔为借景，近览如深山大泽，远眺山林隐约，"登此园之高台，曲榭、长廊、复室、美石、嘉树，径迷花亭醉月者，靡不呈祥献秀，泄秘露奇，历历在掌，而园之胜毕矣"（明王稚登《寄畅园记》）。成为江南山墅园林的典范。

清康熙年间，叠石巨匠张南垣从子张钺于西山假山群开辟涧道，引山泉迂回入涧，泉水经曲涧轻泻，随涧道上下迂回，高低跌宕，化无声为有声，叠石轮廓清晰，色泽苍古，顺理成章，体态自然，产生"金石丝竹匏土革木"八音，园主称之为"八音涧"。

康熙、乾隆六次南巡，均驻跸园中，并仿建于北京清漪园内（即今颐和园内的谐趣园）。该园几百年来一直属秦之子孙所有，亦园林史上一奇观。

泰州乔园，有"淮左第一园"之称，陈从周称"厅事居北，水池横中，假山对峙，洞曲藏岩，石梁卧波等，用极简单的数物组合成之，不落常套，光景自新，明代园林特征就充分体现在这种地方"⑧。

如皋冒襄的水绘园，不设垣墉，环以碧水，园中凭借水流于地面，园中构筑"妙隐香林"、"壹默斋"、"枕烟亭"、"寒碧堂"、"洗钵池"、"小语溪"、"鹤屿"、"小三吾"、"波烟玉亭"、"湘中阁"、"涩浪坡"、"镜阁"、"碧落庐"等十余处佳境。

冒襄，字辟疆（1611—1693），号巢民，复社文人，明清均未仕。筑朴巢、水绘园、深翠山房诸胜，交会四方文士，读书酬唱以终。少有文名，青年时期，其词章及书法即已流传海内，与方以智、陈贞慧、侯方域并称四公子。冒辟疆携金陵名妓董小宛在此隐居，故陈从周称"名士美人，林亭诗文，为人艳称"⑨。

纵观江苏园林艺术史，江苏园林规模由大到小，从大自然粗犷气到对自然景观提炼、概括、典型化，最后成为小中见大的咫尺山林。创作方法上，从对自然风景的写实、再现，到写实加写意，再到诗化、画化的纯重写意。清中叶后，建筑围合，划分山水，妙造自然的主旨有所削弱，园林更趋向人工化，但更精雅。

江苏造园史上出现的名家，大都善画，能以画意叠山造园，他们也可以称为"半个主人"。江苏最负盛名的造园师，有明之计成、周秉忠，

　　清初张南垣父子、石涛，清朝中期的戈裕良、张南阳，还有叶洮、姚蔚池、谷丽成等人，类皆丘壑在胸，借成众手。

　　周秉忠，字时臣，吴县人，制瓷家、雕塑家和画家，巧思过人，他和他的儿子周廷策于明万历年间叠山造园颇享盛誉，"为叠怪石作普陀天台诸峰峦状，石上植红梅数十株，或穿石出，或倚石立，岩树相得，势若拱遇"（江进之《后乐堂记》）。所叠东园（今留园）假山，袁宏道《园亭记略》称"高三丈，阔可二十丈，玲珑峭削，如一幅横披山水画"。苏州惠荫园的"小林屋"水假山，也出于他之手。

　　清初张涟，字南垣。《清史稿》卷五百五载："少学画，谒董其昌，通其法，用以叠石堆土为假山。……涟所作，平冈小阪，陵阜陂纮，错之以石，就其奔注起伏之势，多得画意，而石取易致，随地材足，点缀飞动，变化无穷。为之既久，土石草树，咸识其性情，各得其用。……吴伟业、黄宗羲并为涟作传，宗羲谓其'移山水画法为石工，比元刘元之塑人物像，同为绝技'。"康熙《嘉兴县志》说他叠山特点在于以土石结合，"旧以高架叠缀为工，不喜见土，涟一变旧横，穿深复冈，因形布置，土石相间，颇得真趣。"江苏太仓王时敏乐郊园和南园及西田、吴伟业梅村、钱增天藻园，常熟钱谦益拂水山庄，金坛虞大复豫园都出其手。

　　张涟四个儿子，都擅长叠山。次子张然号陶庵，在北京供奉内廷长达28年，参与修造了畅春苑、南海瀛台、玉泉山静明园、王熙怡园、冯溥万柳堂。三儿子张熊字叔祥，也很知名，并且都善制盆景。

　　洞庭东山席本桢的东园假山是张南垣、张然父子合作所造。张然后来在东山造了依绿园和许氏园、席氏园，为汪琬在尧峰山庄造假山。又于康熙时代供奉内廷成为皇家园林的总园林师。张氏所构园林山水，以接近自然为极致，以少胜多，寓大山于园中局部水石之中，创写意式山林造景法。

　　明清之际的僧人画家石涛擅长造园，尤擅叠山。晚年一直居住在扬州。史书记载他主持了万石园、片山石房等造园工程。《扬州画舫录》卷二说"释道济字石涛，……兼工累石，扬州以名园胜，名园以累石胜，余氏万石园出道济手，至今称胜迹。"《履园丛话》卷二十说："扬州新城花园巷又有片石山房者，二厅之后，漱以方池。湖上有太湖石山子一座，高五、六丈，甚奇峭，相传为石涛和尚手笔。"据说，他叠山讲究纹理，峰与纹浑然一体，没有人为雕凿的生硬痕迹。

戈裕良，常州人，是张南垣之后的又一出类拔萃的造园叠山大师。他在吸收张南垣叠山艺术精华的基础上，又创造出自己的特点，运用环桥法将大小石钩带联络，如真山洞壑一般。苏州环秀山庄假山是他的杰作，被誉为"神品"而独步江南；常熟燕园的黄石假山也以峻险清奇著称。见于文字记载的还有扬州意园小盘谷、如皋皋园假山等，苏州山塘街斟酌桥旁的一榭园、常州的西圃、绿净园，南京的五松园、五亩园、仪征的朴园等处。

张南阳（约1517—1596），上海人，始号小溪子，又号卧石生，人们称他为张山人。他受当画家的父亲的影响，自幼喜欢绘画，成人后以画家的意境去造园，特别精通叠山之法。他的杰作有上海潘允端的豫园、陈所蕴的日涉园，太仓王世贞的弇州园。他为陈所蕴造园，"家不过寻丈，所衰石不能万之一。山人一为点缀，遂成奇观。诸峰峦岩洞，岭溪谷，陂坂梯磴，具体而微"。每次造园，"视地之广袤与衰石多寡，胸中业具有成山，乃始解衣盘薄，执铁如意指挥群工，群工辐辏，惟山人使，咄嗟指顾间，岩洞溪谷，岑峦梯磴陂坂辐辏"。

自宋以来，文人书画家都热衷构园，所造园林均出自他们自己的目营心匠，他们的美学思想与园林相互渗融，园林美学理论散见于他们的诗歌散文、园记之中。如明代太仓（今属江苏）人南京工部尚书王世贞的《游金陵诸园记》、余宾硕撰《金陵览古》、钱泳（江苏常熟人）撰二十四卷《履园丛话》、沈复撰《浮生六记》、李斗的《扬州画舫录》、赵之璧的《平山堂图志》等都有对园林艺术的精辟论述。

构园理论著作，尤以计成的《园冶》、明文震亨的《长物志》、清李渔的《闲情偶寄·一家言》（居室、器玩两部）等著作最突出，对园林美学有了综合及系统的论述，标志着中国园林美学理论的成熟。

明代吴江人计成，是诗人、画家兼造园艺术家。他的《园冶》三卷，是中国最为完整的园林美学论著。计成自幼以绘画知名，性好探索奇异，后来漫游京城和两湖等地，中年择居镇江，开始模仿真山造假山，为吴又于、汪士衡等人造园，受到时人称誉。此书是他营构园林的系统总结。

《园冶》共分三卷，分总述部分"兴造论"与论述造园步骤的"园说"两部分。"园说"又分相地、立基、屋宇、装折、门窗、墙垣、铺地、掇山、选石、借景等 10 个部分。书中提出了"构园无格"，全在因地制宜。计成将构园的最高境界总结出"虽由人作，宛如天开"八字，成为构园追求的理论圭臬。

他提出了对构园具有重大理论价值和实践意义的主要理论是"巧于因借，精在体宜"的构园原则。并强调指出："夫借景，林园之最要者也。如远借，邻借，仰借，俯借，应时而借。"皆发前人所未发，成为千古不朽的学说。书中还有珍贵的插图 235 张。如栏杆、门窗、墙垣、铺地都附各种图式，图文并茂，图式纹理匀称、美观。全文用骈文写成，文采风流、用典甚多，富有文学美和感染力。日本大村崖《东洋美术史》呼为《夺天工》，尊之为世界造园学最古的名著。

明代文震亨（1585—1645）著《长物志》十二卷。文震亨是书、诗、画三绝的文徵明曾孙，出身于"簪缨世族"、"冠冕吴趋"的贵胄子弟文震亨，少而颖异，以琴书名达禁中。崇祯中官武英殿中书舍人，交游赠处，倾动一时。《列朝诗集小传》记载："崇祯帝制颂琴两千张，命震亨为之名，并令兼造御屏，图九边厄塞。"后因黄道周案牵连，曾下刑部狱。明亡，抑郁绝食而死。

文震亨是位享有盛誉的造园名家，曾于苏州西郊建碧浪园，南部置水嬉堂，借位置清洁，人宛如在画中，家筑有园林"香草垞"，兄文震孟有艺圃。

《长物志》全书分室庐、花木、水石、禽鱼、书画、几榻、器具、位置、衣饰、舟车、蔬果、香茗等十二类。对园林构成的主要材料和园林的陈设，均有独到见解。对当今的造园建筑学、花卉园艺学、岩石学、动物学都有借鉴作用。其园林美学思想主要体现在"长物"的审美取舍标准上。体现了明代文人的审美风尚。明代中后期审美思潮发生很大的变化，文人趣味多元，艺术品商业化倾向也十分时尚，雅俗互补。文震亨理想标准是："几榻有度，器具有式，位置有定，贵其精而便，简而裁，巧而自然也。"全书对园林的雅赏关注更多，作者以"古"、"雅"、

"真"、"宜"为审美标准，并以此作为自己格心与成物之道的原则，纵谈士大夫生活的各种心物，崇尚清雅，遵法自然，显然借品鉴长物而标举人格，显示了高蹈的人生况味。成为晚明士大夫清居生活的总结和"百科全书"。其格心与成物，雅人之致，旷士之怀，均施以巧思，至今令人神往。

李渔（1611—1680），原籍浙江兰溪，长期生活在金陵，曾置芥子园别业，既是一位卓越的文人造园家，又是一位富有卓见的造园艺术理论家。其所著《闲情偶寄》，在中国传统雅文化中享有很高声誉，被誉为古代生活艺术大全，名列"中国名士八大奇著"之首。李渔"生平耻拾唾余，何必更蹈其辙"，在《闲情偶寄·一家言》中"居室"、"器玩"等部，对园林审美特点进行了研究，提出了许多慧心独到的园林美学论点。如他主张构园、造亭要自出手眼，不落窠臼，而且朴素节俭为尚："土木之事，最忌奢靡。匪特庶民之家当崇俭朴，即王公大人亦当以此为尚。盖居室之制，贵精不贵丽，贵新奇大雅，不贵纤巧烂漫。"铺地"予谓极糙之砖，犹愈于极光之土。但能自运机杼，使小者间大，方者合圆，别成文理，或作冰裂，或肖龟纹，收牛溲马渤入药笼，用之得宜，其价值反在参苓之上"。

李渔认为"开窗莫妙于借景"，提出种种妙构，如"便面窗"、"尺幅窗"、"无心画"的创构，匠心独运，把计成《园冶》中的"借景"从理论和实践上加以深化和发展；对非有成规的堂联斋匾，则创制了既俭且雅的蕉叶联、此君联、碑文额、手卷额、册页匾、虚白匾、石光匾、秋叶匾等形制。

器玩部中提出"忌排偶"、"贵活变"等美学主张，如说："幽斋陈设，妙在日异月新。若使古董生根，终年铇系一处，则因物多腐象，遂使人少生机，非善用古玩者也。"对品石、叠山也都有自出机杼的见解，且都具有实践意义。尤侗序文所言："笠翁乃不徒托之空言，遂已演为本事。家居长干，山楼水阁，药栏花砌，辄引人入胜地。"林语堂誉之为"中国人生活艺术的指南"。

李渔的园林美学理论，也开了现代生活美文之先河，对我们今天营造艺术的人生氛围仍有极大的借鉴价值。

浪淘尽，千古风流人物。前代园艺大师将老庄对生命本义的发现，转化为享受生命的实践，他们身后留下的古典园林，将中国古老的生态智慧物化了，成为今天可持续发展的物质和精神的财富。

第三节 誉满天下的江苏丝织

灿若云霞的南京云锦 精细雅洁的苏州刺绣

南京云锦约始于六朝时期。因其色彩绚烂，宛似天上云霞，故名"云锦"。

丝绸中最高级的是织锦，织锦中最高贵的是南京的云锦，而南京云锦中最具杰出的技艺是妆花，妆花的绝技已到达我国丝织工艺的最高境界。

明清为南京云锦鼎盛期，清乾隆、嘉庆年间，南京城内有丝织机三万余台，织工二十余万人，以云锦为主的南京丝织业，成为当时南京经济的支柱产业之一。《红楼梦》作者曹雪芹曾祖、祖父、父亲曾先后执掌江宁织造，主管南京丝织业，长达五十多年。曹雪芹在《红楼梦》一书中，多次写到云锦。如第三回："（王熙凤）身上穿着缕金百蝶穿花大红云缎窄褃袄。"贾宝玉、林黛玉和薛宝钗等所穿的服装，也均具有云锦华贵的特点。曹雪芹出生、成长于江宁织造府，对云锦十分熟悉，所以在《红楼梦》中，对南京云锦的各色衣料、品种质地、图案花纹、服装色泽，以及审美取向和情趣等，才能描写如此贴切与真实，反映出南京云锦昔日的辉煌。

大花楼提花机是织造云锦的织机，为生产皇室贡品所专用。"桃花结本"是云锦生产的关键环节。明宋应星《天工开物》载："凡工匠结花本者，心计最精巧。"其技术要求极高，计算要十分精确。织造一件重0.9千克龙袍，"花本"重达60千克，用线121370根，"花本"首尾长166米以上。南京云锦大花楼提花机"桃花结本"的传统绝艺，蕴含有现代高科技因素，迄今还无法用现代工业机器所替代。从纹针提花机到现在电脑"二进位制"原理，都是从大花楼提花机得到启示，由此发展而来，这是对世界纺织技术的一个重要贡献。

南京云锦品种繁多，主要有"库缎"、"织金"、"织锦"和"妆花"四类。

"库缎"，因织成后入宫廷内务府"缎匹库"而得名。亦称"花库缎"、"摹本缎"。有"本色花库缎"、"地花两色库缎"、"妆金库缎"、"金银点库缎"和"妆彩库缎"等品种。

"织金"，在缎地以金线或银线织出花纹，故名。亦称"库锦"。传统织物中有"曲水纹锦"、"冰梅锦"和"小枝花锦"等。

"织锦"，用不同色彩的梭子，通梭织彩。有"二色金库锦"、"彩色花锦"、"彩花库锦"、"芙蓉妆"之别。

"妆花"，用不同颜色彩绒纬管，对织物花纹作局部"挖花妆彩"，通常用六色至九色，最多达数十种。这种复杂的"挖花妆彩"技法，是明代南京织锦艺人所创始。最初应用于缎地，后逐渐应用于纱、罗、绢等不同质地。在纱地则为"妆花纱"，在罗地则为"妆花罗"，在绢地则为"妆花绢"。极大地丰富了妆花织物的品种，将我国织锦的织造和配色技巧提升至顶级水平。

南京云锦有如此辉煌成就，主要体现在内容美、构成美、色泽美、材质美和织造美方面，具有深厚的文化内涵和精湛的技艺水平。这是历代艺人不断创新精神的积淀，是云锦工艺的精华所在，是民族文化的瑰宝。

内容美。南京云锦题材多样，寓意丰富，多数具有吉祥之意。常见的有莲花、牡丹、梅花、龙凤、八宝和福、寿、喜文字等。云锦艺人以含蓄谐音等手法组成的吉祥纹样，形式有：以名称谐音表达；以图案形象表达；用文字形式表达。

云锦以莲为题材最为多见，有缠枝莲、并蒂莲和莲荷纹等二十多种不同表现形式。佛教以莲花为纯洁的象征。江苏昆山产并蒂莲，喻为吉祥之花。云锦以莲为题，为爱莲纯净高尚品性。

云锦以牡丹为题，常见的有牡丹团花、缠枝牡丹和凤戏牡丹等。牡丹，其花雍容华贵，其色俏丽，其香馥郁，喻为花中王、富贵花、天下第一香。云锦以牡丹花为题材，象征吉祥、富贵。

云锦以八吉、磬、双鱼组合的"吉庆双鱼"纹样，寓"吉庆双余"

之祝愿。以两个柿子和如意构成的团花纹，寓"事事如意"之祝福。以牡丹和长寿字组成的团花，寓"富贵长寿"之祝颂。其他如"祝寿双全"、"子孙万代"、"鹤鹿长春"等图案，都反映着人们对美好幸福生活的期望。

云锦这些积极、健康、向上，包含有历史、宗教、民俗等多层内涵的祥瑞图案，是南京云锦内容的主流，是云锦的主要特征之一。

构成美。南京云锦不论单独、连续图案，都庄重严谨、形象丰满、优美完整、生动传神，并都能适应材质、织造和实用的要求。

云锦图案的构成，善于运用匀称的组合，形象的塑造、章法布局，非常讲求力的均等；上下、左右或四面，都要求达到相辅相成，相互照应；虚实、黑白、疏密，匀衡得体，自然谐和。莲荷、牡丹、梅花和八吉祥纹等的组成，都是十分完美的构成，是民族图案的典范之作。

云锦图案最主要的特色是生动传神，这是图案构成中较难达到的境界。各种缠枝花纹样，是云锦中较多的一种题材，构成上主次分明，传情达意，绰约多姿。主花与宾花、花与梗、叶与花，都能气势贯通，自然得体。在云锦缠枝莲的构成上，艺人总结有两句口诀："梗细恰如明月晕，莲藤形似老苍龙。"莲荷比明月，莲梗如月晕，莲藤似苍龙。宾主关系，章法意境，格律样式，都充分地表达出来了。这是充满诗意的意蕴，是云锦缠枝莲浪漫主义的艺术构成。再如云纹图案，有七巧云、卧云、如意云、和合云、四合云和行云等，在构成上艺人有四句形象的口诀："行云绵延似流水，卧云平摆象如意，大云通身连气，小云巧而生灵。"这是具有画意诗情的生命之云，是天上人间的艺术彩云，是文化内涵的深层表达。

色泽美。南京云锦敷彩，大胆、庄丽、高贵、明快。常用红、黄、蓝、绿、紫、金、银等积极色，并善于运用晕色，金彩绞边和大白相间配色技法。云锦虽大胆采用重色，但都能取得既对比又调和的艺术效果。晕色，即运用色的浓淡层次配色的一种技法，有浑晕和间晕两种。浑晕，是应用一种色从浓到淡渐次退晕；间晕，是将色彩从深到浅分成几个层次退晕（可以是一种色调或二、三种不同的色调）。云锦常用间晕中的三晕（即将彩色分成三个层次的色阶）或两晕（将彩色分成两个层次色阶）。云锦间晕技法，艺人总结有晕谱口诀。三晕：水红、银红配大红；秋香、古铜配鼻烟；葵黄、广绿配石青……两晕：深、浅红；玉白、蓝；葵黄、绿……这种富有韵律、调和之美的晕色技法，符合科学的美学原理。金彩绞边，就是在花纹轮廓处用金线勾边，使图案统一于一种色线之下。大白相间，指色彩之间相互照应，均衡适度。云锦妆花敷色，多浓墨重彩，对比强烈、鲜明，这种配色要取得良好效果难度很高，但由于云锦巧妙地运用间晕，使强烈浓重之色得以减弱，取得和谐，并丰富了色彩的节奏感和韵律感。金彩绞边，大白相间，可使花纹更为富丽鲜明。从而使整幅图案，既达到华贵绚丽，又取得调和、优美、动人的艺术效果。这就是云锦一种独特高明的配色技法。

材质美。南京云锦非常讲求材质之精纯。彩丝、金银线和彩羽，为其主要和特色用材。江南一带为蚕桑盛产之地，土丝大盛。云锦用丝，必经精选，对丝的精细、纯度、白度等，都经细心检验、甄别。蚕丝染事，对色别、色阶、色之级别浓淡，以及亮度、纯度等，讲求质高品纯，精益求精。清代乾隆时期，江宁织造衙供应机房，设有染局，由染色高手主管染事，可见对染色质量之重视。南京云锦的一个显明特色，是大量用金。金有捻金、缕金（包括捻银、缕银）。金之色泽，有赤圆金和淡圆金之分。织物用金有二色金（金、银线并用）和四色金（赤圆金、淡圆金、片金、银线并用），交织于一件彩锦。对金线之粗细、光泽、韧性，对片金之宽度、厚度和光度等，因用途、材质不同，亦有种种不同要求。最细金线，细如发丝。南京云锦以孔雀彩羽作材，为其特色之一。云锦精选孔雀尾上最鲜艳的毛羽，精心加工搓捻成线。孔雀羽具五彩自然闪光，在不同光线下产生不同色感。孔雀翠羽与彩绒、金线交织，金碧交辉，高贵而典雅。云锦材质三要素：选材精、加工严、要求高，凸显出云锦材质之美。

织造美。南京云锦织造最具代表性的工艺，是妆花的挖花妆彩，特点是配色自由，变化丰富，众花异彩。

挖花妆彩，是用不同彩丝纬管，对花纹作局部挖织。这种"通经断纬"的织造方法，是我国古代手工织造的最高技艺，要求严、难度高，现代机器织造还无法替代。织造时，须思想高度集中，脑、眼、手并用。提花与织作，必须协同一致，配合默契。织作每一纬线，都须适度掌握紧密、轻重、力度。甚至天气湿度变化，亦须时时留心；压纬轻与重，须随空气湿度灵活调正。要求严密合缝，丝丝入扣，毫厘不差，精确无误。云锦织造有二句口诀："金不过指，线不过寸。"指在挖织时，超过一寸，就须用二个小管挖织。织作花纹复杂、色彩较多的图案时，每织一纬线，最多须用五六十个彩绒小管挖织。一日不满百梭，长不足二寸，故有"寸金换妆花"之说。

最具代表性的一件云锦是北京定陵出土的万历时期妆花纱龙袍匹料。在暗花纱地上，用金线、彩丝、孔雀羽，织造有十几条五彩妆花云龙。每织一纬，就须用几十小管挖织。整件袍料长五丈余，分前襟、衣袖、后背等分片织造。前襟部分之团龙成对开，即左右前襟各半条龙纹，而在成合时须为一完整团龙。龙鳞、龙须等每根线条，都须一一对准，精确无误，无半毫差错。在薄如蝉翼的纱地上，祥龙飞腾，彩云飘逸，镶金点翠，富丽而典雅。织造技艺巧夺天工，令人叹服。

南京云锦的内容美、构成美、色泽美、材质美和织造美，五美相辅相成，为一整体。

苏绣是中国四大名绣之一，历史悠久。据史载，早在春秋时期，吴国人已穿绣衣。宋代已具有相当规模，当时苏州就有绣衣坊、绣花弄、滚绣坊和绣线巷等生产集中的坊巷。1956 年，当地政府整修苏州虎丘塔，在第二层发现四块刺绣经帙，上绣缠枝花纹，有平抢、铺针、接针、施毛针等针法，绣纹古朴，色彩鲜明。该塔建于宋建隆二年（961）。1978 年，在苏州盘门内瑞光塔第三层塔心，又发现刺绣经袱，经鉴定时代为五代和北宋初期，上绣花草图案，针法有斜缠和接针等，正反均无线头和线结，花纹一致，可能是两面绣，为早期双面绣。从两塔发现的绣品看，均绣面平服，丝缕合理，配色和谐，不露针迹，已具有今天苏绣的特色。明文震亨《长物志·书画》载："宋绣，针线细密，设色精妙，光彩射目，山水分远近之趣，楼阁得深邃之体，人物具瞻眺生动之情，花鸟极绰约嚵唼之态。"表明宋时苏绣在针法、绣线、配色和绣技等方面已达到较高的艺术水平，刺绣山水、楼阁、人物、花鸟等已形神俱佳，这与苏州两塔发现的宋代绣品所反映的绣技，大体相符。

元末张士诚据苏称王。1964 年，苏州南郊张士诚母亲曹氏墓，出土刺绣残边四件，各绣行龙四条，形象生动，绣面平服，用接针、铺针、绕针、扎针、正戗、反戗、平套、打籽和施毛鳞针九种针法绣成。显见元代苏州绣技比宋时有了较大提高。

至明代，苏绣已逐步形成独特的艺术特征和风格。明王鏊《姑苏志》卷十四有"精细雅洁，称苏州绣"的记载。王鏊，明正德户部尚书，文渊阁大学士，博学，精鉴赏。他评价明代苏绣的特色是"精细雅洁"。精细是技巧的表现，雅洁是艺术特色和风格。前者是物质的，后者是精神的，两者合而为一，水乳交融，集于一体，才成佳作。当时"闺阁绣"兴起，绣画、绣字、绣佛为时尚，以苏杭、上海一带为盛。所谓闺阁绣，即大家闺秀所作之绣，以宋元名画作稿本，不计工本，以精细雅洁见长。明王锜《寓圃杂记》引沈通理诗："几日深闺绣得成，看来便觉可人情。"

苏绣至清代为盛期，当时皇室绣品，多出自苏绣艺人之手；民间绣更是丰富多彩。清《上海县志》："苏绣之巧，写生如画，他处所无。……其法劈丝为之，针细如毫发。"苏城四郊绣女，经长期刺绣，各形成特色，如光福、西华、东渚的戗针绣，蠡墅的打籽绣，横塘的平金绣，向街白马涧的盘金绣等，都各擅胜场，各异其趣。清道光年间刺绣名家丁佩，长洲（今江苏苏州）人，一作华亭（今上海松江）人，精于刺绣，通达绣理，她总结刺绣技艺，撰写成我国第一部刺绣专著《绣谱》两卷，分择地、选样、取材、辨色、程工和论品六章。选样，提出"审理、度势、剪裁、点缀、崇雅、传神"六点方法；程工，提出"齐、光、直、匀、薄、顺、密"七要素；论品，提出"能、巧、妙、神、精工、富丽、

图下6-6 （晚清）刺绣蟠银凤凰套装女袄裙（苏州博物馆藏）

清秀、高超"八论。丁佩这些精辟的论述，对我国刺绣理论的发展，起了较大的积极作用。

清末民初，苏绣另一位大家沈寿，七岁随姐姐学绣，十五岁就名扬苏城。光绪三十年（1904），慈禧七十寿辰，沈寿绣《八仙上寿图》寿屏和《无量寿佛》进献，慈禧惊为绝世神品，即懿旨嘉奖，御书"福"、"寿"两字赐予沈寿。商部颁发双龙宝星四等商勋。随后农工商部奏准创办皇家女子绣工科，任沈寿为总教习。

光绪三十一年（1905），沈寿夫妇受命赴日本考察刺绣教育情况，沈寿在日本看到运用光影绣制的美术绣，受到启发，她巧妙地借鉴苏绣虚针、肉入针、旋针等技法，创造出"仿真秀"的新绣技，开创了苏绣一代新风。她绣制的《意大利皇后爱丽娜像》，在意大利都朗万国赛会，获"世界至大荣誉最高级卓绝奖"，为我国绣品在国际上获此殊荣，自此苏绣名扬海外。第二幅仿真名绣是《耶稣像》，首次在美国"巴拿马太平洋万国博览会"展出，深得好评，又荣获一等大奖章。沈寿先后在苏州、北京、天津、南通等地创办同立绣校、女子绣工科、女工传习所，培养了一大批刺绣新人，使她的仿真绣技艺，传遍南北各地。沈寿在逝世前，病中口授，张謇记录整理而成《雪宧绣谱》一书，对我国唐宋画绣、明代顾绣以及她所创的美术绣，系统归纳为十八种，使传统绣法得以流传。全书分绣备、绣引、针法、绣要、绣品、绣德、绣节、绣通八章。书中对刺绣工具、劈线、针法运用、绣线色彩、光线处理、刺绣家思想品德、艺术修养、创作方法等，均作了精辟论述，其中有沈寿自己诸多创见。该书的流传，对我国刺绣艺术的提高和发展，起了重大作用。在纪念沈寿百年诞辰时，刘海粟大师赞誉沈寿为"神针"。在我国近代刺绣史上，沈寿被尊为"神针"，当之无愧！

第四节　其他有代表性的手工艺

精镂细琢的苏扬玉器　五色陆离的扬州漆器　材美工朴的苏式家具
朴雅坚栗的宜兴紫砂　形神兼具的虎丘捏像与惠山泥人

　　江苏苏州、扬州的玉雕，技艺精湛，工艺独特，历史悠久，誉满中外。

　　苏州玉雕，在五代宋明时已很著名。南宋范成大《吴郡志》载：五代广陵王钱元，令吴郡玉工颜规，于王府解玉制器。明宋应星《天工开物》载："良玉虽集京师，工巧则推吴郡。"说明在明代时，苏州琢玉为全国之首。明代苏州琢玉名师陆子冈，所制之器精妙典雅，奇巧玲珑；刘谂善琢晶、玉、玛瑙，仿古之作，可以乱真；还有贺四、李文甫和王小溪等，都善雕精巧小品，皆见于明时的诗文笔记中。其中以陆子冈最著名，名震京师，为我国玉雕史上代表人物之一。

　　陆子冈，明嘉靖、万历间人。《苏州府志》载："陆子冈，碾玉妙手，造水仙簪，玲珑奇巧，花茎细如毫发。"北京故宫博物院珍藏有不少陆子冈的玉雕作品，如一件"青玉合卺杯"，杯由两个直筒圆口器相连制成，底为兽首足，杯身上下各饰一圈绳纹，作捆扎状；一面镂雕一凤纹，作杯把，一面凸雕双螭作爬行盘绕状；在两螭间、绳纹结扎口上方，刻一方章，书"万寿"两隶书字；杯身两侧分别有剔地阳文隶书铭文一组和杯名，以及款式各一。一组铭文："湿湿楚璞，既琢既雕，玉液琼浆，钧其广乐。"末署"祝允明"三字，诗上部绳索纹外有"合卺杯"名；另一侧铭文是："九陌祥烟合，千香瑞日明，愿君万年寿，长醉凤凰城。"诗上方与"合卺杯"相对处，有"子刚制"三篆书款。玉杯雕琢精湛，运线挺劲有力，形象生动传神，镂、剔、透、琢兼有，工艺稳健精到，为罕见传世之作。

　　子冈玉雕，有很多独到之处。主要具有六个鲜明特点：一，技艺全面，玉器之立体雕、镂雕、透雕、高浅浮雕、剔地阳纹和阴线刻纹等，都技艺精到；二，设计奇妙，富有巧思，法古不泥古，更具创新，刻画生动；三，制器多实用品，如壶杯、水注、发簪等，器型多变并善变，立意新颖，又规整精致；四，所琢玉器，多铭文诗句，有五言，有四字句，具浓郁书卷气韵。书法有草书、行书，字体清秀富有力度，并均与内容相和谐；五，刻款形式，不拘一格，都为图章式印款。刻字多阳文，也用阴文，或阴阳互用。字体有篆隶两种。款署之印，或一字一章，或二字一印，有"子冈"、"子刚"、"子刚制"三种，不显目、不固定，器底、背面、把下端和盖里等处均有；六，所选玉料，全系新疆玉，多数是青玉，少量白玉，琢玉选材不局限于玉，玉石镶嵌亦颇有成就，善于因材取势，贵在巧思和巧作。

至清代，苏州琢玉更有较大发展，在专诸

图下 6-7　清白玉双耳龙杯（苏州博物馆藏）

巷、天库前、周五庙弄、梵门桥弄等，都有制玉作坊，尤其在阊门吊桥之玉市，更是铺肆栉比，摊担鳞次。清乾隆时，曾几度招募苏州玉工到京师，所制玉器称"苏做"，并令艺人传授技术，以前北京前门一带的玉工，大多是苏籍或由苏州艺人传教手艺之人。道光年间，琢玉名师徐鸿，善制小件玉雕，又精象牙雕镂。朱宏晋善刻金银、瓷竹、牙角，而琢玉尤为擅长。道光后，苏州玉器销路日广，畅销国内外，年产值高达数十万银元。

扬州玉雕，在汉代制作已相当精美。扬州一带汉墓，前后出土有大量玉璧、玉佩、玉环和玉镯。甘泉乡西汉"妾莫书"木椁墓，出土有玉人和玉衣。甘泉乡西汉广陵王刘胥"东二墓"，还出土有"琥珀嵌九子奁盒"、"水晶嵌金圈"和"松石镶金王冠"等，开创了玉石镶金嵌漆的新工艺。

清代乾隆年间是扬州玉雕的最盛时期，扬州为清宫廷大型玉器的制作中心。北京故宫博物院珍藏近十件重达千斤、万斤的巨型玉雕，多为扬州玉工琢制。如"大禹治水图"、"会昌九老图"和"关山行旅图"等玉山，为镇馆之宝。

"大禹治水图"玉山，为清代扬州玉工的杰作。玉山为青玉，重约5300多公斤。题材是夏禹治水的故事。民工在夏禹带领下，不畏艰险，开山劈水，兴修水利，表现我们祖先为造福人类而辛勤劳动的伟大场面。玉山雕琢得气势雄伟，山岭叠嶂，洞壑深邃。上部阴刻填金，为清高宗于乾隆五十三年（1788）一月撰写的《题密勒塔玉山大禹治水图》御制诗一首及其注释，从诗文和注释表明，玉材采自新疆和田西部昆仑山脉的密勒塔山，离北京一万多里。据文献载，运输时，前面用一百匹马拖拉，后面有成百成千的工匠推，需在冬天路面泼水冻冰以助前行。

乾隆四十六年（1781）二月初十，内务府画师和设计师将玉山图稿设计完毕；同年五月二十七日，将玉料和图稿送到扬州，在当年底组织玉工正式动工制作，至乾隆五十二年（1787）六月做成，历时六载，八月十六日由运河航运至北京。乾隆五十三年初，造办处玉匠朱永泰，又用一年时间，将御制诗、注释和图章款式，琢制于玉山，工程至此告终。"大禹治水图"玉山，工程复杂，工艺精湛，器型巨大，是我国制玉史上的稀世绝品。

扬州玉雕以琢制"山子"玉器见长，造型庄重，运线清劲，花纹纤细朴雅。大件玉雕浓中见清，小型玉件纤中见厚。这就是扬州琢玉工艺"大件细出，小件大做，挺中有秀，浓中具秀"的传统的独特手法。另一特点是讲求"胎薄体平"，像玉杯、玉碗雕成后，可浮于水面，俗称"水上漂"。有的玉雕作品，在阳光下可隔层见人，其薄如纸，可见其工艺的卓越和高超。

扬州漆器，历史悠久，制作精良，造型优美，装饰华丽，技艺卓越，风格独特，名闻中外。

扬州漆器，汉代已具有较高水平，唐代产剔红雕漆，明代创多宝嵌技法，清代首创漆沙砚。

扬州漆器，髹漆方法繁多，装饰技艺丰富。主要有多宝嵌、骨石镶嵌、嵌螺甸、刻漆、雕填和彩绘六大类。产品一般分大件和小件两类：大件有屏风、床榻、博古架、箱柜和桌几等；小件有套盒、花瓶、果盘、砚匣和烟具等，约计三四百种。

扬州漆器以多宝嵌和嵌螺甸最为著名和最具特色。

多宝嵌，亦称"老山玉石镶嵌"，古称"周制"，因由明代嘉靖时扬州名师周翥首创而得名，为我国漆工艺中别具一格的漆器品种。清钱泳《履园丛话》中载："周制之法，惟扬州有之。明末有周姓始创此法，故名'周制'。其法以金、银、宝石、真珠、珊瑚、碧玉、翡翠、水晶、玛瑙、玳瑁、车渠、青金、绿松、螺甸、象牙、蜜蜡、沉香为之，雕成山水、人物、树木、楼台、花卉、翎毛，嵌于檀、梨、漆器之上。五色陆离，难以形容，真古来未有之奇玩也。"多宝嵌的制作过程，分选料、开片、描稿、磨光、雕锦、镶嵌、成型等工序。匠师们巧妙地运用各种材料的天然色泽，经雕镂拼接，镶嵌成山水、花鸟、人物，制成各种屏风、挂屏和首饰盒等。珍玉镶嵌与漆饰珠联璧合，高贵华美，浑厚典丽。

嵌螺甸，用蚌壳磨成薄片，按图案花纹锯成人物、树石、亭台和花鸟虫鱼等，经拼贴、镶嵌于漆器粗坯上，再上油灰和表面髹饰，最后磨光，在螺片上雕刻花纹。漆底为黑色，和白色螺甸相映照，黑白分明，典雅清丽。点螺为嵌螺甸中最名贵的一种。它选用珍珠贝、夜光螺等优质螺贝，将其磨成相当于人发三分之一的细丝，再用特制刀具，切割成细若秋毫的点、丝、片，一点一点嵌于漆底，同时嵌入金丝、金片和蚌屑，组成精美画面，螺片上再施毛雕（开纹），后经髹饰、研磨、推光而成。成品在亮光下，能呈现五彩自然闪光，灿若云霞，富丽而精美。

扬州漆器历史上较著名的匠师，主要有周翥、江千里、卢映之和卢葵生等。

周翥，明世宗时扬州漆器名师，以制百宝嵌著称。清谢堃《春草堂集》有载："周翥以漆制屏、柜、几案，纯用八宝镶嵌……周翥者，以制物之人姓名而呼其物也。"清阮葵生《茶余客话》也载："周柱治镶嵌……皆名闻朝野，信今传后无疑也。"清吴骞《尖阳丛笔》亦叙："明世宗时，有周柱善镶嵌奁匣之类，精妙绝伦，时称周嵌。"而近人邓之诚《骨董琐记》描述更为细致："周制唯扬州有之，明末周姓所创，故名。'制'一作'翥'，又作'柱'……谓其名或称周嵌。"周翥，为百宝嵌创始人，扬州漆器素以百宝嵌为著名品种，今仍以"周翥"或"周制"呼之。

江千里，字秋水，明末清初人。清嘉庆重修《扬州府志》载："康熙初，维扬有士人查二瞻（查士标），工平远山水画及米家画，人得寸纸尺缣以为重。又有江秋水者，以螺钿器皿最精工巧细，席间无不用之。时有一联云：'杯

图下 6-8　（清）"千里"款螺钿人物风景漆盘（扬州博物馆藏）

盘处处江秋水，卷轴家家查二瞻。'"北京故宫博物院藏有江千里《云龙海水纹螺钿加金银片长方黑漆盒》，盒、盖底立墙，上下通景。四面各嵌一龙，两纵面龙形做出水势，两横面龙形，则雄姿擎空，形态各异。龙身用点螺片嵌成，龙须、海水、卷云等，用点螺细线镶嵌，线条柔软宛转，有如描绘。龙睛及鳞片，间嵌金点，海水浪花，用银填嵌。横面浪涛，显出鱼头、鱼尾，螺片有脱落。盒盖内以点螺嵌"江千里式"篆文四字方印。整件制作极为精致优美，工艺卓越。

卢映之，清代乾隆时扬州漆器名工，江苏扬州人。其子慎之、孙葵生，都以髹漆著名。映之以仿制宋宣和"漆沙砚"闻名，其他髹饰漆艺，亦甚精通。清钱泳《履园丛话》记叙"乾隆中有王国琛、卢映之辈，精于此技（百宝镶嵌）。今映之孙葵生亦能之"。《续纂扬州府志》等载：康熙丁酉年（1717），映之于南城外市买一砚台，上有"宋宣和内府制"铭文，体质类澄泥而甚轻，入水不沉，映之甚为惊异，识别是漆砂所造，于是授工仿制。顾千里《漆砂砚记》赞卢映之恢复漆砂砚之功："予惟砚之品颇夥。产于天者，端溪称首；为于人者，澄泥盛行。而逮今日，端溪老坑，采凿已罄；澄泥失传，精疏弗良；求砚之难，殆同赵璧。若此漆砂有发墨之乐，无杀笔之苦，庶与彼二上品媲美矣！适当厥时，以济天产之不足，且补人为所未备。宣和遗制为利诚博，然非葵生令祖映之先生精识妙悟，又安能遥续六百年后如出一手哉！……至于映之先生为人，乐易近道，高雅通古，极为杭人袁枚简斋所称许，见彼集中。"并作《漆砂砚铭》："日万字墨此可磨，得之不复求宣和。"乾隆时诗人袁枚，曾为卢映之都盛盘作铭："卢叟制器负重名"，妙在胎子胶得坚固，漆汁上得透滑，善于制造各种不同器物。

卢葵生，名栋，清嘉庆、道光间人。卒于道光庚戌年（1850）。祖映之，父慎之，都精于漆器，葵生世其业，擅长漆沙砚、多宝嵌、雕漆、浅刻、八宝砂和漆坐像等多种工艺手法，技艺全面。《萝窗小牍》又载："卢栋，扬州人，善髹漆，顾二娘之砚匣，多其手制，其用朱漆者尤精。上刻折枝花卉或鸟兽虫鱼，皆非寻常画工所及。合作者始刻名款，否则止用葵生小印而已。"卢葵生制《梅花纹锡胎壶》，漆色模仿紫砂器。从壶盖漆灰剥落可看出，做法是在锡胎上先上黑色漆灰，后再罩若干道紫漆，最后雕刻。梅花刻得较深，刀法具钝拙之趣。铭文为四言四句："竹叶浅斟，梅花细嚼。一夕清谈，几回小坐。"葵生款下有"栋"字小方印，漆技甚高。南京博物院藏清道光十六年（1836）卢葵生仿《紫砂漆茶壶》，外壁阴刻篆书："独携天上小团月"，楷书款"丙申秋月葵生"，下钤"栋"字小方印。北京故宫博物院藏有卢葵生不少漆器作品，制作也十分精致，有漆砚和百宝嵌长方盒等。

苏式家具，选料坚实，造型简练，结构稳健，形式美观，以其卓越的技艺，闻名国内外。

古代家具中，以明式家具制作最为杰出，其设计、制作的科学性和艺术性巧妙结合，达到了高度统一。明式家具是指明代中叶至清代早期，以苏州为中心，用紫檀、花梨、杞梓木等制作的硬木家具。其主要生产时期为明代，故习称"明式家具"。苏州地区是明式家具的发源地，故苏式家具一直被视为明式家具的代表。

明代，众多官宦之家和文人名士，聚居苏州，他们营造庭园，并直接参与规划和设计。这些私家园林，清新典雅，具有浓郁的江南韵致，在我国园林史中，被称为"文人园林"。而园中使用的家具，必要求与之相匹配、协调和统一。明代名士文震亨《长物志》中论述了当时苏州造园与家具的关系，把文人的雅逸作为园林总体规划，对家具同样依照文人的审美情趣，作了详细评说。如文人用的书桌，木材要选用花纹自然的"文木"，形制则须"中心取阔大，四周厢边阔仅半寸许，足稍矮而细"，认为"狭长混角"俗气，"漆者尤俗"，而"施金漆"更是"俗不堪用"。《长物志》序中说："几榻有度，器具有式，位置有定，贵在精而便，简而裁，巧而自然。"文震亨对家具的观点，充分反映出明时文人对家具的一种审美观，具有代表性。南京博物院藏有一件明万历间的书桌，刻有"材美而坚，工朴而妍，假尔为凭，逸我百年"的诗句。苏州民间有一种称为"文椅"的扶手椅，为名士文人书斋用椅，造型委婉精致，比例舒展匀称，运线秀丽明快，集中体现了明式家具的特色和做派。人们习称这类家具为"文人家具"。

苏式家具，具有四个鲜明特点：造型合度，工艺精良，线脚俊美，巧于用材。

1.造型合度。在苏式家具制作中，不论书案、书架、椅子和茶几等，都比例合理，协调谐和，具有完美的尺度和符合人体功能的科学性。如一种椅子"S"形靠背的曲率，民间匠师不但使这一曲线适合人体靠坐时获得舒服感，同时也顾及其整体造型各个部件之间的调和统一、气脉相通，体现出造型上的高度合理性、实用性和完美性。

2.工艺精良。苏州木工业中有"木不离分"的行规，指技艺的高下，相差仅在分毫之间。用料的尺寸、精细，线脚的方圆、曲直，榫卯的厚薄、松紧，兜料的裁割、拼缝，都是制作家具的关键。料份、线脚，须"不差一丝"，"进一线"或"出一线"，就会造成视觉上的差异；兜接、榫卯，须"一拍即合"、"严丝合缝"，稍有偏差歪斜，就会影响质量。苏州木工业中，流传有"调五门"的故事：从前有位木工名匠，手艺出众，造了一堂五具梅花桌凳。完工后他在地上撒上石灰，将梅花凳放上，压出五个足印，后按五个脚印，不断调换凳足，五个凳脚均落于原先印出的灰迹上，分毫无差，围观者都称赞其工艺的卓绝与精良。

3.线脚俊美。线脚，是家具部件断面呈现的一种线形，在家具中起着重要的装饰作用。线脚，最早见于明代《鲁班营造正式》一书。在明式家具中有"竹爿浑"、"大倒棱"、"阳线"、"凹线"、"捏角线"、"洼线"、"皮带线"（凸）、"瓜楞线"、"芝麻梗"、"文武线"等多种线形，后又创新有"活线"、"碗口线"、"鲫鱼背线"……这些线脚十分俊美精致，与浑厚家具的形体，形成"俊"与"浑"的对比，相互辉映，相得益彰。如家具"边抹"构成的框体，匠师们采用"平面捏角线"和"倒棱起阳线"等，即可形成不同的"冰盘沿"，既使框体变得淳纯和精练，并可与家具造型取得呼应和统调的韵味。再如在家具"券口"、"圈口"的木条边缘，施以"线香线"，可使"券口"、"圈口"，更为和顺贴体，使家具造型显得更为灵动，富有活力。对这些线总的要求，须达到衡、挺、圆、正，方圆谐和，调子统一，"硬"、"糯"兼有，平而有力，既要线脚分明，又须锋不显露。

4.巧于用材。苏州木工匠师，都遵循优良传统工艺的要求，善于充分运用材质之美，以取得最佳的艺术效果。如利用紫檀木质细密、紫黑自然闪光，只须打磨，不揩漆上腊，就能呈现出"亚光"光泽，使家具显得分外贵重和高雅。再如运用云石石面奇丽变幻的天然花纹，用作家具的镶饰。这种云石纹饰，淡赭、青灰、黑白相间，与棕褐沉静的家具色调，十分协调，并微显俊俏气韵，更使家具生机盎然，别具意趣。苏式家具，善用"材美"的工艺

图下 6-9　清代苏式家具

手法，是匠师们在长期木工实践中，"工巧"的成熟表现。苏式家具，巧用材质的自然美，结构合度的工艺美，凝练纯净的造型美，科学合理的榫卯美，俊美逸致的线脚美，以及书卷气浓郁的文人品位，体现出高雅隽永的文化意蕴，令人回味无穷。

　　宜兴紫砂以其特有的文化内涵及工艺形象，饮誉海内外。紫砂是实用品，又是艺术品，是实用与美的完美结合，是物质和精神的统一体。

　　宜兴紫砂始于宋，成于明，盛于清。历代名师辈出，灿若群星。制器技艺，经长期积累，形成完整体系。

　　宜兴紫砂，内容丰富，品种繁多。以茗壶最具代表性，其次是花盆。

　　宜兴紫砂价同金玉，又胜过金玉。明周高起《阳羡茗壶系》中记载："一壶，重不逾数两，而价重一二十金，能使土与黄金争价。"汪文柏亦云："人间珠玉安足取，岂如阳羡溪头一丸土。"

　　在世界陶业中，宜兴紫砂，出类拔萃，独领风骚，主要具有三大特点：独特的材质、独特的成型工艺、独特的文化内涵。集三个特点于一身，使它充满东方艺术魅力和浓郁的民族风韵。

　　独特的材质。宜兴紫砂泥，具有合理的化学、矿物、颗粒成分。具备生坯强度高，干燥、烧成收缩小，可塑性能好等优点，为紫砂多样的造型提供了良好的条件；成陶后，具有理想的致密度，一定的气空率和

优良的冷热急变等性能，赋予了紫砂优异的实用功能；紫砂泥含铁量特高，故烧成后呈红棕色、紫色等不同色泽，因而有黯肝、冻梨、轻赭和铁色等种种色泽。所制茗壶，贮茶不变色，泡茶不走味，盛暑不易馊。使用年代愈久，壶色越发光润，泡出的茶味愈醇郁芳馨，甚至在空壶内注入沸水，也会透出一股清淡的茶香。所制花盆，透气不透水，栽培花木，极易成活，不易烂根。宜兴紫砂泥所具有的这些天然良好的成陶性能，在制陶业中唯宜兴所独有。

独特的成型。工艺宜兴紫砂壶造型，方非一式，圆不一相，千态万状，蔚为大观。这些多姿多彩的造型，是采用全手工的拍打镶接技法制作的。这种成型工艺，与世界各地陶器成型方法都不同，是历代艺人根据紫砂泥料特殊的分子结构和各式产品的造型要求所创造。运用这种成型技法，不论圆、四方、侧角、海棠诸式，高、矮、曲、直均可随意制作。形成紫砂壶结构严谨、口盖紧密、线条清晰等工艺特色。壶盖的制作，最能显示出工艺水平：圆形壶盖，能通转不滞，准合无间隙摇晃，倒茶无落帽忧；六方壶盖，不论从任何角度盖上，均能吻合无间。这些高难度成型技法，是其他陶瓷产品无法比拟的。

独特的文化内涵。其主要表现在造型、泥色、铭款、书画、雕塑和篆刻等诸方面。紫砂名师善于以壶为主体，融诸艺于一体；形式内容，协调谐和，神形兼备。宜兴紫砂在艺术方面的最大特色是素质、素形、素色、素饰，不上彩、不施釉，质朴无华，纯净天然，高洁脱俗。其素面素心的特有品格，使士人见之钟情。古今诗人、画家，有壶癖者，常自题其书斋、画室曰"壶茶阁"、"壶友居"。宜兴紫砂有一个特殊现象：自明迄今，有诸多文人参与设计、书铭、题诗、绘画和篆刻，人数多达数百人。其中较著名的有陈继儒、董其昌、郑板桥、陈曼生、瞿应绍、吴大澂、吴昌硕、任伯年等。这对宜兴紫砂文化内涵的扩展和深化，起了极重要的推进作用，在其他工艺领域是没有的。其影响深远者首推陈曼生。曼生，浙江钱塘人，为西泠八家之一，在书画、诗文、金石等方面，都有很高造诣。清代嘉庆年间，曾任溧阳县宰。曼生酷爱壶艺，曾设计壶样十八式，由紫砂名工杨彭年、邵二泉等制作，曼生及其幕僚江听香、郭频伽等题铭书刻，在当时受到文人雅士的追捧，世称"曼生壶"。陈曼生创设的壶形，多为几何形体，质朴、简练、大方，为前代所无，开创了紫砂壶样一代新风。曼生壶铭，极富文学意趣，格调清新，隽永生动，文切意远，耐人寻味。切茶、切水、切壶、切情，其文化内涵大大超越前人题铭。曼生并创书刻于壶上，紫砂陶刻装饰，自此肇始。中国传统文化"诗书画"三位一体的风韵内涵，至陈曼生时期，才完美地与紫砂融为一体，使宜兴紫砂文化内涵到达一个新的高度。

历史上著壶高手很多，最突出的有时大彬、陈鸣远和邵大亨等。

时大彬，明万历、崇祯间制壶名家。大彬对泥料配制、成型技法、造型设计和铭刻等，都成就卓著。大彬擅长创新，"千奇万状信手出，巧夺坡诗百态新"，"为前后名家不能及"。明周高起《阳羡茗壶系·大家》中记载："时大彬，号少山。或淘土，或杂硇砂土，诸款具足，诸土色亦具足。不务妍媚，而朴雅坚栗，妙不可思。"

陈鸣远，清康熙、雍正间紫砂名师。塑镂兼长，技艺精湛，善制新样。构思之脱俗，调色之巧妙，为紫砂史上罕见。所制"千载一时壶"，有观止之叹。著壶制成瓜果样式，世推绝作。款识书法雅健，有晋唐风。作品为名公巨卿竞相觅取，名孚中外，有"海外竞求鸣远碟"之赞语。清吴骞《阳羡名陶录·家溯》载："陈鸣远……一技之能，间世特出，自百余年来，诸家传器日少，故其名尤噪。足迹所至，文人学士争相延揽……而与杨中允晚研交尤厚。"杨曰："予尝得鸣远'天鸡壶'一，细砂作，紫棠色，上镂庚子山诗，为曹廉让先生手书，制作精雅，真可与三代古器并列。窃谓就使与大彬诸子周旋，恐未甘退就邾莒之列耳。"鸣远众多作品，后世一直作为仿制的范本。

图下 6-10　陈鸣远紫砂干果洗（苏州博物馆藏）

　　邵大亨，清嘉庆、道光间制壶名手。年少就有大名，秉性刚烈，情趣闲逸，艺技超群，作品浑厚、精到、大度，为宜兴砂艺一代巨匠。清高熙《茗壶说·赠邵大亨君》中言："邵大亨所长，非一式而雅，善仿古，力追古人，有过之而无不及也。其掇壶，肩项及腹，骨肉亭匀，雅俗共赏，无乡者之讥，识者谓后来居上焉。注权胥出自然，若生成者，截长注尤古峭。口盖直而紧，虽倾侧无落帽忧。口内厚而狭，以防其缺，气眼外小内锥，如喇叭形，故无窒塞不通之弊。"顾景舟《宜兴紫砂珍赏》中论道："邵大亨……他精彩绝伦的传器，理趣、美感盎然，从艺者观之赏之，如醍醐灌顶，沁人心目；藏玩者得之爱之，珍于拱璧，不忍释手……他一改盛清阶段宫廷化繁缛靡弱之态，重新强化了砂艺质朴典雅的大度气质；既讲究形式上的完整、功能上的适用，又表现出技巧的深到，成为陈鸣远之后的一代宗匠。"

　　宜兴紫砂在1915年美国旧金山"太平洋万国巴拿马博览会"上获头等奖。

　　苏州虎丘捏像，以形象逼真传神著称于世。捏像，亦称"塑真"，俗称"捏相"。清代康熙、乾隆时期，盛极一时。清顾禄《桐桥倚棹录》载：塑真，俗呼捏相，其法创于唐时杨惠之，前明王氏竹林亦工于塑作，今虎丘习此艺者不止一家，而山门内项春江称能手。虎丘有一处泥最润，俗称滋泥，凡为上细泥人、大小绢人塑头，必用此处之泥，谓之虎丘头；塑真，尤必用此泥。捏时，眼不观手，面朝对方端详，掌握面目特点，后用一泥丸藏袖内，边捏边谈，少顷即成。一般捏像分三种：一种捏了头加上须发，上色，然后装上身手，肢体以香樟木为之，手足皆活动，谓之"落膝骱"，冬夏衣服，随意更换；另一种把像捏成后，不装身躯，不上彩，有的须发也用泥捏出，不另装配；再有一种，将捏像置于红木紫檀镶有玻璃的匣中，或添设家人妇子，或美婢侍童，以及榻椅几机杯茗陈设，大小悉称，谓之"相堂"。清张霞房《红兰逸乘》载：虎丘捏相，老少男女，神气宛然，固绝技也。尝闻工人云，用井底金沙泥和蜜丸子，则肥瘠美丑，得心应手矣。《苏州府志》也说：虎丘人抟土，肖人像逼真。

　　项春江，为清代道光时苏州虎丘捏像高手，名闻一时。"项氏捏像"

自清初康熙时项天成起，世代相承，到道光时项春江技艺更高，声望大，求捏像人多，以致后来捏像者，有冒称为项氏弟子。清韩荌《赠捏相项春江》诗云：

> 傅岩访梦弼，麟阁图勋臣。顾张不可作，阿堵半失真。我本山泽癯，颊角撑嶙峋，几经画工手，动觉非其人。因思绘画事，不敌塑作能，绘只一面取，塑乃全体亲。百骸与九窍，一一赅而存。顾惟七尺躯，肮脏羞侍门。生前忽作俑，毋乃儿曹惊。所宜就收束，无取夸彭亨。何妨竿木场，着此傀儡身。虎丘有项伯，家与生公邻。世传惠之艺，巧思等绝伦。熟视若无睹，谈笑忘所营。岂知掌握中，云梦八九吞。取材片埴足，妙用两指生。始焉胚胎立，继配骨肉匀。按捺增损间，不使差毫分。秾纤彩色傅，上下须眉承。五官皆毕具，最后点其睛。呼之遂欲动，对镜笑不胜。自怜饭颗瘦，忽讶瓜皮青。周旋我与我，何者为形神。乃谋置几榻，且复携儿孙。居然壶公壶，盎然一家春。伟哉造物者，本以大块称。我亦块中块，万物土生成。今以块还块，总不离本根。他年归宿处，仍此藏精魂。固宜相印合，不假炉锤烦。情知皆幻质，撒手鸿毛轻。要念此天授，惟圣乃践形。奈何逐物化，周蝶空纷纭。且宝径寸珠，任转万劫轮。

曹雪芹《红楼梦》第六十七回，写薛蟠从苏州回来，带来许多土物，给他母亲和妹妹看。中有虎丘山泥捏的小像，和薛蟠本人丝毫不相差。薛宝钗对别的东西都不理会，倒是薛蟠的小像，拿着细细的看了一会，又看看她哥哥，不禁笑起来了。曹雪芹这段描写，非常精彩传神。把薛蟠的外貌，捏塑得"不相差"，不一定能引起薛宝钗多大兴趣，能使薛宝钗看了笑起来的，一定是捏像将薛蟠那种怠赖、骄妄、憨蠢的神气，都给逼真地刻画出来了。

清代的虎丘捏像，南京博物院和苏州博物馆珍藏有很多，有"落膝骱"穿衣的，亦有装于红木镶玻璃匣内的"相堂"捏像等，都惟妙惟肖，生动传神，与文献著述和《红楼梦》所描写的均相符合。可见，清时虎丘捏像的技艺十分卓越，已达到炉火纯青的境界。

我国泥人最著名的是南方无锡的惠山泥人和北方天津的泥人张，各有特色，风格各异。

无锡的惠山泥人，相传创始于明代，早期作品仅是惠山附近农民的一种副业生产。每逢节日，惠山名胜游人众多，农民托盘兜售，因泥人形象鲜亮，风格纯朴，寓意吉祥，价格低廉，很受广大群众喜爱。大约在清代初期，开始创办有专业作坊。

惠山前期主要生产儿童耍货（玩具），如车老虎、小花猫、大阿福和小花囡等。明代万历年间，昆曲流传于无锡一带，艺人开始捏制戏剧人物。清代后期京戏盛行，自此更丰富了泥制戏文的内容。当时在上海、苏州、无锡等江南地区流传有一种风俗：在举办喜庆婚礼时，常制些彩塑戏文作喜庆点缀，以示吉祥幸福之意。礼仪结束，就将泥人分赠诸亲友玩赏。因此泥制戏文销路大增。往后，惠山泥人逐渐分为粗、细货生产。粗货是儿童耍货，细货为手捏戏文；前者主要畅销农村，后者主要销售城市。

惠山泥人主要原料只有两种：惠山磁泥和各色颜料。磁泥为惠山当地所特有，极富粘性；颜料主要采用染料颜色，调化后即可应用。

泥人的主要生产过程，分捶泥、打稿、捏塑、制模、翻模、印泥坯、整修、上粉、上色、开相和上油等十几道工序。

粗货泥人的生产，以塑为主，从头到足一气呵成，其中以表现人物的头部为主。在总的姿态确定后，进行修整，全部塑制完成，进行翻模，凹模完成待模干后，即可进入批量印模过程。一团磁泥，经艺人用手在凹模上一按，一个形象生动的泥人即出现了。如是两片模，须将磁泥按模之大小做成约二厘米厚的泥片，然后进行印制。后将前半片和后半片镶合，进行装底工作，并用皮纸用水贴于两片泥镶合的边缝处，以防开裂，然后进行上彩和开相；最后为使泥人不易脱色和保持光洁，在作品的全部或某些部分，涂一层薄的泡立司，行话称"假漆"，这样能使泥人更加光彩夺目，优美动人，另外亦能起防水的作用。

细货泥人的生产，以手捏为主，故亦称"手捏戏文"。一般先做人物的头部，面部都用脸模复制，脸形一样的泥人，用一个脸模翻做（男、女、老、少不同人物，须用不同脸模翻做）。然后做上不同的帽子、须发和插上不同的头饰，再经上彩和开相，各色各样的人物头像，便活生生地显现出来了。有的在脸部泥坯上，亦可略加变形和修改，这样可使人物性格更加突出。有些泥人的头部采用活动装置，以便取下包装。"从下而上，由里到外"，这是惠山手捏戏文制作的基本规律。据老艺人谈：从下部双足到腹胸部向上做，容易掌握人物的比例和动态，这是指在双脚做好后，做裤子或裙子，再给泥人做衣袍。"边薄中厚，下薄上厚"，是作袍片的要求，袍边做得愈薄、愈整齐，人物衣着愈能表现出飘动潇洒的感觉；另一方面，泥片上面和中间有一定厚度，可使作品加强牢度。两只手臂，是做好后再镶上去的，镶手时在镶合处须加一条薄泥片，这样一方面可使肩膀做到平稳，同时使镶上的双手更坚实牢固。手指，是做好手形后用剪刀剪开。人物身上的饰物以及手持的物品，都是装上去的，这些灵活的装置，可随意拆卸。为便于携带，泥人阴干后，最后上彩，一般先上淡色，再上深色；有花纹的，在颜色上再绘花纹。捏塑、上彩和开相，是泥人制作的三个关键：捏塑决定泥人动态和表情的主要方面；而上彩，可使泥人的神情更突出，形象更生动；开相，起"画龙点睛"的作用，泥人一经开相，便赋予人物忠奸善恶、喜怒哀乐各种表情。有些作品，为使面部光亮，还须打蜡，使人物更加容光焕发，光彩照人。

　　惠山泥人十分重视人物精神的刻画，力求达到形神兼备的境界。如大家熟知的"泥阿福"，是惠山泥人的代表作品之一。它不仅表现了儿童淳朴、健壮的活泼形象，而且表达了人们对孩子的愿望，尤其是那张圆圆胖胖的小脸、红红的嘴唇，头上梳着双髻，嘴边笑眯眯的神态，显得十分稚气可爱。这件传统作品，长期以来深受广大群众的喜爱，久销不衰。它不但造型完美，形神俱佳，而且富有浓郁的装饰韵味和民族乡土气息。再如一件哨子老虎，亦是长期深得儿童欢迎的玩具作品，神气十足，并具有"玩"的特点。老虎身体用双片模印成，头大身小，短腿短尾，四脚叉开，竖耳张嘴，粗眉大眼，几根胡须伸出两边。这样的形象当然不像真老虎，但老虎雄健的体态和威势却表现出来了。尤其老虎能从嘴里发出叫声（老虎身体分前后两半，中间以棉纸连接，肚内装有哨子，牵动前后身，哨子受空气压力而发出清脆叫声），这对刚启蒙好问的孩子产生多少联想和有趣的疑问！老虎全身用黄色涂底，上绘红绿条纹，色彩鲜艳夺目。像这样精美好玩，价格低廉的耍货玩具，惠山生产有很多。

在手捏戏文的艺人中，历史上成就最高、作品流传最多、最广的首推丁阿金。丁阿金是清代末期人，出身惠山贫农家庭，早期捏些小泥人，后喜爱捏戏文。哪里有"草台戏"演出，他就赶着去看。还帮剧团搭台、拆台，借此接近演员，以此了解熟悉戏文内容，人物的表情动作，以及演员化装和服饰道具等方面的知识，以提高丰富他手捏戏文的技艺。一般手捏戏文是两人一出，他的作品大多是三人一出，而且都是昆曲戏文，如"教歌"、"卖书"和"搜山"等，均是惠山早期的手捏戏文作品。丁阿金捏塑的戏文，不但眉目传情，身段优美生动，而且凡是泥人身上的帽绶、靠旗、首饰、衣带，以及手执的武器和旗伞等，都用细致材质制作。最突出的一点是，他所捏戏文，多数取材于"正义豪侠"的事迹。他常对人说"要多做些好人好事给大家看看"，反映了他爱憎分明的感情。当时周阿生是另一位泥塑高手，善制神仙故事泥人，当时流传有两句话："要戏文，找阿金；要神仙，找阿生。"相传手捏戏文当时较先进的"捏段镶手"和"印段镶手"技法，是他们两人创造的。南京博物院和无锡惠山泥人研究所，珍藏有他们两人的部分作品，从中可看出，他们在捏塑泥人上，都技艺精湛，并各有独特手法和自己独创的风格。

江苏著名手工艺品，除云锦、苏绣、苏扬玉雕、扬州漆器、苏式家具、宜兴紫砂、虎丘捏像和惠山泥人外，尚有缂丝、宋锦、桃花坞年画、苏扇、香山建筑装饰、南通扎染、如皋丝毯、南京仿古牙雕、常州梳篦、东海水晶、镇江玻璃雕绘和江苏各地的剪刻纸等，也都技艺独特，形式绚丽，风格多样，名扬中外，是整个中华民族优秀传统文化大花园中的奇葩。

【注释】

① 刘敦桢：《苏州古典园林》，中国建筑工业出版社 2005 年，第 45 页。

② 伊东忠太：《中国建筑史》，上海书店 1984 年，第 48 页。

③ 参崔晋余主编《苏州香山帮建筑》，中国建筑工业出版社 2004 年，第 54 页。

④ 黑格尔：《美学》第 3 卷（上），商务印书馆 1984 年，第 103 页。

⑤ 培根：《人生论·论园艺》，华龄出版社 1996 年，第 199 页。

⑥ [宋] 沈括：《平山堂记》，载陈梦雷：《古今图书集成·方舆汇编·职方典》卷 765
《扬州府部》。

⑦ 张家骥：《园冶全释·序言》，山西古籍出版社 1993 年，第 6 页。

⑧ 陈从周：《中国园林》，广东旅游出版社 1996 年，第 152 页。

⑨ 同上，第 186 页。

主要参考文献

1. 《白居易集》，（唐）白居易著，顾学颉校点，中华书局1979年版。

2. 《抱朴子》，（晋）葛洪，上海古籍出版社1990年版。

3. 《春江花月夜》，（隋）杨广，载（宋）郭茂倩编《乐府诗集》，中华书局1979年版。

4. 《东林列传》，（清）陈鼎，广陵书社2007年版。

5. 《杜诗详注》，（清）仇兆鳌注本，中华书局1979年版。

6. 《樊川诗集注》，（清）冯集梧注，上海古籍出版社1978年版。

7. 《樊川文集》，（唐）杜牧，上海古籍出版社1978年版。

8. 《古今印则跋》，（明）董其昌，载韩天衡：《历代印学论文选》，西泠印社1999年版。

9. 《郭嵩焘诗文集》，（清）郭嵩焘，岳麓书社1984年版。

10. 《海国图志》，（清）魏源，岳麓书社1998年版。

11. 《韩愈全集》，（唐）韩愈著，钱仲联、马茂元校点本，上海古籍出版社1997年版。

12. 《画禅室随笔·评书法》，（明）董其昌，载《历代书法论文选》，上海书画出版社1979年版。

13. 《画舫余谈》，（清）捧花生，清光绪铅印本。

14. 《晋书》，（唐）房玄龄等，中华书局1974年版。

15. 《旧唐书》，（后晋）刘昫等，中华书局1974年版。

16. 《旧五代史》，（宋），薛居正等，中华书局1976年版。

17. 《历代名画记》，（唐）张彦远撰，秦仲文、黄苗子点校，人民美术出版社 1963 年版。

18. 《梁书》，（唐）姚思廉，中华书局 1973 年版。

19. 《履园丛话》，（清）钱咏，中华书局 1979 年版。

20. 《明史》，（清）张廷玉等，中华书局 1974 年版。

21. 《明史纪事本末》，（清）谷应泰，中华书局 1977 年版。

22. 《南齐书》，（梁）萧子显，中华书局 1972 年版。

23. 《南史》，（唐）李延寿，中华书局 1974 年版。

24. 《瓯北集》，（清）赵翼，清嘉庆十七年湛贻堂刻本。

25. 《瓯北诗话》，（清）赵翼著，霍松林、胡主佑校点，人民文学出版社 1963 年版。

26. 《全唐诗》，（清）曹寅等，中华书局 1960 年版。

27. 《全唐文》，（清）董诰等，中华书局 1983 年版。

28. 《清代科举状元分布情况》，载（清）陈夔龙，《梦蕉亭杂记》，山西古籍出版社 1996 年版。

29. 《清史稿》，（民国）赵尔巽等，中华书局 1977 年版。

30. 《三国志》，（晋）陈寿，中华书局 1976 年版。

31. 《史记》，（汉）司马迁，中华书局 1982 年版。

32. 《世说新语校笺》，（宋）刘义庆著，徐震堮笺，中华书局 1984 年版。

33. 《四六丛话》，（清）孙梅辑，清嘉庆三年吴兴旧言堂刻本。

34. 《四友斋丛说》，（明）何良俊，中华书局 1959 年版。

35. 《宋史》，（元）脱脱等，中华书局 1977 年版。

36. 《宋书》，（梁）沈约，中华书局 1974 年版。

37. 《隋书》，（唐）魏徵等，中华书局 1973 年版。

38. 《随园诗话》，（清）袁枚著，顾学颉校点，人民文学出版社 1982 年版。

39. 《太平御览》，（宋）李昉等，中华书局 1960 年版。

40. 《太平广记》，（宋）李昉等，中华书局 1961 年版。

41. 《唐会要》，（宋）王溥，中华书局 1955 年版。

42. 《唐朝名画录》，（唐）朱景玄，温肇桐注，四川人民美术出版社

1985 年版。

43. 《陶庵梦忆》，（明）张岱，上海古籍出版社 2003 年版。

44. 《魏源集》，（清）魏源，中华书局 1976 年版。

45. 《文心雕龙注》，（齐）刘勰，范文澜注，人民文学出版社 1958 年版。

46. 《吴郡岁华纪丽》，（清）袁景澜，江苏古籍出版社 1998 年版。

47. 《吴郡图经续记》，（宋）朱文长，江苏古籍出版社 1999 年版。

48. 《新唐书》，（宋）欧阳修、宋祁，中华书局 1975 年版。

49. 《续画品》，（后周）姚最，《文渊阁四库全书》第 812 册，台湾商务印书馆 1986 年版。

50. 《宣和书谱》，（宋）佚名撰，顾逸点校，上海书画出版社 1984 年版。

51. 《扬州画舫录》，（清）李斗，中华书局 1960 年版。

52. 《元和郡县图志》，（唐）李吉甫撰，贺次君点校，中华书局 1983 年版。

53. 《元史》，（明）宋濂，中华书局 1976 年版。

54. 《资政新篇》，（清）洪仁玕，载太平天国历史博物馆编：《太平天国印书》，江苏人民出版社 1979 年版。

55. 《资治通鉴》，（宋）司马光，中华书局 1955 年版。

56. 《长江流域青铜文化研究》，高崇文、按田喜宪主编，科学出版社 2002 年版。

57. 《出版史研究》第二辑，叶再生编，中国书籍出版社 1994 年版。

58. 《出版史研究》第三辑，叶再生编，中国书籍出版社 1995 年版。

59. 《从苏州博习医院看教会医院的社会作用与影响》，王国平，载《史林》2007 年第 3 期。

60. 《大生纱厂工人生活的调查》，穆烜、严学熙编，江苏人民出版社 1994 年版。

61. 《道教史》，卿希泰、唐大潮，中国社会科学出版社 1994 年版。

62. 《东晋南朝江东的文化融合》，李伯重，载韩昇主编《古代中国：社会转型与多元文化》，上海人民出版社 2007 年版。

63. 《东晋南侨州郡县与侨流人口研究》，胡阿祥，江苏教育出版社 2008

年版。

64. 《东晋文化》，张学锋、傅江，南京出版社 2005 年版。

65. 《横看成岭侧成峰——长江下游城市现代化的轨迹》，茅家琦等编，江苏人民出版社 1993 年版。

66. 《江南丝竹音乐大成》，江苏文艺出版社 2003 年版。

67. 《江南书院志初稿》，柳诒徵，载《江苏国学图书馆年刊》第 4 期，1931 年 8 月。

68. 《江苏考古五十年》，邹厚本，南京出版社 2000 年版。

69. 《金明馆丛稿初编》，陈寅恪，上海古籍出版社 1980 年版。

70. 《金明馆丛稿二编》，陈寅恪，上海古籍出版社 1980 年版。

71. 《晋永嘉丧乱后之民族迁徙》，谭其骧，载《长水集》，上海人民出版社 1987 年版。

72. 《昆剧发展史》，胡忌、刘致中，中国戏剧出版社 1989 年版。

73. 《历代刻书概况》，李致忠，印刷工业出版社 1991 年版。

74. 《论六朝写经体兼及"兰亭论辩"》，华人德，载《华人德书学文集》，荣宝斋出版社 2008 年版。

75. 《论盛宣怀》，夏东元，载《社会科学战线》1981 年第 4 期。

76. 《论书丛稿》，沈尹默，岭南美术出版社 1982 年版。

77. 《略言六朝之盛》，韩国磐，载江苏省六朝史研究会编《六朝史论集》，黄山书社 1993 年版。

78. 《漫谈清真寺》，杨永昌，宁夏人民出版社 1981 年版。

79. 《闽书》，何乔远，福建人民出版社 1994 年版。

80. 《民族器乐》，袁静芳，人民音乐出版社 1987 年版。

81. 《明代江苏刻书事业概述》，沈燮元，载《学术月刊》1957 年第 9 期。

82. 《明清江南市镇探微》，樊树志，复旦大学出版社 1990 年版。

83. 《明清时代江南市镇研究》，刘石吉，中国社会科学出版社 1987 年版。

84. 《明清徽商与淮扬文化变迁》，王振忠，三联书店 1996 年版。

85. 《明清进士题名碑录索引》，朱保炯、谢沛霖编，上海古籍出版社 1979 年版。

86. 《南京回族伊斯兰教史稿》，伍贻业，南京市伊斯兰教协会编印，

1999 年。

87. 《南京民族宗教志》，南京地方志编纂委员会编，南京出版社 2009 年版。

88. 《品味奢华——晚明的消费社会与士大夫》，巫仁恕，台北联经出版公司 2007 年版。

89. 《清代东南书院与学术及文学》，徐平雁，安徽教育出版社 2007 年版。

90. 《清代江南藏书家刻书研究》，王桂平，凤凰出版社 2008 年版。

91. 《书学史》，祝嘉，上海书店出版社，1990 年版。

92. 《苏州古典园林》，刘敦桢，中国建筑工业出版社 2005 年版。

93. 《苏州早期城市现代化研究》，张海林，南京大学出版社 1999 年版。

94. 《隋唐制度渊源略论稿》，陈寅恪，三联书店 2001 年版。

95. 《唐代扬州史考》，李廷先，江苏古籍出版社 2002 年版。

96. 《王韬评传》，张海林，南京大学出版社 1993 年版。

97. 《魏晋南北朝时期江苏地域文化之分途异向演变述论》，胡阿祥，载《学海》2011 年第 4 期。

98. 《元代的族群文化与科举》，萧启庆，台北联经出版公司 2008 年版。

99. 《元代江南民族重组与文化交融》，潘清，凤凰出版社 2006 年版。

100. 《元末民初吴中书法概论》，唐锦腾，载浙江省博物馆编：《中国书法史学国际学术研讨会论文集》，西泠印社 2000 年版。

101. 《早期道教史》，汤一介，昆仑出版社 2006 年版。

102. 《张謇与荣氏兄弟经营管理比较》，马俊亚，载高燮初编：《吴文化资源研究与开发》第 1 辑，江苏人民出版社 1994 年版。

103. 《中国藏书楼》，任继愈主编，辽宁人民出版社 2010 年版。

104. 《中国道教源流》，谢路军，九州出版社 2004 年版。

105. 《中国雕版源流考》，孙毓修，上海古籍出版社 2008 年版。

106. 《中国古代社会发展史论》，田昌五，齐鲁书社 1992 年版。

107. 《中国古代书院发展史》，白新良，天津大学出版社 1995 年版。

108. 《中国建筑史》，伊东忠太，上海书店 1984 年版。

109. 《中国近代工业史资料》第 1 辑，孙毓棠编，科学出版社 1957 年版。

110. 《中国近代工业史资料》第 2 辑，汪敬虞编，科学出版社 1957 年版。

111. 《中国近代史上的官绅商学》，章开源、马敏等，湖北人民出版社 2000 年版。

112. 《中国近三百年学术史》，梁启超，中国书店 1985 年版。

113. 《中国民间歌曲集成·江苏卷》，中国 ISBN 中心出版

114. 《中国区域历史地理》，李孝聪，北京大学出版社 2004 年版。

115. 《中国书法全集》，葛鸿桢，荣宝斋出版社 1993 年版。

116. 《中国书法史》，刘涛，江苏教育出版社 2002 年版。

117. 《中国思想通史》，侯外庐等，人民出版社 1956 年版。

118. 《中国文化地理》，陈正祥，三联书店 1983 年版。

119. 《中国行政区划通史》，李昌宪，复旦大学出版社 2007 年版。

120. 《中国印刷史》，张秀民，上海人民出版社 1989 年版。

121. 《中国音乐通史简编》，孙继南、周柱铨主编，山东教育出版社 2000 年版。

122. 《中医教育思想史》，盛亦如等，中国中医药出版社 2005 年版。

索　引

　　说　明：

　　一、本索引是主题词索引。原则上，作为索引条目的主题词是本卷的研究对象、重点展开论述或详细介绍的内容，分为以下几类：1.人名。包括本省籍文化名人，非本省籍但曾居于本省、对本省文化产生重要影响者；2.地名。只录本省内对文化产生过重大影响的地名。文中人物籍贯的古今地名均不收录；3.篇名。包括有重要影响的著作、诗文、书画等；4.文化遗产名（包括非物质文化遗产）或遗迹名；5.其他专有名词，包括器物名、学派名以及具有地域文化特色的文化现象等。

　　二、索引条目按第一个字的汉语拼音（同音字按声调）顺序排列，同声同调按笔画顺序排列；第一个字相同，按第二个字音序排列。以下据此类推。

　　三、条目后的阿拉伯数字表示该条目所在的页码。

　　四、总绪论、绪论、注释、参考文献、图注、后记、跋不做索引。

后　记

　　《中国地域文化通览》（以下简称《通览》）是 2008 年经国务院领导同志批准立项、由中央文史研究馆和全国地方文史研究馆同仁合作的一项国家重点文化工程。为贯彻落实马凯国务委员要把《通览》写成"立意高远、内容充实、史论结合、特色鲜明的传世精品"和中央文史研究馆关于《通览》编撰工作指示精神，2008 年 10 月，经江苏省文史研究馆馆长周勋初先生提议，由江苏省文史研究馆主持召开了《中国地域文化通览·江苏卷》（以下简称"江苏卷"）第一次编撰工作会议。会议商定，由江苏省文史研究馆与南京大学中国思想家研究中心共同承担"江苏卷"的编撰工作。江苏省文史研究馆作为牵头单位，全面统筹各项工作，南京大学中国思想家研究中心具体承担日常业务指导和撰稿人联系工作；筹建"江苏卷"编撰工作"组委会"、"编委会"以及下辖的工作办公室；推选主编、副主编等等。江苏省人民政府随即批准了这一方案，并开始提供包括研究经费在内的各项支持。

　　随着有关机构的成立和主编、副主编人选的确定，编委会首先把工作重点放在"江苏卷"内容的遴选和章节目录的拟定方面。目录由夏维中、韩文宁、丁骏初步拟定，并经过了多次修改和调整。

　　为准确把握《通览》这一丛书的编纂目的和基本思路，力争能高屋建瓴地勾勒出江苏地域文化的发展脉络，总结其鲜明特色，相关拟稿人员曾多次召开会议，学习和消化中央文史研究馆领导及专家的相关指导意见，反复讨论、充分推敲。同时，为广泛征求各类专家的意见，集思广益，编委会还几次召开专家会议，进行专题讨论，收获颇多。如 2009 年 2 月，举办大型专家会议，充分讨论了江苏地域文化内涵，"江苏卷"的内容、体例、特色等。除编委会赵安东、夏维中、丁骏、陈效鸿等成员外，出席会议的有南京大学文学院程章灿、徐兴无、张亚权，历史系范金民、颜世安、胡阿祥、黄建秋、张学峰、舒晓昀，中国思想家研究中心许苏民、周群、吴正岚、童强、申屠炉明、傅新毅等。会后，编委会还把会议发言记录发表在《江苏文史研究》（2009 年第一期），公开向学术界征求意见。同年 5 月，编委会再次召开"江苏卷"目录研讨审定会，应邀出席的南京艺术学院林树中，南京大学文学院卞孝萱、周勋初，历史系茅家琦、蒋赞初、范金民等教授，听取了编委会赵安东、夏维中、丁骏、陈效鸿等成员的汇报，并对初拟的"江苏卷"章节目录进行了评议和讨论。

2009 年 6 月，编委会成员赵安东、夏维中、丁骏、韩文宁赴京参加中央文史研究馆召开的《中国地域文化通览》"章节目录审稿会"，并就"江苏卷"的章节目录作了专题汇报。与会专家在基本肯定"江苏卷"章节目录的同时，也提出了许多中肯的意见和建议。为此，编委会专门召开了论证会议，反思总结，终于统一了思想，并对此作了实事求是的调整。调整后的目录和内容，虽用词平实、妥帖，但实际上更加符合《通览》的精神，也更具操作性。依此思路，有关人员对"江苏卷"下编的目录和内容也进行了大幅度调整，下决心把原先的那些笼统的、概述性的内容剔除，旗帜鲜明地提出能代表江苏文化的九大特点，实实在在，一目了然。在舍弃的同时，还新增或扩充了不少重要内容。

在章节目录初步确定后，编委会又分别于 2009 年 7 月、8 月召开了两次专家咨询会，对章节目录逐条进行认真细致地讨论梳理，取得共识。同时，推荐、酝酿并最终确定各章节的撰写人员。除周勋初、赵安东、夏维中、丁骏、陈效鸿、韩文宁等外，出席会议的还有南京市文物系统的杨新华、曹志君、华国荣，南京大学历史系范金民、颜世安、黄建秋、张学峰，文学院张亚权，中国思想家研究中心许苏民、周群等。2009 年 8 月 11 日，《通览》编委会给"江苏卷"编委会正式复函，认为该目录已基本达到《通览》编撰要求，可以进入样稿撰写阶段。9 月初，编委会召开作者座谈会，基本确定了各章节的具体撰稿人，分工负责，签订合同。

此后，编委会先后召开了两次编撰人员会议，就撰稿过程中出现的问题进行专题讨论，统一思想，解决问题，督促进度。2010年4月，国务院参事室副主任陈鹤良、中央文史研究馆馆员暨《通览》副主编程毅中、陈祖武等一行赴南京检查、指导"江苏卷"的编撰工作。在听取相关工作汇报后，陈鹤良副主任对"江苏卷"的编撰工作提出了希望，程毅中、陈祖武先生就"江苏卷"部分样稿进行了点评，提出了具体的意见和建议。2010年9月，赵安东、夏维中、丁骏赴京参加《通览》第十次编撰工作会议。他们利用这一机会，围绕如何进一步提高初稿质量这一中心问题，多次与中央文史研究馆专家和各分卷负责同志进行经验交流，获益匪浅。11月，"江苏卷"编委会部分成员还与来访的"江西卷"编委会进行了交流，就编撰工作中面临的共同问题进行了讨论。

为保证稿件质量，"江苏卷"编委会十分重视审读、审稿工作。编委会设立了专门的稿件审读小组，由陈效鸿负责牵头。各章节完成的初稿，先由审读小组有关人员进行审读。主编或副主编以及特邀审稿人在此基础上再审。编委会多次召开会议，就稿件中出现的问题进行专题讨论。为广泛征求意见，编委会还选择大部分初稿，在《江苏文史研究》上分期发表。与此同时，有关稿件分批呈送程毅中、陈祖武先生审读、审稿。同时，还将来自于社会各界的各种建议和意见，及时反馈给相关作者，供其修改时参考。2012年1月，赵安东、夏维中、丁骏、韩文宁赴杭州参加江、浙两卷的专题审稿会。陈鹤良、程毅中、陈祖武等审稿专家对"江苏卷"送审稿进行了点评，指出了存在的问题，提出了具体修改意见。"江苏卷"编委会对此非常重视，除把有关审稿意见直接反馈给撰稿人外，还邀请陈得芝、范金民、张学锋、张敏等，与编委会陈效鸿、夏维中、丁骏、韩文宁等一起，对若干章节进行了重点评审及修改。5月22日，《通览》编委会传达专家组审读意见，对江苏卷字数、篇幅比例、图片选择等方面提出了新的更高的要求。根据《通览》编委会意见，"江苏卷"编委会在二审稿的基础上对章节目录和内容作了大幅度的精改和调整，将原下编第二、五、六章穿插在上编之中，使得上编更为丰满。对图片也作了认真的遴选，力求与内容相得益彰。修改后三审稿的内容也更为充实、紧凑、精练。2012 年 9 月，《通览》编委会对"江苏卷"进行了终审，在原则通过的同时，也提出了一些修改意见。"江苏卷"编委会再次邀请张敏、夏维中、丁骏、汪莉、王玉朋、王刚、张晖、孟义昭等，对文稿进行了修订。

各章节的撰写者如下：《绪论》，夏维中、韩文宁、丁骏；上编第一章，黄建秋；第二章，申屠炉明、张敏；第三章，胡阿祥、童强、吴云波（中医）；第四章，张学锋、邹劲风；第五章，夏维中、特木勒、范金民、周群（文学）、张亚权（文学）、吴云波（中医）；第六章，万朝林、范金民、周群（文学）、张亚权（文学）、吴云波（中医）；第七章，张海林、马俊亚、张广杰、周群（文学）、张亚权（文学）；下编第一章，罗晓翔；第二章，许苏民；第三章，傅新毅（佛教）、胡正宁；第四章，许力、王瑀（绘画）、王学雷（宋以前书法）、葛鸿桢（明代书法）、陈道义（清代书法与篆刻）；第五章，何孝廉、陈鹏年；第六章，曹林娣、孟琳（建筑与园林）、吴山（工艺）。参考书目及索引由陈效鸿整理完成。

江苏省文物局、南京博物院、南京市博物馆、南京图书馆、苏州博物馆、无锡博物院、扬州博物馆、徐州博物馆、徐州汉画像石馆、常州博物馆、淮安市博物馆、连云港市博物馆、南通博物苑、南京明孝陵博物馆、苏州市天平山管委会、苏州碑刻博物馆等单位提供了馆藏珍贵文物资料，薛治洲先生为编撰工作提供了帮助。

"江苏卷"编委会下设的工作办公室，主要由陈效鸿、陈晓宁、赵芳、孙明、马爱兰等组成。他们承担了"江苏卷"编撰工作中最为琐碎、辛苦但又不可或缺的日常行政事务。

我们之所以要不厌其烦地交代这几年来的编撰过程及参与单位和个人，目的就是想说明"江苏卷"凝聚了许多人的心血，得到了方方面面的支持。由此也不难看出，中国地域文化研究确实是一个极具社会关注度和学术感召力的重大课题。我们深信，难以估量和不可替代的学术价值和现实意义，必将赋予这一课题持久的生命力，相关的研究一定将会方兴未艾，经久不衰。鉴此，我们在启动此项工作时就形成了一个基本共识，那就是"江苏卷"不仅要充分体现目前的研究水平和成果，而且更要成为推动江苏地域文化深入和全面研究的新起点。事实上，这一理念已得到了越来越多的理解和支持，也有越来越多的不同学科背景的学者，以各种各样的方式参与江苏地域文化的研究、总结和展示。如江苏省哲学社会科学界联合会、南京大学也先后与江苏省文史研究馆、"江苏卷"编委会一起，分别在 2009 年 12 月、2011 年 9 月共同主办了"江苏地域文化与经济社会发展学术研讨会"和"江南地域文化的历史演进国际研讨会"，吸引了大批海内外学者与会，反响极大。又如江苏省地域文化研究会已于近期成立，规模宏大。诸如此类，标志着江苏地域文化的研究已经出现前所未有的新局面，不仅令人鼓舞，更让人充满希望！这一局面，也恰恰是我们这些参与"江苏卷"工作的同仁们一直期待的！

赵安东　夏维中
2012 年 9 月

跋

　　《中国地域文化通览》34 卷系国家重点文化工程。经过六年的努力，终于出版发行。我谨代表《通览》组委会和编委会，向参与《通览》撰稿的 500 多位专家，参加讨论和审稿的各位专家，以及以各种方式给予本书关心、支持和帮助的领导及朋友们，向精心编校出版本书的中华书局，表示衷心的感谢和崇高的敬意！

　　在这部约 1700 万字的巨著公开发行之际，我有三点想法愿向读者请教：

　　《通览》是我国第一部按照行政区划梳理地域文化，学术性、现实性和可读性兼备的大型丛书。在大量可信资料的基础上，《通览》各分卷纵向阐述本地文化发展的历史脉络，横向展示各地独具魅力的文化特色和亮点，可视为系统、准确地了解我国地域文化底蕴的读物。2008 年 7 月，在确定《通览》作为国家重点文化工程时，国务委员兼国务院秘书长马凯明确指出：“希望精心准备，通力合作，成为立意高远、内容殷实、史论结合、特色鲜明的传世精品。”本着这一指导方针，中央文史研究馆和各省、自治区、直辖市文史研究馆、文化机构或文化组织，均高度重视、精心组织实施，并在当地政府的指导下，聚集各领域的专家学者，协力攻关。这是《通览》编写工作得以顺利推进的重要原因。香港卷、澳门卷、台湾卷亦在各方社会贤达和学界名家的参与和支持下完成。

　　《通览》编撰历时六年，先后召开规模不同的各种论证会、研讨会、审读会上千次。袁行霈馆长亲任主编，国务院参事室原副主任陈鹤良和12位中央文史研究馆馆员任副主编，主编统揽全局，副主编分工联系各分卷，从草拟章节目录到审定修改书稿的各个阶段，他们均亲自参与，非常认真负责，严守学术规范。全书普遍进行了"两上两下"的审改，有些分卷达三四次之多。各卷提交定稿后，编委会还进行了集体审读，各卷根据提出的意见做了最终的修订。贡献最大的还是各位撰稿人与各卷主编，他们研精覃思，字斟句酌，不惮其烦，精益求精，这是本书水平的保证。中华书局指定柴剑虹编审提前参加审稿讨论，收到书稿后又安排了三审三校。中华书局的一位编审感慨地说："像《通览》这样集体编撰的大部头著作，能有如此严肃认真的态度，近年来确实不多见。"

建议各地运用电视、广播、网络、报刊等，对本书加以必要的推介、宣传、加工和再创作。可根据《通览》的内容，改编为中小学的乡土教材，以加强对青少年了解家乡、热爱家乡的教育。可用人民群众喜闻乐见的多种形式，让中华优秀传统文化滋润民众的心田。地域文化所蕴含的优秀传统文化基本元素，更普遍更有效地融入社会道德文化建设，必将有助于提升全体国民的道德素质和文化修养。

当前，地域文化研究如何深入？一是可对近百年来地域文化的发展脉络做出梳理，也就是撰写《通览》的续编。我们鼓励有条件的地方政府，率先独立负责地启动《通览》续编的工作。若能为《通览》补上1911年后的百年之缺，无疑是件大好事。二是拓展地域文化的科学研究，进一步探讨中国地域文化发展变化的规律，努力建设扎根于民间、富有时代特征、紧密服务于经济社会发展的地域新文化。文化大发展大繁荣，不能割断历史，不能超越历史，而只能在继承优良传统的基础上有所创造、有所创新。三是要探讨中华地域文化同世界文明的关系。今日之中国已同世界各国一道进入了经济全球化和信息化快速发展的新时期，只有放眼世界，博采众长，才能建设好我国的新文化。

总之，我们希望各地重视这部书，充分利用它，并进行地域文化的更深入研究。

《通览》生动展现了中华地域文化的多样性，揭示了中华文明多元一体的大格局。正确认识和处理统一性和多样性的关系，非常重要。这不仅是发展地域文化的要求，也是中国现代化建设的基本要求。一个国家、一个民族，尊重和倡导多样性，才能源源不断地激发全社会的创新活力，否则势必导致单一、呆板、停滞和退化。历史和现实表明，尊重和倡导多样性，对今天的国人来说，实在是太重要、太紧迫了。无庸置疑，社会主义为经济、文化、社会发展的多样性，开辟了前所未有的巨大空间。一方水土养一方人，一方水土孕育一方文化。当地域文化所蕴含的中华民族固有的道德、智慧和审美，渗透到人们的思想、行为、情感和性格中去，渗透到经济活动、城乡建设、社会管理等领域中去，那么我们的经济建设、政治建设、文化建设、社会建设、生态文明建设必将呈现出更加生机勃勃的繁荣景象。我们期待着，无论是历史名城还是新兴城市，都拥有自己的独特风格和文化内涵，如城市建筑再也不要从南到北都是"火柴盒"式的高楼林立。我们还期待着，在文化和艺术领域能涌现出越来越多植根于乡土的传世佳作，使中华文明的百花园更加绚丽多姿。当神州大地现代化建设万紫千红、异彩纷呈的时候，也就是中华民族真正强大和受人尊敬的时候。

综观数千年，中华文化不仅源远流长，博大精深，而且峰峦迭出，代有高峰。弘扬中华文化是 21 世纪的中华儿女共同肩负的神圣使命。我们愿为此贡献绵薄之力。

陈进玉

2012 年 11 月 21 日